Rudi Schmidt · Achtung – Torpedos los!

»Als dunkler Strich am Horizont war die afrikanische Küste sichtbar ... Wir flogen noch im Tiefstflug, drei bis fünf Meter über dem Wasser ... Noch waren die dicken Schiffe nicht klar erkennbar ... Die Abwehr wurde immer heftiger. Wassersäulen stiegen hoch. Sie wurden von der schweren Schiffsartillerie geschossen und konnten recht gefährlich werden. Wir mußten höher gehen, und da kamen auch schon die dicken Schiffe in Sicht. Die Dämmerung hatte nun doch recht stark zugenommen. Wir kamen keine Minute zu früh. Besser wäre es gewesen, wir hätten noch etwas mehr Sicht. Vor uns ein feuerspeiender Schlund: Zerstörer oder Kreuzer, Abwehrbewegung, wir kamen aus der Angriffsrichtung heraus und mußten schnellstens wieder auf Nordwestkurs gehen. In einer Entfernung von nur etwa 1000 Meter lag ein dicker Brocken vor uns. Hochziehen auf 40 m, Angriff, mittschiffs zielen. Ist das ein Träger? Ja, klar, das Flugdeck – fast in Augenhöhe – ist erkennbar. Beide Torpedos sind mit Gegnerfahrt und Lage eingestellt. Kurs halten. Gerade legen. ›**Achtung – Torpedos los!**‹ Abwurf. Abdrehen. Wir liegen im dichten Feuerhagel, drücken auf das Wasser herunter und kommen – direkt unter dem Heck des Trägers vorbei – von ihm frei.

Von der anderen Seite wurden wir mit Leuchtspur und Wassersäulen empfangen. Hochziehen, runterdrücken, links und rechts Abwehrbewegungen, bis wir durch den Geleitzug nach Norden hindurch waren ...

Einen Treffer hatten wir nicht mehr beobachtet, aber an dem Brocken konnte man ja nicht vorbeischießen. Der Feuerzauber war nicht nur bei uns, auf der ganzen Länge des Geleits spielte sich das ab, denn die anderen Flugzeuge waren ja auch zum Schuß gekommen. Wir waren heil heraus!

Einige Brände waren zu sehen. Wahrscheinlich Torpedotreffer. Da gingen immer noch Feuersäulen hoch! Sind das Munitionsexplosionen? Wahrscheinlich ...

Unser Angriff war beinahe schulmäßig verlaufen. Jeder hatte die Angriffstaktik verstanden und war richtig ins Ziel geführt worden.«

Aus dem Bericht eines Staffelkapitäns

Inhalt

Zum Geleit . . . 13

Einführung . . . 14

I. Das Kampfgeschwader 26 von der Aufstellung im Jahre 1936 bis zum Beginn des Zweiten Weltkrieges am 1. September 1939

1. *Der Zusammenbruch des Versailler Vertrags – Phönix steigt aus der Asche* . . . 22

2. *Die Stammeinheiten des K.G. 26* . . . 23
   Ausbildung schweißt zusammen . . . 24
   Spanisches Intermezzo . . . 25
   Veränderung von Verbandszugehörigkeit und Standorten . . . 26

3. *Das Kampfgeschwader 26* . . . 28
   Die personelle Besetzung der Führungsstellen des Geschwaders bei der Aufstellung der Einheiten . . . 28
   Die Stabsstaffel . . . 30
   Die III. Gruppe K.G. 26 . . . 31
   Die IV. Gruppe K.G. 26 . . . 32
   Die technischen Einheiten bei den fliegenden Verbänden . . . 32
   1938/1939: Krisen in Richtung »Krieg« . . . 34

II. Das Geschwader im Kriege bis Ende 1940

1. *Polenfeldzug 1939* . . . 35
   August 1939 . . . 35
   August/September 1939: Der Krieg bricht aus! . . . 35

2. *Handelskrieg gegen England 1939–1940* . . . 40
   Einsatz gegen einen englischen Flottenverband . . . 40
   Januar 1940: 2 × 7. Staffel . . . 44
   Deutsche Zerstörerflottille vor der Doggerbank . . . 45
   Sperrballons . . . 47
   Eine Zwischenbilanz über die Ergebnisse im Handelskrieg . . . 52
   Der 1. Wart . . . 52

3. *»Weserübung«, April 1940* . . . 53
   Die Besetzung Dänemarks und Norwegens . . . 53
   Der Einsatz des Geschwaders bei der Besetzung von Norwegen . . . 53
   Ic-Bericht vom 20. Mai 1940 . . . 58
   Ic-Bericht vom 26. Mai 1940, vom 27. Mai 1940 . . . 59
   Ic-Bericht vom 29. Mai 1940 . . . 60
   Originalbefehle für die Besetzung Dänemarks und Norwegens . . . 62

4. *Der Frankreichfeldzug 1940* . . . 62
   Vorbereitungen des Kampfes gegen England Juli/August 1940 . . . 63

5. *Das Geschwader im Einsatz gegen England. Juli bis Dezember 1940* 65
Einsatz mit Luftminen 66
Die Ausbildung der Besatzungen der III./K.G. 26 im Funkführungsverfahren 68
»Adlertag« – 13. August 1940 69
Großeinsatz auf London 71
Wieder Tageseinsatz auf die Dockanlagen von London 73
Einsatz auf die Dockanlagen von Liverpool 74
Nachtangriffe, Hauptziel London 76
Unternehmen »Walzertraum« 79
Der zweite »Walzertraum« 82
Besuch des Reichsmarschalls 84
Nachtoffensive gegen Industriezentren 85

III. Von 1941 bis Ende 1942

1. *Das Geschwader im Jahre 1941* 87
Der Geschwaderstab mit Stabsstaffel und I. Gruppe in Dänemark 89
März 1941: Geschwaderstab und I. Gruppe in Norwegen 90
Bericht des Oberleutnants Hatto Kuhn 91
Die Führungsorganisation der Luftwaffe im Norden 93

2. *Die II. Gruppe ab Januar 1941 im Mittelmeer* 94
Luftkrieg im Mittelmeer 94
Einsatz gegen den Suez-Kanal 97
Auszug aus dem Bericht »Die Luftkriegführung im Mittelmeer« von Generalleutnant a. D. Martin Harlinghausen von 25. März 1981 100
Malta 106
General Rommel kommt nach Afrika 107
Agenten nach Ägypten 108
Die ersten Einsätze mit Lufttorpedos 110
19. März 1941: Angriff auf die englische Flotte vor Kreta 112

3. *Frühjahr 1941 bis Herbst 1941* 114
April 1941: Balkan 114
Mai 1941: Griechenland 114
Lufttorpedoangriff vor Tobruk 115
Die Einnahme von Kreta am 20. Mai 1941 116
Die I. Gruppe ab August 1941 im Rußlandfeldzug 118
Die II. Gruppe – Juni bis Dezember 1941 121
Ein Erlebnis der Besatzung Schmidt 123
Die 6. Staffel in Rumänien 129

4. *Herbst 1941: Das K.G. 26 wird Lufttorpedo-Geschwader* 130
Das Lufttorpedo-Lehrgeschwader – Kampfschulgeschwader 2 (K.S.G. 2) . . . 130
Der Lufttorpedo 132
Die Torpedo-Betriebskompanie 133

5. *Das Geschwader im Jahre 1942 – Die I. Gruppe* 133
Bardufoß: Ein Flugplatz nördlich von Narvik 134
Lufttorpedoangriff auf PQ 17: 4. Juli 1942 bis 10. Juli 1942 (Eismeergeleitzug) 136
Hauptmann Eicke berichtet 138
Major Werner Klümper wird Kommandeur der I. Gruppe 143
Der PQ 18-Geleitzug 144

6. *Die II. Gruppe im Jahre 1942* . . . 147
Kriegsschauplatz Rußland: Die Krim . . . 147
Der Kampf um Sewastopol . . . 148
Oktober 1942: Die 6. Staffel auf Sizilien; Einsatz gegen Malta und gegen Schiffsziele im Mittelmeer . . . 152

7. *Neuaufstellung der III./K.G. 26* . . . 153
Einsatz der III./K.G. 26 gegen Eismeergeleitzüge . . . 154

IV. Vom November 1942 bis Sommer 1944

1. *Die alliierte Invasion in Nordafrika* . . . 160

2. *Das Geschwader im Jahre 1943* . . . 163
Einsatzbasis Sardinien . . . 164
15. Februar 1943 – Der Kriegsberichter Dr. Harald Jansen schreibt: »Mit zwei Verwundeten an Bord zurück« . . . 164
Auch die II. Gruppe auf Sardinien . . . 166
Kommodore: Major Werner Klümper . . . 167
Die II. Gruppe zur Neuaufstellung und Umrüstung auf Ju 88 . . . 171

3. *Das Geschwader in Südfrankreich – Mai 1943 bis Juni 1944* . . . 172
Die alliierten Landungsunternehmen in Italien . . . 174
Geleitzugschlacht bei Alboran: Freitag, 13. August 1943 . . . 174
Notlandungen in Spanien . . . 179
Landung der Alliierten bei Reggio . . . 180
Politische Veränderungen in Italien . . . 181

4. *Alliierte Landung in der Bucht von Salerno* . . . 181
Die Patenschaft des Geschwaders über U-Boot U 1202 . . . 183
Die alliierten Landungen bei Nettuno . . . 184
Angriffsbericht eines Staffelkapitäns über den Einsatz vor Nettuno . . . 185
Herauslösung der I. Gruppe aus dem Einsatz . . . 187
Bereitstellung einer Torpedostaffel – Ein diese Zeit »verdeutlichender« Einzelfall . . . 188
April–Mai 1944: Die 4. Staffel in Rumänien zur Sicherung des Rückzuges von der Krim . . . 189
Das Geschwader vor der Invasion . . . 191
Das Kampfgeschwader 77 . . . 192

V. Das Geschwader vom Sommer 1944 bis zur Kapitulation

1. *Einsätze gegen die alliierte Invasionsflotte vor der Normandie* . . . 194
Die II. Gruppe greift ein . . . 196
Aus dem Einsatz der III. Gruppe . . . 198
Bericht von Major Teske, Kdr. der II./K.G. 26 (LT) . . . 200
Bericht des Kapitäns zur See a. D. Dr. Thomsen, seinerzeit Major und Kommandeur der III. Gruppe . . . 202

2. *Partisanen – Verlegung des Geschwaders in Erwartung einer weiteren Invasion in Südfrankreich* . . . 206

3. *Die Invasion in Südfrankreich* . . . 209
Rascher Erfolg der Süd-Invasion – Verlegung des Geschwaders nach Deutschland . . . 209

4. *Das Geschwader in Nordnorwegen* 212
Wechsel in der Geschwaderführung 213
LT-Flugzeuge im Angriff gegen Murmansk-Geleitzug 214
Benzinknappheit beeinflußt Einsatz und Ausbildung 215
Die II. Gruppe verlegt nach Drontheim-Vernes 216
Invasionsgefahr in Norwegen? 218
Die Auflösung der I./K.G. 26 (LT) 222
Die III. Gruppe verlegt nach Norwegen 223
Major Georg Teske wird Kommodore 224
Die II. Gruppe verlegt nach Bardufoß 225

5. *Weitere Einsätze gegen Geleitzüge im Eismeer* 225
Bewaffnete Aufklärung an der schottischen Küste 232
Der letzte Einsatz 233

6. *Das Ende* 234
Einsatz nach Kurland zur Rettung Verwundeter 235
Der letzte Wehrmachtbericht des Zweiten Weltkriegs 237

Anhang
Anlagen 1–15 240
Geleitzüge: Zweck, Zusammensetzung, Gliederung, Nah- und Fernsicherung . . 331
Namentliche Verlustliste des Geschwaders 337
Das Geschwader im Wehrmachtbericht 370
Das Goldene Buch der Flieger 371
Die Ritterkreuzträger des Geschwaders 372
Traditionsgemeinschaft Löwengeschwader 373
Die 1./JaboG 36 der Luftwaffe als Traditionsträger 375

Quellen- und Bildnachweis 376

Literaturhinweise 377

Personenregister 378

Der Autor 381

Kampfgeschwader 26
– Löwengeschwader –

Zum Geleit

Das Leitwort in dem Löwenwappen hatte der erste Kommodore des Kampfgeschwaders 26, der spätere Feldmarschall Dr.-Ing. Freiherr von Richthofen, bei der Aufstellung seinem Geschwader gegeben. Alle, die in diesem Geschwader dienten, waren stolz auf ihr Wappen. Denn die Fährte des Löwen stellte ihnen Ideale vor, die dem Sinn eines Kampffliegers entsprachen. Tausende von Fliegern wußten aber auch, daß ihnen diese Ideale Pflichten auferlegten, denen sie zu folgen hatten. Bei allem Erhebenden und bei aller Schönheit des Fliegens forderte der Dienst den Einsatz des ganzen Mannes.

Die Geschichte dieses Geschwaders gibt Kenntnis von den vielen Einsätzen auf allen Kriegsschauplätzen, von der Weite des Ostens, über dem nördlichen Eismeer, über der Nordsee und den englischen Inseln, über Frankreich und der Biskaya, über dem Mittelmeer und der Sahara bis nach Kreta und den Suez-Kanal sowie auf der Krim. Ob mit Bomben oder Torpedos, meistens spielte die Überwindung weiter Seeräume eine große Rolle. Ebenso wechselten Landziele mit Seezielen, gegen beide mußte der Kampfflieger gerüstet sein.

Diese Geschichte bedeutet nicht nur eine Aufzählung von Einsätzen, sie spricht ebenso vom Kämpfen und Sterben vieler Besatzungen. Wenn in Lüneburg, dem Standort des Geschwaders, ein Gedenkstein steht, so gibt dieses Buch den lebendigen Inhalt des Denkmals wieder. Die, die damals ihr Leben gaben, taten es – wie auch die Soldaten und zivilen Opfer aller am Zweiten Weltkrieg beteiligten Völker – in Erfüllung ihrer Pflicht für ihre Heimat, für ihr Vaterland. Ehre ihrem Andenken!

Martin Harlinghausen
Generalleutnant a. D. † 1986

Einführung

»Das K.G. 26 ist eines der wenigen Kampfgeschwader der Luftwaffe gewesen, das vom ersten bis zum letzten Tag des Krieges als Kampfverband mit reinrassigen, mehrmotorigen Kampfflugzeugen eingesetzt war. Es war *das* Torpedogeschwader der Luftwaffe.

Sein Kampfgebiet erstreckte sich während des Krieges vom Nordmeer bis zum Roten Meer, von Gibraltar bis in die Weiten Rußlands.«

Dieter Peltz
General der Kampfflieger
in: »Kampfflieger«. Stiftung
Luftwaffenehrenmal e. V. 1971

Und über die Motivation der Soldaten seiner Kampffliegertruppe sagt Dieter Peltz in der gleichen Schrift etwas, was zu sagen heutigen Tages peinlichst vermieden wird:
»Für manche heute nicht mehr sichtbar, lagen die Wurzeln der Kraft und des kämpferischen Willens in der für jeden spürbaren Zugehörigkeit zum deutschen Volk und zum Reich.«

Was der Titel dieses Buches im Alltag des Krieges bedeutet, was von den Männern *aller* Bereiche des Geschwaders verlangt und geleistet werden mußte, das zeigt blitzlichtartig der dem ganzen Buch auf Seite 6 vorangestellte Bericht eines Staffelkapitäns.

Um zum Kommando *»Achtung – Torpedos los!«* kommen zu können – zuvor ein Flug durch eine Wand von Feuer und künstlich geschossenen Wassersäulen –, um danach aus dieser Hölle entkommen zu können: Ein Flug, dessen Erfolg vom fliegerischen Können, dem menschlichen Mut und dem funktionsgerechten Zusammenwirken einer auf Gedeih und Verderb aufeinander angewiesenen Besatzung abhing. Die Besatzung verkörperte das, was Dieter Peltz über die Wurzeln ihrer Kraft sagte.

Um die Einsatzebene dieses *Schwerpunkt- und Brennpunktverbandes* der deutschen Luftwaffe gleich richtig in die Führung des Gesamtkrieges oder die auf einem Kriegsschauplatz (Rußland, Balkan, Mittelmeer, England – einschließlich der mit den USA gemeinsam unternommenen Großinvasionen, nördlicher Atlantik – Eismeer – Murmansk – Archangelsk) einzuordnen, wurden im Titel dieses Werkes sowohl das *Kampfmittel Lufttorpedo* als auch die *Führungs- und Einsatzebene* deutlich gemacht.

So ist dieses Buch auch nicht etwa mit einer Divisionsgeschichte der Landstreitkräfte, nicht mit der Schilderung des Geschicks einer Kampfgruppe/Einzelschiffs der Seestreitkräfte, aber auch nicht mit einer der üblichen Geschwadergeschichten der Luftwaffe zu vergleichen.

Das K.G. 26 (LT) war *ein an Schwer- und Brennpunkten eingesetztes Mittel der obersten Führung,* um strategische/operative Auswirkungen zu erreichen, unabhängig davon, ob es sich im Rahmen von Angriff oder Abwehr abspielte. Kurzhinweise auf gelegentliche Einsätze im taktischen Bereich (z. B. Heeresunterstützung unmittelbarer Art) ändern nichts an dieser Tatsache. Das K.G. 26 (LT) war ein »Einzelwesen« sui generis!

Wie aber kam es zu *diesem* Geschwader, warum trat der Torpedo an die Stelle der Bombe bei der Schiffszielbekämpfung? Die Beantwortung der Fragen gibt der damals *und* heute noch legendäre »Vater der deutschen Torpedofliegerei«, der 1986 verstorbene

Generalleutnant a. D., Martin Harlinghausen, Verfasser des Geleitwortes zu diesem Buch, in einer Stellungnahme vom 3. Juni 1985 an den Autor:

»MARTIN HARLINGHAUSEN*
Generalleutnant a. D.

Die deutsche Lufttorpedowaffe

Schon im Verlaufe des Ersten Weltkrieges unternahm die Marine Versuche, Flugzeuge mit Torpedos zu bewaffnen, um Seeziele zu bekämpfen. Dazu verwendete man zunächst die normalen Schiffstorpedos in der Hoffnung, daß sie den Eintritt ins Wasser gut überstanden. Das hatte nur teilweise Erfolg. Jedenfalls ist mir nicht bekannt, daß der Lufttorpedo im Ersten Weltkrieg mit Erfolg zum Einsatz gekommen ist und ein Schiff versenkte.

Ende der zwanziger Jahre baute die Marine eine kleine Seeluftwaffe auf und konstruierte den 2-motorigen, 2-stieligen Doppeldecker He 59 als Schwimmerflugzeug. Die Motoren waren BMW VI von ca. 600–700 PS. Damit trug die Maschine 1000 kg Bomben oder einen Lufttorpedo bei 450 km Eindringtiefe. Die Reisegeschwindigkeit betrug nur 170 km/h, die Gipfelhöhe 3500 bis 4000 m. Die Maschine war sehr gut blindflugfähig und sehr robust gebaut, so daß sie viel Beschuß vertrug.

Der Rumpf war eine Stahlrohrkonstruktion mit Leinenstoff bezogen. Die Tragflächen wurden von Sperrholzkastenholmen getragen, die Flächen waren stoffbespannt.

Da wir keinen geeigneten Torpedo hatten, kaufte die Marine Anfang der dreißiger Jahre von Norwegen 300 Stück des sogenannten »Horten-Torpedo«, genannt nach der Torpedofabrik Horten am Oslo-Fjord. Dieser Torpedo war 5 m lang und hatte 45 cm Durchmesser. Er war wie auch unser Schiffstorpedo C7A getrieben durch Preßluft, Petroleum und Wasserdampf. Der Schiffstorpedo C7A wog gefechtsbereit 1500 kg, der Horten-Torpedo, bei uns genannt der »F5-Torpedo«, nur 750 kg. Wir erhöhten seine Kopfladung von 180 auf 200 kg Schießbaumwolle und bauten eine Winkelschußanlage ein.

Die norwegische Torpedofabrik hatte diesen Torpedo aber nicht für den Abwurf aus Flugzeugen konstruiert, diese Bedingungen hinsichtlich Höhe des Abwurfs und Geschwindigkeit nicht erprobt. Als nun die Erprobungsstelle Travemünde an diese Aufgabe heranging, wurde sie zunächst durch viele Versager entmutigt. Die größte Fehlerquelle waren die Gestänge des Höhenruders, welche sehr häufig beim Aufschlag auf das Wasser brachen. Die Torpedos gingen dann in den Grund. So lagen in der Lübecker Bucht ca. fünfzig F5-Torpedos. Das lag auch zum Teil an der geringen Wassertiefe. Die Lübecker Bucht war der Torpedo-Schießplatz für die Marine und hatte eine größte Wassertiefe von nur 23 Metern. Das genügte für das Schiffstorpedo-Schießen, wo die Torpedos nur 15 m Tiefe benötigten. Beim Abwurf des Lufttorpedos F5 aus Höhen von 5 bis 50 Metern und Geschwindigkeiten von 120 bis 350 km/h benötigte man jedoch größere Wassertiefen. Tiefen von 40 Metern fand man in der Ostsee aber erst bei Bornholm. Später, nach dem Verlust der ca. 50 Torpedos, hat die Erprobungsstelle Travemünde in diesem Seegebiet die Erprobung fortgesetzt. Das hätte man auch schon früher tun können.

Der Hauptgrund für die Versager war aber der Bruch der Tiefenruder-Gestänge, den man auch bei größerer Wassertiefe nicht vermeiden konnte. Da kam ein findiger Ingenieur

* Generalleutnant Martin Harlinghausen war ab 1956 Angehöriger der Bundeswehr. Er war Kommandierender General der Luftwaffengruppe Nord. Im Jahre 1970 schied er als Generalleutnant aus der Bundeswehr aus.

und Ballistiker auf die richtige Idee, die Eintrittswinkel des Torpedos in Wasser tangential zur Fallkurve zu gestalten, so daß der Torpedo stets mit dem Kopf zuerst ins Wasser schlug, wobei die Rudergestänge nicht belastet wurden. Das Höhen- bzw. Tiefenruder war nur, wie bei allen Torpedos, 4 bis 5 cm breit und genügte nicht im Anfang des Falles, den Torpedo in die Falltangente zu bringen. So wurde auf das Tiefenruder einfach ein dünnes Sperrholzbrett von etwa 30 cm Breite aufgesetzt, welches den Torpedo gleich nach dem Abwurf in die ballistische Fallkurve steuerte. Natürlich stellte sich heraus, daß bei geringen Abwurfhöhen von 5 oder 10 Metern der Fallwinkel noch nicht genügende Neigung hatte, um die Gestänge des Höhen- bzw. Tiefenruders beim Aufschlag vor Bruch zu bewahren. Im Laufe der Erprobung stellte sich heraus, daß 30 bis 50 m Abwurfhöhe den besten Aufschlagwinkel ergaben, während Abwurfhöhen über 50 m einen zu steilen Eintritt des Torpedos ins Wasser bewirkten, so daß leicht aus dem Tiefenruder ein Seitenruder wurde und damit einen Fehllauf des Torpedos bewirkte. Jetzt hatten wir kaum noch Versager. Auf der späteren Torpedo-Schule in Grosseto (Italien) hatten wir bei 1000 Würfen knapp 1 % Versager, die aber auch durch andere Umstände hervorgerufen wurden.

Als ich im Herbst 1934 Staffelkapitän der 1. Seeübungsstaffel wurde, habe ich die taktische Verwendung des Torpedoangriffs besonders geübt und dabei die technische Erprobung in Travemünde verfolgt. Ende 1937 wurde ich Kommandeur der AS 88 der Legion Condor in Pollensa (Mallorca). Ich fand bei dem Verband sechs Lufttorpedos F5 vor, die von meinen Vorgängern unberührt gelassen waren, weil diese wohl kein Verständnis für den Torpedo hatten. Da die Blockade der spanischen Mittelmeerküste zu meinen Aufgaben gehörte, beschloß ich, bei nächster Gelegenheit einen Torpedoangriff zu fliegen, schon um die Brauchbarkeit der Waffe zu erproben. Diese Torpedos hatten noch kein Hilfstiefenruder in Form eines aufgesetzten Holzbrettes. Ich wußte also, daß der Torpedo ziemlich waagerecht auf die Wasseroberfläche schlug und die Gefahr des Bruches der Höhenruder-Gestänge vorlag. Nachdem ich die spanische Mittelmeerküste von Port Bou bis kurz vor Valencia nach einem Blockadebrecher abgesucht hatte, fand ich unmittelbar vor den Molenköpfen von Valencia einen abgeblendeten Dampfer, der gerade einlaufen wollte. Schlecht war, daß hier die Wassertiefe nur 16 m ausmachte, wodurch der Torpedo beim Eintauchen leicht in den Grund gehen konnte. Es war etwa ein Viertelmond und gute Sicht in der Nacht. Ich flog nur 5 m über dem Wasser mit nur 110 km Geschwindigkeit, so daß der Aufschlag nicht zu hart war. Ich schoß aus 1600 m Entfernung, wobei ich die Fahrt des Schiffes auf nur 5 sm/h schätzte. Ich kam somit auf den Bug ab. Mein Bordmechaniker, der den Eintritt des Torpedos beobachten konnte, meldete einwandfreien Eintritt und Lauf des Torpedos. Ich drehte mit dem Flugzeug ganz langsam nach See zu ab und wartete den Erfolg nach der abgelaufenen Uhrzeit ab. Die spanische Luftverteidigung hat mich gar nicht bemerkt, denn sonst schoß sie mit allen Rohren schon bei Annäherung an Valencia. Nach der abgelaufenen Uhrzeit stieg eine Wassersäule neben dem Schornstein hoch und bewies mir, daß der Torpedo getroffen hatte. Der Dampfer, er hieß »Thorpeness«, 4700 BRT, Ladung Getreide für Valencia, erreichte nicht mehr den Hafen, sondern sank schon vor den Molenköpfen. Als Lauftiefe für den Torpedo hatte ich nur 3 m eingestellt. Damit war jedenfalls die Brauchbarkeit des Torpedos erwiesen, es fehlte nur noch die Erprobung für den Abwurf in 30 bis 50 m Höhe und die Tauchtiefe.

Die Spanier deklarierten den Untergang der »Thorpeness« als Erfolg ihrer Minen, die sie vor einigen Monaten vor Valencia gelegt hatten, aber nicht so nah vor den Molenköpfen. Sie fürchteten Repressalien durch die englische Flotte, welche die beiden Parteien nicht als kriegführende Gegner anerkannte, und jeden Angriff auf englische Schiffe außerhalb der Hoheitszone mit Ahndung bedrohte.

Es war dies nach meinem Dafürhalten der erste Lufttorpedo, der mit Erfolg auf ein Schiffsziel geworfen worden war, aber weder die deutsche Marine noch die deutsche

Luftwaffe zogen daraus Konsequenzen für ihre Rüstung. Die Animosität gegen den Lufttorpedo war so groß, daß sich die ablehnenden Stimmen durchsetzten. Weshalb sollte man ein Geschoß erst vor dem Schiff ins Wasser werfen, wenn man es auch gleich darauf werfen kann? So und ähnlich wurde Stimmung gemacht, in völliger Verkennung der waffentechnischen Wirkung eines Geschoßes, welches das Schiff unter Wasser trifft und welches bei Tag und Nacht und bei schlechtem Wetter geworfen werden kann.

Bei Kriegsausbruch wurde ich Ia der 10. Fliegerdivision, aus der nach weiteren Aufstellungen das X. Fliegerkorps entstand. Kommandierender General war Generalleutnant Geisler, ich wurde sein Chef des Stabes. Diese Division bzw. dieses Korps unterstand keiner Luftflotte, sondern unmittelbar dem Ob. d. L., Hermann Göring. Es hatte zunächst nur zwei Kampfgeschwader, das K.G. 26 mit He 111 und das K.G. 30 mit Ju 88-Flugzeugen. Bei wiederholten Besprechungen in Berlin verlangte Göring von uns die Untersuchung, wie er mit seinen Kampfverbänden die englische Flotte vernichten könne. Ich sagte ihm, daß unter den derzeitigen Umständen die Durchführung einer solchen Aufgabe nicht möglich sei. Von den rund 1000 Kampfflugzeugen der deutschen Luftwaffe könnten nur ca. 600 Scapa Flow von Westerland, dem äußersten deutschen Flughafen, erreichen, aber diese 600 Flugzeuge hätten keine Ausbildung in der Übersee-Navigation und würden große Verluste erleiden, wenn sie bei Tag angriffen, da die Engländer ihre besten Jagdverbände zum Schutz der Flotte in Scapa Flow liegen hätten. Außerdem hätten wir als stärkste Bombe die 500-kg-Bombe, wovon jedes der He 111 und Ju 88 Flugzeuge damals zwei tragen konnte. Der Schlachtkreuzer »Seydlitz« hätte in der Skagerrak-Schlacht mehr als 30 Treffer von 30,5- und 38-cm-Granaten erhalten und sei, allerdings nur durch die Kunst seines Kommandanten, über den Achtersteven fahrend noch nach Hause gekommen. Wenn ich selbst die Wirkung der 500-kg-Bombe mit solchen Granaten gleichsetzte, müßte ein Schiff wenigstens 30 Treffer erhalten. Im Durchschnitt könne man bei einem Hochangriff wie auch bei einem Gleitangriff nur mit 3 bis 4 % Treffern rechnen, genau wie bei der Schiffs-Artillerie. Das erfordere 1000 Bomben auf ein Schiff oder 500 Flugzeuge. Da wir nur 600 Flugzeuge für diesen Einsatz hätten, könnte man bestenfalls mit der Versenkung eines Schlachtschiffes rechnen. Aber die englischen Jäger würden dafür sorgen, daß diese Flugzeuge nicht alle auf ein Schlachtschiff konzentriert werden könnten, und alles was angeschossen würde, falle bei dem Rückflug in die Nordsee. Es sei außerdem schwierig, so viele Flugzeuge gleichzeitig oder kurz hintereinander auf ein Ziel zum Angriff zu bringen. Wenn man die schweren Verluste dabei vermeiden wolle, müßte man schon in der Abenddämmerung angreifen, wobei sich die Zahl der Angreifer erheblich verringere. Dem stünde aber außerdem entgegen, daß die meisten Besatzungen der Kampfverbände keine Nachtflug- und Blindflugausbildung hätten. Das K.G. 30 z. B. weigere sich nachdrücklich gegen unseren Auftrag zur Nachtflugausbildung. Dann könnten sie die Maschinen gleich hinschmeißen, war die Parole.

Göring war sehr betroffen von meiner Darstellung, aber er sah es ein. ›Wie soll ich denn die englische Flotte in Grund und Boden schmeißen?‹ war seine Frage. Ich antwortete ihm: ›Mit Torpedoflugzeugen. Wir haben noch etwa 240 norwegische Torpedos, die dafür geeignet sind.‹ Ich verwies auf meinen Torpedoangriff vor Valencia. Inzwischen hätten wir diese Torpedos aber wesentlich verbessert, so daß ich sicher mit 80 bis 90 % Verwendungsbereitschaft rechne. Göring, der von Torpedos nichts verstand, beauftragte mich mit der Ausarbeitung eines Planes für den Torpedoangriff auf Scapa Flow.

Noch Ende September 1939 habe ich diese Ausarbeitung an den Führungsstab Luftwaffe gegeben. Ich ging aus von der Wetterlage über Scapa Flow, die nach den statistischen Unterlagen meines Meteorologen im Durchschnitt nur 60 Tage im Jahr bot, wo die Wolkenhöhe über 4000 m betrug und die Sicht wenigstens 8 km auf dem Hin- und Rückflug. Diese für den Angriff günstigen Wetterlagen mußten aber auch auf den Flugplätzen unserer Basis herrschen und auf dem Hinflug zumindest für den Flug im Verbande.

Letzteres schränkte schon die Angriffsmöglichkeiten auf die Hälfte ein. Dann mußte aber auch an diesen Tagen die englische Flotte in Scapa Flow sein und nicht in See, was die Angriffstage wieder um die Hälfte kürzte. Und wir mußten wissen, ob die Flotte im Hafen war, was wieder eine Reduzierung der Angriffsmöglichkeiten bedeutete. Es blieben letzten Endes 6 bis 10 Tage, wo wir die Flotte in Scapa Flow im Hochangriff angreifen konnten. Ganz anders beim Torpedoangriff. Es genügte eine Wolkenhöhe von 100 m und für den Rückflug eine Sicht von 8 km und 300 m Wolkenhöhe bei Nacht. Man möge mir den Befehl über das K.G. 26 geben und ein Vierteljahr Zeit zur Ausbildung der Besatzungen. Diese Zeit brauchten wir auch zur Ausrüstung mit den Torpedoabwurfgeräten. Dann könnte ich noch vor Weihnachten die Flotte in Scapa Flow angreifen, wo durchschnittlich vier oder fünf Schlachtschiffe und zwei Flugzeugträger lagen. Auf diese sieben Schiffe kämen etwa 60 Flugzeuge, die auch handlich geführt werden könnten. Ich würde in der späten Abendstunde angreifen und Mitternacht zurück sein.

Ich hörte lange nichts von meinem Vorschlag. Bei gelegentlichen Rückfragen bei General Jeschonnek antwortete dieser, daß Göring für meinen Plan sei, aber die Entscheidung habe sich der Führer vorbehalten. Diese Entscheidung kam erst Ende November 1939 und lautete: ›Der Führer hat nach Vortrag General Udets entschieden, daß der Lufttorpedo weder weiter gebaut noch verwendet werden soll, da er technisch zu unzuverlässig ist.‹ Ich war sehr traurig über diesen Entscheid, denn ich hatte an Göring in meinem Plan auch geschrieben, daß Englands Kriegswille auf der Überlegenheit seiner Flotte beruhe, mit der sie uns wie im Ersten Weltkrieg jede Zufuhr von außerhalb abschneiden könne und so allmählich zur Kapitulation bringe.

Die Vernichtung der Heimatflotte in Scapa Flow – es war etwa die Hälfte der Gesamtflotte – hätte einen solchen Schock in England zur Folge, daß England sicher zum Frieden geneigt sei, zumal nach dem Ausfall von Frankreich, seinem Festlanddegen. Ich nahm an, daß Hitler eine solche Schwächung Englands nicht wollte, wie sich später herausstellte.

Im Herbst 1941 ließ mich Göring nach Berlin kommen. Ich mußte mit in seinem Sonderzug nach Wien fahren. Dabei hatte ich Gelegenheit, beim Abendbrot und nachher allein mit ihm sprechen zu können. Göring hatte eine Meldung in der Hand, wonach die Engländer unter Admiral Cunningham mit Trägerflugzeugen die italienische Flotte vor Tarent angegriffen hatten und die Versenkung bzw. schwere Beschädigung von drei italienischen Schlachtschiffen erreicht hatten. Ich wunderte mich, daß dies gelungen war, denn die Schlachtschiffe lagen vor dem Hafen von Tarent auf nur 15 m Wassertiefe. Ich habe auch nach dem Kriege nicht erfahren, wie die Engländer einen so geringen Niedergang der Torpedos erreicht hatten. Dasselbe Problem hatten die Japaner beim Angriff auf Pearl Harbour, wo sie mit nur 12 m Wassertiefe auskommen mußten. Wie sie die Bedenken ihres Flottenchefs, der den Angriff auf Pearl Harbour führte, gegen die Verwendung der Torpedos bei dieser geringen Wassertiefe ausgeräumt haben, ist mir unbekannt.

Göring fragte mich in bezug auf meine Ausarbeitung vom September 1939, ob der Angriff auf die englische Flotte in Scapa Flow heute noch möglich sei. Damals seien dem Führer nur abratende Bedenken vorgetragen worden, so daß die Entscheidung negativ ausfiel. Aber nach diesem Beispiel von Tarent schienen doch die Gegner des Torpedos unrecht zu haben. Ich sagte Göring, daß ein Angriff auf die englische Flotte in Scapa Flow nicht mehr möglich sei, da nach der Versenkung des Schlachtschiffes durch Kapitänleutnant Prien alle Schiffe in ein doppeltes Netz von Torpedoschutznetzen gelegt worden seien. Diese Netze hingen 16 m tief. Es sei wohl möglich, in kurzer Frist den Tiefenlauf des Torpedos auf 20 m zu steigern, aber wir hätten bei den Torpedos nur die Auftreffzündung, jedoch keine elektromagnetische Abstandszündung. Zwar hätte ich gehört vom Technischen Amt, daß andere Nationen, wie die Italiener, an dieser Zündung arbeiteten. Bis zu einem positiven Ergebnis sei vorerst nur der direkte Schuß mit Aufschlagzündung möglich.

Aber für den Angriff auf Geleitzüge auf offener See sei der Lufttorpedo immer noch sehr wertvoll und wirksam, denn ein normales Handelsschiff sei mit einem Treffer erledigt. Göring sagte: ›Wenn Sie zurückkommen nach Berlin, gehen Sie zu Jeschonnek und Udet und sagen Sie ihnen, sie sollen das Kampfgeschwader 26 nach und nach aus dem Einsatz ziehen und auf Torpedos umrüsten, und Sie – damit meinte er mich – werden mein Bevollmächtigter für die Lufttorpedowaffe und bilden nach und nach die Besatzungen aus.‹

Als ich nach Berlin zurückkam, waren Jeschonnek und Udet von diesem Befehl Görings gar nicht erbaut. Udet hatte sich ja seinerzeit gegen den Torpedo ausgesprochen, weil er unzuverlässig sei. So technisch gut wie er sonst war – er hat den Stuka erfunden – so verstand er wenig oder gar nichts von allen Marineangelegenheiten, vor allem vom Torpedo. Jeschonnek hatte Bedenken, weil er jetzt unter keinen Umständen das K.G. 26 aus dem Kampf gegen England herausziehen könne. Er versprach mir, seine Bedenken mit Göring zu besprechen und glaubte zunächst eine Staffel Torpedoflugzeuge umstellen und einsetzen zu können. Das war wieder ein mageres Ergebnis. Aber wir mußten in dieser Zeit schon mit der Armut kämpfen, und jeder Befehlshaber hielt an den Verbänden fest, die er hatte. Trotzdem kam die Ausbildung in Gang, die eine Gruppe K.G. 26 lag in Nordnorwegen, die zweite Gruppe im Mittelmeer, und die dritte auf der Krim. Der Feldmarschall von Richthofen gab seine Gruppe trotz vieler Mahnschreiben nicht heraus. Jeschonnek riet mir, zu ihm zu fliegen, sonst könne er mir auch nicht helfen. Nach einem Besuch in Nikolajewsk ließ sich Richthofen endlich erweichen.

Die Beschaffung der Torpedos machte Schwierigkeiten, da die Rüstungsindustrie mit der Produktion anderer Waffen wie Jagdflugzeugen, Panzern und U-Booten schwerpunktmäßig mehr als ausgelastet war. Göring beauftragte ein Mitglied seines Industrierates, den Direktor der AEG, Heine, mit mir nach offenen Produktionsmöglichkeiten zu suchen. Hitler nahm die Torpedoproduktion in die erste Dringlichkeitsstufe auf. Für den Übergang sagten uns die Italiener monatlich eine Lieferung ihres Whitehead-Torpedos zu. Dieser Torpedo hatte die gleichen Abmessungen und Gewichte wie der F5-Torpedo, er hatte nur etwas geringere Kopfladung und keine Winkelschußeinrichtung. Außerdem versprachen uns die Italiener die Lieferung der Abstandszündung von der Torpedofabrik Silurificio bei Neapel. Diese Zündung war noch nicht erprobt. Sie behaupteten, kein Benzin zu haben. Ich stellte eine Besatzung vom K.G. 26 zur Verfügung und besorgte beim deutschen Quartiermeister ITALUFT das nötige Benzin. In sechs Wochen hatten wir die Erprobung bei 100 Abschüssen mit Erfolg durchgeführt. Das hat die Wirkung des Torpedos erheblich verstärkt, denn nun detoniert er unter dem Kiel statt an der Bordwand.

Mir war als Bevollmächtigtem für die Lufttorpedowaffe außer dem Kampfgeschwader 26 auch die Torpedoschule in Grosseto unterstellt, so daß jetzt erst die Umstellung und Ausbildung auf Torpedos zügig vonstatten ging. Da kam im November 1942 die Landung der Feinde in Algier. Ich lag in meinem Bett in Berlin und wurde durch einen Anruf von Oberst von Brauchitsch, dem Adjutanten Görings, aus dem Bett geworfen mit dem Befehl, die beiden Torpedogruppen K.G. 26 von Nordnorwegen dem Feldmarschall Kesselring im Mittelmeer zuzuführen, denn dort sei etwas passiert, was den Einsatz aller Torpedoverbände sofort nötig machte. Die dritte Gruppe war ohnehin zur Ausbildung noch in Grosseto. Ich bat Brauchitsch, den Befehl für die Verlegung der Torpedogruppen von Nordnorwegen ins Mittelmeer von sich aus zu veranlassen, da er den besseren Draht nach Nordnorwegen habe. Die Gruppen sollten morgen Mittag in München landen, wo ich sein würde. Bis dahin hätte ich mit Feldmarschall Kesselring geklärt, wo er die Gruppen einsetzen wollte. Ich würde mit den Gruppen morgen abend bei Kesselring sein. Kesselring sagte mir, daß er das Geschwader dem General Loerzer, Kommandierender General des II. Fliegerkorps, unterstelle. Er brauche einen älteren Stabsoffizier, der nach Tunis gehe und dort einen Brückenkopf bilde. Ich fühlte mich angesprochen und bot mich an für diese Aufgabe. Kesselring war hocherfreut und sagte, er wolle gleich mit Göring telefonieren, ob er mich freigäbe. Am nächsten Tag war ich in Tunis. Damit war ich zunächst von der Führung der Torpedogruppen und ihrer Umstellung entbunden. Ich kam erst Ende Januar 1943 von Tunis zurück und wurde Nachfolger Loerzers, als Kommandierender General II. Fliegerkorps.

Hier trat ich ein trauriges Erbe an. Das II. Fliegerkorps verfügte noch über die Reste von 5 Bombengeschwadern, die friedensmäßig je 120 Besatzungen haben sollten. Es waren aber nur noch fünf schwache Staffeln mit insgesamt 45 Besatzungen. Das Torpedogeschwader hatte noch insgesamt 14 Besatzungen; am stärksten waren noch die beiden Jagdgeschwader mit zusammen 120 Besatzungen.

Im Mittelmeer habe ich mich mit Feldmarschall Kesselring veruneinigt. Ich habe ihm viermal einen langen Brief geschrieben und bin nach jedem Brief zum Vortrag vor ihm nach Rom geflogen, um ihm zu sagen, daß seine ständigen Befehle an mich zur Panzerbekämpfung abends im Busch von Tunis und Algier keinerlei Erfolg brächten, denn die Panzer wären anderswo als am Vormittag gemeldet. Tagangriffe könne ich wegen der Jagdabwehr aber nicht fliegen. Jeden Abend hätte ich drei bis vier Verluste. Die Besatzungen wüßten um ihren vergeblichen Einsatz und hätten sich in ihr Schicksal ergeben. Damit könnte ich aber nicht die bevorstehende Invasion in Sizilien abschlagen. Er möge mir die Wahl der Einsätze überlassen, die ich nur auf massierte Ziele beschränken würde, wie Panzeransammlungen oder eingelaufene Geleitzüge in den Häfen. Dann sähe die Truppe auch wieder, daß ihr Einsatz Erfolg hätte. Kesselring wurde schließlich böse und sagte mir, der Führer sei schon lange mit mir unzufrieden, es würde mir etwas passieren, wenn ich mich weiter so verhielte. Ich fragte ihn, wer denn die Landung in Sizilien abschlagen solle. Ich bäte darum, alle diese Bedenken dem Führer zu sagen, denn wie solle der in Winiza am Bug wissen, wie es im Mittelmeer aussehe, wenn wir es ihm nicht sagten. Ich wurde abgelöst und verschwand in der Versenkung.

Das Torpedogeschwader hat noch 1943 von Südfrankreich aus einen erfolgreichen Angriff auf einen Geleitzug westlich von Oran geführt. Dann ist es nach dem Verlust Frankreichs und Italiens wieder nach Nordnorwegen verlegt worden.

Das Torpedogeschwader hätte einen wesentlichen Beitrag zur Beendigung des Krieges mit England leisten können, wenn die höhere Führung die Bedeutung dieser Waffe rechtzeitig erkannt hätte.

gez. Harlinghausen«

Aus den Worten beider Generale aber geht bereits hervor, daß dieses Kampfgeschwader 26 nur ganz selten im Laufe des Krieges als geschlossenes Geschwader eingesetzt worden ist. Der Gruppeneinsatz – in Ausnahmefällen sogar der Einsatz einzelner von Gruppe und Geschwader getrennter Staffeln – war die Regel: selbständig wie ein Geschwader, hohen und höchsten Kommandobehörden direkt unterstellt, oft tausende von Kilometern voneinander getrennt eingesetzt. Als *ein* Beispiel:

»Im April 1941 war die II. Gruppe zur Eroberung von Kreta nach Griechenland verlegt, ab Beginn Rußlandfeldzug dort die III./K.G. 26, die I./K.G. 26 in Nordfinnland, die II./ K.G. 26 im Mittelmeer- und Atlantikgebiet.« (Dierich, die Verbände der Luftwaffe 1935–1945. S. 111 f., Stuttgart 1976.)

Dieser Tatsache mußten *Aufbau und Schilderung* Rechnung tragen. In jeder Abteilung, ja in jedem Kapitel mußten – in einer gewissen Monotonie – Geschwaderstab und jede Gruppe einzeln abgehandelt werden. Das Buch benutzt die Bezeichnungen und Abkürzungen der damaligen Zeit. Die Abkürzung für Kampfgeschwader ist in der Literatur, ja selbst in Befehlen verschieden gehandhabt: mal KG 26 und dann wiederum K.G. 26. Ich habe mich daher für K.G. 26 entschieden. Die Geschwaderkennzeichnung (LT) wurde dem Geschwader erst 1942 verliehen. Entsprechend dieser Zeit wird sie hier benutzt. Bei der Wiedergabe von Äußerungen, Gesprächen usw. wurde bewußt nichts geändert. Die damalige Zeit soll weder »geschönt« noch anders verfälscht werden.

Der »Arbeitskreis für Wehrforschung«, dem ich mich für die Aufnahme dieses Werkes in seine Reihe »Beiträge zur Luftkriegsgeschichte« sehr zu Dank verpflichtet fühle, weist auf Seite 5 auf die gerade für die Luftwaffe unbefriedigende *Quellenlage* hin. Dieses Buch kann daher auch nicht den Anspruch, als wissenschaftliches Werk zu gelten, erheben. Und doch haben meine langjährigen Nachforschungen Unterlagen herbeigebracht, die sehr wohl dabei helfen, »Achtung – Torpedo los!« als einen Mosaikstein für die noch ausstehende deutsche Luftkriegsgeschichte anzusehen. Wir finden in den Anlagen die gesamte Verlustliste des Geschwaders, Teile des Geschwaderkriegstagebuchs aus dem Polenfeldzug, die Kopien einzelner Einsatzbefehle aus dem Polen- und Norwegenfeldzug sowie brauchbare Unterlagen für die Stellenbesetzung.

Jeder Leser sei hiermit herzlich gebeten, wenn er noch die eine oder andere Originalunterlage (z. B. Flugbücher) besitzt, wenn er noch Ergänzungen machen kann, Fehler berichtigen usw., mich dies wissen zu lassen. Dies kann alles einer zweiten Auflage nutzbar gemacht werden.

Das was hier dem Leser vorgelegt wird, verdanke ich der selbstlosen und kameradschaftlichen Mithilfe vieler einzelner, der Unterstützung von Traditionsgemeinschaften, von Institutionen und Instituten von Forschungseinrichtungen.

So besonders den Mitarbeitern der Deutschen Dienststelle für die Benachrichtigung der nächsten Angehörigen der Gefallenen der ehemaligen Wehrmacht für ihre Hilfe bei der Bereitstellung von amtlichen Verlustlisten, dem Bundesarchiv/Militärarchiv in Freiburg und dem Bundesarchiv in Koblenz für die bereitwilligen Hinweise auf dort lagernde Unterlagen.

Mein besonderer Dank gilt Herrn Rupprecht Sommer für die sachkundige Gestaltung dieses Buches, seine Anregungen und sein stetes Engagement und Herrn Dr. Gerhard Hümmelchen für seine fachkundige Unterstützung.

Herzlichen Dank sage ich meinen Kameraden Dr. Werner Mörath und Reimer Voß. Ihre tatkräftige Hilfe leistete einen entscheidenden Beitrag zu diesem Buch.

Wesentliche Hilfe leisteten die Kameraden des Kampfgeschwaders 26. Ich kann meinen Dank direkt nur wenigen, die aber stellvertretend für sehr viele stehen, aussprechen: Friedrich Bächle, Ludwig Baum, Roderich Cescotti, Gerhard Kahlert, Werner Klümper, Hatto Kuhn, Horst Naumann, Georg Teske, Walter Thielbeer, Dr. Ernst Heinrich Thomsen, Rolf Thomsen.

Auch bei den Freunden aus dem Ausland Col. L. A. Quinlan aus Brighton/England und Knut Maesel aus Christiansand/Norwegen bedanke ich mich für die Überlassung von Quellenmaterial und Lichtbildern.

Und nicht vergessen werden dürfen die Angehörigen unseres Traditionsverbandes, der 1. Staffel des Jabo-Geschwaders 36 der Bundeswehr in Rheine. Ihr stetes Interesse, ihre Nachfragen nach dem Buch waren für mich immer wieder Ansporn. »Vestigium leonis« liegt jetzt in ihren Händen, und ich meine, wir alten 26er wissen das Erbe in guten Händen.

Esslingen, im Sommer 1990 *Rudi Schmidt*

I. Das K.G.26 von der Aufstellung im Jahr 1936 bis zum Beginn des Zweiten Weltkrieges am 1. September 1939

1. Der Zusammenbruch des Versailler Vertrages – Phönix steigt aus der Asche

Der Friedensvertrag von Versailles – nicht Vertrag, sondern Diktat – vom 28. Juni 1919 begrenzte die Stärke der *Reichswehr* (Heer 100000 Mann, Marine 15000 Soldaten) und verbot ihr den Besitz moderner schwerer Waffen; auch den von Luftstreitkräften und z. B. von U-Booten.

Daß die Reichswehrführung versuchte, diese jede Landesverteidigung unmöglich machenden Beschränkungen unter größtmöglicher Geheimhaltung zu umgehen, wurde nicht nur von der Reichswehrführung, sondern auch von den ressortbetroffenen Ministern – u. a. Reichswehrminister, Reichsfinanzminister, Reichsverkehrsminister und Reichspräsident, aber auch von den jeweiligen preußischen Ministerpräsidenten – stillschweigend gebilligt oder sogar unterstützt. So hätte in damaliger Zeit niemals ein »Grenzschutz Ost« *ohne* Mitwirkung der preußischen sozialdemokratischen Landesregierungen aufgestellt, ausgerüstet und ausgebildet werden können.

Im Reichswehrministerium wurden z. B. bestimmte Dienststellen unter Tarnbezeichnungen aufgebaut, die die Weiterentwicklung von Luftstreitkräften und den Aufbau einer künftigen deutschen Luftwaffe planerisch, ab 1924 aber auch praktisch – so z. B. in der Sowjetunion – vorbereiteten ...

Es war klar, daß hierfür die personellen Kräfte sich in erster Linie aus ehemaligen Angehörigen der jungen deutschen Fliegertruppe des Ersten Weltkrieges rekrutierten. Heer und Marine stellten hierzu, trotz des hohen Eigenbedarfs, meist hochqualifiziertes Personal ab.

In den späten 20er und zu Anfang der 30er Jahre wurden Sport- und Verkehrsfliegerschulen in diese geheimen Vorbereitungen miteinbezogen.

Mit Einführung der allgemeinen Wehrpflicht am 16. März 1935 entfiel die »Geheimhaltung«. Es gab wieder eine deutsche Luftwaffe, allerdings mit zunächst nur wenigen, technisch ungenügenden Flugzeugen.

Nun aber wurden durch erhebliche Abstellungen von Heer und Marine, durch Rückgriff auf einen Teil der von den in die Wehrmacht übernommenen Landespolizeiangehörigen, durch Wiedereinstellung früherer Offiziere, durch Übernahme des Ausbildungspersonals von Fliegerschulen die personellen Kader aufgestellt, um gemäß den letzten Planungen von 1933 bis 1935 die ersten Fliegerverbände aufzustellen. Gleichzeitig setzte die industrielle Fertigung von Kriegsflugzeugen ein.

Die ab 30. Januar 1933 amtierende Reichsregierung – Reichskanzler Adolf Hitler – setzte hier, allerdings mit ungeheurer Energie und unter gekonnter propagandistischer Bearbeitung und Täuschung des Auslands, bereits lange vor ihrer Amtszeit Geplantes und Vorbereitetes fort. Sie hatte hierbei nicht nur die breite Unterstützung der Reichswehr (nunmehr Wehrmacht), sondern auch der überwiegenden Mehrheit des deutschen Volkes hinter sich: Mögen Mittel und Methoden auch sehr unterschiedlich beurteilt worden sein, bei der Zertrümmerung des Versailler Vertrags hatte die neue deutsche Regierung die Gewißheit, im Sinne des deutschen Volkes zu handeln.

(Beim Leser wird die globale Kenntnis der politischen Entwicklung in und um Deutschland von 1914 bis 1945 vorausgesetzt, so daß der Rahmen, der alles umgibt, was in diesem Buch geschildert wird, nicht weiter nachgezeichnet wird.)

2. Die Stammeinheiten des K.G.26

Eines der Geschwader für die Kampfverbände* war das L.G. 1 – das Lehrgeschwader 1 – in Barth.

Hier wurden *Besatzungen zusammengestellt und in Theorie und Praxis ausgebildet.* Erster Schritt war stets die theoretische Einweisung am Flugzeugtyp, für Kampfflieger damals an der He 111.

Es folgte die Navigationsausbildung über Land. Angefangen bei kurzen Flügen zur allgemeinen Orientierung bis zum Langstreckenflug. Eingeschaltet waren Schießübungen auf Scheibe und auf Luftsack – ein »Luftziel (Ballon)« wurde an einem Seil von einem anderen Flugzeug geschleppt und als »feindliches Flugzeug« beschossen.

Die Waffenausbildung fand ihren Abschluß mit der Bombenwurfausbildung auf Erdziele.

Schulungsflüge in Rotten (zwei Flugzeuge), in Ketten- und schließlich in Staffelformation bildeten sodann die Höhepunkte der Ausbildung von Besatzungen von den bereits *»auf dem Papier bestehenden« Verbänden.*

So wurden dann bereits im Sommer 1936 die *Stammeinheiten des späteren Kampfgeschwaders 26* aufgestellt.

Die *I./K.G. 253* in Zerbst wurde die spätere *I./K.G. 26.* Kommandeur war Oberstleutnant Conrad.

1. Staffel	2. Staffel	3. Staffel
Major v. Bushe	Hauptmann Deutsch	Oberleutnant Reible

Die *II./K.G. 257* in Erfurt/Nordhausen wurde *II./K.G. 26.* Kommandeur war Major Simon.

Die Staffelkapitäne der:

4. Staffel	5. Staffel	6. Staffel
Hauptmann Dreikorn	Hauptmann Erdmann	Hauptmann Andreas

* S. hierzu auch Roderich Cescotti »Kampfflugzeuge und Aufklärer von 1935 bis heute.« Koblenz, 1989.

Die II./K.G. 257 verfügte zunächst nur über zwei Staffeln; sie war gerade erst aus der II./K.G. 253 (General Wever) gebildet worden.

Die Aufstellung der 6. Staffel erfolgte 1937 in Lüneburg; sie wurde aus Stammpersonal der 4. und 5. Staffel K.G. 26 gebildet.

Beide Gruppen wurden mit dem zweimotorigen Heinkel-Flugzeug He 111 H3 ausgerüstet.

Für die Aufstellung der Verbände gab es einen *Kriegsstärkennachweis* – einen Stellenbesetzungs- und Ausrüstungsplan – wo u. a. festgeschrieben war, welche Stelle mit welchem Dienstgrad zu besetzen war. Das Ausrüstungsverzeichnis enthielt alle Einzelheiten der technischen Ausrüstung.

An Hand der Forderungen dieses Kriegsstärkenachweises wurden die Einheiten aufgestellt; zunächst der Gruppenstab und die Staffelführungen.

Gruppenkomandeur und Staffelkapitäne waren schon vorhanden. Darüber hinaus gab es für jedes Fachgebiet beim Gruppenstab einen Offizier, der für alle Fragen einer bestimmten Sparte verantwortlich war.

Innerhalb von sechs Monaten war die personelle Aufstellung abgeschlossen. Mit Flugzeugen ging es etwas langsamer, aber nach Jahresfrist hatte jede Staffel ihre erforderlichen Maschinen.

Ausbildung schweißt zusammen

Es begann eine gezielte, intensive *Ausbildung.* Alles, was auf den Schulen und in den Lehrgeschwadern gelernt worden war, wurde weitergegeben und vertieft. Im Grunde waren alle Besatzungen Neulinge – Anfänger. Es grenzt an Unwahrscheinliches, daß eine Luftwaffe innerhalb von zwei bis drei Jahren so aufgebaut wurde, daß sie sich mit anderen Luftwaffen, die fast 20 Jahre praktische Arbeit hinter sich hatten, durchaus vergleichen konnte.

Seitens der Verbandsführung wurde Wert darauf gelegt, daß die Besatzungen nicht nur fachlich, sondern auch menschlich zueinander paßten und, wenn das der Fall war, daß sie dann auch zusammenblieben.

Schwerpunkt aller *Ausbildung* waren Übungen der fliegerischen Funktionen.

Ein Wochendienstplan sah etwa so aus:

40 % fliegerische Ausbildung
20 % theoretische Ausbildung
20 % Waffenausbildung
10 % militärischer Dienst
10 % Sport und anderes

Bei dem technischen und Verwaltungspersonal trat an Stelle des fliegerischen Dienstes der *Fachdienst.*

Erstes Ziel war die fliegerische *Beherrschung des Flugzeuges* und Perfektion in der *Navigation.* Bei vielen und teilweise auch langen Flügen traten so manche technischen Störungen auf, die gar nicht erst »eingebaut« werden mußten, sondern von selbst kamen. So mancher Einmotorenflug, manche Einmotorenlandung und auch Bruchlandung wurden gemacht.

Über alle Flüge wurde genaues Logbuch geführt, und am nächsten Tag wurden die Ergebnisse in einer Einsatzbesprechung ausgewertet.

Flugzeugführer, die noch nicht »blind fliegen« konnten, kamen zur *Blindflugausbildung,* denn es mußte erreicht werden, daß alle Besatzungen blindflugfähig waren.

Verbandsflug wurde geübt. Daß man dieses exerziermäßige Fliegen dann später fast überhaupt nicht brauchte, wußte man zu dieser Zeit noch nicht.

Und immer wieder gab es *Waffenausbildung:* Übungswürfe wurden mit Bomben auf dem Trockenteppich geübt, ein am Boden montiertes Zielgerät mit darunter laufendem Zielteppich war dazu aufgestellt. Alte Zielgeräte, ein einäugiges Fernrohr mit Rechengerät, wurden später durch ein modernes, verbessertes Zielgerät abgelöst.

Zielflüge mit Zementbomben folgten. In einem unbewohnten Gebiet war ein Bombenwurfplatz errichtet worden. Eine Zielscheibe, etwa 10 Meter im Durchmesser, bildete das Ziel. Daneben war ein Beobachtungsplatz aufgebaut, der die einzelnen Würfe registrierte.

Auch das *Schießen mit Bordwaffen* wurde geübt. Zunächst auf dem Schießstand, auf einem Schaukelstand, der das schlingernde, fliegende Flugzeug darstellen sollte. Hier war ein Drehkranz mit einem MG montiert. Von hier aus wurde auf eine bewegliche Scheibe, mit einer Schußentfernung zwischen 200 und 400 Meter, geschossen.

Die Bodenschießausbildung erhielt ihre Vollendung durch *Luftschießen.* Im Anflug auf Scheibe, einmal direkt aus der Kanzel heraus für den Beobachter, dann im seitlichen Vorbeiflug für den Bordfunker und schließlich aus der Bowa* heraus für den Bordmechaniker.

Techniker und *Waffenmechaniker* erhielten durch den Flugdienst auch ihre Weiterbildung. Wenn das fliegende Personal übte, wurde ihre Tätigkeit und ihr Fachkönnen gebraucht. Daneben wurden sie selbstverständlich noch auf technische Weiterbildungslehrgänge geschickt.

Spanisches Intermezzo

1937 vollzog sich der erste Wechsel in den Staffelführungen. Bewährte Kapitäne wurden als Kommandeure zu neu aufzustellenden Verbänden versetzt. Jüngere rückten nach und wurden Staffelkapitän.

Auch andere Veränderungen traten ein: »Streng geheim« lief alles – und doch waren Gerüchte im Umlauf:

»In Spanien bei Franco sind deutsche Flieger eingesetzt.« Wer wußte Genaues? Keiner! Bis jetzt war ab und an mal eine Besatzung versetzt worden, über Nacht verschwand sie. »Sonderkommando« sagte man. Nicht ungewöhnlich in einer Zeit, wo jeden Tag ein anderer Verband aufgestellt und erfahrene Besatzungen gebraucht wurden. Vermutungen und Wortfetzen blieben hängen, aber noch keiner war von Spanien zurückgekehrt, keiner konnte erzählen, was, wann und wie gewesen war.

Jetzt war eine Besatzung von uns dran. Am Abend Besprechung beim Kommandeur. Vorab Befehl absoluter Verschwiegenheit. Dann grobe Information über die Lage in Spanien und den Einsatz deutscher Flieger. Jeder Angehörige der Besatzung wurde einzeln gefragt, ob er freiwillig mitmachen wolle. Wenn ja, gab es weitere Information und später die Reisepapiere. Wenn nein, konnte er unter Beachtung seines Schweigeversprechens auf sein Zimmer gehen. Die hier befragte Besatzung sagte: »Ja, wir möchten runter!«

Es soll hier, mehr als 50 Jahre später – betont werden, daß keinerlei Druck ausgeübt wurde, daß also die Meldung nach Spanien wirklich freiwillig erfolgte. Für die im Aufbau befindliche Lufttruppe, die jeden Ausbilder dringend selber brauchte, bedeutete die Abstellung ein schmerzliches militärisches Opfer auf dem politischen Altar.

* Bodenwanne

Daß der »Spanieneinsatz« sich später als erhebliches Erfahrungsgut – technisch, taktisch und operativ – erweisen sollte, konnte man bei der Aufstellung 1937 noch nicht wissen.

Per Autobus nach Döberitz, in Zivil eingekleidet, am späten Nachmittag zur Einschiffung nach Hamburg gefahren. Bei Nacht erfolgte die Verladung an einer Außenpier, auf einem Frachter. Solange Land in Sicht war, mußte alles unter Deck verschwinden. Nach einer Woche war Vigo erreicht. Dort wurde ausgeschifft und per Eisenbahn nach Burgos gefahren. In einer Schule hatte ein Vorkommando eine Sammelstelle eingerichtet. Sie sorgte für die Weiterleitung zur vorgesehenen Einheit, für die Flieger unseres Geschwaders zur K 88 der *Legion Condor*.

Nach etwa sechs Monaten kamen die ersten zurück. Sie konnten erzählen von Land und Leuten, von dem Leben in Spanien und natürlich von ihren Bombeneinsätzen im Spanischen Bürgerkrieg. Zuvor waren sie zur Rückmeldung in Berlin bei »Max Winkler« gewesen, um Bericht zu erstatten. Von den Offizieren wurde eine eingehende Meldung über die geflogenen Einsätze, die gemachten Erfahrungen und auch über sonstige Erkenntnisse in der Zusammenarbeit mit Verbündeten verlangt. Diese Berichte sollten ausgewertet in die Ausbildung der Verbände einfließen.

In den Verbänden wurden die »Erfahrungen einer Bomberbesatzung im Einsatz« sofort praktisch verwertet. Die zurückgekehrten Besatzungen wurden aufgelöst und auf die anderen Besatzungen, die nicht in Spanien waren, aufgeteilt. Dadurch hatte fast jede Besatzung einen kriegserfahrenen Flieger. Die Auswertung der in Spanien gemachten Erfahrungen bezog sich nicht nur auf das Handwerkliche beim Fliegen, sondern in erster Linie auf das »Verhalten, das Miteinander einer Besatzung im Kriegseinsatz«. Die »Legionäre« konnten aus ihrer Erfahrung manch guten Beitrag leisten.

Vom Geschwader nahmen 12 Besatzungen – 48 Soldaten – am Spanischen Bürgerkrieg teil. Sie waren jeweils durchschnittlich 6 Monate bei der Legion Condor in der K 88. Jeder hatte in dieser Zeit an etwa 100 Feindflügen teilgenommen. Der Autor dieses Buches auch.

Veränderungen von Verbandszugehörigkeit und Standorten

Die Verbandsbezeichnungen I./K.G. 257 und I./K.G. 253 (s. S. 23f.) sollten nicht die endgültigen sein. Beide Gruppen waren für die Neuaufstellung eines Kampfgeschwaders vorgesehen, für das Kampfgeschwader 26. Sein späterer Standort sollte sich in Norddeutschland befinden. Das Geschwader konnte vorerst aus nur zwei Gruppen bestehen. Die Aufstellung einer dritten Gruppe war zu einer späteren Zeit geplant.

Die bisherigen Standorte Zerbst, Gotha, Erfurt und Nordhausen waren alles Garnisonsstädte. Die alten Kasernen waren mit Heeresverbänden belegt. Erstmals kamen Flieger hierher. Draußen vor den Toren der Stadt lag der Flugplatz, und an seinem Rande entstanden Kasernen und Unterkünfte für die Flieger. Jedoch nach knapp einem Jahr erfolgte die Verlegung in die Endstandorte.

Fliegerhorst Lüneburg

Er liegt unmittelbar am östlichen Stadtrand und ist von der Stadt aus zu Fuß erreichbar.

Mit den Bauarbeiten für einen Fliegerhorst wurde im Jahre 1935 begonnen. 1937 war der erste Bauabschnitt beendet.

Die Größe des Fliegerhorstes betrug zu der Zeit etwa 105 Hektar mit einer Ausdehnung Ost : West von 1535 und Nord : Süd von 858 Metern. Als Start- und Landeeinrichtung für die damaligen Verhältnisse gut ausreichend.

Das »Olympische Dorf«, nachgebildet den Unterkünften der Sommer-Olympiade von 1936 in Döberitz bei Berlin, sollte ursprünglich als Unterkunft für die Besatzungen dienen.

Der fortschreitende Ausbau des Fliegerhorstes ergab dann aber eine Unterkunftseinteilung nach der Staffel-Organisation.

Charakteristisch für die Anlage: Weiträumigkeit, reicher Baumbestand und schöne Grünanlagen.

Am 1. Oktober 1937 wurde hier in Lüneburg der Geschwaderstab des Kampfgeschwaders 26 unter seinem ersten Kommodore, Oberst Dr. Frhr. von Richthofen, aufgestellt.

Zur gleichen Zeit verlegte die Kampfgruppe 257 von dem bisherigen Standort nach Lüneburg und wurde dem Kampfgeschwader 26 als II. Gruppe zugeordnet.

Von 1940 bis Kriegsende blieb der Fliegerhorst Lüneburg Heimatstandort des Geschwaderstabes und der II. Gruppe.

Zu Beginn des Polenfeldzuges verlegten der Geschwaderstab und die II. Gruppe auf Einsatz-Fliegerhorste in Schlesien, um von dort aus am Feldzug teilzunehmen. Im April 1940 wurde das Geschwader auf frontnahe Standorte in Dänemark und Norwegen verlegt.

Heute hat der Traditionsverband des Geschwaders dort seine Heimstätte gefunden. Der Löwe des Kampfgeschwaders 26 ziert nach wie vor das Eingangstor zum ehemaligen Fliegerhorst.

Fliegerhorst Lübeck-Blankensee

Weit draußen vor den Toren der Stadt, zwischen Lübeck und Ratzeburg, liegt Blankensee.

Neben einem kleinen verträumten Sport- und Jagdsee, der für Entenjagd gut war, wurde hier der Fliegerhorst im Jahre 1935 gebaut. Der Flugplatz mit all seinen Einrichtungen wurde 1937 fertig.

Lübeck-Blankensee wurde der Friedens-Fliegerhorst der I./K.G. 26. Im Juli 1938 bezog die Gruppe als erster fliegender Verband diesen Horst.

Lübeck-Blankensee diente dem Geschwader während des ganzen Krieges als Nachschubbasis für den technischen Dienst.

1940 wurde die IV. Gruppe aufgestellt. Sie nahm ihren Standort für Schulung und Ausbildung ebenfalls in Lübeck-Blankensee.

Fliegerhorst Schwerin

Der Fliegerhorst liegt nordwestlich der Stadt Schwerin. Umgeben von einigen Gütern und eingebettet in die schöne Seenplatte der Schweriner Ebene.

Mit dem Ausbau des Fliegerhorstes wurde 1936 begonnen. Die Größe entsprach in etwa der des Fliegerhorstes Lüneburg. Er war vorgesehen für die Aufnahme einer Fliegergruppe.

Im Spätherbst 1939 wuden die ersten technischen Einheiten für die Versorgung und Betreuung einer Kampfgruppe dort aufgestellt. Der Fliegerhorst Schwerin war als Heimatstandort der III./K.G. 26 vorgesehen. Im März 1940, nach ihrer Aufstellung in Ostpreußen, verlegt die III. Gruppe hierher.

Angaben zur Einrichtung einer Fliegerhorstkommandantur s. Anhang, Anlage 1, über die technischen Einheiten eines Fliegerhorstes s. Anhang, Anlage 2.

3. Das Kampfgeschwader 26

Die Aufstellung des Geschwaders erfolgte im Jahre 1937 in Lüneburg. Kommodore: Oberst Dr.-Ing. Freiherr von Richthofen. Das Geschwader* bestand aus:

- Geschwaderstab K.G. 26 } Standort Lüneburg
- Geschwader-Stabsstaffel K.G. 26 } Standort Lüneburg
- I. Gruppe K.G. 26 Standort Lübeck-Blankensee
- II. Gruppe K.G. 26 Standort Lüneburg
- III. Gruppe K.G. 26 Aufstellung im Winter 39/40 in Jesau/Ostpreußen, Standort Schwerin
- IV. Gruppe K.G. 26 Aufstellung 1940 – Standort Lübeck-Blankensee.

Dem Geschwader zugeordnet und unterstellt waren an technischen Kompanien:

1. Flughafen-Betriebskompanie in Lübeck-Blankensee für die I./K.G. 26
2. Flughafen-Betriebskompanie in Lübeck-Blankensee für die I./K.G. 26
4. Flughafen-Betriebskompanie in Lüneburg für die II./K.G. 26
5. Flughafen-Betriebskompanie in Lüneburg für die II./K.G. 26
7. Flughafen-Betriebskompanie in Schwerin für die III./K.G. 26
10. Flughafen-Betriebskompanie in Lübeck-Blankensee für die IV./K.G. 26

Ab 1941 wechselweise – je nach Standort des Verbandes – eine, manchmal auch zwei Lufttorpedo-Betriebskompanien. Hiervon bestanden insgesamt acht Kompanien.

Die personelle Besetzung der Führungsstellen des Geschwaders bei der Aufstellung der Einheiten**

Geschwader-Kommodore: Oberst Dr.-Ing. Frhr. v. Richthofen

Geschwader-Stab:	Ia	Adjutant	Techn. Offz.
	Hptm. Moeller	Olt. Liebich	Olt. Streng

Stabs-Staffel: Staffelkapitän Hptm. Gehring

I. Gruppe K.G. 26

Gruppenkommandeur: Oberstlt. Conrad

Staffelkapitäne:	1.	2.	3. Staffel
	Major v. Bushe	Hptm. Deutsch	Olt. Reible

II. Gruppe K.G. 26

Gruppenkommandeur: Major Simon

Staffelkapitäne:	4.	5.	6. Staffel
	Hptm. Dreikorn	Hptm. Erdmann	Hptm. Andreas

* s. Anhang, Anlage 3

** Verzeichnis der laufenden Besetzung dieser Führungsstellen s. Anhang, Anlage 4.

III. Gruppe K.G. 26 Aufstellung Winter 39/40
Gruppenkommandeur: Major v. Loßberg

Staffelkapitäne:	7.	8.	9. Staffel
	Hptm. Gustavus	Hptm. Stefanus	Hptm. Stiller

IV. Gruppe K.G. 26 Aufstellung 1940
Gruppenkommandeur: Major Fritz Gehring

Staffelkapitäne:	10.	11.	12. Staffel
	Olt. Leicht	Olt. Lüdtke	Hptm. v. Hemskerk

Besetzung der technischen Kompanien

1. Flughafen-Betriebskompanie Olt. Stützel 2. Flughafen-Betriebskompanie Olt. Kahlert	I. K.G. 26
4. Flughafen-Betriebskompanie Olt. Schmidt 5. Flughafen-Betriebskompanie Olt. Paustian	II. K.G. 26
7. Flughafen-Betriebskompanie Olt. Lobau 8. Flughafen-Betriebskompanie Hptm. Kern	III. K.G. 26
10. Flughafen-Betriebskompanie Olt. Link	IV. K.G. 26

vestigium leonis

Das Geschwader sollte neben der taktischen Bezeichnung auch einen Namen, ein Wappen haben. Vorschläge wurden erbeten.

Der Kommodore selbst brachte den besten Vorschlag:

vestigium leonis – Löwengeschwader – sollte sein Name sein.

Hier seine Chronik:

Bardowick, ein Flecken im Kreis Lüneburg, war wirtschaftlicher Mittelpunkt des Gebietes der Langobarden, die während der Völkerwanderung nach Italien zogen (Lombardei).

Die wirtschaftliche und politische Bedeutung der 850 von Karl dem Großen zum Fernhandelsplatz für die Slawengebiete bestimmten Wiks des Bardengaus wurden seit Mitte des 12. Jahrhunderts von Lüneburg und Lübeck verdrängt und durch Heinrich den Löwen vernichtet.

Der Dom von Bardowick hielt der Vernichtung stand. Hier ließ Heinrich der Löwe in Stein sein Wappenbild, den braunschweigischen Löwen, mit der Inschrift »vestigia leones« einhauen.

Heinrich liegt im Braunschweiger Dom begraben, neben dem er seine Burg Dankwarderode erbaut und selbstbewußt das eherne Löwendenkmal errichtet hatte.

Der Löwe von Bardowick mit seiner Inschrift »vestigia leones« wurde Wappen und Leitmotiv des Kampfgeschwaders 26 (Abbildung s. S. 11).

Die taktischen Kennzeichen des Geschwaders

1 H +	= K.G. 26
1 H + F	= 6. Staffel im K.G. 26
1 H + F K	= 6. Staffel im K.G. 26, taktische Nr. 10 i. d. Staffel

1 H + A	B	C	D	E	F	G	H	I	K	L	M	
1.	2.	3.	4.	5.	6.	7.	8.	9.	10.	11.	12.	Staffel

Die Farben

an der Propellernabe

blau/weiß	Geschwaderstab und Stabskette
schwarz/weiß	I. Gruppe
rot/weiß	II. Gruppe
gelb/weiß	III. Gruppe
grün/weiß	IV. Gruppe

beim Geschwaderwappen

blau/weiß	Geschwader und Stabskette
schwarz/weiß	I. Gruppe
rot/weiß	II. Gruppe
gelb/weiß	III. Gruppe
grün/weiß	IV. Gruppe

Grund des Wappens immer weiß, Löwe in obigen Farben

Unter einer straffen Geschwaderführung wurde die *Ausbildung zu Kampffliegern* fortgesetzt. Neu kam jetzt eine theoretische und praktische Ausbildung im Überseeflug und im Seekrieg hinzu.

Die Besatzungen lernten an Hand von Schiffsmodellen oder Lichtbildern zu unterscheiden, wie ein Frachter und wie ein Kriegsschiff aussieht. Bei letzterem auch die Unterschiedsmerkmale zwischen Schlachtschiffen, Flugzeugträgern, Kreuzern, Zerstörern und anderen. Hinzu kam Tonnage schätzen lernen und vieles andere, was für die Beurteilung von Seezielen notwendig war. Die praktische Ausbildung wurde durch Überseeflüge ergänzt. Erst kürzere zur Gewöhnung, später längere, die bis an die Südspitze Norwegens oder die englische Ostküste führten. Die Navigation, auch das Fliegen über See, war für fast alle Besatzungen neu. Sie lernten Wind und Seegang schätzen, übten an gesichteten Schiffen Schiffstypenkunde und machten sich so – zumindest mit den Anfängen – der Übersee-Navigation vertraut.

In dieses Jahr fiel auch die erste Mitwirkung bei Flottenmanövern.

Auch erstmalig, daß ein Ziel durch Funkpeilanflug auf Fühlungshalter gefunden werden mußte. Eine bis dahin völlig unbekannte Aufgabe, und es ist zu verstehen, daß nicht alle Staffeln das Ziel gefunden haben. Die Peilzeichen wurden entweder nicht gehört, oder der falsche Sender wurde angeflogen.

Es gab auch praktische *Seenotübungen.* Nicht gewollt und nicht freiwillig. Eine Besatzung hatte weit draußen über der Nordsee Motorschaden, mußte den einen Motor abstellen und konnte das Flugzeug im Einmotorenflug nicht halten. Zum Glück stimmte der durch Funk gemeldete Standort, so daß die Besatzung durch Suchflugzeuge gefunden und durch den Seenotkreuzer, das Flugsicherungsboot, geborgen werden konnte.

Für das Geschwader war der Fall nicht nur negativ, sondern hatte auch eine positive Seite. Alle hatten am praktischen Beispiel erlebt, wie eine Besatzung bei ordentlicher Navigation gefunden und auch gerettet werden kann. Fälle dieser Art trugen dazu bei, mit der See und dem Fliegen über See vertrauter zu werden.

Die Stabsstaffel

Die Stabsstaffel war »Geschwaderführungskette« und Aufklärungsverband.

1939 wurde sie in Lüneburg aufgestellt. Sie hatte neun Besatzungen, eine Bodenorganisation mit Oberwerkmeister, ersten Warten, Bomben- und Waffenpersonal und eine komplette Schreibstube mit Hauptfeldwebel und Rechnungsführer.

Eine Organisation wie eine Einsatzstaffel, nach Kriegsstärkennachweis aufgestellt.

Die Wartung der Flugzeuge erfolgte, wie bei anderen Staffeln, mit Unterstützung der FBK.

In der organisatorischen Gliederung waren vorgesehen:
3 Besatzungen als sogenannte Geschwaderführungskette
6 Besatzungen, die hauptsächlich für Aufklärung ausgebildet waren.

Der operative Einsatz vollzog sich später allerdings ganz anders. Im Polenfeldzug funktionierte das noch mit »Geschwaderführungskette« und Aufklärung. Aber auch schon da wurden die Besatzungen zu Bombeneinsätzen herangezogen.

Der Kommodore und die Offiziere des Geschwaderstabes hatten ihre Besatzung, und wenn sie zum Einsatz kamen, flogen sie eben mit ihrer Besatzung. War eine Aufklärung zu fliegen, wurden die anderen Besatzungen der Stabsstaffel eingesetzt.

Schon im Handelskrieg gegen England wurde die Staffel als normale Kampfstaffel verwendet. Die Staffel lag während dieser Zeit am Standort des Stabes entweder in Lübeck oder in Westerland.

Die III. Gruppe Kampfgeschwader 26

Im November 1939 begann die Aufstellung der *III./K.G. 26*. Einige Stammbesatzungen aus der I. und II. Gruppe wurden herausgelöst und zur III. Gruppe versetzt. Sie bildeten dort das Rückgrat des neu aufzustellenden Verbandes. Die Auffüllung zu voller Stärke erfolgte durch junge Besatzungen aus den Fliegerschulen.

Noch war das Geschwader nicht so weit, daß es über eine Ausbildungsgruppe (*IV. Gruppe* s. S. 32) verfügte. Deshalb mußten junge Besatzungen oder neue Einheiten noch direkt beim Kampfverband ausgebildet werden.

Die Aufstellung der Gruppe wurde in Jesau/Ostpreußen, das liegt etwa 20 km südlich von Königsberg, vorgenommen. Die Ausrüstung der Gruppe erfolgte mit He 111 H3. Sie war für den Einsatz mit Bomben vorgesehen.

Kommandeur der Gruppe wurde Major Viktor von Loßberg. Die Staffelkapitäne waren: *7. Staffel* Hauptmann Gustavus, *8. Staffel* Hauptmann Stefanus, *9. Staffel* Hauptmann Stiller. Die Stammbesatzungen – es waren pro Staffel allerdings nur höchstens zwei alte Besatzungen mit ihren Kapitänen – hatten schon den Polenfeldzug mitgemacht und dort die ersten Kriegserfahrungen sammeln können.

Die Ausbildung ging zügig voran. Sie begann mit der Einweisung in den Flugzeugtyp He 111 H3: Jede Staffel hatte ein Flugzeug aufgebockt und an ein Aggregat angeschlossen. Die Besatzung konnte dadurch alle Handgriffe mit praktischer Ausführung üben.

Sodann wurden *Navigationsflüge* über Land und See geübt; dann kam der *Verbandsflug,* zuerst in Rotte, dann in Kette und schließlich in der Staffelformation. *Bombenwurfübungen* mit Zementbomben und *Schießübungen* auf Scheiben ergänzten die Waffenausbildung. Zum Schluß wurde der Nachtflug geübt. Den Start- und Landeübungen folgten Nachtflüge über Land und See.

Im März 1940, nach nur fünf Monaten Aufstellungs- und Ausbildungszeit, war die Gruppe einsatzbereit. Sie wurde jetzt in den Geschwaderverband eingegliedert. Als Stammfliegerhorst erhielt sie Schwerin zugewiesen. Der Nachrichtenzug für den Gruppenstab und die Flughafenbetriebskompanie für den technischen Dienst standen hier bereits zur Verfügung.

Das Geschwader war damit erstmals mit drei einsatzfähigen Kampfgruppen ausgestattet.

Die IV. Gruppe Kampfgeschwader 26

Die IV. Gruppe – im Gegensatz zu den Gruppen I bis III – war keine Kampfgruppe, sondern eine *Ausbildungsgruppe.* Das bedarf besonderer Erläuterung.

In der Luftwaffenführung hatte sich die Erkenntnis durchgesetzt, daß die bisherige fliegerische Ausbildung auf den Fliegerschulen nicht immer ausreichend für den Einsatz in den Frontverbänden war. Neben der reinen Fachausbildung wie z. B. zum Flugzeugführer, Beobachter, Bordfunker, Bordschützen kam dann die Verbandsausbildung auf den Kampfflieger-Jagdflieger-Sturzkampffliegerschulen u. s. f.

Es war klar, daß dort die Ausbildung eine *allgemeingültige,* nicht aber eine solche war, die sich auf die oft ganz besonderen Spezialtätigkeiten eines Geschwaders bezog. Solche »Spezialaufgaben« (so z. B. die spätere Verwendung des K.G. 26 als Torpedogeschwader) stellten sich ab Kriegsbeginn mitunter recht schnell heraus.

So hatten im Einsatz der Kampfverbände sich bald »Spezialeinheiten« gebildet: das K.G. 4 als Minenverband, das K.G. 54 oder das K.G. 27, die meist für die unmittelbare Unterstützung des Heeres eingesetzt wurden, oder das K.G. 30, das Lehrgeschwader 1 usw. (Übrigens gab es im Heer etwas Vergleichbares: die sogenannten Divisionskampfschulen, die ihren Unterführernachwuchs auf die ganz typischen Aufgaben der eigenen Division hin ausbildeten. Diese zunächst von der Division improvisierten, später dann etatisierten Kampfschulen waren freilich meist nur bei Infanteriedivisionen, die ihren Einsatzraum weniger wechselten als z. B. gepanzerte Verbände, vorhanden.) Die Ausbildungsanforderungen dieser Spezialeinheiten konnten an den großen Kampffliegerschulen nicht erfüllt werden.

Deshalb wurden innerhalb des Geschwaders die Ausbildungsgruppen – die IV. Gruppen – geschaffen. So auch beim Löwengeschwader.

1940 wurde die *IV. Gruppe* aufgestellt. Ihr Standort war Lübeck-Blankensee.

Zunächst wurden ein Gruppenstab und drei Staffeln mit einer FBK gebildet. Das Stammpersonal wurde aus der I. und aus der II. Gruppe genommen. Alles Besatzungen, die entsprechende Kriegs- und Kampferfahrungen gesammelt und ihre Einsätze geflogen hatten.

Kommandeur der Gruppe wurde Major Gehring, bisher Staffelkapitän in der Stabsstaffel. Sein Adjutant, Oberleutnant Bergholter, bisher Staffeloffizier und Beobachter in der II. Gruppe, der technische Offizier wurde Oberleutnant Link, bisher Staffeloffizier und Flugzeugführer in der I. Gruppe. Die Staffelkapitäne der zehnte, elften und zwölften Staffel waren erfahrene, einsatzerprobte Staffeloffiziere aus den Einsatzgruppen.

Ausgerüstet war die IV. Gruppe mit He 111-Flugzeugen, wie sie in den Einsatzgruppen des Geschwaders verwendet wurden. Später, nach Umrüstung der Einsatzgruppen auf Ju 88, erhielten auch die Staffeln der IV. Gruppe diese Maschinen.

Zu den Staffelkapitänsbesatzungen verfügte jede Staffel über weitere zwei »Lehrbesatzungen«, die voll zur Schulung junger, neuer Besatzungen eingesetzt wurden.

Die Forderungen der Einsatzgruppen, die diese an den Ausbildungsstand neuer Besatzungen stellten, wurden zusammengefaßt und zu einem *Ausbildungsplan* verarbeitet.

Die technischen Einheiten bei den fliegenden Verbänden

Im *Geschwaderstab* und bei den *Kampfgruppen* befand sich technisches Führungs- und Verwaltungspersonal, welches für die Ausrüstung und Verwaltung zuständig war.

Es bestand aus:

Je einem techn. Offizier und einem Geräteverwalter (Ofw.); die Gruppenstäbe erhielten bei Kriegsbeginn zusätzlich einen Waffeninspektor und eine Prüfungsgruppe.

Die Staffeln waren ausgestattet mit:

- 1 techn. Offizier (Flugzeugführer),
- 1 Oberwerkmeister,
- 9 Flugzeugmechanikern als 1. Warte,
- 1 Waffenoberfeldwebel und 1 Waffenmechaniker,
- 1 Funkgeräte-Oberfeldwebel und 1 Funkmechaniker.
- 1 Bomben-Oberfeldwebel und Bombenwart.

Nach Zuordnung der Flughafen-Betriebs-Kompanien zu den Fliegergruppen und direkter Unterstellung verfügten die Gruppen über weiteres technisches Personal.

Die *Flughafenbetriebs-Kompanien* bestanden aus:

- Kompanie-Chef mit Kompanie-Trupp,
- 3 Betriebszügen, geführt von Oberwerkmeistern,
- 1 Werkstattzug mit Werkzeugmaschinen, geführt von einem Oberwerkmeister,
- 1 Fallschirmwart.

Das technische Personal bestand vorwiegend aus Flugzeugmechanikern, die befähigt waren, auch schwierige Reparaturen auszuführen. Triebwerkwechsel wurden grundsätzlich selber gemacht. Neben dem Instandsetzungspersonal waren auch Fachleute für Geräte, Bomben- und Waffen- sowie Funkgeräteausrüstung vorhanden.

Zusätzlich erhielten die Gruppenstäbe der Fliegergruppen eine *Prüfgruppe*. Sie bestand aus je einem Prüfer für Triebwerke, Zelle und Geräte. Es waren Wehrmachtsbeamte. Anfangs noch in Zivil gekleidet und mit einer Armbinde »Wehrmachtsangehöriger« gekennzeichnet. Ab Herbst 1939 trugen sie Uniform mit dem Dienstgrad eines Oberfeldwebels und nannten sich Prüfmeister.

Die Prüfgruppe hatte den Auftrag, die Einsatzbereitschaft der Flugzeuge zu sichern. Innerhalb dieser Gruppe wurden Beanstandungen registriert und die notwendigen Maßnahmen besprochen. Nach Durchführung der Reparaturen erfolgten die Überprüfung und Abnahme. Vielfach war hierfür ein Werkstattflug erforderlich.

Die »Lebensakten« der Flugzeuge führte die Prüfgruppe. Hier erfolgten auch die Überwachung und die Stundenkontrolle. Wie heute beim Auto, wo Inspektionen etwa alle 20 000 Kilometer durchgeführt werden, geschah hier eine Inspektion nach Flugstunden. Es gab die 25-, 50- und 100-Stunden-Kontrolle. Stundenkontrollen nach Flugstunden. Man nannte sie die kleine, mittlere und große Inspektion. Nach 100 Flugstunden wurden die Motoren gewechselt. Gemessen an heutigen Werten waren das sehr geringe Leistungszeiten.

Die Erledigung von Beanstandungen lief in etwa so:

Nach Rückkehr vom Flug beanstandete die Besatzung die auftretenden Mängel und trug diese in das mitzuführende Bordbuch ein. Dieses wurde anschließend mit dem »ersten Wart« durchgesprochen, der die weitere Erledigung über seinen Oberwerkmeister veranlaßte. In Zusammenarbeit zwischen Oberwerkmeister der Staffeln, TO und den FBK-Oberwerkmeistern wurden kleine Schäden sofort behoben. Bei größeren Schäden wurden die Prüfer eingeschaltet, die den Ablauf festlegten.

Durch diese technische Organisation und Ausstattung war es uns möglich, fast alle Schäden selber zu beheben.

1938/1939: Krisen in Richtung »Krieg«

Im März 1938 erfolgte der Anschluß Österreichs an Deutschland. Noch lagen die Gruppen in Mitteldeutschland, hatten noch keine einheitliche Geschwaderführung, sondern waren noch zwei getrennt voneinander operierende Kampfgruppen.

Während des Einmarsches der Truppen in Österreich lagen die Gruppen in Bereitschaft. Im Herbst 1938 kam die Sudetenkrise; es wurde jedoch verhandelt. Deutschland, Italien, England und Frankreich fanden eine Lösung ... aber nur eine kurzfristige. Schon im März 1939 standen wieder dunkle Wolken am politischen Horizont. Das Sudetenland hatte nicht gereicht, die ganze Tschechoslowakei sollte es sein! Am 15. März 1939 verlegte das Geschwader mit der ersten und zweiten Gruppe nach Prag, einsatzbereit! Die Bordwaffen waren geladen, richtige Bomben an Bord.

Nur wenige Tage dauerte es, die Gruppen konnten wieder zurückverlegen. Das nächste Vierteljahr war relativ ruhig. Die Ausbildung wurde fortgesetzt, verstärkt wurden Fernflüge über See angesetzt und geflogen. Verbandsflüge wechselten mit Bombenwurf- und Schießübungen.

Inzwischen hatte die Geschwaderführung gewechselt. Oberst von Richthofen war inzwischen Chef des Stabes der Legion Condor geworden. Ab Herbst 1938 war er sogar deren Kommandeur.

Neuer Kommandore des K.G. 26 wurde Oberst Siburg.

Der Geschwaderstab wurde neu formiert, zum Teil weiter ergänzt. Auch in den Gruppenführungen hatten sich Änderungen ergeben. Die zweite Gruppe wurde jetzt von Major v. Bushe, früher Kapitän der ersten Staffel, geführt. Sein Adjutant wurde Oberleutnant Kaupisch, auch er kam von der ersten Gruppe.

Der Führungswechsel im gesamten Geschwaderbereich war aufbaubedingt. Die oberen Führungsstellen beim Fliegerkorps, bei den Fliegerdivisionen und bei den Luftflotten brauchten Führungspersonal. Und das konnte, wenn auch mit kurzer praktischer Tätigkeit, nur aus den Verbandsführungen kommen. Das ganze ging ja in wenigen Jahren vor sich, zeitlich viel zu kurz!

Im Sommer 1939, vor den Herbstmanövern, gab es Jahresurlaub. In zwei bis drei Wellen gingen die Besatzungen und auch die Techniker auf Urlaub. Die Stimmungen in den Verbänden war ausgesprochen gut. Der politisch angeheizte Kessel Europas schlug hier nicht durch. Keiner glaubte an einen Ernstfall: In den letzten vier Jahren hatte es so viele Krisen gegeben, alle wurden bestens bewältigt ... meinten wir.

Alles hatte sich im neuen Standort eingerichtet. Die verheirateten Offiziere und Unteroffiziere hatten mit ihren Familien Wohnungen bezogen, die nicht Verheirateten lebten im Kasino oder in den Kasernen. Jeder hatte gute Kontakte, hatte Bekannte am Ort. Die Bevölkerung tat das ihrige, um es »ihren« Fliegern recht zu machen.

II. Das Geschwader im Kriege bis Ende 1940

1. Polenfeldzug 1939

August 1939

Am 24. August 1939 verlegt der Geschwaderstab mit der Stabs-Staffel nach dem Einsatz-Fliegerhorst Werneuchen.

Hier errichtet er seinen Gefechtsstand.

Geschwader-Kommodore ist Gen. Major Siburg. Dem Geschwader unterstehen:

- die Stabsstaffel,
- die II./K.G. 26 mit 4., 5. und 6. Staffel,
- die I./K.G. 53 aus Ansbach mit der 1., 2. und 3. Staffel.

Das Geschwader untersteht der 1. Fliegerdivision des Generalmajor Grauert; diese der Luftflotte 1 – General Kesselring.

Die I./K.G. 26 geht in Einsatzbereitschaft, verbleibt aber vorerst in Lübeck-Blankensee.

August/September 1939: Der Krieg bricht aus!

Seit Tagen spricht man »darüber«. Gibt es Krieg? Gibt es keinen? Die Bevölkerung ist davon überzeugt: Es gibt keinen Krieg. Ist doch bisher alles gut gelaufen!

Der Dienstbetrieb läuft auf Hochtouren. Die Techniker und das Waffenpersonal basteln ständig an den Flugzeugen herum, jeder Hebel, jede Einrichtung, die Bordwaffen, die Bombeneinrichtung und die Zieleinrichtung werden geprüft. Die Besatzungen werden schon mißtrauisch. Kein Flugdienst, sondern immer nur Bereitschaft für Eventualitäten . . . Urlaubssperre! Jeden Tag kann etwas passieren. Das Geschwader ist einsatzbereit – kriegsbereit!

Wenn es losgeht, dann sicher doch nur gegen Polen. Der Engländer, der Franzose wird doch wegen der Polen keinen Krieg anfangen. Und jetzt, wo der Vertrag mit dem Russen gemacht wurde, schon überhaupt nicht. Das ist die Stimmung auf dem Fliegerhorst in Lüneburg und auch die Stimmung bei der Bevölkerung.

Täglich ist Stabsbesprechung beim Geschwader mit dem Kommodore und den Kommandeuren der Gruppen. Die I. Gruppe liegt noch in Lübeck. Der Kommandeur kommt fast täglich herüber. Pläne, Karten, Fotos werden studiert. Eventuelle Angriffsziele durchgesprochen. Weiter nach unten, bis zu den Staffeln, bis zu den Besatzungen kommen diese Pläne noch nicht.

Am 23. August nachmittags, ein drückend heißer Tag, werden Stabsbesprechungen und um 1900 Uhr Staffelbesprechungen angesetzt. Geht es los? Kommt der Einsatzbefehl?

Die Flugzeuge werden gegen Abend mit Bomben beladen, scharfen Bomben!

Morgen früh, bei Hellwerden, sollen wir starten. Mitten in der Vorbereitung kommt der Halt-Befehl. Kommando zurück, war nur eine Übung, heißt es.

Die Flugzeuge werden entladen, Die Besatzungen begeben sich zur Ruhe. Urlaubssperre bleibt bestehen. Die Spannung bleibt auch ...

Am nächsten Morgen ... Verlegebefehl nach Werneuchen! Die Fliegerrucksäcke sind schon gepackt, Gepäck nur für eine Woche, kriegsmäßig! Jeder weiß, was dazu gehört.

In den Vormittagsstunden starten wir, staffelweise: Der Geschwaderstab, die Stabskette und die zweite Gruppe verlegen. Die erste Gruppe bleibt vorerst in Lübeck. Auch das Bodenpersonal bleibt hier.

Dem Geschwader wird die I./K.G. 53, ein Verband aus Ansbach, unterstellt.

Zwei, drei Tage weiterer Bereitschaftsdienst, wie in Lüneburg.

Am 27. August neuer Verlegebefehl!

Diesmal weiter nach vorn. Nach dem E-Hafen Gabbert (Pommern) wird geflogen.

Die Unterbringung dort bereitet Probleme.

Auch die Nachrichteneinrichtungen sind behelfsmäßig. Den Anforderunen eines kompletten Geschwaderverbandes sind sie nicht gewachsen.

Wir fordern unsere Nachrichtenkompanie an, die bisher noch in Werneuchen liegt.

Auf dem Wege nach Gabbert gibt es Ausfälle. Von den drei Wagen kommt nur einer an. Die anderen bleiben unterwegs liegen, und erst mit erheblicher Verspätung tauchen sie auf.

Die technische Einrichtung hier ist nicht einsatzbereit. Die vorhandene Kompanie hat keine Erfahrungen mit der He 111, sie haben bisher Jäger gewartet. Also muß unsere FBK her. Aber die ist noch daheim in Lüneburg. Per Fernschreiber wird sie angefordert.

In zwei Tagen ist sie komplett hier. Eine beachtliche Marschleistung und eine noch erstaunlichere Bereitschaftsleistung. Wir sind zufrieden, haben wir doch jetzt unsere alten vertrauten Techniker wieder.

Wir erhalten die ersten Einsatzbefehle. Alles ist nur als »Vorbereitung« zu betrachten. Nur für den Fall »wenn«! Noch herrscht völlige Ruhe, aber eine hektische, angespannte Ruhe. Und je weiter man nach oben telefoniert, um so »spannender« wird die Ruhe.

Befehle zu »beladen« jagen sich mit solchen zum »Entladen«. Auch die Bombenarten werden laufend geändert. Wir bleiben in höchster Bereitschaft.

Für einen Einsatz ist die Mitnahme von Gasmaske und Stahlhelm befohlen. Mal sehen, wie das aussieht, wenn die Besatzung mit Gasmaske und Stahlhelm fliegt. Die alten Spanienkämpfer lächeln darüber, aber ... Befehl ist Befehl!

Tarnnamen

Mit Beginn der »Bereitschaft« wird die bisherige taktische Bezeichnung der Geschwader-, Gruppen- und Staffelbezeichnung geändert.

Die Bezeichnungen lauten jetzt:

Für K.G. 26	Geschwader Siburg
für I. Gruppe K.G. 53	Gruppe Mehnert
für II. Gruppe	Gruppe v. Bushe
für die Staffel	Namen der Kapitäne, z. B. 6. Staffel = Staffel Andreas
für FBK	Name des Kompaniechefs
für Fliegerhorste	ein Eigenschaftsname z. B. Fl.-Horst Werneuchen = Schönheit

Diese Regelung blieb bis zum Abschluß des Polenfeldzuges bestehen.

(Aufmarsch der fliegenden Verbände s. Anhang, Anlage 8.)

Am 31. August nachmittags: Einsatzbesprechung mit den Besatzungen, morgen früh geht es los! Wir unterstehen der 1. Flieger-Division, gehören zur Luftflotte 1.

Angriffsschwerpunkte sind Flughäfen der polnischen Luftwaffe. Zuerst soll die polnische Luftwaffe ausgeschaltet, die Luftherrschaft errungen werden. Wir sind angesetzt auf den Flugplatz Thorn.

Im Morgengrauen sollen wir starten. Sammelpunkt mit dem Geschwaderstab und der I. K.G. 53 liegt fest. Angriffshöhe und Zielverteilung sind befohlen. Im Verbandsflug – Staffelform – wird geflogen. Wir kennen die polnischen Jäger noch nicht, müssen deshalb im Verband bleiben, da haben wir bessere, konzentriertere Feuerkraft. So bei der Einsatzbesprechung.

Die Spanienkämpfer, die von der Legion Condor, werden befragt, wie das so ist. Sie haben einige Kriegserfahrung und geizen auch nicht mit ihrem Wissen.

Der Start verzögert sich. Nebel liegt über dem Rollfeld. Stunde um Stunde verstreicht. Gegen 0900 Uhr klart es langsam auf. Sicht jetzt schon fast 100 m. Auch der Hochnebel verzieht sich. Da kommt der Startbefehl.

Fast in Gruppenstärke kommen wir heraus, sammeln über dem Nebel und finden pünktlich den Anschluß an das Geschwader. General Siburg, der Kommodore, führt den Angriff.

Fast friedensmäßiger Anflug. Wir steigen auf 4000 m Höhe. Angespannt beobachtet jeder den Himmel. Keine Jäger! Aber noch sind wir ja über Deutschland, über Pommern. Wir überfliegen die Grenze. Bei Bromberg gibt es die erste Flakabwehr. Die Flakwölkchen liegen einige 100 m über uns. Für die meisten das erste Mal, daß auf sie geschossen wird. Die Weichsel kommt links vor uns in Sicht. Thorn liegt vor uns, unter uns. Die Stadt, der Bahnhof und auch der Flugplatz sind gut zu erkennen. Am Platzrand des Flugplatzes stehen einige Flugzeuge. Hallen sind noch nicht zu sehen. Die Grp. Mehnert setzt zum Angriff an, Flakabwehr! Die Sprengwolken liegen schon dichter, aber noch vor uns. Wir setzen uns rechts neben die Grp. Mehnert. Sie hatte den nördlichen Platzteil, wir nehmen den Südteil des Flugplatzes. Das Flakfeuer wird stärker, schon liegen die Sprengwolken greifbar nahe. Man riecht sie förmlich. Jäger sind nicht zu sehen.

Unser Anflug ist fast schulmäßig. Die Bomben fallen, Reihenwurf. Jeder hat zwanzigmal 50-kg-Bomben geladen. Der Bordschütze hat Ausblick nach hinten und kann die Einschläge beobachten. Treffer in den Hallen und bei den abgestellten Flugzeugen! Wir drehen nach Nordwesten ab und schließen wieder dichter zum Gruppenverband auf. Nach 2½ Stunden landen wir wieder auf unserem Platz. Alle sind heil zurückgekommen. Das war ja ein Übungsangriff, meinen einige der Besatzungen. Wo sind denn die polnischen Jäger, wo steckt die polnische Luftwaffe? So rätselt auch die Geschwader-, die Divisions- und die Luftflottenführung. Aber sie sind da, und wir sollten sie noch zu spüren bekommen.

Die Flugzeuge werden sofort wieder einsatzklar gemacht, betankt und beladen. Die Techniker und das Waffenpersonal haben viel zu tun. Der TO und die Oberwerkmeister prüfen die Beanstandungen, es werden einige leichte Flaksplittertreffer festgestellt; meistens können sie sofort repariert werden. Die Besatzungen machen ihren Gefechtsbericht. Um 14 Uhr ist wieder Einsatzbesprechung.

Ziel für die Grp. Mehnert ist nochmals Thorn, sie soll Flakstellungen und erkannte Treibstofflager angreifen. Die Grp. v. Bushe soll den Bahnhof und die Gleisanlagen in Posen angreifen. Um 1500 Uhr ist Start. Verbandsangriff staffelweise. Aber Anflug im Gruppenverband. Der Kommandeur fliegt mit und führt selbst. Vier Maschinen müssen ausfallen, teils durch Flaksplitter, teils durch technische Störungen.

Unter Verwertung der Vormittagserfahrung ist unsere Angriffshöhe 3500 m. Wollen wir schon im Anfang leichtsinnig werden? Und da kommt es auch schon: Starkes, massives und sehr gut liegendes Flakfeuer setzt beim Angriff auf die Bahnanlagen ein!

Die Gruppe fliegt staffelweise, in Reihe hintereinander. Etwas ungeordnet und durch die Flakabwehr zu Ausgleichsmanövern gezwungen, das nützt schließlich nicht viel, denn wir wissen ja auch nicht, wo der nächste Flakschuß sitzt. Es sind Abwehrreaktionen. Schließlich ist es ja erst der erste Kriegstag, und uns fehlen jegliche Erfahrungen. Auch diesmal geht alles gut.

Wir sammeln wieder auf Heimatkurs, schließen zum Gruppenverband auf, wieder keine Jäger, wir können vollzählig in den frühen Abendstunden landen.

Am ersten Kriegstage zwei Feindflüge, keine Verluste, keine großen Beschädigungen, *so* hatten wir uns den Krieg gegen Polen nicht vorgestellt.

Am nächsten Tage, den 2. September, fliegen die Staffeln Angriffe gegen Truppenansammlungen und Verkehrsverbindungen im Raume von Bromberg und Graudenz. Das Wetter ist heute besser. Wir können schon recht früh starten.

Diesmal ist der Angriffsraum staffelweise eingeteilt. Es soll konzentrierter angegriffen werden. Besonderer Schwerpunkt ist der Angriff gegen feindliche Truppenansammlungen.

Wir werden bei In-Sicht-Kommen der Ziele von erheblich stärkerer Abwehr empfangen. Zielanflug Einzelflugzeugweise, neben- bzw. hintereinander. Ordentlicher Zielanflug und sauberes Abkommen sind ausdrücklich befohlen worden. Dort unten schießen Flakkanoniere. Die können es! Denn die Abwehr liegt dicht und deckend. Es ist schon ein beklemmendes Gefühl, in diese Sprengwolken hineinzufliegen. Noch geht es gut. Wir haben eine Flakstellung im Visier, kommen gut ab, die Bomben liegen im Ziel, aber auch bei uns geht es nicht ohne Treffer ab. Mit vielen Splittern im Rumpf kommen wir zurück.

Die Luftflottenführung hat andere Schwerpunkte des Angriffs bestimmt. Nicht mehr die Flugplätze der polnischen Luftwaffe, sondern der Nachschub, die Eisenbahnen und Versorgungszentren bilden jetzt die Angriffsziele.

Wir werden auf Verkehrsknotenpunkte, Munitionslager und Flakstellungen im Raum von Posen angesetzt. Wieder fliegen wir zwei Einsätze, aber das Wetter macht uns heute zu schaffen. Teilweise im Norden Hochnebel, weiter südlich, etwa fünf Zehntel Quellbewölkung bis in 2500 m Höhe.

Die Zielverteilung erfolgt staffelweise. Jede Besatzung erhält ihren Angriffsschwerpunkt und ein Ausweichziel zugewiesen. Das Geschwader ist noch mit etwa 70 Prozent seiner Flugzeuge einsatzbereit. Die beiden Vortage haben doch schon einige Ausfälle technischer Art und auch durch Beschuß verursacht.

Der Vormarsch des Heeres geht stürmisch voran. Wir müssen täglich unsere Karten berichtigen, damit wir bei Angriffen in Frontnähe nicht die eigenen Truppen angreifen. Täglich werden wir eingesetzt, meist zwei, manchmal auch drei Angriffe pro Tag. Ziele sind jetzt Eisenbahnknotenpunkte, Industrieanlagen, Versorgungszentren und ähnliches im polnischen Hinterland, meist östlich der Weichsel. Hier ist die Abwehr nicht ganz so stark wie in Frontnähe, aber wir bekommen die ersten Jäger zu spüren. Einige von uns werden in Luftkämpfe verwickelt. Zum Glück sind es nur einzelne Jäger, die von den begleitenden eigenen Zerstörern meistens schon im Anflug abgefangen werden. Auch Abschüsse durch Zerstörer können wir beobachten.

Wir sind gegen einen Eisenbahnknotenpunkt südlich von Warschau eingesetzt. In der Frühe eines wolkenlosen Tages erfolgt der Angriff. Beide Gruppen unseres Geschwaders fliegen diesen Einsatz.

Die Grp. Mehnert gegen die Flugplätze, die Grp. v. Bushe gegen die Eisenbahnknotenpunkte. Flakfeuer setzt ein, noch liegt es zu kurz. Vor uns und unter uns. Wir fliegen in Verbandformation. Das Abwehrfeuer wird konzentrierter, die Polen schießen sich ein. Schon blitzen die Sprengwolken im Verband auf, fast in gleicher Höhe mit uns.

Aus der Sonne kommen sie, schräg über und hinter uns! Jäger! Sie greifen an, schießen. Wir setzen ein, was möglich ist. Meistens ist es der Funker, der schießen kann. Der

Verband gerät durcheinander. Dann setzen sie zum zweiten Anflug an. Jetzt tauchen Me 109 auf, unsere Jäger. Sie greifen ein. Ein Luftkampf entwickelt sich, wir können sehen, daß die polnischen Hochdecker unseren Jägern weit unterlegen sind. Mehrere von ihnen werden brennend abgeschossen.

Wir befinden uns im Zielanflug. Der Funker behält den Luftkampf im Auge, damit wir nicht ein weiteres Mal überrascht werden. Unsere Bomben liegen im Ziel, mitten in den Gleisanlagen. Brände steigen auf, wir sehen, daß auch Schuppen und Verladeeinrichtungen zerstört werden.

So geht es fort mit den täglichen Einsätzen bis zum 6. September.

Am 4. September 1939 passierte bei der 5. Staffel ein furchtbares Unglück.

Ein Unkundiger der dortigen FBK spielte während des Beladevorganges am Einstellungsgerät. Dabei wurden die Bomben scharf gestellt, und eine 10-kg-Bombe fiel aus dem Schacht der Maschine. Sie war scharf und detonierte. Dabei brachte sie alle anderen Bomben des Flugzeuges, das zum Teil schon beladen bzw. sich noch im Bereich der Beladung befand, mit zur Explosion.

Nur dem Zupacken der ersten Warte der anderen Flugzeuge war es zu danken, daß diese Flugzeuge nicht auch explodierten bzw. durch die entstandene Hitze in Brand gerieten, weil sie umgehend ihre Flugzeuge aus der Gefahrenzone rollten.

Die Explosion richtete furchtbaren Schaden an. Vier Mann der Beladetruppe waren tot, andere verwundet. Das Flugzeug wurde total zerstört, weitere 8 Maschinen durch Bombensplitter beschädigt.

Die Staffel war vorerst nicht mehr einsatzfähig.

Die Fünfte war in den nächsten Tagen mit Aufräumungsarbeiten bzw. Reparaturen beschäftigt. Erst am 9. September konnte sie neue Flugzeuge aus Oranienburg holen und dann weiter am Feldzug teilnehmen.

Am 7. September kommt Verlegebefehl. Der Stab mit Stabs-Staffel und Grp. Mehnert verlegen nach Neudorf Krs. Oppeln, die Gruppe v. Bushe nach Nieder-Ellgut Krs. Oppeln.

Das Geschwader tritt am 7. September unter den Befehl der 2. Flieger-Division General Loerzer. Die Division untersteht der Luftflotte (Südost) General Löhr.

Beide Gruppen werden weiter zur Unterstützung des Heeres, zur Bekämpfung von Nachschubeinrichtungen, insbesondere zu Angriffen gegen Eisenbahnanlagen eingesetzt.

Die Angriffe erfolgten vielfach in geringer Höhe, die auf Nachschubkolonnen sogar im Tiefangriff.

Es bedurfte fortlaufender Unterrichtungen der Besatzungen, damit die Frontlinien immer eindeutig bekannt waren. Der stürmische Vormarsch des Heeres, die ungeordneten Rückzugsbewegungen der polnischen Streitkräfte ergaben täglich, ja sogar stündlich einen anderen Frontverlauf.

Diesen massiven Angriffen der deutschen Verbände hielten die Polen nicht mehr stand. Immer ungeordneter waren die Rückzugsbewegungen. Lange hielten sie diesen Druck nicht mehr aus!

Der Einsatz des Geschwaders dauerte bis zum 11. September. Am 12. kam der Rückverlege-Befehl.

Geschwaderstab und Stabs-Staffel verlegen nach Lübeck-Blankensee, die Gruppe v. Bushe kehrt nach Lüneburg zurück. Die Gruppe Mehnert – I./K.G. 53 – untersteht wieder ihrem Geschwader.

Einzelheiten über die täglichen Einsätze des Geschwaders s. Kriegstagebuch K.G. 26 (Anhang, Anlage 7).
Verluste der Luftwaffe s. Anhang, Anlage 8.
Stärke und Verluste der polnischen Fliegertruppen s. Anhang, Anlage 9.

2. Handelskrieg gegen England 1939–40

Bis zum 24. September verblieben die Gruppen in den Stammhorsten. Der Geschwaderstab und die I. Gruppe in Lübeck, die II. Gruppe in Lüneburg. Die III. Gruppe begann mit der Aufstellung in Ostpreußen und verlegte später nach Schwerin.

Die Flugzeuge der in Polen eingesetzten Staffeln wurden überholt; wo es notwendig war, wurde auch ein Motorenwechsel vorgenommen.

Die Besatzungen der II. Gruppe erhielten einige Tage Sonderurlaub, nachdem die ersten EKs* verliehen waren.

Durch neue Besatzungen wurde die erforderliche Kriegsstärke gehalten.

Am 25. September verlegte die I. Gruppe mit der 2. und 3. Staffel nach Schleswig, die II. Gruppe nach Schwerin zur Nachtflugausbildung und zu See-Navigationsübungsflügen über der Ostsee. Die 1. Staffel der I. Gruppe ging in Bereitschaftsdienst und verlegte nach Westerland.

Das Geschwader war inzwischen der 10. Flieger-Division unterstellt worden. Die Division führte Generalleutnant Geißler, sein Erster Generalstabsoffizier (Ia) war Major Harlinghausen.

Die 10. Flieger-Division war beauftragt mit der Luftkriegführung über See.

Während der Planungsphase waren der Division mehrere Geschwader zugesichert worden. Darunter auch das Kampfgeschwader 26. Die Aufstellung dieser Verbände war bei Kriegsbeginn noch nicht vollendet, so daß das K.G. 26 das einzige Geschwader war, welches der Division derzeit zur Verfügung stand.

Während des Polenfeldzuges, weil der Geschwaderstab und die II./K.G. 26 dort eingesetzt wurden, unterstanden der Division nur die I./K.G. 26. Jetzt, ab Ende September 1939, war das Geschwader mit seinen beiden Gruppen die einzige Luft-Streitmacht, die gegen mögliche englische See-Operationen verfügbar war.

Dafür aber war erforderlich, daß wir mehr Kenntnisse und Erfahrungen über die Luftkriegführung gegen Seestreitkräfte besaßen, Kenntnisse und Übungen in Seenavigation und auch mehr Wissen in Schiffskunde bekamen.

Die Besatzungen des Geschwaders waren zu der Zeit zum größten Teil Soldaten, die von der Seefahrt im allgemeinen und von Schiffen im besonderen wenig Ahnung hatten. Nur wenige – hier in erster Linie die Beobachter – kamen von der Marine oder den Seeluftstreitkräften. Erst ab 1941 wurde das anders.

Nun, um einsatzklar zu werden, gehörte auch eine gezielte Ausbildung für den Verwendungszweck dazu. Warum wir nach Schwerin gingen und die I. Gruppe nach Schleswig, das lag eben daran, daß unsere Übungsflüge über der Ostsee ungestörter erfolgen konnten. Unsere Zeit war nun ausgefüllt mit Navigationsflügen, Verbandsflügen und Bombenwurfübungen mit Zementbomben, dazu kam Unterricht in Schiffstypenkunde, Seemannschaft und Seenotrettungsdienst (Schwimmweste, Schlauchboot u. ä.).

Einsatz gegen einen englischen Flottenverband

Am 26. September wurde durch Fernaufklärer der Küstenfliegerstaffel Norderney ein englischer Flottenverband in der Nordsee zwischen Schottland und Südnorwegen gemeldet. Schlachtschiffe, Schlachtkreuzer, Kreuzer und Zerstörer und auch ein Flugzeugträger

* Das »Eiserne Kreuz« und seine verschiedenen Stufen war die begehrteste deutsche Kriegsauszeichnung.

– die »Ark Royal« –, ein Großteil der englischen Heimatflotte, waren dabei. Das wäre die Gelegenheit für einen konzentrierten Angriff ausreichender Bomben- und Torpedoflugzeuge gewesen.

Aber soweit waren wir noch nicht. Torpedoflugzeuge gab es bei der operativen Luftwaffe überhaupt nicht, es gab nur Kampfflugzeuge, hier in erster Linie die He 111 des Löwengeschwaders, die hierfür eingesetzt werden konnten, später kam noch eine Staffel Ju 88 vom K.G. 30 hinzu.

Wir hatten nur die 4. Staffel einsatzklar. Sie lag als Bereitschaftsstaffel in Westerland. Etwa neun Flugzeuge, mit 500-kg-Bomben beladen, dazu noch eine Kette Ju 88 des Adlergeschwaders unter Leutnant Storp konnten eingesetzt werden. Es war alles, was für einen Kampf gegen die Home Fleet derzeit verfügbar war.

Wir hörten später noch davon, daß vom Seefliegerhorst List auf Sylt noch eine Staffel, nämlich die 3/906 mit He 59, davon zwei Flugzeuge mit Nebelgeräten, die anderen sieben mit je einem Torpedo beladen, gegen diesen Verband angesetzt wurden, ihn jedoch wegen zu geringer Eindringtiefe nicht mehr erreichten.

Geschwadergefechtsstand Westerland, den 26.9. 1939

Befehl für Staffel v. Schnorr

1. 1320 Uhr ist im Quadrat 05 Ost 2881 (Marinequadratkarte) ein feindlicher Verband aus 2 Schlachtschiffen, 1 Flugzeugträger und 4 Kreuzern gemeldet worden.
2. Staffel greift gemeldeten Flugzeugträger an
   zielt Schlachtschiffe bzw. Kreuzer an, falls die Wetterlage im Ziel die Möglichkeit zu einem Angriff bietet. Fühlungshalter des F. D. Luft wird, wenn möglich, auf 365 Khz Peilzeichen senden.
   Bei Wetterbesserung Fühlung halten und Gelegenheit zum Angriff suchen.
   Für Rückkehr bei Dunkelheit sind vorbereitet: Westerland, Ütersen, Stade, Blankensee.
   Funkfeuer laufen in Westerland, Jever, Duhnen, St. Peter.

Siburg

Nachrichtenbefehl

Taktische Frequenz 5665 kgz Rufzeichen mit Bodenstelle (4. Buchstabe u)
Aufklärer arbeitet auf derselben Frequenz.
Auf Anforderung sendet Aufklärer Peilzeichen auf 365 khz.
Westerland Peilstelle Frequenz 438 khz.

Funkfeuerplan

Hörnum	436 khz	Kennung 41
St. Peter	262 khz	Kennung 39
Duhnen	278 khz	Kennung 4
Jever	252 khz	Kennung 42
Rantum	30,0 MHZ 270°	
Borkum	30,0 MHZ 271°	

Hauptmann v. Schnorr, der Kapitän der 4. Staffel, führte den Bomberverband. Trotz Schlechtwetter und dicker Wolkenschicht findet er das Ziel und greift im Horizontalflug in etwa 4000 m an. Bombeneinschläge dicht an der Bordwand von Kreuzern werden gemeldet. Keine direkten Treffer, aber auch keine eigenen Verluste.

Die drei Ju 88, die Kette des Leutnant Storp, greifen ebenfalls an. Ein Flugzeug dieser Kette, der Gefreite Francke, findet den Träger, die »Ark Royal«. Im Sturzflug greift er ihn an und setzt eine Bombe dicht neben die Bordwand. Die anderen beiden Bomben beobachtet er nicht einwandfrei, vermutet jedoch Treffer. Das Ergebnis meldet er nach der Rückkehr dem Gefechtsstand. Aus dieser Meldung wurde durch den OBdL die Sondermeldung von der Versenkung des Flugzeugträgers gemacht.

Das erklärte sich auch dadurch, daß am nächsten Tag eine Luftaufklärung geflogen, der Flottenverband gefunden wurde, jedoch der Träger nicht dabei war. Ölflecke wurden gesehen, und aus den Ölflecken schloß man, daß der Träger untergegangen war. (Den Träger hat es zwei Jahre später doch noch erwischt, nämlich im Mittelmeer durch ein deutsches U-Boot.)

Unsere Staffel kam nach Westerland zurück, sie kam in diesen Strudel um den Flugzeugträger nicht hinein.

Ab Anfang Oktober sind wir einsatzklar. Wir verlegen auf die vorgeschobenen Einsatzhäfen Westerland, Schleswig oder Neumünster, je nachdem, welcher Platz gerade am günstigsten ist. Der Geschwaderstab hat seinen Gefechtsstand in Westerland.

Am 9. Oktober war es wieder soweit. Aufklärer hatten die englische Flotte in der Nordsee entdeckt. Hoch oben zwischen Skagen und Schottland war sie gesichtet worden. Die Aufklärung hielt Fühlung am Verband. Wir starteten mit beiden Gruppen. Die I. von Schleswig, die II. von Westerland aus. Weitere Verbände vom K.G. 30 und erstmals einige Staffeln vom Lehrgeschwader, dem L.G. 1, kamen dazu.

Im Gruppenverband sollte angegriffen werden. Das Wetter im Zielgebiet war nicht gerade ideal für einen Bombenangriff. Wolkendecke sechs bis acht Zehntel, wenn man Glück hat und ein Wolkenloch findet, ist das prima, aber sonst? Die Wolkenuntergrenze lag bei etwa 400 m. In einer Höhe, wo im Tiefflug ein Angriff nicht mehr möglich war.

Wegen des Wetters kam der Verband schon im Anflug auseinander. Im günstigsten Fall blieben noch Staffelformationen erhalten.

Die I. Gruppe und die 4. Staffel der II. Gruppe kamen zum Angriff. Es wurden Bombentreffer auf einem Kreuzer gemeldet. Im ganzen leider nicht der erhoffte Erfolg, denn die anderen Staffeln fanden den Verband nicht, lange suchen konnten sie ebenfalls nicht, weil sonst der Brennstoff für den Rückflug nicht ausgereicht hätte. Auch die beiden anderen Verbände, die Ju 88-Flugzeuge, konnten keine Erfolge vorzeigen.

Am 17. Oktober wurden wir wieder eingesetzt. Nur die 4. Staffel. Diesmal nicht gegen einen in See befindlichen Flottenverband, sondern gegen den Hauptliegeplatz der Home Fleet, gegen Scapa Flow. Gemeinsam mit uns wird eine Staffel des K.G. 30 eingesetzt. Anflugstrecke fast 1000 km. Das war an der äußersten Grenze unserer Reichweite.

Aufklärungsmeldungen lagen nicht vor, aber nach B-Dienstmeldungen sollte die englische Flotte in Scapa liegen.

Wir starten in Westerland. Das K.G. 30 auch. Etwas nach uns. Über See gehen wir langsam auf Höhe. Mit Sonnenuntergang wollen wir am Ziel sein. Wir wollen die Abwehr durch Jäger ausschalten, aber noch das letzte Licht für den Bombenangriff nutzen. Über Nordschottland und den Orkney-Inseln ist es fast wolkenlos. Die Küstenflak hat uns geortet und erfaßt uns recht schnell. Wüstes Abwehrfeuer schlägt uns beim Anflug entgegen. Wir können Scapa einsehen: Nur wenige Schiffe, ein größeres und mehrere kleine, sind zu sehen. Die Flotte, die Home Fleet, ist nicht da! Wir greifen das größere an und erzielen auch Treffer. Das starke Abwehrfeuer der Küstenflakbatterie läßt einen gezielten Verbandsanflug gar nicht zu. Hier sind nur Einzelangriffe, von allen Seiten kommend, um die Abwehr zu zersplittern, möglich. Was mag hier los sein, wenn die ganze Flotte da ist? Da geht es ohne große Verluste sicherlich nicht ab.

Trotz leerem Nest haben unsere Angriffe auf Scapa Flow, die inzwischen erzielten Erfolge der U-Bootwaffe – Kapitänleutnant Prien war vorher in Scapa eingedrungen und hatte dort ein Schlachtschiff versenkt – sowie die vorangegangenen Angriffe und Erfolge gegen die Flotte in der Nordsee Wirkung gezeigt. Die englische Flotte kommt in den Wintermonaten in so konzentrierter Stärke wie bisher nicht mehr hervor.

In den Kriegserinnerungen der Royal Air Force lesen wir später hierüber: »Der Rückzug der Schlachtflotte in den Clyde (die Zufahrt nach Glasgow, d. Verf.) ist eine Folge der deutschen Angriffe. Durch kühn geführte Schläge und bei eigenen Verlusten von nur vier Flugzeugen hatten die deutsche Luftwaffe und die U-Boote gleichen Anteil an diesem erstaunlichen strategischen Erfolg.«

Wir hatten Befehl, keine Landziele anzugreifen. Nur Angriffe auf Kriegsschiffe, solange sie sich in freien Wässern befinden, waren erlaubt. Er wurde jetzt im November gelockert, indem wir zum »Handelskrieg« eingesetzt wurden. Die Flotte war nicht mehr anzugreifen, weil sie sich an die Westküste Schottlands verzogen hatte, also führten wir Handelskrieg gegen Schiffe an der englischen Ostküste und in der Nordsee.

Wir starteten von Westerland aus. Bewaffnete Aufklärung mit Bomben und Bordwaffen entlang der englischen Küste lautete unser Auftrag. Abstand von der englischen Küste mindestens 30 Seemeilen. In diesem Gebiet durften und sollten wir Handelsschiffe, Vorpostenboote und Bewacher angreifen. Anfangs waren das fast alles Tagesangriffe. Wir bekamen Suchgebiete einzeln zugeteilt. In den ersten Tagen versuchten wir noch die Angriffe im Hochangriff, aber nicht von ganz oben, sondern aus 2000 Höhe, damit wir außerhalb des Bereichs der leichten Flakwaffen waren. Bald mußten wir einsehen, daß das keine Erfolge brachte. Es waren ja immer Punktziele, die wir angreifen mußten, und Frachter um die 3000 Tonnen und darunter sind meistens keine 100 m lang.

Der Ia der 10. Flieger-Division, Major Martin Harlinghausen, der sehr viele Angriffe mit seiner Besatzung – Hauptmann Robert Kowalewski – selbst flog und beachtliche Versenkungserfolge hatte, brachte uns bald ein anderes Angriffsverfahren bei. Das Steckrübenverfahren, so nannte er es.

Das Schiff, Frachter oder Vorpostenschiff, wurde im Tiefflug, Flughöhe etwa 10 m, breitseits angegriffen und die Bombe ca. 100 m vor dem Schiff ausgelöst. Erwischte man die richtige Abwurfentfernung, traf die Bombe die Bordwand und durchschlug diese. Da wir mit Verzögerungszünder warfen, erfolgte die Detonation erst, wenn die Bombe die Bordwand durchschlagen hatte, etwa 14 Sekunden nach dem Auslösen. Diese Abwurfhöhe und Entfernung verhinderte selbstverständlich ein Abdrehen vor dem Ziel, wir mußten im Tiefflug meistens über das Schiff hinweg, nachdem die Bombe raus war.

Vielfach hatten wir 250-kg-Bomben geladen, 2 Tonnen trugen unsere Flugzeuge, so daß wir bei dieser Beladung bis zu acht Angriffe im Einzelwurf fliegen konnten. Dieses Verfahren, welches uns nach entsprechenden Übungen – diese aber nur im scharfen Angriff, denn Zielschiffe hatten wir nicht – recht gute Erfolge brachte, forderte auch entsprechende Verluste. Nicht nur Vorpostenschiffe, sondern auch Frachter waren bewaffnet worden, dazu fuhren schon damals die Frachter im Geleitzug mit entsprechender Kriegsschiffsicherung. Die Tagesangriffe forderten immer mehr Verluste. Bald gingen wir dazu über, daß wir die Mondscheinnächte, wenn das Wetter und der Ausbildungsstand der Besatzung es zuließen, hierfür nutzten.

Auch die Abwehr wurde vom Gegner verstärkt. Die Schiffswege verlegte er näher an die Küste heran, fuhr möglichst dicht unter Land, so daß wir ohne Küstenberührung auch nicht mehr einwandfrei operieren konnten, die Schiffe fuhren vielfach mit Sperrballons, und gegen Jahreswende war es soweit, daß sie an ihren Masten sogar Flammenwerfer anbrachten.

Wenn wir jetzt im Tiefflug im Steckrübenverfahren angriffen und über das Schiff hinweg mußten, konnte es passieren, daß wir entweder in den Sperrballon hineinkamen oder durch den Flammenwerfer »abgebraten« wurden. Weil wir im Tiefflug flogen, haben wir die Sperrballons meistens zu spät entdeckt. Ich kenne eine einzige Besatzung, nämlich meine eigene, die eine Kollision mit dem Drahtseil des Sperrballons überlebt hat, davon aber später mehr.

Im Spätherbst wechselte der Kommodore. Oberst Fuchs übernahm das Geschwader. Unter seiner Führung wurde der Handelskrieg verstärkt, täglich waren Besatzungen von uns, jetzt vielfach auch wieder am Tage, im Einsatz.

Was das Geschwader bisher an Leistungen im Kampf gegen die britische Seemacht vorzuzeigen hatte, wurde in der Begründung anläßlich der Ritterkreuzverleihung an den Geschwaderkommodore zum Ausdruck gebracht. Darin heißt es:

»Fuchs, Robert, Kommodore des vor allem im ersten Kriegsjahr bekanntgewordenen Löwengeschwaders K.G. 26. Das Geschwader griff über der Nordsee über 200 Kriegs- und Handelsschiffe an, 46 Schiffe mit 70000 BRT wurden versenkt und 76 Schiffe von über 300000 BRT wurden schwer beschädigt.« Oberst Fuchs erhielt als erster Kampfflieger am 6. April 1940 das Ritterkreuz.

Der Seekrieg in der Nordsee gegen die englische Flotte und der Handelskrieg wurden bis Ende März 1940 geführt. Wir konnten stolze Erfolge melden, hatten aber auch empfindlich hohe Verluste.

Januar 1940: 2 × 7. Staffel

Die Seeluftwaffe war mit Seeflugzeugen – Schwimmerflugzeugen und Flugbooten – ausgerüstet. Eine dieser Staffeln, die 3/906, lag in Norderney und flog He 59, ein Schwimmerflugzeug. Nach dem Polenfeldzug erhielt diese Staffel als die vorerst erste und einzige Staffel der Luftwaffe den Auftrag, Häfen und Schiffahrtswege an der englischen Ostküste mit Luftminen zu verminen. Der Auftrag wurde in den Monaten November und Dezember 1939 mit beachtlichen Erfolgen durchgeführt. Im Dezember 1939 brach mit ungeahnter Härte der Winter ein. Die Seefliegerhorste vereisten, Start und Landung wurden unmöglich. Da entschied der OBdL die Umrüstung der 3/906 auf He 111-Landmaschinen.

Die Besatzungen erhielten Anfang Januar Verlegebefehl, per Eisenbahn nach Lübeck-Blankensee zu fahren und sich dort bei der I. Gruppe des K.G. 26 zur Umschulung zu melden. Mit der letzten Fähre kamen sie gerade noch weg – dann war das Wattenmeer zugefroren.

In Blankensee wurden die Besatzungen in das K.G. 26 eingegliedert, sie wurden als neue 7. Staffel innerhalb der I. Gruppe aufgestellt und mit He 111 ausgerüstet.

Zu dieser Zeit, im Januar und Februar 1940, gab es also zweimal eine 7. Staffel. Eine bei der III. Gruppe, die noch in Ausbildung in Jesau war und von Hauptmann Gustavus geführt wurde, und eine bei der I. Gruppe, geführt von Hauptmann Gert Stein.

Nach der Umschulung wurde die Staffel von Lübeck nach Fassberg verlegt und als Kampfgruppe 126 weiter aufgefüllt; sie schied damit aus dem Geschwaderverband aus. Im Herbst 1940 trat sie zum K.G. 28 als I. Gruppe. Um den Kreis ganz zu schließen, sei noch gesagt, daß die für Seeziel- und Minenlegen ausgebildeten Besatzungen dort in der 1. Staffel der alten 3/906 zusammenblieben und im Februar 1942 als 4. Staffel zurück zum K.G. 26 kamen. Wir lagen damals bei Athen und hatten damit wieder zweimal eine 4. Staffel, die alte bisherige unter Hauptmann Haller und die neue aus dem K.G. 28 unter Hauptmann Schäfer.

Im Führungsstabe war scheinbar doch nicht alles transparent! Zum Glück hatten beide Staffeln noch verschiedene Feldpostnummern. Im März 1942 wurde das dann so gelöst, daß die alte 4. Staffel unter Hauptmann Haller als geschlossene Einheit in das K.G. 100 eingegliedert wurde.

Deutsche Zerstörerflottille vor der Doggerbank

Die II. Gruppe liegt in Neumünster. Am Abend des 21. Februar 1940 wird Einsatz für den nächsten Tag befohlen.

Am späten Abend werden die Besatzungen der 4. und 6. Staffel zum Gefechtsstand gerufen. Einsatzbesprechung!

Handelskrieg an der englischen Ostküste. Die 4. erhält das Gebiet von der Themsemündung bis zum Humber, die 6. soll nördlich davon ein Seegebiet aufklären. Ab 0600 Uhr des nächsten Morgens ist Startbereitschaft befohlen.

Am nächsten Tag, um 0500 Uhr, wird geweckt. Der U. v. D. ruft die Besatzungen für 0600 Uhr zum Besprechungsraum. Die Mechaniker gehen schon früher zum Liegeplatz, um die Motoren warmlaufen zu lassen.

Eine Besatzung der 6. Staffel ist bereits gestartet. Sie fliegt Wetteraufklärung.

Ein strahlend blauer Wintertag kündigt sich an. Auch über der Nordsee ist klares Wetter, wolkenlos mit einer Sicht von über 50 km. Der Wetteraufklärer hat soeben seine Meldung gemacht. Die Startbereitschaft wird aufgehoben, es ist zu riskant, die Besatzungen ohne Jagdschutz, bei blauem Himmel, ohne dic Möglichkeit einer Wolkendeckung, an die englische Küste zu schicken. Der Einsatz soll nun bei Beginn der Abenddämmerung stattfinden.

Ab 1600 Uhr starten die ersten Flugzeuge. Jede Besatzung hat ihren Streifen, fast fächerförmig fliegen sie hinüber an die englische Küste.

So auch die Besatzung des Feldwebel Jäger von der 4. Staffel mit den Unteroffizieren Schräpler als Beobachter, Schneider als Funker und Döring als Bordschütze.

Sie nehmen Kurs zur Südspitze der Insel Sylt, von dort aus fast westwärts zur Humbermündung. Flughöhe nach Verlassen der Küste 1000 m. Der Himmel ist wolkenlos, sehr gute Sicht, fast Vollmond. Aufmerksam beobachten sie die See. Am besten hat es der Funker, er kann direkt in den Mondstreifen schauen, denn der Vollmond steht links querab vom Kurs.

Es ist gegen 1900 Uhr, als der Bordmechaniker, der Uffz. Döring, einen Schaumstreifen meldet. Er zeigt mit der Hand links voraus. Die anderen, die vorne sitzen, sehen ihn jetzt auch. Jäger dreht etwas nach rechts, damit er das Schiff in die Mondbahn bekommt und geht dann in eine Linkskurve. Jetzt sehen sie ein Schiff, es fährt mit ziemlich hoher Fahrt nach Nordwesten. Was kann es sein? Was schätzt ihr, fragt Jäger seine Besatzung. Es ist der erste Nachteinsatz dieser jungen Besatzung. Und ein Schiff bei Nacht . . . war noch nie da. Die Meinungen sind vielfältig. Sie steigen noch etwas, auf 1500 Meter wollen sie gehen und dann angreifen.

Damit sie den Dampfer besser sehen können, müssen sie aus der Mondbahn heraus zum Angriff kommen. Alle sind mächtig angespannt, lassen den Dampfer nicht mehr aus den Augen. Schließlich ist es ihr erstes Schiff, ihr erster Angriff! Die auf dem Schiff haben sie wahrscheinlich noch nicht bemerkt. Es ist alles völlig ruhig.

Schräpler liegt vor seinem Zielgerät. Der Bombenschalter liegt auf »Ein«, Reihenwurf mit vier Bomben ist vorgewählt. Es sind viermal 50-kg-Bomben. Geworfen wird »ohne Verzögerung«. Man hat sich darauf festgelegt, damit die Aufschläge genau gesehen werden können. Schließlich hat man hiermit ja noch keine Erfahrung.

Im Anflug! Jäger drückt die Maschine etwas an, bekommen damit mehr Fahrt, und schließlich können sie weiter unten auch mehr sehen. Da kommt der Schaumstreifen wieder in Sicht und gleich darauf auch der Dampfer. Der Kurs wird noch etwas korrigiert, er wandert in das Zielgerät ein und ... die Bomben fallen. Unten hat inzwischen ein heftiges Abwehrfeuer eingesetzt. Die Granaten explodieren in dichter Nähe, man riecht direkt den Pulverrauch, auch Leuchtspurketten liegen über, unter und direkt an der Maschine.

Schräpler beobachtet die Bomben, zwei Aufschläge im Wasser, aber die Dritte, die sitzt! Treffer genau im Ziel, fast mittschiffs schlägt die Bombe auf. Eine große Detonation ist zu sehen, in der Begeisterung verliert er die vierte Bombe aus den Augen.

Es ist genau 1945 Uhr, als sie zum Angriff ansetzen. Sie sehen, wie das Schiff Fahrt verliert, aber es schwimmt noch! Jäger entschließt sich zu einem weiteren Angriff, will den Dampfer unter Wasser drücken.

Wieder kommt er aus der Mondbahn heraus zum Anflug. Fast genau wie vorher sehen sie das Ziel vor sich liegen. Diesmal wollen sie wieder eine Reihe von vier Bomben werfen, aber »mit Verzögerung«. Die Bomben sollen Tiefenwirkung haben. Wieder setzt starkes Abwehrfeuer ein. Sie achten nicht darauf, ob das Schiff noch brennt, und sie sehen auch nicht, ob das Abwehrfeuer nur von dem vor ihnen liegenden Schiff kommt. Sie sehen nur ihr Schiff, und das soll diesmal voll getroffen werden. Trotz der starken Abwehr hält Jäger stur auf sein Ziel. Die Bomben sind gefallen, und wieder beobachtet Schräpler Treffer. Diesmal sieht er eine große Stichflamme, der Dampfer sinkt.

Die vier freuen sich wie die Schneekönige. Der erste Nachteinsatz über See und schon ein so großer Erfolg!

Sie haben noch Bomben an Bord. Hier ist die Flur »bereinigt«, also wird weiter gesucht. Kurs zur englischen Küste. Trotz guter Sicht finden sie kein weiteres Ziel. Nach Absuchen ihres Streifens fliegen sie heim nach Neumünster.

Die »Schiffstypenkunde« wird beim Rückflug fortgesetzt. Sie müssen schließlich sagen können, was und wen sie angegriffen und versenkt haben. Sie einigen sich auf einen schnellfahrenden Minenleger. Daß es die gibt und daß die auch gut bewaffnet sind, haben sie im Unterricht über Schiffstypen gehört.

Entsprechend lautet ihr Einsatzbericht, den sie freudestrahlend auf dem Gefechtsstand abgeben.

Die Gruppe faßt die Einsatzberichte zusammen und meldet an das Geschwader. Das Geschwader-Ia gibt den Gesamtbericht an das Fliegerkorps.

Unsere Besatzung erwartet entsprechende Belobigung und Auszeichnung. Schon nach wenigen Stunden Schlaf werden sie geweckt. Sie sind zur Berichterstattung zum X. Fliegerkorps nach Hamburg beordert worden.

Das macht die Müdigkeit wieder wett, erhalten sie sicherlich die erhoffte Belobigung und Auszeichnung. Trotzdem rätselratet man hin und her. Was die nur wollen? Und wie schnell die reagieren!

Stolz und erwartungsvoll melden sie sich beim diensthabenden Offizier. Der führt sie in ein Besprechungszimmer, und dort erwartet sie der Major i. G. Martin Harlinghausen, der Chef des Stabes vom X. Fliegerkorps.

Was war passiert?

Nördlich der Doggerbank wurden seitens der Marine seit längerer Zeit Fischkutter und Fischdampfer beobachtet, die für die feindliche Abwehr und Aufklärung tätig waren.

Am 22. Februar 1940 erhält die 1. Zerstörerflottille mit den Zerstörern »Friedrich Eckoldt«, »Richard Beitzen«, »Erich Koellner«, »Theodor Riedel«, »Max Schultz« und »Leberecht Maass« unter Führung seines Flottillenchefs Fregattenkapitän Fritz Berger den Befehl, die feindlichen Aufklärungsschiffe aufzubringen und die Lage zu bereinigen. Die Zerstörer haben Prisenkommandos an Bord. Südlich der Doggerbank liegt der

»Westwall auf See«. Eine riesige Minensperre, die das Eindringen feindlicher Schiffe in die »Deutsche Bucht« verhindern soll.

Die Minensperre hat einen geheimen Durchlaß. Eine Schneise von etwa 10 km Breite. Diese Gasse ist geheim, und man glaubt, daß sie dem Engländer nicht bekannt ist. Hier durch diese Schneise wollen die deutschen Zerstörer hindurch, um jenseits der Sperre ihre Aufgabe zu erledigen.

Am Abend des 22. Februar befinden sie sich genau in dieser Gasse. Sie durchpreschen diese mit Kurs 300 Grad und hoher Fahrt. Es ist genau die Zeit, in der unsere Besatzung einen Schaumstreifen und ein Schiff sichtet, angreift und versenkt.

Eine Katastrophe größten Ausmaßes bahnt sich hier an. Innerhalb kurzer Zeit gehen in dieser Sperrlücke die beiden deutschen Zerstörer »Leberecht Maass« und »Max Schultz« mit ihren Besatzungen verloren. 578 Soldaten fanden hier den Tod. Hat unsere Besatzung die beiden Zerstörer bombardiert und versenkt? Hat sie, ohne es zu bemerken, zwei verschiedene Schiffe angegriffen und auch versenkt? Oder hat sie die Schiffskatastrophe durch ihre Angriffe nur eingeleitet und die Zerstörer sind durch das Manövrieren auf Minen gelaufen, die dort nicht vermutet wurden?

Sehr wahrscheinlich ist, daß *beide* Angriffe unserer Besatzung Treffer auf den Zerstörern erzielten und zusätzliche Minentreffer die Katastrophe vollendeten.

Es wurde ein Untersuchungsausschuß berufen. Dem Ausschuß gehören an: Generalmajor Coeler F. d. Luft, Kapitän z. See Heye, Kommandant des Kreuzers »Hipper«, und Oberstltn. Löbel, Kommodore K.G. 30. Der Ausschuß gibt der Besatzung keinerlei Schuld, weil sie über das Unternehmen der Zerstörer nicht unterrichtet war und weil das gesichtete Schiff das Flugzeug beschossen hat. Die Besatzung mußte deshalb, nach Meinung des Ausschusses, das Schiff als »feindliches« ansehen.

Vorweg forderte der Oberbefehlshaber der Luftwaffe eine eingehende Unterrichtung durch den Chef des Stabes des X. Fliegerkorps.

Major i. G. Harlinghausen, der damalige Stabschef des X. Fliegerkorps, war der Berichterstatter.

Er hat nachträglich nochmal die gesamten Vorgänge in einem Bericht zusammengefaßt, den ich auszugsweise hier wiedergebe (s. Anhang, Anlage 10).

Sperrballons
(der Verfasser berichtet aus eigenem Erleben)

Es war im März 1940, wir flogen bewaffnete Aufklärung mit Bomben an der englischen Ostküste zwischen Humbermündung und Newcastle. Wir hatten die Rumpftanks voll und zweimal 500-kg-Bomben unter dem Rumpf hängen.

Angriffe auf Schiffsziele im Seegebiet vor der Ostküste. Ausweichziel Hafenanlagen von Newcastle, das aber nur, wenn es die Wetterlage zuläßt, so lautete unser Auftrag.

Nun, bisher fand man in diesem Seegebiet immer einen Geleitzug oder einen Einzelfahrer, den man angreifen konnte. Wir starteten von Westerland aus. Der Wetterbericht war einigermaßen gut. Mondnacht mit etwa 6/10 Wolken, Sicht gut, Untergrenze der Wolken 500 Meter.

Der Mond im Zielgebiet zu unserer Angriffszeit sollte im Nordwesten stehen. Auch das war recht günstig, konnten wir doch dadurch vom Süden her anfliegen und mußten nicht so dicht unter Land gehen.

Gegen 2000 Uhr starteten wir. Ein langer Flug lag vor uns. Nach Überfliegen der Küste gingen wir 500 Meter höher in Richtung England – Humbermündung.

Wir hatten nordwestlichen Wind. Über See waren gut die Schaumkronen zu sehen, so daß wir auch noch Windrichtung und Stärke einigermaßen schätzen konnten.

Nach einer Stunde Flugzeit kamen wir erstmals in schlechteres Wetter. Es regnete. Wir gingen weiter runter auf 200 Meter und kamen dort aus den Wolken heraus. Abwechselnd riß es auf, dann wieder eine Regenfront und so fort. Je weiter wir an die englische Küste kamen, um so schlechter wurde das Wetter. Um überhaupt noch einigermaßen Sicht zu haben, mußten wir auf 100 Meter herunter.

Heute hatten wir einen Gast mit, einen Flugzeugführer von einer neuen Besatzung. Er machte seinen ersten Einweisungsflug und hatte seinen Platz auf der Schwelle zum Zwischengang. Wir tauschten gegenseitig die gemachten Wind- und Seegangbeobachtung zur Kursberichtigung aus.

Nach der Flugzeit mußten wir kurz vor der Humbermündung stehen. Vom Mond war nicht viel zu sehen. Wolkenfetzen und Regenböen wechselten sich gegenseitig ab. Wenn wir aus dem Regen heraus waren, hatten wir eine Sicht von etwa 300 Meter. Je näher wir der Küste kamen, um so aufmerksamer beobachteten wir die See, gingen jetzt auf 50 Meter herunter, um besser sehen zu können. Da taucht der Küstenstrich auf.

Nördlich oder südlich der Humbermündung? Erst mal flogen wir in nordwestlicher Richtung an der Küste entlang. Wir mußten jetzt genau den Küstenverlauf mit unserem Kompaßkurs vergleichen, damit wir nicht in die Humbermündung hineingerieten. Schiffe waren noch nicht zu sehen, aber auch der versprochene Mondschein war nicht da. Die Küste fällt weiter nach Westen ab. Wir sind schon auf 280°, das muß die Humbermündung sein! Noch drei bis vier Minuten da entlang. Wir entschließen uns, auf Nordkurs zu gehen, und da haben wir sie auch schon vor uns, die nördliche Nase der Humberküste. Hier ist immer etwas los, also machen wir einen großen Bogen um sie herum. Noch keine Schiffe! Jetzt schimmert der Mond mal hindurch. In seiner Bahn liegt die glitzernde See, die silbern zu uns heraufschimmert. Wieder Wolkenfetzen, Regenböen und wieder Mondbahn. So wechselt das die nächste halbe Stunde ab.

Vor Flamboroughhead – wer kennt das nicht – liegen Vorpostenboote. Zwei davon sehen wir, weichen aus, denn die mit 500-kg-Bomben anzugreifen, hat wenig Sinn, wenig Chancen. Meistens bekommt der Angreifer selber da etwas ab. Wir gehen etwas weiter heraus in der Hoffnung, dort einen Geleitzug zu finden. nichts zu sehen, aber die Sicht ist zeitweise auch miserabel, so daß wir sicherlich schon an einigen lohnenden Zielen vorbeigeflogen sind. Wieder gehen wir dicht an die Küste heran. Ab und zu kommt mal ein kleiner Bewacher, ein Fischkutter, in Sicht. Aber das geht immer so schnell, kaum haben wir ihn bemerkt, sind wir auch schon an ihm vorbei. Das Wetter wird schlechter, scheinbar hat hier der Wind gedreht, denn die Wellen laufen jetzt aus Nord bis Nordost.

Mondbahnen kommen überhaupt nicht mehr.

In Küstennähe fliegen wir bis Newcastle, wenn wir dichter herankommen, wird drüben schon ab und zu etwas angemacht. Scheinwerfer suchen und zeigen mit ihren Leuchtfingern auf See hinaus in unsere Richtung. Ab und zu schießt auch mal die Flak mit Leuchtspur und mit Granaten. Unsere Aufmerksamkeit gilt aber in erster Linie dem Schiffsweg. Wir möchten Frachter finden und mit unseren beiden Bomben angreifen.

Nichts zu sehen. Es ist heute wie verhext. Wir sind sicher, daß das an der schlechten Sicht liegt. Die Dampfer sind bestimmt da!

Nach etwa 20 Minuten, nördlich von Newcastle, machen wir kehrt. Es wird Zeit zum Rückflug. Wollen wir mit den Bomben gleich das Ausweichziel, den Hafen von Newcastle, angreifen oder nochmal eine Strecke nach Süden absuchen? Bei der Sicht lohnt sich das nicht. Deshalb entschließen wir uns für das Ausweichziel.

Über See gehen wir auf 1000 Meter Höhe. Eine richtige Angriffshöhe ist das nicht, aber wir wollen etwas sehen, und wenn wir höher hinaufgehen, ist bei dieser miserablen Sicht überhaupt nichts mehr zu machen. Wir hoffen auf ein Wolkenloch, wenn das nicht da ist, müssen wir im Tiefangriff angreifen.

Bei 800 Meter kommen wir jetzt aus den Wolken heraus. Mondschein, aber auch noch Wolkenberge um uns, sie stehen etwas weiter vorn. Wir überfliegen die Küste, alles ruhig da unten. Wenn wir auf den Hafen richtig herauskommen wollen, müssen wir einen genauen Standort und einen markanten Anlaufpunkt haben. Das sind in unserem Falle die Berge, die links vor uns sichtbar werden. Scheinbar ist das Wetter hier über der Küste etwas besser. Wir erkennen ein großes wolkenfreies Feld, und wenn wir hier links eindrehen, müßten wir kurz vor dem Hafen sein.

Da kommen auch schon die ersten Scheinwerfer, erst einzeln, je weiter wir rankommen, um so dichter werden sie. Flak-Leuchtspuren werden sichtbar, liegen aber noch etwas von uns weg, etwa 200 Meter zu weit rechts. Noch haben wir Südostkurs. Das Wolkenloch ist noch da, aber mehr nach Osten zu. Wir müssen eindrehen, auf Ostkurs gehen. Jetzt kommen die Scheinwerfer gebündelt und erfassen uns, mächtiges Flakfeuer setzt ein. Die Leuchtspuren sind zum Greifen nah. Wolkenfetzen vor uns. Wir haben keine Sicht mehr, sind aber sicherlich kurz vor dem Hafen. Runter, in der Höhe sehen wir nichts mehr. Trotz Wolken flitzen um uns die roten Spuren der Flak. Wenn sie zu dicht kommen, macht Karl-Heinz Ausweichbewegungen nach links und nach rechts. Nutzt nicht viel, denn immer dichter liegen die Spuren.

Wieder reißt es auf. Da, rechts die Kaianlage, wir sind etwa noch 200 Meter hoch, als es in der Kanzel splittert und kracht. Auch Brückner ruft von hinten, daß wir getroffen worden seien. Noch laufen die Motoren, es zieht in der Kanzel entsetzlich.

Stark angedrückt stoßen wir auf die Schuppen herunter, kommen immer näher, jetzt die Bomben los und Abwehrbewegung nach links. Der rechte Motor stottert. Mit Mühe machen wir dann Abwehrbewegungen, mal links, mal rechts, mal gedrückt, mal gezogen, um der massiven Flak zu entgehen. Wir kommen über See. Da geht hinter uns eine mächtige Feuersäule hoch, unsere beiden Bomben. Kaden hat beobachtet, daß sie mitten in den Kaianlagen in den Schuppen lagen.

Der rechte Motor stottert, schließlich steht er. Karl-Heinz hat es gerade noch geschafft, die Luftschrauben auf Segelstellung zu bringen. Der linke Motor läuft. Wir sind knapp über Wasser, höchstens 20 Meter hoch. In der Kanzel, in der ganzen Maschine zieht es mächtig. Die Plexiglaskuppe hat vorne ein riesengroßes Loch.

Schaffen wir es, bei Nacht mit einem Motor über die ganze Nordsee zu fliegen, hält der Motor überhaupt das Flugzeug in der Höhe? Ob wir das überhaupt riskieren können, oder ist es besser, eine Notlandung an der Küste zu machen und die Gefangenschaft dem Absaufen vorzuziehen?

Die Gedanken, die jeden beschäftigen und teils auch laut ausgesprochen werden, rasen durch den Kopf, jeder sagt etwas. Kaden sagt: »Karl-Heinz, ran an die Küste, Bauchlandung am Strand, morgen früh sind wir bei Churchill zum Rapport.« Fast entschließen wir uns dazu, denn es besteht wenig Chance, bei dem Wetter bei Nacht und bei der Flughöhe von 20 Meter im Einmotorenflug 600 km über die Nordsee zu fliegen.

Da . . . ganz zaghaft erst versucht es Karl-Heinz zu steigen, ganz wenig, nur einen Strich über Null liegt der Zeiger des Variometers, aber er hält! Die Fahrt fällt auch nicht ab. Hoffnung taucht auf, alles starrt auf die Instrumente, aber doch nur für einen Augenblick, bis es uns durchfährt, Klamotten raus, Flugzeug leichter machen. Fieberhaft emsig werden die Munitionstrommeln nach hinten zur Bowa gereicht und rausgeworfen. Die MGs folgen. Jetzt erst mal die Löcher zustopfen, damit der Zugwind aufhört und die Mühle nicht zuviel zusätzlichen Luftwiderstand hat.

Am schlimmsten sieht es in der Kanzel aus. Für das große Loch in der Kuppel bleibt eigentlich nur noch der Fallschirm, anders bekommen wir das gar nicht dicht. So wird abgedichtet mit allem, was vorhanden ist, sogar die Fliegerjacken kommen mit dran.

Wir haben 50 Meter Höhe. Der Motor läuft ruhig. Die Entlastung durch die über Bord geworfenen Sachen hat etwas gebracht. Viel nicht, aber wir steigen, ab 200 m in den Wolken, jetzt Blindflug. Karl-Heinz sitzt eisern hinter dem Knüppel. Die Mühle ist ausgetrimmt, und wenn auch mit Anstrengung, wir wollen es schaffen, wollen heimkommen. Im äußersten Notfall haben wir auch noch das Schlauchboot. Brückner hat den Standort und den Einmotorenflug gemeldet und quittiert bekommen. Also wissen die daheim von uns. Es ist eine verflixte Lage, wenn man sich nur auf einen Motor verlassen muß. Jede kleine Veränderung des Motorengeräusches löst Reaktionen aus. Jeder horcht und starrt auf die Instrumente. Der Funker von hinten fragt über Ei-V nach dem Rechten. Sorgfältig wird gekoppelt, damit wir zu jeder Zeit den Standort haben. Alle 10 Minuten erhält Brückner das Planquadrat durchgesagt, damit er im Notfall das sofort durchgeben kann. Eine derart angespannte Situation, die Hoffnung auf das Durchhalten von Maschine und Mensch, kann nur der richtig verstehen, der das schon einmal mitgemacht hat. Unsere Lage wird noch verschlimmert durch das Wetter, den Blindflug in den Wolken durch die Nacht.

Wir kommen zum Nachdenken. Was war eigentlich los? Durften wir den Hafen überhaupt angreifen? Der Einsatzbefehl lautet: »Ausweichziel Hafen Newcastle, wenn es das Wetter erlaubt.« Bei einem solchen Objekt, bei dieser Abwehr ist doch nur ein Hochangriff mindestens aus 3000 m im Bereich des Erlaubten.

Wir aber erst 1000 Meter im Anflug, später auch noch notgedrungen Tiefangriff, das konnte ja nicht gutgehen.

Woher kamen die Treffer, war es eine Flakgranate oder die Leuchtspurmunition? Beim Funker ist das Plexidach eingeschlagen. Die Plexisplitter zeigen nach innen – nach Brückner. Wieso, wenn das ein Treffer war, konnte der doch nur von unten kommen, folglich müßten die Splitter nach außen zeigen.

Ich nehme die Taschenlampe und leuchte den rechten Motor an. Die ganze Seite ist mit Öl verschmiert. An der Fläche zwischen Rumpf und Motor ist ein tiefer Einschuß. Die Flächenhaut ist zerfetzt, und die Blechzacken zeigen nach unten, nicht nach oben, wie es sein müßte, wenn ein Treffer von unten gekommen wäre. Was ist das? Wie kommt das? Karl-Heinz meint, daß das eventuell durch die starke Abwehrkurbelei gekommen sei. Kann nicht sein, meine ich. Wir flogen ja schließlich nicht im Rückenflug. Wir untersuchen und betrachten weiter, kommen aber zu keinem Ergebnis. Auch Nachtjäger, die ja meistens von oben kommen, waren es nicht, die gab es zu dieser Zeit noch nicht.

Bei 800 Meter, nach etwa einer Stunde Flugzeit, kommen wir aus den Wolken heraus. Jetzt ist es schon besser, wir haben Mondschein, müssen nicht mehr blind fliegen, und es ist auch nicht mehr so böig, so holprig in der Luft. Jetzt sind wir schon sicherer, haben wir doch 800 Meter zwischen uns und dem Wasser liegen.

Noch steigen wir langsam weiter, wollen bis auf 1000 Meter gehen, damit wir auch etwas Abstand zu den Wolken haben und nicht bei jedem Wolkenturm Blindflug machen müssen.

Brückner bringt Musik, das entspannt. Wie doch gleich alle etwas lockerer werden. Es werden schon wieder Anekdötchen erzählt, aber auch geflachst, wie das bei dem Morgenrapport bei Churchill gewesen wäre.

Der Motor läuft schön ruhig. Die Instrumente stehen. Die Frage nach dem Woher und warum die Splitter nach unten zeigen, hat keiner deuten können.

Zwei Stunden sind eine unendlich lange Zeit, wenn man sie in Bangen und Hoffen durchlebt. Trotz Musik und gegenseitiger Aufheiterung werden doch die Minuten gezählt. Immer bis 600, dann auf die Uhr geschaut, ob die zehn Minuten auch tatsächlich um sind. Das sechsmal hintereinander und dann noch einmal von vorne.

Wir bekommen Funkpeilung, müssen eine geringe Kurskorrektur vornehmen. Da sehen wir ein Licht aufblinken. Es ist weit voraus. Unser Flugplatz, unsere Insel. Nie ist sie so freudig, so hoffnungsvoll erwartet worden. Noch zehn Minuten. Da ist die Küste vor uns, und trotz Anmeldung schießen wir dreimal E-S, unser Erkennungssignal. Wir wollen nicht riskieren, jetzt, nachdem fast alles überstanden ist, noch von der eigenen Flak runtergeholt zu werden.

Wir sind über dem Platz, Befeuerung ist an. Eine große Kurve über den laufenden Motor, und wir setzen zur Landung an. Im gekonnten Anflug, direkt neben der Startlampe, setzt Karl-Heinz auf.

Die Zugmaschine mit dem ersten Wart kommt schon angerollt und spannt den Vogel an.

Wir vergessen direkt, die Schäden nochmal von außen anzusehen, um eventuell doch das Rätsel des Beschusses zu lösen.

Wir sitzen alle schon über eine Stunde auf dem Gefechtsstand und berichten und schreiben unseren Gefechtsbericht. So ganz glücklich ist unser Alter über uns nicht, meint, das hätten wir sehen müssen und nicht machen dürfen. Hoffentlich gibt es vom Korps keinen Ärger.

Da kommt unser Hesse, der erste Wart, auf den Gefechtsstand gestürmt, es hat ihn gar keiner bemerkt, wie er zur Tür hereinkam. Er zeigt auf mich und meint: »Ihr habt in einem Sperrballon gesessen!« Quatsch, wieso? »Na klar, an der Mühle sind doch noch Seilspuren zu sehen. Kommen Sie mit und sehen Sie sich das an.« Direkt Drahtseileindrücke an dem Funkerdach, vorne an der Kanzel und auch unter dem Rumpf haben sich abgezeichnet. Unter dem Rumpf sieht man direkt die Farbkratzer als Seilspuren.

Wir haben es nicht für möglich gehalten; trotz Nacht und trotz Müdigkeit fahren wir nochmal raus. Der Kommandeur und der Ia kommen mit. Auch sie wollen das sehen.

Tatsächlich! Direkte Drahtseilabdrücke an Rumpf, Kanzel und Funkerdach und auch an der Fläche, dort, wo die Splitter nach unten zeigen, da sind diese eindeutig erkennbar.

Wir sind in eine Ballonsperre geflogen, haben ein Drahtseil, der Ballon stand sicher über uns in den Wolken, direkt auf die Mitte der Kanzel bekommen, und dort ist es seitlich abgerutscht und hat die Zuleitung zum rechten Motor abgequetscht.

Es ist dann sicherlich unten an der Seilwinde oder dazwischen gerissen und hat sich mit dem Seilende um den Rumpf geschlagen und dabei das Funkerdach zerhackt und ist dann abgerutscht.

Deshalb auch der Ruck am Flugzeug und das seitliche Abschmieren, das wir für Abwehrbewegungen unseres Karl-Heinz gehalten haben.

Fassungslos staunen wir das an. Das hat noch keiner überstanden und auch noch keiner gesehen. Unser Flugzeug, unsere brave He 111, ist doch ein wahrer Wundervogel. Oder hat einer seine dicken Daumen dazwischen gehabt?

Am nächsten Vormittag mußten wir zum Korps nach Jever, mußten dort alle Einzelheiten noch einmal berichten. Insbesondere aber über das Verhalten von Besatzung und Flugzeug bei dem Abschmieren beim Angriff, als wir meinten, es sei ein Flaktreffer.

Ganz ungeschoren kamen wir nicht davon, denn es hieß ja »Angriff nur, wenn das Wetter es zuläßt.« Das soll mal einer bei Nacht über Feindgebiet richtig beurteilen können.

Wir haben im Geschwader keinen Fall dieser Art nochmal erlebt, zum Glück nicht. Zumindest keine Besatzung kennengelernt, die das überstanden hat.

Die englischen Ballonsperren haben dazu geführt, daß die Luftwaffe Versuche mit Ballonabweisegeräten machte. Das waren Stangen, die von vorn, von der Kanzel, seitlich nach den Tragflächen führten und an deren Ende ein Absprenggerät montiert war. Das sollte das Drahtseil sprengen.

Einige Verbände wurden damit ausgerüstet. Wir zum Glück nicht. Diese Dinger machten die Flugzeuge so kopflastig und so langsam, daß der Flug hiermit bald ein größeres Risiko als die Ballonsperre war. Ich glaube, das hat es auch nur kurze Zeit gegeben und war bald wieder vergessen.

Die Ballonsperren hatten schon ihre Abwehrwirkung, besonders als Objektschutz gegen Tiefangriffe. Ich bin sicher, daß diesen Sperren so manch einer zum Opfer fiel.

Eine Zwischenbilanz über die Ergebnisse im Handelskrieg

Der Lagebericht West des Oberbefehlshabers der Luftwaffe Ic meldet die Erfolge des Geschwaders in dem Zeitraum vom 17. Dezember 1939 bis 9. April 1940 wie folgt:

Versenkte Schiffe:	38 Handelsschiffe mit 67 865 t
	19 Trawler/Bewacher/Vorpostenboote
	1 Minensuchboot (Spinx)
	1 Minenleger
	1 Zerstörer (Ferbin)
Beschädigte Schiffe:	56 Handelsschiffe mit 168 294 t
	14 Trawler/Bewacher/Vorpostenboote
	1 Minensuchboot
	1 Minenleger
	1 Zerstörer
	2 Kreuzer
	5 Schlachtschiffe (davon 2 in Scapa Flow)

Ein beachtliches Ergebnis!

Hinzu kommen noch die beschädigten bzw. versenkten Schiffe aus einem Zeitraum Ende September bis zum 17. Dezember 1939. In den deutschen Archiven sind hierüber leider keine Unterlagen vorhanden.

Der 1. Wart

Viel hat man über die Flieger, ihre Erlebnisse, Leistungen und auch die Gefahren, die sie durchlebten oder auch nicht, geschrieben. Wenig bisher über die Techniker, das Bodenpersonal und den wohl wichtigsten technischen Mann am Boden, den »ersten Wart«.

Er war für alles da, für alles zuständig, was zur Flugbereitschaft seines Flugzeuges gehörte. Ich habe erste Warte erlebt, die heimlich und scheu vor dem Start nochmals über die Fläche oder das Leitwerk streichelten, damit ihr »Vogel« ja heil vom Einsatz zurückkehrt.

Unser Unteroffizier Hesse war einer von denen. Nichts war ihm zuviel, ob Tag oder Nacht, immer ging es bei ihm um die Flugklarheit seines Flugzeuges. Wenn wir vom Einsatz zurückkamen, war er schon auf halbem Wege uns entgegengelaufen und rannte dann noch bis zum Abstellplatz mit. Wenn der Startwagen schon da war, um uns abzuholen, ließ er vorher die Motoren abstellen, um seinen Vogel selbst zum Liegeplatz zu bringen. Jetzt ging er an die Arbeit. Wenn irgend möglich, machte er alles selbst. Es sei denn, daß größere Reparaturen anstanden. Die gesamte Wartung, Betankung, Öl nachfüllen, alles, was dazugehört, machte er sofort, und wenn es viel war, durfte mal sein Kollege von der FBK mithelfen. Auch extreme Wetterverhältnisse, wie heiße Sommer in Griechenland und auf der Krim oder knallharte Winter in Rußland und Nord-Norwegen, bei Temperaturen von minus 30° und mehr und meterhohem Schnee, konnten ihn nicht davon abhalten, sein Flugzeug »klar« zu machen. Wenn wir zum Einsatz gingen und er seine Maschine »klar« meldete, war es immer ein strahlender Hesse, der das Flugzeug übergab. Ich habe auch nie erlebt, daß dann etwas nicht »klar« war. Und wenn es nur die sauber abgewischten Instrumente waren. Wichtig war für ihn, daß der Vogel heil zurückkam. Was mit der Besatzung geschah, war nicht so wichtig!

So war es auch bei anderen. Erster Wart zu werden, das war eine Auszeichnung. Fiel einer aus, so rückte nur der »Beste« aus den Reihen der Betriebszüge der FBK nach.

3. »Weserübung«, April 1940

Die Besetzung Dänemarks und Norwegens

Hitler selbst hatte bereits im Oktober 1939 die Bedeutung des Wirtschaftskrieges neben dem rein militärischen Krieg voll erkannt und befohlen, alle deutschen Maßnahmen darauf zu konzentrieren, England von den dänischen Lebensmittellieferungen und von den Rohstoffen aus Norwegen und Schweden abzuschnüren. Je schneller dies gelang, desto eher würde der Krieg beendet sein. Es verstand sich von selbst, daß bei einem überraschenden Unternehmen gegen Norwegen zur Flankensicherung Deutschlands auch Dänemark unter den »Schutz des Reiches« gestellt werden mußte.

Auch bei dem geplanten Unternehmen »Weserübung«, der Besetzung Dänemarks und Norwegens 1940, verbanden sich in gewisser Weise Nah- und Fernziele der deutschen politischen Führung.

Fraglos hat zunächst die indirekte Strategie gegen England den entscheidenden Anstoß gegeben. An und für sich war Hitler von Beginn des Krieges an bestrebt, die Neutralität der nordischen Staaten aufrechtzuerhalten. Aber mehr und mehr überzeugten ihn die Argumente seiner Ratgeber, daß Norwegen unter keinen Umständen in die Hand Englands fallen dürfe. Auf diese Gefahr wies ihn auch der norwegische Staatsrat Quisling in einem persönlichen Gespräch hin. Eine »kalte Besetzung« durch britische Freiwillige (angesichts des russisch-finnischen Konfliktes) schien untragbar.

Aus wehrwirtschaftlichen und aus strategischen Gründen mußte ein Festsetzen Großbritanniens im Norden Europas verhindert werden, wollte das Deutsche Reich nicht die wichtige Erzzufuhr aus Schweden verlieren, aber auch um England daran zu hindern, die Seekriegführung auf die Ostsee auszudehnen.

Der Einsatz des Geschwaders bei der Besetzung von Norwegen

Das Geschwader hat jetzt 3 Gruppen einsatzklar. Am 6. April in den Abendstunden wird der Kommodore mit seinem Ia zum X. Fliegerkorps nach Hamburg befohlen. Vorbesprechung für »Weserübung«.

Die Besprechung der vorläufigen Einsatzbefehle erfolgt durch den Kommandierenden General selbst. Sein Stabschef, Major i. G. Harlinghausen, erläutert die Einsatzbefehle.

Das Geschwader erhält den Auftrag, mit zwei Gruppen für den Einsatz gegen Seeziele, mit der 3. Gruppe zum Einsatz gegen Landziele in Bereitschaft zu gehen.

Dieser Besprechung schließt sich am nächsten Tage eine Einsatzbesprechung beim Geschwaderstab an, zu der die Gruppenkommandeure befohlen werden.

Am 8. April 1940 erhält das Geschwader den Verlegungsbefehl auf die Einsatz-Fliegerhorste.

Der Geschwaderstab mit Stabs-Staffel und I. Gruppe verlegen nach Varel, die II. Gruppe nach Marx, die III. Gruppe vorerst nach Neumünster, am Abend jedoch weiter nach Westerland. In Westerland liegen auch Transportverbände, die mit Ju 52 Fallschirmjäger und Luftlandetruppen zum Einsatz bringen sollen.

Die III. Gruppe hat den Auftrag, die Landung dieser Verbände zu unterstützen und die mögliche gegnerische Abwehr durch Bomben- und Bordwaffenangriffe auszuschalten.

Der Einsatz ist gegen die südnorwegischen Flughäfen Vornebu, Sola, Kjeller und Stavanger geplant.

Am Abend kommt der Einsatzbefehl zum Angriff für den 9. April um 0500 Uhr früh.

Die III. Gruppe soll so starten, daß sie um 0500 Uhr gemeinsam mit den Transportverbänden über dem Ziel steht. Entsprechend den vorgegebenen Angriffszielen sind die 3 Staffeln für je ein Ziel, die verstärkte Stabskette für das 4. Ziel eingeteilt.

Pünktlich um 0500 Uhr werden die Ziele erreicht. Die Transportverbände mit den Fallschirmjägern sind auch da, die Jäger springen bereits. Noch ist unten alles ruhig. Da setzen die Transporter mit den Luftlandetruppen zur Landung an und bringen ihre Männer zum Einsatz.

Es hat schon den Anschein, als sei alles kampflos abgegangen, als plötzlich doch die Schießerei losgeht.

Die Flakstellungen sind wach geworden. Von dort kommt Abwehrfeuer, welches das Vordringen der abgesetzten Truppen aufhält. Jetzt greifen die Kampfflugzeuge ein und nehmen sich im Tiefangriff die Stellungen vor. Durch gezielte Bombenwürfe und anschließende Tiefangriffe mit Bordwaffen sind die Flakstellungen bald ausgeschaltet.

Die Besatzungen landen jetzt. Im Verlaufe weniger Stunden wird die notwendige Bodenorganisation eingerichtet. Diese 4 Flugplätze können bereits am Vormittag andere fliegende Einheiten aufnehmen.

Die Staffeln der III. Gruppe sammeln sich auf dem Flugplatz Stavanger und werden von dort neu eingesetzt.

Inzwischen haben die See-Aufklärungsverbände einen starken englischen Flottenverband mit mehreren Schlachtschiffen, Kreuzern, Zerstörern und Truppentransportern in der nördlichen Nordsee, zwischen den Shetlands und der norwegischen Küste, mit Kurs auf Norwegen, gemeldet.

Das K.G. 26 und das K.G. 30 erhalten den Angriffsbefehl.

Die I./K.G. 26 und die II./K.G. 26 starten mit 41 Flugzeugen, die Gruppen des K.G. 30 mit 47 Flugzeugen.

Die Verbände des K.G. 26 führt Major Vetter, Kommandeur der II. Gruppe. Das K.G. 26 greift im Horizontalflug, das K.G. 30 im Sturzflug an. Beide Verbände sind so gestartet, daß sie zur gleichen Zeit über dem Ziel stehen können.

Auf Anflugkurs, im Steigflug wird gesammelt. Das Geschwader soll möglichst eine Angriffshöhe von 4000 m haben, wenn die Wolkenhöhe mitmacht.

Am Flottenverband hängt ein Fühlungshalter, der Peilzeichen sendet und die Angriffsverbände heranführt.

Nach etwa 3 Stunden kommt das Ziel in Sicht. Ein riesiger Flottenverband, fast die gesamte Home Fleet, ist da versammelt. Noch fahren sie in ordentlicher Marschformation. Die dicken Schiffe in der Mitte. Dann links und rechts daneben die Kreuzer und außen herum ein Kranz von Zerstörern und Bewachern, der die U-Boot-Sicherung übernimmt.

Inzwischen sind auch die Ju 88 vom K.G. 30 heran und beginnen mit dem Angriff. In Wellen hintereinander fliegend, steuern sie den Verband an und gehen einzeln zum Sturzangriff über. Bis auf etwa 1000 Meter stürzen sie herab und lösen dann die Bomben aus. Wenn sie auch durch den Sturzflug so mancher Granate entweichen können, so ist es doch ein richtiger Feuertrichter, in den sie sich hineinstürzen, um ihre Bomben richtig ins Ziel zu bringen.

Mittlerweile hat Major Vetter den Angriffsbefehl gegeben. Er dreht mit seiner Führungskette auf den Verband zu. Von vorne kommend will er angreifen. Die Staffeln setzen sich hintereinander und bilden mehrere Angriffswellen.

Der Flottenverband hat sie längst entdeckt, denn gleich nachdem die Ju (Junkers) aus der Reichweite sind, konzentriert er seine Abwehr auf die Horizontalbomber.

Sie schießen mit allem, was sie haben, und das ist nicht wenig bei dieser riesigen Streitmacht schwimmender Kanonen.

Im Anflug, besonders während der letzten 20 Sekunden der Zielstrecke, muß das Flugzeug ganz ruhig und schön gerade liegen, sonst ist ein genauer Bombenwurf nicht möglich. Das ist eine unendlich lange Zeit, reine Nervensache, dieses Durchhalten der Zielstrecke.

Das wissen selbstverständlich auch die Richtschützen unten auf den Schiffen. Man meint, Sprengwolke sitzt neben Sprengwolke, so dicht ist der Geschoßvorhang. Es kracht und klingelt von allen Seiten, der Pulvergestank ist nicht nur zu riechen, sondern auch auf der Zunge zu schmecken. Ein Wunder, hier ohne Kratzer davon zu kommen.

Dann, wenn die Bomben fallen, kann durch Abwehrbewegungen versucht werden, aus diesem Feuervorhang herauszukommen.

Schon im Anflug stürzen zwei Maschinen brennend ab, andere erhalten Treffer und müssen notlanden. Nur wenige kommen ohne Kratzer davon.

Die Besatzungen hatten Treffer auf dem Schlachtschiff »Rodney«, den Kreuzern »Devonshire«, »Southampton« und »Glasgow« sowie auf einigen Zerstörern erzielt.

Die Angriffe auf diese Flotteneinheiten und Transportschiffe wurden in den nächsten Tagen fortgesetzt.

Inzwischen waren die dänischen Flughäfen durch deutsche Truppen besetzt und mit entsprechendem technischen Personal, technischen Geräten, Treibstoffen, Munition und Bomben ausgestattet worden.

Das Geschwader verlegte nach Aalborg-West und flog von hier seine Einsätze.

Die technischen Einheiten des Geschwaders folgten per Lufttransport. Die 5. FBK war bereits am 8. April per Landmarsch auf den Weg gebracht worden und traf am 10. April nachmittags in Aalborg-West ein.

Die Lage um Drontheim war kritisch geworden. Alliierten Truppen, unterstützt durch die englische Flotte, waren Landungen im Raume Namsons und Andalsnes gelungen. Damit wäre die Verbindung nach Narvik unterbrochen.

Englische Schlachtschiffe, Flugzeugträger und Kreuzer beschossen die Flughäfen und versuchten damit, die derzeit bestehende deutsche Luftüberlegenheit zu unterbinden.

Mit mehreren Einsätzen wurden die Besatzungen auf diese Flottenverbände angesetzt; wir konnten beachtliche Erfolge erzielen. Erwähnt sei hierbei die Bekämpfung des Schweren Kreuzers »Suffolk«, der Treffer im Maschinenraum und im Munitionsraum erhielt und mit knapper Not, schwer beschädigt, nach Scapa-Flow entkommen konnte.

Mitte April wurde das Geschwader nach Stavanger-Sola verlegt. Bereits ab 11. April war dieser Flugplatz durch Marine-Transporteinheiten mit Munition und Treibstoff versorgt worden und seither einsatzklar. Die Operationen des Geschwaders erstreckten sich nunmehr auch auf die Unterstützung der Heeresverbände durch Tiefangriffe mit Bomben und Bordwaffen auf die gegnerischen Stellungen, auf Unterbindung der Nachschublinien und die Bekämpfung von Flotteneinheiten. Es war stets ein Einsatz rund um die Uhr.

Durch die Verfügbarkeit von Stavanger war es nunmehr möglich, auch Stuka-Verbände, die geringere Reichweite hatten, hierher zu verlegen. Damit wurde das Geschwader frei für den Einsatz im nördlichen Norwegen.

Um Narvik war es sehr ernst geworden. Der englischen Flotte war es gelungen, die deutschen Seestreitkräfte völlig auszuschalten und den Hafen von Narvik zu besetzen.

General Dietl, mit seinen Gebirgsjägern und den Besatzungen der versenkten Zerstörer, war in eine fast aussichtslose Lage gekommen und konnte nur noch per Lufttransport versorgt werden. Seine Stellungen wurden pausenlos von den im Hafen Narvik und in den umgebenden Fjorden liegenden Kriegsschiffen beschossen. Bereits ab 13. April wurden Teile des Geschwaders zur Bekämpfung dieser Schiffe eingesetzt.

Der Einsatz erfolgte jedoch noch aus dem dänischen Raume. In Südnorwegen mußte zwischengelandet und aufgetankt werden. Und dann waren es immer noch weit über 1200 km bis nach Narvik. Es waren Einsätze, die nur im Sparflug, mit einer Flugzeit von über zehn Stunden, möglich waren. Deshalb die Verlegung nach Stavanger-Sola.

Täglich waren die Besatzungen im Einsatz, teils gegen die Land- und Seefront bei Drontheim, teils gegen Schiffsziele bei Narvik. Die Schwierigkeiten, mit denen sie zu kämpfen hatten, sind zum Teil aus dem nachstehenden Ic-Bericht vom 16. April erkennbar:

II./K.G. 26 mit drei Flugzeugen Start um 1100 Uhr zur Aufklärung gegen Narvik.
Ergebnis: Um 1400 Uhr sechs Schwere Kreuzer und mehrere Leichte Kreuzer gesichtet. Kurs auf Korfjord.
1448 bis 1500 Uhr Start von 15 Flugzeugen der II./K.G. 26 zur bewaffneten Aufklärung im Raume Narvik.
Fünf Flugzeuge wegen techn. Mängel vorzeitig abgebrochen.
Von den übrigen liegen folgende Meldungen vor:

1530 Uhr im Salt-Fjord oder Polda-Fjord Angriff aus 3500 m Höhe auf vier Zerstörer mit drei SC 250 und vier SC 50. Bomben lagen etwa 100 m vom Schiff entfernt anscheinend ohne Wirkung. Drei größere Schiffe (wahrscheinlich Schwere Kreuzer) lagen in der Nähe. Gut liegende Flakabwehr.

1600 Uhr Bei der Insel Vigra Angriff aus 3000 m Höhe auf ein Schlachtschiff mit zwei SC 500. In der Nähe des Schlachtschiffes lagen zwei Transportschiffe und vier Zerstörer. Eine Bombe lag 30 m mittschiffs neben einem Transportschiff von etwa 10 000 t. Minenwirkung ist wahrscheinlich. Mittlere gut liegende Flak.

1710 Uhr Bei Harstadt aus 5400 m Höhe ein Flugzeugträger mit zwei SC 500 angegriffen. Die Bomben lagen 80–100 m vom Schiff entfernt, scheinbar ohne Wirkung. Außerdem wurde ein Transportschiff angegriffen und mit einer SC 500-Bombe getroffen.
Schlecht liegende Flakabwehr durch die Kreuzer im Hafen. In einer Bucht im Südteil der Lofoten zwei große Dampfer, ein Kreuzer und vier Zerstörer beobachtet.

1635 Uhr Ein Kreuzer gegenüber dem Hafen Narvik aus 500 m Höhe angegriffen. Eine Bombe lag etwa 5–10 m neben der Bordwand, eine andere etwa 10 m hinter dem Deck. Der Kreuzer lag in der Detonationswelle der Bomben. Minenwirkung ist daher wahrscheinlich.

1515 Uhr bis 1605 Uhr in der Bucht vor Narvik mehrere Angriffe aus 5000 m Höhe auf zwei Kreuzer mit drei SC 250 und vier SC 50. Die Bomben lagen etwa 150 m vom Schiff entfernt und waren vermutlich ohne Wirkung. Sechs Flugzeuge vermißt.

Von insgesamt 18 eingesetzten Flugzeugen mußten fünf wegen technischer Mängel den Einsatz abbrechen, sechs Flugzeuge mit Besatzungen gingen verloren.

Die alliierten Landaktionen um Drontheim liefen nicht so, wie sie geplant waren. Die Angreifer blieben stecken. Sicherlich haben hierzu auch die pausenlosen Luftangriffe unserer Verbände beigetragen.

Die Landeorte, besonders Namsos, wurden fast ununterbrochen angegriffen, der Hafen von Namsos fast völlig zerstört. Dazu kamen die laufenden Angriffe auf die englischen Seestreitkräfte und die Truppentransporter, deren Dezimierung auf Dauer nicht durchzuhalten war.

Bereits am 21. April beurteilte der britische Befehlshaber die Aussichten der Landeoperation sehr skeptisch.

Zwar kam am 27. April nochmal ein Nachschubkonvoi mit französischen Soldaten nach Namsos, um die Truppen zu verstärken, doch war der Evakuierungsbefehl bereits erteilt.

Am Monatsende wurden die Landungsgruppen – unter Deckung durch schwere Seestreitkräfte – abgezogen.

Das Geschwader wurde mehrfach hiergegen eingesetzt und konnte weitere Erfolge durch Treffer auf Kriegs- und Transportschiffen verzeichnen. Unter anderem wurde der französische Kreuzer »Emile Bertin« beschädigt, der französische Zerstörer »Bison« und der britische Zerstörer »Afridi« versenkt.

Nach Abschluß dieser Aktion war vorerst die Gefahr für Drontheim gebannt.

Die Einsatzleitung der Luftwaffenverbände in Mittelnorwegen hatte die X. Fliegerdivision.

Der Chef des Stabes, Major i. G. Harlinghausen, leitete die Einsätze vom vorgeschobenen Gefechtsstand Drontheim-Vernes.

Hierher sollte auch das Kampfgeschwader 26 verlegen.

Jedoch war der Flugplatz zu dieser Zeit noch nicht mal als »Feldflugplatz« zu bezeichnen. Die Größe reichte eventuell für Start oder Landung einer Ju 52, aber keinesfalls für ein Kampfflugzeug aus.

Dazu war er jetzt, bei dem einsetzenden Tauwetter, in eine Morastlandschaft verwandelt.

Es war aber der einzige Flugplatz in Mittelnorwegen, der für den Einsatz nach Narvik in Betracht kam. Die anderen Plätze, auch Stavanger, lagen ja bereits außerhalb der Reichweite unserer Flugzeuge.

Drontheim-Vernes war während der abgelaufenen Operationen von Luft-Transport-Verbänden benutzt worden.

Die ständige Beschießung und Bombardierung hatte unter den Flugzeugen erhebliche Zerstörungen angerichtet. Ein riesiger Trümmerhaufen von Flugzeugwracks lag um die Startbahn herum. Der Zustand des Platzes und die unzureichende Startbahn waren für Major Harlinghausen keine unüberwindlichen Hindernisse. Er ließ Holz fällen und baute mit den verfügbaren Bodeneinheiten und norwegischen Hilfskräften in kurzer Zeit eine Holz-Startbahn. Nach Fertigstellung verlegte er das Geschwader hierher.

Trotz Holz-Startbahn blieb der Start vom Flugplatz Vernes ein echtes Problem.

Die Startstrecke war viel zu kurz. Länger hätte sie aber auch nicht gebaut werden können, weil die Fläche des Flugplatzes zu klein war.

Um überhaupt eine Chance zu haben, mit dem voll betankten und mit 2000 kg Bombenlast beladenen Flugzeug hier herauszukommen, wurde der letzte Zipfel der Startbahn ausgenutzt. Bei abgebremsten Rädern wurden die Motoren auf Vollgas laufen gelassen, und erst dann, wenn das Spornrad bereits hoch war, wurden die Bremsen freigegeben.

Man holperte und hoppelte über den Knüppeldamm und schaffte es dann gerade so eben, kurz vor Startbahnende abzuheben. Bereits beim Abheben wurde das Fahrwerk eingefahren. Das ging aber nur dann gut, wenn Westwind herrschte. Bei Wind aus der anderen Richtung, wenn er von den Bergen kam, war ein Start fast unmöglich. Zum Glück gab es hier, zu der Zeit, fast immer Westwind.

Dieses »Angstschwitzen« beim Start war ein extra Feindflug. Jeder atmete tief durch, wenn der Start überstanden war.

Über 800 km mußten geflogen werden, um das Kampfgebiet von Narvik zu erreichen.

Der Weg dorthin war für die Besatzungen fast ein »Niemandsland«. Es gab wohl

Berge, Täler und Fjorde in reicher Zahl, aber jeder Berg oder Fjord sah für Nichtkenner fast gleich aus. Funkfeuer zur Orientierung gab es noch nicht. Auch war kein Ausweichplatz für eine eventuelle Notlandung vorhanden. Der einzige Platz am Hafen von Bodö reichte vielleicht für die Landung eines kleinen Sportflugzeuges aus, und außerdem war Bodö zu der Zeit noch Feindgebiet.

Das Wetter auf der Strecke war unbestimmbar, aber meistens, wie in dieser Jahreszeit üblich, miserabel schlecht. Schneestürme, Vereisungsgefahr und stürmische Westwinde forderten von den Besatzungen das Letzte an fliegerischem Können und sorgfältigster Navigation.

Schwerpunkte der Angriffe waren meistens die Kriegs- und Transportschiffe der Gegner. Aber auch Erdziele wie Flakstellungen, Fahrzeugkolonnen, Lagereinrichtungen und die Hafen- und Verladeeinrichtungen wurden angegriffen.

Die Alliierten setzten die ganze Flotte ein, um hier zum Erfolg zu kommen.

Durch pausenlose Einsätze der Kampfflugzeuge wurden beachtliche Erfolge erzielt und den Truppen des Heeres die erforderliche Unterstützung gegeben.

Aber diese erste Luftwaffen-Abnutzungsschlacht brachte auch bei uns erhebliche Ausfälle. Das Geschwader verlor im Kampf um Norwegen fast die Hälfte der friedensmäßig ausgebildeten Besatzungen. Einen Einblick in die seinerzeitige Luft- und Seekriegslage um Narvik sollen die nachstehenden Ic-Berichte des Oberkommandos geben. Es ist jeweils Ausschnitt eines Tages.

Ic-Berichte

Ic-Bericht vom 20. 5. 1940

c) **NORWEGEN** einschl. Küstengebiet (Luftflotte 5):

1. Bei der durch die Wetterlage stark behinderten **Nachmittagsaufklärung** wurden im Ofotfjord
   1 Flugzeugträger und
   5 Zerstörer mit wechselnden Kursen
   festgestellt.
   Die **Spätaufklärung** ergab

bei Tromsö:	1 Schlachtschiff (Rodney oder Nelson)
	1 schw. Kreuzer
	2 Transporter auf Reede
bei Harstad:	1 Schlachtschiff
	2 schw. Kreuzer
	6 Handelsschiffe (darunter eins zu 25 000 t)
	3 Zerstörer
	viele kleine Einheiten auf Reede
bei Skaanland:	1 s. Kreuzer
	2 Zerstörer
	6 Handelsschiffe auf Reede.

2. Die **Kampfverbände** erzielten nachstehende Erfolge:
   Gegen Seeziele:
   1 Schlachtschiff bei Harstadt: 2 Treffer SC 250 auf Vorschiff.
   1 s. Kreuzer bei Harstadt: 5 Treffer SC 250.
   1 s. Kreuzer im Ofotfjord: 1 SD 500 10 m vor den Bug; 2 Treffer SD 500 auf Deck in Höhe des Gefechtsmastes. Feuersäulen, starke Rauchentwicklung.

1 lei. Kreuzer vor Narvik: 1 Treffer SC 50.
1 Schlachtschiff bei Harstad: 1 SC 1000 10 m neben Bordwand.
1 s. Kreuzer bei Skaanland: 1 SD 1000 etwa 20 m neben Bordwand.
Ein s. Kreuzer im Lavangsfjord und der Flugzeugträger wurden ohne Erfolg angegriffen.
Gegen Erdziele:
Ein Wagenpark (25 Fahrzeuge) und Fahrzeuge auf der Straße Lavanger – Bjerkvik, Kolonnen, Zelte und Lager bei Graesdalen, Bukkedalen und Raudalen, sowie der Ort Troeldalen wurden wirksam bekämpft.

3. 7 Flugzeuge setzten planmäßig Fallschirmjäger bei Bjoernfjell ab.
4. Die die Kampfverbände begleitenden Zerstörer hatten keine Feindberührung.
5. Bei der **U-Bootsüberwachung** wurde ein aufgetauchtes feindl. U-Boot ostw. Skagen ohne beobachteten Erfolg angegriffen.

(Gen. d. Lw. b. Ob. d. M.)

Ic-Bericht vom 26. 5. 1940

c) **NORWEGEN** einschließlich Küstengebiet (Luftfl. 5):

1. Die **Aufklärung** im Raum um Narvik ergab am 25. 5. folgendes Bild:

Nordwestl. Harstad:	1 Schlachtschiff (Kreuzer?)
	5 Kreuzer
	3 Zerstörer
	6 Handelsschiffe
Vor Harstad:	1 Flugzeugträger
	1 lei. Kreuzer
Vor Narvik:	3 lei. Kreuzer (Zerstörer?)
	1 Monitor
Im Bogenfjord:	1 lei. Kreuzer (Zerstörer?)
Im Ofotfjord:	1 lei. Kreuzer (Zerstörer?)
Bei Skannland:	3 Zerstörer
	5 Handelsschiffe.

2. Die eingesetzten **Kampfverbände** erzielten nachstehende Erfolge:
1 Flugzeugträger vor Harstad: 1 Treffer SD 1000 backbord vorne, 2 Treffer SD 50, Einschlag einer SD 1000 20 m neben dem Schiff. Feuerschein und Explosionswirkung beobachtet. Schlagseite. Vorschiff überflutet.
Wahrscheinlich handelt es sich um denselben Flugzeugträger, der am 24. 5. im Ofotfjord einen Treffer SC 250 erhalten hatte. Unabhängig davon, ob dies zutrifft, wird angenommen, daß der zuletzt getroffene Flugzeugträger mit Sicherheit gefechtsunfähig wurde, wahrscheinlich sogar verloren ging.
1 Schlachtschiff nordwestl. Harstad: 1 Treffer SC 250. Starke Rauchentwicklung.
1 Kreuzer vor Harstad: 1 Treffer SC 250. Explosionswirkung beobachtet.
3. Überführung von Gebirgsjägern durch 10 Transportflugzeuge (Fallschirmabsprung). Die zum Schutz eingesetzten *Zerstörer* hatten keine Feindberührung.

Ic-Bericht vom 27. 5. 1940

c) **NORWEGEN** einschl. Küstengebiet (Luftfl. 5)

1. Die eingesetzten **Kampfverbände** erzielten nachstehende Erfolge:
   a) **Gegen Seeziele:**
   1 Schlachtschiff (Kreuzer?) vor Harstad: 1 Treffer SC 250 auf Heck. Starke Rauchentwicklung beobachtet.

1 Kreuzer vor Harstad: 1 Treffer SC 250 auf Achterschiff. Schiff stoppte. Starke Rauchentwicklung beobachtet.

1 Kreuzer (C-Klasse) im Lavangenfjord: 1 Treffer SC 250 auf Heck. Starke Rauchentwicklung und Ölspuren beobachtet.

1 Handelsschiff (8000 t) vor Harstadt: Mehrere Einschläge unmittelbar neben der Bordwand. Starke Schlagseite. Beim zweiten Anflug wurde das Schiff nicht mehr gesehen. Wasser am Liegeplatz war dunkel gefärbt. Vernichtung wird angenommen.

1 Transporter (18 000 t): 1 Treffer SC 250. Rauchentwicklung und Brandwirkung am Heck beobachtet.

b) **Gegen Landziele:**

Auf Flugplatz Bardufoß wurden Treffer im Rollfeld und in einer Gruppe von 10–15 am Boden stehenden Flugzeugen erzielt.

2. Der am 25. 5. angegriffene Flugzeugträger wurde nicht mehr gesichtet.
3. Durch 7 Transportflugzeuge wurden Gebirgsjäger (Fallschirmabsprung) nach Narvik überführt.
   2 weitere Transportflugzeuge mit Gebirgsjägern wurden auf dem Flug nach Narvik bei Saltdal, 1 Transportflugzeug mit Nachschubgut für die Gruppe Feuerstein bei Mo abgeschossen.
4. Bei Bardufoß starke Jagdabwehr (11 Doppeldecker).

Ic-Bericht vom 29. 5. 1940

c) **NORWEGEN** einschl. Küstengebiet (Luftflotte 5):

1. Die **Frühaufklärung** stellte im Seegebiet von Narvik fest:

   1 Schlachtschiff
   2 schw. Kreuzer
   mehrere leichte Kreuzer oder Zerstörer
   3 Transporter

   ferner wurde gegen 0600 Uhr etwa 520 km westlich der Einfahrt zum Ofotfjord ein Flugzeugträger mit Westkurs gesichtet. Bei der **Spätaufklärung** wurden festgestellt:

gegen 1700 Uhr:		**gegen 2000 Uhr:**	
vor Narvik:	2 Kreuzer	vor Narvik:	4 Kreuzer
	1 Flakkreuzer		3 Zerstörer
	3 Zerstörer		
im Ofotfjord:	1 Schlachtschiff	im Tjelsund:	1 Schlachtschiff
	4 Zerstörer		(od. s. Kreuzer)
	5 gr. Transporter (stilliegend)		

2. Die eingesetzten **Kampfverbände** erzielten nachstehende Erfolge:

   a) **Gegen Seeziele:**

   1 Schlachtschiff: 1 Treffer SC 500 mittschiffs. Feuerschein und starke Rauchentwicklung. Ein Einschlag SC 500 dicht neben der Bordwand. Das Schlachtschiff, das Narvik beschossen hatte, stellte nach dem Angriff das Feuer ein.

   1 schwerer Kreuzer: 2 Treffer SC 50 o. V.

   1 schwerer Kreuzer: 3 Treffer (Kaliber nicht gemeldet). Starke Rauchentwicklung.

   1 leichter Kreuzer (Aurora-Klasse): 1 Treffer SP 500 mittschiffs. Der Kreuzer blieb gestoppt liegen.

   1 leichter Kreuzer (Zerstörer?): 1 Treffer (Kaliber nicht gemeldet).

1 Kreuzer: Einschlag SD 1000 zehn Meter vor dem Bug. Schiff fuhr in die Detonation hinein.
1 Transporter wurde mit 32 SC 50 angegriffen. Treffer nicht beobachtet. Schiff wurde später brennend gesichtet.
1 Handelsschiff (800–1000 t) im Leinesfjord: 2 Treffer SC 50 mittschiffs, Schiff wurde anschließend auf Strand gesetzt.
2 Fischkutter im südwestl. Ausgang des Ofotfjordes versenkt. 2 weitere Fischkutter bei Dönna beschädigt.
1 große Motorbarkasse vor Rombaken in Brand geschossen.

Das Geschwader stand fast rund um die Uhr im Einsatz. Kurze Ruhepausen wechselten mit 12-Stunden-Flügen ab. Je weniger Besatzungen es wurden, um so mehr mußten die restlichen heran. Es ging ums Ganze. In den letzten Maitagen war die Lage doch recht brenzlich geworden. Dem Druck der Engländer konnten unsere Truppen nicht mehr lange standhalten, wenn nicht in irgendeiner Weise Unterstützung kam. Zudem behinderte das schlechte Wetter mit Schnee und Eis die Operationen der Gebirgs- und Marinetruppen.

Im Hafen von Narvik und in den Fjorden wurden die alliierten Schiffsansammlungen immer größer.

Wir waren überzeugt, daß es sich um weitere Verstärkungen der alliierten Landetruppen handelt.

Entsprechend massiv waren deshalb die Einsätze.

Fast immer gab es Verluste. Wenn nicht durch die enorme Flak der Kreuzer, Zerstörer und Schlachtschiffe, dann durch die englischen Jäger der Flugzeugträger und vom Flugplatz Bardufoß. Besonders gefährlich waren die Hurricans, deren wir uns erwehren mußten.

Deutsche Jagdflugzeuge, die uns die Hurricans hätten vom Halse halten können, gab es hier oben noch nicht.

Wenn wir in einen Luftkampf verwickelt wurden, mußten wir uns schon selbst helfen.

Vielfach blieb dann dem Lahmgeschossenen nur die Notlandung in der unwirtlichen Bergwelt oder der Fallschirm-Absprung übrig. Es war immer wie ein Wunder, wenn es dann notgelandeten Fliegern doch noch gelang, nach vieltägigem Marsch durch die verschneite, vereiste Gebirgswelt und ohne die notwendige Ausrüstung und Verpflegung wieder zur eigenen Truppe zurückzufinden.

Der Kampf um Narvik dauerte bis zum 10. Juni 1940.

Bereits am 5. Juni hatten die Alliierten begonnen, nach und nach ihre Truppen abzuziehen und wieder einzuschiffen.

Die massierten Schiffsansammlungen in den Fjorden von Narvik, die wir für Anlandungen von Verstärkungen hielten, waren bereits Einschiffungen.

Am 10. Juni wurden die norwegischen Kapitulationsverhandlungen in Drontheim abgeschlossen.

Die Einsatzbereitschaft und die Erfolge des Geschwaders fanden ihre Anerkennung durch die Verleihung von Ritterkreuzen. Ausgezeichnet wurden: der Kommandeur der II./K.G. 26, Major Vetter, der Staffelkapitän Oberleutnant Kunze, der Flugzeugführer Leutnant von Schwerin und der Beobachter Oberfeldwebel Renz.

Eine Woche nach Abschluß der Kampfhandlungen wurde das Geschwader nach Deutschland auf die Fliegerhorste Lüneburg, Westerland und Leck zurückverlegt.

Neue Besatzungen wurden zugeführt, die sofort ausgebildet werden mußten.

Innerhalb weniger Tage wurden die Staffeln wieder auf volle Personalstärke gebracht.

Auch einige Umbesetzungen bzw. Neubesetzungen in den Verbandsführungen wurden vorgenommen.

In Lübeck-Blankensee wurde die IV. Gruppe als Ausbildungsgruppe neu aufgestellt. Ein Teil der alten, erfahrenen Flieger fand dort als Ausbilder eine neue Verwendung.

Der Geschwaderkommodore und einige Herren seines Stabes, verblieben in Norwegen als Stab Fliegerführer Norwegen.

Neuer Geschwaderkommodore wurde Major Frhr. v. Wechmar.

Unter seiner Führung bereitete sich das Geschwader auf den Luftkrieg gegen England vor.

Originalbefehle für die Besetzung Dänemarks und Norwegens

An Originalbefehlen sind beigefügt:

Anhang, Anlage 11 Operationsbefehl für das X. Fliegerkorps am Wesertage vom 20. 3. 1940

Anhang, Anlage 12 Befehl für den Einsatz des Kampfgeschwaders 26 am Wesertage vom 20. 3. 1940

Anhang, Anlage 13 Besondere Anordnung über das Verhalten bei der Besetzung Dänemarks und Norwegens

Anhang, Anlage 14 Luftwaffenverbände beim Unternehmen »Weserübung«

4. Der Frankreichfeldzug 1940

Am 10. Mai 1940 begann der Westfeldzug.

Das Geschwader war nicht dabei, die Verbände waren noch im Norwegenfeldzug eingesetzt. Bereits vier Wochen später, am 14. Juni 1940, wurde Paris besetzt.

Am 11. Juni 1940 trat Italien – nach der Niederlage Frankreichs – in den Krieg ein.

Deutsche Luftwaffenverbände, zunächst Jäger, ab Juni auch Kampfverbände, belegten französische Flughäfen und griffen von hier aus in den Kampf ein.

Anfang Juni 1940 begann der Rückzug der englischen Streitkräfte vom Festland mit der Einschiffung in Dünkirchen.

Am 22. Juni 1940 kam es zum Waffenstillstand.

Im Wald von Compiègne, in dem historischen Salonwagen des Waffenstillstandes von 1918, wurde er von den Vertretern des französischen und deutschen Oberkommandos unterzeichnet.

Die Wehrmacht hatte innerhalb sechs Wochen die stärkste Militärmacht des Kontinents geschlagen. Hitler befand sich auf dem Höhepunkt seiner Macht.

In der Truppe – wohl auch in der Bevölkerung – meinte man, der Krieg sei zu Ende. Denn jetzt, nach den grandiosen Erfolgen in Polen, Norwegen und nun auch in Frankreich, schien es doch völlig unwahrscheinlich, daß England den Krieg fortsetzen werde.

Die ersten Wochen nach dem Waffenstillstand vergingen, ohne daß England irgendein Zeichen von Verhandlungsbereitschaft erkennen ließ.

Im Gegenteil! Am 3. Juli 1940 unternahm die englische Flotte einen Überfall auf die französische Flotte im Hafen von Mers el Kebir, am 7. Juli 1940 einen weiteren auf die in Dakar liegenden französischen Streitkräfte. Der Krieg ging weiter.

Auf der Insel entstand die sogenannte »Churchill-Linie«. Ein Befestigungssystem, das die Bereitschaft zum weiteren Kampf erkennen ließ.

Vorbereitungen des Kampfes gegen England Juli/August 1940

Weder vor dem Kriege noch bei der Erstellung der Operationspläne für den Westfeldzug war jemals der Gedanke an eine Invasions Englands aufgetaucht.

Entsprechend sah denn auch die nun notwendig gewordene Planung des Kampfes gegen England aus. Den Gegner allein durch die Luftwaffe niederzuringen, hielt Hitler für unmöglich. Trotz gelegentlicher Ansätze in die Douhet'sche Luftkriegsdoktrin fehlten im Grunde den Verantwortlichen die führungsmäßigen Voraussetzungen für eine kriegsentscheidende Luft-See-Landeoperation; Marine *und* Luftwaffe waren mit Ausrüstung und Bewaffnung einer *solchen* Kriegsausweitung nicht gewachsen.

So wurde ein Plan erstellt, der die *Entscheidung dem Heer* übertrug, Luftwaffe und Marine aber nur Nebenaufgaben zuwies.

Ende Mai, als der Sieg in Frankreich nicht mehr zweifelhaft war, hätten Planungsarbeiten auch für eine Fortsetzung des Krieges spätestens beginnen müssen. Sie begannen aber erst dann, als es immer fragwürdiger zu werden schien, daß England einlenken würde.

So gab Hitler, widerstrebend und zögernd, dem Wehrmachtführungsstab den Auftrag über die Vorbereitung einer Landungsoperation gegen England. Die Weisung Nr. 16 entstand (s. Anhang, Anlage 21).

Das Unternehmen erhielt den Decknamen »Seelöwe«.

Noch einmal versuchte Hitler mit seiner Rede vor dem deutschen Reichstag am 19. Juli 1940, England zum Frieden zu bewegen. Vergebens!

Lord Halifax, der englische Außenminister, antwortet am 22. Juli: »Wir haben den Krieg nie gewollt, und sicherlich wünscht niemand von uns den Krieg nur einen Tag länger als nötig fortzusetzen. Wir werden aber nicht aufhören zu kämpfen, solange nicht für uns und die anderen die Freiheit gesichert ist . . .

Auf unserer Seite sind das Gesetz und die Herrlichkeit Gottes.«

Es bestand nicht die leisteste Bereitschaft zu einer Verhandlung.

Hitler war überzeugt, daß eine erfolgreiche Landung in England nur gelingen konnte, wenn es der deutschen Luftwaffe gelang, die Luftherrschaft zu erringen.

Deshalb erfolgte am 1. August 1940 seine »Weisung Nr. 27«, mit welcher er der Luftwaffe eine eindeutige Aufgabe stellte.

»Um die Voraussetzungen für die endgültige Niederringung Englands zu schaffen, beabsichtige ich, den Luft- und Seekrieg gegen das englische Mutterland in schärferer Form als bisher weiterzuführen.

Hierzu befehle ich folgendes:

1. Die deutsche Fliegertruppe hat mit allen zur Verfügung stehenden Kräften die englische Luftwaffe möglichst bald niederzukämpfen. Die Angriffe haben sich in erster Linie gegen die fliegenden Einheiten, ihre Bodenorganisationen und Nachschubeinrichtungen, ferner gegen die Luftrüstungsindustrie einschließlich der Industrie zur Herstellung von Flakgerät zu richten.
2. Nach Erringung einer zeitlichen oder örtlichen Luftüberlegenheit ist der Luftkrieg gegen die Häfen, hierbei insbesondere gegen die Einrichtungen der Lebensmittelbevorratung im Inneren des Landes weiterzuführen.
   Angriffe gegen die Häfen der Südküste sind mit Rücksicht auf eigene beabsichtigte Operationen in möglichst geringem Maße anzusetzen.
3. Der Kampf gegen feindliche Kriegs- und Handelsschiffe aus der Luft kann demgegenüber zurücktreten, soweit es sich nicht um besonders günstige Augenblicksziele handelt oder soweit im Rahmen der Angriffe zu Ziffer 2 zusätzliche Wirkung erzielt wird

oder soweit es zur Ausbildung von Besatzungen für die weitere Kampffortführung notwendig ist.

4. Der verschärfte Luftkrieg ist so zu führen, daß die Luftwaffe zur Unterstützung von Seeoperationen auf günstige Augenblicksziele mit genügend starken Kräften jederzeit herangezogen werden kann. Außerdem muß sie für das Unternehmen ›Seelöwe‹ kampfkräftig zur Verfügung stehen.
5. Terrorangriffe als Vergeltung behalte ich mir vor.
6. Die Verschärfung des Luftkrieges kann am 5. August beginnen. Der genaue Zeitpunkt ist von der Luftwaffe je nach Beendigung der Vorbereitungen und je nach der Wetterlage selbst zu wählen. Die Kriegsmarine wird die vorgesehene Verschärfung der Seekriegsmaßnahmen gleichzeitig freigeben.

gez. A. Hitler«

Leider blieb unklar, wo der Schwerpunkt der Operationen liegen sollte. Nach wie vor liefen die Vorbereitungen für das Unternehmen »Seelöwe«, welche ja bereits am 19. April 1940 abgeschlossen sein sollten.

Wie die sich zu Beginn für die Operationen der Luftwaffe darstellten, charakterisierte Generalfeldmarschall (GM) Kesselring, Chef der Luftflotte 2, wie folgt:

»Im Gegensatz zur Vorbereitung früherer Feldzüge fand keine ins Einzelne gehende Aussprache innerhalb der Luftwaffe, mit den Oberbefehlshabern der beteiligten Großverbände, der anderen Wehrmachtsteile und noch weniger mit dem OKW oder gar Hitler selbst statt. Auch die Aussprachen, die ich mit Göring und mit den für ›Seelöwe‹ bestimmten Führern für Heer und Marine ... hatte, waren mehr Gespräche als verbindliche Besprechungen. Selbst über den inneren Zusammenhang zwischen den laufenden Luftangriffen gegen England und dem schemenhaften Invasionsplan konnte ich keine Klarheit gewinnen; Befehle wurden den Luftflotten nicht gegeben. Über das, was meine Luftflotte an taktischen Aufgaben zu erwarten hatte, wurde überhaupt nicht gesprochen.«

Wir, in den Kampfverbänden, hatten von diesem Durcheinander und der Unsicherheit in den Führungsstäben keine Ahnung. Wir waren gewohnt, auf Befehl zu fliegen und anzugreifen, so wie es bisher geschehen war.

Am 2. August 1940 erließ Göring den Befehl »Adlertag«.

Erstes Ziel der angreifenden Luftflotten sollten die britischen Jäger sein; ihre Flugplätze, ihre Führungseinrichtungen und ihre gesamte Bodenorganisation. Selbstverständlich auch ihre Vernichtung in der Luft, im Luftkampf mit unseren Jägern.

Am zweiten Tag sollten die Angriffe auf die Flugplätze im Londoner Raum konzentriert und am dritten Tage mit voller Kraft fortgesetzt werden.

Mit dieser Strategie hoffte man, die Royal Air-Force entscheidend zu schwächen und die Luftherrschaft zu erringen.

Zur Durchführung der hierfür erforderlichen Vorbereitungen benötigten die Verbände etwa sechs Tage.

Für den Angriff selbst wurde für wenigstens drei Tage bestes Angriffswetter erwartet.

Ab 10. August sind die Verbände einsatzbereit. Aber das Wetter macht nicht mit. Tiefhängende Wolken über Frankreich und über England verhindern ihren Einsatz. Auch am 11. August bleibt das Wetter so. Endlich am 12. melden die »Wetterfrösche« eine sich anbahnende Besserung.

Am Nachmittag des 13. August 1940 beginnt der Angriff.

5. Das Geschwader im Einsatz gegen England. Juli bis Dezember 1940

Der neue Geschwaderstab war schnell gebildet.

Es handelte sich nur um die Neubesetzung von einigen Offizierstellen. Hierfür wurden Offiziere aus der I. und II. Gruppe zum Geschwaderstab versetzt.

Das Stabspersonal war geblieben. Somit war der Geschwaderstab relativ schnell wieder einsatzklar.

Im Juli 1940 verlegten der Stab und die Stabskette nach Westfrankreich; sie wurden dem I. Fliegerkorps unterstellt.

Die Kampfgruppen bezogen nachstehende Einsatzplätze:

I. Gruppe in Beauvais,
II. Gruppe in Westerland,
III. Gruppe in Pois,
IV. Gruppe in Lübeck-Blankensee.

Nunmehr begannen die Verbände mit den *Vorbereitungen für den kommenden Luftkrieg gegen England.*

Das erstreckte sich auf tägliche Unterrichtungen der Besatzungen über die logistischen Einrichtungen in England wie Hafen- und Industrieanlagen, Flugplätze und deren Belegung und ähnliches. Dazu kamen tägliche Schulungen im Flugzeugerkennungsdienst und Waffenkunde. Ergänzt wurde der tägliche Ausbildungsplan durch viel Sport und auch militärischen Formaldienst.

Daneben ging der Seekrieg gegen England weiter. Täglich wurden einige Staffeln gegen Schiffsziele in der Nordsee oder gegen Hafeneinrichtungen eingesetzt.

Aber es war noch ein recht »verhaltener« Krieg. Die Besatzungen hatten strenge Befehle, keine Bombenwürfe auf Landziele oder gar auf Ziele, in deren Nähe sich Wohnsiedlungen befanden, vorzunehmen. Die Entartung des Luftkrieges gab es im Juli 1940 noch nicht. Und die späteren Angriffe auf Wohnsiedlungen wurden auch nicht durch die deutsche Luftwaffe eingeleitet. Wir sollten uns erinnern: Als Churchill im Mai 1940 britischer Premier wurde, gehörte es zu einer seiner ersten Entscheidungen, den Luftkrieg auf das Nichtkampfgebiet auszudehnen.

Schon im Sommer 1940 begannen die englischen Luftangriffe auf deutsche Städte. Meistens waren es nächtliche Angriffe. Ich möchte hier feststellen, daß zu dieser Zeit, weder auf deutscher noch auf alliierter Seite, die technischen Zieleinrichtungen der Bombenwurfgeräte so weit entwickelt waren, daß ein einwandfreier Nacht-Bombenwurf erfolgen konnte. Folglich wurden die Bomben über den Daumen gepeilt abgeworfen.

Trotz deutscher Warnungen setzten die Briten diese Angriffe fort. Ja, der englische Rundfunk, in seiner deutschsprachigen Sendung, verspottete die Luftwaffe und behauptete, daß die Deutschen nachts nicht fliegen könnten.

Ende Juli wird erneut umgruppiert. Der Geschwaderstab und die I. Gruppe verlegen nach Aalborg-West, die II. Gruppe nach Stavanger.

Das Geschwader untersteht wieder dem X. Fliegerkorps, dieses der Luftflotte 5.

Zunächst war die Rückverlegung wohl eine Vorsorgemaßnahme gegen mögliche englische Flottenoperationen im Nordmeer. Noch war ja ein erneuter Landungsversuch in Norwegen nicht auszuschließen.

Neben Einsätzen zur bewaffneten Aufklärung wurden erstmals Einsätze mit Luftminen gegen die Schiffahrtswege und Häfen in Schottland geflogen.

Anfang August erhält das Geschwader den Befehl, alle Vorbereitungen für einen Großeinsatz gegen England zu treffen.

Die jungen Besatzungen erhalten den letzten Schliff in Verbandsflugübungen, und die Techniker, gemeinsam mit dem FBK, arbeiten Tag und Nacht, um auch die »letzte Mühle« einsatzklar zu melden. Am 10. August meldet der Kommodore das Geschwader mit Stabsstaffel, I. und II. Gruppe, einsatzklar.

Die III. Gruppe befindet sich noch in Pois in der Ausbildung für ein Funk-Zielanflug-Verfahren.

Einsatz mit Luftminen

Im Juli/August 1940 lag die I. Gruppe in Aalborg-West. Von hier aus wurden Tag- und Nachtangriffe gegen Hafenziele an der englischen Ostküste geflogen.

Ab jetzt wurde die Gruppe auch zu Sondereinsätzen herangezogen, Verminung der Häfen an der Ostküste. Die Besatzungen der Gruppe waren keine Spezialisten für diese Aufgaben. Zur Verminung brauchten sie genaue Kenntnisse über die Seewasserstraßen und damit über die Ein- und Auslaufwege der Schiffe.

Die Besatzungen, die in ihrer Mehrheit mit der Überseenavigation vertraut waren, lernten jetzt auch Seekarten lesen. Insbesondere die Kennungen der Wasserstraßen, die Betonnung und auch die Wassertiefenbezeichnungen.

Es ging gegen die Häfen von Newcastle und Middelsborough. Noch wurden Fallschirm-Minen geworfen. Es gab solche mit 500 kg und auch mit 1000 kg.

Das Bombenpersonal bekam eine neue Aufgabe. Hiermit hatten sie ja bisher noch nichts zu tun. Zur Einweisung kam ein Waffeninspektor, der die Unterrichtung vornahm, denn die Beladung, das Aufhängen in ganz neue Abwurfeinrichtungen, Befestigung der Aufreißleinen für den Fallschirm und besonders das Einschrauben der Zündeinrichtungen waren für die Bombenmechaniker noch ganz neue Dinge.

Die Besatzung brauchte schließlich auch eine genaue Information, und zwar über die Abwurfhöhen, die Geschwindigkeiten beim Abwurf und ganz besonders »was passiert mit der Abreißleine nach dem Wurf«. Alles das wollten und mußten die Besatzungen wissen.

Das wichtigste war aber die genaue *Navigation.* Alle Minenwürfe wurden mit genauer Lage später beim Fliegerkorps registriert. Verständlich, schließlich sollten die Seestraßen nach dem Kriege international wieder für Friedenszwecke benutzt werden, und die nicht hochgegangenen Minen mußten dann gesucht und geräumt werden.

Die See-Ausbildung in Navigation hat die Besatzung schließlich schon durch viele Überseeflüge im Handelskrieg praktisch gebraucht. Jetzt lernten sie Minenlegen.

Am Abend ging es los. Fast die gesamte Gruppe kam zum Start. Ein Teil nach Newcastle, der andere Teil nach Middelsborough. Startabstand 5 Minuten, damit man sich am Ziel nicht behinderte. Quer über die Nordsee war zu fliegen. Fast 2 Stunden waren für den Flug erforderlich.

Leutnant Kühn, ein Flugzeugführer aus der 2. Staffel, berichtet:

»Wir flogen in 500 m Höhe. Unter uns eine aufgerissene Wolkendecke bei klarer Nacht und guter Sicht. 2 × 1000-kg-Minen hatten wir geladen. Sie hingen außen unter dem Rumpf, dort wo sonst die schweren Bomben hängen. Nur etwas dicker waren sie und hatten hinten keine Steuerbleche, denn die Minen schwebten ja an Fallschirmen herab. Die Fallschirme selbst wurden durch eine Aufreißleine, die an der Aufhängeeinrichtung angeschäkelt war und bei einer Belastung von 300 kg abreißen sollte, angebracht.

Wir flogen zum ersten Mal mit Minen. Bisher waren wir die Spezialisten für den Dampferkrieg. Für Minen waren andere Verbände, wie z. B. das Geschwader General Wever, die Seefliegergruppen und noch andere ausgebildet und eingesetzt worden.

Das Löwengeschwader war See-Kampfgeschwader. Warum sollten wir nicht auch Minen legen können?

Unser Auftrag war: Verminung der Hafeneinfahrt von Middelsborough. Wir hatten genaue Seekarten. Die Ansteuerungstonnen, die Wassertiefen und auch die Untiefen waren angegeben. Wir kannten das nunmehr genau, denn es war daheim genug durchgesprochen worden ...

Wir steuerten die Küste nördlich der Einfahrt an. Von dort wollten wir nach Süden ablaufen bis zum nördlichen Kap der Hafeneinfahrt und von dort genau nach Stoppuhr und Kompaßkurs weiterfliegen. Besser wäre noch das Fliegen nach Sicht und Kompaß.

Über See überprüften wir den Wind durch Schätzen der Wellenkämme. Stimmt! Unser Wetterfrosch hatte anscheinend recht. Voraus die Küste. Ein dunkler Strich am schon dunklen Horizont. Wir gehen näher heran bis direkt unter die Steilküste. Diese fliegen wir jetzt nach Süden entlang. Standort stimmt, denn die Küste verläuft fast Nord-Süd. Keine Scheinwerfer, keine Flak. Alles ist ruhig. Fast zu ruhig. Da kommt rechts von uns eine Bucht in Sicht. Das muß die Hafeneinfahrt sein. Richtig. Hinter ihr werden auch noch die Hafenanlagen sichtbar. Da geht es los. Erst Scheinwerfer, dann Leuchtspuren, und schon tanzt ein kräftiger Flakzauber um uns herum. Wir bleiben draußen vor der Hafenanlage. Sind auf 200 m Flughöhe heruntergegangen. Links vor uns erwischen wir eine Tonne auf dem Wasser. Das ist die Fahrrinne. Wir fliegen dort entlang und werfen unsere Minen 1–2. Im Abstand von gut 100 m sollen sie liegen. Die erste fällt, auch die zweite sprengt sich ab. Ein Ruck im Flugzeug, wie wenn es in der Luft gebremst wird. Der Fahrtmesser geht ruckartig zurück. Der Bordschütze, der in der Bodenwanne liegt und den Fall beobachtet, schreit: ›Die hängt mit dem offenen Fallschirm am Flugzeug!‹ Der Schirm ist auf und deutlich hinter uns zu sehen. Auch der Funker sieht ihn. Wir ziehen die Notleine der Abwurfeinrichtung. Nichts. Das Ding hängt noch dran. Dann nochmals ein kräftiger Ruck, und der Spuk ist vorbei. Das alles dauerte nur ein paar Sekunden. Wir waren schon erheblich tiefer gekommen. Der geöffnete Fallschirm hatte uns Höhe und Fahrt weggenommen und dazu einen mächtigen Schrecken versetzt.

Trotzdem: Die Minen lagen. Die erste sicher im Ziel und die zweite am Rande der Fahrstraße seewärts im tiefen Wasser. Was war los? Wie konnte sich der Schirm öffnen? Hier konnte doch nur der Abreißstropp des Fallschirms falsch festgemacht worden sein. Vielleicht an der zuerst gefallenen Mine? Vor dem Abwurf war alles in Ordnung. Der Schirm hatte sich nicht vorher geöffnet, weil vielleicht die Kappe weggeflogen war. Es muß im Zusammenhang mit dem Abwurf der ersten Mine passiert sein.

Jetzt in der Luft können wir nichts weiter feststellen. Wir sind froh, daß alles noch gut gegangen und die Mine mit dem Schirm doch noch gefallen ist. Wäre das Ding einige Sekunden länger drangeblieben, hätte es einen sicheren Absturz gegeben. Einen offenen Fallschirm hinter uns herziehend, das hätten wir bestimmt nicht geschafft!

Nach der Landung, die Motoren stehen noch nicht richtig still, da ist unser Heizer schon draußen, um zu sehen, was los war. ›Nichts‹, sagt er, ›alles weg‹. Was alles weg? Das Aufhängemagazin, meint er. Ja, stimmt. Eine Aufhängevorrichtung, die von der ersten Mine, war noch da. Völlig in Ordnung. Aber die zweite war weg. Richtig herausgerissen war sie. Wir sahen noch die abgebrochenen Aufhängebolzen. Dadurch ließ sich jetzt überhaupt nichts mehr feststellen. Wir konnten nur noch sagen, was und wie es war, welcher Fehler gemacht wurde, wurde nicht mehr gefunden. Hoffen wir, daß es ein technischer Fehler war.

Am nächsten Tag nochmals ein Mineneinsatz. Diesmal weiter hinauf. Die südliche Einfahrt von Scapa Flow war unser Ziel.

Diesmal ging alles planmäßig. Wir fanden unseren Ablaufpunkt, hatten wohl einen großen Feuerzauber vor uns, aber der war schon vorher zu sehen. Den hatten unsere Vorgänger bereits ausgelöst. Wir mußten da ja nicht hinein. Unser Ziel lag in der Einfahrt vor dem Hafen. Die Minen wurden am richtigen Platz gelegt. Nun konnten wir nur noch hoffen, daß da auch ein dicker Pott darauf lief.

Diese Minenlegerei setzten wir noch einige Tage fort, bis wir wieder zu Bombenangriffen auf Hafenanlagen und Schiffe angesetzt wurden.«

Die Ausbildung der Besatzungen der III./K.G. 26 im Funkführungsverfahren

Die III. Gruppe bleibt bei der Umschulung auf das Funkführungsverfahren. Schon zu dieser Zeit, als die eigentliche Luftschlacht gegen England noch nicht angefangen hatte, wurde erkannt, daß Tagesangriffe gegen die Zentren der englischen Industrie und die Flugplätze auf Dauer nicht ausreichten, sondern durch Nachtangriffe unterstützt werden mußten. Hier tauchte das Problem der genauen Zielfindung bei Nacht auf.

Die Erprobungsstelle der Luftwaffe Rechlin hatte ein Hochfrequenzfunkführungssystem entwickelt, das der Zielfindung mittels Funkleitstrahl diente. Funksender – an zwei verschiedenen Standorten, möglichst im Winkel von 90° zueinander aufgestellt – peilten das vorgesehene Ziel ein. Am Schnittpunkt der Peilung lag das Ziel. Das *Pfadfinderflugzeug,* welches mit Leuchtbomben ausgestattet war, flog das Ziel – auf einem dieser Peilstrahlen reitend – an. Ein zweiter Empfänger im Pfadfinderflugzeug hatte die Frequenz des zweiten Funkleitstrahles geschaltet. Kurz vor Erreichen der Funkkreuzpeilung gab dieser Sender ein Funksignal als Vorwarnung und am Schnittpunkt das Hauptsignal. Durch ein Kontaktgerät wird bei Erreichen der Kreuzung vom Funkleitstrahl eins mit Funkleitstrahl zwei die Automatik für den Leuchtbombenabwurf eingeschaltet. Die Leuchtbomben fallen und beleuchten weithin sichtbar die Zielfläche für die anfliegenden und angreifenden Bombenflugzeuge. (Knickebeinverfahren)

Die *Zielfinder-Aufgabe* verlangte von den Flugzeugbesatzungen eine qualifizierte Funknavigationsausbildung und erstklassige Kenntnisse in der praktischen Handhabung der Navigation.

Die rechtzeitige und richtige Zielmarkierung schuf letztendlich ja die Voraussetzung für den Erfolg der angreifenden Bombenflieger. Die Besatzungen der III. Gruppe boten in bezug auf die verlangte Qualifikation für diese Aufgabe die allerbesten Voraussetzungen.

Die Umschulung auf »Pfadfinder« erfolgte unter dem neuen Kommandeur, Major Wolfin. Major von Loßberg war während dieser Zeit zum Stab der Luftflotte 2 versetzt. Im Februar 1941 übernahm Major von Loßberg wieder die Gruppenführung. Einsatzmäßig wurde der Verband direkt dem I. Fliegerkorps unterstellt.

Die Zielfinder/Zielmarkier-Nachteinsätze erstreckten sich auf das ganze erste Halbjahr 1941.

Neben den außerordentlich hohen Anforderungen an die Besatzung in bezug auf Zuverlässigkeit und Genauigkeit waren diese auch der stärksten gegnerischen Abwehr ausgesetzt.

Es versteht sich, daß die englischen Nachtjäger und die Flakabwehr alles dransetzten, zuerst den vom Himmel zu schießen, der die Bombenziele markieren wollte.

Die Verluste der Gruppe waren demzufolge auch außerordentlich hoch. Im Zeitraum dieser Aufgabe verlor die Gruppe 30 Besatzungen. Das war der Bestand einer ganzen Gruppe!

Die Ausbildung des Funk-Navigationspersonals erfolgte auf der Funk-Nachrichtenschule in Stendal, die Besatzungsausbildung in Lübeck-Blankensee bei der IV. Gruppe.

Nach Beginn des Rußlandfeldzuges wurde der Luftkrieg gegen England eingeschränkt. Die meisten Kampffliegerverbände wurden an die Ostfront verlegt, um mit Bombeneinsätzen den Vormarsch des Heeres zu unterstützen oder den russischen Nachschub zu bekämpfen.

So wurde auch die hochtechnisierte und auf Zielfinder/Zielbeleuchteraufgaben spezialisierte III. Gruppe von der Westfront abgezogen und an die Ostfront verlegt.

Die technische Sonderausbildung aber war hier nicht gefragt. Es galt Bombeneinsätze bei Tag und Nacht zu fliegen, dem Vormarsch des Heeres zu folgen und, wo er ins Stocken kam, mit Bomben- und Bordwaffenangriffen den Panzern den Weg zu ebnen.

Bei Nacht wurden Industrie- und Versorgungszentren angegriffen. Die Flüge erstreckten sich bis in die Tiefe Rußlands, fast bis an den Ural. Einen besonderen Schwerpunkt bildeten die Nachtangriffe auf Moskau. Sobald im Erdkampf etwas Luft gewonnen war, wurden die Luftflotten zum pausenlosen Nachtangriff auf das sowjetische Zentrum angesetzt.

Die im Ring vor Moskau angetroffene Flakabwehr stand der Londoner Abwehr um keinen Deut nach, im Gegenteil, hier war zum Schutze der Hauptstadt eine konzentrierte Abwehr aufgeboten worden, wie sie Kampfflieger anderswo nicht erlebt hatten.

Das einzige, was die Russen zu der Zeit noch nicht in Perfektion beherrschten, war die Nachtjagd-Abwehr. Aber auch da gab es Überraschungen.

Die III./K.G. 26 führte bis zum Februar 1942 den Löwen in ihrem Wappen. Ab dann wurde sie in das Kampfgeschwader 28 als III./K.G. 28 eingegliedert. Ihrem damaligen Kommodore, Oberst Ernst-August Roth, begegnete das Geschwader in Norwegen wieder, als er Kommandierender General der deutschen Luftwaffe in Norwegen war.

»Adlertag« – 13. August 1940

Am 13. August werden beide Gruppen gegen Flugplatzziele in Mittelengland eingesetzt. Quer über die Nordsee fliegend ist zwischen Newcastle und Firth of Forth die Bodenorganisation der englischen Jagdverbände anzugreifen.

Wir fliegen in 4000 m Höhe, unter uns eine aufgerissene Wolkendecke. Wir sind noch 20 Minuten von der englischen Küste entfernt, als wir von englischen Jägern erkannt und angegriffen werden. Sie kommen von oben, direkt aus der Sonne heraus, auf uns zugestürzt. Im letzten Augenblick werden sie von uns entdeckt. Unser Jagdschutz, eine Gruppe Zerstörer Me 110, hat sie jetzt auch gesehen und versucht sich zwischen uns und die Jäger zu schieben und den Kampfverband zu schützen. Ein heftiger Luftkampf entwikkelt sich. Wir schließen dichter auf, um das Abwehrfeuer konzentrieren zu können, und fliegen jetzt in einem dichten Pulk. Wie Habichte stürzen sich die Jäger auf uns. Der Zerstörerverband ist zahlenmäßig weit unterlegen, es gelingt ihm jedoch, einige Spitfires abzuschießen. Auch einige von uns, Bomber und auch Zerstörer, stürzen brennend ab. Nur dadurch, daß eine dicke Kumuluswolke unter uns steht und wir uns dort hinein verholen können, gelingt es fürs erste, die Jäger abzuschütteln. Kaum sind wir heraus, geht der Tanz von neuem los. Bis uns dann schließlich endgültig doch eine schützende Wolkendecke aufnimmt.

Aus dem konzentrierten Angriff gegen die Luftwaffenbasen wurde vorerst nicht viel. An der Küste nahmen wir wieder Orientierung auf und konnten uns in kleinen Pulks zusammenfinden.

Wir kommen viel zu weit nördlich heraus. Durch das Fliegen über den Wolken ist nicht bemerkt worden, daß ein viel stärkerer, nicht berechneter Südwind herrscht.

Am nächsten Tag geht es wieder auf Flugplatzeinrichtungen. Diesmal etwas weiter hinauf in das Gebiet zwischen Edingburgh und Dundee. Noch sind die in Schottland liegenden englischen Jagdverbände intakt. Schon im Anflug, wir befinden uns noch über der Nordsee, werden wir von Spitfires angegriffen.

Unsere Me 110, die Zerstörer, sind wieder dabei, haben aber selbst erhebliche Probleme mit der Abwehr dieser mutig angreifenden Jäger.

Zu unserem Glück standen einige dicke Wolken in unserer Anflughöhe, in die wir uns beim Angriff der Jäger verholen konnten. Es versteht sich, daß in den Wolken der Verbandsflug platzte und wir stets Mühe hatten, wieder zueinander zu finden, wenn wir aus den Wolken heraus waren.

Aber je mehr wir uns der Küste näherten, desto spärlicher wurden die Wolken. Beim Überfliegen der Küste konnten wir bereits das Ziel erkennen. Der Verband hatte sich zu einem Pulk formiert und ging zum Angriff über. Immer wieder stürzten sich die Spitfires auf uns, sie kamen von unten und von oben und versuchten bei jedem Anflug einen von uns herauszuschießen. Da nützte auch das konzentrierte eigene Abwehrfeuer recht wenig, wenn diese »Bienen«, im Sturzflug schießend, auf uns zustürzten. Ehe da richtig gezielt werden konnte, waren sie schon vorbei. Unsere Zerstörer mühten sich redlich, den Bombenpulk zu schützen, aber gegen die Masse der Engländer kamen sie doch nicht so recht an.

Nach Überfliegen der Küste setzte von unten konzentriertes Abwehrfeuer ein. Die Flakwolken detonierten in dichter Nähe, und bei der Dichte des Verbandes gelang es dem Gegner, auch manchen Treffer zu erzielen.

Trotz dieser massiven Jagd- und Flakabwehr wurden die Ziele erreicht und die beiden Flugplätze mit Bomben eingedeckt.

Eine einwandfreie Beobachtung war allerdings nicht möglich; auch ist so gut wie sicher, daß abgestellte und einsatzfähige Flugzeuge nicht vernichtet wurden, denn die befanden sich ja in der Luft.

Bei diesem Angriff verlor das Geschwader wieder einige Besatzungen. Soweit unsererseits erkennbar, konnten sich drei Besatzungen mit dem Fallschirm retten, aber bei weiteren vier Besatzungen wurde nur der brennende Absturz beobachtet. Auch der Engländer büßte einige Jäger ein, die von unseren Zerstörern abgeschossen wurden.

Der dritte »Adlertag« war wieder Angriffstag auf Flugplatzeinrichtungen in Schottland. Wieder versuchten wir in Verbandsformation, im Gruppenverband, die Ziele anzugreifen.

Wir sind erheblich weniger geworden. Konnten die Angriffe am ersten Tag noch in voller Stärke vorgetragen werden, so waren es jetzt knapp die Hälfte der Flugzeuge, die einsatzfähig waren.

Die Einsätze wurden Tag um Tag fortgesetzt. Mit allen verfügbaren Kräften wurde versucht, die englische Jagdluftwaffe auszuschalten. Unser Zielgebiet blieb vorerst der mittelenglische Raum. Hier wechselten sich die Angriffe auf Flugplätze mit denen auf Industrie- und Nachschubeinrichtungen ab. Noch waren es Tagesangriffe, die wir flogen. Die Angriffe erfolgten aber nicht mehr im Gruppenverband, sondern in Staffelstärke. Das heißt, es waren jeweils fünf bis sechs Besatzungen, die auf ein Ziel angesetzt werden konnten.

Wir meinten zu verspüren, daß auch die englische Jagdabwehr schwächer geworden sei. Zunächst führten wir das auf unsere Angriffe zurück und glaubten, daß das in den anderen Abschnitten, im Raume um London, auch so sei. Erst viel später, als wir auch Angriffe gegen London flogen, stellten wir fest, daß es doch nicht ganz so war. Die Engländer hatten nach den ersten »Adlertagen« ihre schottischen Verbände ausgedünnt und damit die Abwehr im südenglischen Raum verstärkt.

Die ersten Tage des September 1940 leiten die *zweite Phase des Luftkrieges gegen England* ein.

Zwar wird der Kampf um die Luftherrschaft fortgesetzt, gleichzeitig beginnt nun aber auch der Kampf gegen das britische Wirtschaftspotential. Seine Schwerpunkte sind die Tag- und Nachtangriffe zunächst auf London und dann später, hauptsächlich bei Nacht, gegen Ziele in ganz England.

Ende August wird das Geschwader aus der Unterstellung der Luftflotte 5 herausgelöst und nach Frankreich verlegt. Der Verband gehört jetzt zur Luftflotte 2.

Zunächst verlegen wir nach Maldegen/Belgien, zwei Tage später nach Gilze-Rejn und am 20. September nach Amiens und Beauvais. Der Geschwaderstab und die I. Gruppe nach Beauvais, die II. nach Amiens.

Die III. Gruppe, die in dichter Nähe liegt, ist mit der Ausbildung fertig und wird als Funkführungsverband eingesetzt.

Großeinsatz auf London

Am 6. September 1940 erhält das Geschwader den Befehl, die Einsatzbereitschaft der Besatzungen und Flugzeuge sofort auf den höchsten Stand zu bringen.

Am nächsten Tag findet eine Kommandeurbesprechung bei der Luftflotte statt. Konzentrierter Einsatz auf London wird befohlen.

Sämtliche Verbände der Luftflotten 2 und 3 werden zu diesem Großeinsatz eingesetzt. Rollende Einsätze sind befohlen. Das heißt, daß jede Besatzung, in dieser Nacht, zwei- oder auch dreimal über London sein muß.

Die Luftbildaufnahmen zeigen, daß in und um London eine sehr starke Luftabwehr konzentriert worden ist. Unzählige Flakbatterien und Scheinwerferstellungen sind erkennbar. In mittlerer Höhe werden die Stadt und die Hafenanlagen von einem Gürtel großer Sperrballons umgeben.

Es ist damit zu rechnen, daß der Engländer erstmalig Nachtjäger einsetzt.

Es sind fast 1000 Einsätze, die in dieser ersten Nacht von den beiden Luftflotten geflogen werden sollen.

Es sind die ersten gezielten *Nachtangriffe*. Sie lösen verheerende Brände in den Hafenanlagen aus. Dieses Mal werden einige Flugzeuge mit der neuen schweren Bombe, der 1800-kg-Bombe, beladen. Sie hängt unter dem Rumpf und hat gerade noch eine Bodenfreiheit von etwa 20 cm. Beim Rollen zum Start müssen wir höllisch aufpassen, damit wir nicht anecken und keine Bodenberührung bekommen. Wir sind heilfroh, als wir endlich auf der Startbahn stehen. Wir haben noch mehrere Probleme mit dieser Bombe. Sie hängt außen dran und verursacht einen sehr starken Luftwiderstand; dadurch brauchen wir eine längere Rollstrecke zum Start, aber unsere Startbahn ist hierfür zu kurz, etwa 200 m fehlen uns. Deshalb haben wir heute zusätzlich »Krafteier« untergehängt. Links und rechts unter dem Rumpf, dort wo die Tragflächen beginnen, hängt je ein Kraftei, eine Rakete, die als Startbeschleuniger fungiert und die die Kraftaufwendung eines zusätzlichen Motors besitzt.

Wir starten, schwerfällig reagiert das Flugzeug und nimmt nur zögernd Fahrt auf. Wir rollen etwa 400 m, kommen langsam in Schwung, und in dem Augenblick, in dem das Flugzeug angedrückt wird, um in die Horizontale zu kommen, da, wo sich der Schwanz hebt, zünden wir die Krafteier. Mittels eines Seilzuges wird die Zündung ausgelöst, ein kräftiger Raketenstoß, wie heute bei den Verkehrsflugzeugen, verursacht einen merklichen Ruck. Das Flugzeug nimmt sofort höhere Fahrt auf, kriegt so viel Schubunterstützung, daß wir am Startbahnende mit der erforderlichen Geschwindigkeit abheben können. Noch im Steigen, bis auf etwa 50 m Höhe, blasen die Schubdüsen. Dann werden die Behälter ausgeklinkt und abgeworfen. An einem Fallschirm hängend schweben sie herab und werden für einen nächsten Start neu aufbereitet.

Der Steigflug geht mühsam vor sich, konnte man mit anderer Bombenladung mit mindestens 1 m pro Sekunde steigen, so ist es jetzt höchstens die Hälfte. An der englischen Küste, auf der erforderlichen Höhe von 4000 m zu sein, brauchen wir viel längere Zeit und auch einen längeren Anflugweg. Die Küste kommt in Sicht. Es ist helle Mondnacht. Wir sehen unter uns in etwa 3000 m Höhe die Ballonsperre stehen. Riesige, graue dicke Würste pendeln dort; in Abständen von 200 bis 300 Meter bilden sie einen Halbkreis.

Uns können sie in unserer Höhe nicht schaden. Ob sie auch höher stehen können? Noch haben wir da keine beobachtet. Wild wird es, wenn man tiefer ist und die Ballons in den Wolken stehen. Wir selber wissen, was da passieren kann.

Scheinwerfer nehmen uns auf. Dichte Bündel weißer, langer Finger suchen den Himmel ab. Sie werden von Horchgeräten angesteuert. Kommt man in einen solchen Lichtkegel hinein, sind gleich drei bis vier andere da und bilden ein Lichtkreuz. Ab und zu können wir sehen, wie ein Flugzeug so erfaßt wird und damit konzentriertes Flakfeuer auf sich zieht.

Heute beobachten wir einen solchen, einen schrecklichen Vorgang.

Rechts vor uns wird ein Flugzeug von Scheinwerfern erfaßt. Fünf, sechs, zehn vielleicht, stellen wir fest, andere kommen noch hinzu. Wir sehen Flakgranaten detonieren in dichter Nähe des im Scheinwerferlicht glitzernden Flugzeuges. Wir können die aufblitzenden Sprengwolken erkennen. Die Besatzung versucht verzweifelt, aus dem Licht-Fadenkreuz herauszukommen, macht Abwehrbewegungen, stürzt, trudelt, fängt sich wieder. Immer stärker wird der Scheinwerferring. Das Flugzeug stürzt, fliegt flache Kreise, die Flak schießt wie toll und konzentriert sich nur noch auf diesen einen Punkt. Das Flugzeug kommt immer tiefer, fällt schneller, wird aber hartnäckig in den Scheinwerferbündeln festgehalten und stürzt schließlich fast senkrecht, hell beleuchtet, in dieses Scheinwerferbündel hinein. Ob ein Flaktreffer die Ursache des Absturzes oder die Blendwirkung der Scheinwerfer es waren, das war nicht erkennbar. Wir sehen noch den Aufschlagbrand. War es einer von uns? Könnte sein. Vor uns waren schon mindestens fünf gestartet. Wir werden es wohl später erfahren.

Die Hafenanlagen liegen vor uns. Der mächtige große Themsebogen ist nicht mehr zu übersehen. Wie ein silbernes Band schillert die Themse herauf. Der Hafen, die Kaianlagen und die Docks sind klar zu erkennen.

Der Flak-Abwehrgürtel könnte nicht stärker sein. Man meint, daß die gesamte englische Flak hier um London herum zusammengezogen worden ist. Mitten über den Dockanlagen wird die Bombe ausgelöst. Das Flugzeug macht einen richtigen Ruck nach oben, als das schwere Ding fällt, und nimmt sofort höhere Fahrt auf. In einer riesigen Detonationswolke verschwinden die Dockanlagen, ein lodernder Feuerschein bleibt übrig und verstärkt das schon herrschende Inferno. Der Hafen, die Lagerschuppen, die Dockanlagen – brennen. Der Feuerschein leuchtet noch zu uns herauf, bis wir die französische Küste erreichen.

Kaum hatten wir den Liegeplatz erreicht und die Motoren abgestellt, da waren auch schon die Bombenmechaniker mit der neuen Ladung zur Stelle.

Der Kübelwagen vom Gefechtsstand brachte die Besatzungen gleich dorthin. Nach Abgabe des Einsatzberichtes wurden neue Ziele zugeteilt.

Es war kaum Zeit, eine kleine Verschnaufpause einzulegen. Nach knapp einer Stunde rollten die Flugzeuge erneut zum Start. Wiederum wurden die Hafenanlagen im Themsebogen angegriffen.

Im Scheine der brennenden Hafenanlagen ist die Themse ganz klar zu erkennen. Erneut schlägt den Besatzungen das sehr gut liegende Abwehrfeuer der zahlreichen Flakbatterien entgegen. Ein Kranz von Scheinwerferfingern leuchtet den Himmel ab, huscht ab und an einmal über die Kanzel, und wenn ein Flugzeug von einem Scheinwerferstrahl erfaßt wird, ist gleich ein ganzes Dutzend da, um das Flugzeug festzuhalten.

In und über London ist die Hölle los!

Wenn es das Wetter erlaubt, werden auch Tagesangriffe geflogen. Fast immer mit Jagdschutz. Gegenüber den ersten Angriffen im August wurde jetzt die Taktik geändert.

Nicht mehr in großen Verbänden als Bomberstrom am Himmel, sondern in kleinen Kampfverbänden, in Gruppenstärke wird geflogen, gestaffelt zwischen 4000 und 5000 Meter Höhe führt der Kurs in den großen Themsebogen. Die Jäger stehen seitlich über uns, sie sollen den Verband gegen Spitfire und Hurrican schützen. Meistens stehen die noch eine Etage höher in der Sonne. Im Sturzflug stürzen sie auf die Bomber herab und eröffnen ein direktes, gut liegendes Feuer. Sie kommen so blitzschnell, daß wir fast keine Zeit haben, sie mit unseren Maschinengewehren zu erfassen. Mit dieser Angriffstaktik schaffen sie es, ehe sie von unseren Jägern abgefangen werden können, im Hindurchstürzen einen von den Bombern abzuschießen.

Deshalb haben unsere Jäger jetzt auch ihre Taktik geändert und eine zweite Welle wesentlich höher über uns fliegen lassen. Die stehen noch etwas weiter in der Sonne, so daß die Engländer schon beim Ansatz, ehe sie uns angreifen, ehe sie zum Sturz ansetzen, in einen Luftkampf verwickelt werden.

Täglich ändern beide Kontrahenten ihre Angriffstaktik. Wir können auf immer neue Überraschungen gefaßt sein. Kamen sie gestern von oben und stürzten sie durch den Verband hindurch, so greifen sie heute von vorne an, oder sie kommen von der Seite, jagen, aus allen Rohren schießend, durch den Bomberverband hindurch. So manch einen von uns erwischte es dabei. Brennend stürzten die Flugzeuge ab, und nicht immer gelingt es der Besatzung, sich mit dem Fallschirm zu retten.

Schlimm ist es, wenn sich der Luftkampf und der Angriff der englischen Jäger weit vor dem Ziel noch über See ereignen. Wir haben wohl Schwimmwesten angelegt, auch werden Seenotboote, Seenotflugzeuge und Rettungsinseln eingesetzt, die versuchen, abgesprungene Flieger zu retten. Vielfach sind sie im Luftkampf verwundet worden und haben dann meistens gar nicht mehr die Kraft, sich lange in der Schwimmweste zu halten.

Unsere geänderte Angriffstaktik wird bald erkannt. Nur am ersten Tage waren stärkere englische Jagdverbände am Himmel. Die erste Welle, die den Angriff flog, hatte fast 100 Jäger gegen sich. Verständlicherweise hatte unsere erste Bomberwelle einen stärkeren Jagdschutz mit, aber sie wurde doch in Mitleidenschaft gezogen. Die später anfliegenden Bomberwellen hatten wesentlich geringere Jagdabwehr, weil die ersten sich schon verschossen hatten und zum Auftanken landen mußten.

Am nächsten Tag sah das schon wieder anders aus. Es waren weniger Jäger, aber immer so viele, wie zur wirkungsvollen Bekämpfung des Bomberverbandes erforderlich waren. Dafür waren sie aber über den gesamten Zeitraum des Bomberangriffs in der Luft.

Wieder Tageseinsatz auf die Dockanlagen von London

Wir fliegen in einem Verband von etwa 60 Flugzeugen, drei Wellen hintereinander. Noch weit vor unserem Ziel werden wir von Spitfires angegriffen. Wir fliegen in der zweiten Welle. Jäger kommen von oben, schießend stürzen sie durch uns hindurch. Sie hatten den neben uns Fliegenden im Visier. Er scheint getroffen zu sein. Er schert aus dem Verband nach rechts aus, die Bomben fallen im Notwurf, die Maschine drückt stark an und verschwindet aus unseren Blicken.

Lassen wir den Beobachter selbst erzählen:

»Wir werden von oben angegriffen, eine Spitfire stürzt auf uns zu, meinen, sie will uns rammen. Aus allen Rohren schießend durchsiebt sie das Flugzeug. Der Flugzeugführer wird getroffen, er sinkt am Steuerknüppel zusammen. Da reißt der Beobachter Unteroffizier Bauer den Steuerknüppel zu sich herüber, klappt den Steuerarm nach oben um und versucht das Flugzeug wieder in den Griff zu bekommen. Die Kurssteuerung ist noch drin. Im Notwurf werden die Bomben ausgelöst. Nach unten drückend kommen wir aus dem Verband heraus und versuchen, auf Gegenkurs gehend, auf Heimatkurs, den Jägern zu entkommen. Funker und Bordmechaniker versuchen den Flugzeugführer aus seinem Sitz herauszuziehen. Sie schaffen es, bringen ihn nach hinten, der Funker verbindet ihn. Mit Unterstützung des Mechanikers gelingt es, daß sich der Beobachter in den Flugzeugführersitz hineinzwängt, er nimmt den Steuerknüppel wieder herüber und versucht nun das Flugzeug in den Griff zu kriegen. Wir meinen, wenn wir weiter runter gehen, sind wir aus dem Bereich der Jäger raus, und tatsächlich: Wir haben Glück damit! Der Beobachter schafft es – er ist nicht als Flugzeugführer ausgebildet, aber welcher Beobachter hat nicht schon mal am Knüppel gesessen und hat versucht, wie das so geht, so auch hier bei dem Unteroffizier Bauer. Die Mühle schmiert zwar mal etwas links, mal etwas rechts, aber im Grunde hält er Kurs und erreicht tatsächlich den Flugplatz. Rote Sterne schießend fliegen wir erst einmal darüber hinweg und versuchen dann eine Landung. Der Bordmechaniker kennt die Bedienungsgriffe aus dem Effeff und hilft bei der Landung. Auf einen Anflugkurs, die Bedienungsgriffe werden laut vorgesprochen, ausgeführt werden sie vom Mechaniker. Landeklappen anstellen, er fährt sie aus. Dann, Fahrwerk raus, auch das schafft er. Gas raus, Gas rein, manövriert sich Bauer an die Platzgrenze heran und schafft es tatsächlich, die Mühle auf die Räder aufzusetzen. Wohl nicht auf der Startbahn, aber egal, die Hauptsache ist, er ist unten! Quer über den Platz holpernd bringt er das Flugzeug schließlich zum Stehen. Unteroffizier Bauer wurde noch am heutigen Tage Oberfeldwebel der Staffel.«

Wir fliegen Großangriffe gegen die Themse-Dockanlagen in London. Ihnen folgen, wenn es das Wetter einigermaßen zuläßt, rollende Angriffe auf Industrie-, Hafen-, Dockanlagen und Versorgungszentren in Mittel- und Südengland.

Später werden die Zielprioritäten geändert. Andere Ziele werden jetzt Schwerpunkte, es sind die Wirtschaftszentren der Grundstoffindustrie. Damit soll das gesamte Wirtschaftspotential getroffen werden.

Jede Nacht sind wir dabei. Bei Einsätzen an der Ostküste vielfach zweimal pro Nacht. Trotz der massiven Angriffe läßt die englische Abwehr nicht nach. Neben konzentrierter Flakabwehr, die einen regelrechten Sperrgürtel um die Ziele legt, stehen Sperrballons bis in Höhe von 3000 m . . ., die besonders gefährlich werden, wenn sie in den Wolken stehen. Seit November werden die ersten Nachtjäger tätig. Zunächst bemerken wir sie als Begleitflugzeuge, die bei der ersten Inaugenscheinnahme meistens als eigene Flugzeuge gesehen werden, denn bisher gab es die ja noch nicht. Erst bei genauer Beobachtung stellen wir fest, daß es feindliche Flugzeuge sind, die das »Heranführen und Fühlunghalten« üben, um dann wenige Tage später als Nachtjäger tätig zu werden.

Wir haben später noch reichlich damit zu tun, und je besser die Funkgeräte ausgebildet werden, um so erfolgreicher werden diese Nachtjagdangriffe.

Einsatz auf die Dockanlagen von Liverpool

In 4000 m Höhe überflogen wir bei Harwich die Küste; wir waren im Anflug auf Liverpool. Es war stockdunkle Nacht, und auch in 4000 m Höhe waren wir noch nicht aus den Wolken heraus. Wegen eventueller Sperrballons umgingen wir die Hafen- und Industriestädte. Im weiteren Steigflug versuchten wir aus den Wolken herauszukommen. Atemmasken wurden inzwischen schon angelegt. Da meldete der Funker, unser Heinz Brückner, daß achteraus immer ein Schatten sichtbar werde. Wir sollten doch selbst mal mit hinsehen, ob das ein Flugzeug sei. Wieder kam der Schatten, wurde als Flugzeug erkennbar. Heinz mußte gut aufpassen. Wir vermuteten, daß es ein eigener, einer von uns ist. Wieder knackte es in der Ei-V-Bordsprechanlage: »Er ist wieder zu sehen, aber ich kann nicht unterscheiden, ob es eine 111 oder ein Engländer ist«, meldete Heinz Brückner.

Ich entschließe mich zur Kursänderung. Mal sehen, ob der da dran bleibt. Leicht angedrückt, um mehr Fahrt aufzunehmen, gehen wir in eine scharfe Linkskurve und dann wieder in den Horizontalflug. Nach drei Minuten wieder Brückner: »Er ist schon wieder zu sehen, jetzt kommt er dichter auf, darf ich schießen?« »Nein, um Gottes willen nicht, wir wissen ja noch nicht, ob es einer von uns ist.« Inzwischen sind wir etwa in der Höhe von Birmingham, mitten über dem Industriegebiet. Hier bekommen wir gezielte Flakabwehr zu spüren. Unser Begleiter ist mal als Schatten links hinter uns, mal rechts hinter uns. Und ab und zu gar nicht zu sehen.

Wir gehen wieder auf Kurs nach Liverpool und steigen langsam auf 4500 m. Noch sind wir in den Wolken, es wird langsam etwas heller, bei 4300 m sind wir heraus. Sternenhimmel über uns. Klare Sicht, aber dunkel.

Dort kommt er wieder! Er fliegt genau hinter uns. Das kann kein eigener sein, denn wie soll der denn dranbleiben und warum? Er kommt näher, setzt sich leicht über uns, geschätzter Abstand etwa 80 m. »Das ist ein Nachtjäger!« ruft Brückner, »abdrehen, er drückt auf uns zu.« Reaktionsschnell gehen wir stark angedrückt in eine Rechtskurve und tauchen wieder in die Wolken ein. Der Jäger bleibt dran. In den Wolken sind schemenhaft seine Silhouetten zu erkennen, aber er schießt nicht. Was will er? Reicht ihm seine Schußposition noch nicht aus, oder will er uns erst hier heraus haben? Wir sind recht unsicher und überzeugt, daß wir es mit einem englischen Nachtjäger zu tun haben.

Den müssen wir los werden. In dieser Höhe geht das nicht, denn das haben wir doch mehrfach versucht. Also herunter, in Erdnähe, vielleicht gelingt es dann. Wir gehen auf Westkurs, verlieren stark an Höhe. Bei 3000 m ist er wieder zu sehen. Er geht mit. Also noch tiefer runter. Wie war das mit der Wolkenhöhe? Nach der Wettervorhersage soll es im Westen aufreißen. Mit einer Untergrenze bei etwa 1000 m. Wie hoch sind die Berge hier? »In der Nähe von Liverpool ist einer mit etwa 1100 m Höhe«, sagt der Beobachter. Also keinesfalls unter 1400 m gehen, es sei denn, wir haben Erdsicht.

Der Schatten ist wieder sichtbar, hartnäckig verfolgt er uns. Ihm ist klar, daß er erkannt wurde. Er hält auch einen gewissen Sicherheitsabstand ein und bleibt immer in einem Winkel hinter uns, wo er vom Funker-MG nicht erreichbar ist.

Kurz vor der Küste bekommen wir Erdsicht. Noch sind wir 1500 m hoch. Jetzt aber runter in den Tiefflug, und wenn es notwendig ist, machen wir eben Heckenspringen. Es schimmert das Meer! Wir sind über der irischen See. Im Tiefflug, in etwa 50 m Höhe, jagen wir darüber hin, ändern den Kurs auf Südwest. Jetzt endlich scheinen wir ihn abgehängt zu haben. In einer weiten Rechtskurve gehen wir auf Nordkurs. Hoffentlich haben wir sorgfältig mitgekoppelt, damit der Standort klar ist. Denn lange suchen, um das Ziel zu finden, können wir nicht. Nach etwa 20 Minuten meinen wir ihn abgehängt zu haben. Er ist nicht mehr zu sehen. Seetiefflug – bei Nacht! Das ist sicherlich auch für einen englischen Nachtjäger nicht gerade angenehm. Warum hat der bloß nicht geschossen, so fragen wir uns immer wieder. In der guten Position, in der er war, und anfangs war er sicherlich unbemerkt, hätte er bestimmt Erfolg gehabt.

Wir müssen wieder hoch. Angriffshöhe unter 4000 m, über dem Hafen von Liverpool, geht schon wegen der Ballonsperren und wegen der sehr starken Flakabwehr nicht.

Über See fangen wir wieder an zu steigen. In der Ferne, steuerbord quer ab, kommen Scheinwerfer in Sicht.

Der Nachtjäger ist nicht mehr zu sehen. Wir kommen auf Angriffshöhe, drehen nach

Osten ein, genau auf die näherkommenden Scheinwerfer zu. In Küstennähe sehen wir die starke Flakabwehr. Die Abwehrflüge wegen des Nachtjägers haben uns fast eine Stunde gekostet.

Der Zielanflug geht durch ein höllisches Abwehrfeuer hindurch. Wir werden von Scheinwerfern erfaßt, versuchen da herauszukommen, aber schon kommt ein anderes Leuchtbündel und erwischt uns. Die detonierenden Flakgranaten folgen dem Scheinwerferschnittpunkt, und wir sind mitten drin. Wir werden geblendet, sehen nicht mehr genau das Ziel. Unendlich lange dauert es, bis wir aus dem Lichtkegel heraus sind. Mittlerweile haben wir das Ziel verloren, der Hafen liegt schon hinter uns. Noch einmal ein Anflug. Dieses Mal von Nordost. Ab und zu verlieren wir wegen der Wolken die Sicht. Nur der helle Feuerschein schimmert hindurch.

Das Ziel, der Hafen, liegt vor uns. Wir sind 4500 m hoch. Wieder werden wir von gebündelten Scheinwerfern erfaßt und von der Flak eingedeckt. Wir riechen es direkt. Wir versuchen mehr Fahrt aufzunehmen, drücken die Maschine an, um aus dem Scheinwerfer und aus der Flaksperre herauszukommen. Selbstverständlich verlieren wir an Höhe, kommen in den Bereich der Sperrballons, wir riskieren es, bis zu 3500 m gehen wir herunter. Noch haben wir keine Ballons gesehen. Es gelingt uns, aus den Lichtbündeln herauszukommen. Nun ist das Ziel vor uns. Es wandert in das Leuchtvisier ein, wir können unsere »Reihe« direkt in die Dockanlagen werfen.

Der Bordmechaniker, unser Karl Kaden, beobachtet aus der Bodenwanne heraus die Einschläge, sie liegen gut im Ziel.

Nach einigen Minuten Westkurs befinden wir uns wieder über See. Wir müssen nun den Heimflug antreten, fliegen nördlich an Manchester vorbei und erreichen bei der Humbermündung die Nordsee.

Unser Gefechtsbericht und die Beobachtungen mit dem Nachtjäger werden zur Luftflotte gemeldet. Auch andere Besatzungen haben dieses »Fühlunghalten« an fremden Flugzeugen erlebt.

Die Auswertung ergibt, daß der Gegner Funkführungsgeräte testet und wir in Zukunft mit englischen Nachtjägern rechnen müssen.

Nachtangriffe, Hauptziel London

Die Verluste bei den Tagesangriffen sind entsetzlich. Rund ein Viertel der eingesetzten Besatzungen geht verloren. Bei den Flugzeugen fällt ein weiteres Viertel wegen Beschädigung durch Beschuß aus. Wenn es so weitergeht, wird die Luftwaffe hier restlos aufgerieben werden.

Der Nachschub an jungen Besatzungen ist unzureichend. Einmal sind es zu wenige, zum anderen sind sie unvollkommen ausgebildet. Insbesondere fehlen eine bessere Nacht-Blindflugausbildung, die taktische Kampfausbildung und besonders die Besatzungsausbildung. Hier fehlt eben das längere Zusammenleben, das Zusammenschweißen der vier verschiedenen Männer einer Besatzung zu *einem* Gemeinsamen.

Im September wird das Wetter schlechter. Vom Atlantik heraufkommende Tiefs bringen starke Wolkenfelder, die bis in Höhe von 5000 Meter reichen. Die Wetterverschlechterung vermindert unsere Chancen erfolgreicher Verbandsangriffe.

Wenn die Einsätze auch bei ausreichender Erdsicht und aufgerissener Wolkendecke über dem Zielgebiet geplant sind, so sind doch vielfach die Wetterverhältnisse am Starthafen oder auf dem Anmarschweg so schlecht, daß ein Verbandsflug nicht mehr möglich ist.

Zudem stellen die Wetterverhältnisse, der Blindflug, die Wolken und schließlich auch die anschließende Schlechtwetterlandung sehr hohe Anforderungen an die Besatzungen. Wir haben hier ohne Feindeinwirkung schon erhebliche Ausfälle zu verzeichnen.

Der Verbandsangriff klappt nicht mehr richtig. Das Sammeln auf Anflugkurs ist wegen der Wolkenfelder nicht möglich, so daß ein Sammelpunkt mit genauer Höhe und Uhrzeit festgelegt werden muß. Hier findet dann auch das Sammeln mit den Jägern statt. Wenn aber – wie es öfter vorgekommen ist – auch der Sammelpunkt in den Wolken liegt, platzt meistens der gesamte Verbandsangriff. Man kann dann nur versuchen, sich an einen anderen angreifenden Verband, der zufällig ausgemacht wird, anzuhängen und damit wahrscheinlich ein ganz anderes Ziel anzugreifen. Klappt das am Sammelpunkt, zieht der Bomberverband mit den Begleitjägern gen London, so müssen vielfach Wolkenfelder durchstoßen oder umflogen werden. Mangels Übung im Verbandsflug treten auch hier erhebliche Probleme auf, die dazu führen, daß wir meistens die Begleitjäger, die ja nicht blindflugfähig sind, verlieren; der Kampfverband verzettelt sich zu einem weit auseinandergezogenen Pulk.

Ein massierter, konzentrierter Zielangriff wird dadurch fast unmöglich, manchmal werden die Verluste durch Feindjäger aber noch größer. Deshalb werden die Tagesangriffe der Bomberverbände ab Spätherbst fast völlig eingestellt. Die Luftwaffenführung hat sich eine Ersatzlösung ausgedacht; an Stelle der Bomberverbände werden die Tagesangriffe jetzt von Jagdbombern geflogen.

Ab November erzwingt das Wetter das Nachlassen der Luftoffensive. Starke Schlechtwetterzonen mit Regen und Sturm, in den Höhen Vereisung, verhindern den rollenden Einsatz. Auch die Pfadfinderflugzeuge können sich nicht nur auf die Funkpeilung verlassen. Sie brauchen Erdsicht, damit sie sich vom richtigen Zielgebiet überzeugen können. Wir können jetzt fast nur noch Mondnächte oder besonders klare Sternennächte zu Einsätzen nutzen. Es werden Großangriffe auf Industriestädte wie Coventry, Liverpool, Manchester und ähnliches sowie gegen Häfen an der Süd-, Ost- oder Westküste geflogen. Für diese Einsätze wird alles aufgeboten, was noch verfügbar ist, und wenn das Wetter besonders geeignet ist, wird nachts zwei- bis dreimal gestartet. Wir befinden uns in einem Dauerstreß!

Einsatzbereitschaft, Bereitschaft, Einsatzbesprechung, Start, Feindflug.

Wenn das Wetter schlecht ist, kommen nur die alten Hasen zum Einsatz. Die, von denen man erwartet, daß sie es noch schaffen. Wenn es aber so schlecht ist, daß an Fliegen nicht zu denken ist, müssen wir zumindest Einsatzbereitschaft »schieben«. Man sitzt herum, muß in den Räumen bleiben, vertreibt sich die Zeit und langweilt sich. Die Herren in den Stäben haben es da leichter. Sie haben Material vorliegen, aus dem erkennbar ist, ob geflogen werden kann oder nicht. Sie wissen, daß wir da unten in Bereitschaft sitzen und immer verfügbar sein müssen. Ihre Telefone sind besetzt von jungen Offizieren und Unteroffizieren, die hier Bereitschaft haben. Für sie gibt es kein Warten: »Sie wissen ja, wenn etwas los ist, können Sie mich da und da erreichen.« Für uns ist es nicht so einfach. Bei jedem Klingeln des Telefons meinen wir, der Einsatzbefehl ist da.

Heute ist zwar Einsatz gegen London befohlen, aber es herrscht ein Sauwetter. Kein Mensch glaubt mehr daran, daß heute geflogen werden kann. Wir sitzen herum und warten.

In den späten Abendstunden wird der Einsatz abgeblasen und die Bereitschaft aufgehoben. Alle atmen auf. Wir sind noch nicht aus dem Raum heraus, da klingelt das Telefon. Drei Besatzungen, darunter die meinige, sollen zum Gefechtsstand kommen. Trotz des schlechten Wetters sollen wir fliegen. Der Kommandeur habe alles versucht, den Luftflottenstab zu überzeugen, daß ein Start unmöglich sei, aber man habe darauf bestanden: zumindest Störangriffe seien zu machen.

Wir rollen zum Start. Dickster Schneeregen, wir sehen nur noch dicke, weiße Fäden an die Scheiben klatschen. Ein PKW fährt vor uns her und zeigt uns den Weg zum Start. Wir können gerade zwei bis drei Lampen ausmachen. Das bedeutet Sichtweite von 50 bis 100 Meter. Grüne Leuchtkugeln gehen hoch, Start frei!

Es ist fast ein Blindstart. Es ist stockdunkel, als wir oben herauskommen. Heute müssen wir besonders gute Navigation machen. An der englischen Küste kommen wir richtig heraus. Die Wolkendecke ist etwas aufgerissen, aber immer noch sieben bis acht Zehntel. Scheinwerfer empfangen uns, sie suchen. Heute ist über England nicht viel los, das bedeutet aber für uns, daß sich alles auf uns konzentrieren wird. Wir sind 5000 m hoch. Unsere Maschine ist unten rußig-schwarz gefärbt. Wahrscheinlich sind wir deshalb im Scheinwerfer nicht erkennbar. Durch Wolkenlöcher können wir die Themse erkennen. Nördlich vom Themsebogen ist ein großer Feuerherd zu sehen. Ab und zu blitzt es dort drin auf, wie Feuerwerk sieht es aus. Beim Näherkommen erkennen wir es, es ist ein Scheinbrand, angelegt, um uns zu täuschen, daß wir dort hinein unsere Bomben werfen sollen. Nicht gut gemacht, wenn man das auch bei diesem schlechten Wetter noch erkennen kann. Wir halten uns an den befohlenen Anflugweg. Südlich der Themse liegt unser Zielgebiet. Obwohl wir von Scheinwerfern nicht erfaßt sind, kommen doch die Abschüsse der Flak recht nah, und es erwischt uns schließlich doch noch, und zwar diesmal gezielt. Wir sind einer heftigen Beschießung ausgesetzt, die uns zu Abwehrbewegungen zwingt, aber ganz reicht es doch nicht. Ein heftiger Bums in der rechten Fläche. Wir sind getroffen. Besorgt schauen wir nach unseren Instrumenten. Alles stimmt noch, die Motoren laufen ruhig. Scheinbar lag die detonierende Granate etwas von uns ab, so daß uns nur Splitter erreichten. Wir kommen in das Zielgebiet, haben zum Glück nochmal Bodensicht, sehen die Themse und können uns hier genau orientieren. Die Bomben sind raus, aber die Flak wird immer wütender. Ringsum sehen wir Sprengwolken aufblitzen. Erst nach Westen, dann nach Norden fliegend, versuchen wir dieser Schießerei zu entgehen. Schließlich sind wir heraus und heil geblieben. Wir nehmen Kurs Heimathafen. Langsam gehen wir tiefer. Nun müssen wir in die Wolken, in das Schlechtwettergebiet wieder eintauchen. Über der französischen Küste werden wir wieder von Flak empfangen, dieses Mal von der eigenen. Trotz Schießen des Erkennungssignals hören die da unten nicht auf. Je weiter wir runterkommen, desto stärker wird das Flakfeuer. Auch mit leichter Flak schießen sie jetzt blind in die Wolken hinein. Wir sehen die Leuchtspuren und verstehen nicht, warum solche Verwechslungen immer wieder vorkommen. Einmal sind unsere Starts gemeldet, zum anderen auch unsere Rückkehrzeit. Zudem haben wir Erkennungssignale geschossen. Schließlich müßten erfahrene Flaksoldaten langsam am Geräusch der Motoren erkennen, ob es eigene oder fremde sind. Brückner fordert das Platzwetter an. 100 Meter Wolkenuntergrenze, Sicht 100 Meter. An sich kein Wetter für eine Nachtlandung. Das ist ja eine Nachtblindlandung. Wir versuchen's trotzdem. Fliegen das Funkfeuer an. Setzen uns in einer sauber geflogenen Blindflugkurve Richtung Startbahn. Vorsichtig tasten wir uns nach unten. 100 Meter, 80 Meter, 60 Meter, noch keine Erdsicht, 50 Meter, noch ist nichts zu sehen. Da, links quer ab die Startbahn, also vorbei, neuer Anflug. Jetzt bleiben wir unten wie auf der Blindflugschule, Abflug vom Platz, saubere Blindflugkurve und erneuter Anflug. Dieses Mal schaffen wir es. Vor uns, direkt zum Greifen nahe, haben wir die Startbahn. Gas aus, aber wir kommen doch viel zu weit, und über die Hälfte der Bahn sind wir hinaus, als wir endlich aufsetzen. Es reicht nicht mehr, trotz scharfen Bremsens müssen wir einen Ringelpiez machen, was uns das Fahrwerk wegschert. Wir liegen auf dem Bauch, das haben wir nun davon. Nicht nur, daß es gegen jegliche Vernunft war, bei diesem irrsinnigen Wetter einen Nachtstart zu riskieren, nur um über London etwas Unruhe zu erzeugen, auch die Landung war mit höchstem Risiko verbunden und verursacht nun auch noch einen Bruch. Die Startbahn ist gesperrt. Unsere beiden anderen Besatzungen kommen hier nicht mehr rein, sie erhalten Ausweichplätze in Norddeutschland zugewiesen, wo sie bei besserem Wetter, zum Glück, heil landen können.

So geht es Nacht für Nacht, ob das Wetter gut oder schlecht ist. Bei gutem Wetter ist

Großeinsatz befohlen, bei schlechtem Wetter kommen nur die alten Besatzungen, die, denen man zutraut, daß sie auch heil wieder zurückkommen, zum Einsatz.

Fast immer Angriffe auf London. Nacht für Nacht fallen dort Bomben. Das erste Flugzeug erscheint in den späten Abendstunden, das letzte in der Morgendämmerung. Ein hartes Los für die Menschen da drüben.

Unternehmen »Walzertraum«

Gestern hatten wir eine besondere Einsatzbesprechung. Nur drei Besatzungen waren zugegen. Von jeder Staffel eine. Wir sollen Sonderaufträge durchführen, Sonderziele angreifen. Unsere Einsätze dürfen wir selbst vorbereiten, selbst den Angriffstermin bestimmen. Das bringt uns aber auch die Verpflichtung, das Ziel zu vernichten. Die Sonderaufträge entbinden uns jedoch nicht von dem normalen Bombenkrieg gegen England, es sei denn, daß wir genau zu dieser Zeit unseren Einsatz fliegen wollen.

Wir bekommen mehrere Ziele zugewiesen, gutes Kartenmaterial und Feindaufklärung hierüber sind verfügbar. Manchmal liegen sogar Agentenaussagen, Einzelheiten des Objektes vor.

Vormittags treffen wir uns auf dem Gefechtsstand. Der Kommandeur selbst weist uns ein. Besondere Industrieziele in Mittelengland sind anzugreifen und zu zerstören. Es handelt sich um Industrieanlagen für die Rüstungsindustrie – Stahlwerke, Aluminiumhütten, Kugellager- und Motorenfabriken.

Drei Besatzungen sind wir. Jede erhält ihre Ziele zugeteilt. Zwei davon sollen wir angreifen. Ein Motorenwerk und ein Aluminiumwerk. Beide Ziele liegen in Mittelengland.

Wir entschließen uns, als erstes Ziel das Motorenwerk zu nehmen.

Schon den zweiten Tag brüten wir über den Karten. Die Luftaufnahmen sind recht gut, sogar die Flakstellungen sind markiert, keine Sperrballons sind auf den Aufnahmen zu erkennen.

Wir setzen den Kurs ab und rechnen jede Einzelheit durch. Dann besprechen wir gemeinsam die Orientierungspunkte und prägen uns die bestens ein. Von einem markanten Ablaufpunkt aus wollen wir das Ziel anfliegen.

Jede Ortschaft, jeden Bachverlauf, alles, was auf der Anflugstrecke liegt, kennen wir auswendig. Die Kurse und Zeiten sind in der Karte eingetragen, wir wissen sie aber auch so. Auch der Lageplan des Zieles, seine Schwerpunktbildung, die Umgebung wird mit allen Einzelheiten immer wieder hergesagt.

Wir wollen in der Abenddämmerung angreifen, im Tiefflug, und hoffen auf eine günstigere Wetterlage. Wir möchten eine Wolkenuntergrenze, wo die Berge noch frei sind und auch noch gute Sichtverhältnisse herrschen.

Täglich sitzen wir auf der Wetterwarte herum und warten auf die richtige Wetterentwicklung. Den Wetterfröschen wird unsere ewige Fragerei schon bald zuviel. Sie wollen uns anrufen, wenn eine günstige Wetterlage zu erwarten ist. Wir sind neugieriger und gespannter und am nächsten Morgen wieder da.

Inzwischen waren wir mit der Gruppe schon öfters wieder unterwegs. Nachteinsätze nach London. Übrigens nennt man die Angriffe auf London jetzt »Fledermaus«.

Immer wie gehabt! Von Anfang bis Ende ist drüben immer mächtig was los. Es gibt übrigens einige ganz Schlaue, die sich ihren Anflugweg selbst suchen und sich nicht an den vorgeschriebenen Flugkurs halten. Sie meinen, da sei es ruhiger, es schießt nicht so viel Flak, auch weniger Scheinwerfer sind da, weil diese sich alle auf den Haupteinflugkurs, den alle fliegen, konzentrieren. Nun, sie müssen es wissen. Wir haben jedenfalls auch unsere Erfahrungen.

Heute ist es soweit! Das Wetter entspricht unseren Erwartungen. Wolkenuntergrenze 300 Meter, Sicht gut, dazu aufgerissene Bewölkung mit etwa 7/10.

Um 1000 Uhr haben wir den neuesten Wetterbericht vorliegen. In der späten Abenddämmerung möchten wir dort sein und angreifen. Die Anflugzeit beträgt etwa zweieinhalb Stunden. Start deshalb am späten Nachmittag.

Unser Kurs führt über die französisch/belgische Küste hinweg, zunächst in die Nordsee hinaus. Dann rüber an die englische Küste. Wir fliegen an ihr im Abstand von etwa 20 km entlang in den Wash hinein. Immer im Tiefflug. Voraus kommt die Küste in Sicht, rechts die Flußmündung, jetzt den Fluß entlang. Noch haben sie uns nicht bemerkt. Unten bleibt alles ruhig. Aufpassen auf Jäger, die haben uns bestimmt mit ihren Ortungsgeräten erfaßt! Wir fliegen über Bauernhöfe, über Hecken, zwei, drei Dörfer liegen auf der Strecke. Kursänderung jetzt auf Westkurs, dort die Eisenbahn, alles genau, wie wir es auf unseren Plänen festgelegt haben.

Unerhört ist die Spannung. Keiner spricht ein unnötiges Wort. Wir müssen schärfstens aufpassen, jetzt ja nicht verfranzen!

Die Dämmerung schreitet fort, es ist aber gute Sicht. In 15 Minuten dürfte die Dämmerung vorbei sein. Noch 10 Minuten bis zum Ziel. Da die Straßenkreuzung! Jetzt rechts ab auf 340° gehen. Wir sehen die Landstraße und auch die Eisenbahn. Liegen nun also richtig auf Kurs. Mit einem Schlag setzt von allen Seiten Abwehrfeuer ein. Rote Leuchtspuren jagen auf uns zu. Die haben uns! Fast zum Greifen nahe explodieren die Geschosse. Abwehrbewegungen, aber nur nach oben und seitlich, denn wir befinden uns ja im Tiefstflug, manchmal so tief, daß wir Gebäude überspringen müssen. Gutgegangen! Jetzt sind wir raus. Ob die getroffen haben? Nach unserer Flughöhe und der Nähe müßte es eigentlich so sein. Wir sind anscheinend direkt in eine Flakbatterie hineingeflogen, so dicht lagen die Leuchtspuren um uns herum. Nun sind wir aber mit Sicherheit erkannt.

Noch drei Minuten. Die Eisenbahn, unser Wegweiser, liegt rechts von uns, wir müssen rüber. Rechts der Bahn liegt das Werk. Die Hügel werden jetzt bedenklich höher, also rauf auf 50 Meter. Vor uns kommen die ersten Fabriken in Sicht. Noch eine Minute. Das Ziel liegt halbrechts. In der Dämmerung sind die Sheetdächer genau auszumachen. Noch sind es etwa 2000 Meter zum Ziel, als aus allen Rohren auf uns geschossen wird. Eine Hölle ist los! Gerade als ob sie auf uns gewartet hätten. Abwehrbewegungen, ganz runter mit der Mühle. Behaltet das Ziel im Auge, jetzt nach rechts. Die lange Hallenreihe liegt fast parallel zu unserem Kurs, aber noch vor uns. Noch etwas rüber, so daß die Hallen direkt unter uns liegen. Bei der ersten Halle fallen die Bomben. Reihenabstand 20 Meter. Wir liegen fast auf den Hallendächern, so dicht rauschen wir darüber hin. Unsere Bomben werden mit Verzögerung geworfen, damit wir nicht in den eigenen Sprengkegel geraten. Noch fallen die letzten, als es in der Maschine kracht, Glassplitter und ein scharfer Luftzug peitschen durch die Kanzel. Getroffen! Zwei – drei Treffer aus Maschinengewehren haben uns erwischt. An der Kanzel, da außen, detonieren die Granaten, es stinkt nach Pulver. Wir sind über die Halle weg. Hinter uns gehen die Bombendetonationen hoch. Nach Nordosten müßten wir abfliegen, können aber nicht, weil von dort her uns massives Abwehrfeuer entgegenschlägt.

Auch hinten im Rumpf und im Leitwerk hat es sicherlich eingeschlagen. Wir spüren direkt die Treffer. Noch laufen die Motoren. Aus diesem Inferno müssen wir erst mal heraus. Die hatten uns von allen Seiten eingedeckt. Nur noch über den Hügel hinweg, dann müßte es gehen. Wir rutschen den Hügel hinab, es wird ruhiger, aber dunkler.

Bis zur Küste haben wir etwa 100 km über Land zu fliegen, dann sind wir wieder über der Nordsee und heraus. Aber bis dahin kann noch allerhand passieren. Bei der jetzt beginnenden Dunkelheit können wir nicht mehr in Erdnähe bleiben. Wir müssen hoch. Bei 400 Meter kommen wir in die Wolken hinein, steigen weiter, nehmen Kurs auf das nördlichste Kap vom Wash.

An der Küste sind wir in den Wolken und bekommen noch einmal Flakfeuer. Jedoch nur vereinzelt. Nach dem, was gerade war, empfinden wir das direkt als Abschiedsgruß.

Schon während des Steigfluges rüttelte der linke Motor. Der Öldruck stand, aber die Temperatur stieg an. Um nicht einen Motorfresser zu riskieren, mußten wir ihn später abstellen. Zum Glück sind wir inzwischen 2000 Meter hoch, und mit unserer »Kurfürst« war es nicht das erste Mal, daß wir Ein-Motorenflug machen mußten.

In der Kanzel zog es von allen Seiten. Hatten wir gleich nach dem Angriff beim Steigflug versucht, die Einschußlöcher der Kanzel mit Bordtaschen zuzustellen, so war das etwas für den ersten Moment zur Überwindung des ersten Schocks. Es zog aus allen Ecken, und so konnte es nicht bis zur Landung weitergehen. Wir zogen die Kombijacken aus und versuchten die Löcher damit zu stopfen. Als das alles noch nicht reichte, mußten auch noch Uniformteile und Fliegerschal dazu herhalten.

Den Rückflug über die weite Nordsee nach Süden riskierten wir nicht. Auf kürzestem Wege wollten wir an die holländische Küste gehen und in Amsterdam landen. Der Funker sollte den Standort und Ein-Motorenflug melden und dazu angeben, daß wir nach Shipool fliegen. Doch er wurde seinen Spruch nicht los. Wahrscheinlich hatte auch das Funkgerät etwas abbekommen.

Der rechte Motor lief glatt. Das Flugzeug hielt sich aber nicht ganz. Ganz langsam, nur wenige Striche pro Sekunde, ging es abwärts.

Wir mußten leichter werden, wenn wir es halten und die Küste erreichen wollten. Dazu kam sicherlich, daß durch die Einschüsse der Luftwiderstand vergrößert wurde und zum Fahrtverlust beitrug.

Also raus aus der Maschine, was nicht gebraucht wurde. Erst kam die Bordmunition dran. Als das noch nicht reichte, mußten auch die Maschinengewehre daran glauben. Alles wurde an der Bowa* gestapelt, dann Klappe auf und raus mit den Sachen. Als letztes kamen die Bordtaschen dazu. Jetzt hielten wir uns. Hoffentlich hielt der Motor durch.

Ohne Abgabe einer Notmeldung konnte es an der Küste problematisch werden. Unsere Flak schießt ja auf alles, was da kommt. Erkennungssignale werden meistens nicht beachtet, oder sie reichen denen für die Erkennung nicht aus.

Das Wetter wurde nun besser. Die Wolken rissen mehr auf. Nach gut einer Stunde sahen wir die Küste vor uns. Scheinwerfer suchten bereits den Himmel ab. Etwa nach uns? Konnte nicht sein, denn wir hatten noch gut 20 km bis zum Überflug, noch waren wir 1500 Meter hoch. Jetzt mußten wir langsam runter gehen, damit wir den Küstenabflug in 300 Meter Höhe machen konnten. E-S schießend kamen wir heran. Nochmal E-S. Die Scheinwerfer suchen noch, aber keine Flak schießt. Wir sind über der Küste, einer erfaßt uns. Nochmal E-S ... das kann doch nicht wahr sein! Sie leuchten Richtung Shipool ein. Haben die uns erkannt, wollen die uns helfen? Wir hatten doch einen richtigen Bammel vor der Küste, vor der Flak, und jetzt sind sie unsere Helfer. Bald ist der Platzrand in Sicht. Der Platz ist voll an. Wissen die doch von unserem Fall? Und so war es auch. Nicht der Sender, sondern der Empfänger war getroffen worden.

Der blind abgesetzte Spruch war angekommen. Im Ein-Motorenflug, mit einer glatten Landung war das Abenteuer beendet worden.

Wir hatten viel mehr Treffer abbekommen, als wir bemerkt hatten. Die Maschine mußte in die Werft.

Am nächsten Tage kam eine unserer Besatzungen hierher und holte uns ab.

Die einige Tage später vorgelegten Luftaufnahmen bestätigten unseren Erfolg in vollem Umfang. Der Fabrikteil, den wir angreifen sollten, war vollständig zerstört worden. Nun stand uns der zweite »Walzertraum« noch bevor.

* = Bodenwanne

Der zweite »Walzertraum«

Auftrag Nr. 2 »Walzertraum Aluminiumwerke« stand uns noch bevor.

Mit 250-kg-Sprengbomben wollten wir das Werk angreifen. Acht Stück davon konnten wir mitnehmen. Wieder ein Tagesangriff im Tiefstflug.

Tagelang wurden die Pläne besprochen, bis das Wetter geeignet war. Morgen könnte es klappen. Ein Zwischenhoch, das jetzt noch über der irischen See liegt, könnte in der Nacht über dem Zielgebiet stehen. Dann folgt wieder eine Eintrübung mit etwa 5–7/10 Wolken, aber guter Sicht. Untergrenze etwa 300 Meter. So die Auskunft und Beratung der Wetterstelle.

Das ist etwas für uns. Wir müssen gute Sicht haben, aber auch schnell in den Wolken verschwinden können.

Am Abend, nachdem die neuesten Wettermeldungen vorliegen, sind wir noch einmal auf der Wetterwarte.

Um 0330 Uhr wollen wir starten. Bei Beginn der Morgendämmerung die Küste überfliegen und mit Tagesanbruch angreifen.

Das Flugzeug wird beladen, der Bordmechaniker hat mit dem ersten Wart, dem Unteroffizier Hesse, alles noch einmal besprochen, und wie wir unseren Kaden kennen, bremst er abends auch noch einmal die Motoren ab, um ja sicher zu sein, daß alles in Ordnung ist.

Wir überprüfen noch einmal alle Unterlagen, sehen uns die Luftbilder genau an, besprechen die Angriffstaktik, prüfen die Kurse und Flugzeiten und schauen uns besonders nochmal die einprägsamen Geländemarkierungen an.

Die Luftfotos zeigen auf den älteren Bildern merkwürdige Gestelle im Abstand von etwa 100 Meter zueinander. Das könnten Seilwinden für Sperrballons sein. Die Ballone selber sind nicht zu sehen.

Wir bleiben bei der vorgenommenen Angriffstaktik. Vor dem Ziel befindet sich ein kleiner See. Von hier aus wollen wir in südwestlicher Richtung angreifen.

Eine unruhige Nacht steht uns bevor. Auch wenn man sich vorgenommen hat, fest zu schlafen und nicht mehr daran zu denken, spuken die Gedanken doch im Kopf herum. So ist es auch bei uns. Erst eine frische Morgendusche bringt da wieder Ordnung hinein.

Es ist noch sehr dunkel, als wir zur Abstellbox der Flugzeuge fahren. Kaden ist schon draußen und hat sich nochmal um alles gekümmert. Die Maschine ist klar. Wir rollen zum Start und brausen ab. Wir sind die einzigen, die so früh in der Luft sind. Unsere waren in der vergangenen Nacht drüben, dieses Mal an der Westküste. Es soll alles klar gewesen sein, so sagt uns unser erster Wart.

Nach dem Start gehen wir auf 200 Meter und überfliegen bei Ostende die Küste. Die Nordsee ist grau und rauh. Ich möchte dort unten jetzt keine Seefahrt machen. Wir fliegen Nordkurs bis in die Höhe von Harwich. Nördlich davon wollen wir die englische Küste überfliegen. Hier haben wir einen guten, markanten Ablaufpunkt. Wiederum einen See. Es wird Zeit, auf Westkurs zu gehen. Jetzt runter in den Tiefflug, damit wir nicht zu früh erfaßt werden. Langsam wird es heller, aber wir fliegen in den dunklen Horizont, so daß die Sicht nach hinten besser als nach vorne ist. Deshalb sind wir etwas überrascht, als die Küste so schnell da ist. Links vor uns liegt der See, wir sind etwas zu weit nördlich gekommen, schnell wird korrigiert. Jetzt kommt eine Eisenbahnlinie, dann die Landstraße, die müssen wir bis zur nächsten Stadt entlangfliegen. Wir bleiben im Tiefstflug. Noch ist alles ruhig um uns, keine Abwehr. Haben die uns noch nicht bemerkt oder steht hier keine Flak? Unter uns nur Wiesen und Felder, mal ein Gehöft, mal eine kleine Ortschaft, ein Dorf. Die Straße liegt rechts von uns. Unsere Flughöhe ist etwa 200 Meter über dem Boden. Der elektrische Höhenmesser ist eingeschaltet. Es wird heller. Schon haben wir eine Sicht von gut einem Kilometer. Bereits 25 Minuten fliegen wir über England. Keine

Abwehr. Es ist allerhöchste Spannung und Aufmerksamkeit bei uns vieren. Nur das Allernötigste wird gesagt. Ganz knapp, meistens nur ein, zwei Worte. In drei Minuten muß rechts der Turm auf dem Hügel kommen. Dann Linkskurve auf 210°, da! Er ist rechts voraus in Sicht!

Etwas höher gehen, sonst nehmen wir noch Leitungen mit. Jetzt auf 210° eindrehen. In fünf Minuten muß die Stadt sichtbar werden. Am südlichen Rande entlang, genau an der Eisenbahn, liegt unser Ziel!

Da haben sie uns! Kurz vor dem Stadtrand geht es los. Zunächst nur mit wenigen Leuchtspuren, auch bei dieser Tagesdämmerung sind die gut zu sehen. Wir bleiben trotzdem auf Kurs, bleiben auch unten. Den Bahngleisen entlang geht es über den Fluß, und da sehen wir halbrechts vor uns die grauen Hallen des Werkes liegen.

Die Abwehr wird jetzt massiver, aber noch liegen sie höher über uns.

Weiter rechts, wir fliegen eine flache Kurve und gehen direkt auf die Halle zu. Die ersten vier Bomben fallen, etwas zu früh, die erste liegt vor den vorderen Hallen, aber die anderen drei sitzen mitten in dem ersten Gebäude. Im Tiefstflug sind wir darüber hinweg. Der Flakzauber ist stark, aber nicht deckend. Wir sind schon raus und müssen nun zum zweiten Anflug ansetzen, um die anderen vier Bomben noch ins Ziel zu bringen. Jetzt ist es ruhig um uns. Schnell auf Gegenkurs gehen und gut aufpassen, daß wir die Richtung behalten. In der Kurve kommen wir etwas höher, wieder die Eisenbahn vor uns, an ihr entlang links bleiben, und da stehen die ersten grauen Gestelle, die, die eventuell Ballons halten, direkt vor uns. Tiefer, runter und an denen vorbei, links wieder einer. Auch den nehmen wir im Tiefstflug und da vorne die Fabrik. Noch eine kleine Korrektur, Bombenschalter ein, etwas hochziehen, Bomben raus – die erste und zweite liegt im Ziel, rechts vor uns qualmt es mächtig. Das war die vorige Runde. Es geht alles blitzschnell, noch die beiden letzten Bomben auf das größere Gebäude, das mit dem Turm, dazu etwas tiefer gehen und rein damit.

Erst jetzt merken wir den Flakzauber, mehr als vorhin ist da los. Wieder Ballongestelle links und rechts vor uns. Unten bleiben, ganz tief, und an den Dingern vorbei. Karl-Heinz mußte die Mühle regelrecht hochreißen, in eine Steilkurve gehen, um an diesen Gestellen noch vorbeizukommen. Hat es uns erwischt? Das krachte gerade so hell, als ob das im Flugzeug war. Wir kommen aus der Beschußzone heraus, bleiben im Tiefstflug und befinden uns auch wieder neben unserer Straße.

Bei Harwich wollen wir jetzt nicht wieder die Küste überfliegen, wir bleiben lieber etwas südlicher. Heckenspringend jagen wir in etwa 20 Meter Höhe fast eine halbe Stunde lang über die englische Landschaft hin und erreichen glücklich die Küste. Am nördlichen Rande einer Bucht kommen wir raus.

Wir haben mächtig viel Glück gehabt. Einmal, daß wir in der Morgendämmerung angegriffen haben und trotz Dämmerung relativ gute Sicht hatten, zum anderen, daß die Flak noch nicht vollständig auf den Beinen war. Denn dort stand wesentlich mehr! Wenn alle an den Geschützen gewesen wären, hätten wir nicht so dazwischen herumkurven und sogar Angriffe fliegen können. Weil wir auf den Luftbildern diese merkwürdigen Gestelle angesehen haben, meinen wir, daß wir den Ballonsperren entkommen sind. Unsere beiden »Walzerträume« – Alpträume – hatten wir hinter uns, es reichte!

Die beiden anderen Besatzungen der Gruppe, eine aus der vierten, die andere aus der fünften Staffel, hatten nicht so viel Glück wie wir. Die von der vierten Staffel hatte zwei Ziele in Südengland, davon eine Ölraffinerie. Der erste Angriff auf ein Industrieobjekt ging relativ gut. Vom zweiten kam die Besatzung nicht mehr zurück. Totalverlust ...

Die Ziele der anderen Besatzung lagen ebenfalls in Südengland. Einmal ein Marinearsenal, das ging nochmal so eben gut. Sie brachten einen Verwundeten – der Beobachter hatte mächtig viele Geschoßsplitter abbekommen – im Ein-Motorenflug zurück und mußten an der französischen Küste notlanden.

Beim späteren zweiten Einsatz, dessen Ziel ein Industriewerk in der Nähe von Bristol war, fanden sie Abwehrverhältnisse vor, die stärker nicht sein konnten. Mit geringen Beschädigungen kamen sie davon.

Innerhalb von drei Wochen hatten wir drei Besatzungen sechs Industriewerke angegriffen und fünf Anlagen erheblich beschädigt, teils zerstört. Die Luftaufnahmen bestätigten unsere Ergebnisse. Bei dem wichtigsten Objekt, der Ölraffinerie, die nachts angegriffen wurde, ging die Besatzung verloren.

Andere Geschwader haben ähnliche Unternehmungen durchgeführt. Teils am Tage, teils in der Nacht. Die Erfolge waren durchweg gut. Wenn ich heute einen Vergleich zu den späteren Torpedoangriffen auf Geleitzüge ziehe, so muß ich sagen, daß die »Walzerträume« den Angriffen auf Geleitzüge in keiner Weise nachstanden. Wir hatten den Vorteil, daß wir unsere Angriffszeit selbst bestimmen und uns die Wetterlage aussuchen konnten.

Besuch des Reichsmarschalls

Im August und September 1940 besucht der Reichsmarschall die im Westen liegenden Luftwaffengeschwader. Vorher waren die Chefs der Luftflotten zu Besuch.

Beförderungen werden ausgesprochen, Orden verliehen. Nicht nur nach Leistung und Können, auch die Gunst der Stunde hat dabei ein besonderes Gewicht. Heute ist unser Geschwader an der Reihe.

Unsere Gruppe und die vom Nachbargeschwader sind angetreten. Auch einige Jäger sind dabei. Sie liegen auf den benachbarten Feldflugplätzen und sind herübergekommen.

Um 1100 Uhr stehen die Verbände in einem großen offenen Viereck angetreten. Mehrmals sind wir sorgfältig ausgerichtet und auch instruiert worden!

Es wird 1130 Uhr, 1200 Uhr und noch immer kein Reichsmarschall. Schon haben wir steife Knie und einen steifen Rücken. Da kommt auf der Landstraße eine Staubwolke in Sicht. Es ist 1230 Uhr. Eine lange Wagenkolonne biegt auf uns ein und hält mitten in dem offenen Viereck. Der Reichsmarschall, hellblau, in einen knöchellangen Ledermantel gekleidet, den Marschallstab in der Rechten, entsteigt dem vorderen Wagen und läßt sich Meldung machen. Leutselig schreitet er, begleitet von einem langen Schwarm weißbestreifter Stabsoffiziere, die Front ab. Vor jeder Besatzung bleibt er stehen. Immer die wiederkehrende Frage: »Wieviel Feindflüge?«

Der Angesprochene nennt die Zahl, dann erhält er einen Orden. Bei zehn Feindflügen kriegt man das EK II, ab zwanzig das EK I. Hat er die Auszeichnung schon, dann wird er befördert. Der Reichsmarschall geht so von Besatzung zu Besatzung, spricht mit jedem. Bei den Mannschafts- und Unteroffizierdienstgraden werden Beförderungen ausgesprochen. Die Offiziere bekommen einen Händedruck.

Jetzt kommt er zu unserer Besatzung. Neben mir steht der Bordfunker, der Oberfeldwebel Ziermann. »Feindflüge?« fragt der Reichsmarschall. Ziermann hat sich die Zahl zurechtgelegt und schmettert sie heraus. »EK I«, sagt der Reichsmarschall. Ein Adjutant mit einem Kästchen voll EKs saust heran und will dem Reichsmarschall eines zur Überreichung geben. Ziermann betrachtet das interessiert, meint dann: »Habe ich bereits, Herr Reichsmarschall!« Dieser reagiert sofort. »Zum Oberfeldwebel befördert!« – Ziermann: ». . . bin ich bereits, Herr Reichsmarschall!« Göring blickt sich um, dann wendet er sich wieder an Ziermann: »Zum Stabsfeldwebel befördert!« Damit schreitet er zum nächsten Flieger.

Nachtoffensive gegen Industriezentren

Im November 1940 wurde die Nacht-Luftoffensive gegen England nach und nach verstärkt.

Hauptziele waren London und das Industriegebiet in Mittelengland.

Bei jedem Wetter wird geflogen. Das bringt – bei jungen Besatzungen – zusätzliche Verluste ... ohne Feindeinwirkung.

Am 19. November 1940 haben wir einen besonders schwarzen Tag. Beim Nachtstart stürzen zwei Flugzeuge ab. Die eine Besatzung wird schwer verletzt geborgen. Die andere ist tot. Darunter der Kommodore, Oberstleutnant Frhr. von Wechmar. Eine weitere Besatzung kehrt vom Feindflug nicht zurück.

Die Verluste, besonders die des Führungspersonals, machen den Verbänden sehr zu schaffen.

Die deutsche Luftwaffe hat im September 1940 beim Luftkrieg um England an Führungskräften verloren:

4 Geschwaderkommodore
13 Gruppenkommandeure
28 Staffelkapitäne.

Dazu viele, viele wertvolle Besatzungen.

Die Geschwaderführung übernahm stellvertretend der Kommandeur der I. Gruppe.

Anfang Dezember 1940 übernahm Oberst Holle die Geschwaderführung.

Für die Nachtoffensive gegen England hatte die deutsche Luftwaffenführung zehn Kampfgeschwader zur Verfügung.

Es waren das die Geschwader

K.G. 1 mit He 111
K.G. 3 mit Do 17
K.G. 26 mit He 111
K.G. 27 mit He 111
K.G. 30 mit Ju 88
K.G. 51 mit He 111
K.G. 54 mit He 111
K.G. 55 mit He 111
K.G. 76 mit Do 17 und Ju 88
K.G. 77 mit Ju 88

Seit Mitte November heißt das Hauptziel nicht mehr London. Jetzt werden auch Großangriffe gegen die Industriezentren in Mittelengland geflogen.

Coventry mit seinen Motoren-, Automobil- und Werkzeugfabriken leitet diese Phase ein. Mit fast 500 Flugzeugen wird angegriffen.

Bei Mondschein, Windstille und guter Sicht fliegen wir in 5000 m Höhe über die Küste. Schon von weitem ist das Ziel auszumachen. Exakt stehen die Leuchtbomben über dem Zielgebiet.

Wir sind auf die Motorenwerke der Standard Motor Comp. angesetzt. Jeder Bomberverband hat sein Ziel zugewiesen erhalten. Bei der Masse der Angreifer, aber besonders aus der Struktur der örtlichen Lage (im englischen Industriegebiet ist es noch heute so, daß sich die Arbeiterwohnungen im Gelände der Fabrikanlagen befinden), ist es verständlich, daß auch Wohngebiete getroffen werden.

Aber es ist kein Vergeltungsangriff, kein Dresden!

Auch die britischen Historiker sehen diesen Angriff ganz sachlich als den ersten perfekten Bombenangriff gegen militärisch bedeutsame Industrieziele.

Damit hat die deutsche Luftwaffe den Bombenterror gegen die Zivilbevölkerung nicht eingeleitet. Das habe ich schon weiter vorne erwähnt und verweise hier nochmals auf die Weisungen des britischen Premiers vom Mai 1940.

Die Angriffe gegen britische Industrieziele wechselten sich mit denen auf London ab.

Bis Jahresende war das Geschwader an den Angriffen gegen Liverpool, Southampton, Bristol, Birmingham, Sheffield und Manchester beteiligt.

III. Von 1941 bis Ende 1942

1. Das Geschwader im Jahre 1941

Anfang Dezember 1940 werden die Vorbereitungen für das Unternehmen »Seelöwe«* abgebrochen. Die Luftwaffe hat die Luftherrschaft nicht errungen!

Zur Jahreswende wurde die *II. Gruppe* aus der Unterstellung herausgelöst und nach dem Mittelmeer verlegt.

Am 2. Januar 1941 verlegte der Verband über Lübeck – zur nochmaligen Überholung der Flugzeuge – nach Catania/Sizilien.

Die Gruppe wurde dem X. Fliegerkorps (Chef des Stabes Oberstleutnant i. G. Harlinghausen) direkt unterstellt.

Die *III. Gruppe* tat bereits Dienst als Pfadfinder, sie war einsatzmäßig einem Fliegerkorps unterstellt. Im Frühjahr 1942 wurde sie als III. Gruppe in das K.G. 28 eingegliedert.

Damit blieben beim Geschwader nur noch die *Stabsstaffel* und die *I. Gruppe.*

Der Luftkrieg gegen England war inzwischen in ein Stadium getreten, das neue Überlegungen forderte.

Seit längerer Zeit verlangte die Seekriegführung für die Nordsee die Verfügbarkeit über einen Kampffliegerverband. Was lag da näher, als hierfür die bewährten und in der Seekampfführung erfahrenen Besatzungen des Kampfgeschwaders 26 einzusetzen?

Im Februar 1941 verlegten der Geschwaderstab mit der Stabsstaffel und der I. Gruppe nach dem Norden. Zunächst nach Aalborg-West in Dänemark. Sie unterstanden dem Fliegerführer Norwegen und damit der Luftflotte 5. Im März 1941 verlegte das Geschwader dann nach Stavanger (Norwegen). Von hier aus wurden die Besatzungen gegen Schiffsziele in der Nordsee und an der englischen Ostküste sowie zu Aufklärungsflügen über der nördlichen Nordsee eingesetzt.

Entsprechend der verschiedenartigen Verwendung der Gruppen und der Zuordnung zu den weit auseinanderliegenden Kriegsschauplätzen verlor der Geschwaderstab seine eigentliche Führungsaufgabe. Im Juni 1941 wurde der Geschwaderstab daher aufgelöst, aus ihm entstand der *Stab Fliegerführer Norwegen/Finnland* (Fliegerführer Nord-Ost) mit Standort in Rovaniemi/Finnland.

Die einzelnen Gruppen operierten nunmehr als selbständige Verbände und unterstanden dem jeweiligen Fliegerführer bzw. Fliegerkorps.

Im Jahre 1941 entstand die Situation, daß sich die Operationsräume des Geschwaders und der einzelnen Gruppen vom Nordkap über England, Afrika bis Rußland erstreckten!

Einheit	Zeit	Einsatzraum	Unterstellung
Geschwaderstab	Jan./Febr.	England/Frankreich	Luftflotte 2
	März/Juni	England/Norwegen	Luftflotte 5
Stabsstaffel	Jan./Juni	England/Norwegen	Geschwaderstab
I. Gruppe	Jan./Juni	England/Norwegen	Geschwaderstab
	Juli/Dez.	Rußland/England	Fliegerführer N-O

* Weisung für die Kriegführung Nr. 16 (Unternehmen »Seelöwe«), Anlage 15.

II. Gruppe	Jan./Dez.	Mittelmeer, Kreta, Afrika; Suez	X. Fliegerkorps und VIII. Fliegerkorps
6. Staffel	Okt./Dez.	Rußland/Rumänien	VIII. Fliegerkorps
III. Gruppe	Jan./Juni	England/Frankreich	I. Fliegerkorps
	Juli/Dez.	Rußland	Kampfgeschwader 28
IV. Gruppe	Jan./Dez.	Ausbildungsgruppe	in Lübeck

Die folgende Chronik berichtet nunmehr über die Operationen der I. und II. Gruppe bis zu dem Zeitpunkt, wo sie wieder unter einer einheitlichen Geschwaderführung stehen. Von der III. Gruppe können nur Rahmenangaben gemacht werden, da sie bereits ab Herbst 1940 operationsmäßig aus dem Geschwader ausgeliedert war.

Das Geschwader im Jahre 1941 – Einzelangaben

Jan./Febr. 1941	Der *Geschwaderstab* mit *Stabsstaffel* und *I. Gruppe* liegen noch in Beauvois und fliegen Nachteinsätze gegen Industrie- und Versorgungsanlagen in England. Die *II. Gruppe* hat am 6. Januar 1941 nach Sizilien verlegt und untersteht dem X. Fliegerkorps. Das Einsatzgebiet sind Industrie- und Hafenanlagen auf der Insel Malta, Hafenanlagen in Ägypten, der Suezkanal und Schiffsziele im Mittelmeer. *Die III. Gruppe* fliegt Einsätze gegen England und operiert als Pfadfinder. Sie untersteht dem I. Fliegerkorps.
März 1941	Der *Geschwaderstab mit Stabsstaffel* und *I. Gruppe* verlegen nach Aalborg-West, ab Mitte März nach Stavanger und operieren gegen Schiffsziele in der Nordsee sowie gegen Industrie- und Hafenanlagen in Schottland. Das Geschwader untersteht der Luftflotte 5.
April 1941	Die *4. und 5. Staffel* (II. Gruppe) verlegen von Sizilien nach Mittel-Italien und nehmen am Balkanfeldzug teil. Die *6. Staffel* fliegt Torpedoeinsätze gegen Schiffsziele im Mittelmeer.
Mai 1941	Die *II. Gruppe* verlegt von Comiso/Sizilien nach Eleusis bei Athen. Bomben- und Torpedoeinsätze gegen die englische Flotte vor Kreta, Teilnahme an der Besetzung Kretas durch Bombenangriffe gegen Feldstellungen auf Kreta. Die Gruppe untersteht dem VIII. Fliegerkorps.
22. Juni 1941	Beginn des Rußland-Feldzuges
Juni 1941	Der *Geschwaderstab* wird *aufgelöst.* Der Kommodore und das Stabspersonal werden Fliegerführer und Stab Fliegerführer Norwegen/Finnland/Nord (Ost).
Juli 1941	Die *III. Gruppe* verlegt von Frankreich nach Mittel-Rußland und wird dem K.G. 28 unterstellt. Sie wird zur Unterstützung des Heeres eingesetzt, fliegt aber auch Tag- und Nachtangriffe gegen Industrie- und Versorgungsanlagen sowie Nachtangriffe auf Moskau.
August 1941	Die *I. Gruppe* verlegt nach Kemi/Finnland und wird gegen Landziele in Rußland und gegen Eisenbahnanlagen der Murmanskbahn eingesetzt. Unterstellung Fliegerführer Nord (Ost).
September 1941	Die *6. Staffel* verlegt von Eleusis nach Buzeau/Rumänien und operiert gegen Schiffsziele im Schwarzen Meer sowie gegen Industrie- und Hafenanlagen am Schwarzen Meer. Die Staffel wird dem VIII. Fliegerkorps unterstellt.

Oktober 1941	Die *I. Gruppe* mit der 2. und 3. Staffel verlegen nach Banak/Nordnorwegen, die Stabsstaffel und die 1. Staffel verlegen nach Petsamo. Die Gruppe fliegt Einsätze gegen russische Eismeer-Häfen. Die Unterstellung bleibt wie bisher.
November 1941	Die *II. Gruppe* mit der 4. und 5. Staffel verlegt von Eleusis nach Kalamaki/Athen. Die Einsätze erfolgen zur Unterstützung des Afrikakorps und gegen Schiffsziele im Mittelmeer, Hafenanlagen in Ägypten sowie gegen den Suezkanal und Schiffsziele im Roten Meer.
Dezember 1941	Die *6. Staffel* verlegt von Rumänien nach Saki auf der Krim und wird dem Fliegerführer Krim unterstellt. Die *I. Gruppe* verlegt nach Bardufoß/Nordnorwegen. Unterstellung und Einsatztätigkeiten bleiben wie bisher. Die Standorte der *III. Gruppe* im Zeitraum vom Juli bis Dezember 1941 waren Flugplätze im Mittelabschnitt der Ostfront u. a. Brest-Litowsk, Bobruisk, Setschinskaja, Baranowicze u. a.

Der Geschwaderstab mit Stabsstaffel und I. Gruppe in Dänemark

Das Jahr 1941 beginnt mit einem Nachtangriff auf Liverpool. Angriffe auf Bristol und Cardiff folgen.

Bei erneuten Angriffen auf London haben die Besatzungen den Eindruck, daß sich die Abwehr erheblich verstärkt hat. Außerordentlich starkes Flakfeuer und eine bisher noch nicht dagewesene Massierung von Scheinwerfern machen den Besatzungen erhebliche Schwierigkeiten beim Angriff. Anscheinend ist auch die englische Nachtjagd aus der Entwicklungsphase heraus, denn es vergeht keine Einsatznacht ohne Berührung mit ihr.

Diese Nachteinsätze wurden durch schlechtes Wetter, zum Teil mit Vereisungen, stark behindert, so daß die Aufträge teilweise abgebrochen werden mußten.

Im Februar wurden Nachteinsätze gegen die Industriezentren von Glasgow, Hull und Chatham, teils mit Unterstützung von Beleuchterverbänden, geflogen. Große Brände und zahlreiche schwere Explosionen in diesen für die englische Kriegsindustrie besonders wichtigen Städten.

Die schweren und nun schon Monate andauernden Einsätze haben erhebliche Verluste gefordert.

Wiederum, es ist nun bereits das dritte Mal, müssen Besatzungen angefordert werden. Von den alten Stammbesatzungen, die bereits beim Handelskrieg im Herbst 1939 dabei waren, sind nur noch wenige da.

Der Nachschub kommt gerade in die Umgruppierung, denn schon nach wenigen Tagen verlegt der Verband nach Norden.

Die Seekriegsleitung verlangte dringend nach Luftstreitkräften, die zur Schiffszielbekämpfung eingesetzt werden können. Das K.G. 26 bot dafür die notwendigen Voraussetzungen.

Ende Februar 1941 verlegten der Geschwaderstab und die I. Gruppe nach Aalborg-West; sie wurden der Luftflotte 5 unterstellt. Das Bodenpersonal und die Flughafenbetriebskompanien folgten mit Ju 52 nach. Die Werkstattwagen der FBKs wurden auf dem Landwege nachgeführt. Diese komplette Verlegung – mit allen Bodeneinheiten – ließ darauf schließen, daß ein längerer Aufenthalt geplant war.

Kaum angekommen, die jungen Besatzungen waren noch gar nicht richtig eingewiesen worden, erfolgte ein Großeinsatz auf Glasgow. In mehreren Angriffswellen, zwei Nächte hintereinander, wurde Glasgow von den Luftflotten 2 und 5 angegriffen. Beim Anflug in der zweiten Nacht brannte Glasgow noch vom Angriff der ersten Nacht.

Die Flugzeugführer und Beobachter der neuen Besatzungen wurden hier erstmals zur Einweisung mitgenommen. Als fünftes Besatzungsmitglied sollten sie erst einmal einen Begriff davon bekommen, wie es beim Angriff zugeht, und was sie erwartet, wenn sie allein fliegen.

Über die Verhaltensregeln an der Front konnte ihnen gar nicht genug gesagt und gezeigt werden.

Trotzdem gab es dann, als sie allein flogen, horrende Ausfälle, die nicht immer durch Feindeinwirkung, sondern vielfach auch durch nicht ausreichende Kenntnisse und fliegerische Erfahrung im Nacht- und Schlechtwetterflug verursacht wurden.

Die Arten der Einsätze wechseln einander ab. Einmal sind es Angriffe auf Schiffsziele in der Nordsee, dann wieder bewaffnete Aufklärung bis hinauf ans Eismeer, und wenn die Luftflotte gegen England antreten muß, dann sind die 26er auch wieder dabei.

Fast jeden Tag, wenn es das Wetter einigermaßen zuläßt, ist die Gruppe im Einsatz. Es wird mehr geflogen, als vorher in Frankreich. Wenn es wegen der Wetterverhältnisse zum Bombeneinsatz nicht reicht, geht es vielfach doch noch für eine bewaffnete Aufklärung*.

März 1941: Geschwaderstab und I. Gruppe in Norwegen

Im März 1941 verlegte der Geschwaderstab mit Stabsstaffel und I. Gruppe nach Norwegen. Stavanger war der neue Standort.

Vor einem Jahr, während des Norwegenfeldzuges waren sie bereits hier. Die »alten Besatzungen« kannten es noch. So mancher mag mit viel Vorbehalten hierher gegangen sein. Sie wurden aber überrascht. Stavanger war ausgebaut worden. In dem einen Jahr hatte sich mächtig viel verändert. Alles war größer und moderner geworden. Sehr gute Start- und Landebahnen waren geschaffen, die Unterkünfte waren neu, und auch eine respektable Truppenküche war gebaut worden.

Die Einsätze haben sich nicht geändert. Nur liegen die Flieger etwas dichter am Ziel. Bis hinüber nach Schottland ist es nicht ganz so weit wie von Aalborg aus.

Neben den Bombeneinsätzen auf Landziele werden mehr Angriffe gegen die englische Flotte und gegen Geleitzüge geflogen. Der Engländer macht jetzt mehr Störangriffe mit seiner Flotte und auch mit Bombern gegen die deutschen Nachschubwege.

Die Angriffe gegen Flottenverbände erfolgen im Hochangriff, wogegen die Handelsschiffe nach wie vor im sogenannten Steckrübenverfahren, im Tiefstflug, angegriffen werden. In der Angriffstaktik hat sich fast nichts geändert.

Fast täglich ist die Gruppe im Einsatz. Es scheint fast so, als gäbe es nur noch ein einziges See-Kampfgeschwader bei der deutschen Luftwaffe. Erschwerend ist, daß es nur eine Gruppe des Geschwaders ist, die sich in Norwegen befindet. Die beiden anderen Gruppen sind auf anderen Kriegsschauplätzen zur Seekriegführung eingesetzt.

Im Juni 1941 wurde der Geschwaderstab aufgelöst. Er fand, in alter Zusammensetzung, eine neue Verwendung als Fliegerführer Nord (Ost).

Im Juni 1941 wurde die Gruppe erneut verlegt. Das K.G. 30, das Adlergeschwader, war nach Stavanger gekommen. Die I./K.G. 26 geht deshalb weiter nach Norden. Nach Drontheim-Vernes.

Gemeinsam mit dem K.G. 30 werden jetzt die Angriffe auf Seeziele geflogen. Auch bei

* Bewaffnete Aufklärung: Flugzeuge sind mit Bomben oder Torpedos beladen.

den Aufklärungsflügen gibt es mehr Unterstützung durch den Einsatz einer Seefliegergruppe.

Im Juli 1941 wird ein Geleitzug vor der englischen Ostküste gefunden. Die Seeflieger haben ihn gefunden und halten Fühlung. Er steht in der Höhe von Aberdeen und fährt südwärts. Es ist später Nachmittag und noch recht hell für einen Angriff. Aus etwa 15 km Entfernung wird er angesteuert. Es ist ein recht großer Schiffsverband. Seewärts steht eine Sicherungskette aus mehreren Bewachern und Zerstörern.

Die dicksten Brocken fahren, wie immer, mitten im Geleitzug. Um einen von denen anzugreifen, müssen die Besatzungen erst einmal durch diese Sicherungskette hindurch.

Bereits im Anflug gibt es konzentriertes Abwehrfeuer. Auch Wassersäulen werden geschossen. Das sind ganz üble Dinge. Wer dort hinein kommt, geht mit Sicherheit baden.

Je weiter die Flieger an die Schiffe herankommen, desto dichter wird das Feuer. Jetzt nicht nur von vorn, auch von der Seite und wenige Sekunden später auch noch von hinten prasselt das Abwehrfeuer auf die Besatzungen ein.

Die auf den Schiffen nehmen beim Schießen auf ihre Umgebung keinerlei Rücksicht. Es scheint ihnen egal zu sein, daß eigene Granaten auch einmal den eigenen Nachbarn erwischen, wenn da beim Zielen gerade so ein Flugzeug über einem Dampfer steht.

Es ist schon ein Inferno, der direkte Weg zur Hölle, wenn so ein Dampfer im Geleitzug angeflogen wird.

Dicht vor der Bordwand, etwa 100 m davor bei einer Flughöhe von 30 m werden die ersten beiden Bomben geworfen. Wenn alles stimmt, fällt die erste dicht an die Bordwand und verursacht einen Unterwassertreffer, die zweite muß sitzen. Mitten in den Dampfer sollte sie so treffen. Von Harlinghausen erfunden und erprobt! Er wäre zufrieden ...

Und weil das Flugzeug von diesen Bomben noch einige an Bord hat, erfolgt das Ganze noch einmal. Diesmal von der anderen Seite.

Wer dann aus dieser Höllenfahrt wieder heil herauskommt und keinen Treffer erwischt hat, dem fällt ein ganz großer, ganz dicker Stein vom Herzen.

Hat er dann sogar noch einen Dampfer erwischt, einen Treffer erzielt, machen sich der letzte Überdruck, die ausgestandene Spannung mit einem großen Freudenschrei bemerkbar.

Viele solcher Bombenangriffe auf Geleitzüge und auch auf Einzelfahrer mußten die Besatzungen noch fliegen.

Die Gruppe hatte wieder hohe Verluste, wie sollte es auch anders sein? Es ist bezeichnend für den behelfsmäßigen Charakter dieser Angriffstaktik: Sie können nicht, wie man es von einem schweren Bomber erwarten sollte, im Horizontalflug aus großer Höhe angreifen, dafür ist das Zielgerät unzureichend. Erst viel später gab es das dafür erforderliche genaue Zielgerät, das Lotfe, das »Lotfernrohr 7 d«. Die technische Waffenentwicklung war auf einen Luftkrieg zur See eben nicht vorbereitet.

Die größten Verluste entstanden bei den jungen Besatzungen, viele überstanden die ersten fünf Einsätze nicht. Wenn sie dann alle Vernunft durch Schneid ersetzen wollten, wurde es ganz schlimm.

Bericht des Oberleutnants Hatto Kuhn

Hatto Kuhn, ehemals Staffeloffizier der 2. Staffel, berichtet über seine Erlebnisse beim Geleitzugangriff vom 1. März 1941:

»Unsere Besatzung, Uffz. Großhard, Gefr. Hänel, Gefr. Männling und ich, starteten am 1. März 1941, am späten Nachmittag, zum Angriff auf den gemeldeten Geleitzug an der schottischen Küste.

Im Tiefstflug, zum Unterfliegen der Radarmessungen, überflogen wir die Nordsee und entdeckten kurz vor Sonnenuntergang den gemeldeten Geleitzug.

Bei allerbestem Büchsenlicht, aus dem dunklen Horizont kommend, setzten wir zum Angriff an.

Uns gelang der erste Anflug auf den vermeintlich größten Dampfer, und wir warfen unsere ersten beiden 250-kg-Bomben. Leider daneben! Beim Wegkurven mußten wir über den Dampfer hinweg, und dabei erwischten uns die ersten Leuchtspurgeschosse. Es klingelte ganz erheblich in der Maschine, und Sekunden später rief der Funker von achtern: ›Backbord-Motor brennt!‹

Während des Abdrehens auf Ostkurs gelang es, den Brand zu löschen, aber beim Wiedergasgeben traten die Flammen erneut auf, so daß ich den Motor abstellen mußte.

Himmel und Wasser waren jetzt eine gleichmäßige schwarze Fläche. Wir befanden uns nur wenige Meter über dem Wasser, der Horizont war kaum auszumachen.

Wir mußten wieder Höhe gewinnen, deshalb versuchte ich, die noch leidliche Fahrt ausnutzend, etwas Höhe zu gewinnen. Als wir etwa 100 Meter erreicht hatten, war die gewonnene Fahrt so weit weg, daß das Flugzeug schon nicht mehr auf Steuerkurs reagierte. Der Punkt, vor dem gefürchteten ›Flachtrudeln‹ war schon da. Mit vorsichtig leichtem Drücken kam wieder etwas Fahrt auf. Doch es ging abwärts, die Flughöhe war so nicht zu halten. Ich versuchte noch, die Maschine auf dem etwas dichteren Luftpolster über der Wasseroberfläche zu halten. Aussichtslos! Auch das reichte nicht aus. Die Geschwindigkeit wurde nicht mehr, und auch die Flughöhe war nicht zu halten. Wir befanden uns beinahe in einer Mausefalle. Nach Backbord zu kurven ging nicht, weil eine Kurve über den stehenden Motor bei dieser Flughöhe sicher ins Wasser gegangen wäre. Nach Steuerbord ging auch nicht, weil die vor uns liegenden Klippen der Küste höher als unsere Flughöhe waren. Es blieb gar keine andere Wahl, als eine Notlandung auf dem Wasser. Wir wußten, was nun auf uns zukam!

Der Besatzung gab ich Anweisung, das Schlauchboot bereit zu machen. Der Küste kamen wir nun immer näher. Ich machte doch noch einen Versuch, die Mühle auf Gegenkurs zu bringen. Zunächst nahm ich ein wenig Gas weg, als das nicht reichte, etwas mehr. Dabei sackten wir aber so weg, daß das Flugzeugheck ratternd auf das Wasser aufschlug und wilde Sprünge verursachte. Ich riß das Gas ganz heraus und wir hatten Glück, daß die Kanzel diesmal zuerst auf das Wasser aufschlug. Um uns herum wurde alles ganz still, glasig grün und naß.

Nach dem ersten Schock schrie einer, wir kriegen das Schlauchboot nicht los. Der Funker und der Bordmechaniker waren achtern schon aus dem Rumpf heraus geklettert und hatten das Boot neben der Fläche im Wasser liegen. Als ich schließlich auch freikam und heraussprang, hatten die beiden es doch geschafft, das Boot von der Maschine frei zu machen. Auch der Beobachter war inzwischen aus der Maschine heraus, und wir vier machten uns nun fertig, das Boot zu besteigen und von der sinkenden Maschine wegzukommen. Wir paddelten ein Stück Richtung Küste, und ehe wir uns richtig umgeschaut hatten, war das Flugzeug schon weggesunken.

Unser Bordfunker wollte den ersten Schreck mit einem Schluck aus den Notvorrat überwinden. Aber seine Hände zitterten derartig, daß er die Flasche nicht halten konnte und der schöne Cognak im Wasser verschwand. Wir anderen hatten das Nachsehen.

Die Gedanken beim Paddeln zur etwa nur 300 Meter entfernten Küste beschäftigten sich nun mit dem, was jetzt wohl kommen würde. Doch waren wir uns im klaren, ein ›Abhauen nach Hause‹ war so gut wie sicher nicht machbar.

Das Boot kam auf den Steinen der Küste zum Stehen. Inzwischen hatten wir bereits das, was dem Gegner nicht in die Hände fallen durfte, über Bord gehievt. Blieben jetzt nur noch unsere Pistolen. Aber was sollte es? Hier konnten die uns doch nichts nützen! Ab damit ins Meer! Im weiten Bogen flogen sie hinaus.

Zur gleichen Zeit beobachteten wir auf dem steilen Hang Gestalten, die sich langsam herunterbewegten. Es war die Küstenwache. Einer davon war der Chief Constabler. Er rief uns schon vom Steilhang her an, ob wir Pistolen besäßen. Nunmehr konnte ich klar sagen: ›We have no Pistols!‹ Sie forderten uns auf, nach oben zu kommen. Als das geschafft war, wurden wir nach Banff, in das Police-Headquarters gebracht.

Zunächst versorgten sie uns mit trockener Kleidung und brachten auch Tee und Sandwichs. Unsere Gefangennahme hatten sie inzwischen weitergemeldet.

In der gleichen Nacht wurden wir weitergebracht und von Offizieren der RAF verhört. Die Engländer verstanden es gut, die noch vorhandene Schockwirkung auszunutzen.

Am nächsten Tag wurden wir getrennt und mit Kraftwagen nach Aberdeen und von dort mit der Eisenbahn in die Verhörlager gebracht. Es war gut, daß wir noch nicht ahnten, daß das Gefangenendasein mit den täglichen Runden hinter Stacheldraht noch fast sechs Jahre dauern sollte.

Den Spuren dieser Ereignisse folgte ich später, im Spätherbst 1976, durch die Korrespondenz mit ehemaligen englischen Fliegern. Durch deren Mitwirkung wurden Verbindungen zu unseren damaligen ›Gefangennehmern‹ hergestellt, die ich im Herbst 1976 besuchte. Drei Wochen nach unserem Absturz hat die Royal Navy versucht, unser Flugzeug zu bergen. Als sie die Maschine bereits aus dem Wasser gehoben hatten und versuchten, an Land zu ziehen, kam ein Wetter auf, das Wrack rutschte aus den Seilen und versank wieder im Wasser.

Erst 34 Jahre später, die Absturzstelle war ja noch bekannt, gelang es einem Team von Sporttauchern, das Wrack zu heben und aus der Fläche den heilen Steuerbordmotor herauszuschweißen. Der Motor wurde an Land gebracht und steht heute als Erinnerungsstück an die ›German Air Force‹ in Glasgow bei der ›Scotland West Aircraft Investigation Group‹.«

Im Juli 1941 wird die I. Gruppe wieder im Wehrmachtbericht erwähnt. Am 2. Juli 1941 heißt es:

»Eine Kampffliegergruppe unter Führung von Major Busch versenkte im Einsatz gegen Großbritannien bis zum 15. Juni 1941 einen Kreuzer, einen Zerstörer und 21 kleinere Kriegsfahrzeuge sowie 436 186 BRT feindlichen Handelsschiffsraumes. Außerdem wurden zahlreiche Handelsschiffe durch Bombentreffer schwer beschädigt.«

Major Busch war der Kommandeur der I. Gruppe. Mit der Nennung waren also die Flieger und das Bodenpersonal der I./K.G. 26 gemeint.

Die Führungsorganisation der Luftwaffe im Norden

Alle Luftwaffenverbände in Norwegen und in Finnland unterstanden der Luftflotte 5. Die Führungsstelle befand sich in Oslo. Kommandierender General ab 1941 war Generaloberst Stumpff.

Der Luftflottenführung unterstanden drei Fliegerführer, deren Befehlsbereiche geographisch aufgeteilt waren.

Fliegerführer Nord (West) Standort Drontheim. Sein Befehlsbereich erstreckte sich von Südnorwegen bis etwa zum 66. Breitengrad. Kommandeur war Oberstleutnant Hermann Busch, vormals Kommandeur der I./K.G. 26.

Fliegerführer Nord (Lofoten) Standort Bardufoß, Befehlsbereich vom 66. Breitengrad bis zum Alta-Fjord, Kommandeur Oberst Ernst-August Roth.

Fliegerführer Nord (Ost) Standort Kirkenes, vormals Standort Rovaniemi, Befehlsbereich vom Alta-Fjord über das restliche Nordnorwegen bis zum mittleren Finnland, Kommandeur Oberst Alexander Holle, vormals Kommodore K.G. 26.

In der obersten Wehrmachtführung wurde nun auch allmählich erkannt, welche Mengen Kriegsmaterial die Alliierten auf der Nordmeerroute nach Rußland lieferten. Jeder Geleitzug enthielt die Ausrüstung für einen Großverband. Unverständlich, daß es so lange gedauert hat, bis man begriff, daß mit der Unterbindung oder Störung dieser Anlieferung die Entwicklung an der Ostfront beeinflußt werden konnte. Die ersten elf Geleitzüge seit August 1941 wurden überhaupt nicht, weder von U-Booten noch durch Flugzeuge angegriffen. Erst ab PQ 12 im März 1942 erkannte man, was hier geschah.

Das führte schließlich dazu, daß die Luftflotte 5 verstärkt wurde. Die Fliegerführer in Norwegen verfügten jetzt in ihren besten Zeiten über das Kampfgeschwader 26 in Bardufoß und Banak mit zwei Gruppen, das Kampfgeschwader 30 in Bardufoß und Banak, die Küstenfliegergruppen 406 und 906 mit He 115 und Flugbooten, zwei Gruppen Jagdgeschwader 5 (Eismeerjäger), eine Gruppe K.G. 40, zwei Aufklärungsstaffeln in Nordnorwegen und eine Wetteraufklärungsstaffel.

2. Die II. Gruppe ab Januar 1941 im Mittelmeer

Luftkrieg im Mittelmeer

Italien befand sich seit dem 10. Juli 1940 im Kriegszustand mit England und Frankreich. Die italienische Armee hatte im September 1940 von Libyen aus den Vormarsch nach Ägypten angetreten.

Die englische Armee unter General Wawell war durch südafrikanische und australische Truppen verstärkt worden und trat im Herbst 1940 zum Gegenstoß an. In der Schlacht von Sollum wurden die Italiener geschlagen und befanden sich auf dem Rückzug nach Westen. Sie hatten schwere Verluste hinnehmen müssen.

Um Afrika nicht verlorengehen zu lassen, beschloß das Führerhauptquartier, die Italiener durch den Einsatz eines deutschen Fliegerkorps zu unterstützen. Das X. Fliegerkorps wurde um die Jahreswende 1940/41 nach Sizilien verlegt. Ihm sollten Kampf- und Sturzkampfverbände sowie Zerstörer zugeführt werden.

Schwerpunktmäßig waren die englischen Versorgungswege, der Schiffsverkehr im Mittelmeer, zu bekämpfen. Hierfür kamen eigentlich nur die Kampfgeschwader 26 und 30 in Betracht.

Einmal, weil diese Verbände dem Fliegerkorps während des Handelskrieges in der Nordsee im Jahre 1939/40 und während des Norwegenfeldzuges unterstellt waren und auch, weil die Besatzungen genügend Erfahrungen in der Seezielbekämpfung besaßen.

Bereits im Dezember 1940 erhielt die *II./K.G. 26* den Auftrag, einen Offizier zur Erkundung der Einsatzmöglichkeiten nach Italien zu entsenden. Oberleutnant Ludwig Baum übernahm diese Aufgabe. Er flog als Vorkommando nach Catania.

Am 1. Januar 1941 wurde der Befehl zur Verlegung der II. Gruppe nach Sizilien erteilt. Der fliegende Verband sollte aber erst nach Lübeck verlegen und in der dortigen Werft alle Flugzeuge gründlich überholen lassen. Lübeck war die Stammwerft der I. Gruppe. In den Folgejahren wurde der Fliegerhorst Lübeck-Blankensee der Nachschubplatz der II. Gruppe.

Am 2. Januar 1941 in der Frühe wurde in Frankreich gestartet, gegen Mittag trafen die ersten Flugzeuge in Lübeck ein. Die Techniker bekamen nun Hochbetrieb, denn in wenigen Tagen mußte alles erledigt werden. Der Start nach Catania auf Sizilien war für den 6. Januar 1941 vorgesehen, denn für den 7. Januar hatte Oberstleutnant i. G. Harlinghausen, der Chef des Stabes des X. Fliegerkorps, bereits den ersten Einsatz geplant.

Inzwischen hatte der Rest der Gruppe, das Bodenpersonal und die beiden FBKs auf dem Eisenbahnwege nach Sizilien verlegt.

Der Mittelmeerraum war den Besatzungen völlig unbekannt. Dementsprechend mußten Vorbereitungen getroffen werden. Die Besatzungen erhielten Unterricht über die geographischen und klimatischen Verhältnisse, und schließlich mußten sie auch einiges über die Verhaltensweisen gegenüber der Bevölkerung und der italienischen Wehrmacht wissen. Insbesondere interessierte, wieweit eine Zusammenarbeit mit der italienischen Luftwaffe, deren Bodenorganisation und schließlich auch deren Seenot-Rettungsdienst möglich war.

Am 6. Januar 1941 früh ging es ab gen Süden. Wir flogen einzeln. Zunächst bis München-Riem. Dort wurde aufgetankt, die neuesten Wetternachrichten eingeholt. Bei wolkenlosem Himmel flogen wir über die Alpen mit herrlicher Sicht über schneebedeckte Berge, durch die Po-Ebene an Rom vorbei, sahen den Vesuv und den Ätna und landeten schließlich in Catania auf Sizilien. Gegen den späten Nachmittag waren alle da. Das Vorkommando – Oberleutnant Baum und seine Besatzung – hatten die notwendigen Vorbereitungen getroffen. Tankwagen standen bereit, um die Flugzeuge sofort aufzutanken, aber es waren fast keine Abstellboxen verfügbar. Die Flugzeuge mußten am Platzrand abgestellt werden. Die ersten Warte, die als fünfter Mann mitgeflogen waren, machten die Maschinen einsatzklar, denn am nächsten Tag sollte ja bereits Einsatz geflogen werden. Im ganzen war es dort so, wie wir es später auf Feldflugplätzen kennenlernen sollten. Die italienischen Flieger kannten eben keine perfekt funktionierende Fliegerhorstorganisation. Das Problem waren die fehlenden Abstellplätze für die Flugzeuge. Es war schließlich eine Kleinigkeit, die schön am Platzrand aufgereihten Flugzeuge, mit zwei – drei Jagdflugzeugen in Brand zu schießen. Unsere Bedenken wurden von den Italienern zerstreut. »Die paar Jäger, die hier einmal rüber kommen, stören nicht. Die fliegen nur eine Platzrunde, schießen auf nicht vorhandene Ziele und hauen wieder ab.« Unsere Freunde von den italienischen Bombern behaupteten später sogar, daß ihre Jagdfliegerkameraden nachmittags regelmäßig nach Malta zum Kaffeetrinken flögen. Schließlich befanden sich beide ja erst ein halbes Jahr im Kriege, da konnte man die lieben Gewohnheiten wohl nicht so schnell lassen.

Die Unterbringung der Besatzungen erfolgte in einigen Stadthotels. Die Techniker wohnten in Platznähe in aufgestellten Baracken. Am Abend versammelten sich die Offiziere im italienischen Offiziersheim, wir wollten unsere Bundesgenossen – und die auch uns – kennenlernen.

Das kurze vorsichtige gegenseitige Abtasten schlug recht bald in überlaute Freundlichkeit um. Sie erzählten von ihren Einsätzen in Abessinien, einige waren auch in Spanien gewesen, und von ihren Flügen über Malta. Ihre Erfolge waren »großartig«, das heißt, man muß ihnen lassen, daß sie prächtig fliegen konnten. Wir haben später so manchmal am Platzrand gestanden und ihnen zugeschaut, wenn sie ihre Kunstflugfiguren flogen. Die beste Verständigung gab es mit den Bombern und den Torpedofliegern. Hier, am ersten Abend, lernten wir Capitano Bombo kennen, einen Freund, der stets verfügbar war und uns half, wo er konnte, und mit dem wir später auf Sardinien noch oft gemeinsame Torpedoeinsätze besprochen haben.

Wir waren noch nicht im Bett, als es Fliegeralarm gab. Unsere Befürchtungen waren also nicht grundlos gewesen. Es war die erste Begrüßung durch die Engländer von Malta. Mit Bomben griffen sie den Platz und unsere Flugzeuge an. Sie waren also bestens informiert, wer hier gelandet war, und wo die Flugzeuge standen. Wir waren schnell draußen am Platz, um unsere Flugzeuge auseinanderzuziehen, soweit das noch möglich war.

Einige Flugzeuge hatten Splittertreffer, zwei waren schwerer beschädigt und fielen für einige Tage aus, aber im ganzen hatten wir noch Glück gehabt. Ein ordentlicher Bomben-Reihenwurf hätte die ganze Gruppe lahmlegen können.

Der Kommandierende General mit seinem Stab lag in Taormina. Am nächsten Tag wurden Kommandeur und Ia zu ihm befohlen, um sich die Einsatzinformationen über den Nachtangriff auf Malta zu holen. Der Chef des Stabes war Oberstleutnant i. G. Harlinghausen.

Der Kommandeur, Major Bertram, war erst wenige Tage im Amt. Er hatte die Gruppe in Lübeck übernommen. Die jetzige Einsatzbesprechung führte er selbst. Einsatzklar waren 22 Maschinen und Besatzungen. Erstmals sollte ein konzentrierter Angriff gegen den Hafen und die Flugplätze von Malta geflogen werden.

Wir starten mit Beginn der Dämmerung einzeln mit einem Abstand von etwa 15 Minuten. Das Flugzeug war mit 50-kg- und 250-kg-Bomben beladen. Nach dem Start gingen wir über Sizilien auf Höhe, bis wir auf 4000 Meter waren. Unser Ziel war der Hafen La Valetta. Kompaß und Karte brauchten wir eigentlich nicht, es war wolkenloser Himmel, Malta war gut zu sehen. Zudem waren über dem Hafen ein Riesenscheinwerferturm und starke Flakabwehr zu erkennen. Unser Vormann war wohl gerade dabei, seine Bombenladung loszuwerden. Wir flogen unseren Angriff auf die Entlade- und Schuppeneinrichtungen des Hafens, machten drei Anflüge und erzielten recht gute Treffer. Die Flak-Abwehr über Malta war so wie in der Themsemündung, also für uns kein Grund zur Sorglosigkeit. Aber wir waren ja bereits allerlei gewohnt. Auf der Insel gab es noch keine Nachtjäger und auch noch keine Radarmeßgeräte; wir wurden von Scheinwerfern und Horchgeräten aufgenommen und dann ordentlich mit Flak eingedeckt. Der Rückflug nach Catania verlief problemlos.

So blieb es aber nicht. Schon beim nächsten Angriff spürten wir verstärkte Flakabwehr, die steigerte sich von Mal zu Mal. Malta war eine der stärksten Luftabwehrfestungen der Engländer. Die Nachtangriffe auf den Hafen oder auf die Flugplätze wurden immer risikoreicher, unsere Verluste immer größer.

Noch im Januar verlegten wir nach Comiso. Im März 1941 kam eine deutsche Jagdstaffel nach Sizilien. Das war der Anlaß, daß wir nunmehr auch Tagesangriffe zu fliegen hatten, denn wir hatten nun doch Jagdschutz. Wir starteten in Staffelstärke, sammelten über Palermo und formierten uns zum ersten Tagesangriff auf Malta. Die Jäger stießen kurz vor Malta zu uns. Etwas überhöht stehend, warteten sie auf die englischen Jäger. Diese kamen aber nicht von unten, sondern von oben. Sie waren entsprechend früher gestartet, standen 2000 Meter über unseren Jägern und kümmerten sich überhaupt nicht um sie. Uns, die Bomber, nahmen sie sich zum Ziel und schossen im ersten Anlauf gleich zwei von unserer Staffel ab. Zum Luftkampf mit Münchebergs Jägern kam es nicht. Darauf ließen sich die Engländer überhaupt nicht ein, sondern nachdem sie ihre beiden Abschüsse hatten, verschwanden sie. Nur mit Mühe konnten wir unseren Angriff fortsetzen, denn nun wurden wir von der Flak empfangen, und die war auch am Tage nicht ganz ohne. Trotz allem kamen wir zu einem gezielten Anflug. Als wir aus der Flak-Zone heraus waren, waren auch unsere Jäger wieder da und gaben uns Geleit bis zur sizilianischen Küste.

Wir hatten beobachtet, daß einer der abgeschossenen Kameraden noch eine ordentliche Notlandung auf Wasser vornehmen konnte. Der andere trudelte brennend ab. Sofort nach der Rückkehr wurde eine Seenotsuchaktion eingeleitet. An der Südostküste von Malta wurde das Schlauchboot gefunden. Die fünfte Staffel übernahm die Fühlungshaltung, und in gemeinsamer Zusammenarbeit mit dem Seenotdienst gelang es auch, die Besatzung zu retten.

Es muß hier gesagt werden, daß die Absturzstelle sich dicht an der Insel befand. Nach Malta bis zur Küste waren es höchstens 15 Kilometer. Der englischen Küstenabwehr ist die Rettungsaktion bestimmt nicht entgangen. Fairerweise muß gesagt werden, daß in den ersten Monaten des Jahres 1941 derartige Rettungsaktionen niemals gestört wurden. Später, und zwar ab April 1941, wurde das anders. Da haben wir erlebt, daß nicht nur Schlauchboote beschossen, sondern auch die Seenotrettungsflugzeuge durch Jagdflieger angegriffen wurden. Ein über Comiso abgeschossener englischer Flieger sagte hierzu aus, daß das niemals Engländer seien, sondern sie neuerdings in ihren Verbänden polnische Flieger hätten, die würden auf alles schießen, was nach deutschen Fliegern aussehe.

Einsatz gegen den Suez-Kanal

Hauptzweck unseres Einsatzes im Mittelmeer war, den englischen Nachschub zur Unterstützung der Wawell-Armee zu unterbinden. Das konnte nicht nur durch die Niederkämpfung von Malta geschehen, sondern mußte sich in erster Linie auch auf die Bekämpfung der Schiffsziele, die den Nachschub für Wawell heranbrachten, beziehen. Dieser Nachschub kam entweder von Gibraltar – mit Anlaufen von Malta – oder durch den Suez-Kanal nach Alexandrien. Letzterer konnte nur unterbunden werden, wenn der Suez-Kanal gesperrt wurde. Diesbezüglich wurden beim Kommandierenden General Pläne ausgearbeitet, den Suez-Kanal zu verminen oder durch versenkte Schiffe zu sperren.

Von Sizilien war Suez nicht erreichbar. Das ging nur entweder von Rhodos aus oder von Benghasi. Von dort waren es noch 1200 Kilometer bis zum Suez-Kanal. Beides waren die letzten Stützpunkte, die zum Auftanken der Flugzeuge benutzt werden konnten.

Ein solcher Angriff, vorbereitet durch den Chef des Stabes vom Fliegerkorps, Oberstleutnant i. G. Harlinghausen, wurde für Anfang Februar geplant. In dieser Zeit war ein Geleitzug, aus dem Roten Meer kommend, einlaufend in den Suez-Kanal vom B-Dienst* gemeldet worden. Zu diesem Angriff starteten wir mit 15 Flugzeugen von Comiso nach Benghasi. Bei der Landung in Benghasi rammte Oberleutnant Pfeil zwei schon abgestellte Flugzeuge, so daß es nur noch zwölf waren, die für den Einsatz in Betracht kamen.

Kurz vor dem Start wurde in der Flughafenbaracke von Benghasi eine nochmalige Einsatzbesprechung gehalten. Oberstleutnant Harlinghausen erläuterte die beabsichtigte Angriffstaktik.

Dem Angriff voraus sollten vier Besatzungen zur Aufklärung starten und den Suez-Kanal nach dem Geleitzug absuchen. Nach dessen Erfassung sei Standortmeldung zu geben, und die Bombenflugzeuge sollten konzentriert diesen Geleitzug angreifen.

Die Suche sollte von je zwei Flugzeugen von Nord nach Süd, auf jeder Seite des Kanals eine Maschine, und von den beiden anderen von Süd nach Nord erfolgen. Die restlichen acht Flugzeuge, für den Bombenangriff, starteten etwa eine Stunde später. Es war inzwischen bereits dunkel geworden.

Nachtstart auf einem unbekannten Flugplatz in der Wüste war neu für die Besatzungen. Zumindest wußten sie noch nicht, welche *Staubentwicklung* so ein Start hier zur Folge hat. Im Verlaufe des Krieges hatten die Besatzungen schon einiges erlebt, den Einsatz vom

* B-Dienst = Funkaufklärung

Nordkap bis zum Angriff auf London kennengelernt. Aber keiner von ihnen war bisher nachts über die nordafrikanische Wüste zum Roten Meer geflogen. Der *Wind und die Wetterverhältnisse* waren allen völlig unbekannt. Es gab auch keine *Navigationshilfsmittel* wie z. B. Funkpeiler zur Standortbestimmung. Nur eine sorgfältige Koppelnavigation bot einigermaßen Chancen, richtig hinzukommen.

Die erhoffte Standortmeldung der Aufklärungsflugzeuge kam nicht. Bereits eine Stunde nach dem Start war auch die Funkverbindung zur Bodenstelle abgerissen. Wir hofften, daß doch noch eine Standortmeldung der Aufklärer durchkommen würde.

In etwa 2000 Meter wurde die Küste zum Roten Meer überflogen. Weit nach Süden ausholend, wollten wir das See- und Kanalgebiet absuchen.

Flugzeit und Benzinvorrat waren so berechnet, daß für die Suche im Zielgebiet und für den Angriff etwa 45 Minuten ausreichen mußten.

Südlich von Suez, etwa 100 km vor der Kanalmündung, begannen wir im Abstand von etwa 5 km von der Küste das Seegebiet nach Norden abzusuchen. Die Sicht war mäßig, trübe, deshalb gingen wir auf 200 Meter Flughöhe herunter. Außer einigen kleinen Schiffen, besseren Booten, war nichts zu sehen.

In der Bucht von Suez, kurz vor der Kanalmündung, lagen zwei Dampfer auf Reede. Kein Geleitzug! Entsprechend der B-Meldung hätte er jetzt hier stehen müssen.

Wir folgen weiter dem Kanal entlang bis etwa in Höhe des Großen Bittersee. Kein Geleitzug, kein Dampfer!

Inzwischen war auch die vorgesehene Suchzeit zu Ende, wir mußten an den Rückflug denken.

Wir entschlossen uns, nochmal nach Suez herunterzufliegen, um eventuell die dort liegenden Dampfer anzugreifen.

Die bisherige Abwehr war recht gering. Ab und zu mal ein Feuerstoß aus einem Maschinengewehr oder einer Maschinenwaffe von der Uferböschung, aber sonst war fast nichts los.

Kurz vor Suez wurde die Flakabwehr heftiger. Anscheinend waren unsere Kameraden schon hier gewesen und hatten das Wecken veranstaltet.

Die beiden Dampfer lagen noch auf Reede. Im direkten Anflug, im Tiefflug, griffen wir mit zwei Bomben an. Die erste Bombe lag zu kurz, die andere traf das Schiff. Dichter Qualm stieg auf, ein heller Feuerschein kam hoch; aber der Dampfer schwamm weiter. Wir hatten noch Bomben und setzten zum zweiten Angriff auf den anderen Dampfer an. Diesmal ging es nicht so ohne Abwehr. Schon beim Anflug setzte gezieltes Feuer ein, er hatte uns recht gut im Visier, und die bunten Leuchtspuren tanzten so dicht um die Kanzel, daß ein ordentlicher Zielanflug nicht machbar war. Dicht neben der Bordwand setzten wir beide Bomben. Im Abflug, im weiten Bogen um die Schiffe herum, erkannten wir, daß der letzte kein normaler Dampfer, sondern ein Bewacher war. Deshalb der Feuerzauber. Sicherlich hatten wir beim Angriff auf den anderen – wahrscheinlich auch ein Bewacher – erst die Geschützbesatzungen aufgeweckt.

Wir mußten nun den Rückflug antreten. Entgegen dem erteilten Befehl, den Rückflug in einer Höhe von wenigstens 4000 Meter anzutreten, weil dort bessere Flugverhältnisse seien, blieben wir unten. Wir trauten weder der Wettermeldung, noch den angegebenen Windverhältnissen. Wir mochten nicht riskieren, über den Wolken, oder gar im Blindflug, bei Nacht eine Strecke von über 1000 km fliegen zu müssen, um dann noch ein Pünktchen in der Wüste, den Flugplatz Benghasi, zu suchen.

Zudem war unser Benzin so knapp, daß eine lange Sucherei nicht mehr möglich gewesen wäre.

Mit Sichtnavigation, soweit das in der uns unbekannten Wüste überhaupt möglich war, versuchten wir unser Glück. Etwas Erdsicht ... Wüste ... hatten wir fast immer. Wenn der Sprit nicht reichen würde, gab es zumindest keine Notlandung im Mittelmeer. Damit wohl immer noch eine Chance für uns. Nach etwa drei Stunden gingen wir auf Nordkurs. Wir wollten dichter an die Küste heran. Hier gab es wohl eine Küstenstraße, und die war sicherlich auch befahrbar, so meinten wir.

Der Treibstoff reichte nur noch für etwa 20 Minuten, als der Funker meldete, daß er mit der Bodenstelle Verbindung habe. Wir sollten Peilzeichen senden und bekamen dann einen nordwestlichen Kurs zugewiesen. Nach weiteren etwa zehn Minuten kam weit voraus ein nach oben gerichteter Scheinwerfer in Sicht. Das konnte der Platz sein. Er war es! Nach wenigen Minuten holperten wir über den Boden auf die grünen Lichter zu.

Kurze Zeit nach uns wurde eine weitere Maschine gemeldet. Auch sie hatte die untere Flughöhe gewählt.

Auf dem Gefechtsstand gab die Besatzung an, daß man Funk-Notrufe gehört, aber weder das Rufzeichen noch eine Standortangabe verstanden habe.

Wir warteten und hofften auf ein Wunder. Nach der abgelaufenen Zeit und dem Brennstoffvorrat konnte keiner mehr in der Luft sein. Mit zwölf Maschinen waren wir hier in Benghasi gestartet. Zwei waren zurückgekehrt. Ein Geleitzug war nicht gefunden worden, und die Schiffahrt im Suez-Kanal ging weiter.

Unter den Fehlenden befand sich auch der Kommandeur. Major Bertram hatte gerade erst die Gruppe übernommen. Es war sein dritter Feindflug im Löwengeschwader. Auch die Besatzung Harlinghausen fehlte.

Über den Gruppengefechtsstand in Comiso wurden die weiteren Maßnahmen mit dem Fliegerkorps abgestimmt.

Hier in Benghasi hatten wir zwei Flugzeuge einsatzbereit. Das waren die beiden der gerade zurückgekehrten Besatzungen. Aber fünf Besatzungen standen zur Verfügung. Damit konnte eine Suchaktion gestartet werden.

Mit Hellwerden wurde die Aktion eingeleitet. Die Suchkurse wurden entlang der Rückflugstrecke und entlang der Küste angesetzt. Auch über Feindgebiet wurde gesucht. Die Wüste, einige Kilometer südlich der Küstenstraße, war ja leer. Wenn dort eine Besatzung notgelandet war, bestand eine gute Chance zur Landung.

Nach etwa acht Stunden kamen die Flugzeuge zurück. Nichts! Die Flugzeuge wurden sofort wieder betankt, die nächsten Besatzungen setzten die Suche fort.

Am Abend war noch nichts gefunden worden.

Von den beschädigten Maschinen wurde eine klar gemacht. Nun hatten wir drei Flugzeuge für die Suchaktion.

Auch der zweite Tag blieb ohne Ergebnis. Wir suchten auch am nächsten Tag weiter. Die Wüste war ja so weit, und es war recht schwer, da jemanden zu finden. Wenn die Flugzeuge auch nicht für eine Notlandung in der Wüste ausgerüstet waren, so bestand doch Hoffnung, daß die Besatzungen einige Tage mit der Not-Ration überleben würden.

Am dritten Tage geschah das Wunder! Eine Besatzung kam an. Sie waren etwa 50 km zu Fuß gelaufen und dann gefunden worden. Auch die Italiener meldeten jetzt, daß sich bei ihnen eine Besatzung eingefunden hätte!

Am letzten Suchtag fand die Besatzung von Oberleutnant Kaupisch etwa 200 km südlich der Küste einen im Sande liegenden Mann. Sie hatten gesehen, wie eine Leuchtkugel aufstieg und der Mann eine Zeitung verbrannte.

Kaupisch landete und fand ... Oberstleutnant Harlinghausen! Er hatte drei Tage hier alleine in der Wüste gelegen. Trotz seines Zustandes hatte er das Befehlen nicht vergessen. Kaupisch erhielt sofort den Befehl, weiter zu suchen, solange der Treibstoff langte bzw. es Tag war.

Es bestand immerhin die Möglichkeit, daß die Besatzung, die zu Fuß losmarschiert war, um Hilfe zu holen, auch gefunden wurde. Mit Einbruch der Dunkelheit landeten sie in Benghasi.

Auf dem Flugplatz war eine Ju 52 eingetroffen, die von Oberstleutnant Harlinghausen sofort in die Suchaktion eingespannt wurde. Tatsächlich gelang es dieser Besatzung auch, die restlichen drei von der Besatzung zu finden. Bereits wenige Stunden nach dem Start marschierten sie zur Türe herein!

Von den zwölf gestarteten Besatzungen war die Hälfte wieder da. Vier davon ohne Flugzeug. Die letzte der gefundenen sechs war drei Tage durch die Wüste marschiert und dann von deutschen Soldaten gefunden worden.

Eine weitere Suche versprach keinen Erfolg. Unseres Erachtens mußten wir nun doch mit dem Verlust dieser Kameraden rechnen.

Wenige Wochen später kam über das Rote Kreuz die Nachricht, daß vier Besatzungen in Gefangenschaft geraten seien. Bei der Gefangennahme durch die Engländer seien zwei Oberfeldwebel gefallen. Sie gehörten zur Besatzung des Oberleutnant Saumweber. Ein dritter wurde später, nachdem er ein Jahr in Australien gewesen war, ausgetauscht. Es war der Oberfeldwebel Butzke. Auch die Kommandeurbesatzung gehörte zu denen, die in Gefangenschaft geraten waren.

Auszug aus dem Bericht »Die Luftkriegführung im Mittelmeer« von Generalleutnant a. D. Harlinghausen vom 25. März 1981

»Wenn wir den Nachschub durch den Suez-Kanal verhindern wollten, hätten wir dies am besten durch Versenkung einiger Schiffe im Suez-Kanal getan. Der Kanal war in seinem südlichen Teil nur einige Kilometer durch felsigen Untergrund gesprengt worden. Wenn es uns gelang, dort einige Schiffe zu versenken, so konnte nicht leicht eine Rinne zur Umgehung dieser Schiffe gebaggert werden. Die Verstopfung wäre also nachhaltiger geworden. Aber Schiffe dort zu treffen, war eben Glücksache.

Für die Angriffe auf den Suez-Kanal wollte ich die Kampfverbände von Rhodos abspringen lassen, weil dies viel näher war. Deshalb hatte ich gleich zu Anfang einen Offizier mit einem Flugzeug nach Rhodos und Benghasi geschickt, um die Versorgungsmöglichkeiten zu erkunden. Er meldete mir, daß in Benghasi Brennstoff reichlich vorhanden sei, daß ihn aber der Kommandeur der auf Rhodos liegenden italienischen Jagdgruppe dringend gebeten habe, Rhodos nicht als Absprunghafen für deutsche Kampfflugzeuge zu benutzen, da die italienische Jagdgruppe nur für einen Einsatz Brennstoff habe.

Es blieb also nichts übrig, als in Messina einen kleinen Dampfer mit etwa 600 t Brennstoff zu beladen, der sich über die Straße von Otranto längs der griechischen Küste und Inseln nach Rhodos durchschlängeln sollte. Aber diese Hoffnung schlug fehl, denn der italienische Dampfer kehrte nach etwa zehn Tagen nach Messina zurück, mit der Behauptung, daß er wegen der Gefahr durch englische U-Boote nicht hätte nach Rhodos fahren können. Ein zweiter Versuch mit einem italienischen Motorsegler im Frühjahr 1941 gelang, so daß danach die Minenstaffeln des K.G. 4 im Suez-Kanal Minen legen konnten, wodurch zwei Dampfer im Kanal versenkt wurden und die Durchfahrt sperrten.

Aber bei dem unaufhaltsamen Vormarsch der Engländer durch Libyen konnten wir so lange nicht warten. Wir wollten die Schiffe im Suez-Kanal von Tobruk aus angreifen. Aber Tobruk war schon in den Händen der Engländer. Es blieb also als Starthafen nur noch Benghasi übrig, wo die Italiener auch schon räumten. So beschloß der Kommandierende General des X. Fliegerkorps mit der II./K.G. 26 anzugreifen, sofern ein Geleitzug, aus dem Roten Meer einlaufend, in den Kanal festgestellt wurde. Ich bat meinen General, diesen Angriff selbst führen zu dürfen, da ich besondere Erfahrungen in Flügen bis zur Grenze der Reichweite unserer Flugzeuge (He 111) und im Tief-Angriff auf Seeziele hatte. Die He 111 hatte vollbeladen eine Eindringtiefe von 1000 km. Von Benghasi nach

Suez waren es 1200 km. Ich ließ die Flugzeuge mit je 2000-kg-Bomben und einem Zusatztank von 600 Litern beladen und startete mit 15 Flugzeugen nach Benghasi. Bei der Landung rammte ein landendes Flugzeug zwei schon abgestellte Flugzeuge, was zum Bruch der drei Flugzeuge führte. So hatte ich noch zwölf Maschinen, die voll betankt wurden.

Ein Geleitzug war uns durch den B-Dienst gemeldet. Ehe wir seinen Standort und seinen Einlauf in den Suez-Kanal wußten, mußte ich im Abstand von mehreren Stunden vier Flugzeuge zur Aufklärung einsetzen. Von den ersten drei Flugzeugen erhielten wir keine Meldung. Das letzte Flugzeug stellte den Geleitzug ca. 100 km südlich Suez fest, wonach er am Abend in den Kanal einlaufen mußte. Ich hatte nun nur noch acht Flugzeuge für den Angriff, die ich so einteilte, daß je vier Flugzeuge in halbstündiger Folge am späten Nachmittag startend den Kanal von Norden nach Süden und umgekehrt von Süden nach Norden im Tiefflug absuchen sollten. Wer den Geleitzug im Kanal fand, sollte mit Funk melden und angreifen. Die anderen Flugzeuge sollten dem folgen. Ich startete als letzter des Verbandes, der auf dem Ostufer des Kanals von Suez nach Port-Said fliegen sollte. Irgendwelche Funk-Navigationsmittel außerhalb des Nahbereiches von Benghasi gab es nicht. Dort hatte ich eine Ju 52 mit fliegender Funkstelle abgestellt. Mein Korps-Meteorologe hatte für den Flug während der Nacht klares Wetter und westliche Winde, am Boden max. 30 km/h, in 4000 m Höhe max. 60 km/h vorausgesagt.

Um die Bucht von Suez nach etwa vierstündigem Flug sicher zu finden, setzte ich meinen Kurs auf das Rote Meer, ca. 3 km südlich, ab. Und traf dort auch ein. Auf der Reede von Suez sah ich einige Dampfer vor Anker liegen. Das konnte aber nicht der gemeldete Geleitzug von 15 Dampfern sein, der mußte schon im Kanal fahren. Über Suez empfing mich ungezieltes Flakfeuer. Meine Vorgänger hatten dort wohl das Wecken besorgt. Ich ging zum Tiefflug in ca. 30 m Höhe längs des östlichen Kanalufers nach Norden über. Inzwischen war der Mond aufgegangen, so daß ich trotz starken Bodendunstes den Kanal gut übersehen konnte. Bei Eintritt des Kanals in den Großen Bittersee folgte ich dem Ostufer des Sees, um den nördlichen Austritt des Kanals aus dem See wiederzufinden. Von dort flog ich bis Port-Said, ohne den Geleitzug oder ein größeres Schiff gefunden zu haben. Funkmeldungen der anderen Flugzeuge über das Sichten des Geleitzuges lagen nicht vor, obwohl diese Flugzeuge doch vor mir den Kanal abgeflogen haben mußten. Bei Port-Said empfing mich wieder die aufgeweckte Flak. Ich flog nun auf dem Westufer des Kanals, von Norden nach Süden, denn in Port-Said war der Geleitzug noch nicht zu sehen. Bei Ismailia sah ich mitten auf dem Kanal eine Fähre, die ich im Tiefangriff mit einer großen Bombe versenkte. Dadurch war der Kanal aber nicht nennenswert versperrt, denn die Fähre war zu klein und zu flach. Als ich wieder an den Großen Bittersee kam, flog ich diesmal nicht am Ufer entlang, sondern mitten über den See zum Südufer. Dabei sah ich mitten im See, aber außerhalb der Fahrrinne, alle Schiffe des Geleitzuges vor Anker liegen. Ich hätte auch durch Versenkung eines Schiffes den Kanal nicht verstopfen können. Griff aber das größte Schiff im Tiefangriff mit meiner letzten schweren Bombe an. Die Bombe fiel 20 m daneben, hatte also keine vernichtende Wirkung. Ich meldete den Standort des Geleitzuges durch Funk. Die anderen Flugzeuge haben ihn aber nicht mehr angegriffen, da es für sie auch wohl zu spät war. Ich war nun fünf Stunden unterwegs, mit Rücksicht auf meinen Brennstoffvorrat wurde es Zeit zum Rückflug nach Benghasi. Bei Berechnung eines Geschwindigkeitsgewinnes von ca. 100 km/h in 4500 m Höhe flogen wir in dieser Höhe zurück.

Selbst wenn oben 30 km/h stärkerer Wind war als unten, mußten wir oben schneller fliegen als unten. Einigen Kummer machte uns der Ölverlust bei einem Motor. Bei dem Tiefflug längs des Kanals erhielten wir wiederholt MG-Feuer von der Böschung, welches wir sofort mit Gegenfeuer unserer Maschinengewehre zum Schweigen brachten. Dabei wurde aber die Ölwanne eines Motors getroffen. Wir konnten aber den Öldruck durch Zupumpen aus dem Reservetank bis zum Ende des Fluges halten.

Während des Fluges quer über Ägypten und der Cyrenaika waren nur am Nil ein paar

Lichter zu sehen, sonst war es dunkel. Ich hatte also keine Kurskontrolle. Konnte nicht prüfen, ob mich der Wind nach Süden oder Norden versetzt hatte. Um auf keinen Fall ins Mittelmeer zu fliegen, versuchte ich nach vier Stunden Flugzeit Peilungen von meiner Funkstelle in Benghasi zu erhalten. Die Peilungen sprangen aber, wohl durch atmosphärische Störungen, bis zu 60° hin und her, so daß ich den alten Kompaßkurs weiterfliegen mußte. Nach 5½ Stunden vom Bittersee meldete mein Flugzeugführer, daß wir nach eingehender Überprüfung nur noch für 5–10 Minuten Flugzeit Brennstoff hätten. Wir müßten uns also auf eine Notlandung vorbereiten. Ich wies ihn an, tiefer herunterzugehen, um feststellen zu können, ob wir uns über dem Mittelmeer oder noch über Land befänden. Wenn über Land, ob unten Berge oder Ebene waren. Aus etwa 500 m Höhe erkannte ich, daß wir über Land waren, was für uns erlösend war, da wir nun nicht zu baden brauchten. Je mehr wir uns dem Boden näherten, sahen wir, daß vor uns ebene Wüste war, was sich dann auch im Landescheinwerfer bestätigte. Wir wußten aber nicht, ob bei einer Landung größere Steine oder Gräben im Wege waren. Deshalb beschlossen wir, mit eingezogenem Fahrgestell auf dem Bauch zu landen. Das beseitigte die Gefahr des Überschlags. Das Flugzeug stand nach 50–80 Metern. Natürlich war es nun nicht mehr zu starten, denn der Rumpf war eingedrückt und die Propeller verbogen. Da es dunkel war, blieben wir bis zum Hellwerden im Flugzeug, zumal es draußen bitterkalt war. Wir stiegen dann aus und sahen, daß wir in einer weiten Ebene lagen. Auch am Horizont waren keine Berge zu sehen. Da wir vom Bittersee über 5½ Stunden geflogen waren, bei einer Geschwindigkeit von etwa 300 km/h, konnte ich mir nicht erklären, daß wir nicht das Mittelmeer an der Syrte erreicht hatten. Wir mußten also oben einen Gegenwind von wenigstens 200 km/h gehabt haben.

Ich schätzte unseren Standort etwa 50 km südöstlich Benghasi. Es war nun zu überlegen, ob wir am Flugzeug bleiben oder versuchen sollten, im Fußmarsch die Küste zu erreichen. Für erstes sprach, daß wir von den aus Benghasi startenden Suchflugzeugen leichter gefunden würden. Wenn dies aber nicht der Fall war, mußten wir nach spätestens drei Tagen ohne Wasser und Nahrungsmittel so geschwächt sein, daß wir zum Fußmarsch nicht mehr fähig waren. Ich meinte erst, daß wir Wasser genug als Kühlwasser im Motor hätten. Der Bordmechaniker belehrte mich aber, daß sein Verband im Winter in Frankreich gelegen habe und wir daher noch Frostschutzmittel im Kühlwasser hätten, welches nicht trinkbar wäre.

Der Bordmechaniker hatte sich als einziger vor dem Flug ein Stück Dauerwurst besorgt, von dem er uns abbeißen ließ. Die war aber so hart und salzig, daß wir ohne Wasser keinen Bissen herunterkriegten. Jetzt zeigte sich der Mangel einer zu schnellen Improvisation für die Hilfe in Afrika. An Schutzfilter für die Vergaser und sonstige Tropenausrüstung hatte noch niemand gedacht. Nur die Ärzte hatten mit Chinin gegen Malaria vorgesorgt.

Ich beschloß also, im Fußmarsch die Küste zu erreichen. Dazu nahmen wir Navigationskarten, Sternsignalpistole mit Munition, einen Flugzeugkompaß und zunächst ein Maschinengewehr mit Munitionskästen mit. Da aber das MG und die Munition zu schwer waren, ließen wir es nach einigen Stunden liegen. Zumal in diesem Niemandsland kaum ein Feind zu erwarten war und als Abwehr vor Raubtieren die Pistolen genügten.

Ich hatte durch die bittere Kälte am frühen Morgen mir eine schwere Erkältung mit heftigem Fieberanfall zugezogen und mußte mich trotz Stützung durch die anderen drei Besatzungsmitglieder immer häufiger niederlegen, um den Schwindel zu beheben. So konnte ich niemals den Marsch zur Küste durchstehen, hätte aber die anderen drei Besatzungsmitglieder mit ins Verderben gezogen. Ich befahl also den dreien, mich liegenzulassen, den Marsch in Richtung Nordwesten fortzusetzen. Das wollten sie zuerst nicht. Sahen aber meine Erklärung ein, daß ich nur gerettet werden könnte, wenn sie bewohnte Gegenden erreichten und mir Hilfe schickten.

Ich weiß nicht, wie ich zu dem Einfall kam, aber ich ließ mir zwei Sternsignalpatronen geben, während die drei die dazugehörige Pistole mit den anderen Patronen behielten.

Nach drei Tagen und drei Nächten war mein Fieber weitgehend abgesunken. Ich war nur sehr schlapp. Da hörte ich ganz von Ferne das Brummen von Motoren. Ich hob den Kopf und sah über dem Horizont in ca. 20 bis 30 km Entfernung als dunklen Punkt ein Flugzeug von West nach Ost ziehen. Es war aber viel zu weit, um mich durch ein Sternsignal bemerkbar zu machen. Ich legte mich wieder hin und hörte nach etwa drei Stunden wieder Motorengeräusch. Diesmal kam das Flugzeug aus dem Osten direkt auf mich zu. Da erwachten natürlich die Lebensgeister. Ich stellte eine Sternsignalpatrone auf die Mündung meiner Taschenpistole und schoß so einen grünen Stern nach oben. Das Flugzeug antwortete mit einem Stern und umkreiste mich. Ich zündete meine Navigationskarte an, damit der Flugzeugführer an dem Rauch die Windrichtung erkennen sollte. Das Flugzeug landete glatt und nahm mich auf. Es war eine Besatzung des K.G. 26 mit einer He 111, die nicht am Flug zum Suez-Kanal teilgenommen hatte und nun zur Suche nach vermißten Flugzeugen eingesetzt war. Meine erste Frage war, ob meine anderen drei Besatzungsmitglieder gefunden worden seien. Das wurde verneint. Da wir noch 1½ Stunden bis zur Dunkelheit hatten, ließ ich das Suchflugzeug mit Kurs Nordwest bzw. Südost den vermeintlichen Weg meiner Besatzung zweimal hin und zurück in etwa 100 km Länge abfliegen. Fanden sie aber nicht und landeten in Benghasi. Später berichtete meine Besatzung, daß wir einmal in 500 bis 1000 m Entfernung an ihnen vorbei geflogen seien, sie aber trotz Sternsignalen nicht gesehen hätten.

In Benghasi fand ich noch eine Ju 52 unseres Korps vor, die ich nun bei Dunkelheit in Richtung Südost bis zu 200 km Entfernung schickte, um meine Besatzung zu suchen. Der Standort unserer Notlandung in der libyschen Wüste war etwa 280 km südöstlich von Benghasi. Wir hätten also den Fußmarsch zur Küste ohne Wasser niemals durchgestanden. Da ich am ersten Tag höchstens 30 km von unserem Flugzeug in Richtung Nordwest marschiert war, konnten die drei anderen bei zunehmender Schwäche in drei Tagen höchstens 90 km geschafft haben. Mußten also zwischen 100 und 200 km südöstlich Benghasi zu suchen sein. Ich gab der Ju 52 den Auftrag, mit allen Lichtern nicht höher als 300 m zu fliegen und wiederholt mit dem Landescheinwerfer zu leuchten. Dabei sollte die Besatzung besonders auf Sternsignale vom Boden aus achten. Wenn sie die Besatzung gefunden hätte, sollte sie Funkmeldung geben, die wir von Benghasi aus eventuell anpeilen konnten. Außerdem sollte sie einen Meldebeutel abwerfen, der die Weisung enthielt: ›Liegenbleiben, wir holen euch morgen früh.‹ Auf keinen Fall sollte die Ju 52 in der dunklen Wüste landen, um die drei aufzunehmen, denn die Gefahr sei zu groß, daß sie bei unebenem Boden zu Bruch geht.

Ich bekam ein wohltuendes Bad und anschließend vorzüglichen Gazellenbraten zu essen. Danach wartete ich auf einen Funkspruch der Suchmaschine, aber der kam und kam nicht. Als nach 4½ Stunden der Brennstoff der Ju 52 zu Ende sein mußte, wurde ich unruhig und wollte hinausgehen. In dem Augenblick kamen meine drei Leute gesund und munter zur Tür herein. Sie waren nur müde und hungrig. Das Flugzeug hatte Sternsignale gesehen, die drei hatten genau wie ich ihre Navigationskarten in Brand gesteckt, worauf das Suchflugzeug – ohne Funkmeldung abzugeben – landete und die drei aufnahm. Auch auf dem Rückflug nach Benghasi meldete das Flugzeug sich nicht. Ich war zuerst sehr böse und bestrafte den Flugzeugführer wegen seines Leichtsinns, aber die Freude über das Wiederfinden der Besatzung löschte allen Zorn.

Das Unternehmen endete also mit einem Fehlschlag, weil kein Schiff am Suez-Kanal versenkt werden konnte. Wir verloren dagegen vier Flugzeuge, die wegen des starken Gegenwindes im englischen Bereich notlanden mußten. Die Besatzungen kamen teils verletzt in Gefangenschaft. Zwei weitere Flugzeuge, darunter mein eigenes, mußten in unserem Bereich oder Niemandsland notlanden und gingen zu Bruch. Die Besatzungen wurden geborgen, nur zwei Flugzeuge erreichten Benghasi. Wir flogen am nächsten Tag nach Sizilien zurück. Aber der Angriff mußte gewagt werden, denn es war die letzte Chance, von der Cyranaika aus den Suez-Kanal zu erreichen.

Unseren Meteorologen traf für die unzutreffende Wetterberatung keine Schuld. Damals waren die Wettervorgänge in großen Höhen noch nicht erforscht. Heute kennen wir die sogenannten weißen Fronten in Höhen von acht- bis zehntausend Meter, die ohne Wolken Windgeschwindigkeiten bis zu 700 km/h aufweisen, wenn Gebiete sehr hohen Luftdrucks nahe solchen mit sehr tiefem Luftdruck liegen. Eine solche ›weiße Front‹, die mit etwa 200 km/h Windgeschwindigkeit zwischen Benghasi und Suez lag, muß unseren Rückflug behindert haben.«

Nach Rückkehr der Reste aus Benghasi, drei Besatzungen flogen in den beiden He 111, die anderen mit einer Ju 52, wurde die Gruppe mit jungen Besatzungen von der IV. Gruppe aufgefüllt.

Die konzentrierten Angriffe auf Malta wurden fortgesetzt. Nacht für Nacht waren wir drüben, oft zwei- bis dreimal in einer Nacht. Immer waren es die Flugplätze und die Hafenanlagen von La Valetta, die angegriffen wurden. Im Februar begannen auch Tagesangriffe mit Jagdschutz auf der Insel.

Aber auch die Cyrenaika wurde nicht vergessen. Rommel war noch nicht da, und das Afrikakorps gab es nur in den Anfängen. Der Vormarsch der Engländer und der Australier ging weiter. Die Italiener kämpften hier einen verzweifelten Kampf. Die Gegner waren ihnen total überlegen; nicht nur in der Ausrüstung.

Von Sizilien aus flogen wir immer wieder rüber. Eine Staffel war dort meistens im Einsatz. Fast immer flogen wir von Benghasi oder von Derna aus. Die Plätze waren zu der Zeit noch anfliegbar.

Im Februar war wieder einmal Suez an der Reihe. Am Ausgang des Suez-Kanals zum Roten Meer war ein Geleitzug gemeldet worden. Für die kommende Nacht erwartete man sein Einlaufen in den Kanal.

Die Vierte (Staffel) sollte den Einsatz fliegen. Angriff mit schweren Bomben gegen die Schiffe im Kanal, lautete der Auftrag vom Korps. Voll beladen und betankt starteten sie nach Derna. Die Gruppe hatte dort vorsorglich einen vorgeschobenen Gefechtsstand mit dem Ia, Oberleutnant Baum, besetzt. Aus den Erfahrungen des letzten Suez-Einsatzes hatte man gelernt. Auch der Stabsarzt, Dr. Krauß, ging mit nach Derna. Er sollte im Bedarfsfalle notwendige ärztliche Hilfe leisten.

Oberleutnant Baum war schon zwei Stunden vorher gestartet. Er kannte Derna aus seiner Erkundungszeit vom Herbst 1940 und sollte nun die Organisation hier leiten.

Gegen 1600 Uhr traf die 4. Staffel hier ein. Nochmal bis zum Stehkragen vollgetankt und nochmal eine eingehende Wetterberatung eingeholt, kamen sie gegen 1900 Uhr zum Einsatz. Auch eine neue Aufklärungsmeldung lag vor und besagte, daß die Dampfer sich auf der Reede von Suez zum Einlaufen vorbereiten.

Flugzeit bis Suez etwa vier Stunden. Quer durch die Wüste, an Kairo vorbei, führte der Kurs bis zu einem Punkt etwa in der Mitte des Kanals zwischen Port-Said und Suez. Von dort sollte nach Süden geflogen werden.

Nachdem alle Flugzeuge weg waren, stellte Baum fest, daß sein Stabsarzt fehlte. Er hatte vom Kommandeur ausdrücklich Startverbot erhalten. Sein Tatendrang war bekannt. Er sollte für ärztliche Hilfe verfügbar sein und nicht etwa als »Gast« mitfliegen. Trotzdem flog er mit, in der Besatzung Oberleutnant Kaufmann saß er! Henner Kaufmann wußte davon, er konnte ja nie »nein« sagen.

Der Angriff lief gut. Besser als der im Januar. Der Geleitzug befand sich nur zum Teil im Kanal. Aber einige Schiffe erwischte es. Zumindest eine Versenkung und zwei Beschädigungen wurden gemeldet.

Aber auch Abwehr war da. Mehr als früher! Am meisten bekam Kaufmann davon ab. Seine Maschine wurde schwer beschädigt und auch der Stabsarzt. Er wurde schwer verwundet. Mit Hilfe der Besatzung mußte er sich jetzt selbst versorgen.

Den Rückflug schafften alle, auch Kaufmann mit seinem Doktor. In Derna war in der Nacht ein schwerer Bombenangriff der Engländer niedergegangen. Sie wußten von dem Einsatz. Zum Glück waren keine Verluste eingetreten, und der Platz war weiter anfliegbar. Der Doktor wurde sofort in ein Feldlazarett eingeliefert und mußte einige Tage dort bleiben.

Morgens um 0700 Uhr waren alle zurück. Noch ein kurzes Frühstück und die Flugzeuge auftanken, dann heim nach Comiso.

Um abzukürzen, sollte direkter Kurs geflogen werden. Möglichst alle im Verband, zumindest in Sichtweite.

Zwei Besatzungen, Oberleutnant Baum und Oberleutnant Kaupisch, wollten eine Ausnahme machen. Sie filmten gerne und oft. Die Chance, die Cyrenaika in der Frühe mit ordentlichem Sonnenlicht zu filmen, bietet sich nicht alle Tage; deshalb nahmen beide Kurs auf Tripolis und machten ihre Aufnahmen. In Comiso angekommen, fanden sie den Abstellplatz leer. Obwohl die anderen früher abgeflogen waren und den direkten Weg hatten, waren sie noch nicht da. Die Techniker wußten von nichts.

Bei der Rückmeldung auf dem Gefechtsstand hörten sie es. Alle vier haben Notrufe gesendet. Jäger!

Beim Flug über das Mittelmeer sind sie versehentlich, wohl auch wegen des langen vorherigen Fluges übermüdet und eingedöst, über einen englischen Flottenverband mit Flugzeugträger geraten. Die Jäger haben sie schon erwartet.

Alle vier Besatzungen wurden abgeschossen. Zwei Besatzungen, die von Oberleutnant Kaufmann und Oberleutnant Voigt, schafften es noch, ins Schlauchboot zu kommen. Die anderen beiden stürzten brennend ins Meer. Von der Besatzung Voigt war der Funker schwer verletzt. Er verstarb während der folgenden mehrtägigen Schlauchbootfahrt.

Der Notruf der Besatzungen war aufgenommen worden. Auch der Standort war angegeben. Zumindest konnte man rückkoppeln.

Nach langem Hin und Her, der Kommandeur drohte mit Rücktritt, wurde seitens des Korps eine Suchaktion genehmigt. Man brauchte die wenigen Besatzungen wegen eines anlaufenden Geleitzuges ... so sagte man uns.

Die Aktion in der Wüste, damals vor vier Wochen, gab dann den Ausschlag. Zwei Maschinen wurden zur Streife freigegeben. Es waren die gerade zurückgekehrten Besatzungen Baum und Kaupisch. Später zwei andere. Am nächsten Tage fand man eine Besatzung. Die Italiener wurden um Gestellung eines Schnellbootes gebeten, erhielten von der Flottenleitung aber keine Genehmigung dazu. Schließlich trieb unser Ia ein deutsches Flugboot auf. Wieder einen Tag später, mittlerweile waren es drei Tage, wurde die Besatzung gerettet.

Die unterschiedlichen Sichtmeldungen der Besatzungen, eine sprach von drei Mann im Schlauchboot, die andere von vier, veranlaßten zur Weitersuche. Genehmigung gab es nicht; aber der Korps-Ia war auch nicht dagegen. Und richtig: Am nächsten Tage wurde die Besatzung Voigt gefunden.

Die Aussagen der Geretteten über die »brennenden Abstürze« der anderen Besatzungen waren so eindeutig, daß weitere Suchaktionen nicht geflogen wurden.

Das vorstehend genannte Flugboot der deutschen Seeflieger holte auch die andere Besatzung heraus.

Beide Besatzungen kamen in das deutsche Lazarett Ragusa auf Sizilien. Hier lag inzwischen auch unser Stabsarzt Dr. Krauß. Nach langer Genesungszeit kamen die Besatzungen im Spätsommer wieder zur Gruppe.

Eine Bemerkung des Autors aus dem Jahre 1990 zum Thema »Einsatz zur Sperrung des Suez-Kanals«

Es gibt im Kriege keine sicheren Voraussagen über Erfolg oder Mißerfolg einer geplanten Unternehmung. Jeder entscheidungsbefugte, verantwortungsbewußte Führer wird *Auftrag* (Zielsetzung) auf die eine Seite der Waage, auf die andere Seite seine *Mittel und Möglichkeiten* legen.

Auch wenn bei dieser Abwägung die Risikofaktoren die Erfolgsaussichten übersteigen, so *kann* die Bedeutung eines Erfolgs die Durchführung des Auftrages dennoch erzwingen.

Die Sperrung des Suez-Kanals für längere Zeit wäre zweifelsohne von strategischer Bedeutung gewesen, hätte mit großer Wahrscheinlichkeit die Entscheidung im Mittelmeerraum für die Achsenmächte herbeiführen können.

Keiner konnte das besser beurteilen als der fronterfahrene Flieger, der Truppenoffizier und Verbandsführer, der Generalstabsoffizier, der damalige Oberstleutnant i. G. Harlinghausen:

Seiner ganzen Persönlichkeitsstruktur nach entschied er im strategischen Sinne für das Risiko. Aber:

Er führte diese Unternehmung persönlich (was er als Chef des Stabes des Korps nicht gemußt hätte). *Er teilte mit seinen Männern das Risiko, in das er sie hineinschickte.*

Temperament und gelegentlich schnelles, scharfes Wort konnten sein warmes Herz, seine unermüdliche Fürsorge *(das ist wesentlicher Teil der Kameradschaft des Führers!)* für die ihm anvertrauten Soldaten nicht überdecken.

Gerade sein persönlicher Einsatz nach dem fehlgeschlagenen Unternehmen zeigte den ganzen Mann Martin Harlinghausen:

»Der brave Mann denkt an sich selbst zuletzt!«

Das Verhalten des Stabsarztes – und das muß hier ausgesprochen werden – war unverantwortlich gewesen. Der Krieg ist kein »Abenteuer«. Der Arzt hat gegen seinen Auftrag als Arzt und gegen einen militärischen Befehl verstoßen.

Malta

Die Insel hatte eine entscheidende Bedeutung für die Kriegführung im Mittelmeer.

Der Hafen von La Valetta war gut ausgebaut mit Aufnahmekapazitäten für Kriegs- und Handelsschiffe. Auf der Insel befanden sich drei Flugplätze, die sehr stark mit Jägern belegt waren.

Pausenlos flogen die Verbände Angriffe gegen den Hafen und die Flugplätze.

Im Januar und Februar 1941 waren es Nachtangriffe. Vielfach starteten die Besatzungen bis zu dreimal pro Nacht. Es war beinahe so wie vor Monaten über London. Trotz dieser massiven Angriffe wurde die Abwehr nicht schwächer.

Seit März befand sich die Jagdstaffel des Hauptmanns Müncheberg auf Sizilien. Jetzt, wo Jagdschutz verfügbar war, wurden auch Tagesangriffe geflogen.

Mit den Jägern trafen sich die Bomberstaffeln kurz vor Malta. Die Jäger gingen dann etwas höher und überwachten von oben die Bombenflieger.

Das ging nicht immer gut. Die Gruppe verlor bei einem Tagesangriff fast immer Besatzungen.

Wir konnten nicht sagen, daß der Jagdschutz sehr wirkungsvoll für die Bomber war.

Die englischen Jäger hatten sich bald auf die Angriffstaktik unserer Jäger eingestellt und griffen die Bomber von unten kommend an. Ehe unsere Jäger heran waren, hatten sie vielfach ihren Abschuß erzielt.

Die Bombenangriffe gegen Malta wechselten sich mit den Angriffen gegen Malta-Geleitzüge ab. In letzter Zeit wurde die Versorgung der Insel knapper. Es war aber trotzdem mit der Flakabwehr über Malta nicht weniger geworden.

Für eine Invasion reichte es wohl noch nicht (wir wissen heute, daß es über diese Frage sowohl innerhalb der Achsen-Oberkommandos als auch zwischen den Achsenpartnern sehr verschiedene Auffassungen gegeben hat), und bald kamen auch andere Aufgaben in Griechenland für die II. Gruppe.

General Rommel kommt nach Afrika

Anfang Februar erhielt die Gruppe den Auftrag, einen General nach Afrika zu fliegen. Eine Besatzung sollte sich am nächsten Tage in Catania bei der Flugleitung melden. Ernst Roll, Oberfeldwebel und Flugzeugführer der 6. Staffel, wurde hierfür abgestellt.

Er berichtet hierüber:

»In Catania gingen wir zur Flugleitung. Dort befand sich ein General vom Heer. Ich meldete meine Besatzung. ›Rommel‹ nannte er seinen Namen und gab uns die Hand.

Er war allein dort, hatte nur einen kleinen Koffer bei sich. Er sagte uns, daß wir ihn nach Tripolis fliegen sollten, und fragte, ob wir das kennen würden. Als ich verneinte, meinte er: ›Wir werden es schon finden, ich kenne es auch nicht!‹

Nach der Abfertigung gingen wir gemeinsam zum Flugzeug. Als ich ihm seinen Koffer abnehmen wollte, winkte er ab. ›Lassen Sie nur, ich trage den sonst auch immer selber!‹ Wir machten uns startklar. Der Beobachter bot dem General seinen Sitzplatz an, damit er besser sehen und sich auch anschnallen könne. ›Aber das ist doch Ihr Platz‹, meinte der General und setzte sich auf die Schwelle zwischen Kanzel und Bombenschächten.

Im Tiefflug zogen wir an Malta vorbei. Ob wir schon mal dort gewesen seien und es angegriffen hätten, wollte er wissen. Ich nannte die ungefähre Anzahl der Einsätze, die wir auf Malta inzwischen geflogen hatten, und erwähnte auch die starke Belegung der Flugplätze mit Jägern.

›Dann bleiben Sie mal schön tief und schleichen sich vorbei, damit die uns nicht erwischen‹, meinte er dazu.

Nach etwa zwei Stunden Flugzeit landeten wir in Tripolis. Ein Kübelwagen mit Fahrer und zwei Offizieren kam auf uns zu, um den General abzuholen.

Ehe er abfuhr, wollte er noch einiges über die Malta-Einsätze hören. Etwa 15 Minuten lang ließ er sich davon erzählen und wollte auch wissen, ob wir schon einmal Angriffe auf Schiffe geflogen haben.

Mit ›Danke schön und Auf Wiedersehen, vielleicht hier in Afrika‹ fuhr er davon.

Wir wußten nicht, daß wir den Kommandierenden General des Afrikakorps, den späteren Feldmarschall hierher geflogen hatten, sondern meinten, das ist eben so ein General, der sich mal umschauen will. Lange bleibt der sicherlich nicht hier, mit diesem kleinen Koffer, den er bei sich hat.

Erst später, als sein Name mit den Erfolgen des Afrikakorps genannt wurde, war uns bewußt, daß wir den ›Wüstenfuchs‹ nach Afrika gebracht hatten.«

Ernst Roll flog viele Einsätze, auch in Afrika. Den General hat er aber nicht wieder gesehen.

Ernst Roll fiel drei Jahre später bei einem Lufttorpedo-Einsatz gegen Schiffe im Mittelmeer.

Agenten nach Ägypten*

Agententransport – Nachtlandung in der Wüste

Wir hatten einen neuen Kommandeur. Der Staffelkapitän der 6. Staffel, Hauptmann Kowalewski, übernahm die Führung der Gruppe. An seine Stelle, als Kapitän der 6., trat Friedrich Müller. Die Truppe hatte inzwischen von Catania nach Comiso verlegt. Die Besatzungen wohnten im Ort in einer Schule. Die Offiziere waren staffelweise in einzelnen Privathäusern untergebracht. Das technische Personal wohnte am Flugplatz. Dort hatten wir auch unsere Bereitschaftsbaracke. Innerhalb der Kommandantur war der Gefechtsstand eingerichtet.

Es war Mitte Februar, als ich eines Nachmittags mit meiner Besatzung zum Gefechtsstand gerufen wurde. Unsere Besatzung war für einen Sondereinsatz vorgesehen worden. Ein Agententransport nach Ägypten war zu fliegen! Der Ia informierte uns grob über das Vorhaben, und anschließend stellte er uns einen Herrn aus Berlin vor, der sehr gut in das Projekt eingearbeitet und anscheinend der Agentenführer war.

Wir sollten drei Männer nach Ägypten fliegen und dort landen.

Anhand von Kartenmaterial und Luftaufnahmen wurden genaue Orientierungspunkte besprochen, die Ablaufroute festgestellt. Zunächst sollten wir nach Benghasi fliegen, dort auftanken und dann so weiterfliegen, daß wir gegen Mitternacht in der Wüste landen konnten. Die Agenten selbst lernten wir noch nicht kennen.

Nachdem alles bis ins letzte Detail durchgesprochen war, trafen wir unsere Flugvorbereitungen. Wir bekamen noch eine eingehende Wetterberatung – soweit das für so eine Entfernung überhaupt möglich ist – und machten uns daran, alles bis zur letzten Einzelheit zu durchdenken und durchzurechnen.

Unsere Maschine war inzwischen startklar gemacht worden. Für 1700 Uhr war der Start geplant. Die Zeiten waren so angesetzt, daß wir gar keine Gelegenheit mehr hatten, mit unseren Kameraden an der Staffelbaracke zusammenzukommen. Wir fuhren zu unserer Maschine. Der uns vorher vorgestellte Herr aus Berlin brachte in einem anderen Wagen zwei Zivilisten an. Sie hatten nur kleineres Gepäck bei sich, das sie in einer Art Rucksack bei sich führten. Es ging alles sehr schnell. Die drei Herren bekamen innerhalb der Maschine ihren Platz zugewiesen, und wir rollten zum Start.

Der Flug nach Benghasi dauerte etwa drei Stunden. Gegen 2000 Uhr landeten wir dort. Direkt vor der Flugleitung stand schon ein Tankwagen, der sofort nach Abstellen der Motoren zu uns herankam und die Betankung vornahm. Wir selbst stiegen überhaupt nicht aus, das war uns zu Hause auf dem Gefechtsstand auch strengstens untersagt worden. Nur der Bordmechaniker kümmerte sich darum, daß die Betankung ordnungsgemäß erfolgte. Nach etwa 20 Minuten rollten wir wieder zum Start und begaben uns auf unseren geheimnisvollen und ungewissen Flug. Das Wetter war klar, wir hatten Sternenhimmel und eine recht gute Bodensicht. Dazu war auch noch Vollmond. Zunächst flogen wir an der Küste entlang, um genau die Windverhältnisse zu kontrollieren. Bei El-Alamein bogen wir nach Südosten ab, bis wir das Nil-Delta sichteten. Die in der Karte und durch Luftaufnahmen gezeigten Ablaufpunkte waren eindeutig und gut erkennbar.

Bald kam links voraus Kairo in Sicht. Im Mondschein war es gut erkennbar. Unterhalb von Kairo sahen wir auch recht bald das uns genannte Gefangenenlager. Es war ein Riesenkomplex, der taghell durch Scheinwerfer beleuchtet wurde. Als wir den Komplex querab hatten, gingen wir auf Westkurs, auf unseren Ablaufkurs. Die Ablaufzeit war genau

* S. hierzu auch: Günter W. Gellermann »Moskau ruft Heeresgruppe Mitte«, S. 75 ff., Koblenz 1988.

berechnet, es mögen etwa 5–10 Minuten gewesen sein. Jetzt mußten wir Höhe aufgeben und genauere Bodenorientierung aufnehmen. Die Zeit war um. Wir hatten noch 100 Meter Höhe. Eine Taschenlampe oder Markierungslichter hatten wir noch nicht bemerkt. Wir flogen jetzt eine große Linkskurve, und da blitzte es vor uns auf. Der Lichtstrahl gab uns die Landerichtung an, und wir hofften, daß auch die Windrichtung beachtet worden war. Nun, es mußte schnell gehen. Aber trotzdem, sicherheitshalber wurde eine Linkskurve geflogen. Heinz Brückner, der Funker, beobachtete das Taschenlampenlicht, behielt es scharf im Auge, so daß wir einen Anflug hierauf vornehmen konnten. Anscheinend war unten alles in Ordnung. Wir setzten zur Landung an und hatten natürlich mächtig damit zu tun, die Bodenverhältnisse, soweit überhaupt möglich, von oben aus zu beobachten. Es ist schon ein merkwürdige Gefühl, wenn man dann nachts in völlig fremdem Gelände landen muß und nicht weiß, was unten eigentlich los ist. Es konnte ja ebensogut sein, daß die Sache verraten war und wir »erwartet« wurden.

Etwa in Höhe der genannten Taschenlampen setzten wir auf. Es holperte mächtig. Aber bald kam das Flugzeug zum Stehen. Ich machte jetzt erst gar nicht den Versuch, auf die Taschenlampe zurückzurollen, hatte auch gar keine Gelegenheit dazu, denn die drei Passagiere hatten allerhöchste Eile, aus der Maschine herauszukommen.

Wie sie dort unten weiterkamen, erfuhren wir zu der Zeit nicht. Wir sahen sie noch, wie sie von der Maschine wegliefen, sich umdrehten und uns nochmals zuwinkten – und wir machten, daß wir wieder fortkamen. Obwohl wir nicht mehr als vielleicht 300–400 Meter einigermaßen Sicht hatten und soweit auch das Feld vor uns überschauen konnten, riskierten wir den Start und waren glücklich, als wir nach etwa 600 Metern wieder flogen. Uns war vor dem Einsatz eingeschärft worden, nur ja keine Aufmerksamkeiten zu erregen, sondern wir sollten uns im Tiefstflug wieder davonschleichen. Das Beste war wohl, jetzt auf Nordwest-Kurs zu gehen, so daß wir wieder die Küste bekamen, um unsere genaue Orientierung zu finden und von dort aus nach Benghasi zurückzufliegen. An sich waren wir heilfroh, daß das Unternehmen so glimpflich abgelaufen war, und das machte sich dann auch in der Maschine in einer gewissen befreiten Stimmung bemerkbar. Brückner holte, wahrscheinlich aus dem Kairoer Sender, Nachtmusik. Der Bordmechaniker verteilte die Bordration. Wir waren glücklich und froh, auf Heimatkurs zu sein. Jetzt mußten wir erst nach Benghasi zurück. An sich war vorgesehen, daß wir dort über Nacht bleiben und am nächsten Morgen nach Comiso zurückfliegen sollten. Es war wohl gegen 0300 Uhr, als wir in Benghasi landeten und unsere Maschine abstellten. Wir vier waren jetzt am Beratschlagen: tanken wir auf und fliegen wir gleich weiter oder wollen wir hier bleiben und fliegen morgen früh? Da alles bisher so gut gelaufen war, entschieden wir uns für den direkten Rückflug. In den frühen Morgenstunden waren wir wieder in Comiso.

Das Unternehmen blieb innerhalb der Gruppe ziemlich geheim. Unser Flug war als Aufklärungsflug deklariert, und so sollte es innerhalb des Verbandes, zumindest zu der Zeit, auch bleiben. Erst zu einem späteren Zeitpunkt, wir lagen damals schon in Griechenland, erfuhr ich von einer Besatzung aus der 4. Staffel, daß sie ein ebensolches Unternehmen etwa vier Wochen nach unserer Zeit durchgeführt hatten, aber in umgekehrter Richtung. Sie haben nicht die Leute hingebracht, sondern abgeholt. Möglicherweise waren es unsere Kandidaten. Bei unseren Passagieren handelte es sich um einen ungarischen Rittmeister, der vor dem Kriege viele Jahre in Ägypten gelebt und dort Vermessungen vorgenommen hat, und bei den anderen beiden Passagieren um zwei Juden, Vater und Sohn, die auch beste Ortskenntnisse besaßen. Welche Aufgaben sie dort ausgeführt haben, und wie sie diese Aufgaben gelöst haben, ist uns nicht bekannt geworden.

Die ersten Einsätze mit Lufttorpedos

Gemäß einem »Führerentscheid« vom November 1940 durften nur die Seefliegerverbände mit Lufttorpedos ausgerüstet werden.

Wer dazu den Befehl erteilte, daß auch einige Kampfflieger-Besatzungen Angriffs-Versuche mit Torpedos machten, ist mir nicht bekannt. Jedenfalls wurden im November 1940 drei Besatzungen der 1. Staffel Kampfgruppe 126 in Nantes für Angriffe mit Lufttorpedos eingesetzt.

Es waren die Besatzungen von Josef Saumweber, Helmut Lorenz und Friedrich Müller. Alles Seeoffiziere und ehemalige Seeflieger. Helmut Lorenz brachte im Dezember die erste Erfolgsmeldung. Er hatte im englischen Kanal einen 5000-Tonner versenkt.

Im Januar 1941 wurden diese drei Besatzungen zur 6. Staffel versetzt; sie bildeten mit den Besatzungen von Georg Linge und Rudi Schmidt (der Autor) die ersten Torpedoflieger-Besatzungen des Kampfgeschwaders 26.

Im Januar 1941 wurde der II. Gruppe ein Zug Torpedomechaniker zugewiesen. Sie errichteten in Comiso eine Torpedobetriebsstätte und verfügten über ganze sechs Torpedos.

Torpedobesatzungen wurden – bei den erfolgreichen Bombenfliegern des K.G. 26 – mit recht viel Skepsis betrachtet. Warum den Sprengkörper erst ins Wasser werfen, wenn ich mit einer Bombe direkt treffen kann, das war die überlieferte Meinung dieser Flieger.

Beim X. Fliegerkorps war Oberstleutnant i. G. Harlinghausen Chef des Stabes. Er wollte den Lufttorpedoeinsatz. Nun hatte er endlich ein paar Besatzungen zur Verfügung, und die sollten nunmehr auch eingesetzt werden. Leider wurde damals noch nicht allzuviel daraus. Es lag nicht an fehlenden Gelegenheiten, im Mittelmeer gab es mehr als genug englische Kriegs- und Handelsschiffe dafür, es lag daran, daß es im Mittelmeer nur ganz wenige Torpedos gab. Zu dieser Zeit eben nur sechs Stück!

Anfang Februar 1941 wurden die ersten drei Besatzungen mit Lufttorpedos eingesetzt. Sie flogen bewaffete Aufklärung im westlichen Mittelmeer. Von den vorstehend genannten fünf Besatzungen gab es nur noch vier. Die Besatzung Saumweber war beim ersten Suez-Einsatz in Gefangenschaft geraten.

Wir konnten aber nur drei Besatzungen einsetzen, weil nur sechs Torpedos, je Flugzeug zwei, vorhanden waren. Erfolge gab es bis dato noch nicht.

Anfang März wurde die Besatzung Schmidt zu einer Torpedostreife im östlichen Mittelmeer eingesetzt:

Aufklärung vor Kreta mit Zwischenlandung auf der Insel Rhodos und, falls noch kein Ziel gefunden war, Fortsetzung des Auftrages bis nach der Insel Cypern lautete der Befehl.

Auf Rhodos lag inzwischen eine Staffel des K.G. 4, die zur Verminung des Suezkanals eingesetzt wurde.

Es gab dort auf der Insel recht wenig Sprit. Von einer technischen oder gar torpedomäßigen Versorgung konnte keine Rede sein. Die Besatzung war darauf vorbereitet.

In den frühen Morgenstunden starteten wir in Comisso und suchten das Seegebiet zwischen Sizilien und Kreta nach Schiffen ab. Wir umflogen Kreta zunächst nördlich, dann nochmal südlich und gingen dann auf Suchkurs nach der afrikanischen Küste. Nach etwa sechs Stunden Flugzeit drehten wir bei und nahmen Kurs auf Rhodos. Lohnende Ziele waren bis jetzt noch nicht gefunden worden.

Auf Rhodos gab es zwei Flugplätze. Beide waren für den Einsatz von Kampfflugzeugen nur bedingt geeignet. Der eine war zu klein, hier konnte nur mit geringer Beladung gestartet werden, der andere war nur bei Ostwind verwendbar. Bei Westwind mußte gegen einen Berg zu gestartet werden. Das war nur am Tage möglich und auch dann noch recht problematisch.

Der gesuchte Landeplatz war aus der Luft fast nicht erkennbar. Nichts deutete auf einen Flugplatz hin. Noch nicht einmal ein Windsack hing an der Stange, um die Windrichtung anzuzeigen. Schließlich erkannten wir einige Flugzeuge He 111, die unter Olivenbäumen abgestellt waren. Wir waren also richtig! Wir landeten, auch ohne »Windsack«.

Auf dem Platz blieb alles ruhig. Von den Fliegern der He 111 war nichts zu sehen. Schließlich bemerkten wir am Platzrande einige Italiener, die uns einwinkten. Eine Flugleitung gab es hier nicht. Die Italiener erzählten uns, die He 111-Flieger seien erst am Abend da. Scheinbar wohnten sie in einem Ort oder in der Stadt Rhodos.

Wir kümmerten uns um unser Flugzeug, beschafften uns den Tankwagen und machten die Maschine wieder einsatzbereit. Am nächsten Tage wollten wir den Auftrag fortsetzen.

Schließlich trieben wir den italienischen »Commandante« auf, der uns dann einen kleinen »Topolino« zur Verfügung stellte. Eine Unterkunft auf dem Flugplatz gäbe es nicht, meinte der Herr, wir sollten nach Rhodos-Stadt fahren, dort seien sicherlich Hotelunterkünfte zu haben.

Auf dem Wege zur Straße kam uns ein anderer Wagen entgegen. Es war die Besatzung der He 111, die zum Mineneinsatz starten wollte. Noch hatten sie etwas Zeit für uns und erzählten so einiges, was wir für unseren Aufenthalt wissen sollten. Die vom K.G. 4 lagen zu der Zeit nur mit vier Besatzungen hier. Für mehr reichten die Benzin- und Minenvorräte noch nicht aus. Von Italien kam recht wenig herüber. Der Platz war so gut wie nicht bevorratet. Es fehlte nicht nur an Betriebsstoff, sondern auch an Lebensmitteln. Sie rieten dazu, wenn wir wieder kommen würden, sollten wir doch etwas Dauerkonserven für die italienischen Soldaten mitbringen. Sie täten dann alles für uns, auch die Bewachung und Betankung des Flugzeuges.

Schließlich nannten sie uns noch eine brauchbare Hoteladresse und meinten, daß wir dort wohl unterkommen würden. Für den heutigen Start erwarteten sie noch die anderen Besatzungen und bedauerten, daß sie uns auf Rhodos nicht Gesellschaft leisten könnten. Mit unserem Topolino fuhren wir nun nach Rhodos, um das Hotel aufzusuchen. Dann machten wir uns auf den Weg in die Stadt hinein und bekamen recht schnell in einer Taverne Kontakt zu einigen Insulanern. Wir wurden herumgereicht und gefeiert, und zu vorgerückter Stunde landeten wir in einer echten türkischen Hochzeitsgesellschaft. Es wurden unendlich viele Reden gehalten und uns immer wieder zugetrunken. Vom Hochzeitspaar sahen wir nur den Bräutigam. Die Braut haben wir nie zu Gesicht bekommen. In den frühen Morgenstunden wurden wir in ein türkisches Bad (Hamam) geführt, mit vielen Badekammern, heißem Wasser, Dampfbädern und noch so allerlei Schwitzkuren in einer Intensität, die recht bald den bei der Hochzeitsgesellschaft getrunkenen schweren Wein verflüchtigen ließ. Jedenfalls bekamen wir bei grauendem Morgen, zwar leicht verkatert, aber mit klarem Kopf, aus dem Bad wieder heraus und zuckelten mit unserem Fiat zum Hotel zurück. Nun, an dem Tag war nicht mehr allzuviel los. Zudem hatten wir heftigen Westwind, der uns auch nicht geraten schien, den Start gegen den Berg zu riskieren. Wir meldeten uns per Funk bei unserer Gruppe und setzten den Start für den nächsten Morgen fest.

Gegen 0700 Uhr war es soweit. Wir waren ausgeschlafen, frisch und machten unseren Einsatzplan. Wir nahmen uns vor, die Schiffsroute zwischen Cypern und Alexandria abzusuchen. Deshalb setzten wir unsere Aufklärungsstreife in südöstlicher Richtung an.

Nach etwa zwei Stunden entdeckten wir Steuerbord voraus Rauchfahnen. Beim Näherkommen entpuppte es sich als ein Frachter von etwa 8000 Tonnen. Er lief mit Südwestkurs Richtung Alexandria. Die Sicht war gut, Seegang etwa 2–3; aufgrund der guten Sicht konnten wir direkt zum Angriff ansetzen. Wir versuchten ihn, mit etwa vorderlicher Lage 70–80°, zu bekommen, blieben im Anflug im Tiefstflug, damit wir möglichst nicht gleich bemerkt werden sollten. Das Schiff behielt Kurs und Fahrt bei. Anscheinend waren wir auch noch nicht bemerkt worden. Wir hatten zwei Torpedos geladen. Der Angriff verlief fast schulmäßig. Keine Abwehrbewegung des Schiffes, keine Abwehr durch Artillerie. Kurs und Fahrt wurden beibehalten. Es konnte also nichts schiefgehen. In einer Entfernung von etwa 3000 Metern zogen wir auf 40 Meter hoch und gingen mit der Fahrt auf etwa 200 Stundenkilometer zurück. Wir machten einen schulmäßigen Angriff. Genau mittschiffs kamen wir ab; gleich beide Torpedos mit einem errechneten Vorhaltwinkel wurden geworfen. Der Bordmechaniker beobachtete den Eintritt der Torpedos in das Wasser. Prompt kam seine Meldung: Torpedos fallen, Torpedos tauchen ein. Aber da kam die erste Hiobsbotschaft: Der eine Aal machte einen Kreis und steuerte nicht auf das Schiff zu, sondern lief dann in einer Linkskurve ab. Der zweite Aal lief. Wir konnten die Blasenbahn sehen. Am Heck des Dampfers vorbeifliegend erwarteten wir den Treffer. Die Abwurfentfernung wird etwa 800 Meter gewesen sein, und nach der Stoppuhr hätte es längst passieren müssen. Nichts geschah. Da die Laufbahn des Torpedos genau sichtbar war und sich mit dem Standort kreuzte, konnten wir nur einen Zündfehler vermuten. Wir überflogen das Schiff nochmals, auch jetzt nahm man von uns keine besondere Notiz. Wir nahmen enttäuscht wieder Kurs auf Rhodos.

Das war mein erster scharfer Torpedoangriff im Mittelmeer. Kein gutes Omen, wenn beim ersten Angriff gleich zwei Aale versagen.

Nach der Landung in Rhodos beratschlagten wir, wie es weitergehen sollte. Brückner kam auf den glorreichen Gedanken, zu versuchen, vier Bomben oder Torpedos zu bekommen. Denn schließlich konnten wir auch italienische Torpedos laden. Aber zu der Zeit gab es auf Rhodos weder das eine noch das andere, so daß uns nur blieb, unser Flugzeug zu betanken, um am nächsten Tag unsere Aufklärungsstreife nach Westen fortzusetzen und nach Comiso zu fliegen.

19. März 1941: Angriff auf die englische Flotte vor Kreta

Das Fliegerkorps hatte Einsatz zur bewaffneten Aufklärung im Seegebiet vor Kreta befohlen.

Zwei Besatzungen wurden eingesetzt, die des Kommandeurs und unsere Besatzung. Wir flogen in Sichtweite. Kurz vor Kreta sollten wir fächerförmig auseinandergehen und einen Aufklärungsstreifen südlich der Insel abdecken.

Beide Besatzungen waren durch die Bordsprech-Anlage miteinander verbunden. Die Flughöhe betrug etwa 300 Meter.

Die Aufklärungspositionen waren eingenommen. Fächerförmig, bis zur Grenze der doppelten Sichtweite, zogen die Flugzeuge auseinander. Noch war später Nachmittag, die Sicht war hervorragend gut, und beide Flugzeuge befanden sich noch in gegenseitiger Sichtweite.

Nach einigen Minuten hörten wir im Sprechfunk, wie einer zählte . . . zwei, . . . drei, . . . fünf, . . . acht . . . noch viel mehr sind das, sagte die Stimme.

Da kommt auch schon Kowalewskis Stimme. »Flottenverband an Backbord voraus, Entfernung über 20 Kilometer, Kurfürst-Heinrich (das war das Kennzeichen unseres Flugzeuges) aufschließen zum gemeinsamen Angriff!«

»Verstanden!« gab ich zurück.

Die Schiffe hatten wir inzwischen auch gesehen. Es war ein ganzer Flottenverband mit einigen Dickschiffen dabei.

Wir schlossen dicht an die Führungsmaschine heran. Nach einer weiteren kurzen Flugzeit nach Osten drehte der Kommandeur nach Norden ein. Unser Standort und der der Schiffe wurden sauber mitgekoppelt.

Inzwischen begann langsam die Dämmerung, wir flogen noch Kurs Nord, gingen jetzt aber an das Führungsflugzeug heran und verständigten uns gegenseitig durch Winkspruch über den Angriff. (In jeder Besatzung saß ein ehemaliger Seemann, die konnten auch winken!)

Beide Flugzeuge gingen jetzt auf Südwestkurs und setzten sich seitlich etwas voneinander ab. Im Tiefstflug, scharf nach vorne spähend, jagten wir auf die Schiffe zu. Die Dämmerung hatte inzwischen eingesetzt. Im Südwesten war noch heller Horizont zu sehen.

Nach unserer Rechnung mußten es etwa zehn Minuten bis zu den Schiffen sein. Es wurde nun allerhöchste Zeit, denn das Büchsenlicht wurde immer schwächer.

Kurz vor der errechneten Position setzte an Steuerbord starkes Geschützfeuer ein. Befanden die anderen sich schon im Angriff? Nun setzte auch auf unserem Kurs Geschützfeuer ein, von vorne links kam es auf uns zu. Im letzten Licht erkannten wir links von uns einige große Schiffssilhouetten. Das müssen die Schlachtschiffe sein, »schnell etwas mehr nach links«, rief ich Karl-Heinz zu. Im Tiefstflug drehte er auf die Pötte zu und nahm den letzten der beiden ins Fadenkreuz. Sie alle hatten uns entdeckt. Einer war rechts, einer war links von uns, und auch von vorne und von hinten prasselte das Feuer und die Wassersäulen auf uns ein. Es nutzte nichts, wir mußten mitten hindurch. Ein Abdrehen, nach rechts oder links, war sinnlos und auch gar nicht machbar. Wir flogen ja noch im Tiefstflug und kamen den dicken Pötten immer näher. Etwa 1500 Meter davor riß Karl-Heinz das Flugzeug hoch, auf 40 Meter, legte es gerade, zielte: Beide Aale fielen! Dann runter, dicht an den Bach und durch den Hexenkessel hindurch. Rechts vor uns leuchtete ein Feuerschein auf. War das ein Torpedotreffer? Hatte Kowalewski einen erwischt? Unsere Torpedos haben wir nicht mehr laufen gesehen. Der Feuerzauber und die Abwehrbewegungen waren so stark, daß der Mechaniker wohl den Eintritt ins Wasser, aber nicht mehr die Laufbahn beobachten konnte.

Im Tiefstflug, knapp am Heck eines Kreuzers vorbei, durchbrachen wir den inneren Sicherungsgürtel und hatten nunmehr noch den äußeren, den Zerstörergürtel, vor uns.

Noch im dicksten Abwehrfeuer fliegend, da rief Brückner, der Funker: »Achteraus ist ein großer Feuerschein hochgekommen, das brennt!« Haben wir doch getroffen? Trotz der Abwehrkurverei?

Wir müssen riesigen Wassersäulen ausweichen. Links und rechts die Wassersäulen, oben der Flakzauber. Aber wir müssen höher gehen, ist sicherer als in eine solche Wassersäule zu geraten.

Nach einer uns unendlich lange scheinenden Zeit kommen wir heraus. Es wird ruhiger um uns.

Durch Funksprechverkehr verständigen wir uns mit der anderen Besatzung. Auch sie sind heil herausgekommen und antworten sofort. Habt ihr die Feuerscheine gesehen? fragt der Kommandeur. Ja, zwei recht starke sahen wir, lagen im Abstand von etwa drei Minuten. Waren das Torpedotreffer?

Könnte sein, meinen wir, aber Genaues haben wir nicht beobachten können. Wir auch nicht, hoffen, daß es Treffer waren!, meint Kowalewski anschließend. Na, dann bis bald, ich melde den Angriff erst einmal per Funk.

Nach etwa 2½ Stunden landen wir in Comiso. Die Kommandeursbesatzung ist schon auf dem Gefechtsstand, als wir ankommen. Ist eben immer schneller!

Auf dem Gefechtsstand waren bereits einige Kriegsberichter da. Sie fragten uns um Kopf und Kragen.

Der Kommandeur telefonierte mit dem Fliegerkorps und gab nochmal den Angriffsbericht durch. Aber er konnte auch nicht sagen, ob wir Treffer erzielt hatten. Es war zu ungewiß!

Am nächsten Tag kam die Angriffsmeldung im Wehrmachtsbericht.

Es sollte sich um die beiden Schlachtschiffe »Repulse« und »Nelson« gehandelt haben.

Einige Zeit später stellten Aufklärer diese Schiffe in Alexandria, im Dock liegend, fest. Hatten sie doch Torpedotreffer erhalten und mußten jetzt repariert werden? Eine eindeutige Bestätigung haben wir nie erhalten.

3. Frühjahr 1941 bis Herbst 1941

April 1941: Balkan

Die Italiener waren in Albanien einmarschiert; die Engländer hatten am 3. März drei Divisionen in Griechenland, in Piräus, gelandet; die Reichsregierung verhandelte mit Jugoslawien wegen eines Beitritts zum Dreimächtepakt. Am 17. März 1941 beschließt der jugoslawische Kronrat den Beitritt. Ein folgender Militärputsch zwingt jedoch die Regierung zum Rücktritt.

Die neue Regierung verhandelt nunmehr bereits mit dem englischen Außenminister in Belgrad. Das zwingt die Reichsregierung zum Handeln.

Am 6. April 1941 erfolgt der Einmarsch in Jugoslawien und dann in Griechenland.

Auch die II. Gruppe wurde zu diesem Feldzug herangezogen. Mit der 4. und 5. Staffel verlegte ein Einsatzstab nach Foggia/Mittelitalien.

Der Verband wurde dem VIII. Fliegerkorps unterstellt und nahm an Einsätzen gegen jugoslawische Flugplätze, Nachschubeinrichtungen und auch gegen Belgrad teil.

Wegen des schnellen Vormarsches der Heeresverbände und der sich abzeichnenden Beendigung des Feldzuges wurden die Staffeln am 20. April wieder zurück nach Comiso verlegt und dem X. Fliegerkorps unterstellt.

Pausenlos flogen wir Einsätze gegen Malta. Ziele waren der Hafen von La Valetta und die beiden Flugplätze. Seit Hauptmann Müncheberg mit seinen Jagdstaffeln da ist, werden auch Tagesangriffe geflogen.

Wir haben wieder zwei Besatzungen verloren. Darunter auch eine Besatzung aus unserer Staffel.

Münchebergs Jäger konnten einen Abschuß erzielen.

Wir können nicht sagen, daß der Jagdschutz sehr wirkungsvoll ist. Die Engländer können schließlich auch fliegen und schießen, und deren Ehrgeiz liegt sicher nicht im Luftkampf mit unseren Jägern, sondern im Abschuß eines unserer Kampfflugzeuge. Und das schaffen sie!

Bei den Tageseinsätzen werden täglich bis zu drei Starts gemacht.

Es gehen Gerüchte um, wir sollen nach Griechenland verlegen. Damit wären wir selbstverständlich näher an unseren Zielen im östlichen Mittelmeer und Suez.

Mai 1941: Griechenland

Schon seit April wurde darüber gesprochen, daß eine Verlegung nach Griechenland bevorsteht. Noch flogen die Besatzungen tagtäglich Bombenangriffe gegen die Hafenanlagen und Flugplätze von Malta. Anfang Mai wurde es Tatsache. Die gesamte Gruppe, einschließlich der Betriebskompanien, verlegten nach Griechenland. Der Flugplatz Eleusis bei Athen war das neue Domizil.

Schon in den ersten Tagen erfolgten Einsätze. Vielfach war es bewaffnete Aufklärung mit Bomben, die 6. Staffel mit Torpedos.

Das Seegebiet vor Kreta, die Insel war noch von Australiern und Engländern besetzt, war das Hauptgebiet der Aufklärungseinsätze.

Es wurden aber auch Abendangriffe gegen Tobruk und gegen die Häfen von Alexandria, Port-Said und Haifa geflogen. Bei der Seezielbekämpfung gelang es der 6. Staffel, vor Kreta einige Frachter anzugreifen und Torpedotreffer zu erzielen.

Der Nachschub mit deutschen Torpedos war in Eleusis völlig unzureichend. Es mußte vor jedem Einsatz stets nachgezählt werden, ob eine Beladung noch möglich war.

Gegen Mitte Mai wurden die ersten italienischen Torpedos angeliefert. Zu dieser Zeit waren die Italiener mit der Entwicklung des Lufttorpedos etwas weiter als die Werkstätten in Eckernförde.

Der Whitehead-Torpedo war etwas größer und hatte etwas mehr Sprengstoff. Die Einsatzbedingungen waren jedoch nicht wesentlich anders.

Nach der Verlegung nach Eleusis kam ein neuer Kommandeur zur II. Gruppe. Oberstleutnant Beyling kam vom Ministerium aus Berlin.

Beyling war Seeflieger. Er hatte vor dem Kriege eine Küsten-Mehrzweckestaffel in List/Sylt geführt.

In der Friedensausbildung hatte er genug Erfahrungen bei den Schießübungen der Seeflieger mit Torpedos in der Lübecker Bucht sammeln können.

Lufttorpedoangriff vor Tobruk

Die Besatzung Schmidt war zur bewaffneten Aufklärung mit Lufttorpedos gestartet. Es war noch am frühen Nachmittag. Bei Sonnenschein und sehr guter Sicht flogen wir an Kreta vorbei. Hier mußten wir vorsichtig sein, lagen doch auf Kreta jetzt englische Jäger, die den Luftraum vor der Insel überwachten.

Wir sollten an der afrikanischen Küste zwischen Tobruk und Alexandria nach Schiffen suchen. Wichtig schien die Unterbindung der See-Versorgung von Tobruk zu sein.

Westlich Tobruk erreichten wir die Küste. In Sichtweite von Afrika flogen wir unseren Kurs nach Alexandria. Wir durften nicht zu weit an die Küste herangehen, denn auch hier gab es englische Jäger, die auf so ein alleinfliegendes Flugzeug nur warteten.

Wenige Kilometer hinter Tobruk, Kurs westwärts, sahen wir ein Schiff von etwa 3000 bis 4000 Tonnen. Nördlich von ihm, seewärts, befand sich ein Kriegsschiff, scheinbar sein Bewacher. Es war ein größerer Bewacher.

Das Handelsschiff war schwer beladen, es lag recht tief im Wasser. Wir gingen etwas weiter an die Küste heran und hofften, daß der Bewacher uns noch nicht bemerkt hatte. Aber da setzte er uns schon einige Salven vor den Bug und lief mit hoher Fahrt auf seinen Schützling zu.

Wir mußten nun schnell handeln und gleich angreifen. Denn wenn der Bewacher sich weiter vor setzte, wurde es für uns brenzlig. Dicht über das Wasser fliegend, drehten wir auf den Dampfer zu und griffen aus vorderlicher Lage an. Bei etwa 1200 Meter Entfernung zogen wir auf Angriffshöhe hoch, zielten ihn mittschiffs an und feuerten beide Torpedos ab. Unsere Schußentfernung betrug etwa 700 Meter.

Nach dem Abwurf bemerkten wir, wie der Dampfer den Kurs änderte und auch mit der Fahrt herunterging. Damit versuchte er beide Torpedos auszumanövrieren. So ganz glückte ihm das nicht. Ein Aal ging vorn vorbei, aber der andere explodierte etwa in Höhe des Schornsteins. Vom Bewacher erhielten wir erheblichen Beschuß, denn er hatte sich in der Zeit, in der wir uns an der Küste absetzten, näher an sein Schiff herangeholt und stand jetzt etwa 100 Meter vor dem Dampfer.

Nach dem Abwurf der Torpedos drückten wir wieder auf das Wasser herunter und zogen dicht am Heck des Schiffes vorbei. Den Treffer konnten wir einwandfrei beobachten. Wir umkreisten jetzt das Schiff und warteten ab, was weiter geschah. Nach der Explosion stieg das Schiff vorn aus dem Wasser und rutschte kurze Zeit später über das Heck in die Tiefe. Ich glaube nicht, daß sich die Besatzung, die sich im Schiff befand, noch rechtzeitig in Sicherheit bringen konnte. Aber wir haben gesehen, wie der Bewacher an Wrackteile heranfuhr und anschließend auch Menschen gerettet hat.

Selbstverständlich freuten wir uns darüber, daß unsere Torpedos jetzt doch die erhofften Erfolge brachten.

Die Einnahme von Kreta am 20. Mai 1941

Im Verlauf des Vortages landeten Transportflugzeuge in Eleusis. Etwas über 100 waren es. Sie hatten Fallschirmspringer an Bord.

Sofort nach der Landung rollten die Flugzeuge an den nördlichen Platzrand und versteckten sich in den dortigen Olivenhainen. Am Tage vorher waren mehrere Flakbatterien aufgefahren.

Gegen 2000 Uhr wurden unsere Besatzungen in den Speisesaal, es war eine frühere Flugzeughalle, gerufen. Einsatzbesprechung! Am nächsten Tage sollte Kreta angegriffen – besetzt – werden. Früh um 0700 Uhr sollte die Landung der ersten Angriffswelle erfolgen. Fallschirmspringer und Lastensegler sollten es sein.

Gemeinsam mit Verbänden des VIII. Fliegerkorps sollten wir die Landeoperationen durch Bomben- und Bordwaffenangriffe unterstützen.

Das Zielgebiet unserer Angriffe war der Flugplatz und die Umgebung von Iraklion.

Bei der Einsatzbesprechung waren die Kommandeure der Transportflieger zugegen. Mit ihnen waren die Angriffsziele zu besprechen und die Angriffszeiten abzustimmen.

Inzwischen war das technische Personal angewiesen worden, alle Flugzeuge mit 50-kg-Bomben zu beladen und die Munitionsausstattung der Bordwaffen zu verdoppeln.

Die Gruppe hatte diesmal 25 Flugzeuge einsatzbereit.

Nach der Einsatzbesprechung verblieben die Besatzungen im Besprechungsraum. Es wurde alles getan, damit keine Informationen nach außen drangen.

Im Morgengrauen starteten die Transportflieger.

Wir begannen etwa gegen 0530 Uhr mit dem Start. Bis Kreta waren es ca. 1½ Flugstunden. Um 0700 Uhr mußten wir am Ziel sein.

Es war ein heller Tag, gegen vier Uhr begann bereits das Büchsenlicht.

Kurz vor Kreta bemerkten wir vor und unter uns die Transportflugzeuge. Im losen Pulk fliegend hatten sie Kurs auf die Küste. Wir setzten uns etwas vor und steuerten den vereinbarten Ablaufpunkt, das Kap der Bucht von Iraklion, an. In der Dämmerung war das recht gut zu erkennen.

Von hier aus gingen wir in den Tiefflug über und flogen die angenommenen Flakstellungen an. Kurz vor dem Platzrand erkannten wir die Stellungen und setzten die erste Bombenreihe hinein. Schon im Anflug erhielten wir heftiges Abwehrfeuer. Wir kurvten auf Gegenkurs zum nächsten Angriff. Im Anflug sahen wir bereits die ersten Fallschirmjäger herabschweben. Mörderisches Feuer schlug ihnen entgegen. Mit unseren Bordwaffen und mit der nächsten Bombenreihe hielten wir dazwischen.

Neben und über uns griffen die anderen Flugzeuge der Gruppe an. Es war eine tolle Kurbelei, jeder versuchte, so dicht wie nur möglich an die Flakstellungen heranzukommen, um sie zum Schweigen zu bringen. Der Absprung der Fallschirmjäger erfolgte in mehreren Wellen und dauerte etwa zwanzig Minuten. So lange, bis alle unten waren, flogen wir die Tiefangriffe. Die Bomben waren längst heraus. Die letzten Angriffe erfolgten nur noch mit Bordwaffen.

Inzwischen befanden sich auch die Lastensegler im Anflug. Die Fallschirmjäger hielten denen jetzt offensichtlich die Landeplätze frei.

Hinter uns griffen noch andere Flugzeuge in den Erdkampf ein. Die Gefahr eines Zusammenstoßes war fast größer als die der Abwehr.

Beim Abflug über See sahen wir die ersten Landungsschiffe, die den Hafen ansteuerten und Verstärkung brachten.

Sofort nach der Landung in Eleusis wurden die Flugzeuge erneut zum Start fertig gemacht. Unsere neuen Angriffsziele lagen in dichter Nähe der bisherigen Ziele. Nur mußten wir diesmal mehr aufpassen, damit wir die Bomben nicht in die eigenen Reihen warfen. Wo Zweifel bestanden, hatten die Gelandeten zum Glück Fahnen ausgelegt, die anzeigten, wo sie sich befanden.

So flogen wir – wie fast jede Besatzung – an diesem Tage drei Angriffe.

Etwas abgekämpft, aber zufrieden, konnten wir am Abend feststellen, daß die Fallschirmjäger und die Lastensegler bereits einen Teil der Insel eingenommen oder zumindest ihre Stellungen gehalten hatten.

Bei uns war auch nicht alles verlustlos abgelaufen. Viele Flugzeuge wurden beschädigt, zum Glück meistens nur Blechschäden, die über Nacht repariert werden konnten.

Zwei Besatzungen waren abgeschossen worden. Eine davon kam in englische Gefangenschaft.

Am nächsten Morgen ging es weiter. Diesmal waren es andere Zielgebiete, aber auch wieder Unterstützung des Erdkampfes. Mit Bomben- und Bordwaffenangriffen versuchten wir den Heeresverbänden zu helfen.

Wirkungsvoll war das aber nur im Tiefangriff zu machen. Mit dem etwas schwerfälligen Bomber war das nicht immer ganz einfach.

Am zweiten Tage griff auch die englische Flotte in den Kampf ein.

Südlich von Kreta war ein großer Verband gesichtet worden. Am Nachmittag wurden wir, mit noch einigen anderen Verbänden, hierauf angesetzt.

An Torpedos war nicht viel da. Ganze sechs Aale waren verfügbar. Sie wurden mit eingesetzt. Es war eine Kette von drei Flugzeugen, die damit angreifen konnten. Friedrich Müller führte die drei. Die 4. und 5. Staffel und der Rest der 6. Staffel griffen den Flottenverband mit Bomben im Hochangriff an.

Mit den Torpedofliegern war eine gemeinsame Angriffszeit abgesprochen. Es sollte versucht werden, die Abwehr abzulenken, damit die drei Torpedoflieger auch zum Schuß kommen konnten. Nachmittags, gegen 1500 Uhr, wurde der Verband gesichtet. Wir befanden uns in etwa 4000 Meter Höhe und konnten, von Südwest kommend, angreifen. Es war eine riesige Armada, die dort schwamm. Fast die gesamte Mittelmeerflotte war dabei.

Wir befanden uns in Staffelformation. Aber jede Besatzung hatte sich das Ziel selbst auszusuchen. Verständlich, daß sich jeder den dicksten Brocken auswählte.

Wir nahmen uns einen Kreuzer zum Ziel. Der paßte gerade in die Abflugrichtung.

Noch war es ein schulmäßiger Anflug. Die Flak lag gut in der Höhe, aber noch zu weit seitlich weg. Je näher wir herankamen, um so dichter kamen die Sprengwolken an die Flugzeuge, ja manche sogar schon zwischen den einzelnen Maschinen. Das Zielgerät war eingeschaltet, der Kreuzer lief auf das Fadenkreuz zu. Beide Bomben, es waren je 1000 kg, fielen. Der Bordmechaniker beobachtete nach unten und konnte die beiden Explosionen, dicht neben der Bordwand des Kreuzers, die eine vorne, die andere in der Mitte, sehen.

Auch die anderen Besatzungen hatten geworfen. Einige Treffer wurden gesehen, die Besatzung Haller erzielte einen Mittschiffstreffer auf einem Kreuzer.

Der nunmehr konzentrierten Flakabwehr entzogen wir uns durch Wegdrücken und seitliches Herausfliegen aus der Zone. Die Auswertung später auf dem Gefechtsstand ergab, daß wenigstens drei Treffer beobachtet werden konnten. Auch die drei Torpedoflieger waren gut an das Ziel herangekommen und hatten anscheinend Erfolge gehabt.

Das Fliegerkorps hatte noch weitere Verbände auf diesen Flottenverband angesetzt, wobei weitere Treffer erzielt wurden.

Am nächsten Morgen wurden die Angriffe fortgesetzt. Auch Transporter – für den Rücktransport der englischen Truppen – waren dabei.

Die Engländer befanden sich im dauernden Bombenhagel.

Der Kampf um Kreta war noch nicht zu Ende. Jeden Tag wurden Bombeneinsätze gegen Landziele, im Tiefangriff, oder auch gegen Seeziele geflogen. Es dauerte bis zum Monatsende, bis Kreta sich in deutscher Hand befand.

Die Gruppe hatte mehrere Besatzungen verloren, die beim Angriff auf Stellungen und auch bei Hochangriff auf Schiffe abgeschossen wurden.

Besondere Freude herrschte, als bekannt wurde, daß eine in englische Gefangenschaft geratene Besatzung durch deutsche Truppen befreit werden konnte.

Die I. Gruppe ab August 1941 im Rußlandfeldzug

Am 22. Juni 1941 begann der Feldzug gegen die Sowjetunion. Das K.G. 26 war in die Aufmarschvorbereitungen nicht einbezogen, sondern verblieb bei den derzeitigen Aufgaben. Das sollte sich jedoch bald ändern!

Im August 1941 wurde die *I. Gruppe* nach Kemi, Finnland, verlegt.

Der Flugplatz Kemi liegt in Mittelfinnland, direkt am Bottnischen Meerbusen. Keiner der Gruppe kannte diese Gegend.

Die Gruppe wurde hier zu Angriffen gegen die Murmansk-Eisenbahn eingesetzt. Es war die einzige Bahnlinie, die Zentralrußland mit den Eismeerhäfen verband.

Auf dieser Bahn rollte der amerikanische Nachschub an Kriegsmaterial, der die Sowjetunion auf der Eismeer-Route erreichte.

Die Bahnlinie führte in einer breiten Schneise quer durch dichtes, unwegsames Gebiet. Sie war nicht zu verfehlen.

Im Gegensatz zu den Angriffen an der englischen Ostküste, waren diese Einsätze gegen die Bahnanlagen wesentlich harmloser. Teilweise gab es an der Strecke Flakabwehr, aber bei dieser unendlich langen Eisenbahnstrecke konnte ja nicht überall eine Flakbatterie stehen. Die Flieger hatten nicht nur den Auftrag, die Bahn zu unterbrechen, sondern sie sollten auch noch Züge angreifen. Deshalb flogen sie die Bahnlinie zunächst an und diese dann nach Norden oder Süden entlang, bis eine Dampfwolke in Sicht kam. Das konnte manchmal ganz schön lange dauern, bis so ein Zug da war. Wurde er dann gesehen, ging es im Tiefflug von vorne oder von hinten auf ihn los. Meistens waren 250-kg-Bomben geladen, und die wurden dann in einer Reihe über den Zug gelegt. Es waren fast alles nur Güterzüge, die hier fuhren.

Entlang der Strecke befanden sich auch Jagdflugplätze. Sie waren bekannt. Die Plätze hatten eine recht starke Belegung. Flugzeuge gab es zu der Zeit in Rußland in Massen, aber es waren nicht die modernsten. Meistens Typen, die schon im Spanienkrieg eingesetzt waren. Hier machte es eben die Masse. Wenn so ein Rudel über einen herfiel, konnte es schon schiefgehen. Denn ein Schwarm Ratas ist auch für eine He 111 eine sehr ernst zu nehmende Sache.

Der Hin- und Rückflug führte über unendliche Weiten, über Tundras, Krüppelholz, Birkenwälder und über kahle Strecken. Ab und zu war mal eine Ren-Herde zu sehen.

Unendliche Einsamkeit. Keine Menschenseele, keine Siedlung. Wehe dem Flieger, der hier eine Notlandung baute. Einen von der Gruppe erwischte es ...

Selbstverständlich waren die Züge bewaffnet. Nicht nur das Zugpersonal verstand sich in der Bedienung der Bewaffnung, es war auch noch ein extra Flak-Waggon eingegliedert, mit Maschinengewehren und Flakwaffen bestückt.

Bei einem Dämmerungsangriff auf diese Eisenbahnlinie hatte es die Besatzung des Oberleutnant Trost erwischt. Ihre Mühle wurde lahmgeschossen und mußte notgelandet werden. Die ganze Gegend bestand nur aus Krüppelholz, Wald oder Tundra. Eine ordentliche Notlandung war fast unmöglich. Der linke Motor war schon ausgefallen. Nachdem nun auch noch der rechte zu stottern anfing, blieb nichts weiter übrig als raus aus der Maschine. Zum Aussteigen reichte die Flughöhe nicht mehr. Also Notlandung. Sie erreichten noch den Uferrand eines Sees und hatten Glück, daß die Uferböschung einigermaßen fest war und die Maschine nicht gleich im Moor verschwand. Die Besatzung konnte sich retten, das Flugzeug mußte zerstört werden. Nach Ausbau und Mitnahme der erforderlichen Bewaffnung, Signalmunition, Signalpistole und Notproviant machten sich die vier auf den Fußmarsch nach Westen. Noch waren sie allerdings in Feindesland, in Rußland.

Nach tagelangen, anstrengenden Märschen durch Sumpfgebiete, Birkenwälder, dichtes Buschwerk und nie erlahmende Mückenschwärme, die fast stets auch in der Nacht da waren, kamen sie in eine Gegend, die nach »Front« aussah. Sie hörten Geräusche und leises Geklapper. Das müssen Menschen sein, meinte einer. Russen oder bereits unsere? Vorsichtig schlichen sich die vier weiter.

Aber auch die anderen, die die Geräusche machten, hatten Posten aufgestellt, die wachsam waren. Und so geschah es, daß nach mehreren Aufforderungen zum Stehenbleiben auch schon Schüsse fielen. Zwei blieben liegen. Der Bordmechaniker und der Funker. Sie sind getroffen worden, tödlich ...

Trost und sein Beobachter werden entwaffnet. Noch meinen sie, daß es Russen sind, die sie angegriffen haben, bis einer der Angreifer versteht, daß sie deutsche Flieger vor sich haben. Es waren Finnen, Vorposten, die die eigenen Linien sichern sollten. Tragischer Irrtum, der zwei Männer nach mühevollen, viele Tage dauernden Märschen wenige Meter vor der eigenen Linie das Leben kostete.

In Kemi blieb die Gruppe bis zum Herbst. Die Bekämpfung der Murmansk-Bahntransporte sollte nunmehr an den Beladeplätzen, in den Häfen Murmansk und Archangelsk, erfolgen.

Die Gruppe verlegte nach Banak. Die 1. Staffel ging nach Kirkenes.

Einsame Tundraebene, mooriger Boden, darauf ein Lattenrost aus Baumstämmen, fertig ist die Startbahn. Am Rande einige mit Knüppeldämmen befestigte Flächen als Abstellplätze für die Flugzeuge.

Westlich vom Knüppeldamm – von der Startbahn – steigt eine Felswand bis auf etwa 900 m hoch. Oben, aus einem Loch knapp 100 m unterhalb des Gipfels, schießt ein Wasserfall herab. Direkt am Ende des hier errichteten Flugplatzes beginnt das Meer.

Die Staffeln und der Gruppenstab hatten immerhin noch 20 Flugzeuge einsatzklar.

Der Horstkommandant, ein hanseatischer Kaufmannssohn aus Hamburg, kümmert sich persönlich um alles. Angefangen von der Betreuung der Flugzeuge bis zur Unterbringung der Besatzung. Die 1. Warte sind dabei. Der Rest der Gruppe und die FBK liegen noch in Drontheim.

Schon am ersten Abend lädt der Horstkommandant alle Besatzungen zum Abendessen ein. Er macht es feierlich. Nach dem Essen hält er eine Rede, ruft jeden einzelnen mit Namen auf, überreicht ihm eine Urkunde und ernennt ihn zum Banaken. Jeder Flieger, der hier in Banak war, hat das Ritual erlebt. Jeder hat seine Urkunde bekommen.

Einsatzmäßig wurde die I./K.G. 26 dem Fliegerführer Nord (Ost), dem früheren Kommodore des K.G. 26, Oberst Holle, unterstellt. Er hatte seinen Gefechtsstand drüben in Kirkenes.

Schon am ersten Tage wird die Gruppe eingesetzt. Es sind Nachtangriffe auf die Hafenanlagen von Murmansk zu fliegen. Nicht mehr nur Schiffe, auch Hafenanlagen sind anzugreifen.

Hier, im hohen Norden, ist es mit dem Vormarsch nicht so gut vorangegangen wie an den anderen Frontabschnitten. Es war geplant gewesen, daß General Dietl die gesamte Eismeerfront – mit ihren Häfen – im ersten Anlauf nehmen sollte. Die Bomber, die vorher hier in Banak lagen, sollten deshalb damals nur die Schiffe, nicht aber die Anlagen angreifen. Jetzt war das anders, man hatte begriffen, welchen Wert der Russe auf diese Häfen legte. Es waren die Entladehäfen der später bekannt werdenden PQ-Geleitzüge, mit denen das K.G. 26 noch sehr viel Berührung bekam.

Von den Aufklärern waren gute Lagepläne mit der Hafenbelegung geliefert worden. Diese Schiffe und die Hafenanlagen waren anzugreifen. Wir lassen uns von einem Staffelangehörigen, der damals dabei war, berichten:

»Einzeln starteten wir im Abstand von etwa fünf Minuten. Schwerfällig rumpelten unsere Flugzeuge über diese Knüppel-Startbahn. Wir hatten schon Bedenken, ob wir überhaupt rauskommen würden. Es war unser erster Angriff auf russische Hafenanlagen. Wir meinten, daß das im Vergleich zu England hier wohl einfacher sei. Die Abwehr ist bestimmt nicht so stark und auch nicht so konzentriert wie drüben über den englischen Häfen, meinten wir! Weit gefehlt! Schon im Anflug wurden wir von einem Feuerhagel, der durchaus Londoner Format hatte, erfaßt. Es gab bei uns schon bei Beginn erhebliche Treffer. Die Flakwolken lagen beängstigend dicht, und wir hatten Mühe, im einigermaßen ordentlichen Zielanflug unsere Bomben richtig anzubringen.

In Banak hatte dann das technische Personal alle Hände voll zu tun, unsere Mühlen wieder startklar zu machen.«

Fast mühelos paßten wir uns dem Tagesverlauf hier am Nordkap an. Wir gewöhnten uns daran, daß das Tageslicht nur wenige Stunden da war, ansonsten aber Dämmerung und Nacht herrschten. Faszinierend das Nordlicht, das über den Himmel huschte.

Vier Wochen lagen die Besatzungen in Nordnorwegen, dann wurden sie wieder nach Drontheim verlegt. Hier kamen sie wieder in geordnete Verhältnisse, in eine ihnen bekannte Umgebung. Auch die technische Betreuung wurde wieder besser. In Drontheim befanden sich die seit Jahren vertrauten technischen Kompanien, die Geschwader-FBKs. Wenn es auch anderswo immer eine betreuende FBK gab, so war es doch etwas anderes, wieder mit eigenen Leuten arbeiten zu können.

In Drontheim, unter alter Unterstellung, wurde wieder Seekrieg und bewaffnete Aufklärung im Gebiet der nördlichen Nordsee und der Farøer-Inseln geflogen.

Es war Winter! Ihn im mittleren Norwegen oder teilweise sogar weit nördlich davon zu erleben, ist etwas anderes als Winter in Frankreich, wo die Flieger im Jahr davor waren. Die Techniker, ohne Flugzeughallen für Reparaturarbeiten, mußten bei dieser grimmigen Kälte Unwahrscheinliches leisten. Auch das Allgemeinwetter war anders. Nicht nur, daß die Temperaturen entsprechend niedriger lagen und die Kälte andere Verhaltensweisen forderte, auch die ewig wechselnden Tiefs mit Schneestürmen ungeahnter Intensität verlangten von den Besatzungen das letzte an fliegerischem Können.

Im Dezember 1942 wurde die *Stabsstaffel* (Führungskette) unter Führung von Oberleutnant Cescotti* aus dem Gruppenverband herausgelöst und zur Versorgung des Kessels von

* Ab Juni 1952 im Amt Blank, ausgeschieden 1980 als Generalmajor und Befehlshaber der Alliierten Luftstreitkräfte Ostseeausgänge.

Stalingrad eingesetzt. Sie verlegte deshalb nach Südrußland, in das Wolgagebiet. Im Zuge einer Neugruppierung, im Januar 1943, gingen die Besatzungen und das Bodenpersonal der Stabsstaffel als Stammeinheit in die neu aufgestellte IV./K.G. zbV 23 ein.

Der Versorgungseinsatz für den Kessel von Stalingrad dauerte bis zum 2. Februar 1943. Die letzten drei »Versorger« über dem bereits gefallenen Stalingrad waren die Besatzungen von der alten Führungskette.

Nach Stalingrad verlegte die Staffel im Februar 1943 nach Saki auf der Krim, dorthin, wo vorher die II. Gruppe gelegen hatte. Sie wurden im »Seekrieg« mit dem Einsatz von Luftminen gegen Kaukasushäfen eingesetzt. Die Verwendung in dieser Spezialwaffenart war nur möglich, weil die alten Techniker aus dem K.G. 26, hier besonders der Oberwerkmeister Bräutigam, mit dieser Waffenart vertraut waren.

Die II. Gruppe – Juni bis Dezember 1941

Die Flughäfen von Kreta wurden nunmehr Absprungbasen für die Einsätze ins östliche Mittelmeer.

Von der *II. Gruppe* wurde der Flughafen Iraklion benutzt. Er lag auf der Nordseite der Insel, unterhalb der Bergkette, und hatte eine Startbahn. Die Gruppe hatte sich hier einen vorgeschobenen Gefechtsstand eingerichtet, der fallweise mit einem Einsatzoffizier besetzt wurde.

Nach der Einnahme von Kreta wurden die Nachteinsätze gegen die englischen Mittelmeerhäfen fortgesetzt, auch bewaffnete Aufklärung wurde weitergeflogen. Schwerpunkte bildeten aber die Angriffe auf die englischen Nachschubbasen in Nordafrika und der Einsatz gegen Tobruk.

Anfang Juli flog die Gruppe einen Großeinsatz mit etwa 30 Flugzeugen gegen den Hafen Haifa und gegen den Suezkanal.

Die *4. Staffel* sollte mit Bomben-Minen (Mausi) Schiffe im Hafen von Haifa angreifen oder den Hafen und die Einfahrt verminen. Die Bombenmine war gegen beides einsatzfähig. Der *5. Staffel* wurden die Schleusenanlagen Port-Said und der nördliche Suezkanal zugewiesen, und die *6. Staffel* war – einige Flugzeuge mit Torpedos, einige mit Bomben beladen – auf Schiffsziele und Hafenanlagen von Suez angesetzt.

Am Nachmittag starteten die Flugzeuge nach Iraklion. Dort wurden sie aufgetankt und mit der neuesten Wettermeldung versehen. Mit Beginn der Dämmerung erfolgte der Start, einzelflugzeugweise, in Reihenfolge der genannten Staffeln.

Der folgende Bericht gibt einen Torpedoeinsatz einer Besatzung der 6. Staffel im Seegebiet zwischen dem Roten Meer und der Einfahrt zum Suezkanal wieder:

»Bei Marsa Matruk wurde die Küste überflogen. Wir flogen Kurs auf Kairo. Es sollte links liegenbleiben. Unsere Flughöhe betrug etwa 3000 Meter. Nach Überfliegen des Nils nahmen wir Kurs auf Suez. Um nicht schon vorher in den Bereich der Flakabwehr zu kommen, behielten wir die Flughöhe bei. Es mußte sehr genau navigiert werden, und das war gar nicht ganz so einfach, denn wir kannten weder die richtigen Windverhältnisse, noch waren markante Erdorientierungspunkte vorhanden. Navigationsmittel fehlten vollständig, die gab es hier noch nicht.

Als wir in die Nähe von Suez kamen, erhielten wir starkes Flakfeuer. Wir setzten uns jetzt noch etwas mehr nach Süden ab. Über dem Golf von Suez gingen wir auf 100 Meter herunter und begannen unsere Suche nach Schiffen. Trotz guter Sicht und trotz Fliegen in der Mondbahn war kein Fahrzeug auszumachen. Allzulange konnten wir uns hier auch nicht mehr aufhalten, denn die Entfernung von Kreta bis in den Golf von Suez betrug über 1000 Kilometer, und wir brauchten den Sprit schließlich auch noch für den Rückflug.

Hinter uns, auf der Reede von Suez, war starkes Flakfeuer zu sehen. Sicher war einer unserer Kameraden dort im Angriff. Ein heller Feuerschein breitete sich aus. War das ein Bombentreffer an Land oder ein Torpedo-Treffer auf ein Schiff? Wir konnten es von hier aus nicht feststellen. Nach etwa 30 Minuten gingen wir auf Gegenkurs. Wir wollten uns auf der Reede von Suez, der Einfahrt zum Kanal, umsehen. Das Mondlicht war jetzt nicht mehr so günstig. Wir konnten nur noch rechts seitwärts im Mondschatten gut sehen.

Deshalb flogen wir dicht am westlichen Ufer entlang. Kurz vor der Einfahrt zum Kanal in der Bucht von Suez lagen sie: 4, 6, 8 dicke Brocken. Darunter mindestens zwei Tanker. Ein Schiff brannte und erhellte die Hafenanlagen. Auch in der Raffinerie brannte es taghell. Uns empfing ein mächtiges Flakfeuer von Land und auch von Schiffen. Wahrscheinlich lagen hier auch noch Bewacher oder Zerstörer. Wir mußten uns vor Sperrballons in acht nehmen. Die waren hier schon gesichtet worden.

Etwa 3000 Meter voraus lag ein dicker Tanker, mindestens über 12 000 Tonnen groß. Wir nahmen ihn an:

Im Tiefstflug, ganz dicht über Wasser fliegend, greifen wir an. Die Wassertiefe in der Bucht beträgt überall nur 10–15 Meter. Deshalb nehmen wir ganz wenig Fahrt und ziehen nur auf 30 Meter hoch. Wir nehmen nur einen Aal*, versuchen es erst einmal, ob der hier läuft. Genau mittschiffs kommen wir ab.

Der Bordmechaniker beobachtet das Eintauchen des Torpedos. Wir müssen abdrehen und aus der Abwehr herauskommen. Die Eintauchstelle kann nicht mehr beobachtet werden. Die Stoppuhr läuft! Die dichtliegende Flakabwehr zwingt uns zu tollen Abwehrmanövern. Nach einer Minute müßte es soweit sein. Nichts passiert. Was ist los? War das ein Versager oder ist der Torpedo beim Eintauchen schon in den Grund gegangen? Wir machen einen erneuten Anflug, kommen genau an der Ansteuerungsboje wieder heraus, nehmen wieder den Tanker als Ziel. Im Anlauf bemerke ich eine mächtige Blase im Wasser aufsteigen. Da – das war unser Aal. Er steckt im Grund! Die Wassertiefe war sicherlich zu gering. Mit noch weniger Fahrt greifen wir an und gehen dichter heran. Es mögen 600 Meter sein, als ich den Torpedo losmache. Mittschiffs komme ich ab. Noch waren wir nicht richtig auf Gegenkurs gegangen, da stieg eine mächtige Feuersäule hoch. Volltreffer! Wir flogen etwas nach Norden, kamen in den Suezkanal und schauten uns von dort aus die Trefferwirkung an. Das ganze Schiff war eine einzige Feuerlohe. Hier war nichts mehr zu retten. Um der Abwehr besser zu entgehen, gingen wir im Tiefstflug auf Südkurs und drehten hinter Suez nach Westen Richtung Wüste ein. Nachdem es langsam wieder ruhiger um uns geworden war, stiegen wir langsam auf 2000 Meter. Etwa bei Tobruk erreichten wir das Meer, und in den frühen Morgenstunden landeten wir in Iraklion.

Es war ein Großeinsatz, wie er nicht alle Tage klappte. Keine Verluste. Die Häfen von Haifa, Alexandria und auch von Port Said konnten vermint werden. Es waren drei Schiffe getroffen worden. Aufgrund der Trefferlage war Totalverlust anzunehmen, und es wurden Bombentreffer in der Raffinerie erzielt. Trotzdem war nicht alles problemlos gegangen. Die zweite Maschine hatte Treffer abbekommen. Die Reparatur hier in Iraklion mit den geringen Mitteln, die uns zur Verfügung standen, war nicht ganz einfach. Wir mußten nach Eleusis zurück, denn hier auf Kreta war eine Versorgung mit Torpedos noch nicht möglich.«

* In der Soldaten-Umgangssprache Bezeichnung für Torpedo.

Ein Erlebnis der Besatzung Schmidt

»Wir waren wiederum zur ›Torpedostreife‹ eingeteilt worden. Eigentlich war nichts besonderes los, ein Einsatz wie fast täglich!

Diesmal wollte ein Kriegsberichterstatter mitfliegen. Vielfach war dann doch etwas los! So sollte es auch diesmal sein.

Mit Beginn der Abenddämmerung starteten wir. Als Kreta querab lag, war es bereits dunkel.

Der Mond ging auf! In seinem Schatten hatten wir voraus eine silberhelle Bahn, in der wir das Meer beobachten konnten. Backbord voraus kam der Hafen Tobruk in Sicht. Wir gingen etwas näher an die Küste heran, um den Hafen einsehen zu können. Er war leer! Nur Mastspitzen, die aus dem Wasser ragten, waren zu sehen.

Beim Abflug, außerhalb der Hafenmole, erhalten wir Abwehrfeuer. Wahrscheinlich von einem Schiff, denn es kommt von vorne und liegt recht gut. Weil wir jetzt den Mond im Rücken haben, können wir nicht erkennen, wer uns da beschießt.

Plötzlich haben wir vor uns ein Vorpostenschiff liegen. Die schießen aus allen Rohren auf uns, haben uns ja gut im Mondlicht erkannt. Wir fliegen etwas ab und drehen auf Gegenkurs, um den in die Mondbahn zu kriegen und angreifen zu können.

Direkt voraus bekommen wir ihn in Sicht. Für einen Torpedoangriff ist das Schiff zu klein und sicherlich auch zu wendig. Deshalb versuchen wir einen Angriff mit Bordwaffen.

Ausgerechnet jetzt schiebt sich eine Wolke in die Mondbahn, das Schiff ist nicht mehr zu erkennen. Beim Abdrehen erwischt er uns wieder und hält auf uns rein, was nur geht. Aus allen Löchern schießt er. Wir bekommen Treffer ab. In der Mühle zieht es wie in einem Windkanal.

Der Kriegsberichter schreit auf, er hat etwas abgekriegt. Wohl einen Streifschuß am Oberarm.

Die Motoren laufen ruhig und normal. Wir meinen, daß wir diese Schießerei so nicht hinnehmen können und möchten ihm auch einen ›verpassen‹.

Ein neuer Anlauf wird geflogen. Der Mond macht mit.

Das Boot haben wir wieder genau voraus, und wieder liegt es quer vor unserem Bug. Für einen Torpedoschuß ist es doch zu kurz!

Also wieder ein Angriff mit Bordwaffen, und diesmal können wir mit der Kanone gut reinhalten. Beim Überfliegen schießt der Bordschütze nochmal aus der Bodenwanne auf ihn. Zweimal machen wir dieses Manöver. Auch der vom Schiff hält mächtig in uns rein. Sicherlich haben wir weitere Treffer kassiert.

Beim zweiten Anlauf fängt ein Motor an zu stottern, er kommt jedoch sofort wieder, aber ... wir horchen doch!

Wir brechen ab. Auch wegen des Verwundeten wird es Zeit, daß wir auf Heimatkurs gehen.

Notdürftig verbinden wir seinen Arm. Es ist doch nur ein Streifschuß, aber sicherlich schmerzhaft.

Nach etwa zehn Minuten fängt der Motor wieder an zu stottern. Der Öldruck fällt jetzt ab. Ehe wir den Motor abstellen müssen, versuchen wir noch etwas Höhe zu gewinnen. Bis auf 300 Meter schaffen wir es, dann müssen wir abstellen. Er schüttelte schon recht verdächtig. Es gelingt aber, die Luftschraube noch auf Segelstellung zu drehen, damit sie nicht so bremst.

Wir machen Einmotorenflug! Mit dieser Maschine war das noch nie ein Problem! Haben da schon manchmal mit nur einem Motor zurückfliegen müssen.

Deshalb entscheiden wir uns, quer über das Mittelmeer nach Kreta zu fliegen. Afrika wäre näher gewesen.

Nach etwa 30 Minuten fängt das Variometer an zu fallen. Bangend beobachten wir die Nadel. Das gab es doch bisher noch nie! Unsere Kurfürst-Paula war immer für einen Einmotorenflug gut.

Wir müssen leichter werden! Alles, was herumliegt, muß heraus. Aber vorher gibt der Funker noch den Standort ab und meldet den Einmotorenflug. Der Spruch wird quittiert!

Wir packen alles zusammen, was raus kann. Bordwaffen und Munition fliegen durch die offene Bodenwanne.

Offenbar geht es jetzt. Das Variometer steht! Aber die Fahrt ist äußerst gering, kurz vor dem Abschmieren.

Nach einer Stunde befinden wir uns etwa in der Mitte zwischen Kreta und Tobruk. Da geht es wieder los! Mit ¼ Meter fallen wir wieder.

Nun werfen wir auch die Ausrüstung, auch die Fallschirme, über Bord. Alles nutzt nichts, wir fallen weiter. Liegt diesmal wahrscheinlich am Wetter!

Es wird nochmal genau nachgekoppelt, genau der Standort errechnet ... und unsere Notlandung angezeigt. Wieder kann Brückner den Spruch absetzen, und er wird auch empfangen.

Es geht abwärts! Schon sind die grünen Wellen mit den weißen Windstreifen genau auszumachen. Nur geht es jetzt von Sekunde zu Sekunde schneller abwärts.

Die Windrichtung liegt quer zum Kurs. Es können noch ein bis zwei Minuten sein, bis wir ins Wasser fallen. Brückner meldet nochmal den Standort!

Im letzten Moment dreht Karl-Heinz Bock eine flache Linkskurve in die Windrichtung, zum Glück ist etwas Mondschein da, der uns leuchtet.

Die Gischtstreifen kommen näher, immer schneller fliegen sie auf uns zu. Höchstens noch 5 bis 7 Meter sind wir hoch, es scheint, als gingen die Spritzer schon über uns hinweg. Gas raus, festhalten! schreit einer!

Da klatscht die Maschine auch schon auf, schlägt nochmal hoch, und dann wird es glasig und grün um uns. Ruhe!

Wasser dringt herein, wir sind untergetaucht!

Dann kommt das Flugzeug wieder hoch, schwimmt auf dem Wasser, schaukelt in der Dünung. Jetzt Gurte los und nichts wie raus auf die Tragflächen.

Kaden und Brückner haben bereits das Schlauchboot locker gemacht. Es fliegt jetzt aus der Halterung, bleibt im Päckchen an der Leine hängend auf dem Wasser liegen.

Es soll sich automatisch aufblasen, steht in der Betriebsanleitung.

Denkste, diesmal nicht! Es hängt im Packen an der Leine und liegt hinter dem Funkersitz auf dem Wasser.

Die See ist reichlich kabbelich, wir haben Mühe, uns auf der Fläche zu halten. Ich zähle, da fehlt doch einer? Wir sind doch zu fünft, hier aber nur vier!

Der Kriegsberichter fehlt, er steckt sicher noch im Flugzeug. Kaden taucht noch einmal hinein und findet den Zusammengesunkenen. Er ruft, daß er ihn hat, und stemmt ihn oben aus dem Funkerstand heraus. Gemeinsam holen wir ihn.

Langsam sinkt das Flugzeug weiter weg. Wir müssen nun unser Schlauchboot seeklar machen und einsteigen. Müssen es jetzt mit der Preßluftflasche aufblasen.

Zu fünft hängen wir nun am Schlauchbootpaket und versuchen erst einmal unsere Schwimmwesten aufzublasen. Teils geht das mit der Preßluft, teils muß es mit dem Mund gemacht werden. Dem Kriegsberichter seine blasen wir auf.

Nun will ich die Preßluftflasche des Bootes aufmachen und suche am Päckchen herum, wo sie liegt. Sie hängt doch sonst genau vorne am Nippel, man muß nur aufdrehen.

Aber diesmal hängt sie nicht dort, es ist überhaupt keine da!

Das gibt es doch nicht! Wir krabbeln nochmal das Bündel ab, ob sie woanders hängt. Nichts da, auch als wir versuchen, das Päckchen auseinanderzuziehen, wird keine Preßluftflasche entdeckt.

Was nun? Wie lange halten wir das ohne Schlauchboot in der Schwimmweste aus? Zum Glück ist das Wasser warm.

Aber ganz schlimm ist der Kriegsberichter dran. Hat scheinbar erhebliche Schmerzen, auch Blutverlust. Durch das Wasser hat er sich jetzt etwas aufgerappelt, aber wie lange?

Kaden macht sich am Nippel des Schlauchbootes zu schaffen. Versucht, es mit dem Mund aufzublasen.

Jeder denkt, das hat doch keinen Zweck, habe noch nie gehört, daß es sowas gibt.

Nach einer kurzen Zeit tastet aber jeder einmal nach der Hülle, ob da nicht doch etwas drin ist.

Und tatsächlich, sie wird dicker!

Aber da kommt eine andere Panne. Die Maschine sinkt und zieht das Bündel mit sich und damit auch uns!

Die Leine des Bootes hat sich in der zerfetzten Landeklappe verklemmt. Wer hat ein Messer? Keiner? In der Tasche hat man sowas beim Fliegen nicht, und das Klappmesser, das steckt in der Seenot-Ausrüstung im Schlauchboot.

An der zerfetzten Landeklappe säge ich die Leine durch, wir kommen frei!

Das Boot hing ausgerechnet an der linken Seite, an der des zerschossenen Motors. Hier floß jede Menge Öl heraus, und ich lag mittendrin in der Öllache. Das Gesicht, der Körper – besonders die Haare – sind voller Öl. Ich bin völlig verschmiert, die Haare stehen später, als sie trocken werden, jedes einzeln.

Aber wir sind frei, wir schwimmen, und unser Schlauchboot läßt sich aufblasen. Trotz der miesen Lage sind wir doch herzlich froh, jetzt auch zuversichtlich.

Mittlerweile ist unser Flugzeug versunken.

Wir schwimmen in unseren Schwimmwesten, und reihum versucht jeder, das Boot aufzublasen.

Es mögen wohl zwei bis drei Stunden vergangen sein, bis der Schlauch voll Luft war.

Jeder hat blutige Lippen. Der Seegang schlug den harten Nippel des Bootes beim Aufblasen immer gegen die Zähne. Aber das merken wir kaum, wir sind froh, daß wir nun ein fahrbares Boot haben.

Zuerst wird der Kriegsberichter hineingehievt. Er legt sich gleich flach hin. Vorsichtig klettern nun die anderen hinein. Das ist bei diesem Seegang gar nicht so einfach!

Kurz vor der Notlandung habe ich noch Sternsignalmunition in die Taschen gesteckt und mir die Signalpistole um den Hals gehängt. Das war gut so, denn jetzt stellen wir fest, daß auch keine Sternsignalmunition und keine Pistolen da sind. Wir hocken uns hin, auf die Wulst des Bootes. Es war Nacht, nur silbrig schimmerten die Sterne, und es wurde saumäßig kalt.

Das Boot schlug bald quer zu den anlaufenden Wellen, die Spritzer, die überkamen, machten uns nur noch nasser. Zudem bestand die Gefahr, daß man über Bord gehen konnte. Wir richteten es dann ein, hintereinander auf dem Boden zu sitzen, je einer vorn und hinten, mit dem Rücken zum Bug oder Heck, die anderen mittendrin. Das ging eine Zeit, aber nicht lange, die Beine schliefen ein. Mit der Zeit fand aber jeder seine richtige Lage, meistens ließen wir die Beine über Bord hängen. So nach und nach duselten wir ein, es war mittlerweile bereits der frühe Morgen angebrochen, eine lange Nacht lag hinter uns. Damit nichts Unvorhergesehenes passierte oder gar ein Suchflugzeug unbemerkt vorüberflog, wechselten wir uns mit stündlicher Ablösung im Wachhalten ab.

Die Morgenfrische war unangenehm, nur kurze Hose und Tropenhemd, barfuß und zudem total durchnäßt; wir kuschelten dichter aneinander.

Als die Sonne hochkam, wurde es besser, beinahe eine Urlaubstour! Aber dann, so gegen 1000 Uhr, da stach sie so unangenehm, daß wir uns öfter mit Seewasser abkühlen mußten. Die Folge war natürlich eine völlige Salzverkrustung, und das wurde mit der Zeit doch recht ungemütlich.

Gegen Mittag hörten wir Motorengeräusch, ein Flugboot kam in Sicht, aber weit am Horizont, es konnte uns nicht sehen. Der Kurs, den es flog, führte weit an unserem Standort vorbei. Trotzdem schossen wir ›rot‹. Keine Reaktion, es war zu weit weg, und wir standen gegen das Flugboot auch noch in der Sonne. Etwas später, kurz nach Mittag, tauchten zwei Heinkelflugzeuge auf. Das konnten nur unsere sein, sie hatten genau Kurs auf uns. Spannend warteten wir auf den richtigen Moment für ein Seenotsignal, für den roten Stern. Es klappte, sie hatten uns bemerkt und überflogen uns direkt. Anscheinend gaben sie jetzt die Standortmeldung für ein Flugboot, ein Seenot-Rettungsboot. In weiten Kreisen umflogen uns die beiden, nur kamen sie nie mehr näher an uns heran, hatten die uns vielleicht schon wieder verloren? Ich schoß nochmal ›rot‹. Keine Reaktion, die Kreise wurden immer größer und führten immer weiter von uns weg. Haben die Burschen den Wind nicht einkalkuliert, wissen die nicht die Abtrift zu berechnen? Enttäuschung und Niedergeschlagenheit breiteten sich bei uns aus. Nach einer Stunde waren beide verschwunden, in Richtung Kreta abgeflogen.

Noch hatten wir Hoffnung auf ein Seenot-Rettungsflugzeug, denn die haben doch sicherlich den Standort gemeldet – so meinten wir.

Einige Zeit später, es war früher Nachmittag, hörten wir wieder Motorengeräusche, diesmal aber aus dem Süden, aus Richtung Afrika.

Waren das schon die Kameraden vom Seenotdienst aus Derna? Es waren ein Flugboot und dazu noch drei Einmotorige. Als sie näherkamen, erkannten wir die Kokarden. Engländer! Das fehlte gerade noch! Jetzt aus Seenot gerettet werden und in Gefangenschaft kommen! Teufel nochmal, das wollten wir nicht, noch waren wir nicht so weit, daß uns auch das egal war.

Das Flugboot, eine Catalina, umkreiste uns, die drei Einmotorigen waren Jäger, sie hielten sich immer recht dicht am Flugboot. Dann setzte das Flugboot zur Landung an. Ein Anflug quer zur See, aber in Windrichtung. Erfolglos, er brach ab! War ihm der Seegang zu stark,wollte er es nochmal mit längslaufender See versuchen? Ja . . . er tat es! Wieder war ihm das Risiko zu groß, er startete durch! Beim dritten Anflug winkte er aus dem Seitenfenster heraus, so wie . . . tut mir leid, Freunde, ich kann nicht, der Seegang ist zu hoch!

Dann bogen die vier nach Süden ab. Ob sie uns erkannt hatten?

Später hörten wir vom gestrigen Angriff auf unsere Flugplätze und von abgeschossenen Angreifern. Suchten die Engländer auch nach notgelandeten Kameraden?

Ob wir erleichtert waren? Ich weiß es nicht. Später, als es wieder Nacht wurde und der Wind noch mehr auffrischte, meinte wohl der eine oder andere, daß es besser gewesen wäre, wenn die Engländer uns geholt hätten.

Die Nacht kam herauf, die Schaumköpfe wurden größer, schon bedrohlicher. Wieder wechselten wir uns stündlich mit der Wache ab. Der, der vorn saß, mußte das Boot mit den Händen oder Füßen in Windrichtung halten. Gar nicht so einfach ohne Paddel! Im Dahindösen begann das Phantasieren. Plötzlich schrie der Brückner auf: ›Aussteigen, wir sind da!‹ Er hatte wohl in seiner Phantasie Land gesehen, meinte, wir sind wieder daheim.

Wir hatten nun bereits über 24 Stunden nichts gegessen, schlimmer noch, nichts getrunken. Das machte sich quälerisch bemerkbar. Noch unangenehmer war der Sonnenbrand, den wir uns alle geholt hatten. Versuche, ihn mit Meerwasser zu kühlen, machten ihn nur noch quälender.

Diese Nacht war schlimmer als die gestrige. Diesmal war die Kälte viel heftiger zu spüren. Dösend, schlingernd und fast apathisch überstanden wir auch das und freuten uns auf die aufgehende Sonne.

Als es Tag wurde, kam auch wieder Leben in die Crew. Es wurde gerechnet, wie weit wir schon südlich getrieben waren, wie weit es noch bis zur afrikanischen Küste war. Das Wunschdenken überschattete hierbei die Realität. Karle meinte, bei einer Abtrift von etwa 15 km/h, er schätzte eine Windgeschwindigkeit von 30 km/h und dadurch eine Bootsabtrift von der Hälfte, wären wir bei 300 km Entfernung in zwei Tagen an der afrikanischen Küste. Weit gefehlt! Die Bootsabtrift ist weitaus geringer.

Ab und zu mußte auch mal einer von uns aus der Hose. Im Boot ging das nicht, er mußte außenbords gehen. War gar nicht so einfach! Damit keiner verlorenging, wurden die ›Austretenden‹ mittels aneinandergeknoteter Schwimmwesten angeseilt und nach ›Verrichtung‹ wieder an Bord gehievt. Zumindest gab das eine Betätigung und Abwechslung, auch heiterer Art.

Am Nachmittag war wieder Motorengeräusch zu hören. Es kam aus nördlicher Richtung. Waren ›unsere‹ noch in Aktion, suchten sie uns noch? War es vielleicht das Flugboot? Ja ... es war eins! Aber weit weg von uns in Richtung auf die afrikanische Küste. Wieder eine maßlose Enttäuschung! Außer diesem Flugboot hörten wir nichts. Es war, als sei das Mittelmeer ein ›Totes Meer‹. Nur Delphine tauchten ab und an auf, umkreisten uns und spielten miteinander. Ans Boot kam keiner, war ihnen scheinbar zu fremd.

Der Verwundete machte uns Sorgen. Wenn es auch nur ein Streifschuß war, so sah das doch recht schlimm aus. Die Wunde eiterte, ab und an bekam der Kriegsberichter glasige Augen. Es wurde höchste Zeit, daß er in ordentliche Behandlung kam.

Der Sonnenbrand tat weh! Den Kopf verhüllten wir mit dem Hemd, aber damit brannten Rücken und Brust um so mehr. Auch die Lippen, wund und verquollen vom Aufblasen, brannten heftig.

Wieder Nacht! Die See war noch genauso unruhig wie am ersten Tage. Es war eine lange, lange Zeit, die jeder phantasierend durchlebte. Mit beginnendem Morgengrauen wurde wieder der Horizont nach ›Pünktchen‹ abgesucht. Fast jeder hörte mal ein ›Motorengeräusch‹, wo es keins gab. Aber dann am Mittag, die Sonne stand fast senkrecht hoch, war doch echtes Motorengeräusch zu vernehmen, und bald sahen wir sie auch. Zwei Flugzeuge, He 111 ... kamen aus nördlicher Richtung direkt auf uns zu. Wir hatten noch drei Signalsterne. Mit geladener Pistole richtete ich den ersten Stern genau auf das erste Flugzeug. Gespannt sahen wir den Stern aufblitzen direkt vorm Flugzeug und ... er wurde gesehen! Das Flugzeug war direkt über uns, das zweite etwa 300 m daneben. Es kurvte sofort auf uns ein, und etwas Buntes flog zu uns herab. Ein Farbbeutel! Das Wasser färbte sich sofort ganz gelb, der Fleck breitete sich immer weiter aus. So war unser Platz markiert, so konnte er eigentlich nicht mehr verloren werden.

Beide blieben bei uns. Einer immer direkt am Ort, der andere in etwas weiterem Abstand. Der Farbbeutel, der hielt und markierte uns. Als sich die Farbe dann verlief, kam ein neuer von oben.

Das dauerte etwa 2–3 Stunden, denen da oben ging sicherlich bald der Sprit aus, so befürchteten wir und hofften auf rechtzeitige Ablösung. Sie kam dann auch! Es war das seit langem erwartete Flugboot. Eine Do 24, ein mächtiger Vogel, wenn man den von unten ansah.

Auf Fühlungshalter-Peilzeichen flog er uns an. Nun kam der spannende, der rettende Augenblick.

Das Flugboot setzte zur Landung an. Nichts war's, es kam nicht runter. Sollte es uns mit denen so ergehen wie vorgestern mit dem Engländer? Neuer Anflug vom Flugboot. Diesmal längs der See, also quer zum Wind. Auf einem Wellenkamm, etwa 500 Meter vor uns, setzte es nach mehrmaligen Hopsern auf. Die beiden Besatzungen aus den Heinkelmaschinen schauten interessiert zu. Ob das wohl klar ging?

Manchmal sahen wir das Flugboot überhaupt nicht, die Wellenkämme waren zu hoch. Aber dann kam es doch auf uns zu. Ganz langsam – meinten wir – trieb es heran.

Auf dem Stützschwimmer stand einer und hatte eine Leine in der Hand. Als er uns gewahr wurde, band er eine Schwimmweste daran fest und warf die Leine seitlich heraus. Daran festhalten! rief er uns zu. Nicht aus dem Schlauchboot aussteigen, im Boot bleiben und an der Leine festhalten, rief er immer wieder zu uns herüber.

Wir waren schon recht aufgeregt. Sollte es nun doch klappen? Jeder wollte zuerst die Leine erfassen, jeder griff danach, und beinahe passierte das, was die vom Flugboot verhindern wollten, das Schlauchboot kippte schon recht bedenklich und nahm Wasser über.

Wir trieben an das Flugboot heran. Der auf dem Stützschwimmer, ein Hüne aus unserer Sicht, packte den ersten am Kragen und hob ihn an Bord. Unser Schlauchboot war nun längsseits, wir hielten uns am Schwimmer fest. So, nun der Reihe nach, brüllte der Hüne. Erst halfen wir unserem Kriegsberichter heraus, und dann krabbelte einer nach dem anderen schnellstens auf den Stützschwimmer und ins Flugboot. Das alles dauerte vielleicht 2–3 Minuten. Wir wurden an Bord sofort in eine Decke gewickelt und in eine Koje geschoben.

Kommt ihr denn aus diesem Hexenkessel heraus? fragte ich den Hünen. Klar, meinte er, wenn nicht, gehen wir eben gemeinsam baden.

Es gelang! Nach einem langen Anlauf und kräftiger Hopserei riß der Kapitän sein Boot aus dem Wasser. Er titschte wohl noch so zwei- oder dreimal auf, aber es hielt ... wir waren in der Luft.

Unsere beiden Heinkel flogen Eskorte. Einer links, der andere rechts von uns. Durchs Bullauge schauten wir hinüber. Dann winkten sie uns nochmal zu und drehten in nördliche Richtung ab. Heim nach Athen! Unser Retter flog Kurs Süd, nach Afrika, nach Derna. Dort war die Seenotstaffel stationiert.

Nach geraumer Zeit kam einer zu uns nach hinten, den ich kannte. Es war einer von der Seefliegerschule, mit dem ich gemeinsam die ersten Runden gedreht hatte. Mensch Hannes*, du hier? Bist du Chef von diesem Verein? Das ist ja ein Ding! Beinahe so, als hätten wir untereinander etwas quitt zu machen. Eine tolle Überraschung. Die Seefliegerei war eben doch recht klein, einer kannte den anderen.

Ich war herzlich froh und bedankte mich bei Hannes Pusch, unserem Retter, daß er und seine Besatzung dieses große Risiko der Landung auf sich genommen hatten. Es war schon ein tolles Stück bei dieser bewegten See!

Der Fliegerhorst in Derna befand sich in einer kleinen Bucht an der Küste. An einer provisorischen Mole lagen 2 oder 3 Flugboote, dahinter einige Zelte, in denen die Besatzungen und das Bodenpersonal untergebracht waren.

Wir landeten in dieser Bucht, rollten zur Mole und soffen unterwegs nochmal ab. Das Flugzeug sackte beim Rollen immer tiefer, mit Vollgas raste es dann auf die Mole zu und blieb schließlich kurz vorher abgesackt liegen. Nur der Rumpf ragte noch halb aus dem Wasser. Wir hatten bereits wieder nasse Füße bekommen.

Was war diesmal passiert? Das Aufschlagen beim Start, das nochmalige Durchsacken und Aufprallen hatten die Bodenplatten beschädigt. Sie waren aufgerissen worden. Ein Glück, daß dann der Start gelang, eine Wiederholung wäre nicht möglich gewesen.

Im Sanka wurden wir zum Flugplatz der Stukaflieger gebracht. Dort gab es ein Krankenrevier und einen Truppenarzt. Er versorgte unseren Verwundeten und veranlaßte seinen Transport in das Afrika-Lazarett.

Die Betreuung und Versorgung waren einmalig. Wir bedurften nur einer ganz geringen Menge Schampus, um am Tisch einzuschlafen.

Ausgeschlafen und wieder frisch konnten wir am nächsten Tage nach Athen fliegen.

Der Fliegerführer Afrika hat uns sogar seine Ju 52 hierfür zur Verfügung gestellt.

In Eleusis, auf dem Flugplatz, erwartete uns fast die ganze Gruppe.

Bela, der Kommandeur, hatte alles aufgeboten, uns einen Empfang zu bereiten.

* Hannes Pusch, Staffelkapitän Seenotstaffel-Afrika.

Der eigentliche Retter, der, dem wir es zu verdanken hatten, daß die Suchaktion nicht abgebrochen wurde, als sie uns das erste Mal verloren hatten, war der Ia, Jan Adolf Hansen. Ihm hatten wir es zu verdanken, weil er sich behauptet hatte.

Im September verlegte die Gruppe nach Kalamaki. Der Flugplatz liegt auf der anderen Seite der Bucht von Piräus.

Der Vormarsch in Nordafrika war zum Stehen gekommen. Tobruk konnte nicht mehr eingenommen werden. Mitte November begann eine britische Gegenoffensive.

Die Gruppe wurde weiterhin gegen Schiffs- und Hafenziele an der afrikanischen Küste eingesetzt. Im November traten beim Afrikakorps erhebliche Nachschubprobleme auf. Insbesondere fehlte es an Treibstoff. Neben den Bombenangriffen flogen die Besatzungen nunmehr auch Versorgungseinsätze nach Afrika.

Von Kreta aus wurde Treibstoff hinübergeflogen. Rumpf- und ein Teil der Flächentanks wurden mit Kfz-Kraftstoff betankt und die Flugzeuge mit Benzinkanistern beladen. An Flugzeugbenzin wurde nur so viel betankt, daß Hin- und Rückflug gesichert waren.

Auf den Flugplätzen in Afrika spielte sich bei der Entladung jedesmal ein Kampf zwischen dem Nachschubpersonal und den Besatzungen wegen des verbleibenden Restbenzins in den Flugzeugtanks ab. Es war verständlich, daß die Afrikaner den letzten Tropfen haben wollten, aber die Besatzungen mußten wenigstens so viel behalten, daß sie wieder zurückfliegen konnten.«

Die 6. Staffel in Rumänien

Seit Herbst 1941 befand sich die 6. Staffel in Buzeau/Rum. Der Flugplatz lag etwa 80 km nördlich von Bukarest. Die Staffel unterstand dem VIII. Fliegerkorps.

Sie flog Torpedoeinsätze gegen Schiffsziele im Schwarzen Meer. Besonders gegen den Nachschubverkehr zwischen Kaukasus und Odessa.

Im Oktober begannen die Russen mit der Evakuierung von Odessa. Hierzu setzten sie ihre Flotte und Transportschiffe ein.

Die Torpedoangriffe wurden in den Dämmerungsstunden, morgens bzw. abends, geflogen. Immer im Rahmen einer »bewaffneten Aufklärung«. Das war eine recht mühsame Sache, einmal weil die Russen den Seeraum zwischen Krim und Odessa nur bei Nacht befuhren, zum anderen, weil über die Schiffsstandorte keine Aufklärungsmeldungen vorlagen.

Es war immer ein Suchen und Herumtasten in der kurzen Dämmerung. Der Staffel gelang es, im Zeitraum Oktober bis Dezember etwa 20000 Tonnen zu versenken.

Neben diesen Einsätzen wurde die Staffel auch zu Bomben-Nachtangriffen auf Landziele im Raum Odessa angesetzt. Der Staffelkapitän mußte sich hierfür jedesmal erst eine Lagekarte über den Frontverlauf beschaffen, damit die Angriffe nicht auf die eigenen Truppen erfolgten. Der Frontverlauf in diesem Gebiet war zu der Zeit recht verwirrend, und die Besatzungen waren für den Erdkampf nicht besonders geschult.

Nach dem Rückzug der Russen aus Odessa verlegte die Staffel nach Saki auf der Krim.

4. Herbst 1941: Das K.G. 26 wird Lufttorpedo-Geschwader

Die Engländer hatten mit Trägerflugzeugen im November 1940 die italienische Flotte vor Tarent angegriffen und dabei mittels Lufttorpedos beachtliche Erfolge erzielt.

Göring erinnerte sich nunmehr des Exposés des jetzigen Oberst i. G. Harlinghausen aus dem Jahr 1939 und bestellte ihn nach Berlin.

Nach dem Gespräch wurde Harlinghausen zum »Bevollmächtigten für das Lufttorpedowesen« ernannt und beauftragt, eine Ausbildungseinheit und eine Ausbildungsstätte hierfür aufzustellen sowie einige Kampfgeschwader im Lufttorpedoeinsatz auszubilden.

Der Bevollmächtigte (BFLT) stellte hierzu einen kleinen Stab mit erfahrenen Torpedofliegern mit Standort in Berlin zusammen.

Zu diesem Stab gehörte auch der Seeflieger, Oberleutnant z. S. Rolf Thomsen. Er wurde später Kommandant des U-Bootes 1202, für welches das K.G. 26 die Patenschaft übernahm und ihm das Löwenwappen verlieh.

Die auszubildenden und ausgebildeten Verbände sollten dem Bevollmächtigten für das Lufttorpedowesen unterstellt werden. Gewissermaßen ein »General der Kampfflieger LT«.

Nach der Ausbildung wurde das K.G. 26 das erste Lufttorpedogeschwader und sollte leider das einzigste seiner Art auch bleiben.

Die neue Geschwaderbezeichnung lautete nun: *Kampfgeschwader 26 (LT).*

Das Lufttorpedo-Lehrgeschwader – Kampfschulgeschwader 2 (K.S.G. 2)

Das war das neue Schulgeschwader für die Ausbildung von Torpedofliegern.

Diese Einrichtung war jedoch nicht etwa neu in der Luftwaffe. Schon 1935, bei der Aufstellung der See-Luftwaffe, gab es eine Torpedo-Ausbildungsstätte. Es war die Torpedo-Versuchsanstalt in Travemünde. Ostwärts der Travemündung, am Privall, hatte sich eine kleine Lufttorpedo-Versuchsanstalt etabliert. Dort, in der Pötenitzer Wiek, war gleichzeitig eine Katapult-Anlage für Startversuche von Bordflugzeugen aufgebaut.

Die Küstenflieger-Mehrzweck-Staffeln, ausgerüstet mit He 59, machten hier ihre Torpedoausbildung. In der Lübecker Bucht kreuzte ein Zielschiff, auf welches die Übungsangriffe geflogen wurden. Einige spätere Kommandeure und Staffelkapitäne des K.G. 26 haben hier ihre Torpedoausbildung erhalten.

Ende 1941, nachdem Oberst i. G. Harlinghausen zum Bevollmächtigten für das Lufttorpedowesen ernannt war, wurde in Grosseto/Italien das Kampfschulgeschwader 2 aufgestellt und die neue Torpedo-Ausbildungsschule gegründet.

Kommodore des Schulgeschwaders war Oberst Stockmann, sein Ausbildungsleiter wurde Major Werner Klümper, der spätere Kommodore des K.G. 26. Lehrgangsleiter waren frühere Seeflieger, die schon praktische Erfahrungen im Torpedoangriff erworben hatten. So u. a. die Oberleutnante Toball, Lorenz, Fritz Müller.

Als erster Verband kam die *I. Gruppe* zur Ausbildung. Sie lag damals in Nordnorwegen und hatte bereits vereinzelt Angriffe auf Murmansk-Geleitzüge geflogen.

Staffelweise wurden die Besatzungen nach Grosseto kommandiert und einer intensiven Ausbildung unterzogen.

Nach etwa zehn Tagen theoretischer Ausbildung ging es zur Praxis über. Das Schulgeschwader hatte ein Zielschiff und einige Fangboote, die draußen auf dem Meer zwischen Marina und Insel Giglio kreuzten und den Schülern für Zielangriffe zur Verfügung standen. Die Fangboote waren allerdings keine Zielschiffe, sondern dienten zum Einfangen und zur Bergung der abgeschossenen Übungstorpedos.

Die praktischen Übungen begannen mit *Zielanflügen – ohne Torpedo* – und dienten zur Erkennung von »Gegnerfahrt und Gegner-Lage«. Die Lage war der Winkel zwischen Schiffskurs und eigenem Anflugkurs. Er wurde zur Errechnung des Torpedo-Vorhaltewinkels (Schußwinkel) gebraucht.

Die Besatzungen mußten im Anflug die geschätzten Werte per Bordsprechanlage an das Zielschiff durchgeben. Die Schießleitung auf dem Schiff verglich diese Werte mit den tatsächlichen Daten.

Beide Werte wurden notiert und bei der Lagebesprechung ausgewertet.

Diese Anflugübungen erfolgten bei Tage, in der Dämmerung und auch bei Nacht. Letzteres nur in hellen Mondnächten.

Erstmals wurden hier auch Versuche gestartet, die fehlende Mondbeleuchtung durch Leuchtbomben zu ersetzen.

In der späteren Praxis kam das allerdings nicht zur Anwendung, weil das Überraschungsmoment höher eingeschätzt wurde als die künstliche Beleuchtung.

Die Schießleitung tat natürlich alles, um Verhältnisse herbeizuführen, die den Realitäten entsprachen, d. h. das Schiff veränderte seine Fahrt oder Lage während des Angriffes ständig.

Als nächstes kam das *Tagesschießen*. Angriffe mit Übungstorpedos auf das Zielschiff.

Jede Besatzung hatte fünf Übungsangriffe zu fliegen. Das Schiff wurde gefechtsmäßig im Tiefflug angeflogen. Bis auf Angriffsentfernung mußten wir herangehen, hochziehen auf 40 m Angriffshöhe, Torpedoabwurf und Abwehrbewegung. Die Schußwerte wurden zusätzlich in eine Tabelle eingetragen, vom Schiff erhielten wir per Funk den Torpedodurchgang, Treffer mit genauen Trefferangaben oder auch Fehlschuß mit Abstand zum Ziel.

Selbstverständlich waren die Torpedos so eingesteuert, daß sie unter dem Schiff hindurchliefen.

Der Torpedo tauchte am Ende seiner Laufstrecke wieder auf und wurde vom Fangboot geborgen. Am nächsten Tag war eingehende Besprechung jedes Angriffs.

Nunmehr folgten Übungen in der *Abend- bzw. Morgendämmerung*. Hier hatte jede Besatzung drei Angriffe. Dann kam der *Nachtangriff*. Entweder bei wolkenlosem Himmel oder bei Mondschein. Das war schon schwieriger, denn die Schießleitung verhielt sich kriegsmäßig, d. h. sie manövrierte durch Kurs- und Fahrtänderungen den Angriff aus. Das bedufte einer guten Beobachtungsgabe und eines schnellen Reaktionsvermögens. Beides waren Vorbedingungen für einen erfolgreichen Torpedoflieger.

Als Abschluß der Ausbildung wurde der *Zangenangriff in Staffelstärke* geübt.

Das Ziel wurde von vorn angeflogen und nach Ausschwärmung der Flügelflugzeuge zur Zangenbildung angegriffen. Um das zu üben, wurden mehrere Blindangriffe, ohne Torpedowurf, geflogen. Die fliegerische Beherrschung des Zangenangriffs war die Voraussetzung für erfolgreiche Angriffe auf größere Kriegsschiffe.

Alle Übungsangriffe erfolgten unter Einsatzbedingungen. Das waren der Verbandsstart auf der Startbahn mit einem Startabstand von 30 Sekunden, Sammeln zum Verbandsflug und Tiefflug über See, auch bei Nacht, in das Zielgebiet. Die Heranführung an das Ziel erfolgte mittels Funkpeilverfahren. Am Ziel befand sich ein Flugzeug als Fühlungshalter und sendete die Funk-Peilzeichen.

Zum Abschluß der Ausbildung wurde ein *Verbandsangriff mit Übungstorpedos* geflogen.

Besonderer Wert wurde auf die Ausbildung der Verbandsführer gelegt. Das waren nicht nur die Kommandeure und Staffelkapitäne, sondern alle Schüler, die für eine spätere Verbandsführung in Betracht kamen.

Damit ersetzte das Lehrgeschwader die Ausbildung, die bei anderen Verbänden auf der Verbandsfliegerschule erfolgte.

Im Jahre 1943 verlegte das Kampfschulgeschwader 2 nach Riga. In enger Verbindung mit der *IV. Gruppe* wurde dort die Torpedoausbildung fortgesetzt.

In Riga übernahm Oberst Beyling, der frühere Kommandeur der II. Gruppe, als Kommodore die Führung des Kampfschulgeschwaders.

Der Bevollmächtigte für das Lufttorpedowesen hatte bis zum September 1942 eine Logistikorganisation aufgebaut, die den Einsatz der Torpedoflieger an allen europäischen See-Kriegsschauplätzen ermöglichte!

1. Kompanie in Saki-Krim
2. Kompanie in Catania/Sizilien (mit einem Betriebszug auf Kreta)
3. Kompanie in Grosseto
4. Kompanie in Sörreisa und in Bardufoß Nordnorwegen
5. Kompanie in Banak (mit einem Zug in Petsamo)
6. Kompanie in Rennes/Westfrankreich.

Später kamen eine 7. und 8. Kompanie hinzu. Deren Standorte waren den jeweiligen Verhältnissen, den Standorten der fliegenden Verbände angepaßt. Auch die oben genannten Kompanien wechselten den Standort entsprechend dem jeweiligen Bedarf.

Der Lufttorpedo

Zwei verschiedene Torpedos waren meistens verfügbar. Der Whitehead Fiume, eine italienische Lieferung, und der deutsche Torpedo F5.

Der italienische Torpedo wog etwa 850 kg, der F5 nur 750 kg.

Beide hatten eine Laufstrecke von 3000 Metern und entwickelten eine Geschwindigkeit von 40 km/h.

Die Sprengladung betrug ca. 200 kg.

Im Kopf des Torpedos war eine Pistole mit Aufschlagzündung und später auch eine mit Magnetzündung eingebaut.

Gesichert war diese Pistole durch eine Propellerspindel, die sich beim Eintritt des Torpedos in das Wasser, nach einer Laufzeit von etwa 500 Metern, von selbst scharf einstellte. (Durch die Vorwärtsbewegung des Torpedos durch das Wasser drehte sich der kleine Propeller und gab nach der genannten Laufstrecke die Zündung frei.)

Beide Torpedos verlangten eine Mindestwassertiefe von 15 Metern zum Einsteuern, eine Abwurfhöhe von 40 Metern und eine Abwurfgeschwindigkeit von etwa 200 km/h.

Die beiden letzten Forderungen schafften uns beim Einsatz nicht unerhebliche Probleme. Mußten wir doch gerade zu dem Zeitpunkt des Zielens und des Ruhiglegens des Flugzeuges auch noch die Fahrt vermindern und die Maschine auf 40 Meter Höhe präsentieren. Eine bessere Zielscheibe gab es nicht!

Beide Torpedos hatten eine Winkelschußeinstellung, d. h. das Ziel wurde direkt angeflogen und in den Torpedo ein Vorhaltewinkel eingegeben. Der Vorhaltewinkel errechnete sich aus Gegnerfahrt und Gegnerlage. Aus einer Tabelle entnahm der Beobachter diese Werte, indem er mit den beiden geschätzten Daten – Fahrt und Lage – in die Tabelle ging und die Vorhaltewerte ablas. Sie wurden mittels einer Spindel in das Steuerwerk des

Torpedos eingedreht. Später hatte man hierfür ein Rechengerät und tippte nur noch die geschätzten Daten ein.

Die Torpedos hingen in einer Aufhängevorrichtung unter dem Rumpf des Flugzeuges. Die Abfeuerung erfolgte mittels einer elektrischen Auslöseeinrichtung.

Die Torpedo-Betriebskompanie

Bereits ab 1936 gab es zwei Torpedo-Betriebskompanien in Travemünde bei der Luftwaffen-Torpedoversuchsanstalt und auf Sylt in List. Erst als Lufttorpedos zum Einsatz kamen, wurden weitere Torpedokompanien aufgestellt. Sie lagen in Norwegen bei den Seefliegern und teilweise auch an der Atlantikküste und im Mittelmeer.

Die Torpedokompanien hatten eine große mechanische Werkstatt, in der die Aale gewartet, gepflegt, gefechtsbereit und zur Beladung gelagert waren.

In dieser Halle herrschte dauernder Betrieb. Jeder Aal, der neu hereinkam, mußte probelaufen. Vor jeder Beladung fand ein weiterer Probelauf statt.

Die Kompanien waren mit gut ausgebildeten Mechanikern besetzt, deren Schulung und Ausbildung bei der Marine in Flensburg erfolgt war.

Die *Einsatzaufgabe* war, die Kampfverbände mit Lufttorpedos zu versorgen, diese zu lagern, gefechtsbereit zu halten und die Flugzeuge damit zu beladen.

Die Stärke einer Kompanie betrug etwa 80 Mann. Neben dem Torpedo-Fachpersonal gehörte noch das normale Truppendienstpersonal zur Stammbesetzung dieser Kompanie. In der Zuordnung der Kompanien zu den fliegenden Verbänden ergab es sich schon wegen der verschiedenen Standorte und auch aus Gründen der Mobilität, daß *jede Fliegergruppe mit einer Lufttorpedo-Betriebskompanie ausgestattet war.*

5. Das Geschwader im Jahre 1942 – Die I. Gruppe

Der Standort war Drontheim-Vernes. Von hier wurde zu Einsätzen gegen Schiffsziele und zur bewaffneten Aufklärung in die nördliche Nordsee gestartet. Die Aufklärungswege führten bis hinüber an die schottische Küste, und fast immer wurden ein Einzelfahrer oder ein Geleitzug* festgestellt und mit Bomben angegriffen. Die Versenkungsziffern der Tonnage stiegen von Einsatz zu Einsatz.

Im März 1942 übernahm der Kommandeur, Oberstltn. Busch, eine neue Aufgabe. Er wurde zum Fliegerführer Norwegen Nord ernannt. Diese Führungsstelle wurde neu errichtet, und deshalb ging ein Teil seines Stabes mit ihm dorthin. Die Führung der Gruppe übernahm stellvertretend Hauptm. Eicke.

Im Frühjahr 1942 begann auch die Zeit der Umschulung der Besatzungen vom Bomben- auf den Torpedoeinsatz. Die 3. Staffel wurde als erste aus dem Einsatz genommen und zum Torpedo-Lehrgeschwader K.S.G. 2 nach Grosseto/Italien kommandiert.

* Geleitzug: Stärken, Aufbau, Beladung, Sicherung usw. s. Anhang, S. 331ff.

Bardufoß: Ein Flugplatz nördlich von Narwik

Bereits 1941 lieferten die Amerikaner erhebliche Mengen Kriegsmaterial nach Rußland.

Von Island kommend fuhren sie in großen Geleitzügen südlich an Spitzbergen vorbei nach Murmansk und Archangelsk. Die Sicherungen übernahmen ab Eismeer die Engländer.

Von Drontheim aus waren diese Geleitzüge nicht erreichbar. Sie lagen außerhalb der Reichweite. Um diese Geleitzüge bekämpfen zu können, verlegte die I. Gruppe im März 1942 nach Bardufoß.

Der Flugplatz Bardufoß liegt in einem Tal, inmitten eines Kranzes hoher Berge. Teilweise sind diese Berge bis zu 1100 Meter hoch. Ein Anflug, bei Wolkenuntergrenzen von unter 1000 Metern, konnte nur durch den Malangerfjord oder über Sörreisa erfolgen. Beide Anflugwege waren verhältnismäßig gut mit Funkfeuern und Leuchtfeuern ausgestattet.

Bei Nacht und bei Schlechtwetter – im Winter dort immer – bedurfte es guter Ortskenntnisse und sicherer navigatorischer Befähigungen, um sicher zur Landung zu kommen. Start- und Landebahn bestanden aus einer Betonbahn von etwa 1100 Meter Länge. Links und rechts der Bahn befand sich Moorlandschaft. Jetzt, im Winter, lagen an beiden Seiten der Bahn riesige Schneedämme von wenigstens 5 Meter Höhe, die von der Schneeräumung der Bahn stammten.

Der Anflug von Westen, über die Schneise Sörreisa, konnte nur über einen 200 Meter hohen Bergrücken, der dicht am Platzrande endete, erfolgen. Um den Kopf der Startbahn zu erreichen, mußte man den Hügel hinab, wie in einem Fahrstuhl rutschen.

Aus Osten kommend, also durch den Malangerfjord, mußte der Anflug stimmen. Ein Durchstarten ging wegen des vorne liegenden Hügels nicht.

Wer die Anflugschneise des Malangerfjord nicht kannte und die falsche Weiche erwischte, kam meistens aus den Bergen nicht heil heraus.

Die Abstellplätze der Flugzeuge befanden sich im seitlichen Gelände auf befestigten Plätzen. Sie waren nur über eine einzige Rollbahn erreichbar. War diese blockiert, fiel der Start aus.

Durch den Fliegerhorst führte die später so bekannt gewordene Eismeer-Straße.

Die Besatzungen kamen alle gut an. Die letzte Grosseto-Staffel hatte noch einen Abstecher über Kreta machen müssen, weil gerade ein englischer Geleitzug vor der afrikanischen Küste gemeldet worden war. Zum ersten Lufttorpedo-Einsatz kamen sie dort aber nicht.

Die Boden-Einheiten der Gruppe wurden teils per Lufttransport, teils auf dem Land-Seewege transportiert.

Nach einer eingehenden Einweisung in die fliegerischen Verhältnisse war die Gruppe ab Mitte März einsatzklar.

Ab Frühjahr 1942 flog die I. Gruppe Lufttorpedoeinsätze gegen PQ- und QP-Geleitzüge. Erstere fuhren beladen nach Rußland, letztere kamen leer von dort zurück.

Im März 1942 begannen die ersten Angriffe. Es ging gegen den PQ 13/QP 9.

Am 27. März wurde er durch Aufklärer erfaßt.

Fernaufklärer der Seefliegergruppe Tromsö, die mit BV-Flugbooten ausgestattet waren, fanden ihn. Die I. Gruppe wurde in Startbereitschaft gelegt. Das Wetter im Zielgebiet und über dem gesamten Eismeer war außerordentlich schlecht.

Schneetreiben mit Kältegraden um die 25 Grad herrschte dort oben.

In dieser Schlechtwetterfront fuhr der Geleitzug.

Am 29. März wurde ein erster Start riskiert. Hauptm. Eicke, der die Gruppe noch führte, sollte einen Angriff fliegen. Nachdem die erste Welle gestartet war, wurde der Start abgebrochen.

Die neuesten Wettermeldungen waren noch schlechter, die Sicht lag zeitweise unter 100 Meter.

Trotzdem blieb die erste Staffel in der Luft, versuchte vor der Küste zu sammeln und ging dann auf Kurs, Richtung Bären-Insel.

Das Unglück wurde komplett, als auch noch der Fühlungshalter* ausfiel.

Die Staffel wurde nach 1½ Stunden Flugzeit zurückgerufen. Trotz der miesen Wetterlage kamen alle wieder.

Diese Großwetterlage herrschte während der ganzen Zeit, in der sich der Geleitzug im Angriffsbereich der Gruppe befand. Ein Angriff durch Torpedoflugzeuge erfolgte deshalb nicht mehr.

Vier Wochen später, Ende April, wurde der nächste Geleitzug gemeldet. Es war der PQ 15. Im isländischen Hafen Reykjavik sammelte er zum Auslaufen.

Sofern es die Eisgrenze erlaubte, fuhren die Geleitzüge nördlich um Island herum, an Grönland und der Insel Jan Mayen vorbei und zwischen der Bären-Insel und den Hope-Inseln hindurch. Mit Ostkurs steuerten sie die Barents-See an und gingen dann, etwa bei Erreichen des 35. Längengrades, auf Süd-Südost-Kurs zur Ansteuerung der russischen Eismeerhäfen Murmansk oder Archangelsk.

Die Aufklärer erfaßten den Geleitzug.

Bei der I. Gruppe wurde Startbereitschaft befohlen. In den frühen Morgenstunden des nächsten Tages kam sie zum Einsatz.

In Bardufoß herrschte noch tiefster Winter. Entlang der Startbahn türmten sich noch die hohen Schneewälle. Etwa 15 Flugzeuge waren einsatzklar.

Der Staffelkapitän der ersten Staffel war Verbandsführer. Vor dem Malangerfjord ließ er zum gelockerten Verbandsflug sammeln und steuerte dann Kurs auf den Fühlungshalter.

Nach etwa 2½ Stunden Flugzeit müßte der Geleitzug erreicht werden. Das Flugwetter war wirklich sehr schlecht. Zeitweise flogen die Besatzungen in dichten Schneeschauern und hatten fast überhaupt keine Sicht.

Der Verband flog in zwei Wellen. Die erste Welle auf Peilzeichen des Fühlungshalters zu. Bei dem Führerflugzeug der zweiten Welle war das Peilgerät ausgefallen, deshalb flog man nach Koppelnavigation. Sicht zur ersten Welle, wegen des schlechten Wetters – keine!

Nach etwa drei Stunden stieß die erste Welle auf einen Zerstörer. Hauptm. Eicke erwartete, daß hier auch der Geleitzug stehe und gab über Bordsprechanlage Befehl zum Einzelangriff. Diese Entscheidung traf er wegen der geringen Sicht. Er wollte nicht riskieren, mit dem Verband am Ziel vorbeizustoßen, sondern wenigstens die Chance haben, im Einzelanflug Ziele zu finden. So war es dann auch: Fast alle Besatzungen fanden ein Schiff und kamen zum Angriff.

Der starke Seegang, die geringe Sicht und auch die gegnerische Abwehr verhinderten aber den erhofften Erfolg. Nach der Rückkehr wurden drei Treffer gemeldet. Das Kriegstagebuch des Oberkommandos meldete unter dem 3. Mai 1942: »3 Frachter mit 15 808 Bruttoregistertonnen versenkt.«

Die zweite Welle fand den Geleitzug nicht und kehrte mit den Torpedos nach Bardufoß zurück.

Zwischen dem 25. Mai und dem 30. Mai stand der nächste Geleitzug an. Es war der PQ 16/QP 14.

* Fernaufklärungsflugzeuge, mit Funkmeßgerät ausgestattet, die am Geleitzug Fühlung hielten. Sie meldeten per Funk Standort, Kurs und Fahrt des Geleitzuges sowie Wetter. Zur Heranführung des Kampfverbandes wurden Funk-Peilzeichen gesendet.

Wieder erfaßten ihn die Seeaufklärer von Tromsö und meldeten 34 Handelsschiffe mit einer starken Sicherung durch Kriegsschiffe.

Am 27. Mai kam der Geleitzug in den Angriffsbereich der Torpedoflieger. Er stand südöstlich der Bären-Insel. Gemeinsam mit dem K.G. 30, deren Staffeln zum Teil in Bardufoß, zum anderen in Banak lagen, wurde der Angriff angesetzt.

Die I./K.G. 26 hatte nur 11 Flugzeuge einsatzbereit. Hauptmann Eicke übernahm die Angriffsführung. Geplant war ein kombinierter Angriff mit Stukas und Torpedofliegern. Der erste dort oben im Nordmeer!

Es klappte nicht so, wie es geplant war. Als Eicke mit seiner Angriffswelle den Geleitzug erreichte, hatten die Stukaflieger bereits angegriffen. Die gegnerische Abwehr konnte sich nunmehr auf die Torpedoflieger konzentrieren.

Unglücklicherweise konnte Hauptm. Eicke den Angriff nicht aus vorderlicher Lage ansetzen, weil er vom Westen aus auf den Verband traf. Ein neuer Anlauf schien ungünstig, der Gegner hatte ihn bereits erkannt.

Der Angriff erfolgte deshalb einzeln, so daß sich jede Besatzung noch in eine einigermaßen günstige Position setzen konnte. Natürlich wurde damit jeder einzelne gezielt unter Feuer genommen.

Von den eingesetzten Besatzungen gingen zwei verloren. Der Wehrmachtbericht meldete:

> »Südlich der Bäreninsel griffen bis zum späten Abend Kampfverbände mit Ju 88 und He 111 ein nach Murmansk bestimmtes Geleit an und versenkten sechs Frachter mit 36 987 Tonnen, bei drei eigenen Verlusten. Einige weitere, darunter ein polnischer Zerstörer, wurden schwer beschädigt.«

Von dieser Tonnage kamen ein versenkter Frachter und zwei beschädigte auf das Konto der I./K.G. 26.

Lufttorpedoangriff auf PQ 17: 4. Juli 1942 bis 10. Juli 1942 (Eismeergeleitzug)

Seit dem 27. Juni war der Geleitzug PQ 17 unterwegs. Im Hvalfjord bei Reykjavik auf Island wurde er zusammengestellt. 36 vollbeladene Handelsschiffe mit Kriegsmaterial, Rohstoffen und Lebensmitteln waren unterwegs nach Rußland. In den Häfen Murmansk und Archangelsk wurden sie erwartet.

Die ersten Meldungen kamen über den B-Dienst. Aber auch die Fernaufklärer des K.G. 40, die Condors aus Drontheim-Vernes, hatten die Zusammenstellung in dem isländischen Fjord schon beobachtet.

Die ersten Tage, bis zum 1. Juli, war sein Standort nicht zu erfahren. Im Seegebiet um Island herrschte schlechtes Wetter. Tiefhängende Wolken und Regenböen verhinderten jegliche Aufklärung. Ab 1. Juli wurde der Konvoi wieder gesichtet. Deutsche U-Boote orteten ihn und folgten im Kielwasser. Sein Standort war im Gebiet von Jan Mayen, weit draußen, außerhalb der Reichweite der Gruppe. Aber spätestens in Höhe der Bären-Insel mußte er auf Ostkurs gehen, die Eisgrenze zwang ihn dazu. Dann kam er in den Bereich der Kampfflugzeuge.

Am Nachmittag des 2. Juli wurde er erstmals von Torpedoflugzeugen angegriffen. Die Küstenfliegergruppe aus Sörreisa mit ihren Seeflugzeugen He 115 flogen den Angriff. Geführt wurde diese Staffel von ihrem Kapitän, Hauptmann Vater, später Kommandeur im K.G. 26. Die Maschine Vaters wurde abgeschossen. In einer Bravourleistung ohne

Beispiel landet im dichten Beschuß sein Staffelkamerad Oberleutnant Burmester neben ihm und rettet die drei.

Der Start gelingt. Alle sechs kommen heil heim.

Der Angriff der Seeflieger brachte nicht viel Erfolg. Die Abwehr durch Bewachungsschiffe, Zerstörer, Kreuzer, Korvetten und Flakschiffe war zu aufmerksam und zu stark.

Am nächsten Tag, dem 3. Juli, schlägt das Wetter wieder um. Die Fronten von Island hingen jetzt über dem Seegebiet. Die Fühlungshalter verloren das Geleit. Am nächsten Morgen wurde das Geleit durch die Seeflieger wieder gefunden. In der Frühe gelang ein Angriff. Ein Liberty-Dampfer* wurde versenkt.

Am 4. Juli ist das Wetter wieder besser. Angriffe sind zu jeder Tageszeit zu fliegen. Tag und Nacht bleibt es ja hell hier oben. Die Aufklärer geben genauen Standort und Wettermeldungen. Der Geleitzug steht jetzt ostwärts der Bären-Insel.

Beim Fliegerführer, auf seinem Gefechtsstand in Bardufoß, herrscht Hochbetrieb.

Der Fliegerführer Nord, Oberst Ernst August Roth, und der Fliegerführer Nord-Ost, Oberst Alexander Holle, unser alter Kommodore von 1939/40, führten gemeinsam die Operationen. Aber jeder für sich alleine in seinem Operationsraum. Und dieser war gebietsmäßig genau abgegrenzt. Die Verbände in Bardufoß gehörten zu Oberst Roth. Dazu gehörten neben den Aufklärern und einer Jagdgruppe die Verbände des K.G. 30 und die I./K.G. 26.

Wurden von beiden Bereichen Verbände eingesetzt, am Ziel gemeinsam operiert, so wurde natürlich vorher abgesprochen, wer was macht.

Gegen Mittag war eine Einsatzbesprechung. Die vom K.G. 30 sollten vor dem I./ K.G. 26 im Sturzflug mit schweren Bomben angreifen. Die He 111 danach mit Torpedos. Jede Maschine hatte zwei geladen. Die Angriffszeit war auf 2000 Uhr angesetzt. Es stellt sich schon jetzt die Frage, warum nicht eine gemeinsame Angriffszeit befohlen wurde. Die Ju's waren eine Stunde früher dran. Wäre das zur gleichen Zeit für beide Verbände gewesen, hätte eine wesentlich größere und bessere Zersplitterung der Abwehr erwartet werden können.

Die I. Gruppe hatte 26 Flugzeuge einsatzbereit. Eine stolze Zahl, die lange nicht verfügbar war. Hauptmann Eicke führte den Angriff.

Der Angriffsverband bestand aus drei Wellen. Alle drei hintereinander. Draußen vor dem Malangerfjord wurde gesammelt, und im Tiefflug hintereinander gestaffelt wurde der Marsch in das Zielgebiet angetreten. Die Abflugzeit stimmte.

Weit vor dem Zielraum stand eine feindliche Korvette und sah die Angreifer. Sofort funkte sie und schlug Alarm. In der Aufregung sah sie zuerst nur die erste Welle und meldete acht Flugzeuge. Verbesserte sich aber schnell auf 15 und schließlich auf 25 Flugzeuge. Jedenfalls war nun der Konvoi gewarnt.

Eicke gab Angriffsbefehl. Die zweite Welle schob sich nach rechts neben die erste. Die dritte Welle nach links. Gemeinsam brachen sie in den Geleitzug ein. Ein mörderisches Abwehrfeuer schlug ihnen allen entgegen. Wassersäulen stiegen hoch. Die Flugzeugführer mußten während des Angriffs noch erhebliche Abwehr- und Ausweichmanöver machen.

Zwei Flugzeuge der ersten Welle, das von Leutnant Hennemann und das von Leutnant Kanmayer, schoben sich vor und zogen die stärkste Abwehr auf sich. Beide erhielten Treffer. Hennemann nahm sich einen großen Brocken, der mitten im Konvoi fuhr, vor. Beide Aale brachte er an und traf. Den Frachter riß es auseinander, aber auch Hennemann wurde schwer getroffen. Sein Flugzeug stürzte brennend ab und versank. Von der

* Liberty-Schiffe, Standardfrachtschiffe, die während des Zweiten Weltkrieges in den USA zum Ausgleich der Tonnageverluste in Schnellbauweise gebaut wurden. Insgesamt 2,2 Mio BRT. Organisator: H. J. Kaiser.

Besatzung wurde keiner gerettet. Die Besatzung Kanmayer wurde von der Flak von allen Seiten erwischt. Kanmayer war mitten im Geleit und so dicht an den Schiffen, daß er mit MG beschossen wurde. Er nahm sich einen Zerstörer, der vor ihm stand, und preschte auf ihn los. Mitten im Anflug zerfetzten Flaktreffer die Kanzel. Er und sein Beobachter wurden verwundet. Aber er schaffte es noch, daß er die brennende Maschine auf das Wasser aufsetzen konnte. Die Aale war er vorher losgeworden.

Alle vier, Leutnant Kanmayer, Feldwebel Schlenkermann, Unteroffizier Clausnitzer und Gefreiter Mands brachten es fertig, noch in das Schlauchboot zu steigen. Sie wurden gerettet. Der Zerstörer, der sie abgeschossen hatte, nahm sie sogar noch an Bord.

Hauptmann Eicke berichtet

»Nach Vorwarnung durch das südlich stehende Bewachungsschiff erkannte ich voraus die Aufbauten eines mächtig großen Schiffsverbandes. Masten, Schornsteine und Schiffsrümpfe stiegen aus dem Dunst auf. Wir kamen schnell näher. Der Geleitzug fuhr in mehreren Kiellinien nebeneinander. Es mögen 9–10 gewesen sein. Und hintereinander waren es immer so zwischen vier und fünf Schiffe.

Etwa zehn Kilometer vor der ersten Schiffslinie gab ich Angriffsbefehl. Beide hinter mir fliegenden Wellen schoben sich nach vorne und öffneten sich nach links und rechts. Sie bildeten einen offenen Viertelkreis, fast eine Zangenbewegung. Schon weit vor dem Ziel schlug uns mörderisches Feuer entgegen. Nicht nur aus Schiffsflak und Maschinenwaffen, sondern auch mächtige Wassersäulen stiegen hoch. Manche zum Greifen nahe. Sie stammten von dem britischen Kreuzerverband, den Kreuzern »London« und »Norfolk«, die in den Kampf eingriffen. Der Verband fuhr sehr dicht, so daß ich Mühe hatte, zwischen den Kriegsfahrzeugen und den Handelsschiffen hindurchzukommen, um in der Mitte, wo erfahrungsgemäß die dicksten Brocken fahren, ein ordentliches Ziel zu finden. An manchem Frachter mußte ich so dicht vorbei, daß ich die Männer an den Geschützen erkennen konnte. Wir kamen etwas achterlich an den Verband heran, mußten also nach vorne ausholen, um in eine gute Schußlage zu kommen.

Vor uns, mit Lage 80, ein großer Frachter. Wir schätzten ihn auf etwa 7000 Tonnen. Bei einer Entfernung von ca. 1500 Metern ziehe ich hoch auf 40 Meter und komme mittschiffs ab. Beide Torpedos fallen. Im Abdrehen muß ich versuchen, zwischen den Reihen hindurchzukommen. Ich muß sehen, daß ich wieder auf Südkurs komme. Im Tiefstflug, dicht über der Wasseroberfläche, fliege ich Abwehrbewegungen. Ziehe wieder hoch, um den Wassersäulen zu entgehen. Noch im Anflug erkennen wir, daß der Frachter getroffen wird. Eine Dampf- und Rauchwolke und ein großer Feuerball zeigen die Detonation an. Aber auch unser Flugzeug bekommt Treffer ab. Der Funker meldet Qualm am rechten Motor, eine weiße Rauchfahne zieht hinter uns her. Ich sehe nach den Instrumenten. Der Öldruck fällt, die Temperatur steigt. Trotzdem, der Motor muß noch laufen. Wir müssen erst hier heraus. Und wir schaffen es. Dabei versuche ich, Höhe zu gewinnen. Nun fängt der Motor schon an zu rütteln, Instrumente stimmen nicht mehr, Öldruck fällt, Temperatur steigt. Mit bleibt nichts anderes, als den Motor sofort abzustellen. Zum Glück haben wir mittlerweile 200 bis 300 Meter Höhe erreicht. Als die Luftschraube stand, sahen wir, daß auch diese Treffer abbekommen hatte. Ich hatte soviel mit Austrimmen und Geradehalten zu tun, daß ich anfangs gar nicht merkte, wie wir an Fahrt verloren und auch Höhe aufgaben. So ging das nicht. Der Vogel hielt sich nicht. Mit einem Motor werden wir es nicht schaffen.

Ganz langsam, aber sicher, ging es abwärts. Wir mußten leichter werden, wenn wir die Küste erreichen wollten. Also raus, was nicht gebraucht wurde. Gemeinsam schaffte es meine Besatzung, der Leutnant Renz, der Oberfeldwebel Gabler und der Funker, die Panzerplatten abzubauen und durch die Bowa rauszuwerfen.

Auch die Munitionstrommeln und die Maschinengewehre flogen hinterher. Wir wurden leichter und damit hatten wir die Chance, daß wir die Höhe halten würden. Es wurde langsam besser. Ich konnte das Variometer auf Null halten, so daß wir nicht mehr fielen. Langsam, ganz langsam nahm ich auch etwas mehr Fahrt auf. Nun probierte ich zu steigen. Mit knapp ¼ Meter ging es. Zum Glück lief der Motor ruhig. Wir schöpften wieder Hoffnung. Leutnant Renz koppelte nach und machte eine möglichst genaue Standortbestimmung. Den Standort gab der Funker an die Bodenstelle durch. Wir wollten wenigstens sicher gehen, daß die daheim wußten, was bei uns los war. Und falls wir notlanden mußten, sie die Suchaktion entsprechend ansetzen könnten.

Nach Stunden kam die Küste in Sicht. Wir schafften es. Schon beim Erkennen der Küstenformation fanden wir unsere Einflugschneise im Malangerfjord. Unsere Navigation stimmte also. Jetzt kam noch die Einmotorenlandung auf dieser schmalen, kurzen Startbahn. Auch das ging. Kurz vor Platzende kamen wir zum Stehen. Abgekämpft und als letzte der Gruppe trafen wir auf dem Gefechtsstand ein.«

Hier noch ein Bericht des Leutnants Brian G. Welch von den US-Marine-Kanonieren. Er erlebte Eickes Angriff auf dem Nachbarschiff, der »William Hooper«*.

Er schrieb darüber in seiner Meldung an den stellvertretenden US-Marine-Attaché in Archangelsk: »Als die Maschinen sich auf ungefähr 3000 Meter genähert hatten und auf die ›William Hooper‹ eindrehten, gab ich den Befehl: ›Feuer frei!‹ Das 7,5-Zentimeter-Geschütz am Bug, das 10-Zentimeter-Geschütz am Heck und alle Maschinengewehre eröffneten das Feuer. Ein Bomber drehte ab. Die Maschine an der Spitze löste ihre Torpedos und zog über unserem Bug steil hoch ...

Der dritte Bomber kam direkt auf uns zu und warf nur fünfhundert Meter entfernt seine Torpedos ab. Sie sprangen einmal vom Wasser hoch, dann verschwanden sie unter der Oberfläche.

Eine unserer 7,5-Zentimeter-Granaten explodierte vor der rechten Tragfläche des Flugzeuges. Einen Augenblick lang schien es in der Luft stillzustehen. Aber dann setzte es seinen Flug fort, kam direkt auf unser Brückenhaus zu. Während dieser Zeit war die Maschine ständig unter Feuer von uns und den Nachbarschiffen.

Plötzlich riß der Flugzeugführer seinen Bomber steil nach oben. Dabei sah ich, daß aus seiner rechten Tragfläche Rauch kam. Als ich wieder in die Anflugrichtung der Maschine blickte, sah ich einen Torpedo auf unser Schiff laufen.

Ich schrie: ›Torpedo auf Steuerbord!‹, sprang zurück zum Schornstein und klammerte mich dort fest.

Der Torpedo traf unseren Ballasttank. Die Wucht der Explosion schleuderte den Kessel durch das Oberlicht des Maschinenraums. Das Schiff bebte und begann über das Heck schnell zu sinken.

Ich lief zum Geländer des Peildecks, aber Rauch, Flammen und Dampf aus den zerrissenen Rohren waren so dicht, daß ich weder Heck noch Bug erkennen konnte.

Ich rannte daher den Niedergang zum Bootsdeck hinunter. Dort ließ die Mannschaft gerade die unbeschädigten Boote an Backbord herunter. Ich stürzte zum Hauptdeck, wo sich auf der Steuerbordseite meine Kabine befand. Dort hatte ich drei Postsäcke mit Geheimpapieren für Rußland untergebracht.

Der Gang zur Kabine war voller Rauch und Flammen. Auch meine Kabinentür

* Mit freundlicher Genehmigung des Mosaik-Verlags, Hamburg, entnommen aus: Günter Karweina »PQ 17«.

brannte bereits. Ich mußte umkehren und wartete auf dem Bootsdeck, bis die beiden Rettungsboote im Wasser und die Männer in den Booten waren.

Das Deck über den hinteren beiden Luken stand bereits unter Wasser. Die Kanoniere des Heckgeschützes sprangen daher ins Wasser und kletterten auf ein Floß. Ich überzeugte mich davon, daß niemand von der Geschützbedienung zurückgeblieben war, dann stieg auch ich in ein Boot. Gleich darauf folgten der Erste Offizier und der Kapitän.«

Der zweite Torpedo von Hauptmann Eicke wurde beim Aufprall auf die Wasseroberfläche abgelenkt und lief auf das Nachbarschiff der »William Hooper«, die panamesische »Troubadour« (6 458 BRT), zu.

In seinem »Action Report« schrieb Fähnrich Howard E. Carraway von den US-Marinekanonieren darüber: »Der Torpedo lief in einer Kurve auf das Schiff zu und drohte es in Höhe der Brücke zu treffen. Ich schoß sofort mit meinem Lewis-Maschinengewehr auf ihn, um ihn abzulenken, und rief dem Kapitän zu, in welcher Gefahr wir schwebten.

Er brachte das Schiff in kurzer Zeit so weit herum, daß es fast parallel zu dem Torpedo lief. Da tauchte der Torpedo plötzlich unter – und als er wieder sichtbar wurde, hatte er einen Haken geschlagen und näherte sich erneut unserer Bordwand, diesmal auf Backbord . . .«

Fähnrich Carraway hatte als einziger Führer einer Geschützbedienung im PQ 17 einen für Rußland bestimmten Tank auf dem Vorderdeck öffnen und das Geschütz bemannen lassen. »Das Tankgeschütz und unsere 37-Millimeter-Kanone nahmen nun den Torpedo unter Feuer, um ihn entweder zur Explosion zu bringen oder ihn abzulenken. Sie warfen ihn tatsächlich aus dem Kurs. Nur wenige Fuß hinter dem Heck des Schiffes lief er vorbei.

Aber da machte er wieder eine Kurve und kam auf unsere Steuerbordseite zu.

Jetzt konnte ich ihn direkt unter Feuer nehmen. Als ich rund 75 Schuß abgegeben hatte, stoppte der Torpedo, richtete sich mit seiner Spitze steil aus dem Wasser und versank.«

Die »William Hooper« und die »Troubadour« liefen am Schluß der beiden Kolonnen auf der westlichen Seite des Geleitzugs, wo die Sicherung nicht besonders stark war. Das Gros der Torpedobomber aber fand sich nach dem Anflug durch die Wolken im Osten von PQ 17. Und dort kreuzte außer dem britischen Flakkreuzer »Palomares« gerade auch der amerikanische Zerstörer »Wainright«.

Der damals 27jährige Leutnant und Flugzeugführer Georg Kanmayer schrieb:

»Mein Freund, Leutnant Hennemann, und ich brachten die Motoren auf Volleistung und drückten die Maschinen auf das Wasser herunter. Ich setzte mich in Richtung Mitte des Geleitzuges ab. Nach Rücksprache mit meinem Beobachter, Feldwebel Schlenkermann, nahm ich einen großen Frachter zum Ziel, zog die Maschine auf Angriffshöhe (ca. 20 bis 25 Meter) und griff an.

Nun kam ich in den Bereich der Geschütze des amerikanischen Zerstörers ›Wainright‹. Wassersäulen umgaben mich. Die Maschine schaukelte wie betrunken infolge der in der Nähe explodierenden Granaten. Mein Funkgerät wurde durch einen Treffer zerstört.

Dann war ich nahe genug, um einen Torpedo auszulösen. Ich hörte noch, wie mir zugerufen wurde, er laufe prächtig. Da gab es einen fürchterlichen Krach, und einige Sekunden lang sah ich nichts mehr vor Splittern und Dreck.

Als ich wieder sehen konnte, merkte ich, daß die Maschine auf den Zerstörer zuflog. Ihr linker Motor und das ausgelaufene Hydrauliköl in der Kanzel brannten. Ich selbst brannte auch an einigen Stellen. Sämtliche Scheiben und Instrumente meiner Maschine waren zerstört.

Unser Bordmechaniker, Gefreiter Mands, kam, um nach mir zu sehen. Ich nickte mit dem Kopf zum Zeichen, daß ich noch lebte. Er lief nach hinten und holte den Feuerlöscher. Ich drückte die Flammen an mir aus und stellte dabei fest, daß mein Zeigefinger an der linken Hand nur noch an einem Stückchen Haut hing.

Dann riß ich die Maschine in eine rechte Steilkurve. Während dieser Zeit deckte mein Beobachter den Zerstörer aus der 2-Zentimeter-Kanone mit Feuer ein. In der Kurve bekam ich noch einen Volltreffer in den Öltank.

In der Zwischenzeit hatte mein Mechaniker im Notwurf den zweiten Torpedo abgeworfen. Es war ihm nicht gelungen, das Feuer zu löschen, weil der Luftzug die Flammen in den Mittelgang riß. Ich war im toten Winkel der Flammen.

Erst jetzt kam ich dazu, den linken Motor abzustellen. Eine Möglichkeit, ohne Öl nach Hause zu fliegen, gab es nicht mehr. Ich setzte deshalb mit ca. 200 Kilometer Stundengeschwindigkeit zur Wasserlandung an.

Doch auch die Landeklappen waren nicht mehr in Ordnung. Die Maschine setzte leicht auf das Wasser auf, sprang zwei-, dreimal hoch, bis die Geschwindigkeit nachließ, dann unterschnitt sie das Wasser und lag auf der Oberfläche still.

Die Bremswirkung riß mich aus dem Sitz über die Steuersäule hinweg. Ich fiel auf meinen Beobachter und brach mir dabei den linken Mittelhandknochen. Das Feuer war endlich aus.

Als wir das Kabinendach öffnen wollten, stellten wir fest, daß der Griff verschwunden war. Mit dem Notgriff konnten wir das Dach öffnen und aussteigen. Mein rechtes Bein hielt wegen einer starken Verletzung nicht mehr stand, und ich fiel in das kalte Wasser. Ich schwamm wieder an die Maschine heran, kletterte auf die Tragfläche und rief meinem Funker, Unteroffizier Clausnitzer, zu: ›Schlauchboot raus!‹

Mands und Clausnitzer, beide nicht verletzt, machten das Schlauchboot klar. Mein Beobachter hatte einige Splitter im Kreuz. Der erste Treffer hatte ihm übrigens die Brille und die Schuhsohlen weggerissen.

Wie zum Abschied von unserer Maschine heulte noch eine Granate über uns hinweg und ging hinter uns im Wasser hoch. Nach 10 bis 15 Minuten wurden wir dann von einem britischen Zerstörer aufgefischt. Am nächsten Tag stoppte der Verband kurz, und mein verletzter Beobachter wurde auf einen Kreuzer transportiert.«

Eine weitere Besatzung hat den Rückflug nicht geschafft. Es war die des Staffelkapitäns der zweiten Staffel, Oberleutnant Heinz Jente.

Er hatte die zweite Welle geführt und war von Nordosten in den Geleitzug eingebrochen. In seiner Welle befand sich auch Leutnant Kanmayer. Auch er, wie eigentlich alle anderen Besatzungen, war in das konzentrierte, gut liegende Abwehrfeuer der Schiffe geraten.

Jente hatte seine beiden Torpedos noch gezielt werfen können, aber wegen der massierten Abwehr die Wirkung nicht mehr gesehen. Sein Flugzeug war von Treffern durchsiebt. Die Kanzel war durchschossen, und er hatte auch Treffer im linken Motor erhalten.

Nach Abwurf der Torpedos zog er rechts eine Steilkurve und konnte nach vorne entkommen. Noch liefen beide Motoren. Aber beim linken fiel ganz langsam der Öldruck. Auf 1000 Meter schaffte er es noch, mußte dann jedoch den linken Motor, die Temperatur war schon am Kochen, abstellen. Nach Abwurf der Panzerplatten, der Bordwaffen und der Munition hielt sich die Maschine zunächst. Über die Hälfte der Strecke nach Bardufoß wurde geschafft. Jetzt wurde auch der rechte Motor sauer. Der Bordmechaniker hatte schon vorher bemerkt, daß mit dem Instrument etwas nicht stimmte. Sorgenvoll hatte er es schon eine ganze Zeit beobachtet.

Es kam dann so, daß eine Notlandung auf See bevorstand. Der Funker konnte noch einen einigermaßen stimmenden Standort absetzen. Die Temperatur am Motor stieg jetzt derartig, daß sich Oberleutnant Jente zur Notlandung entschließen mußte. Er sprach nochmal mit seiner Besatzung alles durch, insbesondere wie das Schlauchboot klarzumachen sei, und ab ging es.

Längs der kaltgrünen Wellenkämme, quer zum Wind, brachte er seine Maschine herunter. Nach mehrmaligem Aufschlagen auf dem Wasser tauchte sie schließlich unter. Um ihn wurde es hellgrün, und überall strömte das Wasser herein. Dann tauchte der Vogel wieder auf und lag schließlich auf einer Welle. Jetzt nichts wie raus. Schon vorher, als die Besatzung noch in der Luft war, hatten sie alles zum Aussteigen Notwendige bereitgelegt und eingesteckt. Schlauchboot und Schwimmwesten waren zum Aufblasen bereit.

Der Bordmechaniker und der Funker brachten hinten am Funkerstand das Schlauchboot nach oben. Halb aufgeblasen legten sie es auf die Fläche. Nun hielten sie die Schwimmwesten bereit. Die Preßluftflasche zum Aufpumpen des Bootes reichte nicht mehr aus. Deshalb mußte der Blasebalg heran. Schlauch und Blasebalg waren schnell angeschlagen. Auf der Fläche ging das nicht mehr, denn die Maschine fing an abzusaufen. Alle vier sprangen ins Wasser. Das Boot mit sich nehmend, wurde es nun vollständig aufgepumpt. Obwohl es Sommer war – das Wasser hier im Eismeer ist immer eiskalt. Frierend kauerten sich die vier aneinander und hofften, daß der Seenotrettungsdienst sie recht bald finden würde. Nichts da! Es wurde Tag und wieder Abend. Kein Seenotrettungsboot und auch kein Seenotrettungsflugzeug war in Sicht. Es war jetzt spät in der Nacht – hier war es hell –, als sie in der Ferne das Tuckern eines Bootes hörten. Kommt doch der Seenotdienst? Sie mußten jetzt aufpassen und sich bemerkbar machen. Noch sahen sie nichts. Da, etwa 800–1000 Meter querab lief ein Fischerboot. Jente schoß sofort rote Signalsterne in diese Richtung, und da drehte das Boot auch schon auf sie zu. Die vier wurden an Bord gebracht, Fischer nahmen sie auf. Nachdem sie die nassen Klamotten ausgezogen hatten, wärmten sie sich auf. Die wenigen Decken, die es hier gab, und ein Kanonenofen brachten das fertig. Am nächsten Tag wurden sie an Land gebracht. Ein Fahrzeug der Gruppe holte sie dort draußen ab und brachte einiges für die Fischer mit.

26 Flugzeuge waren gestartet, 22 waren zurückgekommen. Von den fehlenden vier war eine Besatzung durch Fischer gerettet worden, es fehlten also drei. Neben Hennemann und Kanmayer wurde eine weitere Besatzung vermißt.

Von den zurückgekehrten Flugzeugen waren fast alle beschädigt worden. Fast keines hatte den Einsatz ohne Beschuß überstanden.

Eickes Bericht meldet: drei versenkte Frachter und wahrscheinlich drei weitere beschädigt. Vom Fliegerführer erhielt er noch in der Nacht die Nachricht, daß von seinen Torpedofliegern ein schwerer amerikanischer Kreuzer versenkt worden sei. Ein U-Boot habe das gemeldet, es sei dabei gewesen. Gemeldet hatte das keiner. Es konnte eventuell Hennemann gewesen sein, einige Besatzungen hatten gesehen, wie er ein größeres Kriegsschiff angegriffen hatte.

Die Schlacht um PQ 17 ging weiter. Am Morgen des 5. Juli entschied die britische Admiralität das Zurückziehen der Kreuzer-Sicherungsgruppe vom Geleitzug. Der Geleitzugkommodore erhielt den Befehl, wegen Bedrohung durch feindliche Überwasserstreitkräfte die russischen Häfen anzulaufen.

»Rette sich, wer kann«, würden wir sagen. Was war geschehen? Ein russisches U-Boot und auch ein englisches U-Boot hatten vor der norwegischen Küste das Auslaufen eines deutschen Flottenverbandes beobachtet und gemeldet. Die Admiralität erwartete jetzt, daß die deutschen Seestreitkräfte den Rest und auch das Kreuzergeschwader angreifen und erledigen würden. Daß das nicht so war, sondern der deutsche Hochseeverband wieder zurückgerufen wurde, konnten sie nicht wissen.

Der Geleitzug kam aus der Reichweite der I. Gruppe heraus. Es konnte jetzt nur noch vom Flughafen Banak aus angegriffen werden. Hier lag die III./K.G. 30. Sie wurde eingesetzt und hat auch einen Großteil der einzelfahrenden Schiffe vernichten können, auch unsere U-Boote waren mit am Werk.

Warum die I. Gruppe nicht sofort wieder klargemacht und von Banak aus eingesetzt wurde, ist heute nicht mehr erklärbar.

Von diesem großen Geleitzug wurden 24 vollbeladene Frachter vernichtet.

Major Werner Klümper wird Kommandeur der I. Gruppe

Im Juli 1942 wurde Major Werner Klümper Kommandeur der I. Gruppe.

Klümper war Staffelkapitän in einer Seeflieger-Gruppe gewesen und zuletzt Ausbildungsleiter bei K.S.G. 2 – der Torpedoschule in Grosseto.

Major Klümper war ein Torpedoflieger der ersten Stunde. Bereits 1936, bei den ersten Torpedoversuchen der Küstenfliegerstaffeln, war er dabei gewesen. Für die Gruppe war er kein Unbekannter, denn die Besatzungen hatten ihn bereits in Grosseto kennengelernt.

Mit dem Eintreffen Klümpers begann die weitere taktische Schulung der Gruppe und eine engere Zusammenarbeit mit den Kampffliegerverbänden und den Fernaufklärern.

Das, was weiter vorn über die Ausbildung der Verbandsführer und Besatzungen gesagt wurde, versuchte Klümper als Fortsetzung seiner Tätigkeit in Grosseto hier in die Praxis umzusetzen.

Diese Aufgabe ging er sehr energisch und zielstrebig an.

Mit einer sorgfältigen Vertiefung der navigatorischen Schulung der Besatzungen, ihrer theoretischen Ausbildung in Schiffstypenkunde – daran fehlte es ja bei allen – begannen Einzel- und Verbandsübungen im Seetiefflug und Torpedoangriffsflug.

Er und seine Staffelkapitäne nahmen Kontakt mit den Seeaufklärern auf und machten sie mit den Belangen der Torpedoflieger vertraut. Sie vermittelten ihnen, worauf es beim Torpedoangriff ankommt. Was die Torpedoflieger wissen müssen, ehe sie auf den Gegner treffen, wie Windrichtung, Windstärke, Seegang, Wolkenhöhe, Bedeckung, Sicht, wie und wo steht der Gegner, insgesamt das bewußte: »Wann – Wer – Wo – Wie.«

Alles das wurde gemeinsam schulmäßig geübt.

Auch die Besprechungen mit den Bomberverbänden leitete er ein. Gemeinsam wurden die Angriffstaktiken entwickelt. Es war klar, daß die nicht immer gleich waren, sie konnten sich schließlich nur aus der Situation beim Gegner ergeben, und diese Varianten mußte man eben kennen.

Ein Riesenprogramm hatte sich der neue Kommandeur vorgenommen. Um alles abhaken zu können, hätte er Monate gebraucht.

Die Besatzungen waren dankbar und machten begeistert mit. Schließlich ging es ja um ihren Einsatz, um ihren Erfolg und letztendlich um ihr Leben.

Mitten in diese ganze Ausbildungsphase kam die seit langem erwartete Meldung über den nächsten PQ.

Anfang August wurden durch Fernaufklärung die Versammlung und Zusammenstellung eines großen Geleitzuges in Hvalfjord auf Island gemeldet. Über 40 Frachter, dazu Kreuzer und Zerstörer, wurden festgestellt.

Einige Tage später waren diese Schiffe weg. Also befanden sie sich auf dem Wege nach Rußland, so nahm man an. Aufklärer wurden angesetzt. Sie flogen das ganze Seegebiet, in dem der Geleitzug stehen konnte, ab. Nichts! Schlechtwetterfronten, Böen, worin sich die ganzen Geleitzüge verstecken konnten, zogen über das Nordmeer. Die Aufklärer suchten und suchten, sie fanden ihn nicht.

Die Besatzungen der Bomben- und Torpedoflieger lagen in Bereitschaft. Alles war klar zu einem Großeinsatz.

Tagelang ging das so. Da es jetzt im August rund um die Uhr herum im Nordmeer hell ist, geht die Bereitschaft auch ohne Unterbrechung. Ab und zu wird nur mal daran erinnert, daß Bereitschaft besteht. Bei den Tagesverhältnissen, immer hell, und der Länge der Zeit könnten es die Flieger vergessen. Schließlich wird der Geleitzug gefunden. Nicht im Nordmeer, sondern in Richtung nach Süden, nach Gibraltar zu. Die Verhältnisse im Mittelmeer, Nachschub nach Malta und Nordafrika, hatten trotz Stalins dringender Hilferufe Vorrang.

Für die Gruppe war die Bereitschaft zu Ende. Der erwartete PQ 18 kam erst im September.

Die Versammlung von Schiffen vor Island bekam der Fliegerführer schon Anfang September durch den B-Dienst zu erfahren.

Anfang September wurde er von den Seefernaufklärern aus Tromsö vor Jan Mayen gefunden. Er stand noch außerhalb der Reichweite der Bomben- und Torpedoflieger. Die Gruppe hatte noch zwei – drei Tage Zeit, bis sie eingesetzt wurde. Erst wenn der Geleitzug in Höhe der Bären-Insel war, konnte er angegriffen werden.

Rechtzeitig wurden die Staffeln unterrichtet. Die Techniker setzten alles dran, ihre Maschinen einsatzklar zu machen.

Der PQ 18-Geleitzug

Die Seefernaufklärer waren laufend am Geleit. Es war eine Riesenarmada, die da nach Rußland fuhr. 39 Frachter, 1 Tanker, 3 Rettungsschiffe, dazu ein enger Sicherungsgürtel von Zerstörern und Korvetten. Nördlich vom Geleit stand eine Kreuzergruppe.

Am nächsten Tag war noch Sicherungsverstärkung gemeldet. Ein Flugzeugträger mit Zerstörersicherung kam hinzu. Das war neu in diesem Seegebiet. Damit wurden die Angriffe um ein Vielfaches schwieriger.

Am Freitag, den 13. September, mittags um 1300 Uhr war Einsatzbesprechung. Mit allen Kräften sollte angegriffen werden.

Die I. Gruppe brachte 24 Flugzeuge zum Einsatz. Dazu kamen die Sturzbomber vom K.G. 30 mit Ju 88 aus Bardufoß und aus Banak. Auch unsere III. Gruppe, die jetzt in Banak lag, war erstmalig dabei. (Siehe hierzu S. 154 ff.)

Major Klümper machte die Einsatzbesprechung. Eine neue Lage – nicht die Frachter, sondern der Flugzeugträger war Angriffsziel Nr. 1. Ein Trauma! War den Herren in Karinhall denn tatsächlich ein Prestigeerfolg wichtiger als die Vernichtung von Kriegsmaterial für eine ganze Armee? Dieser Befehl, den Flugzeugträger anzugreifen, wird die Torpedoflieger noch viele Jahre verfolgen.

Mit dem K.G. 30 und den Gruppen aus Banak war eine gemeinsame Angriffszeit abgesprochen.

Am späten Nachmittag war Start. Aus den Abstellboxen kamen die Flugzeuge staffelweise angerollt. Vor der Flugleitung, auf der großen Betonplatte, stellten sie sich auf.

Der Startoffizier gab Maschine nach Maschine frei. Alle 30 Sekunden hob eine ab.

Einzeln flogen sie durch den Malangerfjord nach draußen vor die Küste. Dort wurde in drei Wellen gesammelt. Klümper flog vorne und führte. Im Tiefflug, unter 20 Meter Höhe, wurde das Zielgebiet angeflogen. Funkstille war vereinbart. Auch mit dem Fühlungshalter. Erst eine halbe Stunde vor der vereinbarten Angriffszeit sollte er kurz Peilzeichen senden.

Um bei dieser Abwehrstärke des Gegners und den Jagdflugzeugen überhaupt eine Chance zu haben, muß der Überraschungseffekt ausgenutzt werden. Hoffentlich steht die Sicherung des Geleitzuges nicht zu weit südlich, damit der Verband nicht zu früh gemeldet wird, meinten die Flieger.

Die Bomberstaffeln waren nach den Torpedofliegern gestartet. Sie sind schneller! Bei der Entfernung machte das fast eine Flugstunde aus. Wenn alle gemeinsam ans Ziel kamen, konnte es sein, daß die Jäger oben bei den Bombern waren. Nicht nur, daß der Angriff der Torpedoflieger dadurch etwas einfacher, etwas gefahrloser würde, nein, wenn man oben flog, hatte man auch mehr Abwehrchancen. Denn beim Sturzflug der Ju 88 kamen die alten Hurricans sowieso nicht mit. Das Wichtigste aber, der obenfliegende Kampfverband konnte durch dichten Verbandsflug eine enorm starke Feuerkraft entwikkeln, das ging bei den Torpedofliegern nicht.

Die Sicht war gut. Wie geschaffen für diesen Angriff. Nicht zuviel, nicht zuwenig, etwa zehn Kilometer weit konnten sie sehen. Zeitweise leichter Sprühregen. Wenn Kurs und Standort stimmten, konnte auch die Überraschung gelingen. Nur nicht zu sorglos, nur nicht unterschätzen, war den Besatzungen eingehämmert worden; denn die Geleitzugfahrer kannten sich aus und wußten, wann sie im gefährlichen Seegebiet standen. Schließlich waren das ja auch alles alte Fahrensleute, die schon manchen Angriff mitgemacht hatten.

Die Zeit zum Peilzeichensenden war da. Klümper und auch sein Funker hörten nichts. Nach dem gekoppelten Standort mußten sie eigentlich schon im Zielgebiet sein. Der Kommandeur gab noch 15 Minuten zu, auf die Gefahr hin, am Geleitzug vorbeizustoßen. Nach 15 Minuten ging er auf Gegenkurs. Der Verband blieb zusammen, dann drehte er auf Ostkurs, auf Suchkurs ein.

Direkt vor ihm, etwa 15 Kilometer voraus, tauchte der Geleitzug auf. Jetzt kam er von hinten, mußte zum Angriff aber möglichst in eine vordere Position kommen. Er gab den Angriffsbefehl zum Zangenangriff. Vom Flugzeugträger war nichts zu sehen. Die Flugzeuge der ersten und der zweiten Welle stoßen nach vorne. Eine Welle links, eine Welle rechts. Nur mit Vollgas ging das. Die dritte Welle teilte sich ebenfalls nach links und nach rechts, blieb aber hinten. Jetzt wurden auch die Ju 88 sichtbar. Das waren aber nicht die Bomber, sondern das war die III. Gruppe von Hauptmann Nocken. Weiter wird nach dem Hauptziel, dem Flugzeugträger, gesucht. Noch hat ihn überhaupt niemand gesehen. Auch feindliche Jäger waren nicht da. Der Kommandeur gab per Funkspruch den Angriff frei. Jeder suchte sein Ziel und griff an.

Mächtiges, konzentriertes Abwehrfeuer schlug allen entgegen. Wassersäulen stiegen hoch, bis auf 40 Meter kamen die rauf. Sie stammten von den schweren Kreuzern, die mit Schiffsartillerie schossen und in den Abwehrkampf eingriffen. Anscheinend waren die Bomber auch im Angriff. Oben waren Sperrfeuerwolken zu sehen.

Trotzdem, die Frachter und Zerstörer schossen wie wild, sie wußten, welche Gefahr Torpedos sind. Der Geleitzug war die Hölle.

Sauber, wie sie es gelernt hatten, versuchte jeder seinen Angriff anzusetzen. Trotz der massiven Schießerei und der Abwehrbewegung gingen sie vom Tiefflug hoch auf Abwurfhöhe, zielten, Torpedolage einstellen, abwerfen und runter. Alles nur Sekunden, aber doch unendlich lange, wenn man da oben in diesem Feuerhagel hängt. Schwerpunkt des Angriffes waren nun doch die Frachter. Der Träger hatte sich wegen des zu erwartenden Angriffs etwas nördlich herausgesetzt. Er wurde nicht gesehen. Nur wenige Minuten dauerte der Angriff. Die Besatzungen versuchten, so schnell wie möglich diesem Inferno zu entkommen. Tolle Abwehrbewegungen, vielfach in nur wenigen Metern über der Wasseroberfläche, mußten geflogen werden. Es war ein Hexenkessel. Im Angriff und beim Abflug wurden Torpedotreffer festgestellt.

Am nächsten Tag: Die Flugzeuge wurden sofort wieder einsatzklar gemacht. Kleine Schäden besserten die Techniker, die erste Warte und ihre Kameraden von der FBK selbst aus. 22 Maschinen wurden wieder klar gemeldet. Der Einsatzbefehl kam – umgehend. Wieder stand der Flugzeugträger im Vordergrund. Der Kommandeur führte nochmal selbst. In zwei Wellen will er angreifen. Die III. Gruppe aus Banak ist auch wieder dabei. Aber wesentlich weniger Flugzeuge hatte sie diesmal bereit.

Der Kommandeur wollte diesmal aus Osten kommend angreifen, das heißt, er setzte seinen Kurs weiter östlich ab und drehte dann von dort kommend gegen den Geleitzug nach Westen ein. Es gelang! Bei sehr klarer Sicht kam der Geleitzug pünktlich über die Kimm hoch. Rauchwolken, dann Masten und Schornsteine, und schließlich werden die Schiffskonturen sichtbar. Ein großer Brocken stand mitten vor dem Geleit. Das wird der Träger sein. Klümper gab Befehl zur Zangenbildung, zum Angriff. Die Flügelmaschinen schossen vor und bilden eine Zange. Sie wollen schon einschwenken, als der Kommandeur erkannte, daß es nicht der Träger, sondern ein großer Frachter war. Aber Jäger waren da. Sie kamen von vorne und griffen an.

Durch Bodensprechgerät gab er die Jagdwarnung durch und befahl Zielwechsel auf den nördlich des Verbandes jetzt erkennbaren Träger. Aber schon zu spät. Die Flugzeuge kamen nicht mehr alle mit. Die meisten steckten im tiefsten Abwehrkampf gegen die Jäger und auch in Abwehrbewegung gegen die Schiffsflak. Nur mit zwei Maschinen kam noch eine Angriffsänderung, ein Zielwechsel, zustande. Es war schon ein Wagnis, in dieser Situation einen Zielwechsel zu befehlen. Auch die Angriffsrichtung, die Lage zum Ziel, paßte nicht mehr in das Bild. In einem sehr spitzen Winkel kamen zwei Maschinen, die Kommandeurmaschine und noch eine andere, an den Träger heran und brachten ihre Aale zum Laufen.

Bedingt durch die Jäger und die mörderische Abwehr wurden Treffer nicht beobachtet. Durch diese starke Abwehr hatte die Gruppe erhebliche Verluste, auch Totalverluste.

Nur wenige Flugzeuge waren nach dem zweiten Angriff noch einsatzbereit.

Am nächsten Tag, dem 15. August, war so schlechtes Wetter, daß kein Einsatz stattfinden konnte. Vor der Küste lagen tiefe, geschlossene Wolken mit starkem Schneefall. Der übernächste Tag war wieder besser. Wieder Einsatzbesprechung. Aber nur acht Flugzeuge sind klar. Die III. Gruppe hatte nur noch fünf. Gemeinsam mit der III. erfolgte der nächste Angriff. Die Bomber konnten nicht starten, weil am Ziel eine Wolkenuntergrenze von etwa 200 Meter herrschte. Die Angriffswelle der Torpedoflugzeuge wurde vom Kapitän der 2. Staffel, Hauptmann Hildebrand, geführt.

Angriffstaktik und Angriffszeit waren mit den Besatzungen der III. Gruppe abgesprochen. Der Verband stand weit östlich der Bären-Insel. In den frühen Nachmittagstunden sollte angegriffen werden.

Der Treffpunkt klappte. Es war ein Wunder, daß das bei der schlechten Sicht und dem schlechten Wetter funktionierte. Auch der Fühlungshalter funkte seine Peilzeichen.

In einer breiten Welle, von Südosten kommend, griffen die Besatzungen an. Es war wie gestern. Nur daß sich das Abwehrfeuer jetzt auf diese wenigen Flugzeuge konzentrierte. Wieder wurden Treffer erzielt, aber es gab auch wieder Verluste.

Lassen wir doch einmal einen von der III. Gruppe des K.G. 30, Leutnant Stahl, erzählen, was er bei einem Angriff der Torpedoflieger empfindet. Aus seinem Buch »Kampfflieger zwischen Eismeer und Sahara«, S. 260/261, entnehmen wir:

»Es wurde noch kein Einsatz auf die Schiffe geflogen, weil das Wetter draußen im Eismeer einfach zu schlecht ist. Lediglich ein Verband Torpedoflieger hat angegriffen und dabei verheerende Verluste erlitten. Es sollen 27 Ju 88 abgeschossen worden sein. Arme Schweine, diese Torpedoflieger. Sie müssen im Tiefflug, bei gedrosselter Geschwindigkeit, bis auf etwa 800 Meter an die Schiffe heranfliegen, bevor sie ihre Torpedos auslösen können. Bereits da sind sie in einer roten Wand von gezielten Leuchtspurgranaten. Dann gilt es für sie, aus dem Abwehrbereich herauszukurven. Ich kenne kein Rezept, diese Augenblicke höchster Gefahr ohne Treffer – ohne tödliche Treffer – zu überstehen. Wenn ich für eine Gattung von Fliegern Bewunderung empfinde, so sind es die Kameraden von der Torpedofliegerei!«

Soweit Leutnant Stahl. Wir von der Torpedofliegerei wußten, daß es so war.

Mit diesem Einsatz war die Geleitzugschlacht der I. Gruppe gegen den PQ 18 abgeschlossen. Wir entnehmen aus dem Kriegstagebuch des Oberkommandos der Wehrmacht: »Insgesamt wurden durch Luftangriffe vom PQ 18 in der Zeit zwischen dem 13. und 18. September vernichtet: zehn Schiffe mit zusammen 52 908 BRT.«

Die I. Gruppe K.G. 26 verlor zwölf Flugzeuge. Die III. Gruppe K.G. 26 verlor acht Flugzeuge.

Die schwer angeschlagene I. Gruppe mußte jetzt neu aufgefüllt werden. Junge Besatzungen aus der IV. Gruppe aus Lübeck wurden zugeführt und eingewiesen. Alte Hasen übernahmen die Einweisung. Nichts war den alten Besatzungen wichtiger, als die Jungen sorgfältig darauf vorzubereiten, was auf sie zukam.

6. Die II. Gruppe im Jahre 1942

Der Gruppenstab sowie die 4. und 5. Staffel befanden sich noch in Griechenland. Sie flogen Einsätze gegen Schiffsziele im Mittelmeer sowie Kampf- und Versorgungseinsätze für das Afrikakorps.

Die 6. Staffel lag in Rumänien. Im Januar verlegte sie nach Saki/Krim.

Der russische Flugplatz »Saki« war erst zur Jahreswende verfügbar geworden. Erst Anfang November 1941 wurde der Flugplatz Saki von der deutschen 11. Armee besetzt. Sewastopol befand sich am Jahresanfang 1942 noch in russischer Hand.

Täglich wurde die Staffel zur bewaffneten Aufklärung und zur Unterbindung des russischen Nachschubverkehrs nach Sewastopol eingesetzt.

Neben dieser See-Aufklärung erfolgten nächtliche Störangriffe auf Sewastopol und auf die Häfen der Kaukasus-Küste. Hier insbesondere die Häfen von Novorosisk und Szotschi.

Im Dorf Saki lag inmitten eines schönen Parkes ein ehemaliges Sanatorium. Im Februar zog die Staffel hierher um und bereitete gleichzeitig Quartier für die nunmehr hierher zu verlegenden beiden anderen Staffeln sowie den Gruppenstab.

Kriegsschauplatz Rußland: Die Krim

Anfang März 1942 traf die Gruppe in Saki ein.

Etwa eine Woche später kamen die per Land- und Schiffstransport verlegten Bodeneinheiten an.

Die technischen Einheiten konnten bereits auf dem Flugplatz untergebracht werden. Die Gebäude waren inzwischen soweit hergerichtet worden, daß sie bewohnbar waren.

Anfang März wurde ein Staffelaustausch vorgenommen. Die erste Staffel des K.G. 28 wurde gegen die 4. Staffel des K.G. 26 ausgewechselt. Wobei die 4. Staffel nicht etwa zum K.G. 28 verlegte, sondern in das K.G. 100 eingegliedert wurde.

Die Begründung für diese Maßnahme war: Die bevorstehende vollkommene Umschulung der II. Gruppe auf Lufttorpedo-Einsatz.

Das Stammpersonal der I./K.G. 28 bestand aus Seefliegern; sie hatten teilweise bereits Erfahrung im Torpedoeinsatz. Der Staffelkapitän dieser Staffel war Hauptmann Gerd

Schäfer. Interessant ist, daß diese Staffel bereits einmal als 7./K.G.26 dem Geschwader angehört hatte. Es war damals, im Winter 1939/40, als die 3. Staffel der Seefliegergruppe 3/706, die Minenstaffel, vom Flugzeugtyp He 59 auf He 111 umgeschult wurde. Ihr damaliger Kapitän war Hauptmann Stein. Gerd Schäfer war seinerzeit bereits dabei.

Ab Mitte März war die Gruppe mit 3 Staffeln wieder einsatzklar.

Der Kampf um Sewastopol

Bis zum Beginn des eigentlichen Kampfes um Sewastopol wurden verstärkt Kriegshäfen und Industrieziele an der Schwarzmeerküste angegriffen. Aber auch Einsätze zur Unterstützung der Heeresverbände wurden geflogen. Besondere Schwerpunkte waren hierbei die Unterstützung des Heeres beim Übergang über die Meerenge von Kertsch und die Unterstützung beim Vormarsch im Kaukasus.

Neben diesen Aufgaben wurden täglich Aufklärungsunternehmen im Schwarzen Meer geflogen, entweder mit Torpedos oder mit Bomben. Hier waren Schiffsziele zu bekämpfen. Es bestand immerhin noch ein reger Nachschubverkehr vom Kaukasus nach Sewastopol. Die russische Seekriegsleitung versuchte selbstverständlich, ihre Transporte durch Kriegsschiffe zu schützen. Bei den Frachtern befanden sich meistens einige Zerstörer oder kleinere Kriegsschiffe, die den Feuerschutz übernahmen.

LT-Tagesangriff auf russischen Kreuzerverband

Im Sommer 1942 bekamen wir eine Aufklärungsmeldung, daß im Gebiet von Novorosisk ein russischer Kreuzerverband gesichtet sei. Beim Kreuzerverband befanden sich Zerstörer und Torpedoboote. Die gemeldete Stärke ließ darauf schließen, daß es sich fast um die gesamte russische Schwarzmeerflotte handelte.

Die Meldung kam in den frühen Morgenstunden des 3. August. Es konnte deshalb nur ein Tagesangriff geflogen werden. Wir erhielten den Einsatzbefehl, den Kreuzer mit Torpedoflugzeugen anzugreifen. Etwa zehn Flugzeuge waren einsatzbereit. Der Kapitän der 6. Staffel machte die Einsatzbesprechung. Im Zangengriff sollte der Kreuzer angegriffen und nur als Ausweichziel ein Angriff auf Zerstörer geflogen werden.

Gegen 1000 Uhr wurde über dem Schwarzen Meer, mit Kurs auf das Kap von Sewastopol, im Tiefflug gesammelt.

Nach etwa 2½ Stunden wurde der Kreuzerverband gesichtet. Es war ein herrlicher Frühsommertag. Strahlend blauer Himmel, kein Wölkchen war da, die Sicht betrug über 30 Kilometer. Nicht gerade ein Wetter für einen Torpedo-Angriff.

Der Kreuzerverband lief Kurs Nordwest. Um ihn herum ein starker Gürtel von Zerstörern und Torpedobooten. Sie standen im Abstand von etwa 4 km vom Kreuzer und bildeten so seinen Sicherungsschutz.

Um den Kreuzer aus der Sonne heraus kommend angreifen zu können, mußten die Flieger noch eine weite Umfassungsbewegung machen.

In etwa 2–3 Meter Höhe flogen die Torpedoflieger an. Der Staffelkapitän befahl durch Bordsprechverkehr einen Zangenangriff und gab bei etwa 10 km Entfernung den Angriffsbefehl.

Bereits im Anflug wurden sie erkannt. Noch außerhalb der Reichweite der Flakgeschütze wurden sie von schweren Schiffsgeschützen beschossen.

Die Zangenbildung gelang. Die Außenflugzeuge zogen mit Vollgas nach vorne und durchbrachen als erste den Sicherungsgürtel der Zerstörer.

Jetzt wurden sie von allen Seiten, von den Begleitschiffen und vom Kreuzer, gezielt beschossen; sie flogen direkt in eine dichte Wand roter, auf sie zurasender Flakgeschosse hinein. Noch kurz vor dem Ziel lag eine dichte Sperre geschossener Wassersäulen der schweren Schiffsgeschütze. Bis auf eine Entfernung von etwa 1500 Meter kamen sie im Tiefflug heran. Dann mußten sie zum Torpedoschuß hochziehen und nach dem Abschuß sofort wieder wegdrücken. Um der Abwehr zu entgehen, flogen sie dicht über Wasser durch den Verband hindurch, teilweise am Heck der Schiffe vorbei, so daß sie von dort aus mit Maschinengewehren beschossen werden konnten. In diesem Höllengetümmel war es sehr schwierig, eine einwandfreie Trefferbeobachtung vorzunehmen. Sie hatten zu tun, ihr Flugzeug aus der Feuerzone herauszukriegen. Jeder war heilfroh, wenn das gelang. Trotzdem konnten zwei bis drei Treffer, teils auf dem Kreuzer, teils auf Zerstörern, beobachtet werden. Die Ergebnisse wurden später auch von Aufklärern bestätigt*. Bei dem Angriff verloren sie zwei Besatzungen.

Es war eigentlich das erste und auch das letzte Mal, daß ein konzentrierter Tagestorpedoangriff auf die Rote Flotte geflogen wurde. Keiner hat ihn in dieser Konzentration im Schwarzen Meer wieder erlebt. Spätere Aufklärungsmeldungen bestätigten, daß der Russe seine beschädigten Schiffe in die Häfen eingeschleppt hat, hierbei ist auch bestätigt worden, daß der Kreuzer Treffer abbekommen hatte.

Mehr und mehr Verbände wurden nunmehr auf der Krim zusammengezogen, um den Kampf gegen Sewastopol vorzubereiten. Den Luftwaffeneinsatz führte das VIII. Fliegerkorps unter Feldmarschall von Richthofen.

Am 6. Juni begannen die Einsatzvorbereitungen für die Offensive gegen Sewastopol. Einen Tag vor Angriffsbeginn besuchte der Feldmarschall seine fliegenden Verbände. Bei uns in Saki waren drei Kampfgruppen stationiert. Am Vormittag vor Beginn der Offensive traten die Flieger in einem großen Viereck vor der Startbahn an. Der Generalfeldmarschall von Richthofen landete in dieses große Viereck mit seinem »Storch« hinein, hielt eine kurze, markante Ansprache, sagte, was alles eingesetzt würde, und verlangte von uns täglich bis zu elf Einsätze pro Besatzung. Damit klappte er die Haube seines Fieseler-Storchs herunter, wendete und startete wieder.

Die 5. Flughafenbetriebskompanie (5./FBK)

Nach der Befehlsausgabe des Kommandierenden Generals des VIII. Fliegerkorps über den Einsatz der Verbände im Kampf um Sewastopol erfolgte die Herauslösung der 5./FBK aus dem Gruppenverband.

Die Gruppe verfügte über zwei FBKs. Andere Verbände, die kurzfristig dem VIII. Korps unterstellt worden waren, hatten überhaupt keine technischen Einheiten zur Verfügung. Deshalb wurde die 5./FBK nach Simferopol verlegt und der Stukagruppe »Rudel« unterstellt.

Die 5./FBK führte zu der Zeit Hauptmann Paustian. Er war ein Geschwaderangehöriger der ersten Stunde.

Die Verlegung sollte nur für den Zeitabschnitt »Kampf um Sewastopol« gelten. Nach Abschluß sollte die Kompanie wieder nach Saki, zur II. Gruppe, verlegen. Hieraus wurde nichts. Die »fünfte FBK« verblieb im VIII. Fliegerkorps.

Der Kampf um die Festung beginnt

Schon in der nächsten Nacht ging es los! Wir hatten in unserer Staffel zwölf Flugzeuge und nur sieben Besatzungen. Alle Torpedoeinrichtungen waren abmontiert und die Flugzeuge

* Bei dem Kreuzer soll es sich um die »Molotow« gehandelt haben.

auf Bombenangriffe umgerüstet. Wechselseitig wurden die Maschinen eingesetzt. Wenn wir von einem Flug zurückkamen, nahmen wir unseren Fallschirm und wetzten zur nächsten Maschine, die schon startklar und abgebremst dastand. Sofort nach dem Start stiegen wir auf etwa 2000–3000 Meter Höhe. Sewastopol lag ja nur etwa 50 km von uns entfernt. Wir nahmen unsere Karten heraus, suchten das Zielgebiet und flogen an. Selbstverständlich war in den ersten Tagen und Wochen die Flugabwehr von Sewastopol recht stark. Man durfte nicht unterstellen, daß die Festung schon am Ende war. Im Gegenteil, Sewastopol war eine sehr gut bestückte Festung, und die russischen Artilleristen verstanden ihr Handwerk gut. Die Angriffsziele waren fast immer Punktziele: Entweder Artilleriestellungen, besondere Befestigungen, Gefechtsstände oder auch der vordere Graben wurden angegriffen. Sewastopol hatte auch Eisenbahnartillerie. Der Zug mit seiner Artillerie war sehr beweglich, ihn galt es besonders zu bekämpfen, denn er störte die Operationen unserer Heeresverbände erheblich. Wir sollten ihn lahmlegen! Sein Schlupfloch und seine Werkstatt befanden sich in einem Tunnel. Wenn wir ihn angriffen, zog er sich kurz vor dem Angriff zurück und verschwand im Tunnel. Meistens kam er auf der anderen Seite wieder heraus und schoß schon wieder. Wir mußten uns eine Taktik ausdenken, um ihn einmal zu erwischen.

Am nächsten Tag bildeten wir eine Rotte von zwei Flugzeugen. Einer startete fünf Minuten früher, versuchte den Zug anzugreifen, damit der Zug in seinem Tunnel verschwand. Der andere mußte versuchen, den Tunnelausgang auf der anderen Seite zu bombardieren, damit jegliche Ausfahrt verhindert wurde. Rottenkamerad Georg Linge und Helmut Knollmann flogen los. Beide Flugzeuge waren mit Bomben beladen, beide hatten 1400-kg-Panzersprengbomben darunter hängen, hiermit wollten sie den Tunneleingang zuschütten.

Georg Linge fand den Panzerzug und griff an. Wie immer zog er sich zurück und verschwand im Tunnel. Mit der zweiten Bombe machte Linge einen gezielten Angriff auf die Tunnelröhre. Knollmann flog zur gleichen Zeit im Winkel von 90 Grad zu Linges Kurs die andere Tunnelröhre an. Sie konnten rechnen und zielen, und die Bomben lagen genau im Ziel, der Tunnelausgang war zu, der Zug saß darin.

Die Landser hatten jetzt zumindest für einige Tage Ruhe vor diesem Zug. Aber auch die Russen waren nicht untätig, denn wenige Tage später war er wieder da, und wir mußten das nochmal wiederholen.

Neben dem Tagesangriff – elf davon am Tage – flogen sie auch Nachtangriffe. Das war so eingeteilt, daß sie morgens um drei bei Hellwerden begannen, die Tageseinsätze zu fliegen.

Am Abend war das Pensum geschafft, und jede zweite Nacht waren sie dann zum Nachtangriff nochmal dran. Hier mußten wieder zwei bis drei Angriffe geflogen werden. So lief das während der gesamten Operation, etwa 4–5 Wochen lang, bis Sewastopol fiel. Besatzungen und Bodenpersonal wurden bis zum letzten gefordert.

Während der Operation traten noch Mängel auf, Bomben kamen nicht rechtzeitig heran, so daß unsere Flugzeuge nicht immer fristgerecht beladen werden konnten. Jede Gruppe, drei lagen am Platz, hatten ihre Liegeplätze. Jede an einer anderen Seite des Platzes. Dorthin wurden von der Nachschubeinrichtung die Bomben gebracht. Normalerweise kümmerte sich kein Mensch darum, wieviele Bomben am Beladeplatz lagen. Jetzt wurden sie gezählt und argwöhnisch bewacht. Das Beladepersonal, auch die von den anderen Gruppen, versuchte sich nachts gegenseitig die Bomben zu stehlen. Mit dem Schlepper fuhren sie nach Mitternacht an die anderen Bombenplätze heran, banden ein Seil an und hängten die schweren Bomben dahinter, so daß ihre Flugzeuge beladen werden konnten. Nun, das ging nicht lange gut, das merkten die anderen auch bald.

Die Tag- und Nachtangriffe, zumindest während der ersten Zeit, forderten ganz erhebliche Verluste. Der Himmel über Sewastopol war so voller Flugzeuge, daß bei gezielter

Abwehr immer einer getroffen wurde und abstürzte. Besonders schlimm war es nachts. Sewastopol hatte eine Unmenge von Scheinwerfern, die dort eingesetzt wurden. Geriet einer in diesen Scheinwerferkegel und reagierte nicht sofort mit Abwehrbewegungen oder generellen Kursänderungen, so wurde er festgehalten, bis die Flaktreffer ganz dicht saßen.

So eines Nachts auch bei einem unserer Staffelkameraden. Bei einem Anflug hatten sie ihn erfaßt. Scheinwerferbatterien kamen hinzu, so daß er nach und nach von mindestens zehn bis zwölf Scheinwerfern festgehalten wurde. Sie bildeten ein regelrechtes Fadenkreuz, in dessen Schnittpunkten sein Flugzeug aufleuchtete. Wir waren zur gleichen Zeit im Angriff, konnten dieses grausige Spiel aus dichter Nähe beobachten. Innerhalb weniger Minuten hatten sie ihn so fest, daß er aus den Leuchtfingern, dem sich überschneidenden Fadenkreuz, nicht mehr herauskam, und wir nur noch den Aufschlagbrand beobachteten.

Ein ganz schlimmer Fall war der von der Besatzung Brandl. Leutnant Brandl und seine drei Unteroffiziere waren im Einsatz gegen Sewastopol gestartet. Wegen einer technischen Störung versagte die Bombenabwurfanlage. Die Bomben waren scharf, aber nicht gefallen. Wahrscheinlich hatte sich eine im Schacht verklemmt. Normalerweise half hier nur, daß man aus dem Flugzeug aussteigt und mit dem Fallschirm abspringt. Nachdem die Besatzung die Störung per Funk gemeldet hatte, erhielt sie vom Gefechtsstand Befehl, den Platz anzufliegen und per Fallschirm auszusteigen. Das Flugzeug sollte auf Westkurs gelegt werden, damit es über See gefahrlos abstürzen konnte. Der Kommandant bat um eigene Entscheidung, weil eines seiner Besatzungsmitglieder keinen Schirm mit hatte. Er setzte deshalb zur Landung an und hoffte, daß er durch eine ganz leichte Punktlandung der Gefahr entgegen könnte.

Das Flugzeug setzte zur Landung an. Arzt und Rettungsdienst waren auf dem Posten. Die Startbahn war frei. Die Gefahr war bekannt. Alles hielt den Atem an. Das Flugzeug setzte auf, rollte etwa zehn Sekunden lang, und schon glaubte man, die Gefahr sei gebannt, als es eine gewaltige Explosion gab. Die Bomben waren detoniert, es war alles in Stücke gerissen. Brandls Foxel, der ihn seit Jahren begleitet hatte, konnte es nicht überwinden. Obwohl er sofort ein neues Herrchen fand, überall allerbeste Behandlung erhielt, mußte auch er bald beerdigt werden.

Dem Kampf um Sewastopol folgte die Offensive im Kaukasus. Tag für Tag war die Gruppe im Einsatz. Neben den Bombenangriffen zur Unterstützung des Heeres wurde bewaffnete Aufklärung über dem Schwarzen Meer geflogen.

Im August hatten wir den Auftrag zu bewaffneter Aufklärung mit Lufttorpedos. Wir sollten den feindlichen Schiffsverkehr an der Schwarzmeer-Küste beobachten und auch in die Häfen hineinschauen, welche Kriegsschiffe dort lagen. Über Tuapse erhielten wir Beschuß. Motortreffer! Gleichzeitig tauchten zwei russische Jäger auf. Nur mit Mühe und sehr viel Glück konnten wir denen über See entkommen. Trotz des ausgefallenen Motors riskierten wir einen Seetiefflug, denn unsere Maschine hatte sich bisher fast immer mit einem Motor gehalten. Was blieb uns schließlich auch anderes übrig. Jedenfalls, als wir über See waren, zogen sich die Jäger zurück. Nun mußten wir den Rückflug mit einem Motor riskieren. Anfangs ging das recht gut, wir bekamen sogar langsam, ganz nach und nach wieder etwas mehr Höhe. Bis vor die Küste der Krim schafften wir es immerhin auf 1000 m. Wir wähnten uns in Sicherheit.

Da fing plötzlich auch der andere Motor an, unregelmäßig zu laufen. Um nicht eine Seenotlandung zu bauen, mußten wir den kürzesten Weg nach Saki suchen.

Der führte aber nur über das Jalta-Gebirge. Hier saßen noch Partisanen! Aber unsere Flughöhe konnte reichen. Wir versuchten es.

Als wir mitten über dem Gebirge waren, ließ die Leistung so weit nach, daß die Flughöhe nicht mehr zu halten war. Das mitten über dem Gebirge im Partisanengebiet!

Schon schauten wir uns nach einem Notlandeplatz am. Da kam der Bordmechaniker, unser Unteroffizier Walter, auf die Idee, den zerschossenen Motor nochmal zu versuchen. Er drückte auf die Knöpfe und . . . der Motor kam! Er lief nicht lange, aber es reichte bis über die Berge. Kurz vor dem Flugplatz blieben dann beide stehen. Zwischen Obstbäumen hindurch bauten wir eine Bauchlandung.

Zehn Monate lagen wir auf der Krim. Von Rußland haben wir fast nichts gesehen.

Im Herbst 1942 bahnten sich böse Veränderungen im Mittelmeer an. Schiffs- und Flottengeleite der Alliierten gab es fast täglich.

Die Torpedoflieger wurden angefordert.

Deshalb verlegte die 6. Staffel im Oktober nach Catania und wurde von hier aus zur Geleitzugbekämpfung eingesetzt.

Die Gruppe mit der 4. und 5. Staffel blieb vorerst auf der Krim und flog Einsätze gegen die Kaukasushäfen. Später, im November 1942, wurde sie gegen die Belagerer von Stalingrad eingesetzt. Im Dezember trafen sich alle wieder in Grosseto.

Oktober 1942: Die 6. Staffel auf Sizilien; Einsatz gegen Malta und Schiffsziele im Mittelmeer

In der ersten Oktoberhälfte 1942 hatte die 6. Staffel nach Catania verlegt.

In Verbindung mit den Verbänden des XI. Fliegerkorps wurde sie mit Bomben gegen die Hafenanlagen von La Valetta und gegen die drei Flugplätze der Insel Malta eingesetzt.

Malta wurde zu dieser Zeit wieder pausenlos angegriffen. Am Tage durch Verbände mit Ju 88, nachts durch die 6. Staffel mit He 111.

Abwechselnd mit Fernaufklärern wurde die Staffel auch zur Aufklärung im Gebiet um Malta und im westlichen Mittelmeer eingesetzt. Hierbei wurde von den Fernaufklärern im westlichen Mittelmeer ein feindlicher Flottenverband gemeldet. Gemeinsam mit den Bomberverbänden wurde die Staffel mit Lufttorpedos hiergegen eingesetzt.

Der Standort der Schiffe befand sich westlich der Balearen. Es sollte ein gemeinsamer Angriff erfolgen, der aber nicht zustande kam, weil die Bomberverbände schon etwas früher am Ziel waren. Beim Bomben- und Torpedoangriff wurden einige Treffer erzielt, aber es gab auch wieder Verluste. Zwei Besatzungen der 6. Staffel kamen vom Einsatz nicht zurück. Es waren wieder zwei junge Besatzungen, die offenbar abgeschossen worden waren.

Nichtbeherrschung des Flugzeuges, besonders in der Phase des Angriffs, wenn im Tiefstflug der gegnerischen Abwehr ausgewichen werden mußte, und mangelnde fliegerische Kenntnisse waren bei den jungen Besatzungen die häufigsten Ursachen der Verluste.

Für diese Angriffsverfahren war eine intensive fliegerische und taktische Ausbildung erforderlich. Die Ausbildung hatten die jungen Besatzungen nicht. Im August waren sie neu zur Staffel gekommen und hatten einige Einsätze in Rußland geflogen.

Eine Torpedoausbildung mit allen Gegebenheiten der Angriffsverfahren stand ihnen noch bevor. Sie waren damals auf Sizilien mit eingesetzt worden, weil es keine weiteren Torpedoflieger-Besatzungen gab. Innerhalb der Staffel hatten sie eine kurze, aber völlig unzureichende theoretische Einweisung erfahren und wurden anschließend in diese mörderischen Einsätze geschickt.

Es hätte sicherlich wesentlich weniger Verluste gegeben, wenn den jungen Fliegern genug Zeit zur Ausbildung gelassen worden wäre. (Auch heute, 1990, beim Schreiben dieses Buches erhebt der Autor noch einen schweren Vorwurf an die militärische Führung: Mangelnde Ausbildung war in vielen Fällen für den Tod der jungen Flieger verantwortlich.)

Anfang November wurde von den Aufklärungsflugzeugen ein westlich fahrender Geleitzug an der afrikanischen Küste vor Derna gesichtet.

Neben vielen Frachtern wurde eine starke Sicherung durch Kriegsschiffe gemeldet.

Das war wohl eine aus dem Suez-Kanal kommende »Malta-Versorgung«.

In der Abenddämmerung wurden die Reste der 6. Staffel mit Lufttorpedos hiergegen eingesetzt.

Vor Derna fanden sie den Geleitzug, griffen an und erzielten einen Torpedotreffer auf dem Kreuzer »Arethusa«. Von den eingesetzten sechs Besatzungen kehrten nur vier zurück.

Am nächsten Tage, es herrschte sehr schlechtes Wetter mit Wolkenuntergrenzen bei 100 Metern und schlechter Sicht, wurden die »Vier« abermals eingesetzt.

Infolge dieses schlechten Wetters und auch wegen beginnender Dunkelheit wurde der Schiffsverband nicht gefunden.

7. Neuaufstellung der III./K.G. 26

Die Aktivitäten des »Bevollmächtigten für das Lufttorpedowesen« bewirkten, daß das für den Lufttorpedoeinsatz bestimmte K.G. 26 wieder auf volle Geschwaderstärke gebracht wurde.

Bei der Seeluftwaffe gab es Verbände, die mit der He 115 Torpedoeinsätze flogen.

Einige dieser Staffeln waren recht erfolgreich. Jedoch entsprach das Wasserflugzeug (He 115) nicht mehr den Anforderungen. Deshalb wurden einige dieser Kampfstaffeln auf Ju 88 umgerüstet.

Die Staffel 2/506, ausgerüstet mit Ju 88, lag in Brest und flog von hier aus Einsätze gegen England.

Ihr Staffelkapitän war Hauptmann Ernst Thomsen, ein Offizier der Seeluftwaffe, der bereits in Friedenszeiten im Lufttorpedoeinsatz ausgebildet worden war.

Ein Teil der Besatzungen, die »Alten«, hatten ebenfalls diese Ausbildung erhalten. Um die Jahreswende 1941/42 wurde die Staffel aus dem Einsatz genommen und nach Leeuwarden/Holland verlegt.

Sie und einige weitere Besatzungen aus den Seeluftverbänden bildeten den Stamm der hier neu zur Aufstellung kommenden *III./K.G. 26.* Hauptmann Thomsen wurde Gruppenkommandeur.

Nachdem die Gruppe mit weiteren Besatzungen aus der IV. Gruppe aufgefüllt worden war, begann die Verbandsausbildung, später die Lufttorpedoausbildung in Grosseto.

Ab Frühjahr 1942 war die Gruppe einsatzklar für den Lufttorpedoeinsatz.

Parallel zur Aufstellung der III. Gruppe wurde eine Flughafenbetriebskompanie aus dem Bereich der Luftflotte 2 der III. Gruppe zugeordnet.

Sie wurde umbenannt in *7. Flughafenbetriebskompanie K.G. 26.* Ihr Kompaniechef war Hauptmann Köhler. Diese Kompanie begleitete die Gruppe auf allen Kriegsschauplätzen. Im Dezember 1944, als die III. Gruppe nach Norwegen verlegte, wurde die FBK der Reichsverteidigung zugeführt.

Im April 1942 verlegte die III. Gruppe nach Rennes/Westfrankreich und wurde der 2. Fliegerdivision in Angers unterstellt.

In Zusammenarbeit mit dem Fliegerführer Atlantik, dem Fernaufklärungsverband

F.G. 5 und dem K.G. 40 wurde die Gruppe zu Lufttorpedoeinsätzen in der irischen See und im Atlantik eingesetzt. Sie flog Angriffe gegen Einzelfahrer und auch gegen Geleitzüge. Die taktische Einsatzleitung lag beim Fliegerführer Atlantik.

Neben den Torpedoeinsätzen waren aber auch Sicherungseinsätze für die ein- und auslaufenden U-Boote zu fliegen. Die Torpedoeinsätze waren erfolgreich, aber auch verlustreich.

Im Sommer 1942 hatte der Gruppenkommandeur einen Unfall. Er kam für längere Zeit ins Lazarett; die Führung der Gruppe übernahm der Staffelkapitän der 7. Staffel, Hauptmann Nocken.

Einsatz der III./K.G. 26 gegen Eismeer-Geleitzüge

Im Juni 1942 verlegte der Verband nach Nord-Norwegen. Eismeer-Geleitzüge sollten mit Lufttorpedos angegriffen werden.

Die Gruppe wurde der Luftflotte 5 zugeordnet und dem jeweiligen Fliegerführer unterstellt.

Vorerst sollte nur das fliegende Personal verlegen; die Bodeneinheiten verblieben in Rennes.

So mancher schöpfte daraus die Hoffnung, daß es mit dem Wiederkommen nicht so lange dauern könne. Vorsorglich wurden jedoch die Oberwerkmeister, die Warte und das Waffenpersonal mitgenommen.

Ganz oben in Nord-Norwegen, nördlich des Polarkreises, sollte der neue Einsatzhafen liegen.

Banak heißt der Flugplatz. Er liegt direkt unterhalb des Nordkap. Obwohl einige alte Seeflieger der Gruppe damals in Narvik dabei waren, bis Banak war noch keiner von ihnen gekommen!

Mit Zwischenlandungen in Aalborg-West und Drontheim-Vernes wird die Verlegung in zwei Tagen geschafft.

Je weiter sie nach Norden kamen, um so einsamer und öder wurde es.

Nachdem Narvik querab lag, überflogen sie Bardufoß und gingen auf Nordost-Kurs zum Anflug auf Banak.

Erstmals lernten sie hier die provisorische Startbahn, den »Knüppeldamm«, kennen. Rumpelnd und holpernd rollten sie nach der Landung die »Startbahn« zurück und wurden durch dortiges Bodenpersonal über befestigte Hochmoorflächen zu den Abstellplätzen eingewinkt.

Es war wie bei den Vorgängern, bei der I. Gruppe, als sie erstmalig hier war. Herzliche Begrüßung durch den Horstkommandanten. Er freute sich, wieder einmal neue Gesichter zu sehen.

An die Umwelt- und Wetterverhältnisse mußten sich die Flieger erst allmählich gewöhnen. Wer zum ersten Male nach Banak kam und die örtlichen Verhältnisse, die Natur hier erlebte, bekam schon einen Schock. Zumal wenn er frisch aus Frankreich kam. Nun war zu dieser Zeit Sommer, so daß es nicht »ewige Nacht« war. Hatten sie doch Hoffnung, daß bis dahin wieder ein neuer Verlegebefehl anstand.

Der PQ 16 war erfaßt und auch schon angegriffen worden. Die Seeflieger aus Sörreisa waren schon am Geleit gewesen. Jetzt sollte die III. Gruppe mit eingesetzt werden.

Am nächsten Tag, schon sehr früh, war Einsatzbesprechung. Der Kommandeur persönlich machte seine Besatzungen mit den fliegerischen Verhältnissen bekannt. Berge, Anflugschneise, Funkfeuer und Landeeinrichtungen wurden genauestens durchgesprochen. Am Platzrand begann auf der einen Seite das Eismeer, und auf der anderen stiegen die

Berge bis zu 900 m hoch an. Auch über den eventuellen Ausweichplatz Bardufoß wurden sie genauestens informiert.

Nach dem Einsatzbefehl war der Torpedoangriff auf den PQ 16 für den späten Abend geplant. Das Wetter am Platz und auch am Zielgebiet war schlecht. Tiefhängende Wolken und Regenschauer, schlechte Sicht. Am Geleit befanden sich Fühlungshalter, die von den Seeaufklärern gestellt wurden. Sie sollten den Torpedoverband heranführen. Drüben in Bardufoß lagen die I. Gruppe und auch Ju 88 vom Adlergeschwader. Wegen der tiefhängenden Wolken kamen diese aber heute nicht zum Einsatz.

Hauptmann Nocken führte seinen Verband. Einzeln, Staffel nach Staffel, jagten die Flugzeuge über den Knüppeldamm und hoben ab. Auf Kurs Nord, Richtung Nordkap, wurde in zwei Wellen gesammelt. Noch hatte die Gruppe beachtliche Kampfstärke. Fast 30 Flugzeuge waren im Einsatz. Im Tiefflug über die schimmernde See flogen sie nordwärts. Anflug auf den vorher errechneten, wahrscheinlichen Standort des Geleitzuges. Sie wollten in zwei Angriffswellen angreifen. Eine vom Norden, die andere vom Süden kommend. Wenn alles stimmte, der Gegnerstandort, seine Geschwindigkeit, sein Kurs und der eigene Kurs, dann mußten sie den Geleitzug direkt von vorn kommend treffen.

Nach fast drei Stunden Anflugzeit wurden Peilzeichen empfangen. Die Sicht war etwas besser geworden, und da wurden am Horizont auch schon Rauchwolken sichtbar, Masten und Schornsteine kamen heraus. Nocken teilte seine Gruppe in die beiden Angriffswellen. Er selbst führte die erste; er wollte von Norden her angreifen. Weit zog er den Verband auseinander. Als er selbst etwas querab vom Geleitzug stand, gab er über Bordsprechanlage den Angriffsbefehl.

Die Geleitzugsicherung war wachsam. Schon im Anflug wurden die Flugzeuge erfaßt und mit einem starken, weitreichenden Abwehrfeuer empfangen. Tief an die Wellen gepreßt jagten die Flugzeuge heran, mußten dabei den Wassersäulen und den Sprengwolken ausweichen. Kurz vor dem Ziel reißen sie die Maschinen auf Abwurfhöhe hoch, schießen und drücken sofort wieder herunter. Eine mörderische, höllische Tortur.

Im Anflug und auch noch im Abflug erhielten die Flugzeuge Treffer, Splitter fetzten durch die Kanzel. Drei, vier Maschinen mußten auf das Wasser herunter. Notlanden! Zwei platzen in der Luft direkt auseinander!

Sechs Besatzungen kehrten nicht zurück. Versenkt wurden vier Schiffe, auf einigen anderen Treffer erzielt.

Der PQ 16 verlor insgesamt 32 000 Tonnen Ladung, davon 147 Panzer, 77 Flugzeuge und 770 Kraftfahrzeuge. Hieran war die III. Gruppe maßgeblich beteiligt.

In den nächsten Tagen fand kein Einsatz statt. Die Flugzeuge wurden repariert, die Besatzungen gewöhnten sich in Banak ein.

Vier Wochen später wird der nächste PQ gemeldet. Es ist der PQ 17-Geleitzug.

Ende Juli hatte er Island verlassen. Er bestand aus 36 Handelsschiffen und einer starken Flottensicherung. Schlachtschiffe, Kreuzer, Zerstörer und Flakkreuzer waren dabei. Erstmalig auch ein Flugzeugträger. In Banak war die III. Gruppe des K.G. 30 eingetroffen. So viele Flugzeuge hatte der Platz noch nie gesehen. Die Abstellplätze reichten fast nicht mehr aus. Diesmal sollte auch die I./K.G. 26 mit angreifen. Sie lag in Bardufoß. (Zum Einsatz der I./K.G. 26 siehe S. 133 bis S. 147.)

Beide Gruppen operierten völlig getrennt voneinander. Es gab zu wenige Torpedoflieger und zu viele Kriegsschauplätze. Jede Gruppe nahm praktisch die Funktion eines selbständigen Geschwaders ein. Aber nur nominell, in der Stärke bei weitem nicht.

Bisher hatte die III. Gruppe, als Seefliegerstaffel, ab Januar als K.G. 26 in Frankreich und die I. Gruppe fast schon zwei Jahre lang in Norwegen gelegen. Die Besatzungen kannten sich kaum. Höchstens die Jungen, die sich eventuell bei der Ergänzungsgruppe in Lübeck kennengelernt hatten.

Für diesen Einsatz gegen den PQ 17 erhielten die Flieger ihren Einsatzbefehl über das

K.G. 30. Der Kommodore war Major Blödorn. Er hatte seinen Gefechtsstand hier in Banak.

Es war ein gemeinsamer Angriff, die Bomber im Hochangriff, die Torpedoflieger zur gleichen Zeit möglichst in einem Tiefflug-Zangenangriff.

Vorher sollten die Flieger aus Bardufoß angreifen. Zufall und Glück wollten es, daß alle Verbände, die »Bardufosser« und die »Banaken«, fast gleichzeitig am Ziel waren.

Das Anrollen zum Knüppeldamm, zur Startbahn, schaffte schon die ersten Probleme. Es konnte nur auf den ausgebauten Wegen über die gelegten Stämme gerollt werden. Wer rechts oder links abkam, konnte nur mittels Schlepper herausgezogen werden. So kam es, daß das Anrollen seitens der Staffelkapitäne um einige Zeit vorverlegt wurde, damit ja »seine« Staffel pünktlich am Start stand. Hier traten schon die ersten Blockierungen auf, weil jeder es so machte.

Der Start ging kreuz und quer, mal K.G. 26, mal K.G. 30, durcheinander. Zum Glück waren die Sammelpunkte für den Anmarschweg verschieden. Die vom Adlergeschwader sammelten auf dem Wege nach oben im Steigflug, die vom Löwengeschwader mußten unten bleiben und sammelten am Nordkap.

Diesmal konnte der Anflug schon etwas höher erfolgen. Ein Überraschungsmoment durch Unterfliegen der Funkortung war nicht mehr möglich, denn die Stukas mußten ja über 4000 Meter für ihren Angriff haben. Es konnte höchstens glücken, daß die Torpedoflieger nicht erwartet wurden und alle Abwehr sich nach oben konzentrieren würde.

Der Anflug glückte. Genau voraus kam das Riesengeleit in Sicht. Die Bomber waren schon oben, waren schon dran. Noch konnte alles gut gehen. Hauptmann Nocken gab Angriffsbefehl, zog seine beiden Wellen zu einer großen Zangenformation auseinander und wollte von links und rechts den Geleitzug angreifen. Selbstverständlich die dicken Brocken bevorzugt! Aber die fuhren ja meistens in der Mitte, deshalb war es erforderlich, daß die Flieger durch den ganzen Verband hindurch mußten.

Schon von weitem sahen sie, wie die Schiffe ihr Abwehrfeuer eröffneten. Es konnte doch noch nicht ihnen gelten. Und richtig, vor sich sahen sie auch Torpedoflieger anfliegen mit He 111. Das waren die von der I. Gruppe aus Bardufoß, die schon wesentlich früher angreifen wollten. Trotzdem ließ das Abwehrfeuer für die III. nicht nach. Im Gegenteil, man konnte meinen, daß sich die Artilleristen deshalb gerade erst richtig eingeschossen hatten. Der gemeinsame Angriff mit Bomberverbänden hatte schon seine Vorzüge. Nicht, daß das Abwehrfeuer dadurch verharmlost werden konnte, es war schon ein gewaltiger Hagel, der sich da auf jedes Flugzeug ergoß. Aber es war weniger, und man hatte auch den Eindruck, daß die Abwehrmanöver der Schiffe anders waren. Nicht mehr so sehr nur auf Torpedos ausgerichtet. Wahrscheinlich mußten sie jetzt nach oben zu den Bombern und nach den Seiten zu den Torpedofliegern schauen und wußten selbst nicht so recht, wie und wohin sie ausweichen sollten.

Es gab Treffer auf beiden Seiten, auch die III. Gruppe hatte Verluste. Die Jagd auf den Geleitzug ging auch am nächsten und übernächsten Tage weiter.

Da traf die britische Admiralität eine uns unverständliche Maßnahme. Sie löste ihren Geleitzug auf, zog die schweren Sicherungskräfte ab und überließ damit praktisch jeden Dampfer seinem eigenen Schicksal.

Gemeinsam mit dem K.G. 30 wurden die Schiffe gejagt. Einzelangriffe für die Torpedoflieger. Um so besser; bestand jetzt doch nicht mehr dieses mörderische Abwehrfeuer. Man mußte nicht mehr durch einen Sicherungsgürtel aus Zerstörern und Kreuzern hindurch, sondern konnte den Dampfer direkt angreifen. Das hatte auch seine Nachteile. Nicht jedes Schiff wird gefunden, es mußte recht lange gesucht werden, bis ein geeignetes Ziel gefunden war.

Am 12. Juli war die Schlacht zu Ende. Der Geleitzug hatte 24 Schiffe verloren, die III. Gruppe etwa ein Viertel ihrer Besatzungen.

Die Hoffnung der Flieger, hier in Banak nur eine Stippvisite zu geben und höchstens 14 Tage hier oben zu liegen, erfüllte sich nicht. Es sah ganz so aus, als sollten sie sich für längere Zeit häuslich einrichten. Auch die vom K.G. 30 blieben hier. Auf dem Platz, im Küchengebäude und im Kasino war ein Mordsbetrieb. Nichts von dem »beschaulichen, einsamen Flugplatz am Nordkap«.

Anfang September wurde der PQ 18-Geleitzug vom B-Dienst gemeldet. Etwas später fanden ihn auch die Fernaufklärer.

Ein Flugzeugträger soll diesmal dabei sein. Dazu 39 Frachter, mehrere Tanker und das ganze umgeben von einem Riesenkranz aus Zerstörern und Kreuzern.

Am 13. September war es soweit, ein Freitag! Früh kam der Einsatzbefehl. Gemeinsam mit der I. Gruppe sollte angegriffen werden. Auch die Ju 88 vom K.G. 30 waren wieder mit dabei.

Gemäß Einsatzbefehl sollte der Flugzeugträger geknackt werden. In der Einsatzbesprechung wurde das von Hauptmann Nocken ausdrücklich herausgestellt. »Angriff in Verbandsformation auf den Flugzeugträger. Ausweichziele sind Frachter im Geleitzug.« So hatte es die Luftflotte über den Fliegerführer Lofoten an den Kommandeur befohlen. Auf Peilzeichen wurde angeflogen. Die Stukas sind vor den Torpedofliegern dran; wahrscheinlich ziehen sie die feindlichen Jäger auf sich. Schön wäre es, wenn die Jäger leer geflogen wären und erst einmal auftanken müßten. Inzwischen könnten die Torpedoflieger schon wieder weg sein. Aber das war nur Hoffnung ...

»Der Fühlungshalter steht wahrscheinlich nicht am Geleit«, meinte der Funker des Verbandsführers, »es sind keine Peilzeichen zu hören.« Nach Kurs und Flugzeit mußten die Dampfer eigentlich schon zu sehen sein. Da kamen oben voraus die Bomber in Sicht. Jetzt zog auch der Geleitzug über den Horizont herauf. Wo steht der Träger? Nichts zu sehen! Aber Frachter jede Menge! Gerade fand der Sturzangriff der Bomber statt. Nocken gab den Angriffsbefehl. Zwei Wellen bildet seine Gruppe. Von der I. Gruppe, die aus Bardufoß kommt, war nichts zu sehen. Er läßt die eine Welle vom Süden kommend, die andere von Norden her angreifen. Das vordere Drittel des Geleitzuges wurde erfaßt. Nach Durchfliegen der starken Zerstörerkette, die mächtiges Sperrfeuer schoß und die einige Besatzungen zum Notwurf zwang, kamen die anderen in Schußposition. Auf 1000 Meter, bis dicht an die Schiffe heran, wurden die Aale geflogen und dann geworfen. Abdrehen ging meistens nur direkt am Schiff vorbei oder über das Schiff hinweg. Fast automatisch und vom Instinkt geleitet wurden die Abwehrbewegungen geflogen, um aus dieser Höllenküche herauszukommen.

Unten bei den Schiffen war was los! Von allen Seiten krachte es. Die Torpedos jagten, manchmal von beiden Seiten kommend, denn die von der zweiten Welle waren jetzt auch am Ziel, auf die Schiffe los. Treffer wurden beobachtet, hohe Stichflammen und Rauchwolken stiegen auf. Binnen weniger Minuten hatte der Geleitzug acht Schiffe verloren!

Am nächsten Tag sollte das nochmal gemacht werden. Die Techniker schafften fieberhaft an den Maschinen, um die Schäden zu beseitigen. Fast jede hatte etwas abbekommen.

Am Vormittag war Einsatzbesprechung. Wieder wird der Träger zum Angriffsziel bestimmt. Gestern wurde er überhaupt nicht gesehen. Dieser Angriffsbefehl kam scheinbar von ganz oben. So verbiestert können die von der Luftflotte doch überhaupt nicht sein, daß sie nur noch vom Träger sprechen und die Frachter als Ausweichziele ansehen?

Das Wetter war sehr gut, die Stukas konnten auch mit angreifen. Es war nicht mehr allzuviel, was die III. Gruppe aufbieten konnte. Die Schäden der letzten Zeit waren doch zu groß und konnten in der Kürze nicht beseitigt werden. Größere Beschädigungen wurden erst einmal zurückgestellt, damit wenigstens das Machbare in den paar Stunden fertig wurde. Gearbeitet wird draußen am Abstellplatz. Dort, wo die Werkstätten waren, war so viel Betrieb, daß nicht alle Flugzeuge Platz hatten. Die Oberwerkmeister mit ihren Warten hatten ihren großen Tag.

Start am frühen Nachmittag. Der Verband stand ostwärts der Bären-Insel, und der Träger sollte im Geleitzug sein. Vorne gestaffelt stehend, so sei er gesichtet worden.

Am Nordkap wurde gesammelt. Von hier aus war der Kurs auf einen Punkt, der etwa 20 km vor dem errechneten Standort des Geleitzuges lag, abgesetzt. Damit bestand die Chance, sich bei Insichtkommen der Schiffe noch zu einem Überraschungsangriff zu entwickeln.

Die Flugzeuge flogen im Tiefflug. Ab und zu stieg der Verbandsführer auf 50 m hoch, um eine etwas weitere Sicht zu haben. Schon vor dem errechneten Treffpunkt kamen Rauchwolken in Sicht, etwas später wurden Schornsteine sichtbar. Nur von einem Träger war noch nichts zu sehen. Der Verbandsführer nutzte den Überraschungseffekt und ließ die Flugzeuge zu einem Zangenangriff ausholen. Noch waren sie nicht entdeckt worden.

Plötzlich wurden Jäger gesichtet. Sie kamen von vorne und jagten schießend auf die Torpedoflieger zu. Also mußte doch der Flugzeugträger dabei sein! Zu sehen war er nicht. Ein Zielwechsel mit einer Suche nach dem Träger war nicht mehr möglich, die Flugzeuge befanden sich schon in Angriffsposition, und das war zu diesem Zeitpunkt nicht mehr abzubrechen. Von beiden Seiten brachen die Flieger in den Verband ein. Jeder hatte sich sein Ziel vorgenommen, immer einen Frachter. Die Abwehr war wie gestern, es war stets ein Spießrutenlaufen, und die Besatzungen waren heilfroh, wenn sie den Sicherungsgürtel durchbrochen hatten und einigermaßen gut zum Schuß gekommen waren.

Nicht jeder überstand den Angriff. Wieder gab es Verluste. Es wurde beobachtet, wie einige Maschinen brennend ins Meer stürzten.

Der Kampf mit diesem PQ war für die Besatzungen der III. Gruppe noch nicht beendet.

Am Nachmittag des nächsten Tages verlegten die noch einsatzfähigen Besatzungen nach dem Flugplatz Petsamo – 300 km weiter östlich von Banak.

Von hier aus war der Geleitzug eventuell noch erreichbar. Petsamo war ein Erlebnis. Statt des Knüppeldamms von Banak haben sie hier eine Landebahn wie aus Moos. Fester Untergrund, darauf weiches Moos. Das haben die Flieger noch nicht erlebt.

Der Fliegerhorstkommandant – ein österreichischer Reserveoffizier und Flieger aus dem Ersten Weltkrieg – begrüßt jede Besatzung persönlich mit Handschlag.

Um alles kümmerte er sich, sogar ob die Betten in den Baracken mit frischer Wäsche bezogen waren. Er betrachtet die Flieger als die »Seinen«, sprach jeden mit »Du« an und war dauernd auf den Beinen, um zu sehen, wo noch was für die Besatzungen gemacht werden konnte. Die von der Kommandantur einschließlich des Zahlmeisters waren nur am Flitzen. Wenn er etwas sah, was nicht in Ordnung war, fauchte er sie an, daß ihnen Hören und Sehen verging. Für »seine« Flieger war nichts zu gut.

Am nächsten Morgen – in aller Herrgottsfrühe – war schon die Einsatzbesprechung. Hauptmann Nocken war schon drüben bei den Bombern und hat die Angriffstaktik durchgesprochen. Beide Verbände wollten gemeinsam, zur gleichen Zeit, angreifen. Die Uhrzeiten waren aufeinander abgestimmt. Um 0930 Uhr sollte der Angriff erfolgen. Das setzte navigatorische Feinarbeit voraus. Es sollte ein Punkt im Eismeer angeflogen werden, den es überhaupt nicht gab. Zur vereinbarten Zeit wollten beide Verbände dort sein, jeder auf seiner Höhe. Die Stukas oben, die Torpedoflieger unten.

So wurde sauberste Navigation gemacht. Nach der Besprechung gibt es noch ein gutes Frühstück. Der Horstkommandant, der die Einsatzbesprechung mitmachte, hatte es vorher versprochen. Gegen 0700 Uhr war Start. Vor der Küste wird gesammelt. Nocken führte. Zunächst wurde in 200 Meter Höhe geflogen. Noch höher flogen die Bomber. Der Verband stand rechts oben in Sichtweite. Die Peilzeichen des Aufklärers waren zu hören.

Die Spannung wurde immer größer. Man merkte es daran, daß keiner mehr sprach. Aufmerksam wurde der Horizont beobachtet. Flughöhe jetzt zehn Meter. Vielfach noch darunter. Es konnte nur noch Minuten dauern. Der Aufklärer sollte vor dem Verband stehen. Die Peilzeichen kamen jetzt genau voraus. Der Geleitzug mußte deshalb Backbord voraus in Sicht kommen. Sie sahen die schwarzen Rauchfahnen am Horizont, eine Kursverbesserung nach Steuerbord, um dann beim Eindrehen den Geleitzug direkt vor sich zu haben. Die Uhrzeit stimmte. Da wurden auch die Bomber wieder ausgemacht, die während des Anfluges außer Sicht geraten waren. Sie setzten zum Angriff an. Gleichzeitig setzte die feindliche Abwehr ein. Nach oben! Die Torpedoflieger waren anscheinend noch nicht entdeckt worden.

Hauptmann Nocken schwenkte auf Angriffskurs ein, ließ den Verband auseinanderziehen, Abstand von Flugzeug zu Flugzeug etwa 600 Meter. Noch klappte alles. Dichter kamen sie heran. Die Schiffsleiber wurden größer, schon waren Fahrt und Lage zu schätzen. Da setzte auch hier ein mörderisches Feuer ein. Wassersäulen, von der schweren Schiffsartillerie geschossen, stiegen wie ein Vorhang vor den Angreifern auf. Die Flugzeuge wurden zu Abwehrmanövern gezwungen, mußten aber auch ihren Zielanflug weiter fortsetzen, mal hoch, mal runter. So schossen sie auf die Schiffe zu. Erste Treffer wurden erzielt, Explosionswolken stiegen auf. Die Dampfer schossen, was das Zeug hielt. Egal, ob einer der ihren dazwischen stand. Es war ein Spießrutenlaufen, und jeder versuchte, auf kürzestem Wege wieder aus dem Geleitzug herauszukommen. Noch war die Sicherungskette von Zerstörern und Bewachern zu umfliegen, bis dieser Zauber aufhörte.

Der Angriff mit den Stukas hatte geklappt. Einmalig, alles stimmte! Die Angriffszeit, die anfangs nach oben gerichtete Abwehr, die gemeinsame Zeit am Gegner und sogar das Wetter.

Beim Rückflug wurde das an der Küste etwas schlechter, trotzdem fanden alle gut zurück.

Der Horstkommandant konnte »seine« Flieger fast vollzählig zum gemeinsamen Essen einladen.

Am späten Nachmittag flog die Gruppe zurück nach Banak.

In diesen drei Tagen hatten die Kampfflieger, Bomber und Torpedoflieger, aus dem PQ 18 fast 100 000 Tonnen Schiffsraum versenkt oder beschädigt. In den nächsten Wochen wurde kein Geleitzug gemeldet. Ende Oktober zeichnete sich ab, daß im Mittelmeer etwas anstand.

IV. Vom November 1942 bis Sommer 1944

1. Die alliierte Invasion in Nordafrika

Am frühen Morgen des 8. November 1942 landeten alliierte Streitkräfte an der Westküste von Marokko und im Gebiet um Oran und Algier. Weitere Landungen erfolgten entlang der nordafrikanischen Küste bei Phillippeville und Bône.

Die Landungsflotte bestand aus etwa 140 Frachtern und Transportern; sie wurde durch starke Seestreitkräfte unterstützt. Nach Feindmeldungen standen hierfür zur Verfügung:

Im *Raum Oran:*	1 Schlachtschiff, 3 Flugzeugträger, 1 Kreuzer, 13 Zerstörer und eine Vielzahl von Korvetten und Sicherungsfahrzeugen.
Im *Raum Algier:*	2 Flugzeugträger, 3 Kreuzer, 3 Flak-Kreuzer, 13 Zerstörer sowie mehrere Korvetten und Sicherungsfahrzeuge.

Beide Kampfgruppen wurden von einem Deckungsverband der britischen Force H mit vier Schlachtschiffen, drei Flugzeugträgern, vier Kreuzern und 17 Zerstörern gegen feindliche Flottenverbände (italienische, französische) gesichert.

Gegen diese Landungsoperationen wurden seitens der Luftwaffenführung Kampffliegerverbände eingesetzt.

Der Bevollmächtigte für das Lufttorpedowesen – Oberst i. G. Harlinghausen – erhielt vom Führungsstab den Befehl, die Lufttorpedo-Verbände in das Mittelmeer zu verlegen und dort einzusetzen.

Die Gruppen des K.G. 26 befanden sich teils in Nordnorwegen, in Südrußland und auf Sizilien. Noch am 8. November 1942 erhielten sie den Befehl zur Verlegung nach Grosseto/Italien.

Die *I./K.G. 26* lag in Bardufoß. Noch am selben Tag begann sie mit der Verlegung. Alle Kampfflugzeuge wurden mit zwei Torpedos beladen und starteten mit dem für einen ersten Einsatz benötigten Zusatzpersonal nach Italien. Der Rest der Gruppe folgte in Transportflugzeugen. Die Flughafenbetriebskompanien verblieben vorerst in Bardufoß. Am 10. November 1942 war die Gruppe mit 25 Flugzeugen in Grosseto einsatzbereit.

Die *II./K.G. 26* lag in Saki auf der Krim. Die 4. und 5. Staffel flogen von Flugplätzen der Don-Front Bombeneinsätze nach Stalingrad. Die 6. Staffel befand sich im Torpedoeinsatz; sie lag in Catania auf Sizilien. Am 9. November 1942 verlegte sie nach Grosseto.

Zu der Zeit bestand die Staffel noch aus vier Besatzungen.

Mitte November wurden die 4. und die 5. Staffel aus dem Einsatz Stalingrad herausgelöst und nach Saki zurückbeordert. Die Gruppe verlegte nach Grosseto, das Restbodenpersonal und die Flughafenbetriebskompanie folgten auf dem Seewege nach Rumänien und von dort per Landmarsch nach Grosseto.

Gemeinsam mit weiteren jungen Besatzungen von der IV. Gruppe wurden sie hier in Grosseto zur Torpedoschule zur ergänzenden Ausbildung kommandiert. Ab Mitte Dezember 1942 war die II. Gruppe, nach Auffüllen durch junge Besatzungen, mit etwa 25 Besatzungen wieder voll einsatzbereit.

Die *III./K.G. 26* lag am 8. November 1942 am Nordkap auf dem Flugplatz Banak; sie war mit Ju 88 ausgerüstet. Mit fünf Mann an Bord und zwei Torpedos beladen, machte sie sich sofort auf den weiten Weg nach Italien. In der Kanzel der Ju 88 war es bereits bei normaler Besetzung von vier Mann recht eng. Mit fünf Mann, und dazu noch für eine so weite Reise, war es mehr als unbequem.

Bei sehr schlechtem Wetter flogen sie los. Nach Zwischenlandungen in Gardemoen/Südnorwegen und München trafen die Besatzungen am Abend des 10. November in Grosseto ein. Auch bei der III. Gruppe wurde das Bodenpersonal per Lufttransporter verlegt.

Der Flugplatz Grosseto war mit Eintreffen der drei Gruppen total überbelegt, denn hier befanden sich ja bereits die Flugzeuge und Besatzungen des K.S.G. 2, des Torpedolehrgeschwaders.

Die Flugzeuge des K.G. 26 wurden deshalb weit im Umfeld des Fliegerhorstes abgestellt. Für die Techniker und das andere Bodenpersonal fand man Unterkünfte in einem Barackenlager, die Besatzungen wurden außerhalb des Flugplatzes, meistens in Hotels, untergebracht.

Die Einsatzleitung der Torpedoflieger war dem »Bevollmächtigten für das Lufttorpedowesen« übertragen worden. Als Oberst i. G. Harlinghausen dem Luftflottenchef, Generalfeldmarschall Kesselring, die Einsatzbereitschaft des Geschwaders meldete, war der recht froh über die schnelle Verfügbarkeit; er mußte ihm aber sagen, daß er das Geschwader dem II. Fliegerkorps, General Loerzer, unterstellt habe. Oberst i. G. Harlinghausen erhielt nach Rücksprache mit dem Reichsmarschall einen anderen Auftrag; er wurde Fliegerführer Afrika in Tunis.

Die drei Torpedogruppen des K.G. 26 lagen nunmehr geschlossen in Grosseto. Jedoch gab es noch keinen Kommodore und auch keinen Geschwaderstab. Deshalb verfügte die Luftflotte 2 die sofortige Aufstellung eines Geschwaderstabes aus den Beständen der drei Gruppen und übertrug Oberst Karl Stockmann, dem Kommandeur der Torpedoschule, die kommissarische Führung des Geschwaders. Der Geschwaderstab war innerhalb einer Woche einsatzfähig, seinen Gefechtsstand bezog er in Räumen der Torpedoschule.

Ein großes Problem entstand durch die weite Entfernung zu den Zielräumen. Bei einem Einsatz mit zwei Torpedos konnten keine Brennstoff-Zusatzbehälter geladen werden, und für den Hin- und Rückflug in das Seegebiet um Algier reichte der Brennstoff so nicht aus. Deshalb hat die Luftflotte mit der italienischen Luftwaffenführung ein Übereinkommen über die Mitbenutzung eines Flugplatzes auf Sardinien getroffen. Uns stand der Flugplatz Villacidro zur Verfügung. Dort konnte bei Zwischenlandungen aufgetankt werden. Vom Geschwader wurde auf diesem Platz ein kleines technisches Vorkommando installiert, das beim Tanken oder sonstigen kleinen Reparaturen helfen konnte. Bei Einsätzen in den Raum von Algier wurde auf dem Rückflug zum Auftanken in Villacidro gelandet, und wenn der Einsatzbefehl auf weiter westlich liegende Ziele, etwa bis nach Oran, lautete, mußte zweimal, auf dem Hin- und auf dem Rückflug, zwischengelandet werden. Dadurch wurden aus 10-Stunden-Einsätzen solche von 15 Stunden.

Ein Torpedoeinsatz gegen Ziele in einem so stark von Jagdflugzeugen geschützten Raum konnte nur in der Dämmerung oder bei Mondschein geflogen werden. So wurde es auch gehandhabt. Wir flogen in der Abend- oder Morgendämmerung, hatten bei letzterer aber das Jägerrisiko beim Rückflug. Diese deckten ja recht bald das ganze Seegebiet nahe der afrikanischen Küste ab.

Am Nachmittag des 11. November 1942 erfolgte der erste Einsatz. Ziel war die Landungsflotte von Algier. Allerdings galt auch hier: Zuerst Angriff auf Flugzeugträger, erst dann gegen Frachter.

Einsatzbereit waren: I. Gruppe 25 Besatzungen, *II. Gruppe* 4 Besatzungen (die von der 6. Staffel), *III. Gruppe* ca. 20 Besatzungen. Das waren 50 Besatzungen! Soviel sollten es bald nicht mehr sein. Für diesen ersten Einsatz ist jedoch noch anzumerken, daß es sich im Hinblick auf die recht kurze Zeit der Anwesenheit in Italien – vor 48 Stunden wohnten die Besatzungen noch am Nordkap – um ein recht risikoreiches Unternehmen handelte. Es war weder genügend Zeit für die fliegerische Eingewöhnung in die neue Umwelt gegeben, noch hatten sich die Besatzungen klimatisch einleben können. Die mehr als zehn Stunden dauernden Einsätze verlangten die Kondition von Leistungssportlern.

Der Anflug über das Mittelmeer erfolgte noch bei Tageslicht, und zwar in loser Verbandsformation. Erst mit Näherkommen an den Zielraum, mit Einsetzen der Dämmerung, löste sich die Formation zu Einzelflügen nach und nach auf. Der Kurs war so abgesetzt, daß der Zielraum, von Norden kommend, angesteuert werden konnte. Das war nicht gerade günstig, hatte man doch im Nordwesten den helleren Horizont stehen. Aber anders ging es nicht, denn südlich befand sich ja die Küste, und die Ziele lagen vor der Küste.

Noch weit vor dem Eintreffen im Zielgebiet wurde starkes Flakfeuer beobachtet. Da waren wohl Schnellere schon am Ziel? Das konnten die von der III. Gruppe mit der Ju 88 sein; sie war, obwohl später gestartet, doch immer noch schneller als unsere He 111. Der Eintritt in den Zielraum war wie der Angriff gegen einen Geleitzug. Massenhaft standen die großen Frachter auf der Reede, rundum gesichert durch einen Kranz aller Arten und Typen von Kriegsschiffen. Es galt durch diesen Kranz hindurchzubrechen und sich einen dicken Frachter herauszusuchen. Der Gedanke an den Wunschtraum »Flugzeugträger« streifte wohl die »Merktafel«, aber die Situation ließ keinen Raum, nach diesem Fahrzeug Ausschau zu halten. Man mußte da direkt auf ihn treffen oder an ihn herangeführt werden.

Die Besatzungen kamen fast alle zum Schuß, viele hatten gute Treffer zu verzeichnen, aber es kamen auch viele nicht zurück. Aus der Aufmerksamkeit der Abwehr war klar zu erkennen, daß es kein Überraschungsangriff war, wie sollte es auch? Die wußten längst von der Anwesenheit der Torpedoflieger. Der zusammengestellte Gefechtsbericht an das Fliegerkorps meldete die Versenkung mehrerer Frachter und zweier Bewacher sowie die Beschädigung mehrerer Schiffe. Es war schade und auch nicht verständlich, daß die einmalige Stärke des Geschwaders nicht zu einem Verbands-Tagesangriff genutzt wurde. Es lag wohl an der fehlenden Luftaufklärung und der mangelnden Führungserfahrung des Stabes beim Einsatz eines Torpedoverbandes. Bei der Luftflotte und beim Fliegerkorps gab es keinen Stabsoffizier mit Torpedokenntnissen!

Fast jeden zweiten Tag wurde das Geschwader eingesetzt. Einmal in der Abend-, zweimal in der Morgendämmerung, einmal gegen Schiffsansammlungen vor Algier, einmal gegen solche vor Oran. Es waren stets lange Einsätze mit Zwischenlandungen in Villacidro. Am Monatsende kamen dann Nachteinsätze dazu. Meistens war das günstiger als Dämmerungseinsätze. Die Besatzungen hatten länger Zeit, sich im Zielgebiet zu orientieren, und waren, auf Grund der besseren Sichtverhältnisse in der Mondbahn, mehr gegen Überraschungen geschützt. Nachdem die Alliierten ihre Anlandungen weiter nach Osten bis in die Räume von Phillippeville und Bône ausgedehnt hatten, erfolgten Nachteinsätze auch in diese Zielgebiete. Es gab schöne Erfolge, aber auch schwere Verluste. Das Geschwader verlor im November 1942 22 Besatzungen. Davon die I. Gruppe elf, die II. Gruppe zwei (nur 6. Staffel), die III. Gruppe neun Besatzungen. Das waren über 40 Prozent der am 10. November verfügbaren Besatzungen.

Neben den Schiffsansammlungen vor den nordafrikanischen Häfen gab es inzwischen auch einen regen Nachschubverkehr an der Küste zur Versorgung der gelandeten Truppen. Gegen diese Geleitzüge richteten sich jetzt unsere Angriffe. War einer dieser Geleitzüge von der Luftaufklärung erfaßt worden und erlaubten es die Wetterverhältnisse, so wurden Torpedoeinsätze in Staffelstärke geflogen. Einmal gelang hierbei auch ein Tagesangriff am späten Nachmittag. Der Aufklärer hatte Standort und Sicherung gemeldet; er war gleichzeitig als Fühlungshalter am Verband geblieben. In Grosseto wurden die wenigen einsatzfähigen Besatzungen zu einer Angriffsstaffel mit zwei Angriffswellen zusammengefaßt und mit Fühlungshalterunterstützung gut an das Ziel herangeführt. Es gab einen »beinahe Überraschungsangriff«. Der Verbandsführer hatte den Angriff aus dem Nordwesten, also aus der achterlichen Fahrtrichtung des Geleitzuges, angesetzt. Das war die Überraschung! Die Sicherungsverbände standen vor dem und nördlich des Geleitzuges. In dieser Situation mußten die Flieger wohl etwas dichter an das Ziel herangehen, weil der Gegenkurs ja nicht auf den abgeworfenen Torpedo zu-, sondern von ihm weglief, das war vorher eindeutig besprochen worden; es glückte auch! Es gab mehrere Treffer und diesmal keine Verluste. Solche Gelegenheiten waren nicht alltäglich.

Ab Mitte Dezember war die II. Gruppe mit neuen Besatzungen einsatzfähig. Das gab etwas Auftrieb, verfügte das Geschwader nun doch fast über 40 Einsatzbesatzungen. Leider blieb das nicht so. Obwohl in den Dezembertagen weniger Einsätze geflogen wurden, weil es eine lange Schlechtwetterperiode gab, genügten doch die wenigen Einsatztage, den Besatzungsstand erheblich zu reduzieren. Um die Jahreswende waren es gerade noch 20 einsatzfähige Besatzungen, die Kommandeure und Staffelkapitäne eingeschlossen.

Weihnachten und Neujahr gab es keine Einsätze. Nicht etwa, weil keine Ziele vorhanden oder gar Weihnachtsfriede herrschte, es war das Wetter, das nicht mitmachte. Die Besatzungen lagen wohl in Bereitschaft, denn täglich wurde noch versucht, durch Luftaufklärung einen Überblick zu bekommen. Waren Aufklärungsmeldungen mit Schiffserkennungen vorhanden, reichte es mit dem Wetter entweder am Ziel oder beim Rückflug nicht aus. Das ging bis in die letzte Dezemberwoche so.

2. Das Geschwader im Jahre 1943

Das Jahr begann mit personellen Veränderungen.

Die *II. Gruppe* erhielt eine neue Führungsmannschaft. Der Kommandeur, Oberstleutnant Beyling, wurde versetzt; an seine Stelle trat der bisherige Staffelkapitän der 5. Staffel, Hauptmann Georg Teske.

Mit diesem Wechsel wurden auch die Staffelkapitäne und die Offiziere des Gruppenstabes neu bestellt.

Die Führungsstellen waren nunmehr wie folgt besetzt:

Kapitän der 4. Staffel:	Oberlt. Rudi Schmidt
Kapitän der 5. Staffel:	Oberlt. Norbert Stüwe
Kapitän der 6. Staffel:	Oberlt. Adolf Hansen
Ia-Offizier:	Oberlt. Werner Stähle
Adjutant:	Hauptmann Karl Straube
Technischer Offizier:	Oberlt. Reimer Voß
Nachrichtenoffizier:	Oberlt. Otto Engler

Im Januar 1943 wurden dem Geschwader neue Besatzungen zugeführt. Sie kamen von der IV. Gruppe und hatten gerade ihre Torpedoausbildung abgeschlossen. Es waren ca. 40 junge Besatzungen, die nunmehr auf die einzelnen Staffeln aufgeteilt wurden. Alle alten Besatzungen wurden dazu angehalten, die jungen Flieger einzuweisen und ihnen Erfahrungen aus den Einsätzen zu vermitteln.

Einsatzbasis Sardinien

Im Januar 1943 wurde seitens der italienischen Führung ein weiterer Flugplatz auf Sardinien zur Verfügung gestellt. Neben Villacidro konnte nun auch Decimomanu benutzt werden. Beide Flugplätze waren reine Feldflugplätze, ohne Startbahnen und ohne technische Einrichtungen. Auch Unterkünfte für die Besatzungen und das technische Personal standen nicht zur Verfügung. Um den technischen Anforderungen gerecht zu werden, wurde zunächst die 7. Flughafenbetriebskompanie, die von der III. Gruppe, hierher verlegt. Die Kompanie war seinerzeit, als die Gruppe nach Norwegen verlegte, in Rennes verblieben. Sie wurde jetzt per Landmarsch nach Italien geholt und in Civitavecchia nach Sardinien eingeschifft. Das war ein recht langer Weg bis zur Einsatzbereitschaft. Die Kompanie war Mitte Dezember angefordert worden. Zur Weihnachtszeit traf sie in Italien ein. Als sie dann endlich zur Verschiffung kam, vergingen weitere drei Wochen, in denen sie untätig in Civitavecchia »gammeln« mußte. Mitte Januar war es dann endlich soweit, daß sie in Villacidro einsatzbereit war. Sie hatte ihre Werkstattwagen mitgebracht und war damit in der Lage, fast alle Reparaturen, zumindest behelfsmäßig, auszuführen. Für größere Instandsetzungen stand ja weiterhin Grosseto zur Verfügung.

Die I./K.G. 26 (LT) verlegt im Januar nach Decimomanu

Außer einem Barackenhäuschen als Flugleitung gab es keinerlei Unterkünfte. Zunächst wurde ein Teil der 7. FBK aus Villacidro hierher geholt, um die technische Einsatzbereitschaft sicherzustellen. Der Gruppenstab und die Staffeln richteten sich in einem Zeltlager ein, das sie sich am nahe liegenden Berghang errichteten. Mit Spitzhacke und Schaufeln wurde gearbeitet, die 12-Mann-Zelte aufgerichtet und auch die notwendigen Splittergräben, die man recht bald benötigte, ausgehoben.

Zu dieser Jahreszeit war es, trotz südlicher Breiten, auf Sardinien recht ungemütlich. Die Umgewöhnung aus guten Hotelzimmern in ein Zeltlager auf struppigem Berghang und das noch in der Winterzeit, ist nun einmal nicht jedermanns Sache.

Aufgrund der nunmehr weiteren Eindringtiefe wurde die Gruppe schwerpunktmäßig in dem Raum vor Oran eingesetzt. Der Januar setzte dem Einsatz in diesem Jahr erhebliche Grenzen. Ein Schlechtwettergebiet löste das andere ab, so daß wenig Einsatztage übrig blieben.

15. Februar 1943 – Der Kriegsberichter Dr. Harald Jansen schreibt: »Mit zwei Verwundeten an Bord zurück«

So wie es hier steht, hat er es erzählt. Er wärmte sich dabei die blaugefrorenen Hände über dem kleinen Kanonenofen, in dem er eben mit ein paar Spänen Holz Feuer angezündet hatte. Es war um halb vier Uhr morgens.

»Wir flogen in der Mitte«, begann er, »und führten die zweite Welle der Kampfflugzeuge zum Angriff auf das Geleit. Von Süden kamen wir, und der Mond stand im Osten. So hatten wir die Schiffe gut vor uns liegen. Ihre Konturen zeichneten sich scharf und schwarz von den helleren Farben des Wassers ab. Beim Anflug war nur normale Abwehr. Im Tiefflug brachen wir durch die Bewachersperre ein. Ich klettere vom Beobachtungssitz runter und liege vorn in der Kanzel am Gerät, dann dreh' ich mich um und seh' nach meinem Oberleutnant. Der winkt nur immer mit dem Kopf nach rechts, die Hände hatte er ja am Steuerknüppel und mußte mächtig aufpassen. Ich sah dann auch rüber und krieg' den Mordspott, der so langsam dahintrampte, direkt vor die Nase. Man sah ihm an, wie er bis unter den Stehkragen beladen war. Denke noch bei mir, der Oberleutnant hat heute wieder einen dollen Dusel, macht ja auch seinen zweihundertzwanzigsten Feindflug, was immerhin bei uns Kampffliegern schon eine ganze Stange ist. Na also, dann haben wir geworfen. Gleich darauf huschten wir über den Frachter weg, der hatte gut und gerne seine 10 bis 12000 BRT. Wir sind 100 oder 200 Meter weg. Da stiebt's bei dem bereits. Eine schöne, runde Explosion! So etwas tut gut, wenn man vier Stunden lang im Verband über See gescheppert ist und wenn man dann wieder mehr als 800 oder 1000 Kilometer zurückfliegen muß, das könnt ihr glauben!«

Der Unteroffizier hält ein und reibt sich wärmend die Hände. Es sind kräftige, schwäbische Bauernhände aus dem Nördlinger Land.

»Da passierte es mit uns. Ein paar Zerstörer hatten sich eingenebelt. Wir mußten durch diese Nebelschicht durch, da packten sie uns. In 20 und 30 sich kreuzenden Leuchtspurfäden sehe ich plötzlich, wie die leichte Flak uns vornimmt. 50 Meter hoch hängen wir über ihren Decks und ihren Rohren. Wir schwimmen gerade mitten in einer Kurve, im Hintergrund lümmelt sich der Mond herum, wir sind das reine Wandgemälde. Ich komm' gar nicht weg vom Gerät, so wirft es mich hin und her. Mein Oberleutnant fliegt ihnen was vor, Kurve rechts, Kurve links, schwappt nach unten, hopst einen Sprung nach oben, als wäre unsere ›Berta-Dora‹ ein junges Mädchen und nicht ein schweres Kampfflugzeug. So kommen wir um das Schlimmste herum.«

Wie er es so erzählt, im burschikosen Fliegerjargon und seinem kräftigen schwäbischen Mutterwitz, scheint alles an Härte und Schwere zu verlieren. Zwei schwere Treffer haben sie dann doch noch mitbekommen. In dem linken Fahrwerkschaft schlägt eine Flakgranate ein und zerreißt Reifen und Verkleidung. Ein zweiter Schlag peitscht in die Funkerkabine, detoniert in den FT-Geräten, Splitter wirbeln in der Enge des Raumes, Drähte, Schnüre und Skalen brechen aus den Apparaturen, das große Vollsichtdach wird heruntergerissen und verschwindet, haarscharf das Leitwerk streifend, in der Nacht. Der Funker ist nach vorne übergekippt, kraftlos hängen seine Hände herunter.

Rechts beginnt der Motor zu rasseln, langsamer zu werden. Der Beobachter umkrampft mit beiden Händen das Gerät, preßt den Kopf gegen die Scheibe und läßt die Motoren nicht aus den Augen. Wenn sie aussetzen – 20 Meter unter ihnen rollt das Meer dahin. Wer würde sie hier suchen und wer finden? Mit beiden Fäusten zwingt der Oberleutnant, der Flugzeugführer, die bockende Maschine auf Kurs. Die Motoren fangen sich wieder. Der Nördlinger kriecht zurück, will durch den Laufgang nach hinten, den Kameraden helfen. Zwischen den Bombenschächten taumelt ihm jemand entgegen – der Bordmechaniker, er hilft ihm nach vorne. Unter der FT-Haube ein schmerzverzerrtes Gesicht, ein Mund, der Worte formt, die aufgesaugt werden vom Dröhnen der Motoren. Sie schließen ihn an die vordere Verständigungsanlage an, fragen durch Kehlkopfmikrophon. Er habe Splitter in den Beinen und die Heckwaffe sei ausgefallen. Aber vor allem der Funker, sie müßten unbedingt nach dem Funker sehen. Und langsam sackt er zwischen Beobachter- und Flugzeugführersitz zusammen. Der Beobachter zieht dem Verwundeten die Kombi aus, legt ihn auf den Rollteppich, zentimetereng ist der Raum in der Kanzel. Vorsichtig hebt er ihm den Kopf an, stopft irgendwas darunter.

Jetzt raus, um nach dem Funker zu sehen. Wie der Beobachter sich zwischen den Bombenschächten durchzwängen will, sieht er ihn kommen. Aus der Schwimmweste quillt Kapok-Wolle, das Gesicht ist blutüberströmt, Brust und Arme sind durch Splitter schwer verletzt. Ein Auge verwundet. So torkelt er zu ihnen herein, will nach vorn. Er hilft dem Funker, hält ihn. Damit der Kopf im Schüttern der Maschine nicht immer kraftlos gegen die Bleche der Bomberschächte schlägt, legt er seine Hände darum. Der Fahrtwind reißt zerrend und eisig im offenen Funkerstand und bildet in der Maschine einen Sog. Endlich sind sie vorne in der Kanzel, sie schließen die kleine Tür hinter sich.

Der Nördlinger sorgt für die beiden Verwundeten wie ein gelernter Krankenwärter. Er hat eine bedächtige, behutsame bäuerliche Art es zu tun. Zur Ersten Hilfe ist alles an Bord. Schließlich zieht er noch als Decke seine Kombi aus und gibt seinen Fallschirm als Sitz. Gekrümmt, unfähig, sich in der Enge der Kanzel aufzurichten, steht er da, hat die Karte hochgenommen und bestimmt den Kurs. Neben ihm der Flugzeugführer. Er hat keine Hand frei, da die Kurssteuerung zerschossen ist. So fliegen sie durch die Nacht. 800 Kilometer noch bis zum Einsatzhafen! Die Heizung und die Enge wärmen. Sie sind abgeschnitten von allen, irgendwo im Dunkel der Nacht fliegen Kameraden, aber sie können nicht peilen, nicht funken, kein Ruf erreicht sie. Einmal kommt neutrales Land nahe. Sie könnten abbiegen und landen. Hätten dann rasch einen Arzt. Aber keiner will das – auch der Funker nicht. Ihm fällt der Kopf langsam nach vorne, Schwäche packt ihn und überlagert den Schmerz. Der Bordmechaniker schläft zeitweise ein. Liegt zwischen den Beinen des Beobachters, der rührt sich nicht, um ihn nicht zu wecken, obwohl ihm vor Anstrengung ein Zittern in die Knie kommt. Über vier Stunden fliegen sie so. Sie fliegen den kürzesten Weg und sie finden nach Hause. Trotz des zerschossenen Reifens landen sie glatt. Drei-, fünf- und sechsmal schießen sie ihre roten Leuchtsignale hoch. Ein Sanitätskraftwagen hetzt über den Platz heran. Ärzte sind da, Tragbahren, Kameraden.

Auch die II. Gruppe auf Sardinien

Anfang Februar 1943 wurde auch die *II. Gruppe nach Sardinien* verlegt. Sie richtete sich auf dem Flugplatz Villacidro ein. Die Verhältnisse waren nicht anders als die bei der I. Gruppe. Es waren eben Feldflugplätze! Das Unangenehme waren nur die Schlechtwetterzeiten, im Februar gab es dort eine richtige Grippewelle. Die Gruppe hatte nur das nötigste technische Personal mitgenommen, die FBK befand sich vorerst weiter in Grosseto. Der Grund hierfür war, daß es bereits zu dieser Zeit an Transportraum fehlte. Natürlich hatte das zur Folge, daß viele Reparaturen, die bei genügend technischem Personal selbst ausgeführt werden konnten, in Grosseto vorgenommen werden mußten. Die Gruppe verlor nicht nur Besatzungen, die ständig mit Überführungen von und nach Grosseto eingesetzt waren, sondern auch einen Teil der einsatzfähigen Flugzeuge.

Mit der Verlegung der II. Gruppe wurden die Operationsräume so aufgeteilt, daß die I. und II. Gruppe vorwiegend in die Zielgebiete vor Algier und Oran und die III. Gruppe in die Gebiete von Phillippeville und Bône eingesetzt wurden. Soweit und sobald es die Wetterlage erlaubte, wurde geflogen. Die Alliierten hatten ihre Positionen in Nordafrika weiter gefestigt. Es bestand ein laufender Nachschubverkehr, der sich bis in den Bereich der östlichen Nordafrika-Häfen erstreckte.

Ende Januar wurde der Fliegerführer Afrika, der zum Generalmajor beförderte Martin Harlinghausen, Kommandierender General des II. Fliegerkorps.

Ich zitiere nunmehr aus seinen Aufzeichnungen »Die Luftkriegführung im Mittelmeer 1941 bis 1943«:

»Am 23. Januar 1943 wurde ich als Kommandierender General des II. Fliegerkorps in Sizilien eingesetzt.

Hier fand ich ein trauriges Erbe vor. An Kampfverbänden übernahm ich die einsatzbereiten Reste von 5 Bombengeschwadern. Jedes Geschwader hatte eine Soll-Stärke von 120 Flugzeugen und Besatzungen.

Meine Bombengeschwader hatten insgesamt noch 45 einsatzbereite Besatzungen einschließlich der Kommodore, Kommandeure und Staffelkapitäne.

Das Torpedogeschwader K.G. 26 hatte noch 14 Besatzungen.

Noch schlimmer sah es bei den Besatzungen aus, die alten Hasen waren gefallen, verwundet oder krank. Der Nachwuchs zeigte einen Ausbildungsstand, den man als nicht einsatzbereit bezeichnen konnte.

Die Piloten konnten die Flugzeuge bei Nacht gerade noch starten und landen, die Blindflugausbildung beschränkte sich auf den einfachsten Instrumentenflug bei gutem Wetter. Weder Beobachter noch Flugzeugführer verstanden etwas von Navigation, von dem Zielanflug auf einen Funksender.

Im Bombenwurf waren die Besatzungen kaum ausgebildet. Das Schießen auf Luftziele lernten sie erst am Feinde.«

Kommodore: Major Werner Klümper

Mit dem neuen »Kommandierenden« kam auch ein neuer Kommodore. Oberst Stockmann und sein Stab übernahmen wieder ihre Aufgaben an der Torpedoschule beim K.S.G. 2.

Major Werner Klümper, bisher Kommandeur der I. Gruppe, wurde Geschwaderkommodore. Auch er trat kein leichtes Erbe an. Nicht nur, daß die Besatzungen schon wieder bis auf einen kümmerlichen Rest dezimiert waren und das Geschwader stärkemäßig gar nicht vorhanden war – auch führungsmäßig standen ihm keine leichten Aufgaben bevor.

Hatte er »oben« doch einen Kommandierenden, der in der Luftwaffe als einer der härtesten Kampfflieger galt und zudem auch noch ein Torpedofachmann mit ausgeprägter praktischer Erfahrung war, so hatte er »unten« Kommandeure, die lange Zeit ihre eigene »Selbständigkeit« gelebt hatten und sicherlich eine straffe Geschwaderführung nicht gerade herbeigesehnt hatten.

Major Klümper verstand es aber recht schnell, sich oben und unten die entsprechende Anerkennung zu verschaffen.

Er kannte das Geschäft und hatte sehr viel praktische Torpedo-Einsatzerfahrung. Das wußten nicht nur seine Flieger, sondern auch seine Kommandeure.

Der bisher kommissarische Geschwaderstab wurde neu besetzt mit:

Ia-Offizier	Hauptmann Karl-Heinz Seedorf
Adjutant	Oberlt. Erwin Ludescher
Techn. Offizier	Oberlt. Johannes Breithaupt

Die Führung der I. Gruppe übernahm *Hauptmann Herbert Vater.* Er kam aus der Seefliegerei und hatte dort eine Mehrzweckestaffel, mit He 115 ausgerüstet, geführt. Hauptmann Vater besaß viel Erfahrung im Lufttorpedoeinsatz.

Februar 1943

Bericht des Staffelkapitäns der 4. Staffel, Oberlt. Schmidt:

»Anfang Februar wurde der Geleitzug KMS 8 in der Höhe von Algier gemeldet. Frachter, Flugzeugträger, Kreuzer und Zerstörer waren gesichtet worden. Der Aufklärer meldete über 30 Frachter mit sehr starker Sicherung. Der Flugzeugträger befand sich in der Mitte des Geleitzuges.

Von unserer Gruppe waren nur wenige Flugzeuge einsatzklar. Ich meine, daß es höchstens zehn waren. In den späten Nachmittagsstunden des 6. Februar starteten wir. Der Kapitän der 4. Staffel führte. Loser Verbandsflug, Tiefstflug und Funkstille waren angeordnet. Wegen Motorschaden drehte eine Maschine ab; sie erreichte noch die Küste.

Unser Kurs führte südlich an den Balearen vorbei. Anmarschzeit etwa drei Stunden. Um Sprit zu sparen, den wir für die Angriffszeit und den Rückflug dringend benötigten, wurde unter der normalen Marschgeschwindigkeit geflogen.

Die Dämmerung hatte noch nicht eingesetzt, als am Horizont Rauchfahnen sichtbar wurden. Bald kamen auch Mastspitzen heraus. Bis zum Einsetzen der Dämmerung dauerte es noch mindestens 30 Minuten. Ein Glück, daß wir etwas Reserve durch den Sparflug hatten. Bei diesem Licht konnten wir noch nicht angreifen, zumal das Geleit einen Flugzeugträger hatte und dessen Flugzeuge bestimmt schon Sicherung flogen.

Wir nahmen an, daß wir noch nicht geortet, aber gemeldet waren. Die Feststellung, daß der feindliche Nachrichtensender auf Sardinien bestens funktionierte, trafen wir nicht das erste Mal. Wir konnten nach Norden abdrehen und uns etwas absetzen. Aber auch nach Süden war das möglich. Zudem hatten wir im Süden den dunkleren Horizont, und ein Angriff von der afrikanischen Küste her hatte wahrscheinlich mehr Chancen. Der Abstand des Geleitzuges zur afrikanischen Küste betrug etwa 100 km.

Wir schwenkten auf Südkurs und liefen nach Stoppuhr ab. Als dunkler Strich am Horizont war die afrikanische Küste sichtbar. Nach Ablauf der Zeit gab ich über Bordsprechgerät durch: ›Auf Westkurs drehen, Reihe bilden.‹ Mittlerweile begann die Dämmerung, und nach etwa fünf Minuten mußten wir südlich querab vom feindlichen Geleit stehen. Wahrscheinlich noch unbemerkt! Ich ließ auf Kurs 350° gehen und den Seitenabstand auf etwa 1000 Meter erweitern und befahl Angriff auf das Geleit. ›Das Geleit steht etwa 20 km im voraus‹, gab ich durch. Der Schiffsverband mußte nach etwa drei Minuten in Sicht kommen. Wir flogen noch im Tiefstflug, drei bis fünf Meter über dem Wasser. Da kamen die ersten Aufbauten von Sicherungsfahrzeugen in Sicht. Zerstörer oder Bewacher. Noch hatten sie uns nicht gesehen. Entfernung jetzt etwa 5 km. Die Zerstörer und Bewacher bildeten den äußeren Sicherungsgürtel. Mittlerweile waren die ersten Schiffe dicht voraus. Flakfeuer! Wir waren erkannt worden. Aber der Angriffsverband bildete eine breite Welle, der jetzt durch die Sicherungskette hindurchbrach und zum Angriff überging.

Noch waren die dicken Schiffe nicht klar erkennbar. Nur als dunkler Schattenriß waren sie zu sehen. Die Abwehr wurde immer heftiger. Wassersäulen stiegen hoch. Sie wurden von der schweren Schiffsartillerie geschossen und konnten recht gefährlich werden. Wir mußten höher gehen, und da kamen auch schon die dicken Schiffe in Sicht. Die Dämmerung hatte nun doch recht stark zugenommen. Wir kamen keine Minute zu früh. Besser wäre es gewesen, wir hätten noch etwas mehr Sicht. Vor uns ein feuerspeiender Schlund. Zerstörer oder Kreuzer, Abwehrbewegung, wir kamen aus der Angriffsrichtung heraus und mußten wieder auf Nordwestkurs gehen. In einer Entfernung von nur etwa 1000 Meter lag ein dicker Brocken vor uns. Hochziehen auf 40 Meter, Angriff, mittschiffs zielen. Ist das ein Träger? Ja, klar, das Flugdeck fast in Augenhöhe erkennbar. Beide Torpedos sind mit Gegnerfahrt und Lage eingestellt. *›Achtung – Torpedos los!‹* Abwurf. Abdrehen. Wir lagen im dichten Feuerhagel, drückten auf das Wasser herunter und kamen – direkt unter dem Heck des Trägers vorbei – von ihm frei.

Von der anderen Seite wurden wir mit Leuchtspur und Wassersäulen empfangen. Hochziehen, runterdrücken, links und rechts Abwehrbewegung, bis wir durch den Geleitzug nach Norden hindurch waren.

Einen Treffer hatten wir nicht mehr beobachtet, aber an dem Brocken konnte man ja nicht vorbeischießen. Der Feuerzauber war nicht nur bei uns, auf der ganzen Länge des Geleits spielte sich das ab, denn die anderen Flugzeuge waren ja auch zum Schuß gekommen. Wir waren heil heraus.

Einige Brände waren zu sehen. Wahrscheinlich Torpedotreffer. Da gingen immer noch Feuersäulen hoch! Sind das Munitionsexplosionen? Wahrscheinlich.

Unser Angriff war beinahe schulmäßig verlaufen. Jeder hatte die Angriffstaktik verstanden und war richtig ins Ziel geführt worden.

Wir gingen nun auf etwa 500 Meter und traten den Rückflug an. Auch der war nicht immer problemlos, denn immerhin gab es seit einiger Zeit Nachtjäger. So manch einer ist da überrascht worden. Also aufpassen und Umschau halten. In unserer Besatzung war es so eingeteilt, daß jeder seinen Sektor hatte. Sicherlich war es besser, wenn wir dicht über dem Wasser flogen, aber bei Nacht hat man gerne etwas Abstand, und eine Sicherheitszone verschafft doch etwas Handlungsspielraum bei Eventualitäten.

In kurzen Abständen trafen wir uns auf dem Gefechtsstand. Die Anstrengungen standen den Besatzungen noch im Gesicht geschrieben. Zwei fehlten. Abschüsse waren allerdings nicht beobachtet worden, aber Treffer auf den Schiffen*. Mindestens fünf einwandfreie Treffer waren beobachtet worden und wurden am nächsten Tag durch Luftaufklärung auch bestätigt. Der Träger war nicht mehr beim Verband. Spätere Aufklärungen fanden ihn im Schwimmdock von Oran wieder. Von den beiden fehlenden Besatzungen wurde eine von spanischen Fischern gefunden und nach Mallorca gebracht.«

Von Sardinien aus erhöhte sich die Eindringtiefe ganz wesentlich. Die Einsätze führten nunmehr hauptsächlich in das Gebiet von Oran. Die Nachschubwege der Alliierten waren stark belebt, und bis hierher, nach Oran, konnten die Schiffe schon mal mit Einzeleskorte fahren. Der Kommodore verfügte eine Änderung der Angriffstaktik, der zufolge jetzt nur noch Einzelangriffe in der Dämmerung und in mondhellen Nächten geflogen wurden. Die Verluste wurden deshalb aber leider nicht geringer. Innerhalb weniger Tage verlor das Geschwader im Monat März drei Staffelkapitäne.

Im März begannen die Amerikaner, die Flugplätze des Geschwaders mit Bombenteppichen zu überziehen. Mehrere Tage hintereinander griffen sie, in riesengroßen Pulks fliegend, die Plätze auf Sardinien mit Splitterbomben, den Flugplatz von Grosseto mit Sprengbomben an. Damit schafften sie es, daß die wenigen, noch einsatzklaren Flugzeuge auch noch lahmgelegt wurden.

Bei einem solchen Angriff auf Grosseto schalteten sie fast alle Flugzeuge der II. Gruppe aus, die für einige Tage (für eine technische Umrüstung) dorthin zurückgezogen worden waren.

Überhaupt waren die Gegner über das Geschwader recht gut informiert. Bei den Angriffen warfen sie vielfach auch Flugblätter ab, auf denen stand, daß sie das Geschwader »ausschalten und vernichten« würden. Sie nannten Namen der in Gefangenschaft geratenen Besatzungen, die Namen der in den letzten Tagen abgeschossenen Besatzungen und auch alle Namen der Einheitsführer des Geschwaders.

Leider waren es nicht nur die Flugzeuge, die bei den Angriffen vernichtet wurden, die Verluste unter dem technischen Personal, das sich während dieser Angriffe auf dem Flugplatz befand, waren auch sehr hoch.

Im April erhielt das Geschwader den Befehl, mit allen verfügbaren Kräften die gegnerische Flotte im Hafen bei Oran – Mers el Kebir – am Tage anzugreifen.

Das Geschwader hatte hierfür etwa zwölf Flugzeuge einsatzbereit. Davon acht auf Sardinien und vier bis fünf bei der III. Gruppe in Grosseto. Der General persönlich wollte diesen Angriff führen. Seine Ankunft war bereits angesagt worden.

Am späten Vormittag traf General Harlinghausen auf dem Gefechtsstand ein. Die Besatzungen der III. Gruppe waren inzwischen gelandet, und auch die der beiden anderen Gruppen hielten sich zur Einsatzbesprechung bereit.

Durch Bilderkundung war festgestellt worden, daß im Hafen von Mers el Kebir das Schlachtschiff »Rodney«, ein Flugzeugträger und ein schwerer Kreuzer lagen.

Der B-Dienst** informierte, daß an dem Tage eine Lagebesprechung aller Befehlshaber

* Korvette »Louisting« und englischer Frachter »Fort Bahine«, 7135 BRT.

** Funkaufklärung

der Alliierten von Heer, Marine und Luftwaffe über die weiteren Planungen im Mittelmeer stattfinden sollte. Die Besprechung sollte auf dem Schlachtschiff abgehalten werden.

General Harlinghausen wollte versuchen, mit seinen Bombern und Torpedofliegern in diese Besprechung »einzugreifen«. Das Geschwader sollte für ihn eine Besatzung stellen. Inzwischen war auch eine Staffel Ju 88 gelandet. Das waren alle für diesen Angriff verfügbaren Kampfflieger.

Der General besprach mit allen Besatzungen das Vorhaben. Jede Einzelheit des Angriffsverfahrens sollte durchgegangen werden. Der Angriff mußte im Tiefflug erfolgen. Deshalb war eine genaue Abstimmung aller Details notwendig. Am frühen Nachmittag sollte gestartet werden.

Die Besatzungen saßen bereits in den Flugzeugen, als vom Gefechtsstand rote Sterne geschossen wurden. Der Angriff wurde abgeblasen. General Harlinghausen flog nach Taormina zurück.

Später erfuhren wir, daß der Kommandierende vor dem Start nochmal mit der Luftflottenführung gesprochen hatte und daß diese – Feldmarschall Kesselring persönlich – ihm diesen Angriff untersagt hatte.

Erst vier Tage später, als diese Feindverbände ausliefen, wurden die Torpedoflieger im Nachtangriff auf sie angesetzt.

Die fortlaufenden feindlichen Bomberangriffe auf die Flugplätze von Sardinien und Grosseto und die Versorgungsschwierigkeiten wegen Versenkung vieler Nachschubdampfer in den Gewässern zwischen der italienischen Westküste und Sardinien durch gegnerische U-Boote und Bomber veranlaßten die Luftflottenführung dazu, das Geschwader zu verlegen.

Ende Mai 1943 verlegte der Geschwaderstab mit der I. und II. Gruppe nach Südfrankreich auf den Flugplatz Salon de Provence, die dritte Gruppe nach Montpellier an der Bucht zum Mittelmeer.

Die Bodeneinheiten, soweit das Personal nicht in den Kampfflugzeugen mitgenommen werden konnte, verlegte mit Luft-Transport-Verbänden. Die Betriebskompanien und die Torpedokompanien wurden auf dem Seewege nach Frankreich gebracht.

Das Geschwader bedurfte dringend einer Erholungspause und einer personellen Auffrischung.

In der Zeit vom 1. Januar 1943 bis 20. Mai 1943 verlor das Geschwader 41 Besatzungen und 20 Mann vom technischen Personal durch feindliche Luftangriffe. Weitere 43 Mann technisches und Bodenpersonal wurden schwer verwundet.

Ende Mai 1943 wurde der Kommodore zu einer Besprechung bei der Luftflotte nach Rom bestellt. Der Kommandierende General des II. Fliegerkorps, Generalmajor Harlinghausen, war ebenfalls zugegen. Es wurde entschieden, daß die II. Gruppe aus dem Einsatz zu nehmen sei und in Deutschland auf Ju 88 umzurüsten habe. Die vorhandenen Besatzungen, außer den Staffelkapitänsbesatzungen, und die noch einsatzklaren Flugzeuge seien an die I. Gruppe abzugeben. Dem Geschwader wurden sofort weitere junge Besatzungen zugeführt. Für die Zeit der Eingewöhnung dieser Besatzungen sollte das Geschwader vier Wochen Ruhepause haben.

Ende Mai verlegten der Stab der II. Gruppe, die Staffelkapitäne der 4., 5. und 6. Staffel sowie das gesamte Bodenpersonal dieser Gruppe per Bahntransport nach Deutschland. Zur Umschulung war ihnen der Fliegerhorst Großenbrode in Holstein zugewiesen worden. Die Bodeneinheiten verlegten direkt dorthin. Das fliegende Personal sollte seine Umschulung auf den Flugzeugtyp Ju 88 bei der IV. Gruppe in Lübeck-Blankensee erhalten und später ebenfalls nach Großenbrode gehen, um dort die Neuaufstellung vorzunehmen.

Die II. Gruppe zur Neuaufstellung und Umrüstung auf Ju 88 vom Mai 1943 bis Juni 1944

Von Salon verlegte die Gruppe Ende Mai nach Lübeck-Blankensee. Die FBK ging direkt nach Großenbrode, dem Fliegerhorst an der Ostsee, der für die Zeit der Neuaufstellung für die Gruppe vorgesehen war.

Die Umschulung der Besatzungen auf Ju 88 übernahmen die Fluglehrer der IV. Gruppe. Jede Staffel erhielt ein Schulflugzeug mit Doppelsteuerung, auf welchem die Umschulungs-, die Start- und Landeübungen durchgeführt wurden.

Dann kam der Alleinflug und damit der erste tödliche Unfall. Der Oberfeldwebel Mischke und sein Bordmechaniker machten den dritten Alleinstart. Auf halber Bahnstrecke brach das Flugzeug nach rechts aus, Mischke versuchte noch abzuheben, schaffte es aber nicht mehr und raste in eine Flugzeug-Abstellbox. Beide waren sofort tot.

Das war für alle ein mächtiger Schock. Gehörten doch diese Flieger bereits zu den »jungen Alten«, die schon über 50 Feindeinsätze gemacht hatten.

Der Flugbetrieb ging am nächsten Tage weiter. Nach kurzer Zeit war die Umschulung der Stammbesatzungen beendet, und der Verband verlegte nach Großenbrode, wo die Neuaufstellung der Gruppe begann.

Im Juli reisten die ersten jungen Besatzungen an. Teils kamen sie direkt von den Kampffliegerschulen, teils von der IV. Gruppe. Im Verlaufe des Monats wurden die Staffeln bis auf 16 Besatzungen aufgestockt. Das bedeutete, daß mindestens 14 junge Besatzungen von den zwei Stammbesatzungen der Staffeln fliegerisch und gefechtsmäßig auszubilden waren.

Der Gruppenstab hatte einen Ausbildungsplan vorgegeben. Damit bestand für alle eine einheitliche Ausbildungslinie.

Es begann bei der *fliegerischen Grundausbildung* mit anschließenden Start- und Landeübungen auf der Ju 88. Daneben erhielten die Besatzungen Unterricht in den jeweiligen Funktionen und im Verhalten bei besonderen Situation.

Nach der Grundausbildung wurden *Navigationsflüge über Land und über See* geübt. Als Übungsgebiet für die Überseeflüge stand die östliche Ostsee zur Verfügung.

Einen besonderen Raum nahmen die Übungen im *See-Tiefflug* ein. Die Flugzeugbesatzungen mußten das Schätzen der Flughöhe lernen, und der Flugzeugführer sollte ein Gefühl dafür erhalten, wie weit ein Tiefflug machbar war.

Neben der fliegerischen Ausbildung stand die *Gefechtsausbildung*. Sie begann bei der *Erlernung der Schiffstypen* an Modellen und ging bis zur praktischen Übung von *Schiffserkennungen aus der Luft*. Schwerpunkt der Gefechtsausbildung war die *Torpedo-Angriffstaktik*. Die Lehrbesatzungen konnten hierbei aus eigener Erfahrung eine ganze Palette von Grundsätzlichkeiten und anwendbaren Möglichkeiten bieten.

Nach Beendigung des ersten Abschnitts der Ausbildung wurden die Besatzungen in die *Funktionen des Staffelbetriebes* eingeführt. Das betraf insbesondere die jungen Offiziere, die erstmals ein eigenes Fachgebiet übertragen bekamen wie z. B. Technischer Offizier, Navigations-Offizier, Nachrichten- oder Staffeloffizier.

Mit einer Zuweisung von durchschnittlich vier Offizieren pro Staffel konnten die Bereiche so eben abgedeckt werden.

Ab September/Oktober waren die Besatzungen soweit vorbereitet, daß mit der *Nachtflug-Ausbildung* begonnen werden konnte. Im Bereich Schleswig/Holstein bestand Nachtflugverbot. Die Staffeln mußten deshalb nach Osten ausweichen.

Der IV. Gruppe war für diese Übungen der *Flugplatz Kolberg* zugewiesen. Sie erhielten hier ein Einsatzkommando, welches ursprünglich auch für die Nachtausbildung bei der II. Gruppe verfügbar sein sollte. Zu der Zeit hatte die IV. Gruppe aber so viel Eigenbedarf, daß für weitere Besatzungen kein Raum mehr war.

Eine günstige Lösung bot uns das Luftgaukommando Königsberg an. Es stellte der Gruppe den *Feldflugplatz Eichwalde bei Labiau* zur Verfügung.

Dieser Flugplatz war nur mit einer Flugleitung belegt. Fliegerhorstpersonal oder gar technisches Personal war nicht vorhanden. Nachdem sich die Gruppe hierfür entschieden hatte, sorgte das Luftgaukommando auch für das notwendige Verwaltungs- und Küchenpersonal.

Die *4. Staffel* verlegte zuerst dorthin. Später folgten die *5. und die 6. Staffel.*

Nach zwei bis drei Nacht-Navigationsflügen über Land wurden anschließend nur Nacht-Navigationsflüge über See geübt. Nach Abstimmung mit der Seekriegsleitung Östl. Ostsee bestanden sogar Möglichkeiten zur nächtlichen Zielfindung von Schiffen.

Nach Abschluß der Verbands- und Nachtflugausbildung folgte die Torpedo-Ausbildung.

Infolge der Kriegsereignisse hatte die Schule von Grosseto inzwischen nach Riga verlegt.

Kommodore des Kampfschulgeschwaders 2 und Kommandeur der Torpedoschule war inzwischen Oberstleutnant Beyling, der vormalige Kommandeur der II. Gruppe.

Alles, was bisher in der Staffelausbildung gelernt wurde, kam hier erneut zur Anwendung und wurde mit Waffenkunde, Angriffstaktik und Verbandsangriffsverfahren vertieft.

Nach etwa 14 Tagen ging es zur Praktik über. Die Schule hatte ein Zielschiff von etwa 3000 Tonnen und einige Torpedofangboote.

Mit Zielanflügen zum Schätzen der Gegnerfahrt und Gegnerlage bekamen die Flieger die ersten Eindrücke vermittelt. Im Anflug mußten die geschätzten Werte mittels Bordsprechanlage auf das Zielschiff gegeben werden. Nach Auswertung erfolgte die Fehlerbesprechung.

Diesen Übungen folgten Schießübungen mit Torpedos, und zum Abschluß kamen die Nachtangriffe und die Verbandsangriffe.

Im zeitigen Frühjahr 1944 war die II. Gruppe mit fast 50 Besatzungen einsatzbereit.

Während der Ausbildungszeit erfolgte ein Wechsel in der Führung der 6. Staffel. Hauptmann Göhler wurde abgelöst, an seine Stelle trat Hauptmann Konrad Wulf.

Im Stab wurde der technische Offizier, Oberleutnant Voß, der als Staffelkapitän zur I. Gruppe versetzt wurde, durch Hauptmann Krakowski, der vom K.G. 77 kam, ersetzt.

Mitte April wurde die *4. Staffel* zur Sicherung der deutschen Seetransporte im Schwarzen Meer nach Rumänien verlegt und dem General der deutschen Luftwaffe in Bukarest unterstellt.

Vier Wochen später kehrte sie von dort zurück und verlegte nach Eichwalde.

3. Das Geschwader in Südfrankreich – Mai 1943 bis Juni 1944

Von Südfrankreich aus operierte das Geschwader nunmehr mit nur noch zwei Einsatzgruppen: der *I. Gruppe* in Salon, der *III. Gruppe* in Montpellier.

Das Geschwader hatte seinen Gefechtsstand unweit des Flugplatzes Salon de Provence eingerichtet. Schon nach kurzer Zeit waren die nachrichtentechnischen und sonstigen Führungsvoraussetzungen vorhanden, der Geschwaderstab einsatzklar. Vorerst aber kümmerten sich die Offiziere um die Aufrüstung der beiden Einsatzgruppen, um Technik und Ausbildung.

Die *I. Gruppe* bezog Quartier im Umfeld des Flugplatzes Salon. Die Besatzungen und der Gruppenstab waren in den umliegenden Ortschaften untergebracht worden, Techniker und Betriebskompanien wohnten in Baracken in Flugplatznähe.

Der Gruppe waren sechs Besatzungen und Flugzeuge von der II. Gruppe zugewiesen worden. Sie wurden in die Staffeln eingegliedert. Anfang Juni kamen die ersten neuen Besatzungen von der IV. Gruppe. Jede Staffel wurde auf 12 Besatzungen aufgefüllt. Entsprechend dieser Zahl wurden auch die Flugzeuge zugeführt. Das war ein Höchststand, der viele Monate vorher nicht erreicht worden war. Die vier Wochen Ruhepause wurden zur fliegerischen Ausbildung und Schulung genutzt. Ab Mitte Juni 1943 war die Gruppe wieder einsatzklar.

Die *III. Gruppe* hatte ihren Standort in Montpellier. Der Flugplatz war weiträumig ausgebaut und hatte gute Abstellplätze für die Flugzeuge. Besatzungen und Bodenpersonal wohnten in Unterkünften, die etwas vom Flugplatz entfernt lagen.

Nach der Neuzuführung von Besatzungen und Flugzeugen und der Einweisung junger Besatzungen war auch die III. Gruppe ab Mitte Juni einsatzklar.

Durch die Verlegung nach Südfrankreich hatte sich die Eindringtiefe wesentlich verbessert. Ohne Zwischenlandungen waren die Zielgebiete um Algier und Oran erreichbar.

Im Juni 1943 begann wieder der Einsatz. Die Alliierten trafen bereits Vorbereitungen für eine Invasion in Italien. Täglich wurde reger Schiffsverkehr gemeldet, auf den die Besatzungen im Nacht- und Dämmerungseinsatz angesetzt wurden. Schwerpunkte blieben aber die Angriffe auf Geleitzüge.

Über den Atlantik kommend trafen die Konvois in Gibraltar ein; sie wurden hier zu Groß-Geleitzügen zusammengestellt. Von Gibraltar aus traten sie dann ihren Weg in die algerischen Häfen und nach Malta an. Die Sicherung dieser Groß-Geleitzüge übernahmen die in Gibraltar liegenden alliierten Flottenverbände.

Ende Juni wurde ein solcher Groß-Geleitzug durch den B-Dienst gemeldet. Dieser Verband war aus fünf Einzelgeleitzügen zusammengestellt worden, er zählte mit den begleitenden Sicherungsfahrzeugen insgesamt 180 Einheiten.

Bereits in den vorangegangenen Berichten über die Bekämpfung der Eismeer-Geleitzüge wurde auf die enorme Abwehrkraft dieser Schiffsmassierungen hingewiesen. Was hier im Mittelmeer aufmarschierte, war ein Vielfaches davon.

Dieser Groß-Geleitzug nahm seinen Weg durch das westliche Mittelmeer nach Malta. Kurz vor Erreichen der Insel erfolgte eine Umgruppierung: Neue Schiffseinheiten traten hinzu, andere liefen die Häfen von Malta und der inzwischen besetzten italienischen Inseln Pantelleria und Lampedusa an.

Der Geleitzug wurde mit allen verfügbaren Kräften angegriffen. Das begann bereits bei Eintreffen in den Erfassungsbereich, in der Höhe von Oran. Tagelang dauerten die Angriffe, teils in der Abend-, teils in der Morgendämmerung, an. Für Nachtangriffe blieb wenig Gelegenheit, weil es die Wetterverhältnisse nicht erlaubten. Der Kampf erstreckte sich über fünf Tage, bis der Geleitzug vor Malta stand. Es waren viele Schiffe torpediert worden, aber auch bei dieser Größenordnung und Materialmenge bedeutet die Versenkung einiger Dampfer keine entscheidende Kriegshandlung. Die wenigen Torpedoflieger, die da am Feind waren, waren wohl eine Störung, konnten den Gegner aber nicht von seinem Vorhaben abbringen. Gemessen an der Zahl der Transportschiffe und der sie begleitenden Flotteneinheiten waren die Erfolge der Torpedoflieger nur Einzelsiege, Mückenstiche gegen Elefanten.

Die alliierten Landungsunternehmen in Italien

Am 10. Juli 1943 erfolgte die alliierte Landung auf Sizilien. Der soeben beschriebene Geleitzug hatte Material und Truppen für diese Operation an Bord.

Die Amerikaner landeten an der Südküste, am Strand von Licata-Gela; die Engländer im Raum von Augusta, an der Ostküste von Sizilien. Unterstützt wurden diese Operationen durch starke Luftwaffenverbände, die von Malta und den nordafrikanischen Plätzen starteten. Schon nach wenigen Tagen hatten die Alliierten Brückenköpfe gebildet.

Die Besatzungen des Geschwaders wurden weiter laufend gegen die Landungseinheiten, solange sie sich noch vor der Küste befanden, angesetzt. Angelandete Schiffe vor der Küste oder in den Häfen konnten von den Torpedofliegern nicht mehr angegriffen werden, weil die jeweiligen Wassertiefen einen Torpedoangriff nicht zuließen. Aber auch draußen vor der Küste lagen zahlreiche Frachter, geschützt von Kriegsschiffen, die lohnende Angriffsziele boten. Das Seegebiet vor Sizilien, insbesondere zwischen Malta und Sizilien, glich einem großen Schiffssammelplatz. Täglich kamen und gingen Schiffe, die einen brachten neue Ladungen, die anderen fuhren innerhalb von Geleitzügen zurück, um neue Ladungen zu holen. Diese tagelangen Großeinsätze brachten viele Versenkungserfolge, aber auch wieder hohe eigene Verluste.

Es waren ja erst wenige Wochen vergangen, seit die Gruppen mit neuen Besatzungen aufgefüllt worden waren. Es war wieder soweit, daß die Besatzungen auf ein Minimum heruntergekommen waren. Bei diesen Angriffen hatte es auch einige alte Besatzungen getroffen, unter anderem waren der Kommandeur der I. Gruppe und zwei Staffelkapitäne vom Einsatz nicht zurückgekehrt.

Noch tobte der Kampf um die Landung auf Sizilien, als bereits eine neue B-Meldung über die Zusammenstellung eines Groß-Geleitzuges vorlag.

Am 10. August wurden Einzelheiten bekannt. Der Groß-Geleitzug schickte sich an, Gibraltar zu verlassen. Das Geschwader erhielt einen Vorausbefehl, alle Vorbereitungen für einen neuen Großeinsatz zu treffen. Die Aufklärungsmeldungen lauteten über die Ansammlung von über 100 Transportschiffen in der Bucht von Gibraltar. Der Kommodore besprach mit beiden Kommandeuren die Taktik für diesen Angriff; er selbst wollte den Angriff führen.

Geleitzugschlacht bei Alboran: Freitag, 13. August 1943

Ein Beteiligter berichtet:

»Seit einigen Tagen war uns bekannt, daß sich im Hafen von Gibraltar und auf der Reede davor ein großer Geleitzug sammelt. Tagtäglich trafen weitere Schiffe ein, vielfach waren es über den Atlantik kommende Geleitzüge.

Kriegsschiffe kamen hinzu, auch Flugzeugträger befanden sich dabei und lagen vor Gibraltar auf der Reede. Den Meldungen des B-Dienstes war zu entnehmen, daß ein Großgeleitzug zusammengestellt wurde. Ob dieser Großgeleitzug der Vorbereitung einer weiteren Landung diente, wußte zu der Zeit noch niemand.

Der Geschwaderstab wurde durch das Fliegerkorps über diesen Geleitzug unterrichtet.

Bei der Luftflotte wurde ein großer Schlag geplant.

Laufende Beobachtungen vor Ort und Luftbildaufnahmen lösten beim Korps und beim Geschwaderstab eine Besprechung nach der anderen aus.

Etwa zwei Tage vor dem erwarteten Auslauftermin wurden der Kommodore und sein Ia zum Korps bestellt.

Noch am Abend der Rückkehr fand eine Kommandeur-Besprechung in Petite Domaine, dem Gefechtsstand des Geschwaders, statt.

Ein Angriffsplan wurde entwickelt. Man entschied sich für einen Angriff mit beiden Gruppen in der Abenddämmerung des nächsten Tages. Der Standort des Geleitzuges lag zu der Zeit aber noch so weit entfernt, daß die Eindringtiefe der Ju 88 Probleme bereitete. Für die He 111 nicht, die konnte ja zwölf Stunden fliegen und Ziele auf über 1200 km Entfernung erreichen.

Es stand zur Entscheidung, die Ju 88 mit einem Zusatztank und dann nur mit einem Torpedo zu beladen, oder den Angriff um einen Tag zu verschieben und zu warten, bis der Geleitzug in die Reichweite der Flugzeuge kam.

Nach Abstimmung mit dem Korps wurde entschieden, den Angriff am nächsten Abend zu fliegen und die Ju 88 mit Zusatztanks auszurüsten. Man war überzeugt, daß die Ausnutzung des Überraschungsmomentes mehr brachte als der nunmehr fehlende eine Torpedo bei dem Ju 88-Verband. Der errechnete Standort des Geleitzuges mußte zur Angriffszeit etwa in Höhe der Alboran-Inseln liegen. So weit westlich war noch nie ein Geleitzug von Flugzeugen angegriffen worden.

Es war zu erwarten, daß auch die Geleitzugsicherung an diesem Ort noch nicht vollständig beisammen war.

Der Angriff sollte in drei großen Wellen vorgetragen werden. Die ersten beiden Wellen von der I. Gruppe mit He 111. Sie sollten vom Norden, von der spanischen Küste her, angreifen, wogegen die dritte Welle, die Ju 88-Gruppe, von der afrikanischen Küste her kommen sollte.

Der Angriff sollte gleichzeitig erfolgen.

Die Verbandsführung übernahm der Kommodore, er flog eine He 111.

Fieberhaft wurde am Klarwerden aller Flugzeuge gearbeitet. Man wollte alles aufbieten, was nur überhaupt möglich war.

Eine stattliche Anzahl Flugzeuge wurde einsatzklar gemeldet.

Die I. Gruppe brachte 40 Flugzeuge, die III. Gruppe, wegen des Zusatztanks, 20 Flugzeuge zum Start. Das waren insgesamt 100 Torpedos, die eingesetzt wurden.

Noch am Abend des 12. August kam die Meldung, daß der Geleitzug ausgelaufen sei mit Kurs in das Mittelmeer hinein.

Vollbeladen und startklar standen die Flugzeuge in den Abstellboxen.

In dieser Nacht wurden sie besonders gut bewacht. Es war bekannt, und die Staffeln hatten bereits bittere Erfahrungen gemacht, daß in den Nächten großer Schiffsbewegungen die Sprengkommandos der feindlichen Agenten besonders aktiv waren. Diesmal passierte nichts!

Am nächsten Tage, es war ein Freitag und auch noch der Dreizehnte – wie damals bei dem PQ 18 im Eismeer –, wurde schon in der Frühe die Einsatzbereitschaft befohlen.

Der Geleitzug wurde durch Fernaufklärer beschattet. Er stand noch weit westlich von Oran, genau in der Höhe von Malaga.

Die letzte Meldung stammte von 1000 Uhr. Es sollten einhundert Schiffe sein, die durch einen großen Verband von Kriegsschiffen bewacht wurden. Die Meldung besagte, daß die Frachter in zehn Reihen nebeneinander und immer mehrere Schiffe hintereinander fuhren. Die Kriegsschiffsicherung befand sich als Gürtel außen herum, größere Kriegsschiffe – Kreuzer – fuhren mitten im Verband.

Dazu sei eine Flotte großer Einheiten – Kreuzer und Schlachtschiffe – aus Gibraltar ausgelaufen und befände sich im Marsch auf diesen Geleitzug. Das war ein riesiger Konvoi, der da das Mittelmeer durchpflügte.

Um 1400 Uhr wurden die Besatzungen in Salon und Montpellier zur Einsatzbesprechung gerufen.

Bis ins Detail wurde der Angriffsplan nochmal durchgegangen. Auch die letzten Aufklärungsmeldungen lagen vor. Sie besagten einiges über die Zusammensetzung des Groß-Geleitzuges und über den Standort der schweren Sicherungseinheiten. Das Wetter war auf der ganzen Strecke fast wolkenlos mit sehr guter Sicht.

Es wurde absolute Funkstille befohlen. Nach einem nochmaligen Uhrenvergleich fuhren die Besatzungen zu den Flugzeugen.

In Salon hob Punkt 1600 Uhr das erste Flugzeug ab. Alle 30 Sekunden senkte sich die grüne Startflagge des Startoffiziers und gab den Start für den nächsten frei. Der eine an der linken, der andere an der rechten Seite der Startbahn entlangbrausend, hoben sie ab. Innerhalb von 20 Minuten war die ganze Gruppe mit 40 Flugzeugen in der Luft.

Auf Kursrichtung nach der spanischen Küste wurde gesammelt. Sie flogen in Pulks von je zehn Flugzeugen hintereinander. Abstand von Pulk zu Pulk etwa 1000 Meter, alle schön im Tiefflug, etwa 20 Meter über dem Wasser. Der Abstand zur Küste war so gewählt, daß sie nicht gesehen und auch nicht gehört werden konnten. Es sollten keine Flugmeldungen, keine Warnungen riskiert werden.

Um 1645 Uhr sollte die III. Gruppe starten. So war die Startzeit errechnet worden. Von den Liegeplätzen her rollten sie zur Startbahn. Der Verbandsführer stand bereits dort und rollte an. Beim Start ... mitten auf der Bahn, der nächste wollte gerade anrollen, brach er aus. Erst nach links, dann nach rechts. Ein Motor lief fast nicht mehr, dann gab es einen Krach. Die Mühle lag auf dem Bauch! ... Auf dem Torpedo und dem Zusatztank! Sankas und Feuerwehr rasten hin. Die Besatzung konnte herausspringen, wurde aber sofort in den Krankenwagen gepackt, und der flitzte ab in Richtung Stadt ins Krankenhaus.

Es war ein totaler Bruch, der da auf der Startbahn lag. Alles wurde blockiert. Was sollte werden? Oberleutnant Peters, der Vertreter des Verbandsführers, ging zum Telefon und rief den Geschwadergefechtsstand an. Er wollte den Start abblasen, weil die Zeiten nicht mehr eingehalten werden konnten. Hauptmann Seedorf, der Ia, lehnte dies ab. ›Kommt überhaupt nicht in Frage, spannt einen Trecker vor und holt die Mühle von der Bahn, in zehn Minuten sind Sie mit ihrem Verein in der Luft!‹ ›Verstanden?‹, ruft er Peters noch zu und ›... sagen Sie Ihrem Startoffizier, daß er mich anrufen soll, wenn alle weg sind!‹

Der technische Offizier handelte bereits. Zwei Trecker hatten schon Seile angeschlagen und holten gemeinsam den Bruch – es wurde jetzt noch etwas mehr – von der Bahn.

In allerkürzesten Abständen starteten die Maschinen und versuchten, durch etwas höhere Touren, den Zeitverlust aufzuholen.

Es waren fast 1200 km bis zum Zielgebiet, bei den Alborans, westliches Mittelmeer, etwa 130 km ostwärts Gibraltar.

Der Kommodore hörte von dem Vorfall zunächst nichts. Es war ja Funkstille befohlen worden. Und ... ändern hätte er auch nichts mehr können, nur hoffen, daß die ›Dritte‹ noch rechtzeitig kommt.

Der weitere Anmarsch verlief planmäßig; an Steuerbord voraus war zeitweise die spanische Küste erkennbar. Links kamen die Balearen, erst Menorca, dann Mallorca und schließlich Ibiza in Sicht. Die Hälfte der Anflugstrecke war bereits bewältigt. Das Wetter war so, wie es gemeldet worden war. Ein herrlich strahlender Sonnentag, silbern schimmerte das Meer herauf, und ab und zu war ein Fischerboot zu sehen ... sonst nichts!

Cap de Palos, das Horn bei Cartagena, kam in Sicht. Querab lag die spanische Küste.

Noch etwas weiter westlich, etwa in der Höhe von Almeria, 40 Kilometer von der spanischen Küste entfernt, konnten sie mit dem Glas leichte Rauchwolken am Horizont ausmachen.

›Da sind sie!‹ Etwas Backbord voraus kamen die Mastspitzen aus dem Horizont heraus. Wenige Minuten später waren auch die Schiffsrümpfe deutlicher zu sehen. Noch war Funkstille.

Etwa zehn Minuten später schwenkte der Verbandsführer etwas nach rechts heraus, sicherlich um die Küste etwas mehr hinter sich zu bekommen. Alles folgte exakt mit. Jetzt stand der Verband etwas besser im dunklen Horizont, es war noch verdammt hell! Die Dämmerung hatte noch nicht richtig eingesetzt. Aber zum Abdrehen, um etwas später anzugreifen, wenn es dunkler war, war es zu spät. Dazu waren sie schon zu dicht am Geleit. Sie hätten nur ein allgemeines Wecken veranstaltet.

Der Kommodore entschloß sich zum Angriff. Er gab über Bordsprechanlage den Befehl zum ›Einschwenken nach Backbord und zum Angriff‹.

Die hinter ihm fliegende Welle drehte direkt nach Backbord, setzte sich also damit neben die erste Welle. Der nächste Pulk flog bis zum Wendepunkt und drehte dann nach Süden ein.

Zwei breite Angriffswellen waren gebildet. Es waren schätzungsweise 20 bis 25 Kilometer bis zum Geleitzug. Ganz tief, etwa zwei bis drei Meter über dem Wasser, zogen sie dahin. Da blitzte es auf! Ein Flakkreuzer, der links von ihnen stand, hatte sie erfaßt. Er gab Alarm, und schon ging der Höllentanz los. Wassersäulen, ein ganzer Wasservorhang, stieg vor ihnen hoch. Das war die schwere Schiffsartillerie, die hier eingriff und den Wasservorhang schoß. Flakwolken standen daneben. Beides zwang dazu, Abwehrbewegungen zu fliegen. Herauf und herunter, einmal rechts, die nächsten Meter links heraus. Je nachdem, wie die Abwehr lag. Das Ziel mußte aber voraus im Blickfeld bleiben. Je dichter sie an den Geleitzug, an die dicken Schiffe, die in der Mitte fuhren, herankamen, desto heftiger wurde die Abwehr. Es gab kein Rezept, wie man den Perlenschnüren der Leuchtgeschoßgarben entweichen konnte. Sie kamen wie ein Wasserstrahl auf die Besatzung zu, und sie mußte hindurch. Manchmal streiften diese roten und weißen Perlenschnüre direkt das Flugzeug, man meinte sie förmlich greifen zu können. Noch 1500 Meter, noch 1200 Meter, da mußten sie hoch, um zu zielen und zu werfen. Rechts neben ihnen platzte ein Flugzeug direkt auseinander. Das hatte sicherlich einen Volltreffer bekommen. Auch etwas weiter links vorne war so etwas passiert, denen glückte wohl noch eine Notlandung auf dem Wasser.

Sie kamen auf einem dicken Brocken, der genau vor ihnen lag, mittschiffs ab. Gegnerfahrt und Lage waren schon vorher eingestellt worden. Vorm Schuß war nur noch eine Feinkorrektur nötig.

Nach dem Abwurf der Torpedos mußten sie dicht ans Wasser herunter, da war man, wenn überhaupt, etwas sicherer, lag da manchmal im toten Winkel der Geschütze, wenn die nicht nach unten schießen konnten.

Jetzt mußten sie alles versuchen, aus diesem Inferno herauszukommen. Schiffe wurden umflogen, bei anderen preschten sie dicht am Heck vorbei. Zum Greifen nahe konnten sie die Geschützbedienungen an den Kanonen sehen. Sekunden wurden zu Ewigkeiten. Kurze Strecken zu Meilen.

Als die erste Welle hindurch war, kam die zweite zum Schuß. Die Abwehr richtete sich etwas nach hinten, aber voraus lagen noch die Zerstörer und Bewacher des südlichen Sicherungsgürtels. Zwischen denen mußten sie noch hindurch.

Die ersten Detonationen wurden bereits während des Angriffes beobachtet. Nunmehr sahen sie diese von der nächsten Angriffswelle. Mehrere dicke, breite Explosionswolken stiegen hoch, auch viele Brände kamen auf. In dem Schiffspulk knallte und brannte es an allen Seiten. Zwischendurch standen richtige Pilze in der Luft. Das waren sicherlich Treffer, wobei die Munition oder gar ein Munitionsdampfer erwischt wurde.

Die äußere Bewacherkette war erreicht, sie waren hindurch und wurden dabei nochmal kräftig mit Geschossen eingedeckt.

Nun sahen sie sich das Schauspiel aus der Ferne an. Sie zählten mindestens an die 20 großen Rauchwolken.

Eigentlich mußte nun auch die III. Gruppe angreifen. Noch waren keine Ju 88 zu sehen. Als sie weit aus der Reichweite der Flak waren, zogen sie noch eine Runde, südlich vom Geleitzug. Sie hatten von hier aus einen recht guten Überblick. Zumal, da sich jetzt im

Westen die Dämmerung ganz neigte und das Feld nur noch im Scheine der untergegangenen Sonne als Silhouette zeigte.

Da ging es wieder los! Starkes Flakfeuer wurde sichtbar, und da stiegen auch Detonationswolken auf. Mehrere . . . nein . . . zig . . . mindestens zehn bis zwölf werden gesehen. Das war der Angriff der III. Gruppe. Sie waren gut herangekommen.

Trotz der Startverzögerung hatten sie die abgesprochene Angriffszeit einhalten können.

Durch den Angriff der I. Gruppe, mit den zwei Wellen aus dem Norden, waren sie wohl nicht erwartet und recht spät erkannt worden. Erst dann, als sie bereits durch den Zerstörergürtel hindurch waren, wurden sie gemeldet, wurde der Geleitzug alarmiert.

Da war es bereits zu spät. Die Besatzungen kamen alle recht gut zum Schuß. Sie hatten sich ihre Ziele aussuchen können und gute Erfolge erzielt. Auch mit nur einem Torpedo . . . aber der saß! Erst im Abflug wurden sie so richtig von der Flak beschossen. Da sie diesmal die letzten waren, bekamen sie es nun doppelt zu spüren.

Der Geleitzug wurde stark dezimiert, fast aufgerieben. Auch die Kriegsschiffe hatten ihren Teil abbekommen. Noch lange nach dem Abflug konnten Brände und Feuerscheine beobachtet werden.

Im Getöse dieses Granaten-Kessels, wo jeder mit sich selbst zu tun hatte, war eine einwandfreie Trefferbeoachtung vielfach nicht möglich gewesen. Man konnte wohl feststellen, ob es ein Treffer war oder nicht, aber ob der Pott so getroffen worden war, daß er absoff, war im Geleitzugsgetümmel doch nicht zuverlässig zu erkennen.

Die Erfolgsmeldungen wurden vielfach durch andere Daten bestätigt. Die hinterher gemachten Luftbilder ließen erkennen, was da noch schwamm oder abgeschleppt wurde. Vielfach gab es noch andere Auswertungsquellen wie Funkabhörungen, Agentenmeldungen oder gar U-Boot-Beobachtungen.

Mittlerweile war es Nacht geworden. Die Besatzungen befanden sich auf dem Rückflug. Jede Besatzung für sich alleine. Vier Stunden Flugzeit lagen vor ihnen. Nicht alle schafften den weiten Weg bis zu den Flugplätzen in Südfrankreich. Manch einer hatte Treffer abbekommen und hat sich gerade noch aus dem Geleitzug herausmogeln können, um dann eine See-Notlandung zu bauen. Andere versuchten ihr Glück im Einmotorenflug. Sie steuerten die Küste an und schipperten an ihr entlang. Mußten sie landen, bestand die Chance, von spanischen Fischern oder dem spanischen Seenotdienst aufgenommen zu werden.

Eine Begebenheit, die sich bei diesem Angriff zugetragen hat, soll nicht unerwähnt bleiben:

Nach dem Angriff, beim Rückflug, meldete sich per Sprechfunk eine Besatzung, bei der durch Treffer ein Motor ausgefallen war. Der Spruch wurde von der Kommodore-Besatzung gehört. Klümper riet der Besatzung, sofort Kurs auf die spanische Küste zu nehmen und fortlaufend weitere Meldung über den Flugzustand zu machen.

Dann errechnete er selbst den Kurs und gab ihn der Besatzung durch. Sein Funker hatte inzwischen den Fall per Funk an den Gefechtsstand gemeldet und um Einleitung von Seenotmaßnahmen gebeten. Auf Seenot-Welle gab er zusätzlich den Standort bekannt.

Jetzt meldete sich der Havarist wieder. Er gab an, daß er an Höhe verliere und eine Wasserlandung machen müsse. Trotz Abwerfen von Bordwaffen, Munition und Benzin war das Flugzeug nicht zu halten.

Die Besatzung gab nochmal Standort und die Notwasserung durch, und dann war vorerst von ihr nichts zu hören.

Klümpers Funker hatte diese Meldung auf der internationalen SOS-Frequenz nochmals wiederholt.

Das Wunder geschah! Gleich nach der Landung bekam der Kommodore eine Meldung aus seiner Funkstelle überbracht. Der deutsche Militärattaché in Madrid war von der spanischen Marine informiert worden, daß die Besatzung geborgen worden sei.

Drei Stunden nach der Notlandung war sie vom Seenotdienst gerettet worden. Nach vier Wochen waren sie wieder da.«

Der Angriff vor Alboran war der größte Erfolg der deutschen Torpedoflieger. Zum Erfolg haben viele Faktoren beigetragen. Am meisten aber wohl die gute, sorgfältige Vorbereitung und der ungewöhnlich weite Angriffs-Standort. In dieser Gegend hatte keiner mit einem Luftangriff gerechnet.

Aber das alles hätte für den Erfolg noch nicht ausgereicht, wenn nicht die Führung und alle Besatzungen so diszipliniert den Angriff geflogen hätten.

In einer Sondermeldung vom 15. August und im Wehrmachtsbericht vom 16. August wurde der Angriff entsprechend gewürdigt.

Der Führungsstab der Luftwaffe übersandte per Fernschreiben einen Auszug aus dem Lagebericht des Oberkommandos vom 20. August 1943 wie folgt:

»Nach Meldungen der Abwehr sind beim Angriff auf das Großgeleit am 13. August 1943 ostwärts von Alboran folgende Feindverluste eingetreten: Getroffen wurden 30 Schiffe mit 186 000 BRT und 7 Kriegsschiffe. Davon versenkt: 12 Schiffe mit 84 280 BRT, 1 englischer Zerstörer, 1 kanadische Korvette, 1 US-Begleitschiff, 1 holländisches Patrouillenschiff. Schwer beschädigt: 7 Schiffe mit 41 700 BRT, 1 englischer Zerstörer. Weiter beschädigt: 11 Schiffe mit 60 000 BRT und 2 Patrouillenschiffe. Ein Teil der beschädigten Schiffe wurde wahrscheinlich bei Oran auf Strand gesetzt.«

Soweit die *Erfolge.*
An *Verlusten* traten ein:
3 Besatzungen am Geleitzug als Totalverluste,
6 Besatzungen mußten an der spanischen Küste notlanden.
Die Besatzungen wurden gerettet.

Eingesetzt waren:	40 He 111 mit je 2 Torpedos	=	80 Torpedos
	20 Ju 88 mit je 1 Torpedo	=	20 Torpedos
	insgesamt		100 Torpedos
	abzüglich Bruch in Montpellier		1 Torpedo
			99 Torpedos
	3 He 111 abgeschossen	=	6 Torpedos
	auf das Ziel geschossen		93 Torpedos
	damit wurden 37 Schiffe getroffen	=	40% Treffer.

Ein ungewöhnlich gutes Ergebnis!

Notlandungen in Spanien

Auf dem Wege zwischen Startbasen und den Zielgebieten im westlichen Mittelmeer liegt die Inselgruppe der Balearen. Die Inseln Mallorca, Menorca, Ibiza und Formentera. Und nördlich der Angriffsgebiete die gesamte spanische Mittelmeerküste. Spanien war neutral. Besondere Rechte räumten sie weder den Alliierten noch den Achsenmächten ein.

Jedoch halfen sie allen, die sich in Luft- oder Seenot befanden. Die Besatzungen, auch die Alliierten, waren über diese Hilfsmöglichkeiten unterrichtet und machten davon Gebrauch. Sie wußten, in welchen Seegebieten, Räumen oder gar auf welchen Flugplätzen eine Notlandung möglich war. Das war besonders hilfreich, wenn Flugzeuge so stark angeschossen oder beschädigt waren, daß ein Rückflug zum Heimathafen aussichtslos erschien. Die Flieger versuchten dann, die spanische Küste oder eine der Inseln zu erreichen. Auf Mallorca und bei Alicante bestand sogar die Chance, zur Notlandung einen Flugplatz anzufliegen.

Vielfach war es allerdings nicht mehr möglich, die Küste oder einen der Flughäfen zu erreichen. Es mußten dann See-Notlandungen gemacht werden. Meldete man das rechtzeitig auf der Seenotwelle mit einwandfreier Standortangabe, bestand die Chance, vom spanischen Seenotdienst aufgefischt zu werden. Dieser lag immer in Bereitschaft und hatte die Seenotwellen besetzt. Einige haben sogar behauptet, daß sich spanische Seenot-Flugzeuge in der Nähe der alliierten Geleitzüge aufhielten, um im Bedarfsfalle zur Stelle zu sein.

Das Mittelmeer zwischen Nordafrika und der spanischen Küste wurde stark von spanischen Fischern befahren. Auch diese haben viele Flieger aus Seenot geborgen und an Land gebracht.

Nach einer Notlandung und erfolgreicher Bergung wurden die Flieger in Spanien interniert. Nach vier bis fünf Wochen Internierung wurden sie in ihre Heimatländer abgeschoben.

Während der Zeit der Geleitzugkämpfe befanden sich vom Geschwader stets einige Besatzungen in »Internierung«. Sie trafen sich dort mit den Fliegern der anderen Seite, teilweise wurden interessante Gespräche geführt. Unsere Besatzungen kehrten meistens über Madrid und Rom nach vier bis sechs Wochen zum Geschwader zurück.

Landung der Alliierten bei Reggio

Die alliierten Landungen in Italien gingen weiter. Anfang September wollten die Alliierten den deutschen Truppen den Rückzug abschneiden. Sie landeten am 3. September 1943 gegenüber der Nordwestspitze Siziliens bei Reggio auf dem Festland.

Ein Geleitzug von 125 Schiffseinheiten wurde hierfür aufgeboten. Zwei Drittel Frachter und ein Drittel Kriegsschiffe aller Klassen und Größen. Der Geleitzug kam von Gibraltar. Etwa fünf Tage befand er sich im Angriffsgebiet der Torpedoflieger und wurde, gemeinsam mit den italienischen Torpedofliegern und Resten der in Süditalien liegenden Bombenflieger, angegriffen. Pausenlos in Tag- und Nachteinsätzen wurden die Angriffe geflogen. Schiffe wurden getroffen und versenkt, aber der Geleitzug fuhr weiter. Es war unvorstellbar, was seitens der alliierten Operationsleitung hierfür aufgeboten wurde, was ihr an Material zur Verfügung stand!

Leider ließ sich der vorangegangene Erfolg von Alboran nicht wiederholen. Die verfügbaren Kräfte reichten einfach nicht mehr aus. Zum Schluß war es so, daß nur noch Besatzungen in Staffelstärke für die Angriffe zur Verfügung standen. Trotzdem wurden Erfolge erzielt. In dieser Zeit wurden etwa 60 000 Tonnen Schiffsraum versenkt, eine große Anzahl von Frachtern und Kriegsschiffen beschädigt.

Auch die italienischen Torpedoflieger, die von den Plätzen auf Sardinien noch starten konnten, konnten beachtliche Erfolge melden. Jedoch trotz aller Anstrengungen war die Landung nicht zu verhindern.

Die Ausfälle an Besatzungen waren wieder groß. Dazu kam, daß von den alliierten Bombern jetzt auch die Flugplätze in Südfrankreich angegriffen und Verluste verursacht wurden.

Die Führung der *I. Gruppe* hatte inzwischen Hauptmann Jochen Müller übernommen, als Ersatz für die vermißten Staffelkapitäne übernahm Oberleutnant Reimer Voß von der II. Gruppe die 1. Staffel, Hauptmann August Leicht von der IV. Gruppe die 2. Staffel und Oberleutnant Hildebrand die 3. Staffel.

Auch in der *III. Gruppe* gab es personelle Veränderungen in den Führungsstellen. Der Kommandeur, Major Klaus Nocken, übernahm die Führung der *IV. Gruppe* in Lübeck. An seine Stelle trat Hauptmann Kayser. Er kam von einer Seefliegergruppe.

Politische Veränderungen in Italien

In Italien waren gewaltige politische Veränderungen im Gange. Am 25. Juli 1943 wurde der Duce gestürzt, Marschall Badoglio vom König mit der Regierungsbildung beauftragt. Am 8. September 1943 unterzeichnete Italien die Kapitulation.

War es bisher schon nicht einfach, deutsche Vorstellungen durchzusetzen, so lief ab jetzt nichts mehr. Italien war nunmehr Feindesland. Jetzt wußte jeder, woran er war.

Im Lande gab es Zwiespalt. Die Armee spaltete sich in eine königstreue Badoglio-Armee, die auf alliierter Seite kämpfte, und in eine republikanische, faschistische Armee, unter dem inzwischen von Deutschen befreiten Mussolini. Eindeutig war die Lage bei der italienischen Flotte. Sie war schon immer königstreu-englandhörig*, operierte nur dann, wenn es sicher war, daß sie der englischen Flotte nicht begegnete. Nunmehr machte sie »reinschiff«, am 10. September 1943 lief die Flotte mit drei Schlachtschiffen, sechs Kreuzern, sechs Zerstörern und einigen Kleinschiffen aus den Häfen La Spezia und Genua aus, um zum bisherigen Feind überzulaufen.

Deutsche Kampfflugzeuge mit ferngesteuerten Bomben (K.G. 100 und K.G. 40) und einige Besatzungen vom Geschwader 26 mit Lufttorpedos griffen die flüchtende Flotte an. Aus diesem Verband wurden versenkt: 1 Schlachtschiff (»Roma«), 1 Kreuzer und 1 Zerstörer.

4. Alliierte Landungen in der Bucht von Salerno

Die Alliierten verstärkten ihre Truppen und setzten die Landungen fort. Am 9. September 1943 landeten sie in der Bucht von Salerno. Dort wurde versucht, einen größeren Brückenkopf zu bilden. Das gelang ihnen. Sie hatten nunmehr bald die Möglichkeit, den Rückzug der deutschen Truppen aus dem italienischen Stiefel abzuschneiden.

Zur Durchführung der Landung wurden wiederum enorme Massen an Landungsfahrzeugen, Transportern, Frachtern und Kriegsschiffen aufgeboten. Die Geleitzüge, die teils aus dem östlichen Mittelmeer, dem Suez-Kanal und teils von Gibraltar kamen, bildeten in Verbindung mit der Flotte von Kriegsschiffen und Frachtern vor Reggio einen riesigen Strom kommender und gehender Fahrzeuge.

Beim Geschwader und den Gruppen herrschte »Großeinsatz«. Es wurde wiederum alles aufgeboten, was nur eben flugfähig war.

Nur brachte das alles auch immer höhere eigene Verluste. Nicht nur die jungen Besatzungen blieben bei den Einsätzen weg, auch die »Alten« gab es fast nicht mehr. In diesem Jahr waren die Verbände bereits zweimal mit neuen Besatzungen aufgefüllt worden. Weder die IV. Gruppe noch die Torpedoschule waren in der Lage, den erforderlichen Bedarf auszubilden.

Ganz schlimm sah es in den Reihen der Verbandsführer aus. In der *I. Gruppe* waren ein Kommandeur und drei Staffelkapitäne ausgefallen, praktisch die gesamte Führungsmannschaft. Die *III. Gruppe* hatte zwei Staffelkapitäne verloren, und der Kommandeur mußte wegen Erkrankung ausgewechselt werden.

* S. hierzu auch Verkaufsangebot für die italienische Flotte an England von Ende 1940 bis Anfang 1941 in: Alberto Santoni: »ULTRA siegt im Mittelmeer – Die entscheidende Rolle der britischen Funkaufklärung 1940–1943«, S. 74 ff. Bernard & Graefe Verlag, Koblenz 1985.

Der *Nachschub* an Torpedos, Flugzeugen und Ersatzteilen entsprach schon seit Monaten nicht mehr dem Bedarf. Es waren nicht nur die Verluste an den Angriffsfronten, auch die Verluste am Flugplatz durch Bombenangriffe machten dem Geschwader schwer zu schaffen.

Im Verlaufe eines Krieges verbessern sich durch Erfahrung und Technik die Angriffs- und Abwehrwaffen.

Bei den Alliierten wurden aus Einzelfahrzeugen riesige Geleitzüge* mit unendlichen Materialmengen zusammengestellt.

Bei unseren Geschwadern verlief die Entwicklung in umgekehrter Richtung. Die Flugzeugtypen der ersten Kriegstage waren bisher kaum verbessert worden, die alten, gut ausgebildeten Besatzungen gab es fast nicht mehr. Mit technisch nicht mehr zeitgemäßen Flugzeugen wurde die Bekämpfung hochgerüsteter und zahlenmäßig weit überlegener Schiffseinheiten durch unerfahrene Besatzungen verlangt. So ging es eben nicht!

Ganz besonders nachteilig war der Einsatz der He 111 für diese Aufgaben. Sie war hierfür zu langsam und zu schwerfällig. Wenn sie auch in der fliegerischen Handhabung etwas einfacher als die Ju 88 war, so wog das die Wendigkeit und Schnelligkeit der Ju 88 doch nicht auf. Im Geleitzugkampf war sie ein Möbelwagen! Diese Überlegungen stellten selbstverständlich auch die Flieger an. Sie empfanden es doch oft recht deprimierend, wenn sie mit so wenigen Besatzungen so riesige Geleitzüge angreifen mußten. Was machte es da schon aus, wenn aus diesen Schiffsverbänden einige Dampfer herausgeschossen wurden? Das war bei den Operationsplanungen der alliierten Einsatzstäbe längst mit einkalkuliert. Die hart erkämpften Erfolge standen für uns aber in keinem Verhältnis zu den Verlusten.

Schon lange wurden intern sogenannte »Gewinn- und Verlustrechnungen« angestellt. Es waren die *jungen* Flieger, die diese Rechnung aufmachten. Ihre Nachkalkulation ergab, daß auf einen Dampfer von 5000 Tonnen eine Besatzung kam. Nach jedem Einsatz waren sie mit der Nachrechnung beschäftigt.

Die älteren, besonders die Einheitsführer, beobachteten dieses Tun mit Erstaunen, waren aber doch voller Hochachtung, daß trotz dieser Aufrechnungen, mit dem Hintergedanken, wann sie selbst in die Rechnung einflossen, doch eine solch disziplinierte Einsatzbereitschaft bestand.

Bei der *III. Gruppe* war wiederum ein Kommandeurwechsel erforderlich. Hauptmann Kayser, der erst vor wenigen Wochen die Gruppe übernommen hatte, war vom Einsatz nicht zurückgekehrt.

Einen Monat hatte die Gruppe keinen Kommandeur. Die Führung übernahm der älteste Staffelkapitän.

Im Oktober 1943 kam der neue, alte Kommandeur, der die Gruppe in Leeuwarden aufgestellt und in Rennes geführt hatte, *Major Ernst Thomsen,* zurück. Er war damals verunglückt und mußte länger pausieren. Er kannte den Betrieb, die besonderen Probleme beim Torpedoeinsatz. Zum Eingewöhnen benötigte er nur wenige Tage.

Die Einsätze gegen Geleitzüge und gegen den Nachschubverkehr der Alliierten setzten sich bis zur Jahreswende fort. Bei fast jedem Wetter wurde geflogen, sofern Torpedos vorhanden waren. Es gab Erfolge und weitere Verluste. Das Geschwader, in der Gesamtzahl seiner Besatzungen, war nur noch eine stärkere Staffel.

* S. hierzu im Anhang die Abhandlung über Geleitzüge, S. 331 ff.

Die Patenschaft des Geschwaders über das U-Boot U 1202

Die Verbindungen zur Marine bestanden nicht nur in der für die Flotte notwendigen See-Aufklärung und der gemeinsamen Bekämpfung feindlicher Schiffseinheiten.

Das Geschwader war auch Pate eines U-Bootes, und zwar eines recht erfolgreichen Bootes.

Dieses Boot und seine Besatzung trugen den Löwen von Bardowick als Wappen am Turm und als Abzeichen an der Mütze.

Wie kam es dazu?

Seit 1936 bestand zwischen der Marine und der Luftwaffe eine Vereinbarung, derzufolge die Marine jährlich eine bestimmte Anzahl junger See-Offiziere für die Dauer von vier Jahren zur Luftwaffe kommandieren konnte.

Diese Offiziere sollten fliegerisch ausgebildet werden, um anschließend in Fronteinheiten Verwendung zu finden. Nach Ablauf dieser Zeit sollten diese Offiziere wieder zur Marine zurückgehen.

Die Ausbildung erfolgte meistens als Beobachter auf den Seefliegerschulen in Parow oder Bug auf Rügen; die anschließende Verwendung fand bei den Seefliegergruppen der Ost- und Nordsee oder als Bordflieger auf den Kriegsschiffen statt.

In den Ablauf dieser vier Jahre trat der Krieg.

Die Luftwaffe benötigte Offiziere und wollte die See-Offiziere nicht zurückgeben. Aber auch die Marine brauchte ihre Offiziere, zumal sie diese ja nur zur weiteren Ausbildung zur Luftwaffe kommandiert hatte.

Man einigte sich auf einen Kompromiß, demzufolge die betreffenden Offiziere selbst entscheiden konnten, ob Luftwaffe oder Marine. Der Kompromiß wurde bis zum Sommer 1942 befristet. Wer bis dahin nicht optiert hatte, wurde Luftwaffen-Offizier.

Einer dieser Offiziere war der Oberleutnant z. See Rolf Thomsen. Er flog bei einer Seefliegergruppe als Beobachter Torpedoangriffe mit der He 115 gegen englische Schiffsziele in der Nordsee.

Mit der Bestellung des Oberst Harlinghausen zum »Bevollmächtigten für das Lufttorpedowesen« holte er sich diesen im Lufttorpedoangriff erfahrenen Offizier in seinen Stab nach Berlin.

Während dieser Zeit besuchte Thomsen alle mit Lufttorpedos ausgerüsteten Verbände und lernte so auch die Flieger vom K.G. 26 kennen. Mit dieser Aufgabe war auch die Betreuung in allen Fragen der Torpedo-Ausrüstung und des Torpedo-Einsatzes verbunden.

Mit der Einrichtung dieser Dienststelle war für die Torpedofliegerei ein guter Anfang gemacht.

Leider blieb es nicht so.

Generalfeldmarschall Kesselring brauchte einen Fliegerführer für Afrika. Harlinghausen bot sich an, und am nächsten Tage wurde ein neuer Bevollmächtigter für das Lufttorpedowesen gesucht.

Dieser Wechsel brachte auch für Oberleutnant Thomsen andere Aufgaben. Nunmehr noch mehr in die Schreibtischarbeit eingebunden, machte es ihm keinen Spaß mehr, er wollte zu einer Fronteinheit zurück, und das ging in diesem Falle am schnellsten bei der U-Boot-Waffe.

Im Sommer 1943 erhielt er seine Rückversetzung zur Marine, er ging zur U-Boot-Waffe.

Nach einer intensiven Ausbildung und einigen Feindfahrten als Wachoffizier bekam er um die Jahreswende 1943/44 sein eigenes Boot. Im Januar 1944 wurde es in Danzig in Dienst gestellt.

Jedes U-Boot trug neben seiner taktischen Nummer auch ein eigenes Wappen, ein Symbol, welches sich die Besatzung wählte.

Kapitänleutnant Thomsen und seine Besatzung entschieden sich für das Wappen des erfolgreichsten Torpedokampfgeschwaders K.G. 26 (LT). »Vestigium leonis« sollte auch ihr Wahlspruch sein.

Thomsen bat den Geschwaderkommodore um Übernahme der Patenschaft und um Verleihung des Wappens.

Der Kommodore beauftragte den Staffelkapitän der 4. Staffel, das Wappen und eine Patenschaftsurkunde zu überbringen und an der Indienststellung teilzunehmen.

Schmidt und seine Besatzung flogen nach Danzig und kamen gerade noch zurecht, um an der Flaggenparade zur Indienststellung teilzunehmen. Das Wappen wurde vorn am Turm des Bootes befestigt. Die Besatzung trug es als Abzeichen und Zeichen ihrer Zusammengehörigkeit an der Mütze.

Der Löwe hat mit U 1202 viele erfolgreiche Feindfahrten gemacht. Das U-Boot operierte vorwiegend im nördlichen Eismeer, Stützpunkt war Bergen in Norwegen.

Es hat an den Geleitzugkämpfen teilgenommen, an denen auch das Geschwader im Jahre 1944/45 beteiligt war.

Der Kommandant, Kapitänleutnant Thomsen, erhielt am 4. Januar 1945 das Ritterkreuz und am 29. April 1945 das Eichenlaub zum Ritterkreuz verliehen. Er und seine Besatzung kehrten mit ihrem Boot immer heil zurück. Der Löwe von Bardowick hat ihnen Glück gebracht!

Nach dem Kriege wurde U 1202 von der norwegischen Marine übernommen und als »U-Kinn« wieder in Dienst gestellt. Anfang der sechziger Jahre wurde es nach einer technischen Grundüberholung zur U-Reserve abgestellt.

Die alliierten Landungen bei Nettuno

Am 22. Januar landeten feindliche Invasionskräfte bei Astura, Nettuno und später auch an weiteren Stellen dieses Küstenstreifens. Die Landung erstreckte sich auf eine Breite von 35 km, sie war mit mindestens 300 Schiffseinheiten durchgeführt worden. Das Geschwader wurde mit der I. und III. Gruppe sowie zwei Gruppen des L.G. 1, II./K.G. 100 und II./K.G. 40 gegen die Landungsflotten eingesetzt.

Im ersten Ansatz erfolgte der Einsatz gegen die anlaufenden Geleitzüge im Mittelmeer und vor der Küste. Die Ausweitung des Brückenkopfes und die weiteren Landungs- und Entladungsvorgänge verlangten dann später auch Angriffe im unmittelbaren Landungsbereich. Wie immer bei solchen Großangriffen waren die Landungsschiffe durch eine Vielzahl von Seestreitkräften sowie Tag- und Nacht-Jagdflugzeugen geschützt.

Die Angriffe des Geschwaders erfolgten vorerst aus den Basen Südfrankreich. Täglich, trotz des schlechten Wetters, wurden Angriffe in der Abend- und Morgendämmerung geflogen. Es waren deshalb immer nur Einzelangriffe. Zu einem geschlossenen Verbandsangriff konnte schon wegen der Wetterverhältnisse und der überragenden Jagdabwehr bei einem Tagesangriff nicht angetreten werden. Seit der Landung auf Sizilien besaßen die alliierten Luftstreitkräfte die Luftüberlegenheit, zu weiten Teilen auch die Luftherrschaft.

Der Anmarsch in das Zielgebiet betrug stets mehr als zwei Stunden. Infolgedessen konnte auch täglich nur ein Einsatz geflogen werden. In solchen Fällen war es beim

Geschwader üblich, daß zwei Einsätze, einer in der Abend- und einer in der Morgendämmerung, geflogen wurden. Deshalb wurde seitens der Luftflotte befohlen, einen vorgerückten Gefechtsstand in Piacenza – Norditalien – zu errichten.

Von hier aus waren die Anmarschwege kürzer, es wurde weniger Zeit verbraucht, und es waren mehrere Einsätze pro Einsatztag möglich. Die Leitung des vorgezogenen Gefechtsstandes wurde dem Staffelkapitän der 1. Staffel, Oberleutnant Voß, übertragen. Er erhielt die Einsatzbefehle direkt vom Fliegerkorps.

Man hatte wohl einen vorgeschobenen Gefechtsstand eingerichtet, aber nicht dafür gesorgt, daß er auch funktionsfähig war. Das bezog sich nicht nur auf den technischen Versorgungsbereich für die Wartung der Flugzeuge, sondern hauptsächlich auf die Verfügbarkeit von Torpedos. Für die beiden ersten Einsätze waren genügend Torpedos vorhanden, aber dann funktionierte der Nachschub nicht, und die Flieger konnten nicht zur Schiffszielbekämpfung eingesetzt werden. Das Fliegerkorps verfügte den Einsatz mit Splitterbomben gegen den Landekopf. Ein Unding!

Die Torpedoflugzeuge besaßen keine Zieleinrichtungen für den Abwurf von Bomben und auch keine Sauerstoffgeräte, um aus Höhen von über 4000 Metern angreifen zu können. Letzteres war noch nicht das Schlimmste, denn Tiefangriffe waren die Torpedoflieger ja gewöhnt, aber Bombenwürfe im Schüttbehälterverfahren, das war nun doch etwas zuviel. Trotz des Hinweises der Einsatzleitung auf diese Mängel wurden die Bombenangriffe fortgesetzt. Es spielte zu der Zeit scheinbar keine Rolle mehr, ob die Bomben gezielt oder über den Daumen gepeilt geworfen wurden. Die Hauptsache war, daß Einsätze gemeldet werden konnten.

Noch weniger als auf die fehlenden Zielgeräte nahm man Rücksicht auf die Besatzungen mit langjähriger Sonderausbildung im Lufttorpedoeinsatz. Der Mangel an einsatzbereiten Besatzungen und Flugzeugen war schon so groß, daß diese Dinge keinerlei Beachtung fanden. Auch die Geschwaderführung konnte sich gegen die artfremde Verwendung ihrer Torpedobesatzungen nicht behaupten. Beim Fliegerkorps gab es schließlich keinen Stabsoffizier mit Torpedoeinsatzerfahrung, und dazu hatte das Korps noch einen neuen Kommandierenden General.

Der Einsatz aus der Basis Piacenza dauerte bis Ende Februar 1944. Die stark dezimierten Besatzungen kehrten anschließend zu ihren Gruppen zurück.

Der Nachschubbedarf für die gelandeten Invasionen dauerte an. Schließlich war ein Großteil Italiens erobert worden, mehrere alliierte Armeen standen im Land. Die Geleitzüge fuhren täglich entweder nach Süditalien oder in die Gegend von Nettuno. Entsprechend diesem Schiffsverkehr wurden Torpedoeinsätze geflogen. Es gab keine Pause zur Auffrischung von Besatzungen oder Flugzeugen. Die Angriffe gegen die Geleitzüge waren immerhin noch etwas risikoloser als solche gegen die Anlandungen vor den Küsten mit ihrem massiven Flakschutz von Sicherungsschiffen. Zudem konnte man im Geleitzugangriff die eigene Angriffstaktik mehr selber bestimmen, man konnte sich den Angriffskurs besser aussuchen oder sogar ein Überraschungsmoment nutzen. All das gab es bei Schiffsverbänden in Entladepositionen nicht. Aber es gab Ausnahmen! Lassen wir einen Staffelkapitän darüber berichten:

Angriffsbericht eines Staffelkapitäns über den Einsatz vor Nettuno

Gegen 1500 Uhr waren wir mit fünf Flugzeugen in Montpellier gestartet. Unser Angriffsziel waren die Schiffsansammlungen in der Bucht vor Nettuno. Ich führte den Verband. Im losen Verbandsflug, in niedriger Höhe, führte der Flugweg nördlich an Korsika vorbei an die italienische Küste. Ab Korsika war Tiefflug befohlen. Unsere Absicht war, bei noch ausreichendem Dämmerungslicht in den Entladepulk der Frachter vor Nettuno einzubrechen und je einen dicken Dampfer herauszuschießen. Der Abflug sollte seewärts erfolgen. Wir glaubten an einen Überraschungsangriff, weil bisher noch nie ein Torpedoangriff von der Landseite kommend erfolgt war.

Korsika lag querab. Die Flughöhe betrug etwa fünf Meter, die Flugzeuge waren dicht aufgeschlossen. Nach wenigen Minuten kam die italienische Küste in Sicht. Dicht über Wasser fliegend hatten wir Kurs Süd. Es war eigentlich noch zu hell für diesen Angriff, aber umkehren machte wenig Sinn, damit wurde nur Aufmerksamkeit erweckt. Nach Elba passierten wir St. Stephan, unseren früheren Schießplatz von der Torpedoschule. Die Gegend kannten wir sehr genau. Die Tibermündung kam in Sicht, und nach kurzer Zeit lag sie vor uns, die riesige Armada schwer beladener Frachter. Noch waren wir nicht beschossen worden, noch war alles ruhig. Wir flogen etwas von der Küste weg, dorthin, wo tieferes Wasser war, und nahmen unser Ziel ins Visier. Jeder konnte sich hier seinen Pott aussuchen, es waren massig viele da! Unglaublich, auch kurz vor dem Abwurf schossen sie noch nicht. Aber da ging der Zauber los! Wir waren mittlerweile auf Angriffskurs auf einen großen Frachter. Bei etwa 1000 Meter gingen wir auf Abwurfhöhe – zielen – werfen und herunter ans Wasser war eins. Das Abwehrfeuer krachte nun von allen Seiten auf uns ein. Uns blieb nur der Weg mitten durch den Schiffspulk hindurch. Hinter uns stiegen Feuerwolken hoch, auch links und rechts waren Torpedotreffer erkennbar. Noch waren wir nicht heraus aus dem Dampferpulk. Tiefstflug, und dann hochgerissen wie ein unkontrollierter Kunstflug, mogelten wir uns seewärts heraus. Wie ... ist nicht zu sagen, es war zu viel, was da alles passierte und geboten wurde. Wir waren noch im inneren Sicherungsgürtel der Landungsflotte. Durch den Kreis der Zerstörer und Kreuzer mußten wir noch hindurch. Es gab Lücken! Durch die kamen wir hindurch. Der Überraschungsangriff hat geklappt, Treffer wurden erzielt, und alle kamen heil zurück. Nicht immer lief das so!

Die Angriffe auf die Landungsflotte vor Nettuno und gegen die Versorgungsgeleitzüge dorthin dauerten bis April 1944. Regelmäßig wurde das Geschwader eingesetzt. Regelmäßig alle zwei Wochen kam ein neuer Geleitzug heran. Der folgende stets größer als der vorangegangene. Der Schiffsverkehr im Mittelmeer war erheblich stärker geworden, denn der Bedarf an der Front wurde ja auch immer größer.

Die Besatzungen wurden weniger, Nachwuchs aus Lübeck kam spärlicher, und dazu gab es Mangel an Torpedos. Die Überlegenheit der gegnerischen Abwehr, die Verstärkung und Verbesserung der Waffensysteme wurden immer spürbarer.

Unsere Flugzeuge waren den Anforderungen eines Lufttorpedoeinsatzes gegen diese Schiffsverbände nicht mehr gewachsen. Das betraf besonders den Einsatz mit der He 111. Um überhaupt noch bestehen zu können, mußten schnellere und wendigere Flugzeuge eingesetzt werden. Am besten Jäger, aber da fehlte es nicht nur an der Reichweite, sondern auch an mehreren anderen Eigenschaften, die man beim Kampfflieger als selbstverständlich voraussetzte. Eine andere, bessere Lösung wären Fernkampfflugzeuge gewesen, die man weit draußen im Atlantik gegen die anfahrenden Geleitzüge einsetzen sollte. Die Geleitzüge hatten noch nicht den massiven Feuerschutz begleitender Kriegsschiffe. Aber dazu war es jetzt zu spät, und vorher hatte unser Luftwaffenführungsstab an diese Dinge ja nicht glauben wollen!

Die einzigen Flugzeuge, die derzeitig die Anforderungen noch in etwa erfüllten, das waren die Ju 88 und die Ju 188. Letztere war aber noch nicht verfügbar.

Nach Rückkehr von Piacenza konzentrierten sich die Einsätze auf den Nachschubverkehr zwischen Oran und Sizilien. Ob es der Mangel an ausreichenden Aufklärungsflugzeugen oder Unkenntnis bei der Einsatzleitung des Fliegerkorps war, mag dahingestellt bleiben. Das Geschwader wurde mehr und mehr dazu benutzt, die Aufklärung für folgende Torpedoeinsätze selbst zu fliegen. Die Besatzungen erhielten den Auftrag, »bewaffnete Aufklärung« in einem bestimmten Seegebiet zu fliegen und bei der Auffindung eines Zieles sofort anzugreifen, aber vorher noch eine Aufklärungsmeldung abzusetzen. Diese Aufgaben entsprachen in keiner Weise dem operativen Auftrag eines Lufttorpedogeschwaders, sie brachten nicht die gewünschten Ergebnisse, dafür aber fast immer den Verlust der eingesetzten Besatzung.

Die Gruppen verwahrten sich gegen diese Verwendung. Nachstehend ein Auszug aus dem Kriegstagebuch der III./K.G. 26 über ein Fernschreiben an das Fliegerkorps:

»*8. 3. 1944*

Am 8. 3. 1944 ging das Aufklärungsflugzeug wiederum verloren, während alle eingesetzten LT-Flugzeuge nach Beschädigung von 52 000 Tonnen Handelsschiffsraum zurückkehrten.

Die von der Gruppe gestellte Aufklärung hat noch niemals ein Ergebnis gebracht, das dem Verbandsführer die Entschlußfassung erleichterte, dagegen sind mehrere Besatzungen mit Aufklärungsauftrag verlorengegangen.

Es wurde mehrmals seitens der Gruppe gemeldet, weshalb die Aufklärung bisher nur Verluste, aber keine auswertbaren Ergebnisse brachte.

1. Die LT-Besatzung ist für den Kampfeinsatz im Verband geschult.
2. Die Aufklärung über See erfordert intensive Schulung und reiche Erfahrung.
3. Die Bewaffnung der Ju 88 A4 LT ist für den Einzelflug bei Tage nicht ausreichend.
4. Das Flugzeug hat keinen GM 1-Zusatz.*
5. Da bisher keine Besatzung Hohentwiel-Ausbildung hat, muß Augenerkundung durchgeführt werden, die in besonders starken Abwehrräumen betrieben werden muß.

Gute Aufklärung ist überhaupt erst die Basis, auf der ein LT-Einsatz aufgebaut werden kann. Sie muß durch beste Besatzungen, deren Aufklärungsergebnisse unbedingt zuverlässig sind, durchgeführt werden, nicht aber durch unerfahrene Besatzungen, die den Auftrag nebenbei erfüllen.«

Der Vorgang hierzu war: An der nordafrikanischen Küste, zwischen Algier und Bône, war ein Geleitzug gemeldet worden. Aber es lagen keine Angaben über den Standort, die Größe und die Fahrtrichtung vor. Die *III. Gruppe* bekam den Auftrag, ein Flugzeug zur bewaffneten Aufklärung einzusetzen. Nachdem trotz dieses Einsatzes keine Aufklärungsmeldung kam, wurde die Gruppe ohne Vorliegen einer Aufklärungsmeldung eingesetzt. Der Umsicht und dem Geschick des Verbandsführers war es zu danken, daß er seinen Verband bei Insichtkommen des Geleitzuges sofort zum Angriff entwickeln konnte. Die Ergebnisse waren beachtlich.

Herauslösung der I. Gruppe aus dem Einsatz

Die *I. Gruppe,* seit Oktober 1939 ununterbrochen im Einsatz, hatte schwere Verluste erlitten. Mehrfach waren die Staffeln mit jungen Besatzungen aufgefüllt worden, aber aller Nachschub glich die Verluste nicht aus. Es waren ja nicht nur die jungen Besatzungen, die wegblieben, auch die alten wurden immer weniger. Von denen, die vor Jahresfrist dabei waren, gab es fast niemanden mehr. Ein besonderes Problem bestand im Fehlen einer im Lufttorpedoeinsatz erfahrenen Führungsmannschaft.

Im April 1944 hatte die Gruppe nur noch zwölf Besatzungen, dabei waren der Kommandeur, der Gruppenstab und die Staffelkapitäne mitgezählt. Diese Situation und auch die

* Verbesserung der Motorleistung durch Sauerstoffzusatz.

Tatsache, daß die He 111 nicht mehr den Erfordernissen für einen Lufttorpedoeinsatz entsprach, waren die Ursache, daß die I. Gruppe aus dem Einsatz genommen und nach Deutschland zur Umrüstung auf Ju 88 und Neuaufstellung verlegt wurde.

Die Gruppe verlegte im April 1944 nach Grove/Jütland und begann, mit Unterstützung einiger Besatzungen aus der IV. Gruppe, mit der Umschulung auf die Ju 88.

Ab Mai 1944 wurden weitere Besatzungen aus der IV. Gruppe und die Restbesatzungen aus dem aufgelösten K.G. 77 zugeführt. Die Staffeln wurden mit je zwölf Besatzungen besetzt. Kommandeur der *I. Gruppe* wurde Major Willy Sölter, bisher Gruppenkommandeur im K.G. 77.

Bereitstellung einer Torpedostaffel
Ein diese Zeit »verdeutlichender« Einzelfall

Im April 1944, zu der Zeit, wo bei der *I. Gruppe* noch alles offen war, erhielt das Geschwader den Befehl, eine Staffel Torpedoflieger nach Rumänien zu verlegen und dort die Sicherung des Rückzuges der deutschen Truppen von der Krim gegen feindliche Flottenangriffe zu übernehmen. Der Kommodore übertrug diesen Befehl der I. Gruppe.

Sie sollte mit den Resten der Besatzungen und den noch vorhandenen He 111 eine Einsatzstaffel bilden und nach Rumänien verlegen. Oberleutnant Voß wurde zum Einsatzleiter bestimmt.

Insgesamt brachte die Gruppe zehn Besatzungen zusammen und verlegte mit dem notwendigen Bodenpersonal, den Technikern und Waffenwarten nach Flensburg.

Hier sollten die Flugzeuge mit Torpedos beladen werden.

Der Einsatzführer war informiert, daß in Flensburg eine Torpedokompanie mit den notwendigen Torpedos zur Beladung bereitstehe.

In der Annahme, daß diese Beladung innerhalb von drei Stunden erledigt sei, gab Voß seinen Besatzungen den Auftrag, die Maschinen nach der Landung am Rollfeldrand abzustellen und anschließend einzeln nach München weiterzufliegen.

Bei der derzeitigen Luftlage wollte er keine Massenansammlung in Flensburg und auch keinen Verbandsflug mit schwer beladenen Flugzeugen auf dem Wege nach Süden riskieren.

Die nächsten Besatzungen sollten im Abstand von 30 Minuten folgen. Damit glaubte er zu erreichen, daß immer nur zwei bis drei Flugzeuge am Platze von Flensburg stehen würden.

Soweit, sogut; nur in Flensburg war alles anders.

In Flensburg klappte nichts! Es waren keine Torpedomechaniker bestellt und auch keine Torpedos vorhanden.

Voß mußte alles erst beim Geschwader bestellen. Das war in der Annahme, daß alles vom Führungsstab veranlaßt worden war.

Einer hatte sich auf den anderen verlassen, und keiner war zuständig, und als es dann später, wir werden das noch sehen, um die Verantwortung ging, war es der junge Staffelkapitän, der vors Kriegsgericht geladen wurde.

Als Voß feststellte, daß es vorerst keine Torpedos gab, gab er den Besatzungen den Befehl, die Flugzeuge in die am Platzrande befindlichen Abstellboxen zu stellen.

Genug Abstellboxen, mit seitlichen Schutzwällen, waren vorhanden, aber ... die Flugzeuge gingen nicht hinein, die Boxen waren zu schmal. Die waren wohl für Jäger gebaut worden, aber nicht für Kampfflugzeuge.

Daß es zweierlei Größen von Abstellboxen gab, wußte zu der Zeit noch niemand, nicht einmal bei den Herren des Luftgaukommandos war dies bekannt.

Oberleutnant Voß rief nun fast stündlich beim Geschwader und auch beim Luftgaukommando an und drängelte auf Eile, denn seine Flugzeuge standen nicht in sicheren Abstellboxen, sondern schön aufgereiht, am Rande des Flugfeldes, vor den Boxen.

Jeder wußte, daß sich über Norddeutschland laufend feindliche Fernjäger tummelten. Jeder wußte, daß die nur auf solche Gelegenheiten zum »Reihenabschuß« warteten.

Voß drängelte immer mehr und wies auf diese Gefahren hin.

Nichts geschah. Die Besatzungen mußten drei Tage warten, bis sich endlich eine Torpedokompanie aus Großenbrode mit Torpedos ankündigte.

Und als die dann endlich da waren und mit der Beladung begannen, mit den ersten zwei Flugzeugen fertig waren und die anderen Torpedos vor den weiteren Flugzeugen abgestellt hatten, kamen auch die Fernjäger.

Vier Mustangs fegten über den Platz, sie sahen die Flugzeuge und setzten zum sauberen, fast ungestörten Schulschießen an. Die paar Flakwaffen am Platzrand, von Flakhelfern bedient, störten die Mustangs fast gar nicht.

Bei jedem Anflug nahmen sie sich ein oder zwei Flugzeuge vor, und jedesmal ging eine Maschine hoch.

Erst brennend, dann, weil mit Brennstoff voll betankt und teilweise auch mit Torpedos beladen, mit großem Knall in der Luft detonierend. Innerhalb weniger Minuten war der Zauber vorbei. Zurück blieben neun Trümmerhaufen ehemaliger He 111 und eine fast lahmgeschossene Maschine, die in einer Halle stand und wohl nur einen Zufallstreffer erwischt hatte.

Der Luftgaukommandeur, General Wolf, verlangte ein Exempel. Voß wurde angeklagt. Alle Verbände im Befehlsbereich des Kommandierenden Generals wurden fernschriftlich über den Tatbestand unterrichtet.

Nach einem Termin beim Kriegsgericht in Hamburg und einem Lokaltermin in Flensburg wurde Oberleutnant Voß freigesprochen. Die Abstellboxen auf dem Flugplatz Flensburg waren tatsächlich 50 cm zu schmal.

Wenn schon so ein Fall zur Aburteilung stand, wo blieben nun die Verantwortlichen wegen des Verlegebefehls nach Flensburg und wegen der zu schmalen Boxen? Oberleutnant Voß wurde zum Geschwaderstab nach Lübeck versetzt. Später, nachdem er nochmal in Südfrankreich mit eingesetzt war, kam er zur II. Gruppe.

Die Aufgaben in Rumänien mußte eine andere Staffel des Geschwaders, die Vierte, übernehmen.

April–Mai 1944: Die 4. Staffel in Rumänien zur Sicherung des Rückzuges von der Krim

Seit November 1943 waren die deutschen Truppen auf der Krim eingeschlossen. Ihre Versorgung erfolgte aus dem Raume Rumänien mittels See- und Lufttransport.

Im April 1944 begann die Räumung der Krim per See- und Lufttransport.

Das Geschwader erhielt den Befehl, diese Seetransporte gegen Angriffe russischer Seestreitkräfte durch Einsatz einer Torpedofliegerstaffel zu sichern. Nachdem ein Einsatzverband der I. Gruppe wegen Vernichtung der Flugzeuge durch feindliche Fernjäger nicht mehr zum Einsatz kam, wurde eine Staffel der II. Gruppe hierfür eingesetzt.

Die 4. Staffel war mit 15 Besatzungen einsatzklar und befand sich in Großenbrode. Sie erhielt den Befehl zur Verlegung nach Focsani/Rumänien.

Der Flugplatz Focsani hatte eine deutsche Flughafenverwaltung, genügend technisches Personal und war für den Einsatz von Kampfflugzeugen geeignet. Jedoch verfügte Focsani über kein Personal und hatte keine Einrichtungen für den Lufttorpedoeinsatz. Deshalb stellte das Geschwader zusätzlich eine He 111 zur Überführung einiger Torpedomechaniker mit dem notwendigsten Gerät zur Verfügung.

Alle Flugzeuge der 4. Staffel wurden mit Torpedos beladen. Vorerst war keine weitere Bevorratung beabsichtigt. Drei Flugzeuge der Staffel waren zusätzlich mit Hohentwiel-Funkmeßeinrichtungen ausgestattet.

Die Einsatzleitung lag beim General der deutschen Luftwaffe in Bukarest. Der Staffelkapitän hatte die Einsatzbereitschaft dort zu melden.

Nach der Landung in Focsani hatten die Besatzungen Mühe, einen geeigneten Abstellplatz für die Flugzeuge zu finden. Der Platz war übervoll mit Ju 52, die für den Rücktransport und für Versorgungsflüge eingesetzt wurden, belegt.

Nach Eintreffen der Ju 88 und Überprüfung von Waffen und Gerät meldete der Staffelkapitän die Einsatzbereitschaft von 15 Besatzungen an den General in Bukarest.

Für die Unterbringung der Besatzungen hatte die Horstkommandantur eine Baracke bereitgestellt und schließlich auch eine Möglichkeit für die Einrichtung eines Wartungs- und Abstellplatzes für die Flugzeuge gefunden.

Der Auftrag für den Einsatz lautete:

»Lückenlose Überwachung des Seegebietes zwischen Kaukasus – Krim und rumänischer Küste am Schwarzen Meer und Bekämpfung russischer Kriegsschiffe in diesem Seegebiet.«

Im Tag- und Nachteinsatz flogen die Besatzungen bewaffnete Aufklärung mit Lufttorpedos. Für den Nachteinsatz wurden die Funkmeß-Flugzeuge eingesetzt.

Um Lückenlosigkeit zu erreichen, waren ständig vier Flugzeuge in der Luft. An die Besatzungen und an das technische Personal wurden hohe Anforderungen gestellt. Andererseits waren es die besten Gelegenheiten, die jungen Besatzungen in einsatzmäßiger Übung zu halten. Sie konnten hierbei noch viele Erfahrungen sammeln.

In den ersten Tagen des Einsatzes wurden keine feindlichen Seestreitkräfte gesichtet. Das Schwarze Meer war im vorgegebenen Seegebiet feindfrei von Seestreitkräften. Allerdings wurden die deutschen Schiffstransporte von russischen Kampfflugzeugen angegriffen.

Entlang der Kaukasusküste wurde ein sehr reger Schiffsverkehr gemeldet. In Anbetracht der geringen Bestände an Torpedos durften die Besatzungen hier nicht angreifen.

Bei einer Nachtaufklärung wurde durch eine Hohentwiel-Besatzung im Seegebiet südöstlich der Krim ein größerer Schiffsverband mit Kurs auf die Krim gemeldet.

Die Frühaufklärung erfaßte den Verband wieder und meldete einen Kreuzer-/Zerstörer-Verband etwa 100 Seemeilen südöstlich der Krim mit Kurs auf die Krim.

Die Staffel erhielt von Bukarest den Angriffsbefehl. Fünf Besatzungen waren hierfür einsatzklar. Der Aufklärer blieb als Fühlungshalter am Flottenverband und meldete beobachtete Änderungen.

Der Verband bestand aus einem Kreuzer, zwei Zerstörern und vier kleineren Kriegsschiffen.

Bis zum Standort der Flotteneinheiten benötigten die Flugzeuge etwa drei Flugstunden.

Der Start wurde so angesetzt, daß ein Dämmerungsangriff möglich war. Nach etwa 1½ Stunden Flugzeit erhielt der Verbandsführer den Funkbefehl zum Abbruch des Auftrages.

Der Gegner hatte auf Ostkurs gedreht und wollte offensichtlich den Hafen von Noworossijsk anlaufen.

Nach der gegebenen Standortmeldung und der Position der Flugzeuge wäre ein Angriff der Torpedoflieger noch möglich gewesen.

Nach der Rückkehr und Rückmeldung beim Kommandierenden erhielt der Staffelkapitän die Auskunft, daß ein Angriff auf diese Einheiten nicht mehr mit dem gegebenen Befehl »Sicherung der Rückführungsschiffe« übereinstimme. Die Staffel sollte ihre Torpedos für die Sicherungsaufklärung aufsparen.

Der Sicherungsauftrag bestand bis etwa Mitte Mai. Dann war der Großteil der Schiffstransporte abgeschlossen.

Einen Torpedoangriff konnte die Staffel nicht aufweisen, aber die Besatzungen hatten viele praktische Erfahrungen in der Luftaufklärung über See und auch im Nacht- und Seetiefflug sammeln können.

Nach einer Zwischenlandung in München zum Auftanken konnte noch am selben Tage nach Großenbrode geflogen werden.

In Anbetracht der Überbelegung in Großenbrode und der gemachten Erfahrungen mit der Einsatzstaffel in Flensburg befahl das Geschwader die Verlegung der 4. Staffel nach Eichwalde zur weiteren Bereitschaft.

Das Geschwader vor der Invasion

Der *Geschwaderstab* lag in Salon, die *III. Gruppe* in Montpellier. Die *I. und II. Gruppe* befanden sich in Deutschland zur Umschulung und Auffrischung.

Was lag nunmehr näher, als auch den Geschwaderstab zu verlegen, damit er sich in Deutschland um die Aufstellung seiner beiden Gruppen kümmern konnte?

Der Kommodore stellte deshalb den Antrag hierzu beim Fliegerkorps. Anfang Mai 1944 erhielt er den Verlegebefehl nach Lübeck-Blankensee. Er bezog Quartier im Stabsgebäude des K.G. 26.

Die *III. Gruppe* wurde weiterhin gegen Geleitzüge an der nordafrikanische Küste eingesetzt. Die früheren Einsätze gegen Schiffsansammlungen vor den Entladestellen der alliierten Landungsunternehmen wurden nicht fortgesetzt. Ob das auf die fortlaufenden Einsprüche des Kommandeurs oder auf höhere Einsicht zurückzuführen war, ist nicht feststellbar. Aber hier nachstehend noch einmal eine Abschrift aus dem Kriegstagebuch der III. Gruppe.

Ein Fernschreiben an das II. Fliegerkorps:

»*1. 3. 1944*
Obwohl Angriffe auf Schiffsansammlungen bei Landestellen naheliegend sind, bringen sie erfahrungsgemäß so wenig ein, daß die Erfolge in keinem tragbaren Verhältnis zu den Verlusten stehen. Begründung für den geringen Nutzeffekt bei den Landeeinsätzen liegt darin, daß keine ausreichende Aufklärung vorhergehen kann, und die Abwehr von Land und Bord einschließlich starker Jagdabwehr und Einnebelung Erfolge nur dem Zufall überläßt. Es sind die ungünstigsten Einsatzbedingungen für einen LT-Verband.«

Im April und Mai 1944 flogen die Besatzungen der *III. Gruppe* noch einige Einsätze gegen feindliche Geleitzüge. Aber trotz des Einspruchs des Gruppenkommandeurs vom 8. März 1944 wurden weiterhin Besatzungen für den Einsatz »Bewaffnete Aufklärung« verwendet. Sicherlich lag das nicht an mangelnder Einsicht, sondern vielmehr an fehlenden Aufklärungsflugzeugen. Die Torpedoeinsätze gegen diese Geleitzüge waren insgesamt erfolgreich. Schon weiter oben wurde darauf hingewiesen, daß diese Einsätze, obwohl an sich noch äußerst schwierig, doch eine bessere Entwicklung der Angriffstaktik boten.

Exakte Unterlagen über die Angriffserfolge gibt es nicht. Aus den wenigen zur Verfügung stehenden Angaben aber läßt sich erkennen, daß an Schiffsraum insgesamt etwa 750 000 Tonnen versenkt oder beschädigt wurden. Dafür blieben in der Zeit 146 Besatzungen vorm Feind.

Logistische und taktische Erschwerungen haben dazu beigetragen, daß die Lufttorpedowaffe nicht voll zur Entfaltung ihrer *effektiven* Möglichkeiten kam.

Wir zitieren nochmals den Kommandeur der III. Gruppe, Major Thomsen, der sich am 12. April 1944 in dieser Angelegenheit mit einem Bericht an das Fliegerkorps wendet.

Er schreibt:

»Die Gruppe wird seit Ende 1942 im westlichen Mittelmeer eingesetzt. Da es bis heute nur ein LT-Geschwader gibt und dieses ausschließlich den englisch/amerikanischen Geleitzugverkehr im westlichen Mittelmeer angriff, hat der Feind sich darauf einstellen können.

Die Zerstörung der eigenen Bodenorganisation und der großzügig ausgebaute Schutz der Geleitzüge in dem gefährdeten Seegebiet zeigen, wie große Bedeutung der Feind dem Geschwader beimißt. Dadurch sind natürlich auch die Angriffe bedeutend schwieriger geworden, es müssen immer neue Mittel gefunden werden, um den Feind zu überlisten. Die Bodenständigkeit und Unbeweglichkeit unserer Organisation hat aber verhindert, daß das erfolgversprechendere Mittel bisher nicht angewandt wurde: plötzliches Auftreten in anderen Seegebieten wie englische Ostküste, Irische See, englische Südküste, Nordmeer, Biscaya, östliches Mittelmeer. Für alle Seegebiete gibt es Absprungbasen, deren Bodenorganisation für den LT-Einsatz ausgebaut ist.

Der LT-Einsatz muß frei sein von der Bindung an einen bestimmten Kriegsschauplatz.«

Die während der Einsätze gewonnenen Erfahrungen unterstreichen immer wieder, wie wenig die Luftwaffenführung von einem Seekrieg aus der Luft verstand.

Ende Mai 1944 wurde erkennbar, daß eine große Landeoperation in Frankreich bevorstand.

Die Zahl der Einsätze wurde deshalb etwas geringer, die *III. Gruppe* bereitete sich technisch und personell auf einen Großeinsatz vor.

Das Kampfgeschwader 77

Das Kampfgeschwader 77 wurde im März 1939 aufgestellt und mit Do 17E ausgerüstet.

Nach Polenfeldzug, Frankreichfeldzug und Luftschlacht um England wurde es 1941 im Rußlandfeldzug und ab Frühjahr 1942 im Mittelmeerraum eingesetzt.

Nach dem Frankreichfeldzug rüstete das Geschwader auf Ju 88 um.

Ab Juli 1943 wurde das Geschwader für die Umschulung zum Lufttorpedoeinsatz aus dem Einsatz genommen und auf der Lufttorpedoschule in Riga ausgebildet.

Ab September waren die I. und die II. Gruppe einsatzklar und nahmen an der Bekämpfung der englisch/amerikanischen Landungen in Italien teil.

Die III. Gruppe lag in Mehlsack/Ostpreußen, wurde dort mit jungen Besatzungen aufgefüllt und nahm ab Frühjahr 1944 an den Geleitzugschlachten teil.

Die Luftflotte 2 verfügte ab 1943 nominell über zwei Lufttorpedogeschwader.

Ab März 1944 wurde das Geschwader in den Bereich der Luftflotte 3 nach Frankreich verlegt. Es wurde von Südfrankreich aus gegen die Mittelmeergeleitzüge eingesetzt.

Martin Harlinghausen, Generalmajor und Kommandierender General II. Fliegerkorps, Sommer 1943, Sizilien.

Offizierskorps der I./K.G. 253 mit Flugzeug Do 23, dem ersten Bombenflugzeug der Luftwaffe. Ein Teil dieser Offiziere gehörte zum Stamm der späteren I./K.G. 26.

Dr. W. Freiherr von Richthofen (später Generalfeldmarschall), erster Kommodore des Kampfgeschwaders 26.

250-kg-Bomben, September 1939 in Gabbert (Ost-Pommern).

Flugzeugführer und Beobachter in He 111, rechts Staffelkapitän 5. Staffel, Oberleutnant Dommer.

He 111 auf dem Flug gegen England.

Rückkehr vom Nachteinsatz.

Beförderung von Oberfeldwebel Dalstein zum Leutnant.

Major Hermann Busch, Kommandeur der I./K.G. 26; 1942 in Norwegen.

Beladung einer He 111 mit einer 1800-kg-Bombe.

Lufttorpedoangriff der I./K.G. 26 auf PQ 18 am 13. September 1942. Aufnahmen: Major Klümper beim Angriff.

Treffer auf Munitionsdampfer vom PQ 18 am 13. September 1942. Aufnahmen: Besatzung Major Klümper; Gruppenkommandeur I. Gruppe.

Funke – Schmidt – Grothe – Ziermann; Besatzung Staffelkapitän der 4. Staffel. Alle vier waren bei der Legion Condor. Die Auszeichnungen: Spanienkreuz in Gold und Cruz de Guerra.

Aus der Kanzel der He 111 ragt die 2-cm-Bordkanone.

Ju 88 mit Lufttorpedos und »Krafteiern« als Starthilfe. An den Außenseiten beider Motoren hängt als Starthilfe je eine Antriebsrakete an der Fläche. Links und rechts neben der Kanzel hängen die Torpedos.

Major Werner Klümper; Kommodore im Kampfgeschwader 26 (LT), im August 1943. Ab 1956 Bundeswehr, Marineflieger, Kapitän z. S.

Transport zur Beladung mit Torpedos. Unter dem Flugzeug sind deutlich die Aufhängevorrichtungen zu erkennen.

Unser Paten-U-Boot von Feindfahrt zurück. U 1202-Kommandant Oberleutnant z. S. Rolf Thomsen (an der Mütze der Löwe); Meldung beim FdU-Nordmeer.

Oberleutnant Reimer Voß, Staffelkapitän 4. Staffel; bis 1981 Oberstapotheker bei der Bundeswehr.

Der Autor: Hauptmann (Major) Rudi Schmidt, Gruppenkommandeur II./K.G. 26.

Major Ernst Thomsen, Gruppenkommandeur III./K.G. 26; ab 1956 Bundeswehr, Marineflieger, Kapitän z. S.

Ju 188 der III. Gruppe in Drontheim-Vernes; Dezember 1944 bis Mai 1945.

Major Georg Teske, Kommodore K.G. 26
vom Januar 1945 bis Kriegsende.

Nach dem letzten Flug: Ju 188 der III./K.G.26 (LT) auf dem Flugplatz Gardemoen in Norwegen. Vorn rechts: Bereits der erste Engländer, einer von den »Rotmützen«.

Mai 1945: Gardemoen in Norwegen. Angezündet und verbrannt – nur noch Trümmer!

Das Ehrenmal des Kampfgeschwaders 26 (LT) in Lüneburg.

Flieger der 1. Staffel Jagdbombergeschwader 36, Rheine 1984.

F-4-F Phantom.

Wegen der enormen Verluste bei der Geleitzugbekämpfung hatte das Geschwader im Sommer 1944 nur noch ganz wenige Besatzungen. Eine Auffüllung durch junge Besatzungen scheiterte an der Ausbildungskapazität und auch an der Verfügbarkeit von Flugzeugen.

Am 20. Juli 1944 wurde das Geschwader aufgelöst. Die restlichen Torpedobesatzungen wurden der I./K.G. 26 zugeführt.

V. Das Geschwader vom Sommer 1944 bis zur Kapitulation

1. Einsatz gegen die alliierte Invasionsflotte vor der Normandie

Aus Luftaufklärung und B-Dienstmeldungen wurde deutlich, daß der Schwerpunkt gegnerischer Truppenansammlungen in Südengland lag. Im Seegebiet der englischen Südküste, insbesondere im Raum von Portsmouth – Southampton, wurde eine große Landungsflotte aus Landungsschiffen, Transportern und Kriegsschiffen festgestellt. Deshalb wurde deutscherseits der Schwerpunkt der Landung der alliierten Streitkräfte an der französischen Kanal-Atlantikküste erwartet. Die Invasion konnte täglich losbrechen.

Der Aufenthalt des Geschwaderstabes in Lübeck-Blankensee währte nur kurze Zeit. Bereits Ende Mai 1944 wurde ein neuer Gefechtsstand in Orange im Rhônetal bezogen.

Die *I. Gruppe* befand sich noch in der Umrüstung auf Ju 88 in Grove. Sie war noch nicht einsatzbereit.
Die *II. Gruppe* in Großenbrode und Eichwalde war mit fast 40 Besatzungen einsatzbereit.
Die *III. Gruppe* in Montpellier befand sich bereits im Einsatz.
Die *IV. Gruppe* in Lübeck-Blankensee diente bereits als Ausbildungsgruppe.

Dem Geschwader standen für die erwarteten Großkämpfe zwei Einsatzgruppen zur Verfügung.

In der Nacht zum 6. Juni 1944 begann die Invasion

Allierte Truppen waren, nach vorangegangener, sehr starker Bombardierung und Absetzung von Luftlandetruppen in der Seine-Bucht gelandet.

Die Luftflotte setzte alle verfügbaren Kräfte zur Bekämpfung dieser Landung ein, sie verfügte die sofortige Verlegung der Torpedoflieger in den Operationsraum.

Bis zum Eintreffen der II. Gruppe stand dem Geschwader nur die III. Gruppe zur Verfügung.

Am 6. Juni – in aller Frühe – erhielt die II. Gruppe den Befehl, nach Valence im Rhônetal zu verlegen. Eine Staffel, die sechste, wurde aus taktischen Gründen im benachbarten Montélimar untergebracht.

Für die *III. Gruppe* wurde noch am 6. Juni ein Tagesangriff befohlen. Nur durch den Einspruch des Gruppenkommandeurs konnte erreicht werden, daß seine Flieger nicht am Tage eingesetzt wurden und der Angriff auf die Abenddämmerung verschoben werden konnte.

Vom Einsatzplatz Montpellier bis in das Seegebiet zwischen Cherbourg und Le Harvre betrug die Entfernung etwa 900 km. Deshalb war für den Rückflug eine Zwischenlandung in Rennes oder Cognac vorgesehen worden.

Mit etwa 25 Flugzeugen startete die III. Gruppe am Nachmittag in den Invasionsraum.

In Anbetracht der totalen alliierten Luftherrschaft waren Einzelflug und Anmarsch in etwa 200 Meter Höhe angeordnet worden.

Über Tours – Rennes, die Spitze von Cherbourg umfliegend, erreichte sie bei der beginnenden Abenddämmerung das Zielgebiet.

Bereits im Anflug über Land wurde die III. Gruppe von Jagdflugzeugen gestellt und angegriffen. Vielfach konnte sie sich diesen Angriffen nur durch äußersten Tiefflug, über Bäume und Hecken springend, entziehen.

Die eigentliche Überraschung aber kam erst im Zielgebiet. Was sich dort an Schiffen angesammelt hatte, mit welch massiver Abwehr sie empfangen wurden, das war bisher noch nie erlebt worden. Eine dicht gedrängte Flotte von Transportern, die von einem tief gestaffelten Kranz von Kriegsschiffen umgeben war, verhinderte jeglichen Ansatz zum Torpedoangriff.

Es war kein Herankommen, kein Durchkommen zu den großen Pötten möglich! Abdrehen und sich eine andere Gelegenheit suchen!

Je weiter die Ju 88 in die Seinebucht vorstießen, umso dichter wurde der Sperrgürtel.

Schließlich mußte, etwas weiter draußen, im Seegebiet zwischen der englischen Küste und der Seine eine Angriffschance gesucht werden.

An diesem Abend wimmelte der englische Kanal von Schiffen! Alle diese Dampfer hatten einen sehr starken Geleitschutz, vielfach standen auf den Schiffen noch Sperrballons.

Meistens waren diese gar nicht zu erkennen, weil sie in einer aufgerissenen Wolkenschicht versteckt standen. Nur durch Zufall sah man ab und zu diese dicken, grauen unförmigen Würste, wenn sie gerade aus den Wolkenfetzen herauskamen.

In Höhen von über 300 Meter tummelte sich die feindliche Nachtjagd.

So kurvten die Torpedoflieger im Tiefflug über die nachtgraue See und suchten sich ein lohnendes Ziel.

Die Besatzungen kamen schließlich doch zum Angriff, Treffer konnten erzielt werden.

Auf dem Rückflug nach Rennes und auch bei der Landung gab es noch ständige Berührung mit Nachtjägern. Fast immer hatten unsere das sägende Geräusch des feindlichen Radargerätes im Ohr. Sobald es lauter wurde, wußte man, daß »er« direkt hinter einem saß und jeden Augenblick auf die Knöpfe drücken konnte. Scharfe Beobachtungen nach hinten und rechtzeitiges Wegkurven, das waren die einzigen Chancen zum Überleben.

Die Startbahnbeleuchtung war wegen der Nachtjäger nur sporadisch an. Immer wenn ein Flugzeuggeräusch so dicht am Platz zu hören war, daß mit einer Landung gerechnet wurde, blitzten kurz die Leuchten am Startbahnrand auf. Das einzige Dauersignal war eine kleine rote Lampe am Ende der Startbahn. Nur beim Anschweben leuchteten sie zur Richtungskorrektur etwas länger. Auf diesen Augenblick warteten die Jäger.

Nach dem Tanken wurde wieder gestartet – im Blindstart! Das war einfacher, als beim Startanlauf einen Nachtjäger im Genick zu haben!

Im Morgengrauen kamen unsere Maschinen zu ihrem Einsatzhafen zurück. Müde und ausgelaugt, einige fehlten ...

Am selben Tage, am Nachmittag, war wieder Einsatzbesprechung.

Der Kommandeur legte den Anflug etwas anders. Um den Abfangjägern auszuweichen, ging er schon bei der Girondemündung auf die See hinaus und hielt weiten Abstand vom Land, um nicht von den Meßgeräten erfaßt zu werden.

Der Anflug verlief störungsloser, aber im Zielgebiet erwartete sie nichts anderes als gestern! Es wurden einige Dampfer versenkt, auch Treffer auf Kriegsschiffen gemeldet.

Wieder gab es Verluste und erhebliche Beschädigungen an den Flugzeugen durch Flaktreffer.

Die Flugzeuge wurden notdürftig repariert, am nächsten Nachmittag sollten sie wieder einsatzklar sein.

Die Einsatzbereitschaft der III. Gruppe war bereits nach der zweiten Angriffsnacht erheblich gemindert.

Die II. Gruppe greift ein ...

Das Geschwader hatte die II. Gruppe von Norddeutschland in das Rhônetal verlegt.

Der Gruppenstab mit der 4. und 5. Staffel befand sich in Valence, die 6. Staffel in Montélimar.

Sofort nach dem Eintreffen wurde die Einsatzbereitschaft hergestellt. Das Bodenpersonal, die Techniker der Betriebskompanie waren auf dem Landwege, und die Staffeln mußten mit den mitgebrachten 1. Warten die Maschinen klarmachen.

Am ersten Nachmittag wurden einige Besatzungen zur bewaffneten Aufklärung befohlen. Das Seegebiet zwischen der Rhônemündung, Korsika und der afrikanischen Küste war aufzuklären und nach einem feindlichen Flottenverband abzusuchen. Es wurden sechs Besatzungen eingesetzt. Feindberührung hatte keiner gemeldet, aber nach der Rückkehr fehlte eine Maschine. Es war die Besatzung von Leutnant Mörath. Hatte er Feindberührung gehabt, hatte er die gemeldeten Streitkräfte gefunden und war dabei abgeschossen worden? Die anderen Besatzungen hatten von dem vermuteten Flottenverband nichts gesehen.

Nach einer Woche kam eine Meldung von der Flotte, daß die Besatzung Mörath vor Korsika abgestürzt und in Gefangenschaft geraten sei.

Am Abend dieses Einsatzes, es war der zweite Tag in Südfrankreich, wurden der Kommandeur zum Geschwaderstab und die Staffelkapitäne zur III. Gruppe befohlen.

Sie sollten sich vor Ort den praktischen Ablauf eines Einsatzes ansehen und besonders bei der Abgabe der Gefechtsberichte der zurückkehrenden Besatzungen dabei sein. Eine bessere Einweisung in die jetzige Lage gab es wohl nicht.

Die III. Gruppe war für einen Nachteinsatz in den Invasionsraum bereit.

Bereits bei der Einsatzbesprechung wurde den Offizieren klar, daß inzwischen vieles anders geworden war. Der Erlebnisabstand von einem Jahr, zwischen Mai 1943 und Juni 1944, war doch erheblich. Insbesondere hatte sich die gegnerische Abwehr völlig verändert. Sie war stärker und konzentrierter geworden, es war mehr Jagdschutz am Ziel, und besonders die Funkmeßortung, die frühzeitige Erfassung durch den Gegner, war eine ernste Sache. Auch der feindliche Agentendienst im besetzten Frankreich spielte eine außerordentliche Rolle.

Major Thomsen führte die Einsatzbesprechung. Er wollte bei dem heutigen Angriff wieder selbst dabei sein.

In Anbetracht der gestrigen Erfahrungen verlegte er den Anflugweg noch weiter hinaus auf See. Er erwartete, daß man dadurch der feindlichen Jagdsperre ausweichen konnte.

Der Start der Flugzeuge erfolgte im Abstand von zehn Minuten. Bei aufgegangenem Mond wollten sie im Zielgebiet sein.

In der Frühe des nächsten Tages kamen sie zurück. Erschöpft und müde erzählten sie vom Ablauf des Einsatzes.

Die Idee des veränderten Anfluges hatte sich bewährt. Keiner der Zurückgekehrten hatte vor dem Eintritt in das Zielgebiet Berührung mit Jägern gehabt.

Die Lage im Angriffgebiet hatte sich kaum verändert, sie war eher schwieriger geworden. Entgegen den Beobachtungen vom Vortage waren diesmal noch mehr Sperrballons gesichtet worden.

Die Besatzungen berichteten von der besonders starken Sicherung der großen Transportschiffe, der vermeintlichen Truppentransporter. An diese sei kaum heranzukommen. Erstmals hatten sie auch beleuchtete Rotkreuz-Schiffe gesehen, die in der Landebucht vor Anker lagen.

Mit diesen Eindrücken und Erkenntnissen versehen, fand am Abend die Einsatzbesprechung der *II. Gruppe* statt. Dem Geschwader waren über 40 einsatzklare Flugzeuge und Besatzungen gemeldet worden.

Major Teske verwertete die bei der III. Gruppe gemachten Erfahrungen und befahl einen noch weiter östlich liegenden Anflugweg. Über Lyon – Reims – Amiens sollten die Besatzungen das Zielgebiet ansteuern.

Ein Rezept zur Vermeidung der starken Abwehr gab es nicht. Auch er hatte keins, woher auch? Er konnte den Besatzungen nur das vermitteln, was er und die Staffelkapitäne beim gestrigen Einsatz der III. Gruppe erlebt und erfahren hatten.

Der Start am späten Abend erfolgte im Abstand von nur wenigen Minuten. 40 Flugzeuge brauchen dazu schon ihre Zeit: Sie wollten bei Beginn der Morgendämmerung ja wieder aus dem Zielgebiet heraus sein!

Das Angriffsgebiet der II. Gruppe war in das Seegebiet vor der englischen Küste gelegt worden. Der Weg der Transporter führte von der Isle of Wight ja direkt in die Seinebucht. Hier sollte die II. Gruppe angreifen. An der französischen Küste dagegen operierte die III. Gruppe.

Der Anflug der II. Gruppe war bis Amiens fast problemlos. Aber von dort bis zur Küste gab es die ersten Beschüsse durch Nachtjäger. Das Geräusch der Kreissäge in der Kopfhaube war das erste Warnsignal. Wer rechtzeitig reagierte und wegkurvte, der konnte Chancen zum Entkommen haben. Darauf verlassen konnte sich jedoch keiner. Es gab genug später erlebte Fälle, wo die »Kreissäge« erst nach dem ersten Treffer wahrgenommen wurde.

Wahrscheinlich war es allen Besatzungen gelungen, im Tiefflug das Kanalgebiet zu erreichen und bis zur englischen Küste vorzudringen. Die Zurückgekommenen bestätigten starken Schiffsverkehr; sie hatten brauchbare Angriffschancen nutzen können, aber wie bei der III. Gruppe waren keine einwandfreien Zielbeobachtungen nach dem Schuß möglich gewesen. Die Schiffsrudel waren zu groß, und der Kriegsschiffe waren es zu viele, um wieder heranzufliegen, um eine einwandfreie Erfolgsmeldung machen zu können. Sie waren froh, aus dieser Hölle wieder heraus zu sein, mit einigen Kratzern davon zu kommen!

Für den Rückflug war eine Zwischenlandung in Cognac eingeplant worden. Dort wurde aufgetankt, beim ersten Hellwerden dann nach Valence gestartet.

Die Gefechtsberichte in Valence gaben ein düsteres Bild der Lage. Nicht nur, daß die bisherigen Beobachtungen über die feindliche Abwehr bestätigt wurden. Trotz des anderen Zielgebietes, wo weniger Abwehr erwartet worden war, weil man annahm, daß die Kanonen an der Invasionsfront gebraucht wurden, wurde man eines besseren belehrt.

Es gab keine Schiffsbewegung auf der ganzen Kanalroute, die nicht gesichert war. Es war überhaupt nicht zu begreifen, über welches Potential die Alliierten verfügten. Stets waren diese langen »Schiffslinien« mit einer Vielzahl von Kriegsschiffen umgeben, die ein Herankommen zu einem Schuß auf die »dicken Pötte« unmöglich machten. Von den Nachtjägern, die nicht nur in 300 Meter Höhe herumschwirrten, gar nicht zu reden. Sie waren auch bei Nacht in Seehöhe und scheuten den Tiefflug über Wasser durchaus nicht.

Am Abend erneuter Einsatz. Wieder ein Nachteinsatz bei ungenügender Sicht, die diesmal sogar noch durch Regenschauer verschlechtert wurde.

Das Zielgebiet war nicht besonders eingegrenzt worden. Es hieß einfach: »Torpedoangriffe gegen feindlichen Nachschubverkehr an der Invasionsfront«. An sich war das schon richtig, es gab ja fast keinen »Seestreifen«, der nicht durch eine Schiffsschraube aufgewühlt wurde.

Die Zwischenlandung in Cognac war freigestellt, wer es schaffte, konnte auch direkt zurückfliegen oder notfalls in Lyon landen.

Aus dem Einsatz der III. Gruppe

Die Niederschriften im Kriegstagebuch der III. Gruppe vermitteln einen Eindruck von der damaligen Situation bei den Kampfverbänden.

RL 10/629 Archiv-Nr. 6*
Auszugsweise Abschrift aus dem KTB
der III./Kampfgeschwader 26

Durch Wort und Schrift wird die Truppe unterrichtet, daß nach Beginn der Invasion der Krieg in ein entscheidendes Stadium getreten ist. Der Beginn der Invasion wurde seit Monaten erwartet. Jetzt ist sie da, und die Torpedoverbände treten mit der ältesten Torpedoart an.

Daß wir noch kein besseres Flugzeug haben, ergibt sich aus der durch die Bombenangriffe entstandenen Lage. Aber, daß wir jetzt in entscheidender Stunde mit der ältesten Lufttorpedokonstruktion angreifen müssen, ist unbegreiflich.

Es ist seit langem bekannt, daß die Lufttorpedowaffe die beste Waffe für die Schiffszielbekämpfung ist. Der Feind könnte aufgrund seiner Luftüberlegenheit unsere Schlüsselindustrie treffen (Treibstoffwerke, Flugzeugwerke, Verkehrsanlagen). Die Schlüsselindustrien der Feinde sind für uns zur Zeit unangreifbar. Aber dem Feinde nutzt die Produktion nur etwas, wenn er sein Material an die Front bringen kann. So sind das, was dem Feinde unsere Schlüsselindustrien sind, für uns die Handelsschiffe des Feindes. Die Handelsflotte ist konzentrierte Schlüsselindustrie. Sie ist angreifbar durch uns. Nur hier kann der Feind empfindlich getroffen werden.

Also ist für die Schiffszielbekämpfung das Beste gerade gut genug. Es ist auch viel geschaffen worden, aber es ist nicht an der Front.

Der Gegner kennt seine Schwächen. Wir kommen nicht mehr ran an den Feind, obwohl unsere Männer gut sind.

27. 4. 1944

Wir stehen bei Beginn der Invasion vor der Erkenntnis, daß ein Stillstand in der Verfeinerung, Verbesserung, Erweiterung und Weiterentwicklung der Angriffstaktik eingetreten ist. Im großen gesehen gibt es folgende Angriffsmöglichkeiten:

1. Verbandsangriff in der Abenddämmerung,
2. Zusammengefaßter Angriff in der Abend- und Morgendämmerung,
3. Zusammengefaßter Angriff mit künstlicher Beleuchtung,
4. Zusammengefaßter Angriff unter Ausnutzung des Mondlichtes,
5. Torpedostreife in eng begrenzten Seegebieten.

* Aus dem Bundesarchiv/Militärarchiv Freiburg.

Die Voraussetzung für die Angriffsmöglichkeiten 1–4 schafft die Aufklärung.

Die derzeitige Angriffstaktik ist, abgesehen von der gegnerischen Abwehr, abhängig von

a) dem Flugzeugmuster,
b) dem Schiffssuchgerät,
c) dem Lufttorpedo.

Erst wenn eine Verbesserung dieser drei Punkte eintritt, ergibt sich die Möglichkeit der taktischen Weiterentwicklung. Sie könnte zu einer Revolutionierung der Lufttorpedotaktik führen.

Zu a) Die Ausrüstung mit einem verbesserten Flugzeugmuster steht vor der Verwirklichung. Die Ju 188 ist für uns eine bedeutende Verbesserung, wenn sie auch noch immer kein Flugzeug ist, welches für den LT-Einsatz gebaut ist.

Zu b) Das Fu.G. 200* ist unzureichend, da es störungsanfällig ist und nur in wenigen Fällen den LT-Blindschuß zuläßt.
Die Besatzungen sind darauf angewiesen, den Gegner mit den Augen so rechtzeitig zu sehen, daß sie die Schußunterlagen schätzen können. Die Entwicklung muß dahin gehen, daß die Besatzungen in einem Gerät den Geleitzug erkennen können. Es muß die Schiffsgröße, die Lage, die Fahrt und die Entfernung erkennbar sein.

Zu c) Der Lufttorpedo läuft heute 2900 Meter mit 40 sm Geschwindigkeit. Er muß aus 40 bis 60 Meter Flughöhe geworfen werden. Das Flugzeug muß gerade liegen. Die Wassertiefe muß mindestens 30 Meter betragen. Der Wind darf nicht stärker als 40 km/h sein. Der Lauf des Torpedo kann nach dem Wurf nicht mehr beeinflußt werden, und er muß auf die Schiffswand auftreffen.

Aus den Aufzählungen ergibt sich schon, wie weit die Waffe, also die Technik, die Taktik bindet, und welche Forderungen an die Waffe gestellt werden müssen.

1. Größere Laufstrecke, Ausnutzung der gesamten Laufstrecke durch Laufen von Kreisen und Schleifen am Ende der Strecke.
2. Größere Sprengladung.
3. Unabhängigkeit beim Wurf von der Flughöhe, Geschwindigkeit und Wassertiefe und von der Windstärke.
4. Aktive zielsuchende Einrichtung als Beeinflußbarkeit des Laufes des Torpedos nach dem Wurf.
5. Andere, blasenlose Antriebsart des Torpedos.

Zusammenfassend muß festgestellt werden, daß die Verbesserung der Angriffstaktik eng an die technische Weiterentwicklung gebunden ist und sie ohne diese technischen Fortschritte nicht mehr entscheidend entwicklungsfähig ist.

Nach einem Befehl des Luftwaffenführungsstabes durften bei einem Einsatz der Kampfflieger nur jeweils die Hälfte der Einheitsführer eingesetzt werden.

Entweder der Gruppenkommandeur und ein Staffelkapitän oder zwei Staffelkapitäne. Im ersteren Falle durfte der Staffelkapitän nicht der Vertreter des Kommandeurs sein.

Major Teske, der Kommandeur der II. Gruppe, nahm das nicht so furchtbar ernst. Er wollte dabei sein, wenn seine Flieger im Einsatz waren.

Hier ein Bericht von ihm:

* Funkmeßgerät Hohentwiel.

Bericht von Major Teske, Kommandeur der II./K.G. 26 (LT)

Der Start erfolgte bei Einbruch der Dunkelheit. Abstand von Flugzeug zu Flugzeug 15 Minuten. Sie sollten sich beim Angriff im Zielgebiet nicht behindern.

Unser Anflug in das Zielgebiet erfolgte über Dijon – Reims in die Sommemündung.

Schon zwischen Lyon und Paris wurden wir von Nachtjägern erfaßt. Als wir sie bemerkten, schossen sie bereits. Zum Glück bekamen wir keine Treffer ab. Beim ersten Angriff gingen wir sofort in den Tiefflug über, drückten runter an die Wiesen, so tief es ging.

Das war die einzige Chance, daß wir sie abschütteln konnten. Oben hätten sie uns sicherlich erwischt. Wolken, um sich darin zu verstecken, waren nicht da, oder sie waren zu hoch.

Nachdem wir einige Zeit geflogen waren, zogen wir etwas höher, denn ein Tiefflug über Land bei Nacht in einem unbekannten Gebiet war mit erheblichen Risiken verbunden. Wir stiegen auf 100 Meter und erreichten so das Zielgebiet.

Jetzt konnten wir zum Seetiefflug übergehen. Unser Ziel war die Sommemündung. Hier wollten wir Transportschiffe angreifen. Nach knapp 15 Minuten waren wir mittendrin im Landungsgebiet. Vor uns, links und rechts neben uns Kriegsschiffe aller Größen und Arten. Es gab nichts, was hier nicht dabei war. Selbstverständlich waren wir nicht unbemerkt geblieben. Erhebliches Abwehrfeuer aller Kaliber deckte uns ein.

Gestaffelt hinter einigen Bewachern machten wir einen dicken Dampfer aus, es war ein Frachter mit einem Sperrballon. Er kam von Steuerbord. Wir hatten eine Lage von etwa 70°, die Entfernung mag 2000 Meter betragen haben. Angriff mit einem Torpedo, beim ersten Ansatz wollten wir nicht gleich beide Aale verschießen. Im Angriff zogen wir auf 40 m hoch und kamen mittschiffs ab. Sofort nach dem Angriff drückten wir herunter und kamen gerade am Heck des Dampfers vorbei. Wir hofften, daß auf der anderen Seite die Abwehr weniger war, denn im Anflug bekamen wir erhebliches Abwehrfeuer. Aber drüben war es nicht anders, es gab überhaupt keinen Raum, der nicht voll eingedeckt wurde. Wahrscheinlich nahmen die Burschen aufeinander überhaupt keine Rücksicht, egal ob ein anderer Dampfer in der Schußrichtung lag, es wurde geballert, was die Kanonen hergaben. Beim Abwurf hatten wir die Stoppuhr gedrückt. Nach etwa einer Minute mußte sich zeigen, ob ein Treffer erzielt wurde. Die Zeit war noch nicht um, da stieg bereits eine Feuersäule auf dem Dampfer hoch.

Nochmal konnten wir nicht heran. Wir mußten sehen, daß wir aus dem Getümmel herauskamen. Aber auch aus der Ferne war zu beobachten, daß es sich um eine mächtige Feuersäule handelte. Weiter westlich versuchten wir den zweiten Torpedo anzubringen. Bald hatten wir wieder Schiffe voraus in Sicht. Wir waren dicht an Land gekommen. Damit wurde auch die Abwehr immer stärker. An den vorgenommenen Dampfer kamen wir nicht heran. Schon im Anflug lag die Flakabwehr so dicht, daß wir abbrechen und abdrehen mußten.

In diesem Gebiet hatte es wenig Sinn, nach weiteren Zielen zu suchen. Je dichter wir in das Hauptlandungsgebiet kamen, um so massierter wurde die Abwehr. Deshalb drehten wir ab und ging auf Nordwestkurs in Richtung auf England.

Wir versuchten und hofften, in der Kanalmitte auf weniger Abwehr zu treffen und dort ein lohnendes Ziel zu finden. Die Sicht war auch nicht gerade so, daß wir ungehindert durch die Gegend fliegen konnten und uns schon irgendwann ein Schiff vor den Bug laufen würde. Es mußte höllisch aufgepaßt werden, denn überall kurvten Nachtjäger durch die Luft, und überall gab es größere oder kleinere Schiffe, die gut bewaffnet waren. Dicht unter der englischen Küste trafen wir auf eine lange Reihe von Dampfern und Kriegsschiffen mit Kurs auf Frankreich. Vielleicht schafften wir einen Angriff aus der Mondbahn heraus. Wir setzten uns nochmal etwas ab und suchten den richtigen Angriffskurs. Noch waren wir nicht bemerkt worden, zumindest gab es noch kein Abwehrfeuer. Dummerweise schob sich mitten im Anflug eine Wolke unter die Mondbahn, so daß unsere schöne Sicht weg war. Wenn der Angriffskurs stimmte, mußten wir bald mitten drin sein. Da hatten wirs auch schon! Mit gezieltem Flakfeuer deckten sie uns von allen Seiten ein. Die Abschußstellen waren zu sehen, aber die Schiffe waren nicht klar zu erkennen. Eine ordentliche Zielansprache war nicht möglich.

Von dieser Gruppe ließen wir schnellstens ab und versuchten anderswo etwas zu erreichen.

Es mag am Anfang der Seinebucht gewesen sein, als wir wieder Schiffe erkannten. Aus Nordwesten kommend setzten wir zum Angriff an. Mitten im Anflug auf einen Frachter sahen wir vor ihm zwei größere Kriegsschiffe fahren. Es mögen zwei Kreuzer gewesen sein. Richtig erkannt haben wir sie nicht, und daran vorbei kamen wir auch nicht mehr. Deshalb Zielwechsel auf das am nächsten liegende Schiff. Die Entfernung war so kurz, daß für eine genaue Zielansprache überhaupt keine Zeit mehr war. Zu sehen war nur, daß die Schiffe Fahrt nach Backbord machten. Deshalben kamen wir am Bug des Schiffes ab, drückten sofort auf das Wasser herunter und kamen so dicht an dem Kreuzer vorbei, daß wir sogar die Geschütze sehen konnten. Auch die hatten uns gesehen und hielten voll auf uns rein. Ein, zwei Treffer hatten wir bestimmt schon weg. Jetzt erwischte uns noch ein Treffer an der Kanzel. Zum Glück gab es keine Splitter und auch keine Verletzungen, nur ein mächtiger Luftzug fegte durch die Kanzel. Wir machten, daß wir wegkamen, und konnten deshalb auch keine Trefferwirkung beobachten. Um nicht noch weiteres zu riskieren, blieben wir im Tiefflug. Es galt aufzupassen, daß wir nicht nochmal über eine Schiffsansammlung gerieten. Das war hier gar nicht so einfach, der Schiffsverkehr nach der Seinebucht lief fast ohne Unterbrechung, es war, als seien die Dampfer an einer Leitplanke angemacht.

Nach Westen fliegend kamen wir schließlich aus dem Zielraum heraus.

Solange wir im Tiefflug und über See waren, erreichten uns keine Nachtjäger. Aber in Küstennähe, wo wir wieder auf 300 m gehen mußten, waren sie da. Mit eingeschaltetem Funkmeßgerät suchten sie den Luftraum ab. Wir hörten die Meßstrahlen im Kopfhörer. Es war das Geräusch einer Kreissäge. Wurde es lauter, wußten wir, daß wieder einer dran war. Im Anflug auf den Flugplatz war es wieder so. Hubert, der Funker, sah ihn zuerst. Er schoß sofort mit seinem Zwilling und meinte sogar, daß er ihn getroffen habe. Zumindest war der erst einmal weg. In Flugplatznähe bekamen wir ein Erkennungssignal geschossen. Nach unserer Antwort gingen kurz die Lampen an, um uns die Anflugrichtung zu zeigen. Dann war der Platz wieder dunkel. Wir machten die Platzrunde und setzten zur Landung an. Kurz vor dem Aufsetzen ging wieder die Startbahnbefeuerung an und war nach dem Aufsetzen sofort wieder aus. Die Flugleitung hatte sicherlich schon reichlich Erfahrungen mit den Nachtjägern machen müssen. Nichts war ja einfacher, als ein Flugzeug im Landeanflug abzuschießen. Deshalb diese wohlüberlegte Vorsicht der Flugleitung.

Mit 26 Flugzeugen waren wir gestartet, drei hatten Nachtjägerbeschuß im Anflug auf das Zielgebiet erhalten und mußten abbrechen, 16 kamen nach Cognac zurück. Einer hatte anderswo landen müssen und kam am nächsten Tag nach Valence zurück. Bei diesem Einsatz blieben sechs Besatzungen weg.

Bericht des Kapitäns zur See a. D. Dr. Ernst Thomsen, seinerzeit Major und Kommandeur der III./K.G. 26 (LT)

Dr. phil. Ernst Heinrich Thomsen, Kapitän zur See a. D. und heute als Schriftsachverständiger tätig, war zweimal Kommandeur der III./K.G. 26 gewesen.

Zum einen vollzog er die Aufstellung der neuen III. Gruppe im Jahre 1942. Wegen einer schweren Verwundung mußte er die Gruppenführung vorübergehend an Hauptmann Nocken abgeben, konnte sie aber nach der Wiedergenesung im Februar 1944 erneut übernehmen.

Er führte den Verband, unter anderem auch während der Einsätze vom Juni 1944 bis August 1944 im französischen Invasionsraum. Das Geschwader operierte zu der Zeit gegen Schiffsziele im Invasionsraum.

Hier sein Bericht:
Wir lagen in Montpellier. Durch die vorangegangenen Einsätze gegen englisch/amerikanische Schiffs- und Flotteneinheiten im Mittelmeer waren unsere Besatzungen schon erheblich dezimiert, als der Großeinsatz gegen die englisch/amerikanische Landungsflotte begann.

Wir flogen Dämmerungs-, später Nachtangriffe. Die Dämmerungsangriffe waren durch den starken Einsatz alliierter Jäger so verlustreich, daß wir sie recht bald einstellen mußten. Heute war Nachteinsatz befohlen. Wir starteten einzeln. Jede Besatzung operierte selbständig im Zielgebiet.

Ich startete gegen 2200 Uhr. Anflug über das Gebiet von Bordeaux, von dort nach Norden um Brest herum in das Operationsgebiet, das Landungsgebiet. Das Wetter war mittelprächtig. Etwa 4/10 Wolkenbedeckung, Untergrenze bei 800 Meter. Gute Sicht, ab Mitternacht Mondschein.

Nach dem Einbiegen in das Zielgebiet sehen wir die ersten Schiffseinheiten. Fast alles Kriegsfahrzeuge. Torpedoboote, Begleitfahrzeuge, Zerstörer, auch Vorpostenboote waren dabei. Hierauf lohnte sich der Angriff nicht. Wir wollten Frachter, die Nachschub beförderten, angreifen. Dazu mußten wir weiter heran an die jetzigen Hauptschiffahrtwege. Diesen Fahrzeugen da unten versuchten wir, soweit es ging, auszuweichen. Wir flogen im Tiefstflug. Jeder beobachtete aufmerksam seinen Sektor. Der Beobachter und ich nach vorne, damit wir nicht über ein Kriegsschiff gerieten. Auch der Bordmechaniker unterstützte uns hierbei, wogegen der Funker, unser allerfahrener Medrow, der immer alles sah, nach hinten beobachtete.

Nach weiteren zehn Minuten waren wir im Zielgebiet. Nicht nur, daß es navigatorisch stimmen mußte, es war auch an der Vielzahl und Lebhaftigkeit des Schiffsverkehrs zu sehen. Uns empfing ein höllisches Flakfeuer, gerade als ob die auf uns gewartet hätten.

Im Nu waren wir mitten drin. Von allen Seiten blitzte es auf. Die Sprengwolken lagen dicht um uns herum, und am schlimmsten sahen die rotbunten Leuchtspuren aus, die uns eindeckten. Ein Angriffsziel sahen wir nicht. Vor diesem Feuerzauber war nichts einwandfrei erkennbar. Wir waren gar nicht in der Lage, einen gezielten Anflug zu machen.

Beobachter und Funker dirigierten mich aus diesem Feuerzauber heraus. Wir hatten es schon oft erlebt, in konzentrierter Weise war es schon oft serviert worden, aber so wie heute war es noch nie. Wir hatten viel Glück, aber auch erheblich Mühe, aus diesem Hagel herauszukommen. Daß wir nichts abbekommen hatten, verdankten wir doch nur unserem Tiefstflug. Der erforderte wohl äußerste fliegerische Konzentration, damit bei der Kurbelei keine Wasserberührung zustandekam, aber hatte auch den Vorteil, daß die meisten Detonationen und auch die roten Perlenketten über uns lagen. Als wir raus waren, meinte

Medrow in seiner trockenen Art: »Mensch, die lagen ja so dicht, daß man glatt drauf hätte landen können.« Wir lachten herzlich, man gut, wenn der Humor nicht ganz verloren geht.

Neuer Anflug, dieses Mal etwas weiter angesetzt, aus der Mondbahn kommend ...

Wir hatten gute Sicht. Die Mondsichel stand direkt vor uns und bildete einen gut einsehbaren Fächer. Silbrig glänzte das Wasser herauf. Links voraus kam einer in Sicht, ein Frachter, aber klein, den nicht! Kaum waren wir daran vorbei, als ein größerer fast quer vor unserem Kurs lag. Der hatte uns gesehen, aus allen Rohren schoß er und deckte uns ein. Noch 500 Meter, hochziehen auf Abwurfhöhe! Der Beobachter sagte noch einmal die geschätzte Fahrt und die Lage des Zieles. Beide Torpedos los! Ich war gut abgekommen, war sehr dicht am Schiff und hatte Mühe, jetzt am Heck vorbeizudrücken, um das Schiff nicht zu überfliegen. Die Stoppuhr lief. Auf der anderen Seite des Schiffes kamen wir jetzt in einen Feuerzauber hinein, daß uns Hören und Sehen verging. Zwei, dreimal krachte es so dicht bei uns, daß man sich direkt wegduckte. Waren wir an der Stelle von vorhin? Nach der Abwehr sah es direkt so aus. Nichts wie raus. Wir versuchten wieder im Tiefstflug zu entkommen. Bisher hatte das immer noch am allerbesten funktioniert.

Vor lauter Flakzauber und Ausweichbewegungen hatten wir keine einwandfreie Trefferbeobachtung machen können. Überall blitzte es auf, überall war heller Feuerschein, und zudem kamen wir durch die Abwehrbewegungen selbst nicht mehr dazu, das Ziel noch zu beobachten.

Bei der Schußentfernung und der Lage konnten die Aale allerdings nicht vorbeigehen. Sie mußten sitzen.

Wir waren raus. Rückflug zum Ausweichplatz. In Cognac wollten wir zum Auftanken zwischenlanden und dann noch während der Nacht heimfliegen.

Trotz der tollen Kurbelei, trotz der vielen verschiedenen Kurse, die wir wegen der Abwehr fliegen mußten, schaffte es unser Beobachter immer zur rechten Zeit, den richtigen Kurs zu wissen. Es konnte noch so toll hergehen, immer war er die Ruhe selbst. Er registrierte jeden Kurs, stoppte die Zeiten und trug diese Werte auf seine Tafel ein. Auch sonstige Beobachtungen, die er während des Fluges machte, hat er immer mit Uhrzeit und Standort notiert und konnte Auskunft geben. Er gab mir den Kurs nach Cognac. Wir hatten noch etwa zwei Stunden zu fliegen.

Nach Überflug der Küsten ging ich auf 200 Meter, und die Wolken waren jetzt etwas dichter geworden, ab und zu durchflogen wir sie.

Ein merkwürdiges Geräusch war in der Bordsprechanlage zu hören. Ich fragte den Funker: »Haben Sie auf einen anderen Sender geschaltet oder suchen Sie etwas? Nein, antwortete er, ich höre das Ratschen auch! Trr... Trri- Trr... Trri... hörten wir immer wieder, jetzt lauter werdend. Ich drehte ab, machte eine starke Kursänderung. Da wieder dieses Tri. So ging es abwechselnd etwa zehn Minuten lang. Wieder änderte ich den Kurs. Wir müßten eigentlich bald über Cognac sein.

Kaum war das gesagt, da blitzten Leuchtspuren um uns, Nachtjäger! Ich versuchte wegzudrücken, um aus dem Anflug herauszukommen. Nichts, das Höhen- und auch das Seitenruder sprachen nicht mehr an. Noch schoß der Kerl. Mit dem Querruder kriegte ich das Flugzeug aus der Richtung heraus, und mit mal mehr und mal weniger Gasgabe reagierte es auf Steigen oder Fallen, aber unkontrolliert. Es war nicht mehr steuerbar. Wahrscheinlich war die ganze Steueranlage zerschossen. Was tun? Runter mußten wir. Steuerbar war das Flugzeug nicht mehr, und nur mit Gasgeben hin und her und in Querruderbewegungen konnte das nur eine nicht gesteuerte Bruchlandung geben. Also einen Absturz und das bei Nacht. Ich fragte den Standort an. Der Beobachter reichte mir nochmal die Karte, zeigte auf einen Punkt in der Gegend von Cognac. Wir müssen etwa 15 km nördlich sein, meinte er, wir sollten uns das einprägen.

In der Mühle zog es mächtig. Die Bodenklappe war auf, kaputtgeschossen!

Ich entschloß mich zum Aussteigen, besprach das mit meiner Besatzung. Was meint ihr, eine Landung geht nicht, gibt Totalbruch. Wir haben wenig Chancen, da heil herauszukommen. Auch sie waren für aussteigen. Der Nachtjäger war weg, also los! Nochmal, jeder merkt sich den ungefähren Standort und ab. Der Bordmechaniker war der erste. Er verschwand mit seinem Schirm durch die offene Bodenklappe. Der Beobachter war der nächste. Medrow, der Funker, klopfte mir nochmal auf die Schulter und weg war er. Jetzt war ich dran. Nochmal das Flugzeug, so gut es ging geradegelegt und ausgetrimmt, und nun schnell raus. Ging nicht, ich kam aus dem Sitz nicht heraus. Der Schirm hatte sich festgehakt, festgeklemmt. Wahrscheinlich durch den Beschuß, und ohne Schirm konnte ich ja nicht abspringen. Was tun? Noch liefen die Motoren, noch war ich oben. Ich probierte an den Gashebeln, wollte die Steuerreaktion nochmal sehen. Unkontrolliert. Mal stieg der Vogel bei Vollgas, mal fiel er. Auch war es mit den Gashebeln nicht mehr regulierbar. Ich mußte sehen, wie ich wegkam. So probierte ich hin und her, es ging mal rauf, es ging mal runter, aber ich kam mit meinem Schirm nicht frei. Noch hatte ich genug Sprit, und beide Motoren liefen noch. Es mögen etwa eineinhalb bis zwei Stunden gewesen sein, daß ich so herumkurbelte.

Mittlerweile war ich auf etwa 4000 Meter Höhe angekommen. Da flammten die roten Lampen auf. Jetzt wurde es Zeit. Ich mußte etwas tun. Gleich war der Sprit alle, und dann gab es nur noch einen Absturz. Ich glaube, daß ich erst jetzt richtig begriff, als die Lage so eindeutig, so beinahe aussichtslos war und jetzt erst richtig zum Nachdenken, zum Überlegen kam. Ich mußte doch mal sehen, warum der Fallschirm nicht wegging. Deshalb schnallte ich mich los, machte den Schirm ab und zwängte mich mühsam, Zentimeter um Zentimeter aus dem Sitz heraus. Dabei mußte ich immer versuchen, die Mühle einigermaßen gerade zu halten, damit es nicht kopfüber hinunter ging.

Ich schaffte es. Nun nahm ich meinen Fallschirm und zerrte ihn aus dem Sitz heraus. Auch das wurde geschafft. Mühsam, und sicher recht lange dauerte es. Aber es klappte. Ich schnallte den Schirm nun wieder um. Auf der wackligen, sich immer auf und ab bewegenden Maschine ging das nicht so einfach. Kaum hatte ich die Hände vom Steuer gelassen, um den Fallschirm umzuzwängen, ging der Vogel entweder steil nach oben oder nach unten. Ich weiß nicht wie, aber ich schaffte es. Dann rutschte ich auf die auf und zu schlagende Bodenluke zu, betete zu allen Heiligen, daß ja der Fallschirm durch den Beschuß nicht zerrissen sei, schwang mich hinaus und zählte bis zehn. Erst dann zog ich die Abreißleine, die den Schirm öffnete. Über mir flatterte und knatterte es, gab erst einen kleinen, dann einen kräftigen Ruck und ... ich hing in meinem Fallschirm. Er blähte sich als großer Pilz über mir auf und hielt.

Tiefe Ruhe legte sich auf mich, auch um mich herum. Zuerst erschrak ich darüber. Es war eine außerordentliche Stille, die da herrschte. Nur das Flugzeug hörte ich noch brummen und jaulen, mal höher mal tiefer in den Tönen, je wie es sich bewegte. Den Absturz habe ich nicht mehr bemerkt. Oben war es eisig kalt. Wir waren ja in Sommeruniform geflogen, und hier oben waren sicherlich einige Kältegrade. Dazu um mich tiefste Nacht. Noch war von unten nichts zu sehen. Langsam wurde es wärmer. Nun mußte ich wohl bald in Bodennähe kommen.

Ich erkannte jetzt Gelände, Felder und auch Bäume wurden sichtbar. Man glaubt nicht, wie hellhörig in solchen Situationen die Nacht ist.

Da unter mir, eben vor mir, ein mächtig großer Baum. Ich kann nicht mehr ausweichen. Alles Ziehen an den Leinen, um da vorbeizukommen, nützt nichts. Mitten hinein, mitten in die Krone einer großen Eiche placiere ich meine Landung. War gar nicht so hart, die Äste federten den Aufprall etwas ab, fingen mich aber auf. Ich saß mitten in diesem großen Baum. Hoch über dem Boden. Der Fallschirm klappte auf mich herunter, und ich machte alle Anstrengungen, um ihn abzuschnallen und zusammenzuraffen. In der Ferne wurde Hundegebell hörbar.

Wo war ich? Innerhalb dieser fast zwei Stunden, in denen das Flugzeug mit mir durch die Gegend torkelte, konnte ich sonstwo angekommen sein. Jetzt erst durchfuhr mich ein Riesenschreck. Mann, wenn der Vogel auf See herausgeflogen wäre, nicht auszudenken. Da hätte sich keine Chance mehr ergeben, da wäre ich todsicher abgesoffen.

Das Hundegebell verstärkte sich, schon waren sie unter mir, mehrere waren es. Sprangen am Baum hoch. Stimmen kamen näher. Ich erkenne Wortfetzen, französisch. Die müssen mich hier herunterholen. Wer sind diese Leute? Die schroffe einsame Gegend riecht mir so richtig nach Partisanengebiet. Maquis etwa?

Sie stehen unter mir unter dem Baum und fragen, wer ich sei.

Da gebe ich mich zu erkennen, sage ich bin ein deutscher Flieger, ein Major. Zur Antwort bekomme ich »Wir sind Maquis, Franc-Tireur et Partisans. Kommen Sie herunter, werfen Sie Ihre Pistole weg.« Ich denke nicht daran, antwortete ich. Die Pistole behalte ich. Dabei zeigte ich sie vor.

Es waren fünf Mann, davon einer, der ihr Anführer war, denn zwischen ihm und mir ging das Gespräch wegen der Pistole und dem Herunterkommen hin und her. Schließlich holten sie eine Leiter. Ich konnte ja nicht ewig auf dem Baum sitzen bleiben. Meinen Fallschirm raffte ich zusammen, warf ihn hinunter. Die Pistole in der Hand haltend, kletterte ich auf der Leiter herab. Nach nochmaligem Palaver wegen Abgabe der Waffe wurde ihnen schließlich klar, daß sie die Pistole von mir nicht bekommen würden. Schließlich war ihnen auch an einer tätlichen Auseinandersetzung recht wenig gelegen, denn sie waren offensichtlich unbewaffnet.

Der Anführer der fünf, es war der Bürgermeister, wie sich später herausstellte, brachte mich schließlich zu seinem Haus. Hier vollzog sich ein unerwarteter Wandel. Nicht nur, daß seine Frau mich sofort mit einem Frühstück versorgte, er verschaffte mir auch ein Telefongespräch zu der nächsten zuständigen deutschen Heeresstelle.

Erst jetzt erfuhr ich Einzelheiten über meinen Absprungplatz. Ich war in der Gegend von Limoges mitten im stärksten Partisanengebiet abgesprungen. Die ganze Zeit war ich mit dem Vogel in der Gegend herumgeflogen, wahrscheinlich immer im großen Kreise.

Der Oberleutnant der deutschen Kommandantur sagte mir, so können wir Sie nicht abholen, denn in das Gebiet können wir mit normalen Fahrzeugen nicht hineinfahren, wir brauchen Panzer. Ich werde sehen, was sich machen läßt und melde mich wieder.

Fatale Lage, na, mal sehen. Erst mal mußte ich aufpassen, daß mir seitens der Partisanen nichts geschah.

Wir saßen am Tisch. Der Bürgermeister und seine Frau und ich. Ich trank Kaffee. Vor Müdigkeit und Erschöpfung fielen mir schließlich die Augen zu, und so kam es, daß beide mich packten und ins Bett steckten.

Ich schlief fast einmal um die Uhr, bis mich die beiden weckten und sagten, daß mein »Wagen« da sei. Draußen stand ein gepanzertes Fahrzeug mit deutschen Landsern.

Sehr herzlich bedankend verabschiedete ich mich von meinen französischen »Wärtern«. Der Frau Bürgermeisterin schenkte ich noch den Fallschirm, um mich bei ihr noch persönlich zu bedanken.

So kam es, daß ich noch vor meinen Besatzungskameraden wieder bei meiner Gruppe war. Aber auch die drei trafen nach und nach ein und hatten ihre eigenen Erlebnisse.

Ein Nachspiel, das ich nicht vergessen möchte zu erwähnen, betraf den verschenkten Fallschirm. Unsere Meldungen gingen auch an den Luftwaffen-Gerätepark. Hier wurde der verschenkte Fallschirm registriert, und ich wurde aufgefordert, entweder den Fallschirm wieder zu beschaffen, oder ihn zu bezahlen. So gründlich arbeiteten deutsche Wehrmachtsbeamte noch im vierten Kriegsjahr. Nun, was solls, ich bezahlte.

2. Partisanen – Verlegung des Geschwaders in Erwartung einer weiteren Invasion in Südfrankreich

Mit Beginn der Invasion verstärkte sich zunehmend die Partisanentätigkeit. Die Flugplätze wurden zwar bewacht, trotzdem gelang es, vereinzelt Schäden an den Flugzeugen anzurichten.

Besonders machten sich diese Partisanen-Aktivitäten im Rhônetal, bei der II. Gruppe in Valence und Montélimar, bemerkbar. Die Flugplätze grenzten direkt an das Partisanengebiet. Die Flieger halfen sich dadurch, daß sie einen Partisanenangriff mit einem Stoßtruppunternehmen beantworteten.

Auch die alliierten Bomber, neuerdings sogar die Fernjäger, die Lightnings, machten sich bemerkbar.

An einem Sonntag, Anfang August 1944, flogen Bomber mit Splitterbomben einen Angriff gegen die beiden Flugplätze Valence und Montélimar. Zum Glück gab es wenig Schäden, denn die Flugzeuge waren in großen Erdwall-Boxen abgestellt. Nur die Plätze und die Rollbahnen waren mit vielen scharfkantigen Splittern übersät, die Reifenschäden verursachten.

Der Bomberwelle folgte eine Welle von Transportern. Zunächst flogen sie Valence an, drehten dann aber auf die Berge nach Grenoble ab. Plötzlich fielen Fallschirme vom Himmel.

Der Gruppengefechtsstand meldete das dem Geschwaderstab in Orange. Sie veranlaßten, daß eine unserer Besatzungen eine Aufklärung fliegen mußte, sie sollten sich die Abwurfstelle ansehen, ob Partinsanenversorgung oder Truppenabsetzung erfolgt war.

Bereits 30 Minuten später war das geklärt. Die Maquis hatten Nachschub erhalten. Die Abwurfplätze und das Material waren deutlich sichtbar.

Die II. Gruppe erhielt den Befehl, diese Nachschubplätze mit Splitterbomben anzugreifen und den Nachschub zu zerstören.

Mit fünf oder sechs Flugzeugen konnte kurze Zeit später gestartet werden. Die Flugzeuge waren mit Splitterbomben beladen worden. Alle Abwurfplätze waren noch gut erkennbar. Weit sichtbar lagen die Lastenfallschirme herum, und im Tiefflug war zu erkennen, daß auch Gerätekisten und andere Gegenstände bei den Fallschirmen lagen.

Die Splitterbomben hatten ihre Wirkung. Wie später durch Agentenmeldung bekannt wurde, konnte ein großer Teil der abgeworfenen Waffen und der Sprengmittel vernichtet werden. Sogar der Partisanengefechtsstand sei bei diesen Angriffen vernichtet worden. Sicherlich war das ein reiner Zufallstreffer gewesen. Im Partisanengebiet gab es fast keine Luftabwehr. Der Einsatz der Flugzeuge zu Tiefangriffen und ohne Bombenzielgerät war vertretbar. Bei diesen Flächenwürfen konnte ja nicht vorbeigeworfen werden.

In den nächsten Tagen wurde spürbar, daß die Aktivitäten der Partisanen merklich geringer geworden waren.

Auch bei der III. Gruppe in Montpellier waren Störungen durch Partisanen aufgetreten. Major Thomsen hatte bereits im Mai 1944 ein Ausweichquartier erkunden lassen. Es war ein Landestreifen in der Nähe von Nîmes hierfür gefunden worden. Wegen der Partisanen und der Bombentätigkeit wollte Thomsen hierher eine Staffel verlegen. Das Geschwader war damit einverstanden, jedoch die Fliegerdivision war anderer Meinung und verlegte gleich die gesamte Gruppe hierher.

Welche Folgen sich hieraus ergaben, ist aus nachstehender Eintragung im Kriegstagebuch der III. Gruppe ersichtlich:

Auszugsweise Abschrift
aus dem KTB der III./Kampfgeschwader 26
19. 7. 1944

Anfang Mai wurde von der Gruppe der Landestreifen Garsons (8 km südlich Nîmes, 32 km von der Küste) erkundet. Nachdem die Brauchbarkeit des Platzes festgestellt worden war, wurde bei der 2. Fliegerdivision die Genehmigung eingeholt, eine Staffel zur Auflockerung nach Garsons zu verlegen, in engster technischer Anlehnung an Montpellier. Gleichzeitig wurde darauf hingewiesen, daß der Platz Garsons trotz seines bestechenden Aussehens nicht mehrere Einheiten aufnehmen kann.

Die Division ordnete auch an, daß der Platz nur soweit ausgebaut werden soll, um eine, evtl. zwei Staffeln aufzunehmen als Auflockerungsmaßnahmen in Anlehnung an Montpellier (Werft, Betankung, Beladung, Einsatz und Nachtlandung in Montpellier).

Am 6. 7. 1944 wurde Montpellier aufgegeben, obwohl der Platz voll einsatzklar und eine Verschärfung der Lage nicht eingetreten war.

Die Verlegung der Gruppe nach Garsons bot größte Schwierigkeiten, da der Ausbau des Platzes nur mit primitiven Mitteln behelfsmäßig möglich war. Die wesentliche Schwierigkeit lag aber darin, daß Garsons ein Feld und kein Flugplatz war; infolgedessen wurden Feld und Rollwege nach Regen ab 8 mm unbrauchbar. Wird der Regen nicht rechtzeitig vorausgesagt, kann die Gruppe etwa vier Tage nicht starten.

So entstand am 23. Juli die Lage, daß alle einsatzklaren Flugzeuge und Besatzungen in Montpellier waren, die Gruppe selbst in Garsons lag und alles für den Einsatz notwendige, in Montpellier nicht mehr vorhandene Material und Gerät mit LKW nach Montpellier geschafft werden mußte.

Gegen 2300 Uhr Eingang einer Meldung, daß 700 Terroristen mit schweren Waffen ein Unternehmen gegen Nîmes planten. Die III./K.G. 26 war durch Verlegung des fliegenden Personals und der technischen Einheiten außer Kommandeur und FBK-Chef sämtlicher Offiziere beraubt.

Dies stellt im Ernstfalle eine schwere Gefährdung für die kriegsmäßige Bodenabwehr und Verteidigungsbereitschaft der gesamten Gruppe dar.

***

Die Einsätze in den Invasionsraum wurden den ganzen Monat Juli hindurch fortgesetzt.

Es war schon längst nicht mehr so, wie bei Beginn der Einsätze, daß das Geschwader mit 30 bis 50 Besatzungen antreten konnte. Die Gruppen verfügten allerhöchstens noch über 50 Prozent der Besatzungen.

Die Einsätze konnten deshalb nicht mehr jede Nacht, sondern meistens nur drei- bis viermal in der Woche durchgeführt werden.

Zu dem geringen Besatzungsbestand kam hinzu, daß wegen der häufigen Partisanenangriffe weniger Flugzeuge einsatzklar waren.

Infolge Unfall (Verletzung der Wirbelsäule) fiel der Kommandeur der II. Gruppe aus. Er wurde nach Deutschland in ein Lazarett überführt. Der älteste Staffelkapitän übernahm vertretungsweise die Führung der Gruppe.

Als feststand, daß Major Teske für längere Zeit nicht einsatzfähig war, übernahm Major Otto Werner, bisher Generalstabsoffizier beim II. Fliegerkorps, die Führung der Gruppe.

* Aus dem Bundesarchiv/Militärarchiv Freiburg.

Ende Juli 1944 kam der Staffelkapitän der 6. Staffel, Hauptmann Wulf vom Einsatz nicht zurück. Die Staffelführung wurde Oberleutnant Röger übertragen. Röger kam von der Seeluftwaffe und hatte dort mit He 115 und Ju 88 Torpedoeinsätze geflogen.

Über die Kräfteverhältnisse der Streitkräfte beider Seiten zum Zeitpunkt der Invasion ist schon viel geschrieben worden. Trotzdem ist es interessant, zu sehen, auf welche Flotteneinheiten die Torpedoflieger im Einsatzraum stießen.

Das Kriegstagebuch des Oberkommandos der Wehrmacht Band IV, III. Teil A Kampfhandlungen Anhang 1 macht hierzu nachstehende Angaben:

> An Seestreitkräften hatte der Feind mindestens 7 Schlachtschiffe, mehrere Monitore, Dutzende von schweren und leichten Kreuzern, etwa 50 Zerstörer, zahllose Fregatten und Korvetten sowie schließlich etwa 400 Minensuch- und Sicherungsfahrzeuge eingesetzt.
> Im Kampf gegen die Invasion wurden bis zum 1. August versenkt:
> 8 feindliche Kreuzer, 24 Zerstörer, 5 Schnellboote, 20 Transporter und Landungsfahrzeuge;
> wahrscheinlich versenkt wurden:
> 3 Kreuzer, 5 Zertörer, 3 Schnellboote, mehrere Landungsboote;
> beschädigt wurden:
> 2 Schlachtschiffe, 10 Kreuzer, 30 Zerstörer, 8 Schnellboote, 31 Transporter und Landungsfahrzeuge.

An diesen Bekämpfungszahlen hatte das Geschwader seinen Anteil.

Mitte August 1944 wurden feindliche Schiffsansammlungen vor Korsika beobachtet.

Man erwartete eine weitere Invasion in Südfrankreich. Zur Bekämpfung dieser Flotte verlegten beide Gruppen ihre einsatzbereiten Flugzeuge nach Istrien. Die Einsatzleitung wurde dem Staffelkapitän der 4. Staffel übertragen.

Infolge der herrschenden Hochdruckwetterlage mit strahlender Sonne und ewig blauem Himmel kam nur ein Einsatz in der Abend- oder Morgendämmerung in Betracht.

Am späten Abend des 10. August 1944 griff der Einsatzverband mit 15 Flugzeugen diese Schiffsansammlung an.

Der Verbandsführer hatte sich für einen Angriff in einer breiten Angriffswelle entschlossen. Infolge des hellen westlichen Horizontes konnte der Angriff nur aus Nordosten, von der Küste her, mit Sichtdeckung durch den dunklen Hintergrund der Küste erfolgen.

Im allerletzten Augenblick des Angriffs wurden die Flugzeuge entdeckt und unter Feuer genommen.

Die Besatzungen kamen gut zum Schuß, fast jede konnte einen Treffer erzielen.

Am nächsten Morgen, noch in der Dunkelheit, wurde ein weiterer Angriff angesetzt.

Diesmal griffen die Flugzeuge einzeln an. Sie waren so gestartet, daß sie mit Büchsenlicht am Schiffsverband sein konnten.

Einige der Besatzungen, die zuerst am Feind waren, kamen gut zum Schuß. Die anderen konnten jedoch, infolge der nunmehr aufgeweckten Abwehr, die Kette der Bewacher und Zerstörer nicht durchdringen und schossen ihre Aale auf vorn liegende Kriegsschiffe ab.

Bei diesem Angriff gingen drei Besatzungen verloren.

Nach diesem Angriff verlegten die Besatzungen zu ihrer Staffel zurück.

3. Die Invasion in Südfrankreich

Am 15. August 1944 begann die Invasion im Raume zwischen Cannes und Nizza.

Die restlichen Besatzungen der III. Gruppe wurden sofort gegen diese Invasionsflotte angesetzt.

Die Besatzungen der II. Gruppe führten zu gleicher Zeit wiederum einen Einsatz gegen den Nachschubverkehr der Alliierten im englischen Kanal durch.

Der Einsatz vor Cannes erfolgte noch am ersten Abend der Landung. Es waren nur wenige Besatzungen, die eingesetzt werden konnten; sie erlebten das, was sie einige Wochen vorher vor der Invasionsküste der Normandie erlebt hatten:

An die eigentlichen Ziele, an die Transportschiffe mit dem Kriegsmaterial, da kamen sie nicht heran.

Diese lagen in einem so starken Sicherungsgürtel von Kriegsschiffen, daß ein Durchdringen des massiven Abwehrfeuers einfach nicht möglich war. Um überhaupt zu einem Torpedoangriff zu kommen, mußten sie sich neue Ziele, weiter draußen auf See, bei den noch anlaufenden Geleitzügen suchen.

Dieser Torpedoangriff war vorerst der letzte im Mittelmeer.

Am nächsten Tage wurden die noch einsatzklaren Flugzeuge auf Bombeneinsatz umgerüstet.

Die Flugzeuge wurden mit Splitterbombenbehältern beladen, damit sollten Brückenköpfe der Landungsarmee angegriffen werden. Aus diesem Einsatzbefehl wird deutlich, wie verzweifelt die eigene Lage war.

Die Torpedoflugzeuge des Geschwaders waren für den Lufttorpedoeinsatz ausgerüstet. Sie hatten weder Bombenwurf-Zielgeräte noch Sauerstoffgeräte. Sie konnten deshalb nur bis zu 4000 Meter hoch fliegen. Der Bombenabwurf konnte nur »über den Daumen gepeilt« erfolgen.

Der Einsatzbefehl war undeutlich. Eine genaue Feindlage gab es nicht. Die Besatzungen waren gehalten, dort ihre Bomben zu werfen, wo die größten Anlandungen erkennbar waren. Welchen Erfolg diese Bombenangriffe hatten, ist nicht zu sagen. Zum Glück gab es keine Verluste.

Rascher Erfolg der Süd-Invasion – Verlegung des Geschwaders nach Süddeutschland

Die alliierten Landungen an der Mittelmeerküste waren erfolgreich. Die Truppen gewannen rasch an Boden und begannen mit dem Vormarsch in das Rhônetal. Dadurch wurde die Lage für das Geschwader kritisch. Die Flugplätze in Montpellier, Montélimar und Valence konnten täglich von den feindlichen Panzern erreicht werden. Dem Gegner war inzwischen ein Durchbruch gelungen, er hatte schon Teile des südlichen Rhônetals besetzt. Deshalb mußte der Geschwaderstab seinen Gefechtsstand räumen, er verlegte nach Valence.

Nachdem an der »Partisanenfront« einige Zeit Ruhe geherrscht hatte, setzten nunmehr auch dort die Aktionen wieder ein. Jede Nacht war etwas los, es galt in erster Linie den abgestellten Flugzeugen. Die Wachen wurden verstärkt, und trotzdem gingen einige Flugzeuge durch angesetzte Sprengsätze hoch. Die französische Bevölkerung hielt zu ihren Maquis. Und diese saßen vielfach unter uns, taten Dienst als Kraftfahrer oder sonstiges Hilfspersonal. Sogar Dolmetscher kamen aus ihren Reihen. Sie verschafften sich die Informationen aus erster Hand.

Um den 20. August 1944 herum standen die feindlichen Panzer bereits vor Montélimar. Der Staffelkapitän der 6. Staffel erhielt den Befehl, alles Material und Gerät auf LKW zu verladen und sich nach Valence abzusetzen. Die Flugzeuge sollten mit Torpedos beladen, nach Valence starten.

Inzwischen hatte der Geschwaderstab einen neuen Platz erkundet und verlegte nach Lyon. Von hier aus wollte er die weiteren Operationen leiten.

Am späten Nachmittag erging aber ein neuer Befehl vom Geschwaderstab, die Bodeneinheiten beider Gruppen mit allem Material sofort nach Deutschland zu verlegen. Sie sollten vorerst nach Kaufbeuren gehen und dort weitere Befehle abwarten. Die Flugzeuge seien mit Torpedos beladen noch für einen Einsatz im Invasionsraum bereit zu halten.

Das war vorerst das letzte, was beide Gruppen vom Geschwaderstab hörten. Erst am nächsten Tag trafen wir ihn in Kaufbeuren wieder.

Mittlerweile war das Bodenpersonal dabei, alles technische Gerät und ausreichend Treibstoff für den langen Landweg auf LKW zu verladen. Ab 2200 Uhr sollten sie marschbereit sein. Die Führung der Landtransporte übernahm der FBK-Chef Hauptmann Koch. Nach vier Tagen trafen sie in Kaufbeuren ein.

Die Besatzungen im Château hatten ebenfalls »ihre Koffer gepackt«. Eigentlich warteten sie auf den Einsatzbefehl. Dafür kam in der Nacht ein Bombenangriff, der Flugplatz und Château mit Sprengbomben belegte.

Zum Glück gab es wenige Schäden. Die Flugzeuge in ihren Boxen blieben einsatzklar. Nach dem Angriff fuhren die Besatzungen zum Flugplatz und warteten auf den Startbefehl. Ein Trupp von Fliegern untersuchte mittlerweile Rollweg und Startbahn und prüfte, ob ein Start überhaupt möglich war, oder ob der vorherige Bombenangriff so viele Krater gerissen hatte, daß andere Startstrecken aufgebaut werden mußten. Es gab Bombentrichter genug, sie wurden mit Warnlampen kenntlich gemacht, damit keiner hineinrollte.

In der frühen Morgenstunde kam eine Telefonverbindung mit dem Fliegerkorps zustande. Man wunderte sich, daß die *II. Gruppe* noch in Valence war; die sofortige Verlegung nach Kaufbeuren wurde angeordnet.

Wenn noch alles klappen sollte, mußte vor Hellwerden gestartet werden.

Von der Flugleitung stieg eine grüne Leuchtkugel hoch. Das war der Startbefehl.

Die ersten Flugzeuge waren bereits aus dem Platz heraus, als Panzergranaten über den Platz fegten. Kanadische Panzer standen schon am Platzrand und beschossen die startenden Flugzeuge.

Aber es klappte. Trotz Bombentrichtern, Granatsplittern und Panzerbeschuß gelang es, den Platz noch rechtzeitig zu verlassen.

Im Tiefflug über den Jura bis zur Schweizer Grenze, in der Frühe des Tages Landung in Kaufbeuren.

Nach einer Besprechung beim Kommodore wurden die Besatzungen der II. Gruppe nach München-Neubiberg weitergeleitet. Das später nach Landmarsch eintreffende Bodenpersonal verlegte weiter nach Großenbrode.

Die Unterbringung in München-Neubiberg war eine Verlegenheitslösung, bis man sich im Führungsstab klar war, was mit dem Geschwader weiter geschehen sollte. Sicherlich spielte es dabei eine Rolle, ob überhaupt noch Flugzeuge und Besatzungen für die Torpedofliegerei verfügbar waren, oder ob eine Verwendung innerhalb der Reichsverteidigung dienlicher sei.

Nach etwa 14 Tagen war die Entscheidung gefallen. Das Geschwader wurde neu aufgerüstet. Die II. Gruppe verlegte nach Großenbrode und erhielt dort neue Flugzeuge sowie weitere Besatzungen, die gerade ihre Ausbildung bei der IV. Gruppe beendet hatten. Ab 10. September 1944 war die Gruppe wieder einsatzbereit.

Bei der *III. Gruppe* lagen die Verhältnisse anders.

Sie befand sich seit Mai 1943 in Südfrankreich und hatte bisher Einsätze gegen Geleitzüge und alliierte Landungsunternehmen geflogen.

Die Bodenorganisation und die FBK lagen in Montpellier. Das fliegende Personal hatte auf den Ausweichplatz Garsons bei Nîmes verlegt.

Bereits am ersten Tag der Invasion in der Normandie wurden die Besatzungen gegen die Landungsflotte eingesetzt.

Der Start zum Einsatz erfolgte stets von Montpellier aus. Hier wurden die Flugzeuge beladen und betankt; sie kehrten nach dem Einsatz nach Garsons zurück.

Der E-Hafen Garsons war sozusagen die »Schlafstadt« der III. Gruppe. Eine gute und effektive Lösung war das sicherlich nicht.

Im August 1944, nach der Landung der Invasionsarmee auch an der französischen Südküste, mußte die Gruppe ihren Platz räumen.

Das Bodenpersonal in Montpellier sollte per Landmarsch nach Süddeutschland verlegen. Die Flugzeuge vorerst nach Montélimar und Valence. Eine klare Entscheidung, wie es dann weitergehen sollte, hatte das Geschwader noch nicht getroffen.

Es sollte erst abgewartet werden, ob sich die Front stabilisiere und ob nicht eine neue Basis im Rhônetal gefunden werden könne.

Innerhalb der Nacht kam dann der Verlegungsbefehl nach Lyon.

Das *Bodenpersonal* hatte alles Gerät, auch das, was sich in Garsons befand, auf LKW verladen und machte sich zum Landmarsch fertig. Die Fahrzeuge waren mit Bordwaffen ausgestattet worden, um notfalls verteidigungsfähig zu sein.

Die *Torpedokompanie* hatte alle Flugzeuge mit Torpedos beladen, der Rest sollte per Landtransport verladen werden.

Alles Gerät mußte mitgehen. Es gab fast keinen Ersatz mehr, und schließlich wurden die Torpedos ja auch weiterhin, eventuell von Deutschland aus, gebraucht. Durch das Rhônetal bis Lyon ging es noch einigermaßen. Aber rüber zur schweizerischen Grenze wurde es schwieriger. Partisanen tauchten auf und verwickelten die Flieger in örtliche Kämpfe. Es gelang jedoch, sich bis Mühlhausen durchzuschlagen und schließlich auf deutsches Gebiet zu kommen.

Bei der Verlegung der Flugzeuge ging nicht alles so glatt. In der Frühe, noch bei Dunkelheit, wollten sie starten. Auch hier war der Platz bombardiert worden. Ein Flugzeug war getroffen und mußte gesprengt werden. Die Besatzung wurde in den anderen Flugzeugen mitgenommen.

Aber der Bombenangriff hatte die Startbahn beschädigt. Die Besatzungen markierten schnell die Bombentrichter, errichteten einen provisorischen Leuchtpfad, und in dieser Richtung starteten sie heraus. Jeder so, wie er gerade die Maschine klar bekam. Es wurde auch allerhöchste Zeit. Seit wenigen Minuten lag der Platz unter Beschuß.

Die wenigen Flugzeuge, die die Gruppe noch hatte, versammelten sich erst in Montélimar und Valence und später in Lyon. Sie verfügte noch gerade über Staffelstärke. Einen Tag später flogen sie nach Kaufbeuren und schließlich nach Leck/Nordfriesland. Auch die FBK der III. Gruppe wurde hierher befohlen.

Die Geschwaderorganisation ab etwa 20. August 1944 war folgende:

Der *Geschwaderstab* lag einsatzbereit in Lübeck-Blankensee. Die *I. Gruppe* befand sich in Leck, hatte die Umrüstung auf Ju 88 und die Neuaufstellung abgeschlossen und war mit 40 Besatzungen einsatzbereit. Die *II. Gruppe* befand sich in München-Neubiberg und wartete auf weitere Verwendung. Die *III. Gruppe* lag in Leck und erhielt den Befehl zur Umrüstung auf Ju 188. Die *IV. Gruppe* lag wie bisher noch in Lübeck-Blankensee.

Ende August 1944 verlegte die II. Gruppe nach Großenbrode, erhielt die bisherigen Flugzeuge der III. Gruppe und wurde mit jungen Besatzungen aus der IV. Gruppe auf Einsatzstärke gebracht. Ab 10. September 1944 war die Gruppe einsatzklar.

Die III. Gruppe erhielt mit Beginn der Umrüstung auf Ju 188 eine neue Führungsmannschaft.

Gruppenkommandeur:	Major Wolf Harseim, bisher K.G. 77
Staffelkapitäne:	7. Staffel Hauptmann Gehring
	8. Staffel Hauptmann Walter Prinz
	9. Staffel Hauptmann Diller.

4. Das Geschwader in Nordnorwegen

Nachdem erkennbar wurde, daß eine weitere Landung der Alliierten, eventuell in der Deutschen Bucht, nicht zu erwarten sei, das Geschwader also hierfür nicht mehr in Bereitschaft gehalten werden mußte, wurden Geschwaderstab und die beiden einsatzfähigen Gruppen nach Norwegen verlegt.

Der *Geschwaderstab* nach Drontheim, die *I. Gruppe* nach Bardufoß und die *II. Gruppe* nach Banak.

Aus diesen Standorten traten sie zur Bekämpfung der Eismeer-Geleitzüge an.

Die Flughafen-Betriebskompanien und die Torpedo-Betriebskompanien verblieben vorerst in ihren bisherigen Standorten.

In Norwegen befanden sich noch die beiden Flughafen-Betriebskompanien der I. Gruppe, die im November 1942 nicht mit nach Italien verlegt hatten. Sie hatten ihren Standort in Bardufoß. Die Flughäfen Drontheim-Vernes und Bardufoß waren bereits mit je einer Torpedo-Betriebskompanie ausgestattet; für die II. Gruppe in Banak wurde ein Betriebszug aus Bardufoß abgestellt.

Die technische Betreuung der II. Gruppe wurde von einer FBK des K.G. 30, die sich seit 1942 in Banak befand, übernommen. Zur Verlegung des Bodenpersonals wurde dem Geschwader eine Lufttransporteinheit mit Ju 52 zur Verfügung gestellt.

Die Kampfflugzeuge nahmen eine Erstausrüstung von je zwei Lufttorpedos zur Verlegung gleich mit.

***

Nördliches Eismeer ... Südfrankreich ... beides Gebiete mit extrem klimatischen und wettermäßigen Unterschieden. Es bedurfte einiger Zeit, bis sich die Flieger an das nördliche Norwegen gewöhnt hatten. Besonders die jetzt herrschende ewige Dämmerung, die Schlechtwetterfronten und der bereits eingesetzte tiefe Winter, machte erheblich zu schaffen.

Die *I. Gruppe* lag in Bardufoß, einem Flugplatz nördlich von Narvik, direkt an der Eismeerstraße liegend. Der Flugplatz bestand nur aus einer Startbahn von 1100 Meter Länge, die nördlich und südlich von einer Bergkette eingerahmt war. Links und rechts der Startbahn war Moorlandschaft. Wer von der Bahn abkam, saß unwiderruflich im Moor fest.

Jetzt war sie beidseitig von hohen Schneewällen eingesäumt, die von der Räumung der Bahn stammten. Die Abstellplätze befanden sich weit von der Startbahn im Gelände. Sie waren nur einspurig über Knüppeldämme erreichbar.

Die Unterkünfte lagen nördlich des Platzes in einem Barackenlager. Hier war auch der Gefechtsstand eingerichtet. Die alten Flieger von 1942 kannten das alles, ihnen waren die fliegerischen Verhältnisse nicht neu. Aber wen gab es noch von den Alten? Doch höchstens ein – zwei Besatzungen. Alle anderen mußten sich erst an die nordnorwegischen Verhältnisse gewöhnen.

Die *II. Gruppe* befand sich in Banak. Der Flugplatz lag unterhalb des Nordkap auf einer Landzunge an einem Fjord. Ein Holz-Knüppeldamm bildete die Startbahn. Auch hier überall Hochmoor, so daß die Flugzeug-Abstellplätze auch nur über Knüppeldämme erreichbar waren.

Die Flieger der II. Gruppe kannten Nordnorwegen noch nicht. Alles war für sie neu und auch recht ungewöhnlich. Das Fliegen in diesen Breiten verlangte eine andere Einstellung zur fliegerischen Umwelt. Man mußte viel genauer und viel sorgfältiger navigieren, die Blindflugeinrichtungen unterlagen anderen Bedingungen, das Funken hatte Grenzen durch die Berge und durch das Nordlicht. Es war gut, daß das alles vor einem Einsatz besprochen werden konnte, und die Besatzungen Gelegenheiten zu einem Erkundungsflug bekamen.

Die Luftwaffenführung in Norwegen hatte im Jahre 1944 nachstehende Organisation:

Kommandierender General der deutschen Luftwaffe in Norwegen, mit Sitz auf dem Holmenkollen in Oslo: Generalleutnant Ernst-August Roth

Chef des Stabes:	Oberst Meissner
Torpedo-Einsatzreferent:	Major Ernst Thomsen (vorher Kommandeur III./K.G. 26)
Fliegerführer Drontheim:	Oberst Hermann Busch (vorher Kommandeur I./K.G. 26)
Fliegerführer Lofoten:	Oberst Dr. Hermann Kühl, ab Februar 1945 Generalmajor Walter Storp

Um die Jahreswende 1944/45 wurde aus dem Fliegerführer Lofoten die 5. Fliegerdivision.

Das Geschwader unterstand dem Fliegerführer Lofoten.

Führungswechsel in der Geschwaderführung

Im Oktober 1944 übernahm Oberstleutnant Wilhelm Stemmler, bisher Kommodore des Kampfgeschwaders 77, die Geschwaderführung. Oberstleutnant Klümper fand eine neue Verwendung innerhalb des Führungsstabes. Der Führungswechsel hatte seine Ursache in der bisher bestandenen Ungewißheit, ob ein neues Kampfgeschwader 77 aufstellbar sei. Der Geschwaderstab des K.G. 77 bestand bis zu dieser Zeit weiter, und nachdem nun feststand, daß weder Besatzungen noch Flugzeuge für ein weiteres Geschwader verfügbar waren, wurde der Führungswechsel befohlen.

Der neue Geschwaderstab hatte jetzt folgende Besetzung:

Kommodore:	Oberstleutnant Wilhelm Stemmler (K.G. 77)
Adjutant:	Oberleutnant Frhr. von Hirschberg (K.G. 26)
Ia-Offizier:	Hauptmann Wilhelm Raab (K.G. 77)
zbV-Offizier:	Hauptmann Schulze-Dornbusch (K.G. 77)

Anfang Oktober 1944 wurde im nördlichen Eismeer, unterhalb der Bäreninsel, ein ostwärts fahrender Geleitzug gesichtet. U-Boote hatten ihn aufgespürt. Im Zielgebiet herrschte denkbar schlechtes Wetter. Sturm und Schneeböen peitschten über die aufgewühlte See und verhinderten jegliche Sicht und damit auch die Fühlunghaltung am Geleitzug. Die angesetzten Aufklärer der See-Aufklärungsgruppe Tromsö und auch die Fernaufklärer aus Bardufoß hatten die Fühlung verloren und auch in den nächsten Tagen nicht mehr herstellen können.

Inzwischen mußte der Geleitzug im Seegebiet nördlich des Nordkap stehen. Das Wetter hatte sich etwas gebessert, die Sicht war klarer geworden. Die tagelange Aufklärung hatte nun doch noch Erfolg. Nach der U-Boot-Meldung übernahmen die Fernaufklärer die Fühlungshaltung. Der Geleitzug steuerte Nordostkurs und befand sich nunmehr im Einsatzbereich der Flieger von Banak. Das Geschwader erhielt den Befehl, diesen Geleitzug anzugreifen und setzte hierzu die II. Gruppe ein.

LT-Flugzeuge im Angriff gegen Murmansk-Geleitzug

Mit etwa 20 Flugzeugen kam die *II. Gruppe* zum Einsatz. Der Kommandeur führte den Angriffsverband. In den späten Vormittagstunden wurde mit kürzesten Abständen gestartet und auf dem Kurs nach dem Nordkap gesammelt.

Seit Tagen herrschte schlechtes Wetter. Tiefhängende Wolken, Schneeregen und Sturmböen überzogen das gesamte Operationsgebiet. Begünstigt durch die hier oben herrschende Dämmerung waren die Wetterverhältnisse eigentlich doch ideale Voraussetzungen für einen Torpedoangriff. Andererseits verursachten sie recht schwierige fliegerische Verhältnisse und starke Erschwerungen bei der Zielfindung. An das navigatorische Können wurden hohe Anforderungen gestellt.

Im Zielgebiet befand sich ein Aufklärungsflugzeug. Beim Anflug der Torpedoflieger sollte der Fühlungshalter Funk-Peilzeichen senden. Im lockeren Verbandsflug, so daß gerade noch der Vordermann in Sichtweite blieb, wurde das Zielgebiet angesteuert. Nach etwa 2½ Stunden Flugzeit befanden sich die Torpedoflieger im Zielraum. Schon während der Anflugzeit hatte der Verbandsführer keine Verbindungen zum Peilzeichensender, auch im Zielgebiet waren die Peilzeichen nicht zu hören. Der Kommandeur entschloß sich deshalb, in breiter Formation das Zielgebiet westwärts nach dem Geleitzug abzusuchen. Westwärts deshalb, weil er den Treffpunktkurs weit vorwärts der Fahrtrichtung des Geleitzuges abgesetzt hatte.

Dieses Suchen wurde durch die tiefhängenden Wolken und sehr schlechte Sicht stark behindert. Der Geleitzug wurde nicht gefunden, der Einsatz nach Ablauf der Suchzeit abgebrochen.

Zu dem unbefriedigenden Ergebnis haben sicherlich der Ausfall des Fühlunghalters und die durch die nördlichen Breiten, verstärkt durch das schlechte Wetter, unglaublich großen Kompaßabweichungen entsprechend beigetragen.

Alle Flugzeuge kehrten heil zurück.

Am nächsten Tag wurde ein weiterer Einsatz befohlen. Diesmal bildete die Gruppe zwei Angriffswellen, die gemeinsam anmarschieren, aber unabhängig voneinander operieren wollten.

Bereits eine Stunde nach dem Start wurden die Peilzeichen gehört. Die Verbandsführer hatten abgesprochen, daß sie nach der Zielerfassung von zwei verschiedenen Seiten angreifen wollten. Sie führten ihre Angriffswellen deshalb in die entsprechenden Positionen. In etwa klappte das diesmal auch.

Bei der Zielerfassung stand der Geleitzug in einer breiten Schlechtwetterzone mit tiefhängenden Wolken. In breiter Front fuhr er nach Osten und war von einer starken Sicherungszone vorn und seitlich stehender Kriegsschiffe umgeben.

Über den Angriff der II. Gruppe berichtet der damalige Angriffsführer der zweiten Welle, Oberleutnant Reimer Voß:

Wir flogen in lockerer Verbandsformation nordostwärts und erreichten das Gebiet nach etwa zweieinhalb Stunden Flugzeit. Der Aufklärer stand westlich vom Geleitzug, so wie es abgesprochen war. Wir flogen direkt auf die Peilzeichen zu und konnten damit den Schiffsverband westlich umgehen. Der Angriff wurde vom Norden kommend angesetzt. Die Sichtverhältnisse waren noch schlecht. Gut war die Wolkenuntergrenze. Sie betrug etwa 150 m, damit konnten wir uns den eventuell angreifenden Jägern entziehen. Es herrschte starker Seegang. Nach dem Eindrehen auf Südkurs wurde der Verband in zwei Wellen geteilt. Die 4. und 6. Staffel bildeten die erste, die 5. Staffel die zweite Welle. In Angriffsformation, weit in die Breite auseinandergezogen, brachen wir im Tiefstflug in den Geleitzug ein. Die Schiffe kamen in Sicht. Außen Sicherung durch Kriegsschiffe, in der Mitte, in mehreren Reihen neben- und hintereinander die Frachter. Die Sicherung erfaßte uns schon im Anflug und eröffnete das Feuer. An den Bewachern preschten wir vorbei und kamen zum Angriff auf die Frachter. Vor dem Schuß sah ich, wie eine Nachbarmaschine getroffen wurde. Der Motor brannte. Dem Flugzeugführer gelang es anscheinend, eine Wasserlandung zu machen, denn die Besatzung wurde von einem Zerstörer aufgenommen. Wir hörten viel später, nach dem Kriege, davon. Unser Angriff galt einem Frachter von etwa 7000 BRT, er lag tief im Wasser, deshalb Tiefeneinstellung des Torpedos auf vier Meter, Schußentfernung etwa 800 Meter. Nach dem Abwurf drückten wir sofort auf das Wasser herunter, um der Flak zu entgehen. Der Bordmechaniker beobachtete den Niedergang der Aale und deren Laufbahn. Er meldete: Einer ist gerade explodiert, der andere läuft. Noch beim Durchbrechen durch den Geleitzug beobachteten wir den Treffer. Wir hatten den angegriffenen Frachter am Heck erwischt, dort stand die große Explosionswolke. Weiteres konnte nicht gesehen werden, denn wir mußten durch den gesamten Geleitzug hindurch und bekamen erst jetzt den vollen Feuersegen ab, denn der Schwerpunkt der Geleitsicherung war südlich der Fahrtrichtung aufgestellt. Mit knapper Not und Mühe entkamen wir, laufend Abwehrbewegungen fliegend, aber doch im Tiefstflug bleibend, dem Geleitzug.

Bei Schneetreiben und miserabler Sicht kamen wir zurück.

Benzinknappheit beeinflußt Einsatz und Ausbildung

Die *I. Gruppe* lag in Bereitschaft, war für diesen Geleitzug jedoch nicht mehr einzusetzen.

Sie nutzte die Zeit zu eingehender Geländeerkundung, zunächst anhand der Karten, später auch durch Übungsflüge. Die Besatzungen mußten die Gegend intensiv kennenlernen, und zwar nicht nur die beengten Anflugschneisen, sondern auch die Küstenkonturen und markante Ansteuerungspunkte.

Die Flugwege innerhalb der Fjorde wurden in die Karte eingezeichnet und mit Kurs und Flugzeit versehen. Es wurde alles zunächst – rein unterrichtsmäßig – regelrecht eingepaukt. Mit Eifer waren die Flieger dabei, alles das zu erfassen und zu registrieren. Die

Anflugschneisen, Kennung der Leuchtfeuer und Funkfeuer, die Kurse und Flughöhen lernten sie regelrecht auswendig. Bei den späteren Einsätzen zahlte sich das aus, denn nicht eine Besatzung hat sich hier vernavigiert, und wir erlebten keine Unfälle wegen Unkenntnis der navigatorischen Belange.

Das theoretische Wissen wurde nun noch praktisch geübt. Jedoch waren die Übungsflüge nur spärlich möglich. Wir mußten Brennstoff sparen. So konnten nur die Flugzeugführer und Beobachter die Einweisungsflüge machen. Ein Flugzeug, stets zwei halbe Besatzungen. Das hatte wohl den Nachteil, daß nicht alle Besatzungsmitglieder die praktische Einweisung erhielten, aber immerhin noch besser als gar keine Einweisung.

Die II. Gruppe verlegt nach Drontheim-Vernes

Im Spätherbst 1944, hier in Nordnorwegen war bereits tiefer Winter, begann in Nordfinnland der Rückzug der Gebirgsarmee. Südlich des Flugplatzes Banak führte die Eismeerstraße vorbei. Auf dieser Straße marschierten die Heeresverbände, um weiter westlich neue Stellungen zu beziehen.

Noch während der Rückzugbewegungen wurde die *II. Gruppe* nach Drontheim-Vernes verlegt.

Nach dem Start der letzten Maschine sprengten Heerespioniere die Startbahn, den Knüppeldamm und machten den Flugplatz unbrauchbar.

Drontheim-Vernes hatte einen recht gut ausgebauten Flugplatz mit einer Ost-West verlaufenden Beton-Startbahn. Der Flugplatz konnte auch bei Schlechtwetter angeflogen werden.

Für die Abstellung der Flugzeuge gab es Abstellboxen. Sie waren weiträumig um das Rollfeld herum angelegt.

Die Unterbringung des technischen Personals konnte am Rande des Flugplatzes erfolgen. Die Besatzungen wohnten weiter draußen auf Bauernhöfen. Für jede Staffel gab es einen Hof. Die Bauern wohnten auch dort, sie bewirtschafteten ihren Hof weiter.

In Drontheim-Vernes befand sich jetzt eine technische Kompanie der I. Gruppe für die Betreuung der Flugzeuge.

Eine Torpedo-Betriebskompanie war ebenfalls hier. Die Flugzeuge konnten ab sofort wieder einsatzbereit gemacht werden.

Der Geschwaderstab hatte seinen Gefechtsstand draußen am Fjord-Eingang. Für die II. Gruppe war hierfür eine Baracke (im Unterkunftsbereich der Staffeln) bereitgestellt.

Der Verkehr der Besatzungen zum Flugplatz erfolgte mittels Holzgas-Omnibus. Das war anfangs recht umständlich, weil es im Unterkunftsbereich der Staffeln keine Küche gab. Die Besatzungen mußten täglich zur Fliegerhorstküche gefahren werden. Erst einige Zeit später konnte die II. Gruppe eine eigene Küche in einer geräumten Flakstellung, nahe der Unterkünfte, einrichten.

Anfang November 1944, die II. Gruppe befand sich bereits in Drontheim-Vernes, erfaßten See-Fernaufklärer westlich der Bäreninsel einen PQ-Geleitzug.

Infolge der recht geringen Vorräte an Flugzeugbenzin wurde nur die *I. Gruppe* hiergegen eingesetzt.

Die Wetterverhältnisse hatten sich etwas gebessert. Das gemeldete Sturmtief begann abzuziehen.

Die Einsatzleitung lag beim Fliegerführer Lofoten, der seinen Gefechtsstand unmittelbar am Flugplatz Bardufoß hatte. Der Gruppenkommandeur, Major Sölter und ein Staffelkapitän der Seeaufklärer Tromsö nahmen gemeinsam an der Einsatzbesprechung beim Fliegerführer teil.

Die I. Gruppe war mit 25 Flugzeugen einsatzklar. Major Sölter wollte den Angriff führen und seine Besatzungen so einsetzen, daß sie den erfaßten Geleitzug von Süden kommend angreifen konnten. In kurzen Abständen starteten sie und flogen durch den Malangerfjord zur Küste. Dort wurde in einem weiten Bogen staffelweise gesammelt. In zwei Wellen hintereinander fliegend wurde das Zielgebiet angesteuert.

Die Sichtverhältnisse waren noch schlecht. Bleigrau sah der Horizont aus, der immerfort von Schnee- und Regenwolken verhängt wurde.

Eine Stunde vor der abgesprochenen Angriffszeit begann der Aufklärer Peilzeichen zu funken. Der Verbandsführer änderte geringfügig seinen Ansteuerungskurs. Nach einiger Zeit bekam er rechts voraus die ersten Schiffe zu sehen. Er gab das Zeichen zur Wellenauflösung und zum Angriff. Beide Verbände gingen im Winkel von 45 Grad auseinander und setzten zum Angriff an. Die Bewacher hatten sie bereits erkannt. Schon im Anflug schoß die Schiffsartillerie die gefürchteten Wassersäulen.

Der Geleitzug fuhr in mehreren Reihen nebeneinander immer fünf bis sechs Schiffe hintereinander. Stets standen die dicken Schiffe in den mittleren Reihen; sie wurden von den Kriegsschiffen beschützt, vorwiegend von Flakkreuzern.

Beide Wellen befanden sich im Angriff. Nachdem die zweite Welle sich seitlich herausgesetzt hatte, schloß sie nunmehr zur ersten Welle auf. In breiter Front, im Tiefstflug, wurde die Sicherungskette der Zerstörer durchbrochen, und fast die Wellenkämme der See streifend, brachen die Torpedoflieger in den Geleitzug ein.

Gebündelt und strahlenförmig gerichtet jagten die Leuchtspurgeschosse auf die Flugzeuge zu. Auch die Flieger erwiderten das Feuer und schossen mit ihren Bordwaffen auf die Geschützbedienungen. Nicht jede Besatzung kam richtig zum Torpedoschuß. Die gegnerische Abwehr verhinderte oft einen exakten Zielanflug, so daß manch einer mit zu spitzer oder zu stumpfer Lage die Torpedos abfeuern mußte.

Wieder wurde beobachtet, daß einige Torpedos während des Laufes, weit vor dem Ziel, explodierten. Während des Angriffs wurde das nur zufällig zur Kenntnis genommen, aber später, daheim auf dem Gefechtsstand wurde doch heftig darüber diskutiert. War das durch den hohen Wellengang verursacht worden, oder waren die Aale bereits während des Fluges gefechtsscharf? Einige Besatzungen hatten beobachtet, daß sich während des Fluges die Sicherungsklappe der Gefechtspistole nach hinten neigte und sich der Propeller der Gefechtspistole im Luftstrom drehte. Dadurch wurde die Pistole scharf, das durfte normalerweise erst bei Eintritt des Torpedos ins Wasser erfolgen. Waren das technische Fehler oder gar Sabotage? Es verunsicherte die Flieger. Keiner reitet gerne auf einem scharfgemachten Torpedo in eine Geleitzugsschlacht.

Zudem hatte die Gruppe viele junge Besatzungen im Einsatz, die so etwas noch nie gesehen hatten und einen Torpedoangriff zum ersten Male erlebten.

Unter äußerst schwierigen Wetterbedingungen vollzog sich der Rückflug. In Bardufoß hatte Schneetreiben eingesetzt, der Platz war praktisch dicht. Zum Glück hatten alle noch genug Sprit, so daß sie Zeit hatten, die Einflugschneise – den Ansteuerungsfelsen – zu suchen.

Es wurden Treffer erzielt. Zwei Besatzungen meldeten die Versenkung je eines Frachters. Andere meldeten nur die beobachtete Beschädigung des angegriffenen Dampfers.

Die Gruppe hatte starke Verluste. Viele der jungen Besatzungen kamen nicht zurück. Bei den Zurückgekommenen wurden vielfach Schäden durch Einschüsse und Flaksplitter festgestellt.

Am nächsten Tage stand der Geleitzug in Höhe der Băreninsel. Die Fernaufklärer hatten ihn wieder erfaßt und hielten Fühlung. In der Nacht waren die Flugzeuge wieder repariert worden. Die meisten davon wurden einsatzklar gemacht.

Am Vormittag wurde ein weiterer Einsatz befohlen. Es waren wesentlich weniger

Flugzeuge, die diesmal eingesetzt werden konnten. Trotzdem kamen noch zwei Angriffswellen zustande. Beide wurden vom jeweiligen Staffelkapitän geführt.

Der Anflug auf den Fühlunghalter klappte so wie gestern. Diesmal war die Sicht erheblich besser, das Wetter klarer und damit auch ungünstiger für den geplanten Halbdämmerungs-Angriff.

Als die Flugzeuge den Geleitzug sichteten, wurden sie bereits von den Schiffen bemerkt. Lag es daran, daß der Angriff in der Schablone von gestern angesetzt wurde, oder war es das zu frühe Erfassen der Angreifer, daß der Angriff schon im Ansatz zersplittert wurde?

Einige der Besatzungen schafften den Durchbruch nicht, sie mußten abdrehen und versuchten einen erneuten Angriff.

Diese Verzettelung hatte zur Folge, daß die durchgebrochenen Flugzeuge erheblich gezielter unter Abwehrfeuer genommen wurden, die Angriffe oft nicht einwandfrei durchgeführt werden konnten, die Verluste waren entsprechend hoch.

Die zurückgekehrten Besatzungen meldeten Treffer auf Kriegs- und Handelsschiffen und auch einige Versenkungen. Aber auch vorzeitige Torpedoexplosionen wurden wieder beobachtet. Die gemeldeten »Torpedoversager« waren der Grund zu einer langen Berichtsreihe.

Wochen später trafen einige Ingenieure von der Versuchsanstalt bei den Gruppen ein und begannen eine Untersuchung aller vorhandenen Gefechtsköpfe. Abgesehen davon, daß die Torpedomechaniker diese Untersuchung bereits vorgenommen hatten, fanden auch die Herren von der Torpedoversuchsanstalt keine Fehlerursachen. Die Torpedos wurden für einsatzfähig erklärt.

Der Kommodore hatte ein neues Angriffsverfahren entwickelt und von der II. Gruppe erproben lassen.

Der Flugsicherungsdienst stellte hierzu als »Zielschiff« ein Flugsicherungsboot zur Verfügung.

Gemäß dem von Oberstleutnant Stemmler entwickelten mathematischen Angriffsverfahren waren die angreifenden Torpedoflugzeuge in taktische Nummern eingeteilt, denen der einzustellende Torpedovorhaltewinkel bereits fest zugeteilt war. Dieses Verfahren konnte und sollte bei Großkampfschiffen wie Flugzeugträgern u. ä. angewandt werden.

Mit dieser Taktik sollte bei einem vorgetragenen Zangenangriff das Ziel mittschiffs anvisiert und alle Torpedos bei der vorgeschriebenen Schußentfernung gleichzeitig geworfen werden. Die eingestellten Vorhaltewinkel steuerten die Torpedos so, daß alle eventuellen Schiffsbewegungen kreisförmig erfaßt wurden und, egal wie sich der Gegner verhielt, mindest zwei Treffer erzielt werden konnten.

Die praktischen Übungen mit dem Zielschiff ergaben die theoretische Richtigkeit des Verfahrens.

Einige Tage später trat tatsächlich ein Fall ein, bei dem das Verfahren hätte angewendet werden können, wenn ... ja wenn das Ziel gefunden worden wäre.

Invasionsgefahr in Norwegen?

Der Führungsstab rechnete immer noch mit einer Invasion in Norwegen. Nach der Lagebeurteilung der Seekriegsleitung befanden sich die norwegischen Streitkräfte in Schottland in Alarmbereitschaft. Deshalb wurde eine Landung norwegischer Kräfte mit britischer Verstärkung nicht ausgeschlossen. Die Möglichkeit, den Abtransport der deutschen Gebirgsarmee zu stören, konnte hierfür einen starken Anreiz bieten. Und zum anderen war man sich nicht klar darüber, wie weit die russischen Truppen den Rückzug der Gebirgsarmee verfolgen und damit nach Norwegen eindringen würden. Eine Invasion hätte diesem russischen Vordringen dann zumindest einen Riegel vorgeschoben.

Englischer Flottenverband mit Flugzeugträgern

Anstelle der Invasionsarmee kamen Flottenverbände mit Flugzeugträgern, deren Flugzeuge systematisch die Flugplätze der Luftwaffe und Marinestützpunkte angriffen.

Ein solcher Flottenverband wurde am 12. Dezember 1944 gemeldet. Die sofort durchgeführte Luftaufklärung brachte jedoch keine Standortmeldung. Für das Geschwader wurde Startbereitschaft befohlen. Es sollte zu einem massierten Angriff auf diesen Flottenverband angesetzt werden. Man wartete auf die Aufklärungsmeldung. Weil diese ausblieb, wurde in der Nacht eine weitere Seeaufklärung angesetzt, diesmal in eine andere Richtung. Gegen Mitternacht fand ein Aufklärungsflugzeug den Flottenverband. Seine sofort abgesetzte Standortmeldung kam nicht an. Starkes Nordlicht störte die Funkverbindung. Damit war auch die Fühlunghaltung am Flotten-Trägerverband sinnlos. Die Aufklärungsbesatzung brach den Auftrag ab, trat den Rückflug an, um ihre Meldung direkt zu überbringen. So kam eine Zeitverzögerung von vier Stunden zustande. Die Bereitschaft der Torpedoflieger wurde gegen Mitternacht aufgehoben. Das Aufklärungsflugzeug landete gegen 0200 Uhr in Bardufoß und machte dem Fliegerführer Meldung. Wenn jetzt umgehend ein Angriffsbefehl an die Torpedoflieger ergangen wäre, hätte es zu einem Dämmerungsangriff noch gereicht.

Der Fliegerführer meldete an den Kommandierenden General in Oslo. Der lange Befehlsweg vom Fliegerführer Nord in Bardufoß zum Kommandierenden General in Oslo und von hier wieder zurück an den Fliegerführer und dann weiter an den Geschwadergefechtsstand in Drontheim und wahrscheinlich auch die unpassende Uhrzeit – es war inzwischen um 0400 Uhr geworden – verzögerten die Entscheidung so lange, daß ein Angriff in der Morgendämmerung nicht mehr zustande kam. Nun kam hierfür nur noch die Abenddämmerung in Betracht, denn am Tage war ein Angriff auf einen Schlachtschiff-/Flugzeugträgerverband, der eine starke Sicherung hatte und über Jagdschutz verfügte, nicht möglich. Ab 0800 Uhr wurde für die Torpedoflieger Bereitschaft befohlen. Der Flottenverband mußte sich noch im Einsatzbereich der II. Gruppe befinden. Gegen Mittag fanden ihn die Aufklärer wieder. In der Abenddämmerung sollte angegriffen werden. Etwa 30 Flugzeuge waren einsatzbereit. Start in den frühen Nachmittagsstunden. In zwei Wellen hintereinander flogen sie westwärts in Richtung auf den gemeldeten Flottenverband. Die Anflugzeit betrug etwa 3½ Stunden. Der Verband befand sich an der Grenze der möglichen Reichweite. Wenn Standort, Kurs und Fahrt des Gegners stimmten, mußte er mit Einbruch der Dämmerung erreicht werden. Es bestand Funkstille, auch Bordsprechverkehr war untersagt. Das Wetter war gut, fast wolkenlos mit guter Sicht. Wind mit geringer Stärke aus Nordwest. Die Flugzeuge kamen aus dem Osten und konnte bei Einhaltung der Funkstille und des Tiefstfluges eventuell unbemerkt an den Verband herankommen.

Beim Überflug der norwegischen Küste waren die Funk-Peilzeichen des Fühlunghalters gut zu hören. Eine Stunde später blieben sie aus. Es war nun fraglich, ob der Aufklärer überhaupt noch am Ziel war und ob der Torpedofliegerverband vor seinem Angriff noch letzte Informationen über den Flottenverband erhalten würde.

Die befohlene Funkstille betraf auch die Bodenstelle. Sie sollte nur melden, wenn etwas eintrat, was die Torpedoflieger wissen mußten.

Die Flieger hatten noch 30 Minuten bis zum errechneten Ziel. Die Sonne senkte sich bereits, es wurde merklich dunkler. Wenn Kurs und Fahrt des Gegners stimmten, mußte er bald in Sicht kommen.

Nach weiteren 10 Minuten durchbrach die Bodenstelle die Funkstille und meldete, daß kein Aufklärer mehr am Flottenverband sei. Seine letzte Meldung um 1500 Uhr: Schlachtschiff-Trägerverband läuft Westkurs, Fahrt 22 Seemeilen.

Der angenommene Treffpunkt stimmte nun nicht mehr. Die Torpedoflieger mußten eine Kursänderung vornehmen. Die Nachrechnung ergab, daß es sehr unwahrscheinlich war, daß das Ziel überhaupt noch erreicht werden konnte.

Der Verbandsführer versuchte es trotzdem, er flog bis zur äußersten Grenze der Reichweite.

Es wurde dunkel, die Grenze bis zum Umkehren war erreicht. Durch Bordsprechverkehr gab der Verbandsführer den Befehl zum Abbrechen und Rückflug. Als Notlandeplatz war Oerlandet vorgesehen. Die Flieger kannten das.

Einige landeten mit dem letzten Tropfen Sprit in Oerlandet und meldeten sich telefonisch zurück. Die meisten kamen noch bis Vernes, aber zwei kamen nicht zurück. Wegen Treibstoffmangel mußten sie notlanden. Zum Glück kamen sie in das Schlauchboot und konnten gerettet werden.

Dieser verfehlte Einsatz war Anlaß zu einer Untersuchung durch den Führungsstab. Erstmals wegen der verzögerten Aufklärungsmeldung und dem langen Befehlsweg am Vortag, zum anderen wegen nicht rechtzeitiger Freigabe in der Morgendämmerung und zum letzten wegen nicht ausreichender Aufklärungs- und Fühlungshaltersicherung am Nachmittag; der am Flottenverband befindliche Aufklärer war durch Trägerflugzeuge abgeschossen worden, ein Ersatzaufklärer war nicht in der Luft.

Diese Untersuchung stand zumindest am Anfang unter dem Eindruck eines Fernschreibens des Reichsmarschalls, welches – bis zu den Gruppen herunter – über den Kommandierenden General bekanntgegeben wurde. Darin stand u. a.: »Ich erwarte, daß nunmehr endlich ein Flugzeugträger versenkt wird.«

Ein erkennbares Ergebnis dieser Untersuchung war, daß die II. Gruppe einen ihrer besten Staffelkapitäne als Verbindungsoffizier-LT zum Kommandierenden General nach Oslo abstellen mußte. Bei dem Mangel an erfahrenen Verbandsführern und der zu erwartenden untergeordneten Bedeutung dieses Oberleutnants bei den Generalstabsoffizieren des Kommandierenden Generals, war diese Maßnahme für die Einsatzverbände nicht verständlich.

Ein Verbands-Torpedoangriff auf ein schnellaufendes Trägergeleit kann nur gelingen, wenn alle Beteiligten – Führungsstab, Aufklärungsverband und Kampfverband – lückenlos zusammenarbeiten. An dieser Zusammenarbeit hatte es aber diesmal erheblich gefehlt.

Das Operationsgebiet des Geschwaders befand sich im Seegebiet des gesamten norwegischen Raumes von der Südspitze nach Schottland, den Farøer-Inseln und über die Bären-Insel bis etwa 300 km östlich davon.

Die Eindringtiefe der Flugzeuge lag bei 1200 Kilometer. Die an der südlichen Grenze des Packeises fahrenden Geleitzüge waren gerade noch erreichbar.

Das Gebiet teilte sich in Operationszonen für die I. Gruppe mit Nordnorwegen bis zur Packeisgrenze und Südnorwegen bis nach Schottland und den Farøer-Inseln für die II. Gruppe auf.

Das waren keine abgeschlossenen Zonen, die etwa nicht überschritten werden konnten. Es handelte sich nur um Sicherungsgebiete für einen Soforteinsatz.

Selbstverständlich wurden die beiden Gruppen gemeinsam eingesetzt, wenn es sich um entsprechende Ziele handelte.

Im Dezember 1944 befand sich wieder ein Geleitzug auf dem Wege von Island nach Rußland.

Die See-Fernaufklärer hatten ihn gefunden, als er in der Höhe von der Insel Jan Mayen stand. Diese Standortmeldung lag im Operationsgebiet der I. Gruppe.

Wenige Stunden nach der gemeldeten Erfassung war die erste Besprechung beim Fliegerführer Lofoten. Man hoffte auf Wetterbesserung. Bardufoß lag unter starkem Schneetreiben, welches einen Start, noch mehr die Rückkehr der Flugzeuge, aussichtslos erscheinen ließ.

Als der Wetterflieger auch am Nachmittag keine Besserung meldete, wurde die bisherige Einsatzbereitschaft abgeblasen.

Am nächsten Tage sollte es besser werden: Einsatzbereitschaft ab 0700 Uhr!

Etwa 15 Besatzungen kamen zum Einsatz. Der Angriff war in die Vormittagstunden gelegt worden, damit eine Rückkehr bei später Dämmerung noch möglich war.

Nach dem Sammeln vor dem Malanger-Fjord wurden bereits die Funk-Peilzeichen des Fühlunghalters gehört.

Die Zusammenarbeit mit den Seefliegern von Tromsö war hervorragend.

Einige gemeinsame Besprechungen beim Fliegerführer auf dem Gefechtsstand in Bardufoß und auch die gemeinsame Fortsetzung in der Blockhütte des Fliegerführers hatten das gegenseitige Verständnis für die Aufgabe gefördert.

Die Fernaufklärer wußten nun, worauf es den Torpedofliegern ankam, und die 26er begriffen, daß der Fernaufklärer, wollte er brauchbare Meldungen liefern, sich meistens im Bereich der gegnerischen Abwehr befand. Besonders schlimm war es für sie, wenn Flugzeugträger beim Geleitzug standen. Deren Jäger ließen den schwerfälligen Seeflugzeugen meistens keine Chance.

Es war abgesprochen worden, daß sich der Fernaufklärer bei der Peilzeichenabgabe hinter dem Geleitzug aufhalten sollte. Der Verbandsführer der Torpedoflieger wollte den Angriff stets so ansetzen, daß er aus dem westlichen, noch etwas dunklerem Horizont einen Umfassungsangriff machen konnte.

Die geplante Anflugoperation klappte. Als der Fühlunghalter querab gepeilt wurde, schwenkte der Verband auf den Geleitzug ein und versuchte mit einer Angriffszange die Umfassung.

Nachdem die Flugzeuge zum Angriff auseinandergezogen waren und sich beinahe schon nicht mehr sehen konnten, wurden auch einige Minuten später noch keine Schiffe gesichtet.

Offensichtlich stimmte das mit dem Einschwenken nicht. Wie sich später herausstellte, waren die Flieger am Geleitzug vorbeigestoßen.

Ein nochmaliger Zusammenschluß zur Angriffsformation war nicht möglich. Um nicht noch weiter vom angenommenen Standort des Geleitzuges wegzukommen, befahl der Verbandsführer per Sprechfunk »Einzelangriff«.

Jede Besatzung versuchte nunmehr allein den Geleitzug zu finden. Einige flogen nochmals die Peilzeichen an und hatten Erfolg damit. Andere gingen auf Suchkurs und fanden so den Gegner. Schließlich kamen aber alle zum Angriff.

Die wilde Durcheinander-Kurbelei am Geleitzug hatte zur Folge, daß die Abwehr voll auf dem Posten war und die einzeln angreifenden Flugzeuge gezielt unter Feuer nehmen konnte. Es war keine gute Sache!

Bei schlechtem Flugwetter, die Sicht an der Küste war recht gering, kehrten die Besatzungen zurück.

Nicht alle! Es war beobachtet worden, wie ein Flugzeug brennend ins Wasser fiel, ein weiteres eine Notlandung versuchte. Ob es gelang, bei dieser aufgewühlten, eisigen See das Schlauchboot klar zu bekommen und gar noch von einem der Schiffe aufgefischt zu werden, das war mehr als fraglich.

Zumindest wurde die Meldung über die Notlandung vom Fliegerführer an den Einsatzleiter der U-Boote gegeben. Einige Boote operierten auch an diesem PQ.

Die Zurückgekehrten meldeten einige beobachtete Treffer auf Frachtern und auf einem größeren Kriegsschiff, anscheinend einem Kreuzer.

Am nächsten Tag wurde die Gruppe nochmal eingesetzt.

Der Geleitzug stand inzwischen bereits an der Bären-Insel.

Diesmal waren nur etwa zehn Flugzeuge einsatzklar.

Die Wetterverhältnisse waren nicht besser geworden. Der Geleitzug konnte sich immer noch, so wie gestern, in größeren Schneeschauern verstecken.

Der Einsatz wurde trotzdem befohlen. Auch deshalb, weil es möglich war, daß sich der Küstenstau von Wolken verzog und das Wetter am Platz besser wurde.

Die Besatzungen fanden den Geleitzug sofort und hatten diesmal beim Angriff mehr Glück. Der Verband blieb zusammen und konnte in einer breiten Welle in den Geleitzug eindringen. Nach Durchbrechung der äußeren Sicherung kamen sie zum Schuß, sie hatten auch Erfolge.

Spätere U-Bootmeldungen bestätigten dies, einige von ihnen übernahmen den Rest und versenkten die Lahmgeschossenen.

Insgesamt befand sich der Geleitzug fünf Tage im Operationsgebiet der I. Gruppe. Viermal wurde er angegriffen, und jedesmal wurden Erfolge gemeldet, aber auch Besatzungen gingen verloren.

Man konnte davon ausgehen, daß die Schiffe in der Geleitzugordnung mit etwa 8 Seemeilen/Std. fuhren. Sie legten einen Tagesschnitt von ungefähr 190 Seemeilen oder 350 Kilometer zurück.

Die Entfernung von Jan Mayen, dem Anfang des Operationsraumes der I. Gruppe, bis etwa 400 Kilometer östlich der Bären-Insel, dem Ende der Eindringtiefe der Flugzeuge, beträgt rund 1500 bis 1600 Kilometer. Dividiert durch die Marschgeschwindigkeit der Schiffe ergibt das etwa viereinhalb Angriffstage.

Bei diesem Geleitzug fiel der erste Tag wegen Schlechtwetter aus. Die nächsten vier Tage wurde geflogen. Zuerst mit 15 Besatzungen, dann mit 11, der dritte Angriff mit nur noch einer Staffel, und zuletzt waren es gerade noch fünf Besatzungen, die zum Einsatz kamen.

Diese kleine Angriffswelle hatte, gemessen an der Anzahl der eingesetzten Besatzungen, die größten Erfolge.

Ein Frachter mit etwa 8000 BRT wurde versenkt, auf weiteren zwei Schiffen wurden Treffer erzielt, auf einem Zerstörer ein Treffer beobachtet. Und das Erfreulichste: Die eingesetzten Besatzungen kamen alle zurück – wenn auch mit Blechschäden an den Flugzeugen.

Dieser Lufttorpedoangriff auf das PQ-Geleit sollte der letzte der I. Gruppe gewesen sein.

Die Auflösung der I./Kampfgeschwader 26 (LT)

Um die Jahreswende 1944/45 wurde die Auflösung der I. Gruppe befohlen.

Diese Maßnahme war den Fliegern damals nicht so recht verständlich. Weder beim Geschwader noch beim Fliegerführer fand man eine einleuchtende Erklärung dafür.

Bisher waren die Gründe für die Auflösung eines Verbandes stets in fehlenden Besatzungen oder Flugzeugen gesehen worden. Das war bei der I. Gruppe nicht so. Sicherlich hat es durch die vorangegangenen Einsätze Verluste gegeben, aber die Gruppe war durchaus noch einsatzfähig.

War es der Treibstoffmangel in Norwegen oder die sich durchsetzende Überzeugung, daß eine Invasion nicht mehr zu erwarten war, oder gar die Einsicht, daß die Versenkung von Schiffen mit Kriegsmaterial für die Russen an der Gesamtlage nichts mehr ändern würde? Wir wissen es nicht.

Mitte Januar 1945 ließ Major Sölter die Gruppe auf dem großen Platz vor der Flugleitung antreten und gab die Auflösung bekannt.

Die Besatzungen wurden zum größten Teil zur II. Gruppe versetzt, verblieben gleich in Bardufoß, weil die II. Gruppe von Drontheim hierher verlegt wurde.

Einige Flugzeugführer, die nicht zur II. Gruppe gingen, erhielten den Marschbefehl zur Reichsverteidigung. Auch die Offiziere des Gruppenstabes gingen dorthin.

Das Bodenpersonal der Staffeln und des Gruppenstabes und die unkompletten Besatzungen wurden in Dänemark in die Luftwaffen-Felddivisionen eingegliedert!

Die Flugzeuge wurden von der II. Gruppe übernommen.

Die technische Kompanie verblieb in Bardufoß und übernahm die technische Betreuung der nunmehr hierher verlegenden II. Gruppe.

Die I./K.G. 26 – des Löwengeschwaders –, die 1936 aufgestellt wurde, war vom ersten Kriegstage bis fast zum Ende, ununterbrochen im Einsatz gewesen.

Im Handelskrieg gegen englische Schiffe in der Nordsee, im Kampf um Norwegen, in der Luftschlacht über England, in den Geleitzugkämpfen mit Lufttorpedos im Nordatlantik, im Mittelmeer und im nördlichen Eismeer war sie eingesetzt gewesen – als See-Kampfverband bekannt und verdient.

Im November 1944 vollzog sich bei der II. Gruppe ein Führungswechsel:

Major Otto Werner erhielt seine Versetzung zum Kom. Gen. der Dt. Luftwaffe in Dänemark. Der bisherige Staffelkapitän der 4. Staffel, Hauptmann Schmidt, wurde zum Gruppenkommandeur ernannt. Oberleutnant Voß, bisher Ia-Offizier der Gruppe, übernahm als Staffelkapitän die Führung der 4. Staffel. Für den nach Oslo zum Kommandierenden General versetzten Oberleutnant Stähle wurde Oberleutnant Altmann zum Staffelkapitän der 5. Staffel bestellt. Die Geschäfte des Ia-Offiziers wurden dem Nachrichtenoffizier der Gruppe, Oberleutnant Hopp, mit übertragen.

Die Rückversetzung Major Werners zur Stabsarbeit fand ihre Begründung in der abgedienten Frontzeit für den angehenden Generalstabsoffizier Werner.

Die III. Gruppe verlegt nach Norwegen

Im November 1944 war die *III. Gruppe* in Deutschland mit der Umrüstung und Umschulung auf die Ju 188 fertig geworden. Sie wurde nunmehr nach Norwegen verlegt.

Nach einer Zwischenlandung in Gardemoen – das war stets der erste Kontakt mit dem neuen Umfeld Norwegen – flogen sie weiter nach Drontheim-Vernes.

Die Besatzungen fanden Unterkunft in weit vom Flugplatz entfernten Gehöften, die Techniker in Baracken am Platzrand.

Der Flugplatz war groß genug für die Aufnahme einer weiteren Gruppe.

Zur technischen Betreuung wurde ein FBK-Zug der II. Gruppe abgestellt, nach der Verlegung der Zweiten nach Bardufoß, stand die Kompanie hierfür voll zur Verfügung.

Anfang Januar 1945 wurde der Befehl zur Auflösung der I. Gruppe vollzogen und die II. Gruppe nach Bardufoß verlegt. Sie übernahm die bisherigen Quartiere der I. Gruppe – und auch deren bisherige Aufgaben.

Die III. Gruppe zog in die alten Unterkünfte der II. Gruppe um und lag damit näher am Flugplatz.

Nachdem das alles geschehen war, trat wiederum ein Wechsel in der Geschwaderführung ein. Dieser Wechsel war sicherlich nicht mit der Leistung der Betroffenen zu begründen, sondern es war die Personalpolitik des Führungsstabes, wobei die Wünsche des Kommandierenden berücksichtigt wurden. Oberstleutnant Stemmler hatte das Geschwader gerade drei Monate geführt.

Für ihn kam ein ganz alter 26er, der bereits bei der Aufstellung des Geschwaders im Jahre 1937 dabei war und auch Kommandeur der II. Gruppe gewesen war.

Major Georg Teske wird Kommodore

Major Georg Teske, seinerzeit in Valence verunglückt, war wieder gesund und wurde der neue Kommodore.

Mit Oberstleutnant Stemmler ging auch sein Ia-Offizier, Hauptmann Raab, fort. Teske holte sich an seine Stelle den Oberleutnant Stähle vom Stab des Kommandierenden zurück. Werner Stähle hatte schon lange auf einen »Absprung« gelauert. Jetzt war die Gelegenheit dazu da, und beide konnten die damalige gemeinsame Arbeit beim Stab der II. Gruppe nunmehr im Geschwaderstab fortsetzen.

Über die Funktionen der Führungsstäbe, über ihre Anzahl und ihre starke Überbesetzung wurde schon zu allen Zeiten »gemeckert«. Wenn die Verhältnismäßigkeit zwischen den zu führenden Einsatzverbänden und den Stäben stimmte, bestand wahrhaftig kein Grund zum »meckern«.

Jedoch war es oft anders. Besonders seit 1942/43 wurde das so empfunden. Seinen Ausdruck fand diese »Meckerei« in Kasinogesprächen, wenn ein besonders »schöner« Befehl von oben eingetroffen war. Grundthema stets: »Je weniger Frontgruppen, um so mehr Führungsstäbe«.

1944/45 befanden sich an Kampffliegereinheiten in Norwegen nur das Kampfgeschwader 26 (LT) mit zwei Einsatzgruppen.

Zur Führung dieser zwei Gruppen mit insgesamt etwa 50 Flugzeugen waren vorhanden:

der Stab des Kommandierenden Generals in Oslo,
der Stab des Fliegerführers Mitte in Drontheim,
der Stab des Fliegerführers Lofoten in Bardufoß,
der Stab des Kampfgeschwaders 26 in Drontheim
und schließlich auch noch die jeweiligen Gruppen-Kommandeure mit ihrem Stab.

Wir wollen nicht verkennen, daß der jeweilige Stab außer der Einsatzführung eines Geschwaders noch andere Führungsaufgaben hatte. Aber es soll auch deutlich gemacht werden, daß das »Meckern« der Flieger nicht ganz grundlos gewesen ist.

Die Besetzung einerseits und die Zuordnung andererseits macht verständlich, daß der Stab mit den höchsten Sternen den größten »Zugriff« auf den Kampfverband nahm und die Kommandeure der Einsatzgruppen sich möglichst ganz nach oben orientierten.

Diese Lage ließ für den Geschwaderstab wenig Spielraum zur eigenen Führung und Entfaltung. An den Einsätzen der Gruppen war er deshalb meistens nur informativ beteiligt.

Die II. Gruppe verlegt nach Bardufoß

Die Verlegung der II. Gruppe vollzog sich etappenweise. Das Wetter war schon längere Zeit auf der ganzen Strecke schlecht. Besonders oben in Bardufoß war der Flugplatz meistens zu. Der Stab in Oslo drängte aber, daß die Verlegung trotzdem vorgenommen werden sollte.

Nachdem in der Frühe eine Wettermeldung aus Bardufoß vorlag und aussagte, daß eine Landung möglich sei, entschloß sich der Kommandeur zur Verlegung von einer Staffel. Die beiden anderen Staffeln sollten erst einmal abwarten.

Die Flugzeit nach Bardufoß betrug etwa vier Stunden. Damit war ausreichend Zeit zu einem Rückflug gegeben, falls die Landung nicht möglich war. In den frühen Nachmittagsstunden mußten die gestarteten Flugzeuge in Bardufoß eintreffen. Keine der Besatzungen kannte den Flugplatz. Vor dem Start wurde gemeinsam eine eingehende Gebietsorientierung an Hand vorliegender Karten, der Wettermeldung und auch durch Auskünfte der Flugleitung vorgenommen.

Besonders die Einflugschneisen von Sörreisa und dem Malanger-Fjord wurden einer eingehenden Besprechung unterzogen.

Die Kommandanten hatten Anweisung, Bardufoß nur bei vertretbaren Sichtverhältnissen anzufliegen, ansonsten den Ausweichplatz Bodö zu benutzen oder nach Vernes zurückzukehren. Die Staffel startete mit sechs Flugzeugen. Nicht im Staffelverband, sondern in loser Kettenformation sollte geflogen werden. Jeder machte seine eigene Navigation. Vor Bodö trennten sich die beiden Ketten. Die Kette von Leutnant Hartwig versuchte den Einflug über den Malangerfjord, verpaßte aber die richtige Einflugschneise und geriet in einen Felsenkessel, wo alle drei Besatzungen bei Hjerting gegen einen Berg prallten. Nur ein einziges Besatzungsmitglied überlebte den Absturz. Sofort eingesetzte Suchtrupps aus Bardufoß fanden am übernächsten Tag die Absturzstellen. Der eine Mann wurde schwerverletzt geborgen. An diesem Tag stürzte auch noch ein Aufklärungsflugzeug der in Bardufoß liegenden Aufklärungsstaffel dort ab.

Die Verlegung des Gruppenstabes und der beiden anderen Staffel erfolgte einige Tage später.

5. Weitere Einsätze gegen Geleitzüge im Eismeer

Anfang Februar 1945 wurde ein Geleitzug vom B-Dienst gemeldet.

Die Seeaufklärer von Tromsö erfaßten ihn und hielten Fühlung. Später wurden sie von den Fernaufklärern der Aufklärungsstaffel F 124 aus Bardufoß, die mit Ju 88 ausgerüstet war, abgelöst.

Der Geleitzug fuhr an der Grenze des Packeises und befand sich in der Reichweite der Torpedoflieger.

Am 7. Februar 1945 wurde für die *II. Gruppe* Sitzbereitschaft befohlen. Mit 25 Flugzeugen war sie einsatzbereit. Fast alle Flugzeuge waren startklar gemacht worden. Eine besondere Leistung des *technischen Personals,* die anerkennungswert war. In Bardufoß herrschten zu der Zeit Temperaturen um minus 40 Grad. Alle Wartungsarbeit mußte unter freiem Himmel verrichtet werden, weil es keine Hallen gab.

Auch die *Torpedokompanie* steuerte zu der Leistung bei. Wegen der enormen Kälte konnten die Flugzeuge immer erst kurz vor dem Start beladen werden, weil sonst der Treibstoff der Torpedos einfror. Torpedos mit E-Antrieb waren nur wenige vorhanden.

Wegen der Temperaturverhältnisse hatte der Fliegerhorstkommandant am Liegeplatz der Flugzeuge eine Torpedo-Halle errichten lassen. Dadurch wurden die langen Transportwege gespart, die Beladezeit konnte erheblich verkürzt werden.

Die letzten Aufklärungsmeldungen besagten, daß der Geleitzug südlich der Bären-Insel stand, mit etwa 8 sm Fahrt Ost-Südost steuerte und von starken Sicherungskräften umgeben war. Die Wettermeldungen besagten: Wolkenuntergrenze 300 Meter, starker Seegang, Schneeschauer, teilweise schlechte Sicht. Kurz vor dem Start kam noch eine Aufklärermeldung über die Zusammensetzung des Konvois:

30 Frachter, 1 Flugzeugträger, der mitten im Verband fuhr, 5 Kreuzer und starke Sicherungsverbände von Zerstörern und Bewachern.

Damit konnten die Flieger ja einiges erwarten!

Nach dem Reichsmarschall-Befehl erhielt der Flugzeugträger Priorität für den Angriff.

Der Kommandierende in Oslo hatte es nicht vergessen, daß der Befehl den Fliegern nochmal extra aufgetragen werden sollte. Oberst Kühl machte das in seiner Art.

Trotz des Flugzeugträgers durfte der Angriff nicht in Frage gestellt werden. Der Gruppenkommandeur sollte vor Ort entscheiden und den Angriff entsprechend führen.

Die Gruppe sammelte draußen vor dem Fjord und flog im losen Verbandsflug in etwa 50 m Höhe auf den gemeldeten Standort des Geleitzuges.

Es war eisig kalt, man fror schon bei der Betrachtung des gläsern-grünlich schimmernden Wassers. Wehe, wer da hineinfiel!

Mit dem Aufklärer war abgesprochen worden, daß er beim Peilzeichensenden vor dem Schiffsverband stehen sollte.

Die erste Angriffswelle sollte den Geleitzug ostwärts umfliegen und von Norden kommend angreifen. Die zweite Welle, die einige Kilometer weiter rückwärts flog, sollte direkt vom Anflugkurs her angreifen.

Wenn das alles stimmte, dann wären beide Wellen zu gleicher Zeit am Gegner gewesen.

Alle guten taktischen Überlegungen nutzen nichts, wenn sich nicht jeder daran hält.

Wohl stand der Aufklärer vor dem Verband. Der Angriff aus der nördlichen Richtung klappte, aber ein Nachzügler der zweiten Welle, der beim Start wegen einer kleinen Störung eine Verspätung hatte, hielt sich nicht an den vereinbarten Sammelpunkt, sondern flog das Geleit direkt an. Dadurch war er etwa drei Minuten zu früh dort, der Geleitzug wurde gewarnt und empfing die Flieger entsprechend. Von Überraschung konnte keine Rede mehr sein. Die Sicht im Seegebiet war miserabel schlecht. Der Flugzeugträger wurde im ersten Anlauf nicht gesehen. Der Kommandeur befahl Angriff auf die Frachter.

Im Tiefstflug, etwa drei bis fünf Meter über Wasser fliegend brachen die Besatzungen in das Geleit ein. Von der äußeren Sicherungskette wurden sie von heftigem Flakfeuer empfangen. Kaum waren die Flugzeuge durch diesen Sperrgürtel hindurch, da kam die Kreuzer- und Flakkreuzer-Sicherung. Noch immer wurde kein Träger gesehen, dafür aber Frachter um Frachter. Ein Schießkonzert setzte ein, wie es toller nicht sein konnte. Neben den roten Leuchtspuren der Flakwaffen blitzten die Detonation der Flakgranaten auf. Das ganze wurde von aufsteigenden und sich nach der Kulmination neigenden, zusammenfallenden Wassersäulen garniert, und jetzt auch noch Jäger! »Wildcats«, die sich um die Schießerei überhaupt nicht kümmerten, sondern nur voll hinter den Ju's her waren. Trotz der Jäger war kein Flugzeugträger zu sehen. Spätere Meldungen hatten ihn etwas abgesetzt gesehen.

Eine Besatzung der ersten Welle schildert den Angriff so:

Als wir durch die Sicherung hindurch waren, bekommen wir einen Dampfer von mindest 8000 Tonnen, etwa 3000 Meter entfernt in Sicht. Wegen der Jäger sind wir noch im Tiefstflug, jetzt hoch, auf Schußhöhe, zielen, mittschiffs abkommen, *Achtung – Torpedos los* und wieder herunter. Walter, der Bordschütze, beobachtet die Torpedolaufbahnen. Auch die Stoppuhr läuft. Gleich muß es soweit sein. Da meldet der Funker Treffer! Und nochmal Treffer! Beide haben gesessen, aber die Jäger sind noch dran. Hubert, der Funker, schafft es mit seinem MG, daß sie nicht zu dicht herankommen. Gleichzeitig sieht er, wie ein Flugzeug von uns brennend abstürzt. Anscheinend von dem Kreuzer erwischt. Wir müssen durch den Schiffsverband hindurch. Da sehen wir backbord von uns den Flugzeugträger und auch einen von uns im Anflug auf ihn. Er wird von drei Wildcats verfolgt. Wir können das nicht weiter beobachten, weil wir genug mit der eigenen Abwehr, den verbissen an uns hängenden Jägern, dem Ausweichen vor den Flakwolken und den Wassersäulen zu tun haben. Unseren Dampfer sehen wir hinter uns hell qualmen, eine Detonationswolke steigt auf. Aber wir müssen raus aus diesem Zirkus und können den weiteren Verlauf nicht verfolgen. Mehrmals klingelt es in den Flächen. Treffer durch Maschinenwaffen und offenbar auch von den Jägern. Aber noch laufen die beiden Motoren, noch ist an Bord alles klar. Ein Zerstörer steht vor uns, wir können ihn nur ganz knapp umfliegen, dann sind wir raus aus dem Verband. So quer durch einen ganzen Geleitzug, durchsetzt von einem Flottenverband, zu fliegen und von allen Seiten beschossen zu werden, das ist ein Höllenunternehmen! Manchmal wundert man sich selbst, wie man da davongekommen ist. Im Abflug, wir stehen noch am Rande des Geleitzuges, sehen wir sechs bis sieben Rauchwolken aufsteigen. Wahrscheinlich alles Torpedotreffer. Auch die zweite Welle kommt zum Schuß. Wir können es an der massiven Abwehr sehen.

Nach etwa drei Stunden trafen die Besatzungen nach und nach auf dem Gefechtsstand ein. Abgekämpft und ausgelaugt. Einige waren noch voller Eifer und konnten gar nicht schnell genug ihre Meldungen los werden. Es waren die, welche Treffer erzielt hatten. Oberst Kühl, der Fliegerführer, hörte sich die Gefechtsberichte an und meldete anschließend dem General in Oslo, daß der Flugzeugträger nicht versenkt worden sei. Es wurden sechs Treffer auf Frachtern und zwei Treffer auf Zerstörern gemeldet.

Eine Besatzung hatte den Flugzeugträger angegriffen, konnte jedoch eine Trefferbeobachtung nicht berichten, weil sie von Jägern verfolgt und angegriffen wurde und mit sich selbst so viel zu tun hatte, daß andere Beobachtungen gar nicht möglich waren. Ähnlich ging es den anderen Besatzungen, die keine Erfolgsmeldung abgaben.

Ein Flugzeug hatte 20 Treffer abgekriegt und dazu noch einen zerschossenen Motor. Die Besatzung hatte viel Glück gehabt und die weite Strecke zurück im Einmotorenflug geschafft.

Bei dem Angriff wurden wieder Torpedoexplosionen weit vor dem Ziel gesehen.

War das wieder der starke Seegang? Die Betroffenheit der Besatzungen wurde immer deutlicher.

Drei Besatzungen kamen nicht zurück. Darunter auch der Staffelkapitän der sechsten Staffel, Oberleutnant Röger.

Am nächsten Tag traf die *III. Gruppe* aus Vernes in Bardufoß ein. Mit ihr gemeinsam sollte der Geleitzug bekämpft und der Träger versenkt werden.

Die *II. Gruppe* hatte erhebliche Flugzeugausfälle durch Beschußschäden. Am Einsatztag hatte sie gerade 15 Flugzeuge klar.

Beide Gruppen zusammen hatten für den Einsatz jetzt 32 Flugzeuge bereit.

Der Geleitzug befand sich nunmehr etwa 350 km weiter östlich und hatte Kurs auf Murmansk genommen.

Die Seeaufklärer waren am Ziel und gaben stündlich Meldungen ab.

Den Einsatz leitete der Fliegerführer. Er war bei der gemeinsamen Einsatzbesprechung dabei und vergaß auch nicht, die Erinnerung an den »Flugzeugträger« anzubringen. Die Besatzungen konnten das schon nicht mehr hören.

Für 0830 Uhr war der Start befohlen. Zuerst die II. Gruppe mit 14 Flugzeugen, dann 30 Minuten später die III. Gruppe mit 18 Flugzeugen.

Es war abgesprochen, daß der Aufklärer hinter dem Geleitzug stehen, die III. Gruppe – weil sie schneller war – den Verband nordwestlich umfassen und aus dieser Position angreifen sollte. Die II. Gruppe sollte ihren Angriff direkt aus dem Anflug heraus vortragen.

Gegen 1030 Uhr war die Position erreicht. Das Wetter war schlecht mit einer Sicht von unter 10 km, tiefhängende Wolken mit Schnee- und Regenböen und sehr starker Seegang.

Weitab vom Geleitzug bekamen Besatzungen der II. Gruppe bereits den ersten Zerstörer zu sehen. Er stand direkt voraus, ein Ausweichen mit dem ganzen Verband war nicht mehr möglich. Es gelang noch, die äußeren Besatzungen zum Abschwenken zu veranlassen. Über Bordsprechfunk gab der Verbandsführer den Befehl zur Wellenbildung und zum Angriff, er selbst aber mußte den Zerstörer annehmen. Einmal, weil der direkt vor ihm lag, und zum anderen, damit die anderen Besatzungen an ihm vorbei zum Angriff kamen.

Der Zerstörer drehte auf den Angreifer zu, kam in eine sehr spitze Lage und ... drehte weiter, so daß die beiden Torpedos ihn im Weiterdrehen erwischten. Eigentlich ein Zufallstreffer, soweit hatte der Schütze nicht gedacht!

Die beiden Angriffswellen trafen mitten auf den Geleitzug.

Der Flugzeugträger wurde weder von den Besatzungen der II. Gruppe noch von denen der III. Gruppe wahrgenommen. Jedoch hatten einige Flugzeuge Angriffe von Jägern abzuwehren, wobei es einer Besatzung der II. Gruppe gelang, einen Jäger abzuschießen. Am frühen Nachmittag kamen die Flugzeuge zurück.

Fast alle waren zum Angriff gekommen. Doch war der geplante, gemeinsame Angriff nicht erreicht worden.

Es war doch nicht so einfach, zwei Verbände unterschiedlicher Flugzeugtypen auf eine so weite Entfernung von über 1000 km zu einem gemeinsamen, aus unterschiedlichen Positionen vorgetragenen Angriff zu führen.

Die Besatzungen der II. Gruppe meldeten vier Treffer auf Frachtern, zwei Treffer auf einem Zerstörer. Die III. Gruppe hatte einen Frachter versenkt und weitere Treffer beobachtet, davon einen auf einem größeren Kriegsschiff. Die Verluste waren hoch. Fünf Besatzungen kehrten nicht zurück!

Durch den abgeschossenen Jäger wurde bestätigt, daß ein Flugzeugträger noch am Geleitzug stand. Spätere U-Boot-Meldungen sprachen sogar von zwei Flugzeugträgern.

Daß er nicht erfaßt und angegriffen werden konnte, das lag an der schlechten Sicht und sicherlich auch an der Absetzbewegung des Trägers. Schon bei 30 km Abstand vom Geleitzug, in einer Position außerhalb der Anflugrichtung der Torpedoflugzeuge, war er nicht zu sehen, da liefen die Angreifer daran vorbei, es sei denn, der Aufklärer hätte ihn vorher erfaßt, blieb dran und gab Standort-Peilzeichen.

Der verfehlte Flugzeugträger löste beim Reichsmarschall in Karinhall ein Fernschreiben aus, das auch an die beiden Gruppenkommandeure der Torpedoflieger gerichtet war. In diesem stand »ich verlange, daß nunmehr endlich auch ein Flugzeugträger versenkt wird«.

Verständlich, daß zu dieser Zeit auch einmal eine Sondermeldung gebraucht wurde. Trotzdem, verstanden haben die Flieger diesen sonderbaren Ton nicht.

Die *III. Gruppe* blieb einige Zeit in Bardufoß. Die Besatzungen wohnten in den Gebäuden am Flugplatz, die schon früher von den hier liegenden Verbänden benutzt worden waren.

Der gemeinsame Angriff auf den Geleitzug, der nicht versenkte Flugzeugträger und das Reichsmarschall-Fernschreiben, welches ja im ähnlichen Tonfall an den General, die Fliegerführer und den Kommodore gegangen waren, gaben die Ursache zu einer Lagebesprechung mit anschließendem Planspiel beim Fliegerführer. Hieran nahmen die Kommandeure der Kampf- und Aufklärungsverbände und die Staffelkapitäne teil. Die damalige Lage wurde nochmal dargestellt, Zeiten und Daten verglichen und alles durchgespielt. Diese Übungen wurden seitens der Frontoffiziere nicht abgelehnt, im Gegenteil, alle waren der Überzeugung, daß bessere Informationen und mehr taktisches Können im Sinne des Erfolges und einer besseren Überlebenschance der Besatzungen absolut notwendig waren. Auch der Angriff auf Flugzeugträger wurde geübt. Nur fand man kein Rezept, das den Trägerkommandanten veranlaßte, in der gemeldeten Formation zu verbleiben und seine Jäger hinderte, den Aufklärer, der den Torpedoverband heranführen sollte, vorher abzuschießen.

Es war schon ein Kreuz mit diesen Flugzeugträgern! Die von der anderen Seite wußten schließlich auch, wie man Seekrieg unter Einsatz von Flugzeugträgern führt.

Bei dieser Lagebesprechung beim Fliegerführer wurde auch ein gerade beendetes Kriegsgerichtsverfahren besprochen. Angeklagt war ein Major der Fliegertruppe aus dem Bereich Bodö, der im Kasino unter Alkoholeinfluß die Äußerung getan hatte, der Krieg sei ja doch verloren. Der Anzeigende war ein junger Oberfähnrich der Reserve, der den Krieg noch gewinnen wollte. Das Kriegsgerichtsverfahren in Bardufoß ging über einen ganzen Tag und brachte im Grunde nur Tatsachen hervor, die aber nicht wahr sein durften. Zum Glück hatte der Major verständnisvolle Richter, er wurde mit Degradierung bestraft, und der Kommandierende, der das Urteil bestätigen mußte, war zum Glück weit weg. Uns wurde der Vorgang zur Belehrung unserer Flieger mitgegeben, denn wir konnten zu unserem schweren Einsatz solche Dinge bestimmt nicht noch gebrauchen.

Am 20. Feb. 1945 meldeten U-Boote einen nach Westen laufenden Geleitzug. Das war sicherlich der, den das Geschwader vor 14 Tagen bekämpft hatte, als er nach Rußland fuhr.

Nachdem Aufklärungsbesatzungen den Standort und die Zusammensetzung des Schiffsverbandes erkannt hatten, wurden die Vorbereitungen zu einem Torpedoeinsatz getroffen. Noch herrschte dickes Schneetreiben in Bardufoß. Ein sofortiger Einsatz war nicht möglich. Am nächsten Tag wurde das Wetter etwas besser. Der Start wurde für den kommenden Tag befohlen.

Beide Gruppen hatten etwa 25 Flugzeuge einsatzklar. Diesmal sollte nochmal versucht werden, einen gemeinsamen Angriff, aus zwei verschiedenen Richtungen kommend, zu führen. Ein Flugzeugträger befand sich nicht am Geleitzug. Zumindest war bisher keiner gemeldet worden.

Pünktlich kamen die Flugzeuge aus dem Platz heraus. Beide Verbände konnten die abgesprochenen Zeiten einhalten; auch die Verbindung zum Aufklärer klappte. Über der See tobte sich das schlechte Wetter so richtig aus. Die Sichtverhältnisse wurden durch fortwährende Schneeschauer stark eingeschränkt, es war recht fraglich, ob bei diesem Wetter das Ziel gefunden werden konnte.

Die Peilzeichen waren zu hören. Sie wurden so lange in bleibender Richtung angeflogen, bis die Zeichen im Peiler auswanderten. Das war der Zeitpunkt zum Einschwenken auf das Ziel. Und wahrhaftig kamen die ersten Vorpostenschiffe in Sicht.

Verabredungsgemäß holten die Angriffswellen von Norden und Süden zum Angriff aus, gingen zum Tiefstflug über und steuerten die Schiffe an. Durch diese Angriffstaktik wurde die Abwehr-Artillerie zersplittert. Sie mußte nach beiden Seiten schießen und konnte sich diesmal nicht so völlig auf nur eine Seite konzentrieren.

Ein Staffelkapitän der III. Gruppe, Hauptmann Prinz, der den Angriff der III. Gruppe führte, gab nachstehenden Bericht:

Eigentlich hatten wir nicht mit einem Einsatz gerechnet, denn das Wetter war so schlecht, daß wenig Aussicht auf einen erfolgreichen Angriff und noch weniger für eine mögliche Landung in Bardufoß bestand.

Unsere Gruppe setzte deshalb nur die Besatzungen ein, die genug Erfahrungen im Schlechtwetterflug hatten. Die jungen Besatzungen blieben zuhause.

Die zehn Flugzeuge der Gruppe flogen in einer Angriffswelle. In loser Formation steuerten wir das Zielgebiet an. Nach halber Strecke wurde der Funkpeiler eingeschaltet und der Kurs geringfügig auf den Fühlunghalter hin verbessert.

Die Peilzeichen waren gut zu hören. Das Lauterwerden im Kopfhörer war die Bestätigung, daß wir uns mittelbar vor dem Ziel befinden mußten. Wir änderten den Kurs auf Nordost, wenige Minuten später auf Südkurs und bekamen direkt voraus die Schiffe zu sehen ... Es waren zwei kleine Kriegsschiffe. Unsere Annahme, daß sich der Geleitzug dahinter befinden mußte, veranlaßte uns zu einer geringen Kursänderung, wir nahmen an, daß die Bewacher vor dem Geleitzug fuhren, und da sahen wir den großen Pulk der weit auseinandergezogenen Dampfer fahren.

Wir gingen tiefer, das kurze Wackeln mit den Flächen wurde verstanden, die Flugzeuge zogen sich weiter auseinander und setzten zum Angriff an.

Wir selber mußten einem Kriegsschiff, es war ein Kreuzer, ausweichen. Zu einem Angriff auf ihn reichte die Entfernung nicht aus, und auch die Angriffslage war so stumpf, daß ein Torpedoschuß daneben gehen würde. Der Kreuzer hatte uns erfaßt und verabreichte uns einige Salven von seiner Flakartillerie. Wahrscheinlich waren wir denen auch zu überraschend gekommen.

Ohne Treffer kamen wir im Tiefstflug vorbei und hatten direkt voraus einen dicken Frachter im Visier.

Bei dem hohen Seegang mußten wir mächtig aufpassen, daß wir nicht zu tief kamen und durch die hohen Wellen Wasserberührung erhielten. Etwa 2000 Meter vor dem Frachter zogen wir hoch und konnten bei vorderlicher Lage beide Torpedos werfen.

Als die Aale heraus waren, drückten wir steil herunter und kamen am Bug des Dampfers vorbei. Dabei sahen wir, daß der fast überhaupt keine Fahrt machte, möglicherweise sogar gestoppt hatte, um den Torpedos auszuweichen.

Es glückte ihm nicht ganz. Im Abflug, durch einen Regen von Geschoßgarben hindurch, sahen wir, wie eine Explosion hochging. Ein Torpedo hatte getroffen!

Mit viel Glück und ständigem Auskurven von Geschoßgarben, Leuchtspuren und Schiffen kamen wir heraus und hatten bald den Geleitzug hinter uns.

Vor der Küste hatte sich ein Stau von Schneewolken gebildet. Wir mußten lange suchen, bis wir endlich die Einflugschneise gefunden hatten.

Die zurückgekehrten Besatzungen meldeten die Versenkung von zwei Frachtern und weitere drei Treffer auf Handelsschiffen und einem Kriegsschiff.

Zwei Besatzungen der II. Gruppe und eine Besatzung der III. Gruppe kamen vom Einsatz nicht zurück.

Nach diesem Einsatz verlegte die III. Gruppe nach Drontheim zurück.

Der Monat März 1945 war relativ ruhig. Es wurden keine Geleitzüge gemeldet und auch keine Einsätze geflogen.

Anfang März wechselte der Fliegerführer: Oberst Dr. Kühl ging, Generalmajor Walter Storp kam. Der Stab Fliegerführer wurde in 5. Fliegerdivision umbenannt; er hatte einsatzmäßig eine Staffel See-Fernaufklärer mit Flugbooten, eine Aufklärungsstaffel Ju 88, eine Jagdstaffel, die gerade von der Finnlandfront abgezogen war, um die II. Gruppe vom K.G. 26 (LT) zu führen! Das war nicht gerade eine große Streitmacht für eine Fliegerdivision.

General Storp war ein exzellenter Kampfflieger. Er kam aus der See-Luftwaffe und wurde bereits im Juli 1941 mit dem Eichenlaub zum Ritterkreuz ausgezeichnet.

Mit gerade 34 Lebensjahren war er einer der jüngsten Generale der Luftwaffe.

Die gegenseitige Haltung war erst einmal abwartend. Mit Oberst Kühl bestand ein gewisses Vertrauensverhältnis. Er war die »Vaterfigur« der Flieger und übernahm eine gewisse schützende Position gegenüber den »Regelungen« des Osloer Stabes, besonders in der Frage der »Flugzeugträger« ein. Ob sich die Ansichten über die Angriffstaktik und Verbandsführung nunmehr noch deckten, mußte sich erst erweisen.

Am Monatsende traten Parteiredner in Aktion.

Zuerst kamen sie nach Drontheim, dort saß ein schneidiger Gauleiter, mit dem wir seinerzeit nachts oft in seiner Sauna geschwitzt hatten. Er schickte seine Propagandisten ganz weit hinauf, bis nördlich des Polarkreises, sogar bis nach Bardufoß. Das war eine beschwerliche Reise, denn die Eisenbahn fuhr nur bis nach Bodö.

Der politische Unterricht war bereits seit Jahresfrist befohlen. Ihn abzuhalten war Aufgabe des NSFO – des Nationalsozialistischen Führungsoffiziers. Wer das bei den Fliegern war, wußte keiner, nicht einmal der Kommandeur. Im Zweifelsfalle wurde hierfür der Adjutant benannt.

Diesen Unterricht zu »verdichten« war Aufgabe des Parteiredners. Sein Vortrag vollzog sich vor versammelter Truppe. An allen Fronten wurde noch einmal aufgemöbelt, neue Waffen wurden versprochen, und der Endsieg war nahe!! Unsere Flieger wußten das besser. Sie hatten in den Einsätzen erlebt, wie es wirklich aussah.

Das, was wir nach dem Vortrag von ihnen hörten, durfte man niemandem weitersagen ...

Im März 1945 wurden die Flieger auch in der Erdkampfführung ausgebildet. Das war der neueste Befehl vom Holmenkollen!

Zuerst sollten wir Schützengräben bauen. Keiner wußte wo und gegen wen. Aber es mußte Schanzzeug bereitgestellt werden. Jede Einheit erhielt einen detaillierten Plan, welche Geräte dafür bereitgehalten werden sollten. Dann kam der Unterricht an der Panzerfaust und praktische Schießübungen mit diesem Gerät.

Wir waren überrascht, woher all diese Panzerfäuste auf einmal kamen. Vorher hatte kein Mensch etwas davon gesehen.

Für die Ausbildung und die Schießübungen standen Heeresoffiziere bereit. Sie waren von der durchziehenden Finnlandarmee abkommandiert worden und fühlten sich in den Gefilden der Torpedoflieger recht wohl. Diese Leute hatten einen unendlich langen Marsch über die Eismeerstraße hinter sich und waren froh über einige Tage der Ruhe!

Sportliche Leistungen waren gefragt. In Nordnorwegen gab es genug Schnee, er lag bis zu fünf Meter hoch und bot prächtige Möglichkeiten zum Skilaufen. Jeder Flieger hatte Skier.

Der Monat März verging, ohne daß ein Einsatz gegen einen Eismeer-Geleitzug geflogen wurde.

Die Seeaufklärer, wechselseitig die Seeflieger mit dem Flugboot BV 138 und die 1. Staffel der Fernaufklärer F 124, der Staffel des Hauptmanns Hans Pentzien aus Bardufoß, mit Ju 88, befanden sich fast täglich im Einsatz und überwachten das Seegebiet. Eine Einsatzmöglichkeit für die Torpedoflieger bot sich zu der Zeit nicht.

Bewaffnete Aufklärung an der schottischen Küste

Die nicht ausgeschöpften Aktivitäten brachten den Führungsstab in Oslo auf die Idee, die beiden Kampfgruppen des Geschwaders zur bewaffneten Aufklärung an die schottische Küste zu schicken.

Die Entfernung von Bardufoß bis zur englischen Küste nach Edinburgh betrug etwa 3300 Kilometer. Es mußten schon triftige Gründe vorliegen, um eine Kampffliegergruppe aus dem äußersten Norden Norwegens abzurufen, um eine bewaffnete Aufklärung gegen vermutete Schiffsziele an der englischen Ostküste fliegen zu lassen.

Der Geschwaderstab erhielt vom »Holmenkollen«, dem Stab des Kommandierenden Generals, den Befehl, die II. Gruppe und die III. Gruppe mit einsatzfähigen Flugzeugen nach Stavanger zu verlegen und zur bewaffneten Aufklärung einzusetzen.

Mit Torpedos beladen traten zehn Besatzungen der II. Gruppe unter Führung von Oberleutnant Dombrowski und acht Besatzungen der III. Gruppe unter Führung von Hauptmann Gehring in Stavanger an. Zur Einsatzbesprechung war ein Offizier vom Stabe des Generals zugegen.

Es wurde befohlen, im Seegebiet vor der englischen Ostküste, zwischen den Orkneys und dem Firth of Forth, nach Schiffszielen zu suchen und mit Torpedos anzugreifen.

Die Besatzungen der II. Gruppe erhielten das Seegebiet nördlich bis Petershaed, die der III. Gruppe den südlichen Raum zugeteilt.

Beide Verbände sollten die Aufklärung bei Petershaed beginnen. Einer nordwärts, der andere nach Süden.

Die II. Gruppe startete zuerst, die III. Gruppe 30 Minuten später.

Bei dem Flug über die Nordsee – in Höhe der Südküste von Norwegen und ca. 100 km seewärts davon – traf der Verband der II. Gruppe mit englischen Fernjäger-Moskitos zusammen. Wenig später hatte auch die III. Gruppe Gefechtsberührung mit diesen Fernjägern.

Der Ju 88-Verband der II. Gruppe flog in etwa 300 m Höhe mit Westkurs. Zu dieser Zeit und in diesem Seegebiet rechnete keiner der Flieger mit einem Jagdangriff. Sie wurden von den Moskitos, und diese sicherlich auch von diesen lohnenden Zielen völlig überrascht.

In den sich entwickelnden Luftkämpfen wurden sechs Besatzungen der II. Gruppe abgeschossen. Trotz Torpedonotwurf gelang es den Besatzungen nicht, sich in die 200 Meter höheren Wolken zu verziehen.

Die Besatzungen der III. Gruppe wurden über Seenotruf von den Besatzungen der Ju 88 gewarnt. Sie waren auch den Moskitos besser gewachsen. Es gelang ihnen, zwei Moskitos abzuschließen und durch ihre bessere Steigfähigkeit (Ju 188) die Wolken zu erreichen.

Die restlichen vier Besatzungen der II. Gruppe kehrten ohne Torpedos nach Stavanger zurück. Alle Flugzeuge waren durch Treffer beschädigt worden. Auch die Hälfte der Besatzungen der III. Gruppe kamen sofort und ohne Torpedos zurück. Die anderen hatten den Auftrag fortgesetzt, jedoch keine geeigneten Ziele gefunden.

Dieser Einsatz, dessen Ansatz schon unverständlich war, kostete sechs Besatzungen, 24 Fliegern das Leben.

Zudem wurden unverzeihliche Führungsfehler begangen.

Die englischen Fernjäger hatten Angriffe auf Luftbasen in Dänemark geflogen und befanden sich auf dem Rückflug vom Skagerrak über Südnorwegen nach Schottland.

Die Luftlage über Dänemark und Südnorwegen war im Stab des Kommandierenden Generals bekannt. Ebenso war der Start der Torpedoflieger und deren Auftrag bekannt. Alle Einsatzwege und -fäden liefen zum Chef des Stabes und dem Ia-Offizier. Es wäre ihnen leichtgefallen, beide Standorte und Kurse zu vergleichen und entsprechende Maßnahmen zu treffen. Entweder die Torpedoflieger später starten zu lassen oder zumindest Luftwarnung per Funk durchzugeben. Warum das unterblieb, wer dafür verantwortlich war, darüber wurden die Verbandsführer und das Geschwader nicht informiert.

Der letzte Einsatz

Ende April 1945 erfaßte der deutsche Funk-Horchdienst Meldungen, die auf die Zusammenstellung eines Geleitzuges schließen ließen.

Wenige Tage später wurde ein Murmansk-Geleitzug, ein PQ, von den Fernaufklärern erfaßt.

Bereits nach der Ortung durch den Funkdienst wurde die III. Gruppe mit allen Besatzungen nach Bardufoß verlegt.

Während des Verlegungsfluges scherte ein Flugzeug, die 1H+GT, aus dem Verbande aus und flog nach England.

Das Flugzeug landete in Schottland. Es war die Besatzung des NSFO, des Nationalsozialistischen Führungsoffiziers der Gruppe, die ihre Einheit verließ. Der Kommandant war ein junger Offizier.

Der Kommandeur der Dritten meinte, er sei ein recht aktiver HJ-Führer gewesen, deshalb habe er ihm das Amt des NSFO übertragen. Auf die Moral der Flieger machte dieser Vorfall keinerlei Eindruck. Hier wurde nicht nach politischer Gesinnung, sondern nach anderen Maßstäben bewertet.

Am Abend des 30. April wurde Einsatzbereitschaft befohlen. Beide Kommandeure erhielten die ersten Informationen über die Stärke und die Zusammensetzung des Geleitzuges noch am Abend bei einer Besprechung auf dem Gefechtsstand der Fliegerdivision.

In den ganz frühen Morgenstunden traf der Einsatzbefehl aus Oslo ein. Die Besatzungen wurden für 0700 Uhr zur Einsatzbesprechung gerufen.

Der Divisionskommandeur und sein Ia nahmen an dieser Besprechung teil und brachten die neuesten Aufklärungsmeldungen mit.

Der Geleitzug befand sich in der Nähe der Bären-Insel. Es waren über 40 Frachter, die mit sehr starker Kriegsschiffssicherung nach Rußland liefen.

Am späten Vormittag sollte der Angriff erfolgen. Beide Gruppen hatten über 50 Besatzungen einsatzbereit. Die Gruppenkommandeure legten die Angriffstaktik fest.

Das Wetter im Zielgebiet war für einen Torpedoangriff wie geschaffen. Wolkenuntergrenze bei 200 Meter, gute Sicht, geringer Seegang.

Ein Fernaufklärer hielt Fühlung am Verband und sollte etwa eine Stunde vor der Angriffszeit Funk-Peilzeichen senden.

Die II. Gruppe sollte als erste starten, die III. Gruppe 30 Minuten später folgen. Der Startabstand von Flugzeug zu Flugzeug war in Bardufoß mit 30 Sekunden Abstand eingeübt und auch einzuhalten.

Nach Anflug auf den Fühlunghalter beabsichtigten die Verbandsführer den Geleitzug mit einem Umfassungsangriff gleichzeitig anzugreifen.

Die Flugzeuge rollten zur Startbahn. Es gab nur eine Ringbahn, die war recht schmal; links und rechts daneben war Hochmoor.

Kam ein Flugzeug von der Rollbahn ab, stockte der gesamte Verkehr, und alle nachrollenden Flugzeuge kamen vorerst nicht zur Startbahn.

Diesmal klappte alles gut. Pünktlich zur Startzeit konnten sich die Flugzeuge auf der großen Betonplatte vor der Flugleitung aufstellen. Der Verbandsführer der II. Gruppe wartete schon auf die Startfreigabe, als vom Turm der Flugleitung rote Sterne geschossen wurden.

Das hieß »Motoren abstellen«. »Wahrscheinlich ein anderer Angriffsbefehl, die haben wohl wieder einen Flugzeugträger für den Reichsmarschall entdeckt«, meinte der Kommandeur und begab sich zum Gefechtsstand.

General Storp telefonierte noch mit Oslo. An die beiden Kommandeure gewandt, meinte er: Der Einsatz fällt aus, kommen Sie bitte rüber auf meinen Gefechtsstand.

6. Das Ende

Auf dem Divisionsgefechtsstand hatte sich der ganze Stab versammelt. General Storp erklärte zur Lage:

»Der Führer ist gefallen. Großadmiral Dönitz hat die Führung des Reiches übernommen. Der Krieg gegen Rußland geht weiter, wegen der Kampfführung gegen die Westmächte erwarten wir weitere Befehle. Der diesmal geplante Einsatz fällt aus.«

Ein anschließendes Gespräch mit dem Kommodore in Drontheim brachte zur Lage keine neueren Erkenntnisse, nur die Ergänzung, daß die III. Gruppe gemäß Befehl vom Kommandierenden nach Drontheim zurückverlegen sollte.

Auf dem Gefechtsstand der II. Gruppe warteten die Besatzungen. Ihnen konnte auch nur das gesagt werden, was die Kommandeure soeben von General Storp vernommen hatten.

Auf dem Wege nach Drontheim verlor die 7. Staffel ihren Staffelkapitän. Die Flugzeuge waren wegen Schlechtwetter, auf der Strecke nach Drontheim, einzeln gestartet. Die meisten Besatzungen flogen deshalb draußen an der Küste entlang nach Drontheim zurück. So wahrscheinlich auch Hauptmann Gehring. Ob er dabei nochmal Feindberührung hatte, oder im Tiefflug gegen ein Felsenriff prallte, ist nie geklärt worden.

Der Krieg war noch nicht zu Ende, doch es war die letzte Einsatzbereitschaft für einen geplanten Lufttorpedoangriff gewesen.

Die Besatzungen beider Gruppen in Drontheim und Bardufoß übten vorerst weiter Bereitschaftsdienst für eine Erdverteidigung. Schließlich wußte keiner, was in Norwegen alles passieren konnte. Das technische Personal machte technischen Dienst und hielt die Flugzeuge einsatzbereit.

Um einen Überblick über die Torpedoeinsätze im Eismeer zu geben, zitiere ich aus dem Kriegstagebuch des Oberkommandos der Wehrmacht – Wehrmachtführungsstab – Band IV vom 1. 1. 1944 bis 22. 5. 1945 Seite 1338 unter 9.

»Gegen die feindlichen Geleite nach Murmansk konnten im Januar wenige U-Boote eingesetzt werden, da die Masse zur Überholung zurückgezogen werden mußte. In der Mitte Februar gelang es ein Geleit zu erfassen, von dessen 17 Schiffen 10 vernichtet wurden (dabei 90000 Tonnen Benzin). Anschließend wurde ein ausfahrendes Geleit mit Erfolg erfaßt.

Als die U-Boote nichts mehr ausrichten konnten, griff die Luftwaffe ein. Sie vernichtete sicher: 1 Kreuzer, 1 Zerstörer und 45000 BRT Schiffsraum, schwer beschädigt wurden: 17000, beschädigt 7000 BRT. Die U-Boote versenkten 8 Dampfer mit 52000 Tonnen, ferner 2 Zerstörer und 1 Bewacher.«

Die Erfolge der Luftwaffe waren die des Geschwaders, die mit Unterstützung durch die Aufklärungsverbände erreicht wurden.

Am 7. Mai 1945 wurde in Reims durch General Jodl die Gesamtkapitulation unterzeichnet. Der Wehrmachtbericht vom 8. Mai gab durch Sondermeldung bekannt:

»Am 9. Mai 1945, 0 Uhr, sind auf allen Kriegsschauplätzen von allen Wehrmachtsteilen und bewaffneten Organisationen oder Einzelpersonen die Feindseligkeiten gegen alle bisherigen Gegner einzustellen ...«

Vorab erhielt das Geschwader einen fernschriftlichen Befehl vom Kommandierenden General, in dem der eintretende Waffenstillstand bekannt gegeben wurde.

Gleichzeitig informierte der Chef des Stabes den Kommodore darüber, daß mit einem weiteren Sondereinsatz des Geschwaders zu rechnen sei.

Der Kommodore gab diese Nachrichten telefonisch an die Gruppenkommandeure weiter. Er riet dazu, die Flugzeuge unbeladen startbereit zu halten.

In Nordnorwegen wurde der Kommandeur zur Fliegerdivision gebeten, wo ihn General Storp über die weiteren Absichten informierte. Es war vorgesehen, daß alle in Norwegen liegenden Flugzeuge in einem Sondereinsatz Verwundete aus Kurland abtransportieren sollten. Zur Zeit seien aber die Genehmigung der westlichen Siegermächte noch nicht vorliegend. Gleichzeitig informierte der General den Kommandeur über die Kapitulationsbedingungen.

Gegen 2100 Uhr am 8. Mai 1945 erhielt das Geschwader den Befehl, alle Flugzeuge nach Gardemoen zu verlegen, die Kommandeure sollten sich am nächsten Morgen beim Kommandierenden General in Oslo melden.

In Drontheim konnte der Befehl an den Kommandeur der III. Gruppe direkt erteilt werden. Er befand sich seit dem Nachmittag beim Geschwaderstab. Major Harseim sollte mit dem fliegenden Personal und den 1. Warten nach Gardemoen starten und bis 0600 Uhr dort eintreffen.

Die II. Gruppe erhielt den Verlegebefehl telefonisch. Es verlegten alle Besatzungen, das technische Wartungspersonal und der Gruppenstab nach Gardemoen. Die Flugzeuge flogen teils mit sechs Mann. Der Rest des Bodenpersonals blieb unter Führung des FBK-Chefs und verlegte später in die »Reservation Bodö«.

Einsatz nach Kurland zur Rettung Verwundeter

Gegen Mitternacht starteten die Besatzungen der II. Gruppe. In den frühen Morgenstunden versammelten sich alle Besatzungen in einer Baracke in Nähe der Flugleitung Gardemoen.

In Kurland befanden sich etwa 23000 deutsche Soldaten. Darunter sehr viele Verwundete. Diese sollten vor russischer Gefangenschaft bewahrt werden.

Gegen 1000 Uhr traf aus Flensburg, dem Sitz der Reichsregierung, die Genehmigung der Westalliierten zu dieser Rettungsaktion ein. Die Genehmigung war bis 2000 Uhr dieses Tages befristet. Bis dahin mußten die Flugzeuge Libau, den Landeplatz dieser Rettungsaktion wieder verlassen haben.

Damit waren Fristen gesetzt, die berücksichtigt und eingehalten werden mußten. Der letzte Start in Gardemoen wurde für 1200 Uhr freigegeben. Wer bis dahin nicht gestartet war, blieb in Norwegen.

Die Flugzeuge durften nur mit zwei Mann Besatzung fliegen. Das waren der Flugzeugführer und der Funker. Der Flugplatz in Libau war auf die Landung vorbereitet. Für den

Rückflug war der Flugplatz Lübeck-Blankensee oder auch Gardemoen in Norwegen vorgesehen.

Von beiden Gruppen kamen etwa 40 Besatzungen rechtzeitig zum Start, die den Auftrag ausführen konnten.

Der Oberst a. D. der Bundeswehr, Horst Naumann, war damals Leutnant in der 4. Staffel. Er hat den Einsatz mitgeflogen und berichtet hierüber:

Ich startete als letzter in Gardemoen. Vor mir flog Oberleutnant Harald Kowitz von der 6. Staffel. In den späten Nachmittagsstunden trafen wir auf dem Flugplatz bei Libau ein. Uns war gesagt worden, daß wir hier auftanken konnten. Beim Anflug hatten wir den Funkpeiler benutzt und dadurch, trotz Tiefflug, den Platz finden können. Einige Flugzeuge von uns standen noch am Platzrand, in der Nähe der Flugleitung. Dort war der Beladeplatz vorgesehen. Es ging alles sehr schnell. Es war gut organisiert. Der Tankwagen stand bereit, und auch die auszufliegenden Soldaten waren eingeteilt. Alles Landser, alle verwundet. Ich hatte acht Soldaten mitzunehmen, die brachte ich alle in der Kanzel unter, sitzend, liegend, wie, kann ich nicht mehr sagen. Jedenfalls habe ich es vorher nie erlebt, daß wir mit zehn Mann, die Besatzung und acht Soldaten, in so einer engen Kanzel sitzen konnten. Innerhalb 50 Minuten konnte ich wieder starten. Gleich nach dem Start, wir hatten gerade die Küste unter uns, hatte ich drei russische Jäger dran. Sie flogen mehrere Angriffe und versuchten uns abzuschießen. Im Tiefstflug, und hier hatte ich bestimmt mehr Übung als diese russischen Jäger, das war unsere Rettung, konnten wir entkommen. Immerhin hatten wir acht Treffer erhalten, zum Glück nur im Blech.

Wir hatten Auftrag, in Lübeck-Blankensee zu landen. Es war meine letzte Nachtlandung mit der Ju 88. Spät abends trafen wir dort ein. Uns empfingen die Engländer. Direkt an den Flugzeugen wurden wir abgeholt und in das Gefangenenlager gebracht.

Der Geschwaderstab ging geschlossen in »Reservation« – die bessere Bezeichnung für Gefangenschaft – nach der Insel Oerlandet. Auch die Bodeneinheiten der III. Gruppe verlegten hierher.

Nach der Zerstörung der restlichen Flugzeuge durch die Engländer auf dem Flugplatz Gardemoen wurden die Besatzungsmitglieder der II. und III. Gruppe und die Soldaten des Bodenpersonals in die Reservation Skedsmo geführt.

Das Kampfgeschwader 26 (LT) – das Löwengeschwader – war eines der wenigen Kampfgeschwader der Luftwaffe, das vom ersten bis zum letzten Kriegstage im Einsatz stand.

Es hat große Erfolge errungen, aber auch schwere Verluste erlitten.

Es war das erste Kampfgeschwader gewesen, das zur Schiffszielbekämpfung eingesetzt wurde.

Es war *das* Torpedofliegergeschwader der deutschen Luftwaffe. Sein Einsatzgebiet erstreckte sich von der Nordsee bis hinauf in das nördliche Eismeer, vom Roten Meer bis Gibraltar, vom Schwarzen Meer über die Weiten Rußlands und die Unendlichkeit des Atlantiks.

Der letzte deutsche Wehrmachtbericht

Aus dem Hauptquartier des Großadmirals – den 9. Mai 1945

Das Oberkommando der Wehrmacht gibt bekannt:

In Ostpreußen haben deutsche Divisionen noch gestern die Weichselmündung und den Westteil der Frischen Nehrung bis zuletzt tapfer verteidigt, wobei sich die 7. Infanterie-Division besonders auszeichnete. Dem Oberbefehlshaber, General der Panzertruppe *von Saucken*, wurden als Anerkennung für die vorbildliche Haltung seiner Soldaten das Eichenlaub mit Schwertern und Brillanten zum Ritterkreuz des Eisernen Kreuzes verliehen.

Als vorgeschobenes Bollwerk fesselten unsere Armeen in Kurland unter dem bewährten Oberbefehl des Generaloberst *Hilpert* monatelang überlegene sowjetische Schützen- und Panzerverbände und erwarben sich in sechs großen Schlachten unvergänglichen Ruhm. Sie haben jede vorzeitige Übergabe abgelehnt. In voller Ordnung wurden mit den nach Westen noch ausfliegenden Flugzeugen nur Versehrte und Väter zahlreicher Kinder abtransportiert. Die Stäbe und Offiziere blieben bei ihren Truppen. Um Mitternacht wurde von deutscher Seite, den unterzeichneten Bedingungen entsprechend, der Kampf und jede Bewegung eingestellt.

Die Verteidiger von Breslau, die über zwei Monate lang den Angriffen der Sowjets standhielten, erlagen in letzter Stunde nach heldenhaftem Kampf der feindlichen Übermacht.

Auch an der Südost- und Ostfront von Fiume über Brünn bis an die Elbe bei Dresden haben alle höheren Kommandostellen den Befehl zur Einstellung des Kampfes erhalten. Eine tschechische Aufstandsbewegung in fast ganz Böhmen und Mähren kann die Durchführung der Kapitulationsbedingungen und die Nachrichtenverbindungen in diesem Raum gefährden. Meldungen über die Lage bei den Heeresgruppen *Löhr*, *Rendulic* und *Schörner* liegen beim Oberkommando der Wehrmacht zur Stunde noch nicht vor.

Fern der Heimat haben die Verteidiger der Atlantikstützpunkte, unsere Truppen in Norwegen und die Besatzungen der Ägäischen Inseln in Gehorsam und Disziplin die Waffenehre des deutschen Soldaten gewahrt.

Seit Mitternacht schweigen nun an allen Fronten die Waffen. Auf Befehl des Großadmirals hat die Wehrmacht den aussichtslos gewordenen Kampf eingestellt. Damit ist das fast sechsjährige heldenhafte Ringen zu Ende. Es hat uns große Siege aber auch schwere Niederlagen gebracht. Die deutsche Wehrmacht ist am Ende einer gewaltigen Übermacht ehrenvoll unterlegen.

Der deutsche Soldat hat, getreu seinem Eid, im höchsten Einsatz für sein Volk für immer Unvergeßliches geleistet. Die Heimat hat ihn bis zuletzt mit allen Kräften unter schwersten Opfern unterstützt.

Die einmalige Leistung von Front und Heimat wird in einem späteren gerechten Urteil der Geschichte ihre endgültige Würdigung finden.

Den Leistungen und Opfern der deutschen Soldaten zu Lande, zu Wasser und in der Luft wird auch der Gegner die Achtung nicht versagen. Jeder Soldat kann deshalb die Waffe aufrecht und stolz aus der Hand legen und in den schwersten Stunden unserer Geschichte tapfer und zuversichtlich an die Arbeit gehen für das ewige Leben unseres Volkes.

Die Wehrmacht gedenkt in dieser schweren Stunde ihrer vor dem Feind gebliebenen Kameraden.

Die Toten verpflichten zu bedingungsloser Treue, zu Gehorsam und Disziplin gegenüber dem aus zahllosen Wunden blutenden Vaterland.

Anhang

Anlagen 1–15

1 Organisationsplan einer Fliegerhorstkommandantur 240

2 Die technischen Einheiten eines Fliegerhorstes 241

3 Organisationsplan eines Geschwaders (LT = Lufttorpedogeschwader) 244

4 Besetzung der Führungsstellen im Geschwader 248

5 Aufmarsch der fliegenden Verbände gegen Polen 253

6 Angriffsbefehle der Gruppe von Bushe: Einsatzbefehl Nr. 1 254

7 Kriegstagebuch K.G. 26 (24. 8. 1939 bis 13. 9. 1939) 256

8 Die Verluste der Luftwaffe im Polenfeldzug 303

9 Stärke und Verluste der polnischen Fliegertruppe, September 1939 304

10 Bericht des Major i.G. Harlinghausen über die Vorgänge am 22. Februar 1940 auf der Doggerbank 305

11 Operationsbefehl für das X. Fliegerkorps am »Wesertag« vom 20. März 1940 315

12 Befehl für den Einsatz des K.G. 26 am »Wesertag« vom 20. März 1940 318

13 Besondere Anordnungen über das Verhalten bei der Besetzung Dänemarks und Norwegens 321

14 Luftwaffenverbände beim Unternehmen »Weserübung« 327

15 Weisung für die Kriegführung Nr. 16 (Unternehmen »Seelöwe«) 328

Geleitzüge: Zweck, Zusammensetzung, Gliederung, Nah- und Fernsicherung ... 331

Namentliche Verlustliste des K.G. 26 (LT) 337

Das Geschwader im Wehrmachtsbericht 370

Das Goldene Buch der Flieger 371

Die Ritterkreuzträger des Geschwaders 372

Traditionsgemeinschaft Löwengeschwader K.G. 26 (LT) 373

Die 1./JaboG 36 der Luftwaffe als Traditionsträger 375

Anlage 1

Organisationsplan einer Fliegerhorstkommandantur

Fliegerhorstkommandantur

Adjutant —— Fliegerhorstkommandant —— Krankenrevier Truppenarzt

Verwaltung Stabsintendant	Stabskompanie Stabspersonal	Technische Leitung	Flugbetriebsleitung
Unterkünfte	Nachrichtenkomp.	Werftleitung	Flugleitung
Verw. Bekleidung	Flughafenbetriebskompanie*	Prüfleitung	Wetterwarte
Verw. Verpflegung	Waffenmeisterei	techn. Verwaltung	Flugpeiler
Truppenküche	Bildstelle	techn. Magazin	
Kantine/Pächter	Platzlandwirt	Feuerwehr	
Offizierheim	Musikzug		

* Die Flughafenbetriebskompanie wurde bei Kriegsausbruch den fliegenden Verbänden unterstellt.

Die technischen Einheiten eines Fliegerhorstes

In Friedenszeiten unterstand das technische Wartungs- und Instandhaltungspersonal der Fliegerhorstkommandantur.

Es untergliederte sich einsatzmäßig in
a) die technische Leitung und
b) die militärische Unterstellung.

In militärischen Fragen, disziplinarer Unterstellung, militärischer Ausbildung, Unterkunft, Truppendienst, unterstand das technische Personal der Fliegerhorstkommandantur als technische Stabskompanie.

In technischen Dingen, Wartung, Instandhaltung und Reparatur der Flugzeuge sowie der Geräte unterstand dieses Personal – Soldaten und auch Zivilisten – dem technischen Leiter des Fliegerhorsts.

Der technische Leiter war technischer Wehrmachtsbeamter, meist im Range eines Flieger-Stabsingenieurs.

In Lübeck-Blankensee war dies Fliegerstabsingenieur Dipl.-Ing. Heinrich. Werftleiter war Ingenieur Rudi Arndt.

In Lüneburg waren das zu dieser Zeit der Fliegerstabsingenieur Dipl.-Ing. Strotmann, sein Werftleiter war Ingenieur Meyer.

Dem technischen Leiter unterstanden die technische Gruppe mit:
- technischem Büro
- technischer Geräteverwaltung
- Werftbetriebe mit allen technischen Werkstätten
- Prüfgruppe mit je 1 Prüfer für Triebwerke, Zelle und Geräte (Einrichtungen)
- Fallschirm- und Gerätelager
- Fliegerhorst-Stabskompanie mit technischem Personal.

Diese technische Organisation erstreckte sich über alle Fliegerhorste. In der Spitze waren dieselben zusammengefaßt im Luftgaukommando.

Im Jahre 1938 änderte sich das. Nach und nach wurden die fliegenden Verbände mit zusätzlichem technischen Personal ausgestattet. Das begann zu der Zeit der Eingliederung Österreichs in das Großdeutsche Reich und war bei Kriegsausbruch vollzogen.

Die Fliegerhorst-Stabskompanien wurden aus der derzeitigen Unterstellung herausgelöst und den Fliegergruppen zugeordnet. Gleichzeitig erfolgte eine Umbenennung in Fliegerhorst-Betriebskompanie (FBK).

Die Fliegerhorst-Stabskompanien (Technische Einheiten)

Fliegerhorst Lübeck-Blankensee

Ab 1937 wurden auf dem Fliegerhorst 2 technische Kompanien aufgestellt.
Es waren die 1. Fliegerhorst-Stabskompanie
und die 2. Fliegerhorst-Stabskompanie
Beide Einheiten wurden im Jahre 1938/39 der I. Gruppe zugeordnet
und in 1./Fliegerhorst-Betriebskompanie (FBK)
und in 2./Fliegerhorst-Betriebskompanie (FBK)
umbenannt.

Auf allen Flugplätzen und Kriegsschauplätzen, wo die I. Gruppe eingesetzt wurde, waren sie mit dabei.

Im letzten Kriegsjahr in Norwegen wurde eine Kompanie in Drontheim zur Betreuung der II. Gruppe, und nach deren Verlegung nach Bardufoß, zur Betreuung der III. Gruppe eingesetzt.

Die andere Kompanie lag in Bardufoß und übernahm nunmehr die technische Betreuung der II. Gruppe.

Beide Kompanien befanden sich bis Kriegsende im Geschwaderverband.

Nach der Kapitulation ging die Drontheimer Kompanie mit den anderen Geschwadereinheiten in die Reservation Öerlandet, die Bardufoßer Kompanie nach Bodö.

Fliegerhorst Lüneburg

Die Aufstellung von Fliegerhorst-Stabskompanien erfolgte ab Februar 1937.

Es waren die 4. und die 5. Fliegerhorst-Stabskompanie.

Beide Einheiten wurden ab Herbst 1937 der II. Gruppe unterstellt und in 4./FBK bzw. 5./FBK (Fliegerhorst-Betriebskompanie) umbenannt.

Beide Einheiten befanden sich vom ersten bis zum letzten Tage im Einsatz.

Im Jahre 1942, auf der Krim, wurde die 5./FBK vom Gruppenverband gelöst und der Stuka-Gruppe Rudel zugeordnet. Sie verblieb bis Kriegsende im Stuka-Verband.

Die 4./FBK verlegte im Oktober 1944 mit der II. Gruppe nach Großenbrode/Holstein.

Nach der Verlegung der II. Gruppe nach Nordnorwegen schied die 4./FBK aus dem Geschwaderverband aus und wurde dem Luftgaukommando Hamburg unterstellt.

Im Frühjahr 1945, nachdem sie als fliegertechnische Einheit keine Verwendung mehr hatte, wurde sie der Reichsverteidigung zugeführt.

Die Flughafen-Betriebskompanie bestand aus:
- der Kompanieführung mit Kompanie-Chef und Geschäftszimmer,
- 3 Betriebszügen, für jede Staffel der Fliegergruppe ein techn. Zug,
- 1 Werkstattzug, der mit techn. Spezialpersonal besetzt war.

Jeder Zug wurde von einem Oberwerkmeister geführt.

Fliegerhorst Schwerin

Mit der Planung und dem Ausbau des Fliegerhorstes Schwerin erfolgte auch die Aufstellung einer Kommandantur und der Fliegerhorsteinheiten.

Die Aufstellung der Fliegerhorst-Stabskompanie begann im Jahre 1939.

Im Frühjahr 1940 wurde diese Kompanie als 8. Flughafen-Betriebskompanie der III./K.G. 26 zugeordnet.

Die Aufstellung einer weiteren Flughafen-Betriebskompanie für die III./K.G. 26 erfolgte in Jesau/Ostpreußen.

Mit der Verlegung der III. Gruppe, nach abgeschlossener Ausbildung, verlegte auch diese technische Kompanie nach Schwerin und wurde in 7. Flughafen-Betriebskompanie umbenannt.

Beide Kompanien begleiteten die Kampfgruppe nach Dänemark, Norwegen und Westfrankreich.

Mit dem Ausscheiden der III. Gruppe aus dem Geschwaderverband, im Herbst 1940, verblieben die FBK's bei der Gruppe und schieden damit aus dem Geschwader wieder aus.

Die 10. Flughafen-Betriebskompanie (10./FBK)

Die neuaufgestellte IV./K.G. 26 in Lübeck-Blankensee brauchte auch technisches Personal.

Deshalb wurde aus den Frontverbänden geeignetes Fachpersonal hierfür abgestellt.

Die 10. FBK war keine Einheit im Sinne der Kriegsstärke-Nachweisung, sie hatte nur Betriebszüge, keinen Werkstattzug.

Für die Durchführung größerer Reparaturen stand in Blankensee ja die Flugzeug-Werft zur Verfügung. Die Aufgabe der 10. FBK war die technische Betreuung der IV. Gruppe und die Mithilfe bei der Instandsetzung von Flugzeugen der Geschwader-Frontgruppen.

Der Standort der FBK blieb bis zum Jahre 1944 Blankensee.

Mit der Auflösung der IV. Gruppe und Verwendung in der Reichsverteidigung wurde auch die 10. FBK aufgelöst.

Der Einheitsführer der 10. FBK war stets der technische Offizier der IV. Gruppe.

Organisationsplan eines Geschwaders – Lufttorpedogeschwader –

Anlage 3

Geschwaderführung

Ausstattung:
Geschwaderstab mit Stabsstaffel
1 Nachrichtenkompanie
3 Fliegergruppen-Einsatzgruppen
1 Ergänzungs- und Ausbildungsgruppe

Geschwaderführung

Geschwaderkommodore

Ia-Einsatzoffizier	Adjutant	Nachrichten-Offz.	Techn.-Offz.	Stabsintendant	Stabsstaffel

I. Gruppe Gruppenkommandeur	II. Gruppe Gruppenkommandeur	III. Gruppe Gruppenkommandeur	IV. Gruppe* Gruppenkommandeur
Gruppenstab und Stabskette	Gruppenstab und Stabskette	Gruppenstab und Stabskette	Gruppenstab und Stabskette
1. Staffel Staffelkapitän	4. Staffel Staffelkapitän	7. Staffel Staffelkapitän	10. Staffel Staffelkapitän
2. Staffel Staffelkapitän	5. Staffel Staffelkapitän	8. Staffel Staffelkapitän	11. Staffel Staffelkapitän
3. Staffel Staffelkapitän	6. Staffel Staffelkapitän	9. Staffel Staffelkapitän	12. Staffel Staffelkapitän
Flugh.Betr.Kom. Kompaniechef	Flugh.Betr.Kom. Kompaniechef	Flugh.Betr.Kom. Kompaniechef	Flugh.Betr.Kom. Kompaniechef
Torp.Betr.Komp. Kompaniechef	Torp.Betr.Komp. Kompaniechef	Torp.Betr.Komp. Kompaniechef	

* IV. Gruppe erst ab 1940
nur Ausbildung, keine Einsatzgruppe

Fliegergruppe

Ausstattung:
Gruppenstab mit Stabskette
3 Staffeln mit 9 Einsatzbesatzungen
1 Nachrichtenzug
1 Flughafenbetriebskompanie
1 Torpedobetriebskompanie

Fliegergruppe

Gruppenkommandeur

Ia-Offz.	Adjutant	Nachrichten-Offz.	Techn.-Offz.	Waffen-Offz.	Arzt	Verw.-Intendant	Stabskette

1. Staffel	2. Staffel	3. Staffel
Staffelkapitän	Staffelkapitän	Staffelkapitän
1. Staffeloffizier	1. Staffeloffizier	1. Staffeloffizier
Ausbildung	Ausbildung	Ausbildung
Truppendienst	Truppendienst	Truppendienst
Hauptfeldwebel	Hauptfeldwebel	Hauptfeldwebel
Geschäftszimmer	Geschäftszimmer	Geschäftszimmer
Staffeloffizier	Staffeloffizier	Staffeloffizier
Nav. u. Funkausb.	Nav. u. Funkausb.	Nav. u. Funkausb.
Staffeloffizier	Staffeloffizier	Staffeloffizier
Technik	Technik	Technik
Staffeloffizier	Staffeloffizier	Staffeloffizier
Bewaffnung	Bewaffnung	Bewaffnung
Staffeloffizier	Staffeloffizier	Staffeloffizier
Nav. u. Funkgeräte	Nav. u. Funkgeräte	Nav. u. Funkgeräte
Staffeloffizier z. b. V.	Staffeloffizier z. b. V.	Staffeloffizier z. b. V.

Fliegerstaffel

Fliegerstaffel

Staffelkapitän

Geschäftszimmer	1. Kette	2. Kette	3. Kette	Technik	Ausrüstung
Hauptfeldwebel	Kettenfhr. 3 Besatz.	Kettenfhr. 3 Besatz.	Kettenfhr. 3 Besatz.	O-Werkmstr. 9 Flzg.- Mechaniker	Waffen-, Bomben-, Funkgeräte- Oberfeldwebel
Staffelschreiber Rechnungsführer Fourier Geräteverw.					

Planstellen Offiziere:

1 Staffelkapitän
1 Staffeloffizier Ausbildung
1 Staffeloffizier Nav. u. Funk
1 Staffeloffizier Technik
1 Staffeloffizier Bewaffnung
1 Staffeloffizier Geräte
1 Staffeloffizier z. b. V.

Planstellen Besatzungen:

9 Flugzeugführer
9 Beobachter u. Torp.-Schütze
9 Bordfunker
9 Bordmechaniker u. Bordschütze

Planstellen Technik:

1 Oberwerkmstr.
9 Flgzg.-Mechaniker
1 Waffenoberfeldw.
1 Waffenwart
1 Bomben-Torpedo-Oberfeldw.
2 Bomben-Torpedowarte
1 Funkgeräteoberfeldw.
1 Funkwart
1 Fallschirm-Sauerstoffwart

Flughafenbetriebskompanie (FBK)

Flughafenbetriebskompanie

Kompaniechef

Geschäftszimmer	1. techn. Zug	2. techn. Zug	3. techn. Zug	Werkstattzug
Hauptfeldwebel	O-Werkmstr.	O-Werkmstr.	O-Werkmstr.	O-Werkmstr.
Komp.-Schreiber Rechnungsführer Geräteverw. Fourier	Flzg.-Mech. Waffenmech. Bomben/Torp.-Mech. Funkgeräte-Mech. Fluggeräte-Mech.	Flzg.-Mech. Waffenmech. Bomben/Torp.-Mech. Funkgeräte-Mech. Fluggeräte-Mech.	Flzg.-Mech. Waffenmech. Bomben/Torp.-Mech. Funkgeräte-Mech. Fluggeräte-Mech.	Fachpersonal für: Motoren Mechanik Fahrwerk Flgz.-Zelle Funkgeräte Waffen Bomben/Torp. Sauerstoffgeräte Prüfer Werkstattwagen

Torpedobetriebskompanie

Kompaniechef

Geschäftszimmer	1. techn. Zug	2. techn. Zug	3. techn. Zug	Torpedowerkstatt
Hauptfeldwebel	O-Mech.-Mstr.	O-Mech.-Mstr.	O-Mech.-Mstr.	O-Mech.-Mstr.
Komp.-Schreiber Rechnungsführer Geräteverw. Fourier	Fachpersonal für: Wartung und Beladung	Fachpersonal für: Wartung und Beladung	Fachpersonal für: Wartung und Beladung	Fachpersonal für: Antrieb, Steuerung, Zündung und Mechanik

Besetzung der Führungsstellen im Geschwader

Zur Ermittlung der Namen und Daten standen nur die Angaben einiger Geschwaderangehöriger und eigene Aufzeichnungen zur Verfügung. Ungenauigkeiten bitte ich zu entschuldigen, für Ergänzungen und Berichtigungen bin ich dankbar.

Geschwaderkommodore

Oberst Wolfram Frhr. v. Richthofen	1938	
Oberst/Gen.Maj. Hans Siburg	1939	
Oberst Robert Fuchs	Jan. 1940 –	Juni 1940
Oberstlt. Karl Frhr. v. Wechmar	Juli 1940 –	Nov. 1940
Oberst Robert Fuchs (stellvertr.)	Nov. 1940 –	Dez. 1940
Oberst Alexander Holle	Dez. 1940 –	Juni 1941

Auflösung des Geschw. Stabes. Kommodore und Stab werden Fliegerführer Norwegen Nord (Ost)

Neuaufstellung eines Geschwaderstabes im November 1942 in Grosseto:

Oberst Karl Stockmann	Nov. 1942 –	Febr. 1943
Major/Oberstlt. Werner Klümper	Febr. 1943 –	Nov. 1944
Oberstlt. Wilhelm Stemmler	Nov. 1944 –	Jan. 1945
Major/Oberstlt. Georg Teske	Febr. 1945 –	Kriegsende

Gruppenkommandeure I./K.G. 26

Oberstlt. Conrad	1936 –	Mai 1939
Major Walter Loebel	Mai 1939 –	12. 9. 1939
Oberstlt. Hans Alefeld	13. 9. 1939 –	20. 4. 1940
Maj./Oberstlt. Hermann Busch	20. 4. 1940 –	März 1942
Hauptm. Bert Eicke stellvertr.	März 1942 –	Juli 1942
Major Werner Klümper	Juli 1942 –	Jan. 1943
Hauptm. Herbert Vater	Jan. 1943 –	Juli 1943
Hauptm. Klaus Toball stellvertr.	Juli 1943 –	Aug. 1943
Hauptm. Helmut v. Rabenau	Aug. 1943 –	11. 11. 1943
Hauptm. Jochen Müller	12. 11. 1943 –	Juli 1944
Major Willi Sölter	Juli 1944 –	Febr. 1945

Die I./K.G. 26 wurde im Febr. 1945 aufgelöst.

Gruppenkommandeure II./K.G. 26

Major Simon	1937 –	Juni 1938
Major/Oberstlt. v. Bushe	Juli 1938 –	Okt. 1939
Oberstlt. Hans Hefele	Okt. 1939 –	3. 4. 1940
Major Martin Vetter	6. 4. 1940 –	20. 8. 1940
Major Eckhard Christian	21. 8. 1940 –	31. 12. 1940
Major Helmut Bertram	1. 1. 1941 –	17. 1. 1941
Hauptm. Robert Kowalewski	18. 1. 1941 –	14. 5. 1941
Major W. Beyling	15. 5. 1941 –	11. 2. 1943

Hauptm./Major Georg Teske	12. 2. 1943 – 10. 8. 1944
Major Otto Werner	11. 8. 1944 – 2. 12. 1944
Hauptm./Major Rudi Schmidt	3. 12. 1944 – Kriegsende

III./K.G. 26

Major Viktor v. Loßberg	1. 11. 1939 – 31. 5. 1940
Major Günter Wolfien	1. 6. 1940 – Febr. 1941
Major Viktor v. Loßberg	Febr. 1941 – 30. 8. 1941
Major K. Lersche	1. 9. 1941 – Okt. 1941
Major S. Böhme	Okt. 1941 – Febr. 1942

III./K.G. 26 wird III./K.G. 28

Neuaufstellung aus Kü.Fl.Grp. 506

Hauptm. Ernst Thomsen	Febr. 1942 – 21. 7. 1942
Hauptm. Möller	22. 7. 1942 – Sept. 1942
Major G. Hielscher	Sept. 1942 – Nov. 1942
Major Horst Kayser	Nov. 1942 – 19. 12. 1942
Hauptm. Klaus Nocken	20. 12. 1942 – Febr. 1944
Major Ernst Thomsen	Febr. 1944 – Okt. 1944
Major Wolf Harseim	Okt. 1944 – Kriegsende

IV./K.G. 26

Major Ziemann	März 1941 – Sept. 1941
Major Fritz Gehring	Sept. 1941 – März 1944
Major Klaus Nocken	März 1944 – Sept. 1944
Hauptm./Major Peter Schnoor	Okt. 1944 – Jan. 1945

Staffelkapitäne

Stabsstaffel

Hauptm. Möller	1938
Oblt. Karl-Georg Strengl	13. 9. 1939 – 19. 11. 1940
Oblt. Rolf Alander	20. 11. 1940 – 11. 3. 1941
Hauptm. Fritz Gehring	12. 3. 1941 – Sept. 1941
Oblt. Werner Dalstein	Sept. 1941 – Dez. 1942 (Führungskette)
Oblt. Roderich Cescotti	11. 12. 1942 – 7. 1. 1943 Die Führungskette ging in der 4./K.G. zbV 23 auf.

Neuaufstellung einer Führungskette

Oblt. Erwin Ludescher	Febr. 1943 – Juli 1944
Oblt. Josef Bräuherr	Juli 1944 – 10. 2. 1945
Oblt. Werner Stähle	11. 2. 1945 – Kriegsende

1. Staffel

Major v. Bushe*	1936 – Juni 1938
Hauptm. Martin Vetter	Juli 1938 – 6. 4. 1940
Hauptm. Wolfgang Künster	7. 4. 1940 – 11. 9. 1940

Hauptm. Heinrich Richard	12. 9. 1940 – 11. 12. 1940
Oblt. Joachim Lüdtke	12. 12. 1940 – Juli 1941
Oblt. Paul Kuntze	Aug. 1941 – Nov. 1941
Oblt. Matthaus	Nov. 1941 – Febr. 1942
Oblt. Jochen Müller	Febr. 1942 – 7. 7. 1942
Hauptm. Herbert Vater	Aug. 1942 – Febr. 1943
Hauptm. Klaus Toball	Febr. 1943 – Nov. 1943
Oblt. Reimer Voß	Nov. 1943 – Aug. 1944
Hauptm. Greve	Aug. 1944 – Febr. 1945

2. Staffel

Hauptm. H. Deutsch	1936 – Juni 1938
Oblt./Hauptm. Hans-Joachim Helm	Juni 1938 – 27. 2. 1940
Major Gerhard Schaeper	1. 3. 1940 – 10. 4. 1940
Oblt. Eberhard v. Hippel	11. 4. 1940 – 29. 3. 1941
Oblt. Heinrich Oswald	1. 4. 1941 – 24. 6. 1941
Oblt. Johannes Schon	25. 6. 1941 – 4. 10. 1941
Oblt. Kurt Jauer	5. 10. 1941 – 4. 5. 1942
Hauptm. Gerhard Fischbach	5. 5. 1942 – 14. 9. 1942
Hauptm. Günter Trost	15. 9. 1942 – März 1943
Hauptm. August Leicht	März 1943 – 12. 2. 1944
Hauptm. Heinz Jente	13. 2. 1944 – Febr. 1945

3. Staffel

Oblt. Reible	1936 – 12. 9. 1939
Major Weitkuß	13. 9. 1939 – 8. 10. 1939
Major Meyer	9. 10. 1939 – 9. 2. 1940
Hauptm. Horst Schwilden	10. 2. 1940 – 25. 6. 1945
Hauptm. Stricker	1. 7. 1940 – Febr. 1941
Hauptm. Bert Eicke	Febr. 1941 – 20. 5. 1943
Hauptm. Walter Hildebrand	21. 5. 1943 – 21. 10. 1943
Hauptm. Walter Wellstein	22. 10. 1943 – 24. 1. 1944
Hauptm. Windel	25. 1. 1944 – Febr. 1945

4. Staffel

Hauptm. Dreikorn	1937 – Juni 1938
Hauptm. K. Jacob	Juni 1938 – 12. 9. 1939
Hauptm. Eberhard Schnorr v. Carolsfeld	13. 9. 1939 – 28. 4. 1940
Oblt. Ernst Haller	1. 5. 1940 – März 1942
Hauptm. Gerd Schäfer	März 1942 – 30. 11. 1942
Oblt. Heinrich Claßen	1. 12. 1942 – 11. 2. 1943
Hauptm. Rudi Schmidt	12. 2. 1943 – 2. 12. 1944
Oblt./Hauptm. Reimer Voß	2. 12. 1944 – Kriegsende

5. Staffel

Hauptm. Erdmann	1937 – Juni 1938
Hauptm. v. d. Bongart	Juli 1938 – Okt. 1939
Oblt. Sighard Dommer	Okt. 1939 – 1. 3. 1940
Oberstlt. v. Lindemann	5. 3. 1940 – 20. 8. 1940
Oblt. Conny Kahl	21. 8. 1940 – 31. 8. 1940
Hauptm. Fehling	1. 9. 1940 – 31. 12. 1940

Hauptm. Georg Teske	1. 1. 1941 – 11. 2. 1943
Hauptm. Eberhard Stüwe	12. 2. 1941 – 20. 5. 1943
Major Rolf Baumann*	21. 5. 1943 – 10. 8. 1944
Oblt. Werner Stähle	11. 8. 1944 – 2. 2. 1945
Oblt. Horst Altmann	3. 2. 1945 – Kriegsende

6. Staffel

Hauptm. Andreas	1937 – Juli 1938
Hauptm. Bernhard Gisevius	Aug. 1939 – 20. 8. 1940
Hauptm. Kunze	21. 8. 1940 – 31. 12. 1940
Hauptm. Robert Kowalewski	1. 1. 1941 – 17. 1. 1941
Oblt. Friedrich Müller	18. 1. 1941 – 14. 5. 1941
Hauptm. Siedschlag	15. 5. 1941 – Aug. 1941
Oblt. Horst Krupka	Aug. 1941 – 15. 5. 1942
Oblt. Wilhelm Kleemann	16. 5. 1942 – Aug. 1942
Hauptm. Karl Barth	Aug. 1942 – 9. 11. 1942
Hauptm. Adolf Hansen	10. 11. 1942 – 20. 5. 1943
Hauptm. Heinz Göhler	21. 5. 1943 – Febr. 1944
Hauptm. Ernst Wulff	Febr. 1944 – 22. 6. 1944
Oblt. Rudolf Bott	23. 6. 1944 – 26. 7. 1944
Oblt. Rudolf Rögner	1. 8. 1944 – 10. 2. 1945
Oblt. Friedrich Ebert	11. 2. 1945 – 21. 4. 1945
Oblt. Harald Kowitz	22. 4. 1945 – Kriegsende

7. Staffel

Hauptm. Ewald Gustavus	Nov. 1939 – 16. 6. 1940
Hauptm. Hans-Joachim Dittler	17. 6. 1940 – 11. 12. 1940
Hauptm. Lersche	12. 12. 1940 – Aug. 1941
Hauptm./Major Ziemann	Aug. 1941 – Febr. 1942

Staffel wird 7./K.G. 28

Neuaufstellung

Hauptm. Klaus Nocken	Febr. 1942 – Dez. 1942
Hauptm. Detlef Spiering	Dez. 1942 – 27. 7. 1943
Hauptm. Ludwig	28. 7. 1943 – 4. 7. 1944
Hauptm. Mainhold	10. 7. 1944 – 30. 9. 1944
Hauptm. Gehring	1. 10. 1944 – 8. 5. 1945

8. Staffel

Hauptm. Stefanus	Nov. 1939 – 20. 6. 1940
Hauptm. Guido Dischel	21. 6. 1940 – 26. 6. 1941
Hauptm. Erhard Pöhler	27. 6. 1941 – 9. 9. 1941

Staffel wird 8./K.G. 28

Neuaufstellung

Hauptm. Kählert	Febr. 1942 – Dez. 1942
Hauptm. Hans Wilde	Jan. 1943 – 9. 9. 1943
Hauptm. Eberhard Peukert	10. 9. 1943 – 6. 11. 1943
Hauptm. Heinrich Deubel	7. 11. 1943 – 23. 1. 1944
Hauptm. Mainhold	24. 1. 1944 – 17. 9. 1944
Hauptm. Walter Prinz	18. 9. 1944 – Kriegsende

9. Staffel

Hauptm. Otto Stiller	Nov. 1939 – 29. 10. 1941
Hauptm. Lorenz	30. 10. 1941 – Febr. 1942

Staffel wird 9./K.G. 28

Neuaufstellung

Hauptm. Gerlach	Febr. 1942 – Juli 1943
Hauptm. Wißborn	Juli 1943 – 23. 1. 1944
Oblt. Ernst Roll	24. 1. 1944 – 22. 7. 1944
Hauptm. Diller	Aug. 1944 – Kriegsende

10. Staffel

Oblt. Jochen Lüdtke	März 1941 – Sept. 1942
Hauptm. August Leicht	Okt. 1942 – März 1943
Hauptm. Erich Stenzel	April 1943 – Jan. 1945

11. Staffel

Oblt. P. Schäfer	März 1941 – Febr. 1942
Oblt. Adolf Hansen	März 1942 – Okt. 1942
Hauptm. Muller	Okt. 1942 – Juli 1943
Hauptm. Günter Trost	Juli 1943 – März 1944
Hauptm. Jonny Breithaupt	April 1944 – Jan. 1945

12. Staffel

Hauptm. v. Hemskerck	März 1941 – Dez. 1942
Hauptm. Wißborn	Dez. 1942 – Juli 1943
Hauptm. Walter Prinz	Juli 1943 – Aug. 1944
Hauptm. Paul Heilig	Aug. 1944 – Jan. 1945

Kompaniechefs der Flughafenbetriebskompanien

1. FBK	Hauptm. Köhler	
2. FBK		
4. FBK		
4. FBK	Oblt. Schmidt	1938 – 1939
	Hauptm. Krell	1940
	Hauptm. Adolf Scheibel	1941 – 1943
	Hauptm. Walter Koch	1943 – 1945
5. FBK	Hauptm. Gustav Paustian	1938 – 1942

(die 5. FBK wurde im Aug. 1942 aus dem Geschwaderverband herausgelöst)

7. FBK		
8. FBK		
10. FBK	Oblt. Harald Link	1941 – 1944

* Dienstgrade/Dienststellung
Es ist zutreffend, daß es Staffelkäpitäne gab mit Dienstgraden als Major oder gar als Oberstleutnant. Vielfach handelte es sich hierbei um Offiziere aus Ausbildungs- oder Führungsstäben bei erstmaliger Verwendung als Einheitsführer.

Anlage 5

Aufmarsch der fliegenden Verbände der operativen Luftwaffe gegen Polen am 1. September 1939

Oberbefehlshaber der Luftwaffe (Göring), Potsdam

direkt unterstellt:

8. und 10. Aufkl.Staffel L 2
Luftnachrichtenabteilung 100
(Kampfgruppe für Sondereinsätze)

7. Fliegerdivision (Student), Hirschberg (Schlesien)
mit neun Transportgruppen

Luftflotte 1 ›Ost‹ (Kesselring), Henningsholm/Stettin

1. und 3. Aufkl.Staffel 121

1. Fliegerdivision (Grauert),
Crössinsee (Pommern)

2. Aufkl.Staffel/121
Kampfgeschwader 1
Kampfgeschwader 26
Kampfgeschwader 27
II. und III. Gruppe/Stukageschwader 2
IV. (Stuka) Gruppe/Lehrgeschwader 1
4. (Stuka) Staffel/186
I. (Jagd) Gruppe/Lehrgeschwader 2
I. und II. Gruppe/Zerstörergeschwader 1
Küstenfliegergruppe 506

Luftwaffenkommando Ostpreußen
(Wimmer), Königsberg

I. Aufkl.Staffel/120

Kampfgeschwader 3
I. Gruppe/Stukageschwader 1
I. Gruppe/Jagdgeschwader 2
I. Gruppe/Jagdgeschwader 21

Luftwaffen-Lehrdivision (Foerster), Jesau (Ostpreußen)

4. Aufkl.Staffel/121
Lehrgeschwader 1
Lehrgeschwader 2

Luftflotte 4 ›Südost‹ (Löhr), Reichenbach (Schlesien)

3. Aufkl.Staffel/123

2. Fliegerdivision (Loerzer), Neiße

2. Aufkl.Staffel/122
Kampfgeschwader 4
Kampfgeschwader 76
Kampfgeschwader 77
I. Gruppe/Zerstörergeschwader 76

Fliegerführer z. B. V. (Richthofen),
Oppeln

1. Aufkl.Staffel/124
Stukageschwader 77
(Stuka) Lehrgeschwader 2
II. (Schlacht) Gruppe Lehrgeschwader 2
I. Gruppe/Zerstörergeschwader 2

Insgesamt waren eingesetzt:

648 Kampfflugzeuge, 219 Stukas und 30 Schlachtflugzeuge (= insgesamt 897 ›Bombenträger‹), ferner 210 Jäger und Zerstörer, 474 Aufklärer, Transporter u. ä., nicht gerechnet die Heeresflieger und die Jäger in der Heimatverteidigung.

Abschrift **Anlage 6**

Angriffsbefehle

Gruppe von Bushe

Band D.

II. Gruppe

II./K.G. Schönheit Werneuchen, 25. 8. 1939

Einsatzbefehl Nr. 1

1. Feindlage: Starke Truppenmassierung im Raum um Posen. Posen durch etwa 8 schwere und mehrere leichte Batterien geschützt.
   Auf Platz Lawica etwa eine Gruppe Jäger und Aufklärer.
2. Kampfraum des Geschwaders: wird durch folgende Linie begrenzt:
   a) im Süden: Wollstein – Kosten – Pyzdry – Kutno – Skierniewice.
   b) im Norden: Kreuz – Obornik – Gnesen – Slupca (Orte eingeschlossen).
3. Die II./K.G. Schönheit greift in diesem Raum folgende Ziele an:
   a) mit der gesamten Gruppe in Kettenkolonne den Flugplatz Lawica, die techn. Anlagen und sichtbaren Flugzeuge mit einer Reihe je Flzg. 8 Bomben und je 30 m Abstand. Anflug von Westen.
   Probebombe ist beim Anmarsch auf Buck zu werfen.
   b) nach diesem Angriff wird der Gruppenverband gelöst. Der 4. und 5. Staffel wird als 2. Ziel die Bahnanlagen und Lokomotivfabrik (Ziel 827, 829) zugewiesen. Auf dieses Ziel sind 16 Bomben zu werfen. Der 6. Staffel wird als 2. Ziel die Betr. Stoff-Anlage (Ziel 212) zugewiesen, je Flzg. 8 Bomben.
   Anflug für 4. und 5. Staffel von Norden wie besprochen. Für 6. Staffel von Westen.
   c) 6. Staffel fliegt als 3. Ziel den E-Hafen südl. Posen an und greift falls belegt mit Restbomben diesen an, sonst werden auf Rückflug erkannte Truppenansammlungen und Ausladungen auf Bahnhöfen angegriffen. 4. und 5. Staffel greifen mit Restbomben ebenfalls Truppenansammlungen und Ausladungen an.
4. Die Startzeit wird noch befohlen.
5. Start kettenweise wie bespr. Die Staffel muß unmittelbar nach dem Start geschlossen sein.
6. Die Gruppe sammelt wie besprochen und muß über Frankfurt/Oder geschlossen sein.
7. In Frankfurt/Oder tritt eine Jagdgruppe als Begleitung zur Gruppe.
8. Flughöhe: bei klarem Wetter oder aufgerissener Bewölkung 4000–5000 m, sonst wie bespr. untere Wolkengrenze. Zeichen für Auflösung in Staffeln und Ketten durch F.T. 1. Funkbefehl.
9. Betankung: es sind mindestens 1400 l zu tanken.
10. Munition: je Flzg. 32 50-kg-Bomben.
11. Ich fliege vor 4. Staffel mit Führerkette, bei Ausfall übernimmt Führer 4. Staffel die Weiterführung der Gruppe. Die restl. Flzg. der Führerkette schließen sich der 4. Staffel an.
12. 20 Minuten vor dem Start spreche ich die Staffelführer vor meiner Maschine.
13. Zielunterlagen sind sofort bei Abt. IN zu empfangen.
14. 90 Minuten vor Start ist das Wetter auf der Wetterwarte abzuholen.

Nachrichtenbefehl:

für den Einsatz am 26. 8. 1939

1. *Frequenzen und Rufzeichen:*
   bei Start vor 0800 Uhr:

Rufzeichen:	Frequenz:	
x 11	5755	Hauptfrequenz
jr 2	4888	Ausweichfrequenz
fwt	3747	Verfg. Frequenz
	Signaltafel L	

   bei Start nach 0800 Uhr

Rufzeichen:	Frequenz:	
1 ql	5109	Hauptfrequenz
out	4091	Ausweichfrequenz
gnw	3195	Verfg. Frequenz
	Signaltafel A	

2. *Funkfeuer:* Die Ob.d.L. Funkfeuer der A.Fu. Luft laufen friedensmäßig weiter.
3. *Schlüsselmittel:* Signaltafel gem. Ziffer 1.
4. *Verfg. Signale:*
   FF abu auflösen Staffeln
   FF afz auflösen Ketten
5. *Abstimmen:* Abstimmen auf Schwebelücke 30 Minuten vor Start. Bodenstelle gibt Beendigung des Abstimmspruches als Zeitzeichen. Abstimmen mit kleinster Energie beachten.
6. *Fühlungshalter und Klebefrequenz:*
   468 Khz taktische Frequenz benutzen.
7. *Funkstelle:* Funkstille bis Grenzübertritt.

Zu Teil 1. Ziffer 3 c):
Als weiteres Ziel wird der 6. Staffel der E-Hafen O.S.O. Posen (Ziel 10118) der 4. und 5. Staffel der E-Hafen Comornicy (Ziel 10119) zugewiesen und ist falls belegt anzugreifen.

gez.: Bushe e. h.

Abschrift

Kriegstagebuch

Kampfgeschwader 26

Tag:	24. 8. 1939
Ort und Art der Unterkunft:	Werneuchen Fliegerhost, Lehrgebäude Kasernenquart. Flughafen Werneuchen.
Kriegerische Tätigkeit: Aufträge, Befehle, Kampfhandlungen mit Ort- und Zeitangabe, gestartete Flugzeuge. Besondere Ereignisse, Aufklärung, Ergänzung und Sammlung durch Kriegsakten Band D:	Kampfhandlungen: keine Vorbereitende Maßnahmen für Einsatzbefehle Posen *Anmerkung:* Der Fliegerhorst Werneuchen (Fl.Schule) war für den Einfall des Geschwaderstabes und der II./K.G. 26 unterbringungsmäßig völlig unvorbereitet. Verband mußte erst selbst alles organisieren.
a) Verpflegungs-	a) Infolge Verlegung Selbstverpfleger. Abfindung mit Marschverpflegung.
b) Gesundheitszustand:	b) keine besonderen Krankheiten
Mun.-Verbrauch und Ergänzung, Betriebsstoffverbrauch und Ergänzung. Einzelheiten Akte Band D:	keine
Witterung:	sommerliches Wetter, sehr heiß, kaum bewölkt
Zu- u. Abgang unterst. Truppen. Woher? Wohin?:	Ab 24. 8. 1939 wurde die I./K.G. 53 Ansbach dem Geschwader unterstellt u. nach Schönfeld verlegt. Außerdem untersteht die II./K.G. 26 und Stabst. dem Geschwader.
Bemerkungen, Erfahrungen. Hinweis auf Kriegsakten:	Akte Band D unter 24. 8. 1939

Tag:	25. 8.
Ort und Art der Unterkunft:	wie am 24. 8.
Kriegerische Tätigkeit usw.:	Kampfhandlungen: keine Vorbereitende Maßnahmen für Einsatzbefehle Posen. Besprechung mit Kommandeur der II./K.G. 26, Oberstleutnant v. Bushe, I./K.G. 53 Oberstleutnant Mehnert, sowie Staffelkapitäne und Funktionsoffiziere über: a) »Einsatz Posen« b) »schriftliche Niederlegung Einsatz Warschau und der Angriffsbefehle (s. Kr.Akte Band D unter 25. 8. 1939).

	Anmerkung: F.B.K. Aushilfsweise wurde die Fl.Horst Betr. Kp. auf die Staffeln verteilt. Bemerkung: Das Personal dieser F.B.K. war nicht mit der He 111 vertraut. 4. F.B.K. Lüneburg dringend nach Werneuchen beordert. Um Bombenbeladung noch am Tage zu gewährleisten, wurde das Bombenpersonal sofort durch Transportmaschine überführt. Besuch General Kesselring, General Grauert, General Kleppke.
a) Verpflegungs- b) Gesundheitszustand:	a) Truppenküchenverpflegung b) keine besonderen Krankheiten
Mun.-Verbrauch, Ergänzung usw.:	Anforderung von Fl. Techn. Gerät, Bomben, Munition, da vom Fl.Horst Werneuchen nichts bereitgestellt.
Witterung:	wie am 24. 8. wenig verändert
Zu- u. Abgang unterst. Truppen:	wie am 24. 8.
Bemerkungen usw.:	Akte Band D unter 25. 8.

Tag:	26. 8.
Ort und Art der Unterkunft:	wie am 24. 8.
Kriegerische Tätigkeit usw.:	Kampfhandlungen: keine Ausgabe der Einsatzbefehle an Luftflotte 1 (Harmonika) Fliegerdivision 1 (Wotan) II./26 (Gruppe v. Bushe) I./53 (Gruppe Mehnert) und Stabsstaffel K.G. Siburg. Ausarbeitung eines weiteren Einsatzbefehls. *Anmerkung:* Verlegung nach E-Hafen Gabbert (Ost-Pommern) für den 27. 8. 1939 von Fliegerdivision 1 angeordnet. 1. Mob.-Tag für gesamte deutsche Luftwaffe befohlen.
a) Verpflegungs- b) Gesundheitszustand:	a) Truppenküchenverpflegung b) keine besonderen Krankheiten
Mun.-Verbrauch, Ergänzung usw.:	kein Verbrauch
Witterung:	sommerliches Wetter, sehr heiß kaum bewölkt
Zu- u. Abgang unterst. Truppen:	wie am 24. 8.
Bemerkungen usw.:	Akte Band D unter 26. 8.

Tag:	27. 8.
Ort und Art der Unterkunft:	Gabbert, Gut Glambeck, ehemaliger Fabriksraum. Flughafen Gabbert.

Kriegerische Tätigkeit usw.:	Kampfhandlungen: keine Ausarbeitung der Einsatzbefehle Nr. 3 und 4. *Anmerkung:* Verlegung. Verlegung mußte bis 1800 Uhr durchgeführt sein, Vorkommando wurde 0800 Uhr, Troß 1400 Uhr in Marsch gesetzt. Verlegung verlief reibungslos. Unterbringungsmöglichkeiten im E-Hafen Gabert für Geschwaderstab und Gruppe nicht möglich, daher Aufteilung auf umliegende Dörfer, mit Ausnahme Gruppenstab, 4. Staffel und 1 Teil der 1. Warte aller Staffeln. Größte Schwierigkeiten am 27. 8. bereiten die Nachrichtenverbindungen. Verspätetes Eintreffen der Funktrupps (Ausfall von 2 Wagen von 3 auf dem Marsch Werneuchen – Gabbert).
a) Verpflegungs- b) Gesundheitszustand:	a) Feldküchenverpflegung b) keine besonderen Krankheiten
Mun.-Verbrauch, Ergänzung usw.:	keine
Witterung:	wie am 24. 8. wenig verändert
Zu- u. Abgang unterst. Truppen:	wie am 24. 8.
Bemerkungen:	Akte Band D unter 27. 8.

Tag:	28. 8.
Ort und Art der Unterkunft:	wie am 27. 8.
Kriegerische Tätigkeit usw.:	Kampfhandlungen: keine Ausgabe der Einsatzbefehle Nr. 3, 4 und 5 (Band D). *Anmerkung:* Nachrichtenverbindungen waren auch an diesem Tag noch nicht einsatzbereit. Befehl für Ausbildungsrichtlinien v. Fl.Div. 1 eingegangen. (Siehe Band D unter 28. 8. 1939). Soweit möglich, nach Maschinenlage und Material bzw. Gerät, friedensmäßige Ausbildung. Befehl für Ausgabe des Übungspostverfahrens. Deckname »Schönheit« entfallen, bis auf weiteres Deckname »Siburg«. Befehl für Verbesserung der Tarnung.
a) Verpflegungs- b) Gesundheitszustand:	a) Feldküchenverpflegung b) keine besonderen Krankheiten
Mun.-Verbrauch, Ergänzung usw.:	keine
Witterung:	Warm, Gewitterneigung, Quellbewölkung
Zu- u. Abgang unterst. Truppen:	wie am 24. 8.
Bemerkungen usw.:	Akte Band D unter 28. 8.

Tag:	29. 8.
Ort und Art der Unterkunft:	wie am 27. 8.
Kriegerische Tätigkeit usw.:	Kampfhandlungen: keine Ausgabe des Zusatzbefehles zum Einsatzbefehl Nr. 3 v. 27. 8. 1939. Nochmalige Warnung vor Grenzverletzung. Linie Schwiebus – Landsberg – Warthe – Hammerstein – Rummelsburg – Kolziglow – Winpacht – nordwestl. Bütow – Lauenburg – Leba darf nicht überflogen werden. *Anmerkung:* Besuch des Herrn Generaloberst Milch bei Verband.
a) Verpflegungs- b) Gesundheitszustand:	a) Feldküchenverpflegung b) keine besonderen Krankheiten
Mun.-Verbrauch, Ergänzung usw.:	keine
Witterung:	Frühnebel, Quellbewölkung 5–7/10
Zu- u. Abgang unterst. Truppen:	wie am 24. 8.
Bemerkungen usw.:	Akte Band D unter 29. 8.

Tag:	30. 8.
Ort und Art der Unterkunft:	wie am 27. 8.
Kriegerische Tätigkeit usw.:	Kampfhandlungen: keine *Anmerkung:* K.G. 26 durch fehlerhafte Aufhängevorrichtung der SD 50-kg-Bomben nicht einsatzbereit. Fehler wurden sofort behoben und Einsatzbereitschaft wieder hergestellt. Dienstverrichtung: Erledigung technischer Arbeiten an den Maschinen und kleiner Dienst (Sport, Schwimmen, Erntehilfe und Unterricht). Nochmalige Einweisung in K-Lage.
a) Verpflegungs- b) Gesundheitszustand:	a) Feldküchenverpflegung b) keine besonderen Krankheiten
Mun.-Verbrauch, Ergänzung usw.:	keine
Witterung:	wie am 29. 8. wenig verändert
Zu- u. Abgang unterst. Truppen:	wie am 27. 8.
Bemerkungen usw.:	Akte Band D unter 30. 8.

Tag:	31. 8.
Ort und Art der Unterkunft:	wie am 27. 8.
Kriegerische Tätigkeit usw.:	Kampfhandlungen: keine *Anmerkung:* Eingang neuer Lageberichte. Besuch General Grauert. General Grauert läßt sich vom Gruppenkommandeur Oberstlt. v. Bushe den genau gedachten Verlauf des Einsatzes (vom Rollen, Start bis zur Rückkehr und Landung) vortragen. – Anschließend Besuch auf Geschwadergefechtsstand. Einsichtnahme in getroffene Vorbereitungen. Anschließend Abflug. Eingang des Befehls zum Entladen der Maschinen und neuer Befehl zum Beladen der Maschinen. Weiterer Befehl gemischt Splitter- und Sprengbomben zu beladen. Von Div. geforderte Meldung über überschießendes fliegendes Personal. Eingang eines mündlichen Befehls von Fl.Div. Befehl ging 1300 Uhr ein, Flak sofortige Feuerbereitschaft. – Jagdverbände sofortige Startbereitschaft – Dieser Befehl wurde nach 1¾ Stunden wieder aufgehoben.
a) Verpflegungs- b) Gesundheitszustand:	a) Feldküchenverpflegung b) keine besonderen Krankheiten
Mun.-Verbrauch, Ergänzung usw.:	keine
Witterung:	Warm, hohe dünne Bewölkung
Zu- u. Abgang unterst. Truppen:	wie am 24. 8.
Bemerkungen usw.:	Akte Band D unter 31. 8.

Tag:	1. 9.
Ort und Art der Unterkunft:	wie am 27. 8.
Kriegerische Tätigkeit usw.:	In der Nacht vom 31. 8. zum 1. 9. 1939 Durchgabe der Uhrzeit »X gl. Quelle + 45« von Fl.Div. 1. Kampfgeschwader 26, das unvorhergesehen unter den Befehl der Luftflotte 1 gestellt wurde, war nur das Stichwort für die erste Unternehmung bekannt und über Bedeutung des durchgegebenen nicht unterrichtet. Durch zufällige Anwesenheit eines Kuriers bei der Division konnte die Bedeutung geklärt und den Gruppen rechtzeitig der Einsatzbefehl und Einsatzzeit übermittelt werden. Das Stichwort bedeutete: »Angriff gegen Polen mit Grenzübertritt 0445 Uhr für das Geschwader.« Befohlener Grenzübertritt konnte jedoch wegen Wetterlage nicht eingehalten werden. Am 1. 9. 1939 morgens war derart

	starker Bodennebel, daß selbst ein Einzelstart vor 0900 Uhr nicht möglich war.
a) Verpflegungs- b) Gesundheitszustand:	a) Feldküchenverpflegung b) keine besonderen Krankheiten
Mun.-Verbrauch, Ergänzung usw.:	Verbrauch an Mun. siehe letzte Seite vom 1. 9.
Witterung:	anfangs nebelig, dann Haufenwolken 6/10
Zu- u. Abgang unterst. Truppen:	wie am 27. 8. 1939
Bemerkungen usw.:	Akte Band D unter 1. 9. 1939

Tag und Uhrzeit:	1. 9. 1939, 0911 Uhr
Ort und Art der Unterkunft:	Flughafen Gabbert
Kriegerische Tätigkeit usw.:	*Start eines Flugzeuges der Stabsstaffel.*

(Besatzung: Fw. Steen, Lt. Jacobi, Uffz. Oldenburg, Gefr. Grone)

Auftrag: Wettererkundung auf dem Anmarschweg Posen – Komorniki – Warthelager, Durchgabe durch Astrameldungen.

Beladung: –

Erfolg: Schlechtwetterlage wird auch am Ziel bestätigt, mit Wetterbesserung ist zu rechnen.

Abwehr: –

Flughöhe: Wechselnd je nach Wetterlage.

Landung: 1040 Uhr

Einsatzbefehl für Gruppe von Bushe (II./K.G. 26)
für Gruppe Reichard (1./Z.G. 2)
für Stabsstaffel K.G. Siburg

1. *Luftlage:* s. Nachrichten Fl.Div. 1

2. *Fliegerdivision 1 beabsichtigt* mit unterstellten Kräften die Feindseligkeiten mit einem Schlag gegen die feindliche Luftwaffe und ihre Bodenorganisation zu eröffnen.

3. *Dem K.G. Siburg ist als Kampfraum* zugewiesen:
Rechte Grenze: Wollstein – Kosten – Pyzdry – Kutnow – Skierniewice.
Linke Grenze: Falkenburg – Hohensalza (ausschl. Gostynin – Sochaczew – Bahnlinie nach Warschau Hauptbahnhof.

4. Gruppe von Bushe greift unter Schutz der Jagdgruppe Reichard Ziele um Posen an – in erster Linie Flugplatz Lawica. Seine Anlagen und abgestellten Flugzeuge *sind zu zerstören.* Zweite Ziele: Flugplatz

Komorniki, Flugplatz Ziel Nr. 10118, Truppenübungsplatz Warthelager und Verschiebebahnhof am Südrand der Stadt Posen bei erkannten Truppenverladungen.

5. Grenzübertritt »X gleich Quelle + 45« (mindestens 4000 m Flughöhe).
Wegen Wetterlage mußte Uhrzeit verschoben werden.

6. Gruppe von Bushe überfliegt die Grenze über Friedeberg kommend. Die Startzeit der Jagdgruppe hat so zu erfolgen, daß sie bei Grenzüberflug den Schutz der K-Gruppe übernehmen kann. Ist gemeinsamer Marsch des Kampf- und Jagdverbandes wegen Wetterlage nicht möglich, so startet die Jagdgruppe so, daß sie mit Kampfgruppe gleichzeitig über Flugplatz Lawica eintrifft. Anflug Gruppe von Bushe erfolgt in diesem Falle auch über Friedeberg. (Marschgeschwindigkeit der Kampf-Gruppe 320 km)
Rückflug der Jagdgruppe zum Starthafen, sobald Gruppe von Bushe den Angriff durchgeführt und Rückmarsch angetreten hat. Gruppe Reichard setzt sich mit Gruppe v. Bushe, zwecks Orientierung über das beabsichtigte Verhalten der Gruppe v. Bushe am Ziel, in Verbindung.

7. Bei Wolkenhöhen 2000–4000 m und nicht über 6/10 Bedeckung wird Grenze zur befohlenen Zeit über den Wolken in 4000 m mindestens passiert und mit gedrosselten Motoren auf Posen zugeflogen. Wenn notwendig, ist rechtzeitig vor Posen durchzustoßen und die befohlenen Ziele anzugreifen.

8. Bei geschlossener Wolkendecke in 2000–4000 m Start der Gruppe von Bushe in Ruhehafen kettenweise Abstände und Flug über oder unter den Wolken nach Wetterlage.

9. Bei Wolkenhöhe unter 2000 m: fällt Jagdschutz aus. Geschwader Siburg wird entsprechenden Befehl an Frankfurt/Oder funken. Funkverbindung ist durch Geschwader-Nachrichtenoffizier sicherzustellen. Gruppe v. Bushe führt Angriff mit befohlener Grenzübertrittszeit der Wetterlage entsprechend durch.

10. Bei Wolkenhöhe unter 200 m wird Einsatz nicht durchgeführt.

11. *Nachrichtenverbindungen:* siehe Nachrichtenbefehl.

12. *Beladung:* möglichst SD 50.

13. *Aufklärung:* Ein Aufklärungsflugzeug der Stabsstaffel Siburg folgt Gruppe v. Bushe und lichtbildet Treffergebnisse, die obengenannten Ziele sind sämtlich aufzunehmen.

14. *Uhrenvergleich:* Uhren sind nach Radio-Zeit am Abend zu stellen.

15. Ich fliege mit Führungskette an Gruppe v. Bushe angehängt, mein Vertreter ist Hptm. Moeller auf Geschwadergefechtsstand Siburg.

Bemerkungen usw.: Anlage Band D.

Tag und Uhrzeit: 1. 9., 1125–1135 Uhr

Kriegerische Tätigkeit usw.: *Start Geschwaderführungskette*
(Besatzung: Feldw. Füllgrabe, Generalmaj. Siburg,
Feldw. Junker, Uffz. Lippold.
Uffz. Wünsche, Oblt. Streng,
Uffz. Heinz, Uffz. Fleddermann.
Gefr. Campe, Feldw. Garve,
Gefr. Böhm, Obgefr. Eickmann)

Gruppenführungskette und der 4., 5. und 6. Staffel der II./K.G. 26, insgesamt 33 Maschinen.

Auftrag: Angriff auf Ziele um Posen in erster Linie Flugplatz Lawica, Anlagen und Flugzeuge sind zu zerstören, Flugplatz Komorniki, Warthelager. Auf dem Anflug ist der Feldflugplatz der dem Geschwader für diese Unternehmung unterstellten Jagdgruppe I./Z.G. 2 bei Friedeberg zu überfliegen, die Befehl bekommen hatte, die II./26 beim Angriff und Rückflug zu schützen.

Beladung: SD und SC Bomben zu 50 kg.

Erfolg: Geschwaderführungskette Lawica erfolgreich angegriffen. Führungskette II./26 und 4. Staffel Angriff auf Lawica, Bahnkreuzung Lawica – Komorniki und Warthelager. 5. Staffel Lawica und Bahnkreuzung Lawica. 6. Staffel Lawica, Bahnhof Posen Gleisanlage und Warthelager erfolgreich angegriffen, Brände beobachtet, genaue Erfolge durch Zielbilder.

Abwehr: 1. und schw. Flak; aufsteigende polnische Jäger wurden durch eigene Jagdflugzeuge abgedrängt.

Flughöhe: 4000–5000 m beim Angriff.

Landung: aller Maschinen 1300 Uhr

Besonderes Vorkommnis: Uffz. Heydel und Uffz. Meyer der 5./26 beobachteten Abschuß eines polnischen Jägers durch deutschen Jäger. 2 Maschinen durch Flaktreffer leicht beschädigt.

Tag und Uhrzeit: 1. 9., 1135 Uhr

Kriegerische Tätigkeit usw.: *Start eines Flugzeuges der Stabsstaffel zur Aufklärung.*
(Besatzung: Oblt. Paul, Ofw. Strüber,
Uffz. Stock, Uffz. Hoffmann)

Auftrag: direkter Kurs zum Ziel Lawica, Wettererkundung, lichtbilden der durch K.G. 26 angegriffenen Ziele.

Beladung: –

Erfolg: Wetterbesserung, aufgerissene Bewölkung, Ziele gelichtbildet.

Flughöhe: wieder wechselnd je nach Wetterlage, 2000 m.

Abwehr: –
Landung: 1300 Uhr

Einsatzbefehl für Gruppe Mehnert für Angriff auf Posen am 1. Y-Tag.

1. *Luftlage:* siehe letzte Nachrichten Fl.Div. 1

2. *Fliegerdivision 1 beabsichtigt* mit unterstellten Kräften die Feindseligkeiten mit einem Schlag gegen die feindliche Luftwaffe und ihre Bodenorganisation zu eröffnen.

3. Dem K.G. Siburg ist als *Kampfraum* zugewiesen:
Rechte Grenze: Wollstein – Kosten – Pyzdry – Kutno – Skierniewice.
Linke Grenze: Falkenburg – Hohensalza (ausschl.) – Gostynin – Sochaczew Bahnlinie nach Warschau Hauptbahnhof.

4. Gruppe Mehnert greift lohnende Ziele (belegte Flughäfen und Anlagen der Luftwaffenbodenorganisationen Truppenansammlungen) an auf dem Wege:
Wongrowitz – Gnesen – Wreschen – Schroda.
Besonders Umgebung des letztgenannten Ortes ist auf Flugplätze abzusuchen.
Belegte Plätze sind zu zerstören, d. h. gegebenenfalls unter mehreren Anflügen.

5. Grenzübertritt »X gleich Quelle + 45«
(mindestens 4000 m Flughöhe)
(Wegen Wetterlage mußte Uhrzeit verschoben werden.)
Es ist so rechtzeitig zu starten, daß die Grenze bei entsprechender Wetterlage in 4000 m Höhe überschritten wird.
Bei geschlossener oder aufgerissener Wolkendecke ist der Flug den Verhältnissen entsprechend durchzuführen und die Startabstände sind entsprechend zu regeln.
Bei Wolkenhöhe unter 200 m wird der Einsatz nicht durchgeführt.

6. *Nachrichtenverbindungen:* siehe Nachrichtenbefehl Nr. 3.

7. *Beladung:* möglichst SD 50.

8. Ich fliege mit Führungskette an Gruppe v. Bushe angehängt. Mein Vertreter ist Hptm. Moeller auf Geschwadergefechtsstand Siburg.

Tag und Uhrzeit:	1. 9., 1140–1152 Uhr
Ort und Art der Unterkunft:	Flughafen Schönfeld
Kriegerische Tätigkeit usw.:	*Start der I./K.G. 53 mit 29 Maschinen.*

Auftrag: Lohnende Ziele auf dem Wege Wongrowitz – Gnesen – Wreschen – Schroda sind anzugreifen. Belegte Plätze sind zu zerstören, gegebenenfalls sind mehrere Anflüge zu machen.

Beladung: SD und SC Bomben zu 50 kg.

Erfolg: Flugplatz Gnesen Südostrand getroffen. Flugplatz westlich Schroda gute Wirkung beobachtet, Bahnhof Schroda und Gleisanlagen, Flugplatz Lawica und Bahnanlagen südl. Posen erfolgreich angegriffen. Kein Verkehr beobachtet, Flugplatz Posen wenig belegt.

Abwehr: durch Flak, keine Verluste.

Flughöhe: 1000–4000 m

Landung: 1330 Uhr

Besonderes Vorkommnis: Eine Maschine in Frankfurt a. d. O. wegen Motorschaden gelandet, eine weitere Maschine ebenfalls auf deutschem Gebiet notgelandet. Beide Maschinen konnten am folgenden Tage wieder nach Schönfeld überführt werden.

Um restlosen Erfolg an den Zielen sicherzustellen, wird am Nachm. des 1. 9. 1939 Stabsstaffel und 2./26 nochmals auf die Ziele vom ersten Einsatz angesetzt.

Tag und Uhrzeit:	1. 9., 1702 Uhr
Ort und Art der Unterkunft:	Flughafen Gabbert
Kriegerische Tätigkeit usw.:	*Start einer Maschine der Stabsstaffel*

(Besatzung: Uffz. Deußinger, Ofw. Stadler,
Feldw. Barth, Obgefr. Hase)

Auftrag: Aufklärung im Raume Posen – Bromberg. Lichtbilden der Ziele um Posen.

Tag und Uhrzeit:	1715 Uhr
Kriegerische Tätigkeit usw.:	*Start der Geschwaderführungskette*

(Besatzung: Feldw. Füllgrabe, Oblt. Liebich,
Feldw. Junker, Uffz. Lippold.
Uffz. Wünsche, Oblt. Streng,
Uffz. Heinz, Uffz. Fleddermann.
Gefr. Campe, Feldw. Garve,
Gefr. Böhm, Obgefr. Eickmann)

und der II./K.G. 26 mit 30 Maschinen

Auftrag: Angriff auf Lawica, Rundfunksender, Nachschublager, Flugplatz Komorniki – Schwersens – Warthelager.

	Beladung: SD und SC Bomben. *Erfolg:* Alle Ziele wirksam bekämpft (Lichtbilder). *Abwehr:* Leichte und mittlere Flak Warthelager, Lawica, Posen. *Flughöhe:* 4500–5500 m *Landung:* 1830–1910 Uhr *Besonderes Vorkommnis:* 1 Jäger, wahrscheinlich Me 109, abstürzend beobachtet.
Mun.-Verbrauch, Ergänzung usw.:	Verbrauch an Mun. 1016: SC 50-kg-Bomben 1027: SD 50-kg-Bomben
Tag und Uhrzeit:	2. 9., 1045 Uhr
Ort und Art der Unterkunft:	wie am 27. 8., Gabbert
Kriegerische Tätigkeit usw.:	*Start eines Aufklärers der Stabsstaffel* (Besatzung: Gefr. Lehmkuhl, Lt. Niehoff, Gefr. Reimann, Obgefr. Gerstenkorn) *Auftrag:* (Wegen Nebel konnte erst 1 Flugzeug der Stabsstaffel zur Aufklärung starten.) Aufklärung im Raume Bromberg – Graudenz – Posen – Thorn. *Beladung:* SD und SC Bomben. *Erfolg:* Truppenansammlungen an der Weichsel bei Bromberg festgestellt. *Abwehr:* Nur durch Infanterie. Maschine erhielt 3 Gewehrtreffer. *Flughöhe:* 800 m *Landung:* 1215 Uhr Entsprechend diesem Aufklärungsergebnis wurde II./K.G. 26 auf Ziele im Raum Fordon – Bromberg – Schulitz und Bahnhof Gnesen Bahnhof Mogilno und Bahnhof Zenin angesetzt.
a) Verpflegungs- b) Gesundheitszustand:	a) Feldküchenverpflegung b) keine besonderen Krankheiten
Mun.-Verbrauch, Ergänzung usw.:	Verbrauch an Mun. siehe letzte Seite vom 2. 9. 1939
Witterung:	warm, Haufen- und Quellbewölkung.
Zu- u. Abgang unterst. Truppen:	wie am 27. 8.
Bemerkungen usw.:	Akte Band D unter 2. 9. 1939
Tag und Uhrzeit:	2. 9., 1302–1304 Uhr
Kriegerische Tätigkeit usw.:	*Start der 5. Staffel mit Führungskette II./26 mit 12 Maschinen.*

Tag und Uhrzeit: 2. 9., 1323 Uhr

Kriegerische Tätigkeit usw.: *Start der 6. Staffel mit 9 Maschinen.*
Auftrag: Angriffe auf Ziele im Raume Fordon – Bromberg – Schulitz.
Beladung: Gemischtladung SD u. SC Bomben und 12 Schüttkästen mit Brandbomben.
Erfolg: Truppenbewegungen auf Straßen im befohlenen Raum sowie Weichselbrücken wurden erfolgreich mit Bomben belegt. Gute Wirkung auf befohlene Bahnhofsziele festgestellt. Zerstörungen auf Straßengabeln und Wald ostwärts Fordon im Eisenbahnknie. Außerdem auf Brückenkopf und Wagenpark in Fordon.
Abwehr: Durch Flak bei Bromberg und Bahnhof Gnesen.
Flughöhe: 3000–3500 m
Landung: der 5. Staffel und Führungskette II./26 1430–1436 Uhr mit 12 Maschinen.
Landung: der 6. Staffel 1502–1506 Uhr mit 9 Maschinen.

Tag und Uhrzeit: 2. 9., 1322 Uhr

Ort und Art der Unterkunft: Gabbert

Kriegerische Tätigkeit usw.: *Start eines weiteren Aufklärers der Stabsstaffel.*
(Besatzung: Feldw. Hildebrand, Lt. Voigt, Obgefr. Kowalke, Gefr. Meyer)
Auftrag: Aufklärung im Raume Bromberg – Graudenz – Posen und der Weichselübergänge.
Beladung: SD und SC 50-kg-Bomben.
Erfolg: Aufklärung ergab keine besonderen Feststellungen. Bomben wurden über Bahnhof Culm abgeworfen. Erfolg nicht beobachtet.
Abwehr: Maschine erhielt einen Flaktreffer.
Flughöhe: wechselnd bis 3000 m
Landung: 1522 Uhr

Auf einen Anruf der Fliegerdivision 1 hin wurde Gruppe Mehnert (I./K.G. 53) sowie 4./26 zum Angriff angesetzt.

Tag und Uhrzeit: 2. 9., 1410–1415 Uhr

Ort und Art der Unterkunft: Schönfeld

Kriegerische Tätigkeit usw.: *Start der I./K.G. 53 mit 30 Maschinen.*
Auftrag: Angriff auf Kolonnen auf Straßen Schwetz – Wildingen – Schwetz – Tuchel – Schwetz – Graudenz und Brückenbauarbeit an der Weichsel.
Beladung: SD und SC 50-kg-Bomben.
Erfolg: Befohlene Ziele wirksam bekämpft.
Abwehr: Leichte Flak Flugplatz Bromberg M.G.-Feuer aus Schloßpark Babarzyn usw. Graudenz.

	Flughöhe: 50–1000 m *Verluste:* Linke Maschine der Führerkette I./5 erhielt einen Flak – 2 cm Volltreffer. Bordfunker Uffz. Adam tot. Maschine glatt gelandet, aber nicht einsatzbereit. 2 weitere Maschinen hatten 2 cm Flaktreffer, 3 Maschinen M.G.-Treffer. *Landung:* 1712–1716 Uhr mit 30 Maschinen.
Tag und Uhrzeit:	2. 9., 1445–1447 Uhr
Ort und Art der Unterkunft:	Gabbert
Kriegerische Tätigkeit usw.:	*Start der 4./26 mit 8 Maschinen.* *Auftrag:* Angriff auf festgestellte Ziele im Raume Fordon – Bromberg – Schulitz – Schwetz und auf Anmarschweg. *Beladung:* SD und SC 50-kg-Bomben. *Erfolg:* Da nur eine Kolonne nördlich Plever festgestellt wurde, wurde dieses Ziel von einer Maschine eingedeckt, alle anderen Maschinen warfen nicht. *Abwehr:* Starkes Flakfeuer aus Gegend nördlich und südlich der Straße Schwetz – Tuchel. *Flughöhe:* 2000 m *Landung:* 1712–1716 Uhr mit 8 Maschinen.
Tag und Uhrzeit:	2. 9., 1734 Uhr
Kriegerische Tätigkeit usw.:	*Start einer Maschine der Stabsstaffel.* (Besatzung: Lt. Paul, Lt. v. Vleuten, Uffz. Stock, Obgefr. Hoffmann) *Auftrag:* Bilderkundung über Weichselbrücken. *Beladung:* SD und SC 50-kg-Bomben. *Erfolg:* gelichtbildet, keine Beobachtung. *Abwehr:* – *Flughöhe:* 2000 m *Landung:* 1910 Uhr
Mun.-Verbrauch, Ergänzung usw.:	Verbrauch an Mun. 560: SC 50-kg-Bomben 348: SD 50-kg-Bomben 432: B 1 E.L. Bomben
Tag:	3. 9.
Ort und Art der Unterkunft:	wie am 27. 8.
Kriegerische Tätigkeit usw.:	*Für die Kampfführung am 3. 9. 1939 hatte die Div. 1 befohlen:* K.G. 26 greift mit Schwergewicht in den Erdkampf ein. In Sonderheit ist ein Abfließen der Truppe über die Weichsel und den Bromberg-Kanal zu verhindern, sowie Bedrohung der Südflanke der 4. Armee auszuschalten.

	Bekämpfung der feindlichen Luftwaffe nur auf besonders stark belegten Plätzen. Es genügt, wenn Angriff Störungen in die Bewegungen hervorruft. Eigener Jagdschutz wird zugesichert. Dazu Vorbefehl von K.G. Siburg (K.G. 26) K.G. Siburg unterstützt am 3. 9. 1939 das Vorgehen der 4. Armee auf Grund dieser Aufklärung im Raume Wollstein – Kutno – Wloclawec – Litno – Rypin – Vansburg und bekämpft rückäufige Bewegungen des Gegners aus Süden, gegen die Netzelinie wird es zur Abwehr eingesetzt. Vordere Linie der eigenen Truppe (IV. Armee Südufer Netze – Nakel Eisenbahngabel 12 km nördlich Bromberg Bahnhof P. Btadzin (39 km nördl. Bromberg – Bystaw – Rytel). Eigene Panzerkräfte sind Richtung Schwetz vorgestoßen. Verbindung zu ihnen nicht vorhanden. Zur Aufklärung wird zunächst ein Flugzeug der I./K.G. 53 angesetzt.
a) Verpflegungs- b) Gesundheitszustand:	a) Feldküchenverpflegung b) keine besonderen Krankheiten
Mun.-Verbrauch, Ergänzung usw.:	Verbrauch an Mun. siehe letzte Seite vom 3. 9. 1939.
Witterung:	Gabbert: zunächst Bodennebel ab 0630 Uhr Nebel aufgelöst, klar, gute Sicht, im Laufe des Tages Bildung von Haufenwolken. Schönfeld: einwandfreie Wetterlage, gute Sicht.
Zu- u. Abgang unterst. Truppen:	wie am 27. 8.
Bemerkungen usw.:	Akte Band D unter 3. 9. 1939
Tag und Uhrzeit:	3. 9., 0635 Uhr
Ort und Art der Unterkunft:	Flughafen Schönfeld
Kriegerische Tätigkeit usw.:	*Start eines Aufklärers der I./K.G. 53.* *Auftrag:* Aufklärung im Raume Kolmar – Bromberg – Zlin – Wongrowitz. *Beladung:* SD und SC 50 kg und Brandbomben. *Erfolg:* Bombenwurf auf Bahnhof Exin und Kolonnen auf Straße Wongrowitz – Kamnitz. *Aufklärungsergebnisse:* Kleine Pferdefahrzeugkolonnen auf Straße Wongrowitz – Kamnitz, Bahnhof Exin schwach mit Güterwagen belegt, Biwak auf Sportplatz Lanschin, Brücke bei Netzwalde gesprengt, 10 km südl. brauchbare Behelfsbrücke, ebenso Behelfsbrücke bei Nakel festgestellt. *Abwehr:* – *Flughöhe:* 500–2000 m *Landung:* 0825 Uhr

Tag und Uhrzeit: 3. 9., 0700 Uhr
Ort und Art der Unterkunft: Schönfeld
Kriegerische Tätigkeit usw.: Ein weiteres Flugzeug der I./K.G. 53 wurde zur Aufklärung eingesetzt.

Uhrzeit: 0700 Uhr
Ort: Schönfeld
Kriegerische Tätigkeit usw.: *Start eines Aufklärers der I./K.G. 53.*
Auftrag: Aufklärung im Raume Bromberg – Thorn – Culmsee – Krone.
Beladung: SD und SC 50 kg sowie Brandbomben.
Erfolg: Bahnstrecke Bromberg – Hohensalza starker Güterzugverkehr nach Südosten. Bahnhof Hohensalza stark belegt, Hohensalza – Thorn schwacher Verkehr Richtung Thorn. Auf Straße wenig Verkehr, Übersetz- und Brückenbaugerät an Fähre bei Schulitz. Brücke bei Fordon gesprengt. Feldbefestigungen westl. der Weichsel zwischen Bromberg und Schwetz sämtlich verlassen. Eigener Frontverlauf konnte nicht festgestellt werden.
Abwehr: Flakstellungen bei Schulitz und nordwestl. davon bei Exin, Flugplatz Bromberg u. Flugplatz Thorn.
Flughöhe: wechselnd bis 2000 m

Besonderes Vorkommnis:
0725 Uhr wurde Aufklärer in 700 m Höhe von deutscher Flak Ostrand Schneidemühl beschossen.

Zur Sicherung der Südflanke der IV. Armee wird ein weiteres Flugzeug der Stabsstaffel angesetzt.

Tag und Uhrzeit: 3. 9., 0736 Uhr
Ort: Gabbert
Kriegerische Tätigkeit usw.: *Start eines Aufklärers der Stabsstaffel.*
(Besatzung: Uffz. Deußinger, Ofw. Stadler, Fw. Barth, Obgefr. Haase)
Auftrag: Aufklärung im Raume Nakel – Schubin – Wongrowitz – Gollantsch.
Beladung: SD, SC 50 und 250-kg-Bomben.
Erfolg: keinerlei Feindbewegungen festgestellt, auch Bilderkundung ergab im Aufklärungsraum keinen Feind.
Abwehr: –
Flughöhe: 1000–4000 m
Landung: 0917 Uhr

Tag: 3. 9.
Entsprechend dieser Aufklärungsergebnisse befiehlt K.G. 26 Einsatz von 2 Staffeln der I./K.G. 53.

Uhrzeit:	0815 Uhr
Ort:	Schönfeld
Kriegerische Tätigkeit usw.:	*Start der 1. Staffel mit 9 Maschinen.* *Auftrag:* Angriff auf Truppentransport Bahnhof Bromberg – Hohensalza – Thorn und auf Straße Hohensalza – Thorn. *Beladung:* Gemischt SD, SC und Brandbomben. *Erfolg:* Bahngabel sso. Bromberg und Zug bei Bahnhof Güldenhof wurde getroffen, weitere Treffer auf Zug südost Güldenhof auf Bahnhof Hohensalza und auf Zug bei Bahnhof Argenau. *Abwehr:* keine *Flughöhe:* 1300–1500 m *Landung:* 0950 Uhr mit 9 Maschinen.
Tag und Uhrzeit:	3. 9., 0930 Uhr
Ort:	Schönfeld
Kriegerische Tätigkeit usw.:	*Start der 2. Staffel mit 9 Maschinen.* *Auftrag:* Bahnhof Hohensalza und festgestellte Truppenbewegungen. *Beladung:* SC 50 kg und Brandbomben. *Erfolg:* Gute Wirkung auf Bahnstrecke und Bahnhof Hohensalza. *Abwehr:* Durch Flak und M.G.; keine Verluste. *Flughöhe:* 2500–4000 m *Landung:* 1104 Uhr mit 9 Maschinen. Zur Zielerkundung für Angriffe des Geschwaders am Nachmittag wird ein Flugzeug der Stabsstaffel angesetzt.
Uhrzeit:	1052 Uhr
Ort:	Gabbert
Kriegerische Tätigkeit usw.:	*Start eines Aufklärers der Stabsstaffel.* *Auftrag:* Aufklärung im Raume Bromberg – Hohensalza – Thorn – Schönsee – Culmsee – Schulitz. (Besatzung: Fw. Steen, Lt. Jacobi, Uffz. Oldenburg, Gefr. Throne) *Beladung:* SC und SD Bomben. *Erfolg:* Große feindliche Kolonnen von Bromberg nach Hohensalza, starker Bahnverkehr von Culmsee nach Thorn, sonstige Straßen und Bahn fast unbelegt. *Abwehr:* Leichte Flak bei Thorn, Hohensalza, Culmsee. Jäger bei Posen, Maschine erhielt 25–30 Treffer. *Flughöhe:* 1000–4000 m *Landung:* 1315 Uhr
	2. *Die Führungskette II./26*
Tag und Uhrzeit:	3. 9., 1322 Uhr
Ort:	Gabbert

Kriegerische Tätigkeit usw.:	*Start der Führungskette II./26 mit 3 Maschinen.* *Auftrag:* Aufklärung im Raume Nakel – Strelno – Kleczew und Angriff auf lohnende Ziele. *Beladung:* SD und SC Bomben. *Erfolg:* Bahnhof Mogilno Bahnlinien unterbrochen, Kolonnen auf Straßen Richtung Strelno mit Bomben belegt. Erfolg nicht beachtet. *Abwehr:* – *Flughöhe:* wechselnd bis 3000 m *Landung:* 1510 Uhr mit 3 Maschinen.
	3. *Die Führungskette K.G. 26*
Uhrzeit:	1400 Uhr
Ort:	Gabbert
Kriegerische Tätigkeit usw.:	*Start der Führungskette K.G. 26 mit 3 Maschinen.* (Besatzung: Feldw. Füllgrabe, Hptm. Moeller, Feldw. Junker, Uffz. Lippold. Uffz. Wünsche, Oblt. Streng, Uffz. Heinz, Uffz. Fledermann. Gefr. Campe, Feldw. Garve, Gefr. Böhm, Obgefr. Eickmann) *Auftrag:* Bahnerkundung im Raume Hohensalza – Gnesen – Wongrowitz – Znin und Angriff auf lohnende Ziele. *Beladung:* Gemischt SD und SC Bomben. *Erfolg:* Verkehr von Norden nach Süden festgestellt. Fahrende Züge und Bahnhöfe mit Bomben belegt. *Abwehr:* Flak an fast allen Bahnhöfen. *Flughöhe:* 1000–4000 m *Landung:* 1600 Uhr mit 3 Maschinen. Auf Grund der Aufklärungsergebnisse wird am Nachmittag 4./26 (Gruppe v. Bushe) und 1 Aufklärungsflugzeug eingesetzt.
Tag und Uhrzeit:	3. 9., 1443 Uhr
Ort:	Gabbert
Kriegerische Tätigkeit usw.:	*Start der 4./26 mit 9 Maschinen.* *Auftrag:* Angriff auf Fähre bei Schulitz und Straße Schwetz – Thorn, Anfahrwege zur Fähre und Bahnhof Schwetz, sofern belegt, bzw. als lohnendes Ziel erkannt. *Beladung:* SD, SC und Brandbomben. *Erfolg:* Befohlene Ziele wurden mit Bomben belegt, Volltreffer auf Bahnhof Schwetz beobachtet. Weiter wurde angegriffen stark belegter Bahnhof Thorn und Thorner Stadtwald mit Brandbomben, außerdem Truppenverladungen Bahnhof Grünberg und auf Bahnhof Ostromezkow. *Abwehr:* Flakabwehr bei Schwetz, Jäger gesichtet, aber kein Angriff.

Flughöhe: 3000 m
Landung: 1630 Uhr mit 9 Maschinen.

Uhrzeit:	1645 Uhr
Ort:	Gabbert
Kriegerische Tätigkeit usw.:	*Start eines Aufklärers der Stabsstaffel.* (Besatzung: Oblt. Paul, Ofw. Strüber, Uffz. Stock, Uffz. Hoffmann) *Auftrag:* Aufklärung im Raume Thorn – Hohensalza – Bromberg. *Beladung:* – *Erfolg:* Feindbewegungen auf Straße Schwetz – Langenau.
Tag und Uhrzeit:	3. 9., 1645 Uhr
Ort:	Gabbert
Kriegerische Tätigkeit usw.:	*Abwehr:* schwere Flak bei Thorn. *Flughöhe:* 3000 m *Landung:* 1830 Uhr Mündlicher Befehl von Div. Aufkl. hat auf Eisenbahnknotenpunkt Zgierz und Bahnen um Lodz starken Zugverkehr beobachtet, starke Belegung der Bahnhöfe und Strecke mit Güterwagen. Sofort mündl. Befehl an II./26, Ziele sind mit 2 Staffeln sofort zu bekämpfen. Landung wenn nötig wegen Dunkelheit in Breslau – Liegnitz.
Tag und Uhrzeit:	3. 9., 1700–1705 Uhr
Ort:	Gabbert
Kriegerische Tätigkeit usw.:	*Start der 6. Staffel II./26 mit 9 Maschinen.* *Auftrag:* Angriff auf Züge auf der Bahnlinie Leczyca – Zgierz. *Beladung:* SD und SC Bomben. *Erfolg:* Fahrender Zug zwischen Leczyca und Zgierz getroffen, abgestellte Güterzüge auf Bahnhof Zgierz und Bahnlinie ostwärts Lodz getroffen. *Abwehr:* – *Flughöhe:* 3000 m *Landung:* 1901–1907 Uhr mit 9 Maschinen.
Mun.-Verbrauch, Ergänzung usw.:	Verbrauch an Mun. 7: SC 250-kg-Bomben 1150: SC 50-kg-Bomben 344: SD 50-kg-Bomben 614: SC 10-kg-Bomben 5940: B 1 E L.
Uhrzeit:	1715 Uhr
Ort:	Gabbert

Kriegerische Tätigkeit usw.:	*Start der 5. Staffel II./26 mit 9 Maschinen.* *Auftrag:* Die auf den Ringgeleisen um Lodz stehenden 2000 Eisenbahnwagen sind zu bekämpfen. *Beladung:* SD, SC und Brandbomben. *Erfolg:* Ziel bekämpft, keine Beobachtung. *Abwehr:* Schwerer gut liegender feindlicher Flakbeschuß. Jäger gesichtet, jedoch kein Angriff. *Flughöhe:* 3000–4000 m *Landung:* in Schöngarten bzw. Liegnitz mit 9 Maschinen.
Uhrzeit:	1715 Uhr
Ort:	Gabbert
Kriegerische Tätigkeit usw.:	*Start eines Aufklärers der Stabsstaffel:* (Besatzung: Gefr. Lehmkuhl, Lt. Niehoff, Gefr. Reimann, Obgefr. Gerstenkorn) *Auftrag:* Gefechtsaufklärung und Trefferaufnahme für 5. Staffel bei Lodz. *Beladung:* SC Bomben. *Erfolg:* Treffer wurden gelichtbildet, Treffer auf Bahnanlagen westlich Lodz, südw. Lodz zahlreiche brennende Höfe. Bahnhof Zgierz mit Bomben belegt. *Abwehr:* – *Flughöhe:* 2000 m *Landung:* 1930 Uhr in Schöngarten.

Befehl der Division für Angriff am 4. 9. 1939.

K.G. 26 wird zur Unterstützung des Heeres gegen rückwärtige Verbindungen, Kolonnen und Ansammlungen, besonders im Raume Bentschen – Kolo – Kutno – Plock – Bielsk – Argenau – Falkenburg – eingesetzt. Es kommt darauf an, durch fortgesetzte Angriffe auf die rückwärtigen Verbindungen, Kolonnen und Ansammlungen des Gegners, vornehmlich im zugewiesenen Raum jede Truppenverschiebung nach Süden und in dem Weichselbogen nach Bromberg zu unterbinden. Polnische Luftwaffe ist wiederum nur anzugreifen, wenn Flugplätze als stark belegt gemeldet werden. Zum Schutz der eigenen Truppen werden jeweils Sicherheitsabstände befohlen. Für 4. 9. 1939 sind es die Weichsel und Netze. Es darf auf keinen Fall vorkommen, daß im Korridor zwischen Weichsel und Netze eigene Truppen angegriffen werden. Brücken über die Weichsel sind nicht zu zerstören. Es muß gewährleistet sein, daß den ganzen Tag über durch Zurückhalten von startbereiten Teilen plötzlich auftauchende Ziele sofort bekämpft werden können. Einsatz hat derart zu erfolgen, das ⅓ zwecks Flugzeug und Motorenüberholung in Ruhe bleibt. Ab Hellwerden, ⅓ in Startbereitschaft, das übrige in Bereitschaft. Einsatz erfolgt erst auf Grund eingegangener Aufklärungsmeldungen. (Bei Bereitschaft hat

der Start einer Kampfgruppe spätestens innerhalb 60 Min. zu erfolgen, bei Startbereitschaft muß der unverzügliche Start sofort gewährleistet sein.)
Gem. eines weiteren Div. Befehls stellt K.G. 26 eine Kampfgruppe zum Angriff auf Bahnhof Lodz bereit. Der Angriff ist zwischen 1400 und 1500 Uhr durchzuführen. Zur gleichen Zeit befindet sich eine Jagd- und Zerstörergruppe über dem Ziel.
Dieser Befehl wurde durch die Division im Laufe des Tages wie folgt abgeändert bzw. ergänzt:
K.G. 26 greift die Bahnhöfe Widzew und Koluski, beide ostwärts Lodz, Schwerpunkt bei Widzew an. Angriff auf Bahnhof innerhalb Lodz entfällt. Jagd- und Zerstörerschutz bleibt.

a) Verpflegungs- b) Gesundheitszustand:	a) Feldküchenverpflegung b) keine besonderen Krankheiten
Mun.-Verbrauch, Ergänzung usw.:	Verbrauch an Mun. siehe letzte Seite vom 4. 9. 1939.
Witterung:	vorwiegend wolkenlos, einzelne Bewölkung in 5000 m
Zu- u. Abgang unterst. Truppen:	wie am 27. 8.
Bemerkungen usw.:	Akte Band D unter 4. 9. 1939

Tag und Uhrzeit:	4. 9., 0433 Uhr
Ort und Art der Unterkunft:	Flughafen Gabbert
Kriegerische Tätigkeit usw.:	*Start eines Aufklärers der Stabsstaffel:* (Besatzung: Feldw. Hildebrand, Lt. Voigt, Gefr. Meyer, Obgefr. Kowalke) *Auftrag:* Aufklärung im Raume Thorn – Bromberg – Bromberg – Briesen. *Beladung:* – *Erfolg:* keine Bewegungen erkannt. *Abwehr:* – *Flughöhe:* 6000 m *Landung:* 0700 Uhr

Tag und Uhrzeit:	4. 9., 0823 Uhr
Kriegerische Tätigkeit usw.:	*Start eines Aufklärers der Stabsstaffel:* (Besatzung: Oblt. Paul, Ofw. Strüber, Uffz. Stock, Uffz. Hoffmann) *Auftrag:* Aufklärung im Raume Hohensalza – Mogilno – Wreschen – Schroda – Posen. *Beladung:* *Erfolg:* 7 Züge in Posen, keine größeren Bewegungen erkannt.

Abwehr: durch leichte Flak.
Flughöhe: 6000 m
Landung: 1030 Uhr

Uhrzeit: 0856 Uhr
Start von 3 Aufklärern der Stabsstaffel:
(Besatzung: Uffz. Wünsche, Oblt. Streng,
Uffz. Heinz, Uffz. Fleddermann.
Gefr. Campe, Feldw. Garve,
Gefr. Böhm, Obgefr. Eickmann.
Feldw. Füllgrabe, Lt. v. Vleuten,
Feldw. Junker, Uffz. Lippold)
Auftrag: Erkundung im Raume Aleksandrow – Plesk – Kutno – Hohensalza.
Beladung: SC und SD und Brandbomben.
Erfolg: Bombenwurf auf belegte Bahnhöfe, sämtliche Bahnhöfe belegt, sonst keine Feindbewegung erkannt.
Abwehr: durch leichte Flak.
Flughöhe: 4000 m
Landung. 1110 Uhr mit 3 Maschinen.

Tag und Uhrzeit: 4. 9., 1300 Uhr
Ort und Art der Unterkunft: Flughafen Schönfeld
Kriegerische Tätigkeit usw.: *Start der I./K.G. 53 mit 30 Maschinen.*
Auftrag: Bahnhof Koluski und Widzew, Flugplatz Dalikow, 25 km westnordwest Lodz und erkannte Marschkolonnen bzw. sonstige milit. Ziele im befohlenen Raum anzugreifen.
Beladung: SD und SC und Brandbomben.
Erfolg: Gleisanlage bei Koluski getroffen. Zerstörungen auf Bahnhof Widzew und Gleisanlage. Eine Explosion beobachtet. Flugplatz wnw. Lodz bei Anflug auf Ziel beworfen, schwere Beschädigung. Bodenanlagen wurden durch in Brand geratenen angrenzenden Wald und durch Splitter zerstört.
Abwehr: Flak Südostrand Lodz und bei Turek.
Jäger: 1 Hochdecker, 1 Staffel Hochdecker bei Lodz, kein Angriff.
Flughöhe: 4000–4500 m
Landung: 1540–1548 Uhr mit 30 Maschinen.
Aufklärungsergebnis: Starker Güterzugverkehr von Wreschen in Richtung Slupka, fast sämtliche Bahnhöfe belegt, Bahnstrecken und Bahnhöfe ostw. Posen stark mit rollendem Material in Richtung Osten belegt.

Uhrzeit: 1410 Uhr
Ort: Gabbert
Kriegerische Tätigkeit usw.: *Start der 5./26 mit 8 Maschinen.*
Auftrag: Angriff auf Kolonnen und Bahnanlage im Raum Znin – Mogilno – Gnesen – Wongrowitz.

Beladung: 10-kg-Bomben
Erfolg: Auf Bahnhof Gnesen Treffer beobachtet Zerstörungen auf Gleisanlagen Mogilno und Wongrowitz. Jagdhafen Schroda nicht belegt.
Abwehr: Flak bei Gnesen.
Flughöhe: 3000–5000 m
Landung: 1630 Uhr mit 8 Maschinen.
Besonderes Vorkommnis: Bei einem Flugzeug wurde beobachtet, das die 10-kg-Bomben beim Zusammenschlagen etwa 100 m unter d. Flgz. detonierten

Tag und Uhrzeit: 4. 9., 1634 Uhr
Ort: Gabbert
Start der 6./26 mit 8 Maschinen.

Tag und Uhrzeit: 4. 9., 1637 Uhr
Kriegerische Tätigkeit usw.: *Start der Führungskette K.G. 26*
(Besatzung: Feldw. Füllgrabe, Generalmaj. Siburg,
Oblt. Liebich,
Feldw. Junker, Uffz. Liepold.
Uffz. Wünsche, Oblt. Streng,
Uffz. Heinz, Uffz. Fleddermann.
Gefr. Campe, Feldw. Garve,
Gefr. Böhm, Obgfr. Eickmann)
Auftrag: Flugplatz nordwestl. Lodz falls belegt, sonst Bahnhof Zgierz.
Beladung: SC 50 und 250-kg-Bomben.
Erfolg: Flugplatz Lodz nicht belegt. Nordbahnhof Zgierz und erkannte Kolonnen wirksam bekämpft.
Abwehr: Schwere Flak bei Lodz.
Flughöhe: 5000 m
Landung: 1855 Uhr mit sämtlichen Maschinen.

Tag und Uhrzeit: 4. 9., 1640 Uhr
Kriegerische Tätigkeit usw.: *Start von 3 Maschinen der Stabsstaffel.*
(Besatzung: Oblt. Paul, Ofw. Strüber,
Uffz. Stock, Uffz. Hoffmann.
Feldw. Hildebrand, Lt. Voigt,
Gefr. Reimann, Obgefr. Gerstenkorn.
Gefr. Lehmkuhl, Lt. Niehoff,
Gefr. Meyer, Obgefr. Kowalke)
Auftrag: Bombenwurf auf Bahnhof Wreschen.
Beladung: SD und SC 50-kg-Bomben
Erfolg: Treffer auf Bahnhof und Züge beobachtet.
Abwehr: keine
Flughöhe: 4000 m
Landung: 1850 Uhr

Gegen 1700 Uhr Bombenexplosion auf Flugplatz Gabbert. Eigene Bomben in einer Maschine der 5. Staffel

auf dem Boden explodiert. Ursache des Unglücks wurde durch L.In. 5 (Oberst Fuchs) untersucht und geklärt. 2 Maschinen wurden gänzlich vernichtet, 7 Maschinen teils leicht beschädigt.
An Soldaten verunglückten tödlich:
Feldw. Meyer Heinz 5./26 Bordfunker
Uffz. Fentsch Erwin 5./26 Bordfunker
Uffz. Hartmann Alfred 5./26 Flg.Mech.
Gefr. Nürnberger Joachim 1. F.H.B.Kp. 152 Bombenwart
Flg. Mertens Josef 1. F.H.B. Kp. 152 Bombenwart
Flg. d. Res. Hübner Horstkomp. Gabbert.
Weitere 9 Schwerverletzte, 6 Leichtverletzte.
An den Folgen des Unglücks starb von den Schwerverletzten:
Uffz. Hawranke II./26.

Tag: 4. 9.

Mun.-Verbrauch, Ergänzung usw.: Verbrauch an Mun.:
42: SC 250-kg-Bomben
838: SC 50-kg-Bomben
366: SD 50-kg-Bomben
592: SC 10-kg-Bomben
6352: B 1 EL.

Tag: 5. 9.

Ort und Art der Unterkunft: wie am 27. 8.

Kriegerische Tätigkeit usw.: 1. *Divisionsbefehl:* K.G. 26 klärt auf. Eisenbahnlinie Slupka – Konin – Kolo – Kutno –. Ferner Belegung der Straßen Wreschen – Slupka – Konin – Kolo – Kutno – Konin – Ryschwal, Kolo – Turek, Kolo – Uniejow – Wierzschy.
2. Erkannte Belegung der Straßen und Bahnen ist zu bekämpfen. Es kommt darauf an, das Herankommen des Gegners an der Nordflanke der X. Armee zu verhindern.
Weiterer Befehl der Division:
Wie am 4. 9.; so ist noch am 5. 9. Hauptaufgabe für K.G. 26 die Verschiebung von Truppen nach dem mittleren und Südpolen zu verhindern. Daneben ist der Kampf gegen die polnische Luftwaffe fortzusetzen. Angriffsbeginn gegen Eisenbahnziele erst auf Befehl der Div. Angriff gegen Industrieziele sind verboten. Zuteilung von Jagdfliegern für Jagdschutz regelt Division.
Im Kampfraum des K.G. 26 kommt es darauf an, die Bahnen Mogilno – Gnesen und Wreschen – Bromberg – Hohensalza Eisenbahnknotenpunkt 35 km westl. Kutno – Alexandrow – Wloclawek – Kutno dauernd zu überwachen und den Verkehr zu

unterbinden. Besonders sind Bahnhof Wreschen, die Bahnkreuzung westl. Kutno und Kutno selbst anzugreifen. Außerdem sind gesamte Straßenabschnitte zu unterbrechen. Außerdem sind Straßen im Raume Cnin – Gnesen – Wreschen – Konin – Kolo – Kutno – Plock zu überwachen und erkannte Truppenbewegungen anzugreifen.

Sicherheitslinie westl. der Linie Wongrowitz – Cnin – Schulitz – Deutsch-Eylau sind erkannte Marschbewegungen auf keinen Fall anzugreifen. Bei einwandfrei erkannten Zielen westl. dieser Sicherheitslinie ist die Genehmigung der Div. zum Angriff einzuholen.

Aufklärung: Die Aufklärungsergebnisse der Stabsstaffel über Straßen und Eisenbahnbewegungen sind sofort an die Division weiterzumelden, um einen Überblick über den Umfang der Bewegung zu erhalten. Die Angriffe auf Eisenbahnen sind zu lichtbilden.

Für den 6. 9. muß angestrebt werden, die volle Einsatzbereitschaft herzustellen. Es sind daher für den 5. 9. ⅓ der Verbände in Ruhe zu belassen.

Geschwaderbefehl für Gruppe Mehnert.

Divisionsbefehl bekannt. Gruppe Mehnert greift möglichst früh, Start der Gruppe überlassen, die Eisenbahnen Posen – Mosina, Posen – Schroda und Bahnhof Wreschen an, mit dem Ziele, die Eisenbahnbetriebe zu unterbinden. Zerstörung von Kunstbauten und Brücken sind zu vermeiden.

Nach Durchführung des Angriffs ist sofortige Einsatzbereitschaft wieder herzustellen.

Maschinen sind zu beladen.

a) Verpflegungs- b) Gesundheitszustand:	a) Feldküchenverpflegung b) keine besonderen Krankheiten
Mun.-Verbrauch, Ergänzung usw.:	Verbrauch an Mun. siehe letzte Seite vom 5. 9. 1939.
Witterung:	vorwiegend wolkenlos, einzelne Bewölkung über 5000 m, schwache Winde aus Süd- bis Südost.
Zu- u. Abgang unterst. Truppen:	wie am 27. 8.
Bemerkungen usw.:	Akte Band D unter 5. 9. 39.
Tag und Uhrzeit:	5. 9., 0517–0523 Uhr
Ort und Art der Unterkunft:	Schönfeld
Kriegerische Tätigkeit usw.:	*Start der 1. Staffel I./53 mit 9 Maschinen.* *Auftrag:* Zerstörung Bahnkreuz und Bahnlinie 5 km ostwärts Kolo. *Beladung:* SD und SC 50-kg-Bomben. *Erfolg:* Bahnkreuz gut eingedeckt, Brände in näherer Umgebung festgestellt.

Abwehr: mittlere Flak bei Kolo.
Flughöhe: 1800–2000 m
Landung: 0713–0718 Uhr mit 9 Maschinen.
Aufklärungsergebnisse: Am Ostrand von Gnesen einzelne Brände festgestellt. Straßenbrücke bei Weißenburg nördl. Posen über die Warthe gesprengt. Eisenbahn- und Straßenbrücke über die Warthe in Obornik gesprengt. Starker Zugverkehr in ost- und südl. Richtung.

Tag und Uhrzeit: 5. 9., 0730 Uhr
Ort und Art der Unterkunft: Schönfeld
Kriegerische Tätigkeit usw.: *Start der 3. Staffel I./53 mit 9 Maschinen.*
Auftrag: Zerstörung Bahnanlage Wreschen.
Beladung: SC 50 und 250 kg u. Brandbomben.
Erfolg: Bahnanlagen gut getroffen, außerdem Strecke Wreschen – Gnesen durch Treffer unterbrochen.
Abwehr: Leichte Flak bei Miloslaw und Flugplatz Hohensalza.
Flughöhe: 300–1700 m
Landung: 1017 Uhr mit 9 Maschinen
Aufklärungsergebnisse:
Auf Bahngleis Gnesen – Wreschen und Gnesen – Posen kurze Güterzüge; auf Straße Wreschen – Miloslaw zurückdrängende Kolonnen anscheinend Flüchtlinge.

Tag und Uhrzeit: 5. 9., 0801–0804 Uhr
Ort und Art der Unterkunft: Schönfeld
Kriegerische Tätigkeit usw.: *Start der 2. Staffel I./53 und Führungskette I./53 mit 12 Maschinen.*
Auftrag: Bahnanlage und Eisenbahnverkehr und Straßen Posen – Schroda. Miloslaw – Wreschen – Slupka, Gnesen – Pudewitz sind zu zerstören.
Beladung: SC 50 und 250 kg u. Brandbomben.
Erfolg: Treffer im Bhf. Wreschen und Slupka. Alle anderen Bahnanlagen wurden beworfen und wirksam zerstört. Truppenbewegungen wurden mit M.G. bekämpft.
Abwehr: leichte Flak südl. Wreschen.
Flughöhe: 300–1700 m
Landung: 0950–1000 Uhr mit 12 Maschinen.
Aufklärungsergebnis:
Auf allen Straßen wenig Verkehr. Brücke über Warthe gesprengt, Brücke bei Posen brennt.

Tag und Uhrzeit: 5. 9., 1017 Uhr
Ort und Art der Unterkunft: Schönfeld
Kriegerische Tätigkeit usw.: *Start der 1. Staffel I./53 mit 9 Maschinen.*
Auftrag: Zerstörung der Bahnanlagen westl. Kutno.

Beladung: SC 50 und 250-kg-Bomben u. Brandbomben.
Erfolg: Bahngabel westl. Kutno mehrere Treffer bei Bahnhof Wolodra ein Güterzug durch Bombenwurf zur Entgleisung gebracht.
Abwehr: leichte Flak
Flughöhe: 2500 m
Landung: 1207 Uhr mit 9 Maschinen.
Aufklärungsergebnisse:
Mehrere Züge auf Strecke Konin – Kutno, Feldflugplatz bei Kleczow nordwestl. Konin erkannt.

Tag und Uhrzeit: 5. 9., 1335 Uhr
Ort und Art der Unterkunft: Gabbert
Kriegerische Tätigkeit usw.: *Start einer Maschine der Stabsstaffel.*
(Besatzung: Uffz. Lehmkuhl, Lt. Niehoff, Gefr. Reimann, Obgefr. Gerstenkorn)
Auftrag: Es ist zu lichtbilden Bahnhof Wreschen, Bahnhof Gnesen, Slupka, Eisenbahnknotenpunkt westl. Kutno, Eisenbahngabel westl. Kutno, Bahnhof Kutno. Beworfener Zug auf Strecke Woklawek – Gostynin – Plock u. Jagdplatz bei Kleczew.
Beladung: SC 50-kg-Bomben
Erfolg: Ziel gelichtbildet, Bomben auf stehenden Zug auf Strecke Konin – Slupka. Erfolg nicht bestätigt.
Abwehr:
Flughöhe: 1000–4000 m
Landung: 1640 Uhr

Tag und Uhrzeit: 5. 9., 1412 Uhr
Ort und Art der Unterkunft: Gabbert
Kriegerische Tätigkeit usw.: *Start einer Maschine der Stabsstaffel.*
(Besatzung: Uffz. Deußinger, Ofw. Stadler, Feldw. Barth, Obgefr. Haase und 1 Operateur der Propaganda-Kp. 1).
Auftrag: Bilderkundung über Eisenbahn- und Straßentransporte im Raume Wlokanitz – Kolo – Gerzcgorcew – Kutno – Gostynin – Plock.
Beladung: SC und SD 50-kg-Bomben.
Erfolg: gelichtbildet, Bomben auf Eisenbahn Woclawek – Kolo geworfen.
Abwehr: –
Flughöhe: 5000 m
Landung: 1632 Uhr
Einsatzbefehl für Gruppe von Bushe (II./26)
Gruppe v. Bushe greift erkannten Eisenbahnverkehr auf der Strecke Slupka – Kolo und als einwandfrei erkannte Kolonnen auf der Straße Slupka – Kolo, Konin – Ryschwal, Kolo – Turek und Kolo – Uniejow an. Wird Belegung von Bahn und Straßen nicht festgestellt, so ist mit Bomben in Gabbert zu landen.

Tag und Uhrzeit:	5. 9., 1617 Uhr
Kriegerische Tätigkeit usw.:	*Start der 6. Staffel II./26 mit 9 Maschinen.* *Auftrag:* Angriff auf Kolonnen auf Straße Slupka – Konin, Turek – Kolo. *Beladung:* SD und SC 50-kg-Bomben. 250-kg-Bomben. 10-kg-Bomben. *Erfolg:* Treffer auf Kraftwagenkolonne Konin – Kolo. *Abwehr:* leichte Flak Gegend Kolo, M.G. Feuer von Straße Turek – Kolo, Jagdangriffe zwischen Kolo und Wreschen. *Flughöhe:* 1800–2000 m *Landung:* 1817–1825 Uhr mit 9 Maschinen.

Tag und Uhrzeit:	5. 9., 1625 Uhr
Ort und Art der Unterkunft:	Gabbert
Kriegerische Tätigkeit usw.:	*Start der 4. Staffel II./26 mit 9 Maschinen.* *Auftrag:* Angriff auf Eisenbahn Slupka – Konin – Kolo, Straße und Eisenbahn Kolo – Dabice – Uniejow. *Beladung:* SC 50 und 250-kg-Bomben und 10-kg-Bomben. *Erfolg:* Alle Ziele wirksam bekämpft, schwere Artillerie auf Straße Kolo – Dabice bekämpft. *Abwehr:* Jagdangriffe, etwa 6 Jäger, 1 Jäger durch 3. Kette abgeschossen. Flugzeugführer sprang ab – Maschine Aufschlagbrand. Mittlere Flak bei Kolo und Wreschen. *Flughöhe:* 1600 m *Landung:* 1831–1837 Uhr mit 9 Maschinen.
Mun.-Verbrauch, Ergänzung usw.:	Verbrauch an Mun. 107: 250-kg-Bomben 1106: 50-kg-Bomben SC 4: 50-kg-Bomben SD 112: 10-kg-Bomben SC 4320: B 1 EL.

Tag:	6. 9.
Ort und Art der Unterkunft:	Flughafen
Kriegerische Tätigkeit usw.:	Am Abend des 5. 9. 1939 ging folgender Divisionsbefehl ein: Flieger-Division 1 setzt mit Schwergewicht auf Unterstützung des Heeres, wie am 5. 9. Kampf fort und unterbricht Transportbewegungen nach Süden und Südosten. Kampfraum-Einteilung erfolgt nicht, da voraussichtlich ein Kampfgeschwader abgegeben wird und der Einsatz der Kampfgruppe je nach Lage erfolgt.

Truppengliederung wie am 5. 9. 1939.

Kampfaufträge: Kampfgeschwader 26 hat am 6. 9. bei Morgengrauen den Feldflugplatz Klescew mit einer Gruppe anzugreifen. Sämtliche übrigen Verbände haben ab Hellwerden zum Einsatz gegen Straßen und Bahnziele Startbereitschaft. Einsätze erfolgen nur auf Befehl der Division. Kampfgeschwader 26 wird voraussichtlich am 6. 9. vorübergehend der Luftflotte 4 unterstellt.

Aufklärung: Kampfgeschwader 26 klärt auf im Raume Leczyca – Wloclawek – Mogilno – Slupka, Ryschwall (Bahnlinie Wloclawek – Leczyca zu K.G. 26). Um ein klares Bild der Transportbewegungen zu gewinnen, ist die Aufklärung von allen Verbänden zu folgenden Zeiten einheitlich anzusetzen:

1. Welle bei Hellwerden über Aufklärungsraum
2. Welle um 1100 Uhr über Aufklärungsraum
3. Welle um 1500 Uhr über Aufklärungsraum
4. Welle um 1800 Uhr über Aufklärungsraum

Daraufhin Geschwaderbefehl für Aufklärung der Stabsstaffel am 6. 9. 1939.

1. Aufklärungsraum Leczyca – Wloclawek – Mogilno – Slupka – Ryschwall (Bahnlinie Woclawek – Leczyca.)
2. Zu überwachen sind besonders Straßen und Eisenbahnen, die nach Osten und Südosten führen. Es sind dies die Straßen und Bahnen Mogilno – Strzelno – Gruschwitz – Radciejew – Brzese – Kujatski – Wloclawek – Leczyca – Klodawa – Kolo – Somplono – Korin – Kolo – Turek – Ryschwall – Konin – Slupka.

Erkannte Truppenbewegungen sind durch Funk nach den vom Geschwader angegebenen Bezugspunkten zu melden. Es sind militärische Anlagen und mit Transporten stark belegte Ortschaften zu lichtbilden.

a) Verpflegungs- b) Gesundheitszustand:	a) Feldküchenverpflegung b) keine besonderen Krankheiten
Mun.-Verbrauch, Ergänzung usw.:	Verbrauch an Mun. siehe letzte Seite vom 6. 9. 1939.
Witterung:	Wetter klar, ohne Wolken, Sicht 20 km. Leichter Bodendunst.
Zu- u. Abgang unterst. Truppen:	wie am 27. 8.
Bemerkungen usw.:	Akte Band D unter 6. 9. 1939

Tag und Uhrzeit: 6. 9., 0440 Uhr

Ort und Art der Unterkunft: Gabbert

Kriegerische Tätigkeit usw.: *Start eines Aufklärers der Stabsstaffel.*

(Besatzung: Hptm. Müller, Lt. Niehoff, Uffz. Lehmkuhl, Gefr. Reimann, Obgefr. Gerstenkorn)

Auftrag: Wie oben befohlen. Außerdem ist Angriff der folgenden Gruppe v. Bushe zu lichtbilden.

Beladung: SC 50-kg-Bomben.

Erfolg: Angriff auf E-Hafen Kleczew wurde gelichtbildet, Bahnhof Wreschen wurde mit Bomben belegt, starker Bahnverkehr auf Bahnen um Wreschen wurde beobachtet.

Flugplatz Schroda belegt.

Abwehr: leichte Flak.

Flughöhe: 2000 m

Landung: 0645 Uhr

Einsatzbefehl für Gruppe v. Bushe (II./26).

Am 6. 9. 1939 greift Gruppe v. Bushe so früh als möglich den Jagdflugplatz 3 km südlich Kleczew an und vernichtet die dort abgestellten Flugzeuge. Eingesetzt werden 2 Staffeln Führungskette der Gruppe und Stabsstaffel-Kette. Zielunterlagen sind für jede Kettenführermaschine bei Stabsstaffel zu empfangen.

Tag und Uhrzeit: 6. 9., 0449–0455 Uhr

Ort und Art der Unterkunft: Gabbert

Kriegerische Tätigkeit usw.: *Start der 4. und 6. Staffel, sowie der Führungskette II./26 und einer Kette der Stabsstaffel.*

(Besatzung: Feldw. Füllgrabe, Ofw. Stadler,
Feldw. Junker, Uffz. Lippold.
Uffz. Wünsche, Oblt. Streng,
Uffz. Heinz, Uffz. Fleddermann.
Gefr. Campe, Gefr. Böhm,
Feldw. Garve, Obgefr. Eickmann)

Auftrag: Angriff wie oben befohlen auf E-Hafen südlich Kleczew.

Beladung: SD SC 50 kg und Brandbomben.

Erfolg: Erfolgreicher Angriff auf Kleczew. Waldbrand und Treffer am Rande des Waldes, dem Abstellplatz der Maschinen. Erfolg wurde gelichtbildet.

Abwehr: leichte Flak bei Slesin.

Flughöhe: 500–3000 m

Landung: 0622–0640 Uhr

Gemäß Divisionsbefehl Einsatz eines weiteren Aufklärers zur Erkundung im befohlenen Aufklärungsraum über den festgestellten Eisenbahntransport sowie Marschkolonnen.

Tag und Uhrzeit: 6. 9., 1011 Uhr

Ort: Gabbert

Kriegerische Tätigkeit usw.: *Start einer Maschine der Stabsstaffel.*

(Besatzung: Oblt. Paul, Ofw. Strüber, Uffz. Stock, Obgefr. Hoffmann)

Auftrag: wie oben angegeben; besonders kommt es auf Straßen und Bahnerkundung im Raume Mogilno – Wloclawek – Lublin – Powitsch an. Weiter ist E-Hafen südlich Kleczew zu überwachen.

Beladung: SC und SD 50-kg-Bomben.

Erfolg: Im Raume Wreschen starker Eisenbahnverkehr, sonst keine besonderen u. größeren Bahn- bzw. Straßenbewegungen erkannt. Auf E-Hafen Kleczew wurde Wirkung des Angriffs der Gruppe v. Bushe festgestellt, keine Jägertätigkeit.

Abwehr: leichte Flak bei Warthelager

Landung: 1310 Uhr

Eine zweite, mit gleichem Auftrag 1015 Uhr gestartete Aufklärermaschine der Stabsstaffel (Bes.: Feldw. Hildebrand, Lt. Voigt, Gefr. Meyer, Uffz. Kowalke), kehrte wegen Motorschaden bereits 1125 Uhr zurück und konnte keine Aufklärungsergebnisse melden.

Um 1000 Uhr traf folgender Divisionsbefehl ein:

Kampfgeschwader 26 setzt eine Gruppe gegen den um 0900 Uhr als belegt gemeldeten Flugplatz Schroda ein. Je nach Stärke der Belegung ist die gesamte Gruppe oder nur 2 Staffeln einzusetzen. Als Ausweichziele sind Züge bzw. Kolonnen, auf Eisenbahnen und Straßen Gnesen – Wreschen und Eisenbahn Wreschen – Slupka anzugreifen.

Daraufhin wird vom Geschwader 26 Gruppe Mehnert mit 2 Staffeln und der Führungskette eingesetzt. (Kurz vor dem Start traf Nachricht von der Fl. Div. ein, daß gemeldete Flugzeuge in Schroda Attrappen seien.)

Tag und Uhrzeit: 6. 9., 1045 Uhr.

Ort: Schönfeld

Kriegerische Tätigkeit usw.: *Start der I./153 mit 19 Maschinen.*

Auftrag: Gruppe Mehnert greift mit 2 Staffeln den durch Aufklärer als belegt gemeldeten Flugplatz Schroda an und vernichtet die dort befindlichen Flugzeuge. Wird Belegung nicht erkannt, so wird der Gruppe als zweites Ziel der Angriff auf Eisenbahnverkehr und auf Straße Gnesen – Wreschen –, Wreschen – Konin zugewiesen.

Beladung: SD, SC 50 kg und SC 250 kg und Brandbomben.

Erfolg: Flugplatz Schroda nicht belegt. Daraufhin Angriff auf Bahnstrecke Wreschen – Gnesen und Wre-

schen – Slupka – Konin. Gute Erfolge. Volltreffer (250 kg) auf Lokomotivschuppen Wreschen und Gnesen, Volltreffer (250 kg) auf Gleisanlagen Bahnhof Wreschen, Gleisanlagen Slupka – Konin mit Bomben belegt.
Ein Zug dieser Strecke wurde mit Brandbomben bekämpft. Sämtliche sonst festgestellten Transportzüge wurden im Tiefflug durch MG-Feuer angegriffen. Auf Strecke Gnesen – Wreschen wurden mehrere Züge stehend beobachtet. Bahnbrücke zwischen Wreschen und Jaroschin über die Warthe ist gesprengt.
Abwehr: Leichte Flak und Fl.-MG. Bei Gnesen – Wreschen und Konin, 4 Jäger bei Gnesen.
Flughöhe: 80–1000 m
Landung: 1232–1240 Uhr mit 18 Maschinen.
Besonderes Vorkommnis: 2-cm-Flak-Treffer in Kommandeurmaschine bei Bahnhof Wreschen, eine Maschine 30 MG-Treffer, 2 Maschinen je 10 MG-Treffer. Von diesen Masch. wurde einer der rechte Motor zerschossen, Masch. konnte 1304 Uhr in Schönfeld glatt landen. Um 1230 Uhr traf neuer Befehl der Div. ein: Gegner versucht mit allen Mitteln sich drohender Umfassung aus Süden in Richtung Warschau und südl. davon zu entziehen. Um dieses zu verhindern, greifen um 1500 Uhr über Ziele mit allen verfügbaren Kräften an: K.G. 26 Straße Leczyca – Lowicz – Skierniewice. Falls Bewegung schon nach Osten fortgeschritten ist, sind Angriffe auch in Richtung Warschau fortzusetzen. Chef d. Gen.Stabes der Luftwaffe teilt mit, daß ein Gelingen dieser Angriffe wesentlich zur Kriegsverkürzung beitragen kann. Die größtmögliche Wirkung wird mit Tiefangriffen längs der Straße zu erreichen sein.
Daraufhin folgender Geschwaderbefehl:
1. Feindlage: Der Angriff der Armee auf Lodz hat gute Fortschritte gemacht. Feindliche Kolonnen und Eisenbahntransporte sind festgestellt. Leichte Flak an allen Eisenbahnknotenpunkten zu erwarten. Über feindliche Jagdkräfte liegen neue Nachrichten nicht vor.
2. Ob. d. L. beabsichtigt mit zusammengefaßter Luftwaffe die Kolonnen auf der Straße Lodz und Warschau anzugreifen.
3. K.G. Siburg greift die Straßen Leczyca – Lowicz, Lowicz – Skierniewice, Skierniewice – Mszczonow an.
Zeit des Angriffes 1500 Uhr über Ziel. Gruppe v. Bushe greift, so tief es die Bomben erlauben zur befohlenen Zeit mit einer Staffelkolonne auf der Straße Leczyca – Lowicz und mit der anderen auf der Straße Lowicz – Skierniewice – Mszczonow an.
4. Gruppe Mehnert folgt, sobald sie wieder startklar ist. Zielverteilung durch Gruppenkommandeur. Nach Ab-

wurf der Bomben sind gegebenenfalls die Kolonnen mit Maschinengewehr anzugreifen.

5. Rückflug freigestellt.
6. *Beladung:* soweit möglich SD 50 sonst SC 50 kg.
7. Ich fliege mit Führungskette mit Gruppe Mehnert.

Tag und Uhrzeit: 6. 9., 1351 Uhr

Kriegerische Tätigkeit usw.: *Start der 6. Staffel II./26 mit 9 Maschinen.*

Tag und Uhrzeit: 6. 9., 1358 Uhr

Kriegerische Tätigkeit usw.: *Start der 4. Staffel II./26 mit 9 Maschinen.*

Auftrag: wie oben befohlen, Angriff auf Kolonnen der Straße Lowicz – Skierniewice – Mszczonow – Leczyca – Lowicz.

Beladung: SD 50 und SC 50 kg sowie 250-kg-Bomben.

Erfolg: Treffer auf Straßen und Fahrzeugkolonnen. MG-Feuer auf Kolonnen der Straße Somblona – Klodawa, Bombenwurf auf Bahnhof Skierniewice. 4. Staffel konnte Straße Kutno weder beobachten noch angreifen, da Angriff durch feindliche Jagdangriffe (20 Jäger) gestört wurde.

Es wurde beworfen: Eisenbahnlinie Lowicz – Zielko und E-Hafen 40 km südwestl. Lowicz.

Abwehr: Leichte Flak an allen Straßen, 4. Staffel wurde von fdl. Jägern Gegend Leczyca angegriffen.

Verluste: 4 Maschinen mit Besatzungen vermißt.

Flughöhe: 100–2000 m

Landung: 6. Staffel 1613–1630 Uhr
4. Staffel 1628–1655 Uhr

Führungskette der Stabsstaffel startete 1456 Uhr nach Schönfeld.

(Besatzung: Feldw. Füllgrabe, Generalm. Siburg,
Feldw. Junker, Uffz. Lippold.
Uffz. Wünsche, Oblt. Streng,
Uffz. Heinz, Uffz. Fleddermann.
Gefr. Campe, Feldw. Garve,
Gefr. Böhm, Obgefr. Eickmann)

und macht von dort den Einsatz mit der I./K.G. 53.

Tag und Uhrzeit: 6. 9., 1520 Uhr

Kriegerische Tätigkeit usw.: *Start der I./K.G. 53 mit Führungskette Stabsstaffel K.G. 26.*

Auftrag: Bekämpfung von Zielen auf Straßen Leczyca – Lowicz – Skierniewice – Mszczonow.

Erfolg: Treffer auf Straßen und Truppenansammlungen, bei zweimaligem Anflug Bahnhöfe Skierniewice – Lowicz und Mszczonow mit Bomben belegt. Straßen und Kolonnen wurden gleichzeitig mit MG angegriffen, einzelne Brände an den Straßen wurden festgestellt.

Aufklärung: Größere Kolonne nördlich Mogilno festgestellt. Eine Maschine, wahrscheinlich Bruch einer He 111, bei Slecin beobachtet.
Abwehr: Mittlere Flak bei Lenzcin, Patno und Slesin, leichte Flak bei Kolo, am Ziel 4 Jäger.
Flughöhe: 900–1500 m
Landung: 1755–1815 Uhr in Schönfeld.
Landung der Führungskette 1805 Uhr in Gabbert.
Anmerkung: Verluste der 4./26. Beim Einsatz der II./26 wurde 4. Staffel durch Jagdangriff zersprengt. Als vermißt wurden am Abend des 6. 9. gemeldet:

1. Ofw. Brocks, Beobachter
   Uffz. Noltin, Flugzeugführer
   Uffz. Listl, Bordfunker
   Uffz. Wohlebe, Bordmechaniker
2. Oblt. Stüwe, Flugzeugführer
   Lt. Kempe, Beobachter
   Ofw. Florian, Bordfunker
   Uffz. Taupadel, Bordmechaniker
3. Feldw. Nicklaus, Bordmechaniker
   Ofw. Lehnert, Beobachter,
   Uffz. Detlefsen, Flugzeugführer
   Gefr. Ostendörfer, Bordfunker
4. Oblt. Matthäus, Beobachter
   Lt. Benesch, Flugzeugführer
   Uffz. Giese, Bordfunker
   Uffz. Briel, Bordmechaniker

Am späten Abend des 6. 9. meldete Oblt. Matthäus von Breslau, daß seine Besatzung in Breslau-Schöngarten Notlandung vornehmen mußte. Am 8. 9. erhielt K.G. 26 Nachricht, daß die Besatzung Oblt. Stüwe Notlandung hinter den feindlichen Linien vornehmen mußte, sich aber mit den verletzten Uffz. zur eigenen Front durchschlagen konnte.
Weitere Berichte siehe 8. 9. 1939.

Mun.-Verbrauch, Ergänzung usw.:	Verbrauch an Mun. 61: SC 250-kg-Bomben 2522: SC 50 kg-Bomben 78: SD 50-kg-Bomben 3132: B 1 EL.
Tag:	7. 9.
Ort und Art der Unterkunft:	Neudorf/Oberschl. Barackenunterkunft. Flughafen Neudorf.
Kriegerische Tätigkeit usw.:	Gemäß Fernschreiben der Fl.Div. 1, Ia vom 6. 9. 1939 wird Verlegung des Stabes K.G. 26, Stabsstaffel 26 und I./53 nach Neudorf Kreis Oppeln angeordnet, II./26 nach Nieder-Ellguth Kreis Oppeln. K.G. 26 tritt sodann

ab 7. 9. 1939 unter den Befehl der Fliegerdivision 2 (Grottkau) und Luftflotte 4.
Verlegung mußte am 7. 9. 1939 von 0800–1700 Uhr durchgeführt werden. Beendete Verlegung wurde um 1700 Uhr an Fl.Div. 2 gemeldet.
Weiterer Einsatz erfolgte am 7. 9. 1939 nicht. Die Zeit wurde zur Wiederherstellung der Einsatzbereitschaft verwandt.

a) Verpflegungs-
b) Gesundheitszustand:
a) Feldküchenverpflegung
b) keine besonderen Krankheiten

Mun.-Verbrauch, Ergänzung usw.: kein Verbrauch

Witterung: warm, Quellbewölkung, dunstig 3/10

Zu- u. Abgang unterst. Truppen: wie am 27. 8.

Bemerkungen usw.: Akte Band D unter 7. 9. 1939

Tag: 8. 9.

Ort und Art der Unterkunft: Neudorf/Oberschl. Barackenunterkunft.

Kriegerische Tätigkeit usw.:
Eingang folgenden mündlichen Divisionsbefehls
Feindlage: Feind flutet auf die rumänische Grenze zurück.
Eigene Truppe folgt mit mot. Kräften.
Folgende Linie wurde erreicht:
Papjanice – Tomaszow Maz – Konski – Skarzyska – Kamienna – Staszow – Radomyesl – Wielki – Biecz – Krempna.
Mot. Kräfte werden diese Linie voraussichtlich heute Nacht weiter überschritten haben. K.G. Siburg hat den Auftrag den Eisenbahnverkehr im Raume Kielce – Jaroslaw – Tomaszow – Sambor zu unterbinden und das Abfluten des Gegners auf die rumänische Grenze zu verhindern.
Entsprechend eigener Aufklärung ist vom Geschwader der Einsatz zu befehlen. Es ist aufzuklären, Eisenbahnstrecken um Jaroslaw – Przemysl – Grodeck und Sambor.
Notlandeplätze Zipser-Neudorf, Vicnne Slowakei kann überflogen werden, Landung ebenfalls erlaubt. In Ungarn kann in Notfällen gelandet werden. Rumänisches Staatsgebiet ist nicht zu überfliegen.
K.G. Siburg gibt daraufhin folgenden Aufklärungsauftrag für Stabsstaffel:
1. *Feindlage:* Feind flutet z. T. aufgelöst auf die rumänische Grenze zu.

2. *Eigene Truppe* folgt ihm mit mot. Truppen und hatte am 7. 9. 1939 die Linie Pabjanice – Tomaszow – Maz – Konskie – Skarzysko – Kamienna – Staszow – Radomysl – Wielki – Biecz – Krempna erreicht. Es ist anzunehmen, daß schnelle mot. Kräfte diese Linie heute Nacht weiter überschritten haben. Aufgabe der Südarmee ist es, das Abfluten des Gegners auf die rumänische Grenze zu unterbinden.
3. K.G. Siburg hat den Auftrag, im Raume Brieg – Kielce – Annopol (12 km nördl. Zawichost) – Jaroslaw – Tomaszow Lubelski – Zotkie – Grodek – Jagielonki – Sambor – weitere Verlängerung auf die Grenze den Eisenbahnverkehr zu unterbinden.
4. Es ist aufzuklären in erster Linie Eisenbahnstrecke Jaroslaw – Przemysl und des weiteren die Bahnstrekke Przemysl – Grodek – Jagielonki, Przemysl – Chyrow – Sambor, Chyrow – Samok und Jaroslaw – Rawa Ruska.
5. Notlandeplätze: Zipser – Neudorf – Vienne. Die Slowakei kann jederzeit überflogen werden, Landung ist dort ebenfalls erlaubt. Notfalls kann auch Landung in Ungarn vorgenommen werden. Das Überfliegen in Rumänien ist unter allen Umständen zu vermeiden.
6. Zeitpunkt des Startes wird Stabsstaffel tel. durchgegeben.
7. Beobachter hat sich nach durchgeführtem Auftrag umgehend beim Geschwader Ia zu melden.

Tag und Uhrzeit:	8. 9., 0900 Uhr
Ort und Art der Unterkunft:	Neudorf
Kriegerische Tätigkeit usw.:	*Start einer Maschine der Stabsstaffel*

(Besatzung: Uffz. Deußinger, Ofw. Stadler, Feldw. Barth, Obgefr. Haase)
Auftrag: wie oben befohlen.
Beladung: –
Erfolg: Die Bahnlinien und Bahnhöfe im befohlenen Aufklärungsraum waren mittel belegt. Es wurden keine Züge unter Dampf festgestellt. Die Aufklärung wurde ohne Bombenzuladung in etwa 500–600 m Höhe geflogen.
Abwehr: wurde fast an allen Bahnhöfen erkannt, jedoch erreichte Flak nicht die Flughöhe der Maschine.
Flughöhe: 500–600 m
Landung: 1240 Uhr
Auf Grund neuer Aufklärungsergebnisse befiehlt K.G. 26 Einsatz der I./K.G. 53 mit dem Auftrag, Züge auf Bahnlinie und Bahnhöfe Przemysl – Grodek, Przemysl – Jaroslaw – Lubaczow anzugreifen.

Tag und Uhrzeit: 8. 9., 1115–1122 Uhr

Ort und Art der Unterkunft: Neudorf

Startete I./K.G. 53 zur Lösung dieses Auftrags mit 28 Maschinen.

Die Bahnstrecke Przemysl – Grodek wurde gut mit 50-kg-Bomben belegt, davon etwa 3 Volltreffer auf fahrende bzw. stehende Züge. Weitere Treffer wurden auf Bahnhof Jaroslaw Bahnhof Aleszyl und auf der Bahnstrecke Jaroslaw – Przemysl beobachtet. Einzelne Brände wurden auf Bahnhof Jaroslaw festgestellt.

Die Aufklärung dieses Fluges ergab weiterhin, daß die Straße Przemysl – Grodek 15 Züge in ostwärtiger Fahrtrichtung festgestellt wurden. Die Bahnlinie Jaroslaw – Przemysl und Jaroslaw – Lubaczow war stark belegt. Am Westrand von Rzeszow wurden Kasernenbauten erkannt. Der Angriffsflug wurde in wechselnder *Höhe von 800–2200 m* durchgeführt. *Flakabwehr* bei Przemysl, Jäger wurden dort auch gesichtet, sie griffen jedoch nicht in den Kampf ein.

Die *Landung* erfolgte ohne Verluste von 1425–1440 Uhr. Anschließend wurden 4. und 6. Staffel der II./26 mit gleichem Auftrag, nämlich den Bahnverkehr Jaroslaw – Lubaczow zu unterbinden um *1550 Uhr* eingesetzt.

Auf den Bahnhöfen Jaroslaw waren mehrere Güterzüge abgestellt, einzelne Treffer mit 50-kg-Bomben in den Zügen und auf den Gleisanlagen wurden beobachtet.

Die Bahnabzweigung Jaroslaw – Lubaczow wurde ebenfalls mit Erfolg angegriffen. Auf Bahnhof Lubaczow wurden haltende Züge von Bomben zerstört. Der Angriff wurde ohne Verluste in *3000–3500m Höhe* durchgeführt. *Abwehr* erfolgte von Bahnhof Jaroslaw durch leichte Flak. *Landung* der Maschinen war 1832 Uhr beendet. Weitere Einsätze des Geschwaders erfolgten an diesem Tage nicht.

Um 1100 Uhr kam fernmündlich Nachricht vom Luftgaukommando VIII, daß die Besatzung Oblt. Stüwe, Lt. Kempe, Ofw. Florian u. Uffz. Taupadel gerettet sei. Die Maschine mußte am 6. 9. nördl. Kalisch notlanden. Oblt. Stüwe und Lt. Kempe sind unverletzt. Ofw. Florian und Uffz. Taupadel wurden durch MG-Schüsse verletzt.

Die Maschine wurde nach der Landung durch die Besatzung zerstört. Die verletzten Uffz. wurden durch Oblt. Stüwe und Lt. Kempe durch die feindliche Linie in die eigene vordere Stellung gebracht. Ärztliche Behandlung wurde für Ofw. Florian und Uffz. Taupadel sofort sichergestellt. Es besteht keine Lebensgefahr. Oblt. Stüwe und Lt. Kempe wurden am Nachmittag aus Breslau – Gandau abgeholt.

Am Spätnachmittag trifft ein mündlicher Befehl der Div. ein, daß 1 Staffel der II./26 und eine der I./53 aus der

	Front herauszuziehen sind und durch andere Staffeln aus den Heimathorsten ersetzt werden.
a) Verpflegungs- b) Gesundheitszustand:	a) Feldküchenverpflegung b) keine besonderen Krankheiten
Mun.-Verbrauch, Ergänzung usw.:	Verbrauch an Mun. 766: SC 50-kg-Bomben 144: SD 50-kg-Bomben
Witterung:	Anfangs örtlich Bodendunst, tagsüber heiter, wolkenlos, Sicht 20 km 2–3/10.
Zu- u. Abgang unterst. Truppen:	wie am 27. 8.
Bemerkungen usw.:	Akte Band D unter 8. 9. 1939

Tag:	9. 9.
Ort und Art der Unterkunft:	Neudorf/Oberschl. Barackenunterkunft. Flughafen Neudorf.
Kriegerische Tätigkeit usw.:	*Divisionsbefehl:* Die Verbände der Fl.Div. 2 haben am 8. 9. 1939 in rollendem Einsatz feindliche Transportbewegungen in den Räumen Przemysl und Stanislau angegriffen, um ein Rückzug des Gegners hinter den San und abfließen nach Rumänien zu verhindern. Die feindliche Luftwaffe tritt nur durch vereinzelte Jäger in Erscheinung, die unsere Kräfte aber nicht angriffen. Die Luftflotte 4 verhindert heute das Ausweichen polnischer Heeresteile in Richtung Lemberg, Tarnopol, Rowno, Kowel, Brest. Fliegerdivision 2 verhindert durch Angriff auf alle in ihrem Kampfraum fahrenden und marschierenden Feindkolonnen und Transporte die Neubildung einer Feindgruppe im Raume um Lemberg. Es kommt darauf an, nur tatsächlich von der Aufklärung erkannte und gemeldete Bahntransporte und Marschkolonnen anzugreifen. Infolgedessen ist der Start der Aufklärungsflugzeuge noch bei Dunkelheit anzusetzen, um frühzeitig Aufklärungsergebnisse zu bekommen. Ein bloßes Zerstören von Eisenbahnlinien hat zu unterbleiben, wenn keine Transportbewegungen erkannt sind. Auf Grund der Aufklärungsergebnisse sind die in Bereitschaft zu haltenden Verbände zum Einsatz zu bringen. K.G. 26 befiehlt daraufhin Start je einer Aufklärungsmaschine (Besatzung: Feldw. Hildebrand, Lt. Niehoff, Gefr. Reimann und Obgefr. Gerstenkorn), Oblt. Paul, Ofw. Strüber, Uffz. Klein, Uffz. Hoffmann.

Tag und Uhrzeit:	9. 9., 0440 Uhr und 0445 Uhr
Kriegerische Tätigkeit usw.:	Start mit dem Auftrag, im Raume Jaroslaw – Przemysl – Lemberg – Lubaczow aufzuklären und alle erkannten Feindbewegungen durch Funk zu melden. Von beiden Besatzungen wurde starker Bahn- und Straßenverkehr von Jaroslaw nach Przemysl und von Grodek nach Jagilonski und von Rudki nach Lemberg gemeldet. Auf der Straße Przemysl – Grodek wurden vereinzelte Fahrzeuge gesichtet. Die Aufklärung wurde in *3–5000 m Höhe ohne feindliche Abwehr* geflogen. Ein feindlicher Jäger wurde in Gegend Przemysl in etwa 2000 m Höhe beobachtet. Die Maschinen *landeten* ohne Schaden *um 0800 Uhr und 0812 Uhr.*
Tag und Uhrzeit:	9. 9., 0715 Uhr K.G. 26 befiehlt daraufhin Einsatz der I./K.G. 53. *Start dieser Gruppe erfolgte mit 28 Maschinen* zum Angriff auf Züge und Kolonnen auf den Strecken Chyrow – Sambor – Lemberg und Przemysl – Grodek – Lemberg. Weiterhin ist der Flugplatz Lemberg anzugreifen. Die befohlenen Ziele wurden erfolgreich mit 50-kg-Bomben belegt. Besonders gute Wirkung auf Bahnhof Chyrow, Bahnhof Sambor und Bahnhof Lemberg festgestellt. Auf Bahnhof Lemberg wurden vereinzelte Brände beobachtet. Starke *feindliche Flak* griff I./53 bei Przemysl und Lemberg an. Jäger wurden während des ganzen Fluges nicht gesichtet. Die Aufklärung dieses Fluges ergab schwache Belegung auf den Strecken Przemysl – Lemberg und Sambor – Lemberg. Dagegen wurde der Bahnhof Lemberg als stark belegt festgestellt. Der Flugplatz Lemberg war mit etwa 10 einmot. Flugzeugen belegt. Die *Landung* konnte ohne besondere Vorkommnisse von *1030–1055 Uhr* durchgeführt werden. Um weitere genaue Feindbewegungen zu erhalten, befiehlt K.G. 26 den Start eines weiteren Aufklärers der Stabsstaffel.
Tag und Uhrzeit:	9. 9., 1003 Uhr *Start der Besatzung:* Uffz. Deußinger, Ofw. Stadler, Feldw. Barth, Obgefr. Haase. Mit dem *Auftrag* Aufklärung im Raume Jaroslaw – Przemysl – Lemberg – Lubaczow zu fliegen. Es ist besonders auf die Belegung von Flughäfen und auf Transportbewegungen zu achten. Die Aufklärung dieses Fluges ergab starken Bahnverkehr von Lemberg in ost- und südostwärtiger Richtung. Flughäfen wurden außer Lemberg nicht als belegt erkannt. Daraufhin gibt K.G. 26 folgenden Befehl: (siehe Anlage Band D)

1. Das Geschwader greift mit allen verfügbaren Flugzeugen in 2 Wellen abgestellte Eisenbahnwagen auf den Bahnhöfen Lemberg (Ziel Nr. 4011 und 4033) an.

2. Erste Welle Gruppe v. Bushe. Angriff auf abgestellte Wagen auf Westbahnhof Lemberg (Ziel Nr. 4011) sowie abgestellte Wagen auf den Gleisanlagen, die vom Westbahnhof nach Nordwesten führen.
Angriffshöhe zwischen 3000–4000 m. Große Höhenstaffelung wird empfohlen. Aufklärung ergab am Vormittag, daß Flak über 3000 m nicht hinaufreichte.

3. *Zweite Welle Gruppe Mehnert.* Angriff auf abgestellte Wagen auf Westbahnhof Lemberg (Ziel Nr. 4011) sowie auf Wagen auf den von dort nach Südwesten führenden Gleisen. Als 2. Ziel abgestellte Wagen auf dem nördlichen Bahnhof Lemberg (Ziel Nr. 4033). Abwehrverhältnisse am Ziel sind der Gruppe bekannt. Start wird noch befohlen.
Um eine nachhaltige Unterbindung des Bahnverkehrs zu erzielen, wurde *Beladung* mit 4 × 250-SC-kg-Bomben befohlen.

Tag und Uhrzeit: 9. 9., 1431 Uhr

Ort und Art der Unterkunft: Niederellguth
Startet die II./26 mit 2 Staffeln gegen den Güterbahnhof Lemberg und die nördlichen Gleisanlagen Hauptbahnhof Lemberg. Die Bahnhöfe wurden in *3–4000 m Höhe* mit 50 und 250-kg-Bomben angegriffen. Bahnhof und Gleisanlagen wurden gut getroffen, abgestellte Güterzüge wurden teils zerstört. Einzelne Brände wurden festgestellt. Die Gruppe meldete als besonderes Vorkommnis das Hängenbleiben einer 50-kg-Bombe. Die Bombe löste sich später selbständig und fiel blind auf polnisches Gebiet. Die *Landung* beider Staffeln *erfolgte von 1740–1745 Uhr.*

Tag und Uhrzeit: 9. 9., 1516–1520 Uhr

Ort und Art der Unterkunft: Neudorf
Startete die Führungskette des K.G. 26
(Besatzung: Feldw. Füllgrabe, Generalmajor Siburg,
Feldw. Junker, Uffz. Lippold.
Uffz. Wünsche, Oblt. Streng,
Uffz. Heinz, Uffz. Fleddermann.
Gefr. Campe, Feldw. Carve,
Gefr. Böhm, Uffz. Eickmann)
und die I./K.G. 53 zum Angriff auf Bahnhof Lemberg.

Tag und Uhrzeit:	9. 9., 1526 Uhr
Ort:	Neudorf *Start einer Maschine der Stabsstaffel.* (Besatzung: Uffz. Jung, Oblt. Treichel, Ofw. Weber, Uffz. Bellwinkel, Gefr. Bräutigam) *Auftrag:* Im Raume Jaroslaw – Przemysl – Lemberg Aufklärung zu fliegen und den Angriffserfolg auf Bahnhof Lemberg zu lichtbilden. Der Angriff der Führungskette und der I./K.G. 53 wurde in *500–3500 m Höhe* mit gutem Erfolg durchgeführt. Fast sämtliche Bomben lagen im Ziel (s. Lichtbild Bahnhof Lemberg). Schwere Zerstörung im Südwestteil der Bahnanlagen wurde festgestellt. Die Aufklärung im Raume Lemberg – Sambor – Przemysl ergab starken Straßen- und Kolonnenverkehr von Sambor nach Osten. Eine Maschine wurde durch einen Flakvolltreffer in rechte Fläche schwer beschädigt, das Querrudergestänge wurde in Gegend Jaroslaw abgeschossen, Maschine konnte trotzdem im Heimathafen glatt landen. Südlich Dzialoszyce wurde deutsche Panzer-Division erkannt. Die Weichselbrücke bei Nowy Korczyn brennt. *Abwehr* wurde bei Jaroslaw – Lemberg und Przemysl festgestellt. Alle Maschinen *landeten* ohne weitere Vorkommnisse bis *1845 Uhr* auf den E-Häfen. Der Auftrag des Aufklärers wurde in 2500–4500 m Höhe durchgeführt. Bahnhof Lemberg wurde gelichtbildet. Auch Augenbeobachtung ergab starke Zerstörung der gesamten Bahnanlage Lemberg. *Flugabwehr* bei Jaroslaw und Rzeszow, auf dem Rückflug wurde ab Jaroslaw in ostwärtiger Richtung starker Straßenverkehr festgestellt. Die *Landung* erfolgte ohne Vorkommnisse um *1850 Uhr.*
a) Verpflegungs- b) Gesundheitszustand:	a) Feldküchenverpflegung b) keine besonderen Krankheiten
Mun.-Verbrauch, Ergänzung usw.:	Verbrauch an Mun. 133: SC 250-kg-Bomben 692: SC 50-kg-Bomben 298: SD 50-kg-Bomben
Witterung:	Wolkenlos, dunstig, Sicht 6–10 km, windstill.
Zu- u. Abgang unterst. Truppen:	wie am 27. 8.
Bemerkungen usw.:	Akte Band D unter 9. 9.

Tag: 10. 9.

Ort und Art der Unterkunft: Neudorf/Oberschl. Barackenunterkunft. Flughafen Neudorf.

Kriegerische Tätigkeit usw.: Angriff ist, wie am Vortage, in den frühen Morgenstunden gegen erkannte militärische Ziele (Straßenverkehr und Züge auf freier Strecke) im Raume Rudki – Sambor – Grodek – Lemberg – Przemysl anzusetzen. Westl. der Linie Dobromil – Przemysl – Radymno darf nicht geworfen werden, ebenso ist der Raum nordwestl. der Straßen zwischen Jaroslaw – Radymno – Krakowice – Jarow und Rawa – Ruska nicht anzugreifen. Daraufhin gibt K.G. 26 folgenden Befehl an Gruppe v. Bushe:

1. Gruppe v. Bushe greift so früh als möglich den im Morgen auslaufenden feindlichen Verkehr auf Straßen und Eisenbahnen an. (Angriff auf Züge nur auf freier Strecke.)

2. Es sind Kolonnen und Züge anzugreifen zwischen den Zielpunkten: Przemysl – Medyka – Mosciska – Grodek – Jag – Lemberg – Chyrow – Sambor, Sambor – Rudki – Lemberg, Sambor – Drohobycz – Stryj – Bolechow.

3. Es darf nicht geworfen werden westl. der Linie Dobromil – Przemysl – Radymno und deren Verlängerung nach Norden und Süden.

4. Besonders ist darauf hinzuweisen, daß der Raum nordwestl. einschl. der Straßen zwischen den Zielpunkten Jaroslaw – Radymno – Krakowice – Jaworow – Rawa – Ruska nicht angegriffen werden dürfen.

5. Start wird der Gruppe freigestellt. Voraussichtlicher Start 15 Min. vor diesem zu melden. Die Gruppe setzte die 3./26, 5./26 mit Führungskette II./26 zu dem befohlenen Angriff ein, mit dem Auftrag wie im Geschwaderbefehl befohlen. Für 3./26 gelten der Feldflugplatz Grodek, Straße und Eisenbahn zwischen Rudki – Sambor und Wiami, für 5./26 ebenfalls Feldflugplatz bei Grodek und Bahnen und Straßenverkehr zwischen Lemberg – Przemysl als Ziele. Der Einsatz der 3. und 5./26 wurde in 3–4000 m Höhe geflogen. Die Ziele wurden mit 50-kg-Bomben belegt. Der Feldflugplatz bei Grodek wurde im ostwärtigen Teil gut getroffen. Ein Zug zwischen Grodek und Wisa wurde von beiden Staffeln beworfen. Weitere Treffer wurden auf den Gleisen festgestellt. Einzelne kleinere Fahrzeugkolonnen wurden auf den Straßen bei Wisznia und bei Mosciska angegriffen. Die Aufklärung ergab, daß der Feldflugplatz unbelegt war und auf den Straßen wenig Verkehr beobachtet wurde. Auf der Bahnstrecke Rudki – Sambor wurde ein Güterzug festgestellt, anscheinend nicht getroffen, da Sicht durch Wolkenfetzen verhindert war.

In einer Maschine der 5. Staffel blieben 3 Bomben hängen, sie wurden durch Notwürfe über dem Ziel scharf abgeworfen. Beide Staffeln und Führungskette konnten ohne besondere Abwehr bis 0818 Uhr auf ihren E-Häfen landen.
Um 1117 Uhr wird ein Aufklärer der Stabsstaffel (Bes.: Oblt. Paul, Ofw. Strüber, Uffz. Stock, Uffz. Hoffmann) zur Aufklärung im Raume Jaroslaw – Lemberg – Sambor und zur Flugplatzerkundung bei Krosno eingesetzt.
Die Aufklärung konnte in 4000 m Höhe ohne feindliche Abwehr geflogen werden. Bilderkundung und Augenerkundung ergaben guten Angriffserfolg auf West- und Nordwestbahnhof Lemberg. Auf den Straßen die von Jaroslaw nach Osten führt, wurden mehrere nicht zusammenhängende Kolonnen festgestellt. Sonst keine Beobachtung. Landung erfolgte 1430 Uhr. Gegen 1115 Uhr wird der Start einer Kette der I./53 zur Aufklärung im Raume Jaroslaw – Przemysl – Lemberg – Rawa – Ruska angesetzt. Erkannte Ziele (stehende Züge) sind anzugreifen, die Aufklärung ergab, Jaroslaw und Przemysl einige stehende Züge. Bahnhof Przemysl mit mehreren Zügen belegt. Zwischen Przemysl und Grodek ebenfalls stehende Züge. Straßenverkehr wurde nicht beobachtet. Erkannte Ziele wurden mit Bomben belegt, 2 Volltreffer wurden auf Züge zwischen Rawa Ruska und Lubaczow beobachtet. Auf Westbahnhof Lemberg wurden einzelne Brände festgestellt. Hart westl. Jaroslaw und Przemysl wurden starke eigene Kolonnen gesichtet. Der Flug wurde in etwa 800 m Höhe durchgeführt. Dabei von schwerer Flak ostwärts Jaroslaw und mittl. Flak bei Lemberg angegriffen. Maschine konnte ohne Schaden um 1515 Uhr landen. Um 1315 Uhr Start einer Maschine der Stabsstaffel (Bes.: Hptm. Müller, Oblt. Niederhausen, Lt. Voboril, Oblt. Jacobi [I./53]) zur Landung und Erkundung des E-Hafens Krosno mit dem weiteren Auftrag den Platz für weitere Belegung des Geschwaders zu beurteilen.
Der Flug wurde in 1000 m Höhe ohne Beladung durchgeführt. Der Platz wurde für das K.G. 26 als ein sehr geeigneter Absprunghafen befunden. Landung erfolgte 1845 Uhr in Neudorf.

a) Verpflegungs- b) Gesundheitszustand:	a) Feldküchenverpflegung b) keine besonderen Krankheiten
Mun.-Verbrauch, Ergänzung usw.:	Verbrauch an Mun. 808: SC 50-kg-Bomben
Witterung:	Wolkenlos, dunstig, Sicht etwa 5–10 km, windstill.

Zu- u. Abgang unterst. Truppen:	wie am 27. 8. 1939
Bemerkungen usw.:	Akte Band D unter 10. 39.

Tag:	11. 9. 1939
Ort und Art der Unterkunft:	Neudorf/Oberschl. Barackenunterkunft. Flughafen Neudorf.
Kriegerische Tätigkeit usw.:	Für den Einsatz am 11. 9. 1939 ging folgender Div.-Befehl ein:

1. *Luftlage:*
Große Anflugzeiten zum Feind sowie wenig Aufklärungsmeldungen über größere Feindbewegungen haben heute eine etwas schwächere Angriffstätigkeit der fliegenden Verbände zur Folge gehabt. Die Verbände der Fl.Div. 2 griffen im Raum Przemysl – Sambor – Lemberg erfolgreich verschiedene Transporte und Kolonnen an und machten damit dem Gegner ein planmäßiges Zurücknehmen seiner Kräfte in Richtung Lemberg unmöglich. Die feindliche Abwehrtätigkeit war sehr gering. Im Raum Sambor – Chyrow wurden 3 fdl. Jäger festgestellt, Flakabwehr war selbst auch im Raume Lemberg keine.
2. *Erdlage:*
Nachschubschwierigkeiten sowie größere eingeschl. Feindteile (bei Radom Teile von 5–6 poln. Divisionen) von denen Durchbruchsversuche zurückgewiesen werden mußten, verlangsamten heute etwas das Vorgehen der Heeresgruppe Süd.
Die in Warschau eingedrungene Panzerdivision wurde infolge starken Artillerie-Beschuß des Gegners vorübergehend in den Südwestteil der Stadt zurückgezogen. Die Weichsel wurde bei Gora – Kalwarja, Golab, Sandomierz der San bei Jaroslaw und Przemysl erreicht. Südl. Przemysl ist die Lage noch nicht völlig geklärt. Die XIV. Armee wird über den San und die obere Weichsel bei Sicherung der rechten Flanke gegen Ostgalizien in Richtung Chelm weiter vorgehen.
3. Luftflotte 4 unterstützt am 11. 9. mit Schwerpunkt das Vorwärtskommen der XIV. Armee und setzt die Angriffe auf Transportbewegungen und Marschkolonnen des weichenden Gegners ostwärts der Weichsel und des San in den Raum um Lemberg fort.
4. Fliegerdivision 2 unterstützt den Vormarsch der XIV. Armee und verhindert durch Angriffe mit Schwerpunkt Raum Lemberg das Festsetzen des Gegners.
5. *K.G. Siburg und K.G. 76* führen den Kampf auf Grund eigener Aufklärung in ihren bisherigen Kampfräumen selbständig weiter.

Es kommt darauf an, rechtzeitig zu erkennen, ob der Gegner aus der Linie Lublin – Sandomierz – Przemysl in ostwärtiger oder südostwärtiger Richtung abfließt, oder ob der Gegner aus dem Raum um Lemberg seinen Rückzug in nordostwärtiger Richtung fortsetzt.
K.G. 26 befiehlt auf Grund des Divisionsbefehls den Einsatz der I./53 gem. folgendem Einsatzbefehl:

1. Die Gruppe Mehnert greift *so früh als möglich* den am Morgen auslaufenden feindlichen Verkehr auf Straße und Eisenbahnen an. (Angriff auf Züge nur auf freier Strecke.)
2. Es sind Kolonnen und Züge anzugreifen, zwischen den Zielpunkten Chyrow – Sambor – Rudki – Lemberg – Szczerzec – Drohobycz – Stryj – Drohobycz – Sambor und Oleszyce – Lubaczow – Rawa Ruska – Zolkiew – Lemberg – Grodek – Jag – Mosciska.
3. Zu dieser Aufgabe sind 2 Staffeln einzusetzen.
4. Es darf westlich der Linie Medika – Przemysl – Dobromil – Przemysl – Radymno – und deren Verlängerung nach Norden und Süden nicht geworfen werden.
5. Start wird der Gruppe freigestellt. Voraussichtlicher Start ist dem Geschwader 15 Minuten vor diesem fernmündlich zu melden (Ap. 49). Die Gruppe startete gegen 0615 Uhr mit 20 Maschinen. Beladen mit 50 und 250-kg-Bomben. Auf der Straße zwischen Sambor – Lemberg und Stryj wurden drei Volltreffer auf stehende Züge erzielt. Mehrere Volltreffer konnten auf stehende Züge der Strecke Przemysl – Lemberg – Rawa Ruska – Jaroslaw angebracht werden. Bei Rawa Ruska und Lubaczow wurde ein Zug brennend beobachtet, anscheinend Explosion eines Munitionszuges. Die Aufklärung ergab stehende Züge auf der Strecke Chyrow – Sambor, davon 2 Lazarettzüge, auf den anderen Strecken und Straßen wurde sehr geringer Verkehr, nur vereinzelte Fahrzeuge in Richtung Osten festgestellt. Lediglich auf der Strecke Zolkiew – Rawa Ruska und Lubaczow konnte reger Verkehr festgestellt werden. Flak schoß aus Richtung Sambor und Lemberg jedoch ohne Erfolg.
Um 0820 Uhr wird eine Besatzung der Stabsstaffel zur Landung und Erkundung des Hafens Krosno angesetzt, um die für spätere Belegung für K.G. 26 vorzubereiten. Der Flug erfolgte in 300–1000 m Höhe ohne Beladung. In Krosno wurden alle Vorbereitungen für Einfall des Geschwaders bzw. einzelner Staffeln vorbereitet. Maschine konnte mit der Besatzung: Hptm. Müller, Oblt. Treichel, Oblt. Jacobi (I./53) und Lt. v. Vleuten um 1840 Uhr in Neudorf landen.

Um 1020 Uhr erfolgt neuer Einsatz einer Staffel der I./53 mit dem Auftrage Truppenbewegungen auf Straßen und Bahnen um Sambor anzugreifen. Der Angriff der Staffel erfolgte mit 50 und 250-kg-Bomben in 1000–1500 m Höhe. Viele Treffer wurden auf Bahngleisen westl. Sambor auf belegten Wald südostwärts Rudki und auf der Straße Sambor – Grodek erzielt. Eine feindliche Kolonne wurde außerdem mit MG-Feuer bekämpft. Die Aufklärungsergebnisse der Staffel ergaben Deutsche Truppen am Westausgang Chyrow. Es wurden ausgelegte Fliegertücher festgestellt, die nach der Signaltafel LH bedeuteten: »Wir gehen weiter vor, Betriebsstoff nötig.«

Staffel landete ohne Verluste um 1348 Uhr.

K.G. 26 stellt weiterhin einem Aufklärer der Stabsstaffel (Besatzung: Uffz. Lehmkuhl, Lt. Niehoff, Gefr. Reimann, Obgefr. Gerstenkorn) folgenden Auftrag für Aufklärung und Bilderkundung:

Flugweg, Zielpunkte Chyrow – Sambor – Rudki – Lemberg – Zolkiew – Rawa Ruska – Oleszyca. Besonders wichtig und sofortige Funkmeldung auf Straßen und Eisenbahnen zwischen Chyrow Sambor – Rudki – Lemberg – Zolkiew – Rawa Ruska – Lubaczow.

Durch Bilderkundung soll festgestellt werden, ob

1. Flugplatz Lemberg belegt, bzw. ob schon gelichtbildete Flugzeuge tatsächlich beschädigt sind.

2. Welchen Erfolg der Angriff der Gruppe Mehnert am 8. 9. 1939 auf Nordbahnhof Lemberg hatte. Die Maschine startete um 1211 Uhr zur Lösung dieses Auftrages. Aus 5000 m Höhe konnten auf der Strecke Chyrow – Sambor 3 stehende Züge festgestellt werden, Bahnhof Sambor etwa mit 200 Wagen als belegt erkannt worden, sonst wenig Verkehr. Flugplatz Lemberg war mit Jägern belegt. Bei Sambor wurden 3 Jäger 6 km südostw. Sambor gesichtet, anscheinend ein Flugplatz. Flakbeschuß aus Lemberg, ein schwerer Treffer beschädigt die Maschine.

Auf Befehl des Geschwaders wurden 3. und 5./26 gegen Ziele: Straßen- und Eisenbahnverkehr zwischen Sambor – Drohobycz – Stryj – Bestrob – Rudki – sowie die Bahnhöfe Lubaczow – Rawa Ruska – Zolkiew Janow und Ostbahnhof Lemberg angesetzt. Auf den Bahnhöfen Stryj – Drohobycz – Spierzci wurden einzelne Brände festgestellt. Bahngleise und Bahnhöfe wurden getroffen, brennende Wagen wurden beobachtet. Der Angriff erfolgte mit 50 und 250-kg-Bomben aus 2000–4000 m Höhe. Die Aufklärung ergab geringen Bahnverkehr. 2 Maschinen wurden durch Flaktreffer beschädigt, 1 Maschine mußte wegen Motorschaden umkehren, konnte aber Bomben über

	feindlichem Gebiet blind abwerfen. Staffel landete ohne Verluste bis 1845 Uhr in ihren Häfen. Start erfolgte 1515–1530 Uhr. Anschließend gibt K.G. 26 der I./53 einen Einsatzbefehl für den Angriff gegen Eisenbahnen und Kolonnen zwischen Sambor – Rudki – Wlk. Lubien – Grodek Jag – Mosciska. Landung hat nach durchgeführtem Auftrag in Krosno zu erfolgen. Der Start von Krosno nach Neudorf wird am 12. 9. gem. Weisung der Gruppe stattfinden. Die Straßen- und Bahnlinien der befohlenen Ziele wurden wirksam bekämpft. Auf Grund der Aufklärungsergebnisse wurde eigene Truppe hart westl. Sambor festgestellt. Straßen- und Eisenbahnen ostw. Sambor schwach mit feindlichen Truppen belegt. Landung wurde ohne Verluste um 1853 Uhr in Krosno durchgeführt.
a) Verpflegungs- b) Gesundheitszustand:	a) Feldküchenverpflegung b) keine besonderen Krankheiten
Mun.-Verbrauch, Ergänzung usw.:	83: SC 250-kg-Bomben 1123: SC 50-kg-Bomben
Witterung:	Wolkenlos, dunstig, Sicht etwa 5–10 km, windstill.
Zu- u. Abgang unterst. Truppen:	wie am 27. 8. 1939
Bemerkungen usw.:	Akte Band D unter 11. 9.

Tag:	12. 9.
Ort und Art der Unterkunft:	Neudorf/Oberschl. Barackenunterkunft. Flughafen Neudorf.
Kriegerische Tätigkeit usw.:	Auf Befehl der Fliegerdivision 2 wurde Zurückverlegung des K.G. 26 in die Heimathäfen befohlen. Die Vorkommandos wurden im Laufe des Nachmittags in Marsch gesetzt. Auf Grund des angesagten Besuches des Generalfeldmarschalls wurde Verlegung des fliegenden Personals auf unbestimmte Zeit verschoben. Da der Zeitpunkt des Eintreffens des Generalfeldmarschalls nicht angegeben werden konnte, wurde von der Division Start um 1430 Uhr freigegeben. Gruppe v. Bushe startete um 1500 Uhr von Niederellguth nach Lüneburg. Kurz vor Abflug des Geschwaders und der I./53 traf der Generalfeldmarschall um 1520 Uhr in Neudorf ein. Nach der Meldung durch General Siburg führte der Generalfeldmarschall in seiner Rede die Bedeutung des Polenkrieges an und würdigte die großen Verdienste seiner Luftwaffe. Im Anschluß wurde durch den Generalfeldmarschall persönlich die Verleihung der Spange zum E.K. II an General Siburg, das E.K. II an Oberstlt. Mehnert, Major Hoffmann und Hauptmann Horbold verliehen.

	Für Hauptmann Winkler, Oberstlt. v. Bushe, Major von dem Bongart, Hptm. Jakob und Hptm. Andreas sowie der durch die Gruppenkommandeure vorgeschlagenen Besatzungen wurde die Auszeichnung im Heimathafen verliehen. Der Generalfeldmarschall startete um 1600 Uhr zu den anderen Verbänden. Die Rückkehr erfolgte gegen 1900 Uhr und führte ohne Halt zum Hauptquartier zurück. Gruppe v. Bushe meldete um 1930 Uhr Landung des Verbandes im Heimathafen.
a) Verpflegungs- b) Gesundheitszustand:	a) Feldküchenverpflegung b) keine besonderen Krankheiten
Mun.-Verbrauch, Ergänzung usw.:	kein Verbrauch
Witterung:	wie tags zuvor; wenig verändert
Zu- u. Abgang unterst. Truppen:	wie am 27. 8.
Bemerkungen usw.:	Akte Band D unter 12. 9.

Tag:	13. 9.
Ort und Art der Unterkunft:	Lübeck – Blankensee. Kasernenqu. Flughafen: Blankensee.
Kriegerische Tätigkeit usw.:	Keine Feindhandlungen. Verlegung des Restes des zusammengestellten K.G. 26 in die Heimathorste wird durchgeführt. Nach einwandfreier Landung in den Horsten wird die Einsatzbereitschaft wieder hergestellt. I./53 tritt unter den Befehl ihres Friedensgeschwaders, K.G. 26 wird mit II./26 ab sofort der Fl.Div. 10 unterstellt.
a) Verpflegungs- b) Gesundheitszustand:	a) Truppenküchenverpflegung b) keine besonderen Krankheiten
Mun.-Verbrauch, Ergänzung usw.:	kein Verbrauch
Witterung:	mäßig warm, Bewölkung 5–6/10
Zu- u. Abgang unterst. Truppen:	Ab 13. 9. untersteht dem K.G. 26 I./K.G. 26 II./K.G. 26 Stabsstaffel 26.
Bemerkungen usw.:	Akte Band D unter 13. 9.

Die Richtigkeit und Vollständigkeit der Eintragungen vom 24. 8.–13. 9. 1939 bescheinigt:

gez.: Siburg e. h.
Generalmajor und Geschwaderkommodore

Lübeck – Blankensee 29. 9. 1939

Die Verluste der Luftwaffe im Polenfeldzug

Nach einer Zusammenstellung des Generalquartiermeisters des Ob. d. L. vom 8. 10. 1939 betrugen die Verluste der Luftwaffe auf dem östlichen Kriegsschauplatz vom 1. bis 28. 9. 1939:

vom fliegenden Personal	Tote	189
	Vermißte	224
	Verwundete	126
vom Bodenpersonal	Tote	42
	Verwundete	24
von der im Erdkampf eingesetzten Flak	Tote	48
	Vermißte	10
	Verwundete	71
Die Gesamtverluste betrugen also		734

Die Totalverluste an Flugzeugen betrugen

Aufklärer	63
Jäger	67
Zerstörer	12
Kampfflugzeuge	78
Stukas	31
Transportflugzeuge	12
Marineflugzeuge und sonstige	22
Insgesamt	285

Weitere 279 Maschinen aller Art wurden zu mehr als 10 Prozent beschädigt und wurden daher ebenfalls als ›Abgänge‹ gerechnet.

Stärke und Verluste der polnischen Fliegertruppe, September 1939*

Die polnische Fliegertruppe verfügte am 1. 9. 1939 über folgende Flugzeuge I. Klasse (veraltete Typen nicht mitgerechnet):

Typ	in Fronteinheiten	auf Fliegerschulen und in Reserve
Jagdflugzeuge		
P 11c	129	43
P 7	30	75
Leichte Bomber		
P 23	118	85
Bomber		
P 37	36	30
Aufklärer		
R XIII	49	95
RWD 14 ›Czapla‹	35	20
	397	348

* Zusammengestellt nach Angaben des Sikorski-Institutes, London, und nach Adam Kurowski ›Lotnictwo Polskie‹ 1939 Roku, Warschau 1962.

Die meisten Schul- und Reservemaschinen sind den Frontverbänden in den ersten Kriegstagen als Ersatz zugeführt worden.

Die Verluste an ›operativen Flugzeugen‹ betrugen 333 Maschinen. Allein bei der Bomberbrigade betrugen die Verluste 82 Maschinen.

Hauptsächlich am 17. September, aber auch noch in den folgenden Tagen, sind 116 einsatzbereite Maschinen über die Karpaten in die Internierung nach Rumänien geflogen.

Anlage 10

Bericht des Major i. G. Martin Harlinghausen, seinerzeit Chef des Stabes des X. Fliegerkorps, über die Vorgänge und Zusammenhänge am 22. Februar 1940 auf der Doggerbank.

Durch Befehle des OKW waren die Marinegruppe West und das X. Fliegerkorps hinsichtlich der Kriegführung in der Nordsee auf enge Zusammenarbeit angewiesen. Dazu sollten beide ihre Einsatzabsichten gegenseitig so rechtzeitig austauschen, daß Überschneidungen oder gegenseitige Gefährdungen ausgeschlossen blieben. Die Luftwaffe durfte ostwärts des deutschen Minenwarngebietes, welches sich von Borkum nach Norden erstreckte, kein Seefahrzeug angreifen, es sei denn auf ausdrückliche Anforderung der Marinegruppe West, oder bei einwandfrei als feindlich erkannten Schiffen. Westlich dieser Linie war der Angriff auf Seefahrzeuge für die Luftwaffe freigegeben, sofern nicht durch Marinegruppe West Einsätze eigener Schiffe in diesem Gebiet angemeldet waren. Angriffe auf U-Boote in der Nordsee waren durch Befehl X. Fliegerkorps grundsätzlich verboten, da hier die Unterscheidung zwischen eigenen und feindlichen U-Booten für die Flugzeugbesatzungen zu schwierig war. Der Befehl des X. Fliegerkorps, daß Schiffe nur in einem 30 Seemeilen breiten Streifen längs der englischen Ostküste angegriffen werden durften, galt nicht generell, sondern nur für bestimmte Einsätze, wenn nämlich eigene Seefahrzeuge in der Nordsee operierten, welche durch die Luftwaffe nicht gefährdet werden sollten.

Diese Regelung hatte sich im Herbst und Winter 1939/40 gut bewährt. Ich hatte bei der Marinegruppe West Besuch gemacht und die nötigen Fernmeldeverbindungen sowie Formalitäten vereinbart. Nur am 22. Februar 1940 traten schwere Versager auf, welche zum Untergang der beiden Zerstörer »Leberecht Maass« und »Max Schultz« beigetragen haben können. Das kam so:
Das X. Fliegerkorps hatte der Marinegruppe West schon am 21. 2. 1940 mitgeteilt, daß am 22. 2. je nach Wetterlage tagsüber oder abends etwa ein bis zwei Staffeln Kampfflugzeuge gegen Seeziele an der englischen Ostküste eingesetzt werden sollten. Am 22. 2. mittags, also mehrere Stunden vor dem Auslaufen der Zerstörer, erhielt die Marinegruppe West vom X. Fliegerkorps das Fernschreiben über den Einsatz der Kampfverbände am Abend des 22. Februar. *Entgegen den bestehenden Befehlen hatte die Marinegruppe West das X. Fliegerkorps von dem Unternehmen ihrer Zerstörer in der Nordsee an diesem Abend nicht unterrichtet. Die Marinegruppe West gab aber auch ihren Zerstörern den Einsatz der Kampfverbände des X. Fliegerkorps nicht bekannt.*

Bei der Lagebesprechung zwischen 1700 und 1800 Uhr am 22. 2. erhielt ich ein Fernschreiben der Marinegruppe West, worin das X. Fliegerkorps gebeten wurde, eine Kampfstaffel am Morgen des 23. 2. zum Schutze eigener Zerstörer bei der Rückkehr nach Wilhelmshaven bereitzustellen. Mir war klar, daß hier ein schwerwiegendes Versäumnis der Marinegruppe West vorliegen mußte, denn wenn am nächsten Morgen Zerstörer zurückkamen, mußten sie doch am Abend vorher ausgelaufen sein. Deshalb fragte ich zwischen 1730 und 1800 Uhr bei der Marinegruppe West telefonisch an – natürlich in getarnter Form – ob nicht eine wichtige Unterrichtung des X. Fliegerkorps unterblieben sei über Vorgänge, auf die sich die soeben bei uns eingegangene Anforderung von Luftstreitkräften beziehe. Ich merkte am Telefon das tiefe Erschrecken des Admiralstabsoffiziers bei der Marinegruppe West mit seiner Frage: »Was, das wissen Sie nicht? Dann werde ich gleich dafür sorgen, daß es Ihnen zugeht.«

Ich antwortete: »Nein, hier liegt nichts vor. Haben Sie denn nicht gestern und heute Mittag unsere Absichten erhalten?«

»Doch«, sagte der AStO, »das ist hier rechtzeitig eingegangen.«

Meine Frage: »Wissen denn Ihre Zerstörer über unseren Einsatz Bescheid?«

»Nein«, antwortete er, »diese Benachrichtigung ist ebenfalls unterblieben.«

Ich sagte: »Das verstehe ich nicht, denn Sie hatten doch rechtzeitig unsere Absichten erhalten.«

Wir bekamen dann auch kurze Zeit später das Fernschreiben über den Einsatz der 1. Z-Flottille in dieser Nacht. Kurz darauf, es wird gegen 1800 Uhr gewesen sein, erhielt ich einen Anruf von dem gleichen AStO der Marinegruppe West: »Der Chef des Stabes, Admiral Ciliax, fordert, daß das X. Fliegerkorps sofort Befehl an seine Verbände gibt, nur Ziele innerhalb einer 30-sm-Zone längs der englischen Ostküste anzugreifen.«

Ich erwiderte: »Sagen Sie dem Admiral Ciliax, daß ich diesem Verlangen nicht nachkommen kann, denn ich erreiche meine Flugzeuge nicht mehr am Boden, da sie entweder schon in der Luft oder gerade im Start befindlich sind. Einen Funkspruch dieses Inhalts kann ich aber nicht abgeben, da wir keine Schlüsselmittel haben, sondern nur die FAUT (Flugzeug-Aufklärungstafel), die nur ein Satzbuch nach Art des Marinesignalbuches ist. Bei der langen Benutzung der FAUT während dieses Krieges dürfte es dem Gegner nicht schwerfallen, den Funkspruch zu entziffern. Damit gefährde ich aber nicht nur den Einsatz meiner Flugzeuge, sondern auch das Unternehmen der Marine, denn der Gegner kann sich denken, daß unsere Seestreitkräfte östlich der Linie stehen, wo unsere Flugzeuge nicht angreifen dürfen. Sagen Sie aber Ihrem Chef des Stabes, ich schlüge vor, daß die Marinegruppe West ihren Zerstörern möglichst bald per Funkspruch Kenntnis von unserem Einsatz gibt, um eine mögliche Gefährdung zu vermeiden. Denn die Zerstörer haben alle den Maschinenschlüssel C, der doch als absolut sicher gilt.«

Nach einigen Minuten erhielt ich wieder Anruf von dem gleichen AStO, Admiral Ciliax lehne meinen Vorschlag bezüglich des Funkspruchs an die Zerstörer ab und bestehe auf seiner Forderung, daß ich durch Funk die Flugzeuge anweise.

Ich antwortete dem AStO, er möge Admiral Ciliax melden, daß ich dieser Forderung aus den oben genannten Gründen nicht nachkommen könne. Ich empfehle aber dringend einen Funkspruch der Marinegruppe West an die Zerstörer.

Diese Vorgänge am Abend des 22. 2. 1940 zwischen etwa 1730 und 1830 Uhr habe ich gleich im Kriegstagebuch des X. Fliegerkorps festgehalten und auch in meinem Bericht an Göring wiedergegeben.

Am späten Abend erhielt das X. Fliegerkorps Meldung vom K.G. 26 über den Angriff des am südlichsten fliegenden Flugzeuges auf einen Dampfer etwa 20 Seemeilen nördlich Terschellingbank Feuerschiff. Das Flugzeug sei schon bei Annäherung an das Schiff von diesem mit Flak beschossen worden und habe in zwei Anflügen das Schiff wahrscheinlich versenkt.

Diese Meldung wurde sofort an Marinegruppe West und an Ob. d. L. weitergegeben. Noch in der gleichen Nacht erhielt ich einen Anruf des Chefs des Generalstabes der Luftwaffe, Generaloberst Jeschonnek: Befehl vom Feldmarschall Göring, ich sollte baldmöglichst untersuchen, ob die Meldung über den versenkten Dampfer nördlich Terschelling im Zusammenhang mit dem Untergang der beiden Zerstörer »Leberecht Maass« und »Max Schultz« stehe. Der Feldmarschall erwarte spätestens am 24. 2. Meldung von mir in Karinhall.

Ich bestellte mir für den Morgen des 23. 2. die Besatzung des Flugzeuges nach Hamburg, um sie eingehend über ihre beiden Angriffe auf den Dampfer nördlich Terschellingbank zu

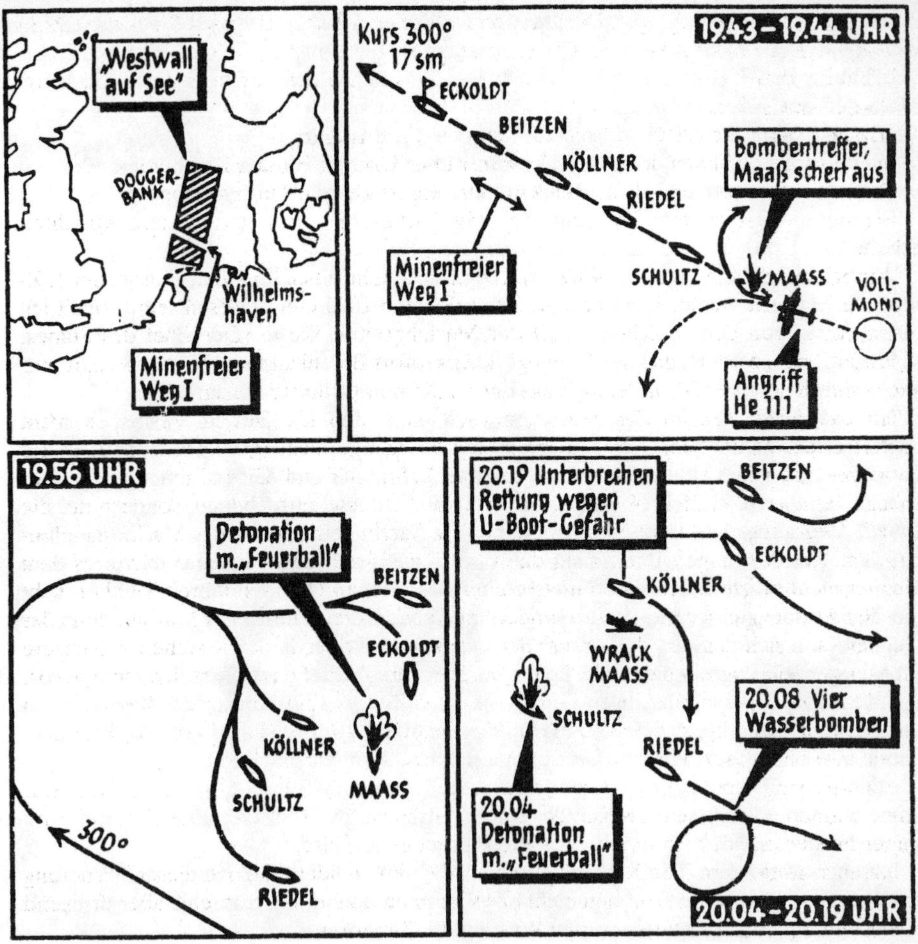

Verlust der Zerstörer LEBERECHT MAASS *und* MAX SCHULTZ *am Abend des 22. Februar 1940. Links oben eine Übersicht. – Drei Phasen kennzeichnen den Ablauf der Ereignisse. 1943–1944 Uhr: Der in Kiellinie laufende Verband von sechs Zerstörern wird mit Bomben angegriffen,* MAASS *getroffen. – 1956 Uhr: Vor den fünf zu Hilfe kommenden Schwesterbooten eine neue Detonation,* MAASS *sinkt. – 2004–2019 Uhr: Auch* SCHULTZ *sinkt nach heftiger Detonation. Angeblich werden U-Boote gesichtet und angegriffen, die Rettung von Überlebenden wird daraufhin abgebrochen.*

befragen. Die Besatzung wußte noch nichts von dem Untergang der beiden Zerstörer, so daß Ausflüchte wegen eventueller Vorwürfe nicht infrage kamen. Die Unteroffiziere waren im Gegenteil stolz auf ihren ersten Erfolg bei einem ihrer ersten Feindflüge.

Ich fragte sie, woran sie das angegriffene Schiff in der Dunkelheit erkannt hätten. Auf die Antwort, daß sie zuerst einen Schaumstreifen und dann vor dem Schaumstreifen in schwachen Umrissen ein Schiff erkannt hätten, bohrte ich weiter, ob sie nicht mehrere Schaumstreifen und dann auch mehrere Schiffe gesehen hätten. Das wiesen sie einhellig zurück, sie hätten bestimmt nur einen Schaumstreifen und nur ein Schiff gesehen.

Meine Frage, ob das Schiff Erkennungssignale geschossen hätte, verneinten sie entschieden. Das Schiff habe gleich bei Annäherung des Flugzeuges mit Flak geschossen. Sie hätten die Sprengpunkte in ihrer Nähe einwandfrei gesehen (es waren wohl die Zerleger der 3,7-cm-Flak). Daraus hätten sie erkennen müssen, daß es sich um ein feindliches Schiff handelte, zumal auch keine eigenen Fahrzeuge in der Nordsee gemeldet waren. Nach nochmaliger Umkreisung des Schiffes wären sie zum Anflug mit Bomben übergegangen, ohne auch selbst Erkennungssignal geschossen zu haben.

Auf meine Frage, als was sie das Schiff denn angesprochen hätten, welches nördlich Terschellingbank allein mit ziemlich hoher Fahrt auf Kurs 300° lief und mit Flak bewaffnet war, zeigten sie, daß sie sich auch darüber Gedanken gemacht hatten. Sie hatten gehört, daß alle Marinen schnelle Fährdampfer oder Seebäderdampfer im Kriege als Minenschiffe umrüsteten. Deshalb hätte es wohl sein können, daß dies ein solcher schneller Dampfer war, der ostwärts Terschellingbank in der Abenddämmerung Minen gelegt hätte und nun mit Höchstfahrt zur englischen Küste lief. Im übrigen sei dies ihr erster Angriff auf ein Schiff gewesen und sie hätten deshalb noch keine Erfahrungen im Ansprechen von Seezielen, zumal bei Nacht.

Ich eröffnete den Unteroffizieren dann, daß fast zu gleicher Zeit ihres Angriffs nur mit einem Standort-Unterschied von 40 bis 50 Seemeilen zwei deutsche Zerstörer gesunken seien, die auch auf Kurs 300° mit hoher Fahrt liefen. Ob es nicht möglich sei, daß sie statt eines Schaumstreifens sechs solcher Streifen gesehen hätten und entsprechend mehr Schiffe. Die Leute waren über eine solche Kombination sehr erschrocken, beteuerten nochmals, daß sie ganz einwandfrei nur einen Schaumstreifen und nur ein Schiff gesehen hätten.

Auf meine Frage, warum sie denn beim ersten Anflug vier Bomben SD 50 *ohne* Verzögerung geworfen hätten, wodurch sie doch nur eine Oberflächenwirkung erzielen konnten, meinten sie, daß sie dies bewußt getan hätten, um beim Aufschlag der Bomben den Feuerschein und damit die Trefferlage sehen zu können. Beim zweiten Anflug hätten sie dann vier SD 50 *mit* Verzögerung geworfen. Diese Überlegungen waren für Anfänger an sich richtig, müssen aber auch bei der Beurteilung der Wirkung der Bomben berücksichtigt werden.

Am gleichen Tage (23. 2.) hatte ich mich für 1600 Uhr bei der Marinegruppe West zum Besuch auf der 1. Z-Flottille angemeldet. Hier suchte ich im Gespräch mit den zurückgekehrten Kommandanten die Ursachen für den Untergang der beiden Zerstörer zu klären. Anwesend war dabei auch der Führer der Zerstörer, Kommodore Bonte. Das Gespräch ergab im wesentlichen folgendes:

1. Die erste Explosion mit großem Feuerschein ereignete sich auf »Leberecht Maass« unter dem Vorschiff. Alle Kommandanten waren nach Art der Explosion der Überzeugung, daß es sich um einen Minentreffer gehandelt habe.
2. Die zweite Explosion auf »Leberecht Maass« ereignete sich unter dem Mittelschiff, und zwar mit großem Feuerschein und Wasserfontäne. Auch hier meinten die Kommandanten einmütig, daß es sich um einen Minen- oder Torpedotreffer gehandelt habe, zumal inzwischen mehrere Meldungen über das Sichten von U-Booten und Torpedolaufbahnen durchgegeben wurden.
3. Die Explosion auf »Max Schultz« sei sehr stark und mit großem Feuerschein unter der Mitte des Schiffes gewesen, wodurch das Boot sofort gesunken sei. Auch hier nahmen alle Kommandanten Minen- oder Torpedotreffer an.
4. Keiner der Kommandanten hatte ein Flugzeug gesehen oder gehört.
5. Keiner der Kommandanten hatte Bomben-Aufschläge neben »Leberecht Maass« oder »Max Schultz« im Wasser gesehen, wie sie notwendigerweise bei einem Reihenwurf von vier Bomben auftreten, wenn eine oder zwei Bomben Treffer im Schiff sind.

6. Auf meine Frage, warum denn die Zerstörer mit ihrer Flak geschossen haben, während sie doch kein Flugzeug gesehen hatten, meinten die Kommandanten, daß eine Flakbedienung zu schießen begonnen hätte unter dem Eindruck einer Gefährdung von allen Seiten, die sie nicht fassen konnte. Darauf hätten alle Boote geschossen.
   (Wenn das Flugzeug des K.G. 26 beteiligt war, kann dies nicht ganz stimmen, denn sicherlich hat »Leberecht Maass« das Flugzeug schon beim ersten Vorbeiflug gesehen und beschossen. Angeblich will sogar der 1. Offizier, Korvettenkapitän Hosemann, die Balkenkreuze unter den Flächen des Flugzeuges gesehen haben. Das ist aber bei Nacht eigentlich unmöglich und wohl genau so zu beurteilen wie die vielen Meldungen über das Sichten von U-Booten und Torpedolaufbahnen.)
7. Auf meine Frage, ob einer der Zerstörer bei einem vermuteten Flugzeugangriff Erkennungssignale geschossen habe, wurde dies verneint, weil ja keiner ein Flugzeug gesehen und gehört habe und alle an Torpedos oder Minen glaubten. Außerdem habe auch keiner ein Flugzeug vermutet, da sie doch sonst von der Marinegruppe West über den Einsatz der Luftwaffe unterrichtet worden wären.
   (Hier ist wieder die Frage aufzuwerfen, warum auch »Leberecht Maass« kein Erkennungssignal geschossen hat, während er doch ein Flugzeug vor dem Angriff gesehen und beschossen hat. Aber Kapitän Hosemann und der Kommandant wie die meisten der Besatzung sind gefallen. So bleiben diese Fragen unbeantwortet.)
8. Keiner der Kommandanten, auch nicht der Flottillenchef, hielt die Versenkung der beiden Zerstörer durch ein Flugzeug für möglich, sondern glaubten ernsthaft an die Versenkung durch U-Boot-Torpedos oder Minen, zumal mehrere Meldungen über das Sichten von U-Booten und Torpedolaufbahnen nicht bezweifelt wurden. Alle Kommandanten standen auch noch sehr stark unter dem Eindruck des rücksichtslosen Abbrechens aller Bergungsmaßnahmen der in nächster Nähe um die Boote schwimmenden Schiffbrüchigen, die sogar teilweise schon an Tauen an ihrer Bordwand hingen.
   (Der Entschluß des Flottillenchefs, die Bergung abzubrechen und damit 578 Mann, soweit sie nicht schon durch die Explosionen gefallen waren, trotz guten Wetters ihrem Schicksal zu überlassen, konnte nur seine Berechtigung darin finden, daß er mit Sicherheit die Versenkung der beiden Zerstörer durch feindliche U-Boote annahm und deshalb keinen weiteren Verlust an Zerstörern während der Rettungsmaßnahmen riskieren konnte.)

Meinem Bericht an Göring, den ich ihm am 24. mittags in Karinhall überreichte, habe ich zugrundegelegt:

1. das Verhalten der Marinegruppe West gegenüber dem X. Fliegerkorps am Abend des 22. 2. zwischen 1730 und 1830 Uhr,
2. die Vernehmung der Flugzeugbesatzung,
3. das Gespräch mit den Kommandanten der 1. Z-Flottille am 23. 2. nachmittags in Wilhelmshaven.

Ich habe Göring gemeldet, daß vier Punkte in meiner Untersuchung für die Beteiligung unseres Flugzeuges an der Versenkung sprächen:

a) die Nähe des Zeitpunktes der Flugzeugangriffe zum Zeitpunkt der Explosionen auf »Leberecht Maass«,
b) die Nähe des Standortes des versenkten Dampfers zu dem des Untergangs der Zerstörer, obgleich 40 bis 50 Seemeilen Unterschied bei dem guten Wetter beachtlich seien und eher gegen als für die Beteiligung sprächen,
c) der Kurs des Dampfers mit 300° entsprach dem der Zerstörer,
d) die Ansprache des vom Flugzeug angegriffenen Dampfers als schnelles Fahrzeug mit Flakbewaffnung.

Gegen die Beteiligung der Luftwaffe am Untergang der Zerstörer spräche folgendes:

a) Die gemeldeten Treffer der Flugzeugbesatzung auf dem Dampfer sind höchst unwahrscheinlich und in diesem Maße bisher noch nicht vorgekommen, dazu noch bei einer jungen, unerfahrenen Besatzung bei ihrem ersten Angriff bei Nacht auf ein schnellfahrendes Ziel. Das Nachtzielvisier gestattet nur eine grobe Winkeleinstellung aus den Werten Eigengeschwindigkeit und Flughöhe. Beide Werte sind sehr ungenau. Das Abwurfgerät gestattet beim Reihenwurf einen engsten Bombenabstand von 8 Meter. Bei einem schmalen Zerstörer von 11,3 Meter Breite müsse man schon außerordentliches Glück haben, wenn man dabei zwei Treffer erzielen wollte. Noch schwieriger ist aber bei Nacht der seitliche Vorhaltwinkel beim Wurf auf ein schnellfahrendes Ziel, weil hierfür keine Meßeinrichtungen vorhanden sind.
   Bei Nacht wird der Feuerschein von Flakabschüssen leicht mit Treffern verwechselt. Wenn aber zufällig aufgrund einer anderen Ursache kurz nach dem Bombenwurf im Ziel eine schwere Explosion entsteht, so wird jeder Angreifer dies als Erfolg seines Bombenabwurfs melden, weil er ja eine andere Ursache (Minen oder Torpedos) nicht vermuten kann.
   Wenn daher die Flugzeugbesatzung die Lage der ersten vier Bomben ohne Verzögerung an dem Feuerschein trotz der Flakabschüsse noch richtig erkannt hat, so ist dies bei dem zweiten Wurf mit vier SD 50 mit Verzögerung sehr unwahrscheinlich, weil man beim Aufschlag dieser Bomben aus 1300 Meter Höhe bei Nacht normalerweise keinen Feuerschein sieht, da die Bombe in ca. 3 bis 5 Meter Tiefe unter Wasser detoniert. Selbst bei Bomben SC 250 mit über 120-kg-Sprengstoff sieht man nur einen schwachen Feuerschein. Es ist deshalb sehr wahrscheinlich, daß die zweite Explosion mit großem Feuerschein auf »Leberecht Maass« und die weitere Explosion auf »Max Schultz« mit großem Feuerschein nicht von dem zweiten Reihenwurf des Flugzeuges herrührt, sondern von Minen oder Torpedos mit ca. 300-kg-Sprengladung.
b) Das Flugzeug hat auf den Dampfer nur zwei Angriffe mit je vier 50-kg-Bomben im Reihenwurf geflogen. Es ist daher ausgeschlossen, daß dadurch auf zwei verschiedenen Zerstörern, die nicht nahe beieinander lagen, zu drei verschiedenen Zeiten drei verschiedene Explosionen hervorgerufen werden.
c) Alle Kommandanten und auch der Flottillenchef sind der festen Überzeugung, daß die Explosionen auf den Zerstörern durch Minen oder Torpedos verursacht worden sind. Der Flottillenchef hat auch in seiner ersten Funkmeldung von 2050 Uhr über die Ursache der Verluste gemeldet: »Wahrscheinlich U-Boot.« (Siehe auch KTB Marinegruppe West.) In der Funkmeldung ist kein Wort von einem Flugzeugangriff enthalten.
d) Keiner der Zerstörer hat ein Erkennungssignal geschossen. Das ist der Beweis dafür, daß sich keiner von einem eigenen Flugzeug angegriffen fühlte.

Marine und Luftwaffe setzten einen gemeinsamen Untersuchungsausschuß ein, dem angehörten 1. Generalmajor Coeler, F. d. Luft, 2. Kapitän z. S. Heye, Kommandant Kreuzer »Hipper«, 3. Oberstleutnant Löbel, Kommodore K.G. 30. Der Ausschuß hat unter dem 3. März ein schriftliches Gutachten erstellt, in welchem er die Aussagen der Flugzeugbesatzung mit denen der Zerstörer, auch der Geretteten von »Leberecht Maass«, in Einklang zu bringen suchte. Entgegen den Aussagen der Zerstörer-Kommandanten im Gespräch mit mir am 23. 2. in Wilhelmshaven werden jetzt von den Zerstörern eine ganze Reihe von Meldungen über das Sichten von Flugzeugen vor der ersten Explosion auf »Leberecht Maass« gegeben.

So will das Führerboot bereits um 1913 Uhr ein Flugzeug gehört und gesichtet haben, welches an dem Verband vorbeiflog und von den Zerstörern »Schultz« und »Maass« beschossen wurde.

1921 Uhr wird das Flugzeug wieder gehört und Fliegeralarm gegeben. Beim Vorbeiflug dieses Flugzeuges wollen Besatzungsmitglieder der Zerstörer »Köllner« und »Riedel« drei dicht nebeneinander liegende Detonationen mit Wassersäulen, also Bombenreihenwurf gesehen und gehört haben.

1922 Uhr bis 1927 Uhr unterhalten sich die Zerstörer »Schultz«, »Eckholdt« und »Köllner« darüber, ob es ein eigenes oder ein feindliches Flugzeug ist, wobei die um 1921 Uhr gesehenen und gehörten Detonationen als Bombenwürfe angesprochen werden.

1943 Uhr erneute Meldung von »Maass« und »Eckholdt« über Sichtung eines Flugzeuges.

1944 Uhr oder 1945 Uhr erste Explosion im Vorschiff von »Maass«. Diese Uhrzeit deckt sich genau mit der Zeit des ersten Angriffes des Flugzeuges auf ein schnellfahrendes Schiff. Ebenso liegt die Uhrzeit des zweiten Angriffes mit 1958 Uhr bis 2000 Uhr unmittelbar neben der Uhrzeit 1956 Uhr für die zweite Explosion auf »Maass«.

Der Ausschuß kommt zu der Überzeugung, daß die zahlreichen Meldungen der Zerstörer über das Sichten von U-Booten und Torpedolaufbahnen einer begreiflichen Erregung bei den nächtlichen Explosionen und dem oft ungezielten Schießen der Flak zuzuschreiben sind. Diese Meldungen mußten falsch sein, weil der Engländer keine Erfolgsmeldung eines U-Bootes gegen deutsche Zerstörer bekanntgab und auch im B-Dienst keinerlei Hinweise auf die Beteiligung eines U-Bootes erkennbar war. Damit entfiel für den Ausschuß die Versenkung der Zerstörer durch Torpedos.

Um so mehr glaubt der Ausschuß aus der Übereinstimmung der Uhrzeiten zwischen den vom Flugzeug gemeldeten beiden Angriffen mit den Detonationen auf »Maass«, ferner aus der Richtung der beiden Flugzeugangriffe sowie aus der zweimaligen Umkreisung der Flottille durch das Flugzeug vor dem Angriff, wie sie sowohl vom Flugzeug wie von den Zerstörern gemeldet wurden, daß die beiden Angriffe des Flugzeuges K.G. 26 mit größter Wahrscheinlichkeit einem Zerstörer galten. Das wird auch von mir nach Kenntnis aller Unterlagen nicht mehr bezweifelt.

Nach dem Bericht des Ausschusses werden vier Bombenangriffe gemeldet:

1. 1921 Uhr Reihenwurf mit drei Bomben drei- bis vierhundert Meter querab von »Schultz«,
2. 1944 oder 1945 Uhr Reihenwurf mit vier Bomben auf »Maass«, Treffer auf Vorschiff,
3. 1956 bis 1958 Uhr schwere Explosion im Mittelschiff von »Maas«,
4. 2004 Uhr schwere Explosion auf »Schultz«, wodurch Zerstörer durchbricht und sofort sinkt.

Demgegenüber steht fest, daß das Flugzeug nur zwei Angriffe mit je vier Bomben SD 50 durchgeführt hat und zwar:

a) 1945 Uhr mit angeblich einem Treffer auf dem Vorschiff,
b) 1958 bis 2000 Uhr mit angeblich zwei Treffern auf Mittelschiff.

Da es für den Bombenangriff 1921 Uhr sowie für weitere von der Flottille gemeldete Explosionen keine Erklärung gibt, werden auch diese Meldungen der Erregung bei den Ereignissen in der Nacht zugeschrieben.

Es bleibt aber ungelöst, wie die drei oben aufgeführten Detonationen auf den Zerstörern, und zwar 1944 bis 1945 Uhr und 1956 bis 1958 Uhr auf »Maass« sowie 2004 Uhr auf »Schultz«, mit den beiden Flugzeugangriffen 1945 und 1958 Uhr in Einklang zu bringen sind. Der Ausschuß läßt die Möglichkeit offen, ob die beiden Angriffe 1945 und 1958 Uhr Treffer auf »Maass« und damit seine Versenkung ergeben haben, oder ob der erste Angriff 1945 Uhr die Beschädigung von »Maass« auf dem Vorschiff hervorgerufen hat, während der zweite Angriff 1958 bis 2000 Uhr die Treffer auf »Schultz« und damit dessen Versenkung verursacht hat. Im letzteren Falle deckt sich aber nicht mehr die Zeit des Flugzeugangriffes mit der gemeldeten schweren Explosion auf »Schultz«. Ferner läßt der Ausschuß offen, wodurch dann die schwere Explosion unter dem Mittelschiff von »Maass« verursacht wurde (Mine oder innere Explosion). In jedem Fall kann durch das Flugzeug nur einer der beiden Zerstörer beschädigt oder versenkt worden sein.

Dabei setzt der Ausschuß voraus, daß die Meldungen der Flugzeugbesatzung über ihre erzielten Treffer sehr genau sind, während er sehr viele Meldungen der Zerstörer durch eine verständliche Erregung als falsch beurteilt. Wir wissen aus vielen Erfahrungen, daß die Treffermeldungen unserer Flugzeuge auf Schiffe, vor allem bei Nacht, sehr mit Vorsicht zu beurteilen waren; wir mußten häufig solche Erfolgsmeldungen korrigieren. Deshalb glaube ich, daß die zweite Erfolgsmeldung mit zwei Treffern bei dem Flugzeugangriff 1958 bis 2000 Uhr sehr zu bezweifeln ist, weil unmittelbar nach diesem Wurf die große Explosion unter dem Mittelschiff von »Maass« entstand, die nach ihrer Stärke durch zwei SD 50 nicht bewirkt werden kann, welche die Flugzeugbesatzung aber als ihren Erfolg gemeldet hat. Mit großer Wahrscheinlichkeit erhielt »Maass« kurz nach dem Bombenwurf einen Minentreffer.

Der Ausschuß gibt der Flugzeugbesatzung keine Schuld an ihrem Verhalten, weil sie nicht mehr über das Unternehmen der Zerstörer in der Nordsee unterrichtet werden konnte, und weil sie vor dem Angriff die Flottille zweimal in weitem Bogen umflogen hat, und dabei von den Zerstörern beschossen wurde. Dadurch mußte sie das erkannte Schiff als feindlich ansprechen. Der Ausschuß bringt nicht zum Ausdruck, daß der Angriff in einem Gebiet erfolgte, welches dem Flugzeug nicht zum Angriff freigegeben war. Auch die Seekriegsleitung tut das nicht; sie schreibt in ihrem KTB unter dem 22. 2. 1940 auf Seite 177 über den Untergangsort: »Die Stelle liegt auf dem Weg 1 über 10 sm von den nächsten eigenen Sperren des Warngebiets entfernt.«

Es ist für mich schwer zu verstehen, warum die Kommandanten der Zerstörer in der Besprechung am 23. 2. nachmittags mir gegenüber erklärten, daß keiner von ihnen ein Flugzeug gesehen oder gehört hätte, obwohl doch vor dem Untersuchungsausschuß die Funk-Kladden der Zerstörer vorgelegt wurden, aus denen eine ganze Reihe von Flugzeugmeldungen hervorgehen. Ebenso ist es erwiesen, daß mehrere Zerstörer und vor allem »Leberecht Maass« auf das Flugzeug schossen, welches mehrere Male an den Zerstörern vorbeiflog. Sicher haben die Kommandanten und der Flottillenchef die zahlreichen Meldungen über das Sichten von U-Booten und Torpedolaufbahnen für wichtiger und richtiger gehalten als die Meldungen über das Sichten eines Flugzeuges. Darauf beruht auch die Funkmeldung des Flottillenchefs über die Ursache der Zerstörerverluste »wahrscheinlich U-Boot«. Darauf beruhte aber auch der Abbruch der Bergungsmaßnahmen und die Katastrophe für die 578 Seeleute, denn der Abbruch der Rettungsmaßnahmen ist nur zu rechtfertigen durch die feste Überzeugung, daß wegen der vorhandenen U-Boote weitere Zerstörer nicht gefährdet werden dürften.

Weiter befaßt sich der Untersuchungsausschuß nicht mit der Frage, warum von seiten der Zerstörer bei dem mehrfachen Sichten von Flugzeugen keine Erkennungssignale geschossen, sondern gleich mit Flak geschossen wurde, obwohl das Flugzeug ca. 30 Minuten lang vor dem Angriff die Flottille umkreiste und von einigen Zerstörern auch als eigenes Flugzeug angesprochen wurde. Der Ausschuß erklärt das Verhalten der Zerstörer nur damit, daß sie von der Marinegruppe West über den Einsatz deutscher Kampfflugzeuge nicht unterrichtet worden waren. Diese Erklärung genügt nicht, wenn die Zerstörer sogar die deutschen Hoheitsabzeichen am Flugzeug erkannt haben wollen, wie aus den Funk-Kladden hervorgeht. Es bleibt hier aber die schwere Verantwortung der Marinegruppe West und vor allen Dingen des Admiral Ciliax, der die Flottille nicht vom Einsatz der deutschen Flugzeuge unterrichtete und es auch ablehnte, auf meinen zweimaligen Hinweis darauf, diese versäumte Benachrichtigung der Flottille per Funk rechtzeitig nachzuholen. Dann hätten die Zerstörer doch wohl sicher bei Annäherung eines Flugzeuges Erkennungssignale geschossen und nicht gleich mit scharfer Flak. Ebenso hätte dann sicher das Flugzeug das Erkennungssignal erwidert. Der Angriff des Flugzeugs auf die Zerstörer wäre damit sicher unterblieben.

Die Marinegruppe West befaßt sich in ihrem Kriegstagebuch unter dem 22. 2. 1940 mit Uhrzeit 2255 sehr eingehend mit der Beurteilung der Minenlage auf den nach deutscher Auffassung minenfreien Wegen im deutschen Minenwarngebiet. Dort steht: »wie auch der F.d.M. West in seinem Kriegstagebuch schon gemeldet hat, besteht ein Urteil über die Minenlage in den Zufahrtswegen zur Helgoländer Bucht nicht mehr Der Mangel an geeigneten Minensuchstreitkräften macht ein regelmäßiges oder auch nur einigermaßen häufiges Ablaufen der Wege unmöglich.« usw. Heute wissen wir mehr.

Das X. Fliegerkorps erhielt im März 1940 abschließend ein Schreiben des OKW, welches auch an Ob.d.M., Ob.d.L. und Marinegruppe West ging. (Ich zitiere den Wortlaut aus der Erinnerung, der aber nicht wesentlich vom Original abweicht.):

> »Der Führer hat nach Prüfung der Berichte von Marine und Luftwaffe über den Untergang der Zerstörer »Leberecht Maass« und »Max Schultz« entschieden, daß die Versenkung der Zerstörer durch die Luftwaffe nicht mit Sicherheit nachzuweisen ist. Sollte dies aber der Fall sein, so trägt die Verantwortung dafür die Marinegruppe West, weil sie entgegen den bestehenden Befehlen das X. Fliegerkorps zu spät über den Einsatz der Zerstörer und diese nicht über den Einsatz der Luftwaffe unterrichtet hat.«

Heute hätte der Untersuchungsausschuß sicher ein anderes Gutachten abgegeben, weil er die Feststellungen der Historical Section der englischen Admiralität gekannt hätte, wonach die englischen Zerstörer »Ivanhoe« und »Intrepid« in der Nacht 9./10. Januar 1940 in unmittelbarer Nähe des Unterganges der deutschen Zerstörer 120 Ankertauminen legten. Diese schreibt unter dem 16. Dezember 1958 (übersetzt ins Deutsche):

> »Es besteht noch eine gewisse Unsicherheit hinsichtlich der Ursache des Verlustes der deutschen Zerstörer »Max Schultz« und »Leberecht Maass«, die um ungefähr 2000 Uhr deutscher Zeit (1900 Uhr GMT) am 22. Februar 1940 sanken, nachdem sie von deutschen Luftwaffenkräften nordwestlich von Borkum bombardiert worden waren.
>
> Zeitgenössische deutsche Marineberichte weisen darauf hin, daß diese deutschen Luftwaffenkräfte für das Versenken verantwortlich waren, und wir haben dies bisher als Ursache des Verlustes angesehen. Aufgrund von Aussagen von Überlebenden der »Leberecht Maass« (es gab keine Überlebenden der »Max Schultz«), nach denen der Bombenschaden nicht schwer genug war, um die Schiffe zu versenken, und daß sie infolge von Unterwasserexplosionen sanken, schließen die Deutschen jetzt aber darauf, daß Minen die wahrscheinliche Ursache des Verlustes waren.
>
> Diese Minentheorie wurde bei der deutschen Untersuchung der Ursache des Unterganges der Schiffe während des Krieges geäußert, wurde aber ausgeschlossen, weil bei der anschließenden Minensuche auf dem Weg keine Minen gefunden wurden. Eine Stichfahrt auf Weg 1 am 29./30. Januar 1940 – der letzten vor dem Auslaufen der Zerstörer – stellte keine Minen fest. Dieses Minensuchunternehmen wurde von der 6. Torpedobootflottille bei schlechtem Wetter (Windstärke 7, Seegang 5) ausgeführt.
>
> Aus britischen Unterlagen geht hervor, daß britische Ankertau-Minen am 9./10. Januar 1940 in einem Umkreis von 5 Meilen von 54° 06.5′ N, 5° 29′ O gelegt worden waren, und da es in den einschlägigen deutschen Marineunterlagen keinen Bericht über die Räumung dieser Minen gibt, muß angenommen werden, daß das Minenfeld beim Auslaufen der Zerstörer noch intakt war. Die Zerstörer sanken auf der ungefähren Position 54° 06.5′ N, 5° 31′ O; sie müssen daher das verminte Gebiet passiert haben. Die Minen waren in 8 Fuß Tiefe unter Seekarten-Null gelegt worden. Zu der Zeit als die Zerstörer verloren gingen, müssen sich die Minen in einer

ungefähren Tiefe von 12 bis 13 Fuß befunden haben. Da die Schiffe einen Tiefgang von nur annähernd 9 Fuß hatten, hätten sie die Minen unversehrt passieren müssen. Es besteht aber immerhin die Möglichkeit, daß die Minen nicht so tief lagen; in diesem Fall könnten die Schiffe auf sie getroffen sein. Die tatsächliche Ursache des Unterganges bleibt also ungewiß, und alles, was wir sagen können ist, daß diese Zerstörer von deutschen Luftwaffenkräften bombardiert wurden und vielleicht bei Ausweich-Manövern auf britische Minen gelaufen sind.«

Es ist sehr bedauerlich, daß es zeitgenössische deutsche Marineberichte gibt, nach denen deutsche Luftwaffenkräfte für das Versenken der beiden Zerstörer verantwortlich gemacht werden, obwohl das Gutachten des Untersuchungsausschusses das nicht bestätigt, sondern nur die Versenkung eines Zerstörers annimmt, aber die Verantwortung dafür auf die mangelnde Unterrichtung des X. Fliegerkorps durch die Marinegruppe West zurückführt. Dem Engländer sind nun auch noch Aussagen von Überlebenden der »Leberecht Maass« bekannt, nach denen der Bombenschaden nicht schwer genug war, um die Schiffe zu versenken, sondern nach denen sie infolge von Unterwasserexplosionen sanken. Mir waren solche Aussagen nicht bekannt. Wahrscheinlich sind den Engländern aber auch falsche Angaben über den Tiefgang der Zerstörer gemacht worden, um Minentreffer auszuschließen.

Nach heutiger Kenntnis der Dinge ist mit Sicherheit anzunehmen, daß ein Flugzeug des K.G. 26 den Zerstörer »Leberecht Maass« beim ersten Angriff beschädigt hat, vielleicht auch noch beim zweiten Anflug, obwohl die zweite, sehr starke Explosion unter »Leberecht Maass« mit größter Wahrscheinlichkeit ein Minentreffer war. Die große Explosion, in der »Max Schultz« sofort gesunken ist, kann nicht durch zwei Bomben SD 50 hervorgerufen sein, sondern muß ein Minentreffer gewesen sein. Man kann aber nicht jede Meldung der Flugzeugbesatzung als 100pozentig genau und in der Wirkung übersteigert werten, dagegen aber die vielen Meldungen über das Sichten von U-Booten und Torpedolaufbahnen sowie über weitere Bombenaufschläge im Wasser und sonstige Detonationen schon eine halbe Stunde vor dem ersten Angriff in das Reich der Phantasie verweisen, nur um eine Versenkung der Zerstörer durch die Luftwaffe nachzuweisen.

Anlage 11

Geheime Kommandosache!

Generalkommando
X.Fl.K.
Ia B.Nr. 10053/40 gKdos.

Gefechtsstand, den 20. 3. 1940

58 Ausfertigungen

58. Ausfertigung

Operationsbefehl für das X. Fliegerkorps am »Wesertag«

1. Die deutsche Wehrmacht besetzt am Wesertag Norwegen und Dänemark, um die Neutralität dieser Staaten gegen die ständigen Übergriffe Englands unter bewaffneten Schutz zu stellen.

   Grundsätzlich wird angestrebt, der Unternehmung den Charakter einer *friedlichen* Besetzung zu geben. Entsprechende Forderungen werden mit Beginn der Besetzung den Regierungen beider Staaten übermittelt werden. Flotten- bzw. Luftdemonstrationen werden erforderlichenfalls den nötigen Nachdruck geben.

   Trotzdem auftretender Widerstand wird unter Einsatz aller militärischen Mittel gebrochen werden.

   Die Unternehmung wird ausgelöst durch das Stichwort »Weserübung Tag Uhrzeit«, wobei Datum und Uhrzeit den Beginn der tatsächlichen Besetzung bezeichnen.

2. Die Besetzung wird in einer gemeinsamen Operation der 3 Wehrmachtsteile durchgeführt. Hierzu sind auf Zusammenarbeit angewiesen:

Heer:	Gruppe XXI
Kriegsmarine:	Marinegruppe West
Luftwaffe:	X. Fliegerkorps

   Die Besetzung Norwegens wird durch überfallartige Landung von Kampfgruppen des Heeres, die auf Kriegschiffen und sonstigen Seefahrzeugen an die Häfen Oslo, Arendal, Kristiansand, Egersund, Stavanger, Bergen, Drontheim und Narvik am Wesertag um Weseruhr herangeführt werden, eingeleitet. Je nach friedlicher oder *notfalls* gewaltsamer Inbesitznahme dieser Punkte wird von den einzelnen Kampfgruppen, die durch nachgeführte Truppen laufend verstärkt werden, die Durchdringung des gesamten Landes vorgetrieben werden.

   Die Besetzung Dänemarks erfolgt durch überfallartigen Einmarsch deutscher Truppen in Jütland und anschließenden Vorstoß nach Fünen und der gleichzeitigen Landung in Kopenhagen, Gjedser und Korsör.

3. X. Fliegerkorps unterstützt die Land- und See-Operationen zur Besitzergreifung Norwegens und Dänemarks durch Luftdemonstrationen und Einsatz von Fallschirmtruppen sowie Überführung von Luftlandetruppen des Heeres, bricht aufkommenden örtlichen Widerstand, schützt die Ausladungen gegen Luftangriffe und bekämpft etwaige Störungsversuche oder Landeunternehmungen englischer See- und Luftstreitkräfte.

   Hierzu kommt es besonders darauf an, so schnell als möglich mit eigenen Fliegerkräften in der norwegischen und dänischen Bodenorganisation Fuß zu fassen.

4. *Zur Durchführung dieser Aufgaben ist das X. Fl.K.* durch Zuführung von:
   Fliegerkampfkräften
   Jagdverbänden
   Aufklärungsverbänden
   Transportverbänden
   Flaktruppen
   Nachrichtentruppen
   Fallschirmtruppen und
   Fliegerbodentruppen *verstärkt* worden.

5. X. Fliegerkorps wird am Wesertag:
   a) die Masse der *Kampfverbände* für den Angriff auf sich der norwegischen Küste nähernde englische Seestreitkräfte bereitstellen,
   schwächere Teile zur Demonstration über Norwegen und Dänemark einsetzen und kleine Einheiten auf die besetzten erreichbaren norwegischen Flugplätze vorverlegen
   b) mit *Jagd- und Zerstörerverbänden* über Jütland demonstrieren und die Besetzung der dortigen Bodenorganisation schützen,
   die Lufttransportbewegungen über Jütland, Westküste Norwegen und dem Skagerrak sichern und die Masse dieser Verbände nach Jütland, kleine Einheiten nach Norwegen vorverlegen
   c) die *Aufklärungsverbände* zur Überwachung des norwegischen Küstenvorfeldes ansetzen und,
   soweit Seefliegerverbände, in norwegischen Häfen einfallen lassen
   d) Lufttransporte von Landetruppen, Wartungspersonal, Betriebsstoff usw. in größerem Umfang nach Oslo, Stavanger und Bergen, sowie nach Aalborg durchführen und die Landetruppen durch vorherigen Einsatz von *Fallschirmtruppen* sichern (ausgenommen Bergen)
   e) *Flakeinheiten* zum Schutz der Ausladungen in allen Ausschiffungshäfen gegen Luftangriffe einsetzen
   f) *Wartung und Versorgung* auf den in Besitz genommenen Flughäfen, sowie
   g) die Nachrichtenverbindungen aller neugewonnenen Stützpunkte sicherstellen und
   h) sofortige Erkundung unbekannter Flugplätze einleiten.
   Hierzu erhalten die unterstellten Verbände Einzelbefehle.

6. *Für alle eingesetzten Verbände des X. Fl.K. gilt als oberster Grundsatz:*
   Sicherung von Norwegen und Dänemark gegen jegliche englische Angriffe oder Landeunternehmungen.
   Hierzu kann es notwendig sein, daß vorn eingesetzte Einheiten der Lage entsprechend *sinngemäß und selbständig* handeln müssen, ohne erst Befehle abzuwarten.

7. Voraussichtlich wird erst nach erfolgter Truppenlandung aus dem Verhalten der Norweger zu erkennen sein, ob
   a) eine friedliche Besetzung möglich ist
   b) die Landung und Besetzung durch Kampf erzwungen werden muß.

   Bei der z. T. ausgesprochen deutschfeindlichen Einstellung der norwegischen Bevölkerung muß auch im Fall a) mit der Möglichkeit örtlichen Widerstandes gerechnet werden. Für die zur Demonstration eingesetzten Verbände ergehen hierfür Sonderbefehle, die die Zusammenarbeit mit den Erd- und Seestreitkräften regeln.

   Im übrigen kommt es bei der *friedlichen* Besetzung darauf an, durch festes, soldatisches Auftreten den ersten Eindruck der überraschenden Besetzung auf die Bevölkerung zu vertiefen.

Bei sicherem und energischem Auftreten, auch im Vertreten der notwendigen Forderungen, ist die Form der friedlichen Besetzung zu wahren. Das berechtigte Ehrgefühl der norwegischen Wehrmacht ist um so mehr zu schonen, als zu hoffen ist, daß diese bei höflichem und taktvollem Verhalten für uns gewonnen werden kann.

Forderungen an Bereitstellungen für Unterkunft, Beförderungsmitteln, Treibstoffen, Verpflegungsmitteln usw. sind an die norwegischen Behörden zu stellen. Wo die Lage Eile erfordert, ist Selbsthilfe (Beschlagnahme) geboten.

Auch bei friedlicher Besetzung ist die Truppe in Massenunterkünften straff zusammenzuhalten, Sicherungsmaßnahmen sind zu treffen und Abwehrbereitschaft im Zusammenwirken mit den Heerestruppen sicherzustellen.

Bezüglich des Verhaltens bzw. der Maßnahmen gegenüber der Bevölkerung ist engste Fühlung mit den örtlichen Heeresdienststellen zu halten.

Im übrigen siehe Merkblatt über das Verhalten gegenüber der norwegischen Bevölkerung.

Für den Fall einer notwendig werdenden *gewaltsamen* Besetzung ergehen kurzfristig Sonderbefehle.

8. Außer den Einsatzbefehlen werden den Verbänden zugestellt:

Karten sind gesondert übersandt,
Zielunterlagen
Orientierungsmerkblätter
Flugplatzunterlagen
} werden laufend ergänzt und vermehrt zugeführt.
Merkblätter über Verhalten usw.

Besondere Anordnungen über Verpflegung, Besoldung usw., deren Verteilung bzw. Bekanntgabe sicherzustellen ist.

9. Ich befinde mich bis auf weiteres auf dem Korpsgefechtsstand in Hamburg. Verlegung des Gefechtsstandes nach Norwegen ist beabsichtigt.

Geisler

Anlage 12

Geheime Kommandosache!

Generalkommando des
X.Fliegerkorps.
Ia op Br.B.Nr. 10064/40 gKdos.

Gefechtsstand, den 20. 3. 1940

13 Ausfertigungen

10. Ausfertigung

Befehl für den Einsatz des Kampfgeschwaders 26 am »Wesertag«

I. Lage:
Die allgemeine Lage und die Aufgaben des X. Fliegerkorps gehen aus dem Operationsbefehl hervor.

a) *Seelage:* Eigene schwere Seestreitkräfte (2 Schlachtschiffe) operieren in der nördlichen Nordsee, in der Shetlandsenge und nördlich davon zur Seitendeckung gegen den Angriff englischer Seestreitkräfte.

Eigene leichte Seestreitkräfte und zahlreiche Handelsschiffe befinden sich unter der ganzen norwegischen und dänischen Küste und im Skagerrak. An dessen Westausgang treten stärkere Einheiten von Minenwurfverbänden in Erscheinung.

Eigene U-Boote befinden sich in der ganzen Nordsee.

Mit Vorstößen *englischer* schwerer und leichter Seestreitkräfte, ausgelöst durch die eigenen Operationen an der norwegischen Küste, in die östliche und nördliche Nordsee wird gerechnet.

b) *Luftlage:* Während der Weserübung wird durch die 1./122 und Seeluftstreitkräfte eine möglichst umfassende Aufklärung über der Nordsee durchgeführt.

Die I./Z.G. 76 übernimmt bereits am Wesertag den Jagdschutz an der südnorwegischen Küste und im Skagerrak, die II./J.G. 77 über Jütland.

Vorstöße englischer Aufklärer, Bomben- und Zerstörerflugzeuge an die norwegischen und dänischen Küsten sowie in das Skagerrak werden erwartet.

Eigene Lufttransporte laufen während der Übung dauernd über Jütland nach Norwegen, über See nach Bergen und Drontheim.

II. Einsatz:

a) *Das Kampfgeschwader 26* bekämpft mit I. und II. Gruppe außer den in Ziffer II b–c genannten Staffeln in der nördlichen Nordsee festgestellte englische Seestreitkräfte.

Für die gleiche Aufgabe ist das K.G. 30 bereitgestellt.

Hierzu sind am Weser-1-Tag zu verlegen:

I./K.G. 26 von *Delmenhorst* nach *Marx,*
K.Gr. 100 von *Lüneburg* nach *Nordholz.*
II./K.G. 26 wird von *Blankensee* aus eingesetzt.

Beladung: He 111 H4 soweit verfügbar mit SC 500, der Rest mit SC 250 J, Zünder 38.

Am Wesertag liegen die Verbände ab Sonnenaufgang in *halbstündiger Bereitschaft.*

Der Einsatz erfolgt auf Befehl des Korps. Es sind Vorbereitungen zu treffen:

1. für den Anflug auf Peilzeichen eines F. d. Luft-Fühlunghalters.
2. oder eines Fühlunghalters des X. Fl.Korps.

3. für Herangeführtwerden an den Feind durch Peilzeichen eigener im Gefecht stehender Seestreitkräfte. Auf die Vorbereitung der Verfügungssignale, Benutzung der LM-Tafel und ausschließliche Anwendung des Funkverfahrens B (taktische Frequenz) wird hingewiesen.

b) *Eine Staffel der I./K.G. 26* verlegt am Wesertag vormittags nach *Stavanger* und Bergen und steht dort für Kampfeinsatz gegen Seestreitkräfte bereit.

Beladung: SC 250 J, Zünder 38.

Die *ersten Warte* sind mitzunehmen.

Die Staffel muß auf 9 Flugzeuge He 111 H3 aufgefüllt sein.

Der *Befehl zur Verlegung* wird vom Fl. Korps gegeben, sobald die Besetzung von *Stavanger* durch deutsche Truppen feststeht.

Die Inbesitznahme erfolgt durch Fallschirm- und Luftlandetruppen. Zum Zeichen der Besetzung wird die Hakenkreuzflagge ausgelegt.

Außer der Kampfstaffel wird eine Zerstörerstaffel nach Stavanger verlegt. Transportflugzeuge landen dort den ganzen Tag über.

Das Eintreffen ist vom letzten Flugzeug der Staffel *noch aus der Luft* durch FT zu melden.

Die Staffel stellt ihre *Einsatzbereitschaft* baldigst her und meldet sie.

Auf dem Flug nach *Stavanger* muß sparsam geflogen werden. Betriebsstoff steht dort am Wesertag voraussichtlich noch nicht zur Verfügung. Der lufttransportierte Betriebsstoff ist für die Zerstörerstaffel vorgesehen. Die Kampfstaffel ist hinsichtlich der *Versorgung* mit Munition, Bodengerät und Betriebstoff auf die Transportschiffe angewiesen und zeitlich somit von deren Entladungsmöglichkeiten abhängig.

Mit *Flakschutz* ist erst im Laufe des Wesertages zu rechnen.

Anforderungen der *örtlichen Heeres-* und *Marinedienststellen* auf Unterstützung ihrer Operationen ist im Rahmen des Möglichen nachzukommen.

Mit besonderem Nachdruck ist die Schaffung zuverlässiger *Nachrichtenverbindungen* sowohl zu der nach *Bergen* verlegten Küstenfl. Gruppe 506 als auch nach rückwärts zum Geschwader oder gegebenenfalls zum Korps zu verfolgen. Am Wesertag treffen zwei Nachrichtenflugzeuge in *Stavanger* ein. Verbindungen anderer Wehrmachtteile sind möglichst mit auszunutzen.

c) *Eine Staffel der I./K.G. 26* steht am Wesertag ab Hellwerden für den Einsatz zur Unterstützung bei der Besetzung von *Stavanger* und Bergen bereit.

Beladung: SD 50, Zünder 15 oder 25.

Einsatz der Staffel auf Befehl des Fliegerkorps. Infrage kommt der Angriff auf feindl. Widerstandsnester und Flakstellungen. Notfalls werden hierfür weitere Staffeln des K.G. 26 eingesetzt.

d) *III./K.G. 26* demonstriert über *Oslo und Umgebung* und landet mit einer Staffel in *Oslo-Fornebu* zwischen. Bei der Demonstration sind Flugblätter (Schwerpunkt *Oslo*) abzuwerfen.

Beladung: SD 50, Zünder 15 oder 25 und Flugblätter.

1. Die erste Staffel startet so, daß sie mit Hellwerden über Oslo auftreten kann. Falls der Nachtstart auf Grund der Wetterlage nicht durchführbar ist, startet die Staffel mit Hellwerden. Dem X. Fl.Korps ist dies zu melden.
2. Die zweite Staffel startet mit Hellwerden zum Auftrag.
3. Diese beiden Staffeln führen neben der Demonstration und dem Flugblattabwurf folgende *wichtige Aufklärungsaufträge* durch:

aa) Feststellung, ob den eigenen Seestreitkräften der Durchbruch nach *Oslo* gelungen ist. Sind die Kriegsschiffe im Hafen vor Anker oder am Pier? Finden die Truppenausladungen planmäßig statt, ohne Widerstand zu finden?

bb) Feststellung, ob den Fallschirmtruppen die Besetzung des Flughafens *Fornebu* gelungen ist und ob die Landung der Luftlandetruppen ohne Widerstand erfolgt. Die Inbesitznahme von *Fornebu* ist an dem Ausliegen von Hakenkreuzflaggen zu erkennen.

cc) Wo wird im *Oslofjord* gekämpft? Feuer von Kriegsschiffen und Küstenbatterien?

dd) Wo wird in *Oslo* an Land gekämpft?

ee) Versuchen *norwegische Flugzeuge* Widerstand zu leisten? Wo ist norwegisches Flakfeuer zu erkennen?

Die Beobachtungen sind durch Funk zu melden, laufend zu ergänzen und beschleunigt vom Geschwader dem Korps zu übermitteln.

4. Landung in *Fornebu* erst, nachdem festgestellt ist, daß die Bekämpfung norwegischer Küstenbefestigungen, die sich im Gefecht mit eigenen Kriegsschiffen befinden, nicht notwendig ist und nachdem an ausliegenden Hakenkreuzflaggen erkannt ist, daß sich *Fornebu* in eigener Hand befindet. Die Staffel steht dort zum sofortigen Eingreifen auf Anforderung des Heeres oder der Kriegsmarine bereit.
Mit *Nachtanken* in *Fornebu* kann nicht gerechnet werden. Die Staffel kehrt vor Dunkelheit bzw. nach etwaigen Kampfhandlungen in ihren deutschen Aufmarschhafen zurück.

e) *Feuernde Küsten- und Flakbatterien* sind in eigenem Entschluß anzugreifen und zum Schweigen zu bringen. Ihrer Niederkämpfung kommt *entscheidende* Bedeutung zu.

Norwegische Militärflugzeuge in der Luft und im Start sind als »Feind« zu behandeln.

III. Nachrichtenanordnungen:

Es verbleibt bei den vom X. Fliegerkorps gegebenen Befehlen.

Für das gesamte Unternehmen gilt neben Signaltafel »LM« nur Signaltafel »W« mit den festgelegten Verfügungsgruppen.

ES, Kennzeichen der Schiffe, Sicht- und Leuchtzeichen siehe »Besondere Anordnungen für Nachrichten-Verbindungsdienst Anlage 6«.

IV. Versorgung:

gemäß »Besondere Anordnungen für Versorgung«.

V. Als Notlandeplätze

kommen auf dänischem Gebiet in erster Linie *Aalborg-West* und *Esbjerg* infrage.

VI. Gefechtsstand

des K.G. 26 bleibt vorerst *Blankensee.* Baldige Verlegung des Geschwaders nach Norwegen ist beabsichtigt.

Gefechtsstand des X. Fliegerkorps ist bis auf weiteres *Hamburg.* Mit seiner Verlegung nach Norwegen ist ab Weser + 2-Tag zu rechnen.

Geisler

Verteiler:

Kampfgeschwader 26	1. Ausfertigung	Qu	8. Ausfertigung
I./26	2. Ausfertigung	Höh. Nafü	9. Ausfertigung
II./26	3. Ausfertigung	Kriegstagebuch	10. Ausfertigung
III./26	4. Ausfertigung	Marine Gr. West	
K.Gr. 100	5. Ausfertigung	nachrichtlich	11. Ausfertigung
Ia	6. Ausfertigung	Verbdgs. Offz. Gr. XXI	
Ic	7. Ausfertigung	nachrichtlich	12.+13. Ausfertigung

Anlage 13

Geheime Kommandosache!

Generalkommando des
X.Fliegerkorps
Qu.Br.B.Nr. 10034/40 gKdos.Chefs.
ab X-Tag gilt die Anordnung als geheim.

Gefechtsstand, den 19. 3. 1940

65 Ausfertigungen

60. Ausfertigung

Auszug
aus dem Befehl Gruppe XXI O Qu/Qu 2 1/40 G.Kdos.Chefs.

Besondere Anordnungen über das Verhalten bei der Besetzung Dänemarks und Norwegens

A) Allgemeines

1. Die militärische Besetzung Dänemarks und Norwegens erfolgt zum Zweck der Sicherung der Neutralität dieser Länder. Dabei muß es das Ziel sein, diese in friedlicher Form durchzuführen. Nur dort, wo den deutschen Truppen Widerstand entgegentritt, ist er mit der Waffe rücksichtslos zu brechen.

2. Es muß angestrebt werden, die Truppen, die Bevölkerung und die Landesbehörden zur Duldung des deutschen Vorgehens zu veranlassen und zur loyalen Zusammenarbeit mit den deutschen Truppen und Dienststellen bereit zu machen.

3. Die auf dänischem bzw. norwegischem Boden eintreffenden Truppenkommandeure unternehmen bei den örtlichen militärischen und zivilen Dienststellen (Leiter der Ämter, Bürgermeister) Schritte, die den Verzicht auf jeden Widerstand und die Herstellung friedlicher Zusammenarbeit schnell herbeiführen sollen. Es muß den örtlichen Stellen klar gemacht werden, daß Weisungen ihrer vorgesetzten Dienststellen in diesem Sinne zu erwarten sind. Dabei ist zu betonen, daß sie durch loyales Entgegenkommen den Interessen ihres Vaterlandes am besten dienen, daß jeder Widerstand zwecklos ist und nur zu schweren Schädigungen führen muß.

4. Am Besetzungstage werden bei der dänischen und der norwegischen Regierung diplomatische Schritte deutscher politischer Bevollmächtigter erfolgen. Es wird erwartet, daß die dänische und die norwegische Regierung folgende militärische Verpflichtungen auf sich nehmen:

a) Aufruf der Regierungen an Volk und Wehrmacht, jeden Widerstand gegen die deutschen Truppen bei der Besetzung zu unterlassen.

b) Befehl an die Wehrmacht zur Verbindungsaufnahme mit den deutschen Befehlshabern über loyale Zusammenarbeit. Die dänischen und norwegischen Truppen bleiben im Besitz ihrer Waffen, falls örtliche Lage nichts anderes erfordert. Verbindungsorgane der dänischen und norwegischen Wehrmacht sind zu stellen zum Befehlshaber der deutschen Truppen und zu den örtlichen Truppenführern. Umgekehrt sind deutsche Verbindungsoffiziere zu den dänischen und norwegischen Kommandostellen abzuordnen.

c) Unversehrte Überlassung der militärischen Einrichtungen und Anlagen, insbesondere der Küstenverteidigung, soweit sie zur Sicherung gegen einen äußeren Feind benötigt werden.

d) Zurverfügungstellung der Verkehrs- und Nachrichtenmittel, soweit sie für die Aufgaben der deutschen Truppen und ihre Versorgung benötigt werden. Unversehrte Erhaltung und Sicherstellung des Betriebes aller Verkehrsmittel, Wege und Nachrichtenmittel.

e) Auslaufverbot für Kriegs- und Handelsschiffe nach dem Ausland. Freigabe bleibt nach Klärung der Lage vorbehalten.

f) Sperrung des gesamten Nachrichten- und Postverkehrs nach dem Ausland über See, ausgenommen bestimmte Verbindungen nach den Ostseestaaten (siehe auch E 2).

g) Zurverfügungstellung von Presse und Rundfunk für Verlautbarungen der militärischen Befehlshaber.

h) Ausfuhrverbot für Kriegsgerät.

i) Anweisung, daß die norw. Lotsen ihren Dienst weiter nach den Anforderungen deutscher Dienststellen versehen, und daß die Befeuerung der norwegischen Küste sich in Zukunft nach den Anordnungen deutscher Dienststellen zu richten hat.

k) Zurverfügungstellung genauester Unterlagen über etwa ausgelegte Minensperren durch die dänischen und norwegischen Regierung.

B) Besondere militärische Maßnahmen

1. Dänemark und Norwegen sind in voller Ausdehnung *Operationsgebiet* im Sinne der militärischen Bestimmungen.

Der Befehlshaber der Gruppe XXI ist ermächtigt, in den besetzten Gebieten bis zum Abschluß der militärischen Operationen alle Maßnahmen zu treffen, die zur Sicherung der deutschen Besetzung und zur Durchführung ihres Zweckes erforderlich sind. Für Dänemark wird diese Vollmacht auf den Befehlshaber des Höh. Kdos. XXXI übertragen. Die Führer der einzelnen Landungstruppen sind berechtigt, im gleichen Umfange unbedingt notwendige Maßnahmen zu treffen, soweit nicht Weisungen des Befehlshabers der Gruppe XXI im Einzelfalle vorliegen.

2. *Die Behandlung der dänischen und norwegischen Truppen* hat sich nach der Lage zu richten. Einzelheiten regeln die Operationsbefehle. Inanspruchnahme der militärischen Liegenschaften und Einrichtungen durch die Besatzungstruppe ist nach Möglichkeit im Einvernehmen mit den militärischen Dienststellen des Landes zu regeln. Über die gegenseitige Grußpflicht sind Abmachungen zu treffen. Zwischen den militärischen Dienststellen der deutschen und der dänischen und norwegischen Wehrmacht sind Verbindungsoffiziere auszutauschen.

3. *Deutsche Flaggen* sind da zu setzen, wo es zur Kenntlichmachung deutscher Truppen oder Dienststellen erforderlich ist. Bei gleichzeitiger Belegung mit dän. und norw. Truppen können die dän. und norw. Flaggen neben der deutschen gehißt werden.

4. An die dänische und norwegische Wehrmacht werden *Aufrufe* in Form von Handzetteln verteilt, s. Anl. 1 (folgt). Sollte die dän. und norw. Wehrmacht den Besatzungstruppen militärischen Widerstand leisten oder durch Sabotageakte das Eindringen der deutschen Truppen zu verhindern suchen, so ist die Besetzung des Landes mit allen zur Verfügung stehenden Mitteln zu erzwingen. Die dän. u. norw. Truppen sind dann zu entwaffnen und zu internieren. Unter Umständen genügt bei unsicherer Haltung die Sicherstellung der Munitionsbestände.

5. *Das Auslaufen von Kriegs- und Überseehandelsschiffen* ist zu verbieten unter Hinweis auf Sperrmaßnahmen der deutschen Marine. Freigabe nach Klärung der Lage bleibt vorbehalten.

Da für *Flugzeuge* ein allgemeines *Startverbot* erlassen werden wird, sind Flugzeuge jeder Art am Aufsteigen zu hindern.

6. *Die Deutsch-Dänische Grenze* ist mit Beginn des Einmarsches für den nichtmilitärischen Grenzverkehr durch das Höh.Kdo. XXXI unter Heranziehung des Wehrkreiskommandos X zu *sperren*. Darüber hinaus wird die Einreise aus Deutschland nach Dänemark und Norwegen für alle Persönlichkeiten verboten, die nicht dienstliche Aufgaben im Operationsgebiet zu erfüllen haben. Die Erteilung von Einreisegenehmigungen nach Dän. und Norw. für nichtmilitärische Persönlichkeiten bleibt dem OKW Abt. L. und dem Auswärtigen Amt vorbehalten.

C) Verhalten gegenüber den dänischen und norw. Behörden

Es ist beabsichtigt, nach Abschluß der Operationen die auf nichtmilitärischem Gebiet notwendigen Aufgaben im Einvernehmen mit den Landesregierungen durchzuführen. Hierzu werden an wichtigen deutschen Stützpunkten Zivilorgane eingesetzt. Die deutschen Besatzungstruppen sind auf diesem Gebiet bis zu dieser Regelung durch die zivilen Stellen nur insoweit tätig und befugt, sofortige Maßnahmen zu treffen, als es zur Erfüllung ihrer militärischen Aufgaben *unbedingt* erforderlich ist. Der Abschluß der Operationen ist an Gruppe XXI zu melden. Sobald die zivilen Organe eingetroffen sind, beschränkt sich die Aufgabe der Besatzungstruppen auf die militärische Sicherung und Verteidigung der besetzten Gebiete. Dabei sind sie zu allen Maßnahmen zur Erfüllung der militärischen Aufgaben berechtigt. Maßnahmen auf nichtmilitärischem Gebiet sind sodann bei den örtlichen deutschen zivilen Stellen bzw. bei Gruppe XXI zu beantragen. Solange die deutschen zivilen Organe noch nicht zur Stelle sind und noch keine Weisungen in dieser Richtung vorliegen, haben die örtlichen Kommandeure gegenüber Behörden folgende Haltung einzunehmen:

1. Den dän. und norw. Behörden ist *ungehinderte Weiterarbeit* und Schutz durch die deutsche Besatzung zuzusichern. Im Einvernehmen mit ihnen haben die örtlichen deutschen Truppenkommandeure den reibungslosen Fortgang der Behördenarbeit und des öffentlichen Lebens sicherzustellen. Sie haben nur dort einzugreifen, wo Sicherheit und Versorgung der Besatzungstruppen es unbedingt verlangen.

Feindselige Handlungen sind zu unterbinden. Dort, wo Beamte sich einer friedlichen Zusammenarbeit entgegenstellen, sind sie abzusetzen und durch loyal gesinnte Persönlichkeiten zu ersetzen. Das wird in der Regel nur für Beamte in den Spitzen der Behörden notwendig sein. Hierbei ist es zweckmäßig, sich der Hilfe der deutschen Berufskonsule zu bedienen (siehe Anl. 2), die in der Lage sind, geeignete Persönlichkeiten namhaft zu machen.

Merkblatt über Dänemark bzw. Norwegen siehe Anl. 3.

2. *Eisenbahnen, Küsten- und Binnenschiffahrt* sind in Gang zu halten und für Zwecke der Besatzungstruppen in Anspruch zu nehmen, soweit es für die Aufgaben und die Versorgung der deutschen Truppen notwendig ist. Überwachung gegen passiven Widerstand und Sabotage ist sicherzustellen. Hierzu sind, wenn möglich, loyale Kräfte des Landes (evtl. Polizei) einzusetzen.

3. *Die Polizeikräfte* der besetzten Gebiete behalten bei loyalem Verhalten ihre Aufgaben und sind nicht zu entwaffnen. Grenzsicherung und Zollschutz, insbesondere der Grenze Norwegens gegen Schweden und Finnland, ist aufrecht zu erhalten.

Nur im Notfall sind Kräfte der deutschen Wehrmacht für polizeiliche Aufgaben einzusetzen.

4. *Der Fernmelde- und Postverkehr über See* nach dem Ausland ist zu unterbinden, nach den Ostseestaaten ist Einschränkung und Überwachung erforderlich.

D) Wirtschaftliche Maßnahmen

Die Wirtschaft der besetzten Länder muß möglichst reibungslos in Gang gehalten werden. Sofortige Eingriffe sollen nur dort stattfinden, wo die Versorgung und Sicherheit der Besatzung und die Versorgung der Bevölkerung es *unbedingt* verlangen.

Den örtlichen Befehlshabern an den wirtschaftlich wichtigsten Punkten werden zur Unterstützung und Beratung folgende *Wehrwirtschaftsoffiziere* zugeteilt:*

Name:	*zugeteilt zu:*	*Standort:*
Freg.Kpt. Forstmann	Gen.Kdo. XXXI	Kopenhagen
Korv.Kpt. Eichholz	170. Div.	Esbjerg
Kptlt. Michler	170. Div.	Aarhus
Freg.Kpt. Angermann	69. Div.	Bergen
Korv.Kpt. Kessler	163. Div.	Oslo
Kptlt. Sonnemann	Geb.Jäg.Rgt 138	Trondheim
Korv.Kpt. Reichmann	3. Geb.Div.	Narvik

Diese haben folgende Aufgaben:

a) Beratung bei der Ausnutzung des Landes für die Belange der Truppe und in bezug auf Sicherstellung der vorhandenen Vorräte.

b) Beratung bei der Inganghaltung des Wirtschaftslebens und der Versorgung der Bevölkerung.

c) Beratung in bezug auf die Aufrechterhaltung bzw. Ingangsetzung der Versorgungsbetriebe (Gas, Wasser, Energie) zur Belieferung von Truppe, Zivilbevölkerung und Wirtschaft.

d) Erkundung der Wirtschaft, insbesondere der gewerblichen Wirtschaft, hinsichtlich ihrer Ausnutzbarkeit für die deutsche Kriegswirtschaft.

Zunächst ergeben sich für die Truppe folgende Aufgaben:

1. Die im Lande – insbesondere in den Häfen – lagernden Güter und Rohstoffvorräte sind gegen unbefugte Zugriffe von *jeder Seite,* gegen unwirtschaftliche Verwendung und Sabotage zu schützen. Die Verschiebung von Werten und Gütern in das Ausland ist soweit möglich zu verhindern.

2. Unbedingte Schonung und Inganghaltung aller Betriebe. Insbesondere sind alle Versorgungsbetriebe (Gas, Wasser, Energie) zu schützen und ihre Inbetriebhaltung zu unterstützen.

3. Dänemark und Norwegen bleiben *eigene Zoll-Währungsgebiete.* Es sind daher die Zollgrenzgebiete zu überwachen (siehe auch C 2).

Einzelne Wehrmachtsangehörige, die in die Heimat zurückreisen, unterliegen der Zollkontrolle. Bei Truppenteilen, die zurückgeführt werden, hat der betreffende Führer zu bescheinigen, daß sich keine zollpflichtigen Waren bei der Truppe befinden. Zurückkehrende Flugzeuge (Lufttransportstaffeln) sind auf das Vorhandensein von zollpflichtigen Waren vor dem Start zu untersuchen.

4. Die Versorgung der Besatzungstruppen hat nur soweit aus dem Lande zu erfolgen, als es die dän. und norw. Wirtschaft ohne Schädigung tragen kann bzw. soweit es die

* Reserveoffiziere aus der Überseehandels-Kaufmannsgilde der Hansestädte.

militärische Lage *unbedingt* erfordert. Bei Inanspruchnahme von Leistungen aus dem Lande ist das Reichsleistungsgesetz sinngemäß anzuwenden. Leistungen sind in bar zu bezahlen. Nur in Ausnahmefällen ist von Empfangsbescheinigungen Gebrauch zu machen, die beschleunigt einzulösen sind.

5. Die Besatzungstruppen zahlen in den besetzten Ländern nur mit *Reichskreditkassenscheinen,* die am Einmarschtage zur Verfügung stehen, sowie in Zahlungsmitteln der Landeswährung, wenn sie solche beim Umwechseln von RKK erhalten haben.

Die Truppen haben in ihrem Besitz befindliche Zahlungsmittel in deutscher Reichswährung bei den zuständigen Zahlmeistern in RKK umzuwechseln. Der *Umrechnungskurs* beträgt für eine norw. Krone RM 0,60, für eine dän. Krone RM 0,50.

Beim Geldwechseln, z.B. bei Einkäufen, dürfen deutsche Reichsbank*noten* nicht angenommen werden, damit vermieden wird, daß auf diese Weise im Ausland befindliche Zahlungsmittel (Emigrantengelder) ins Reich zurückfließen.

6. Leistungen für persönliche Bedürfnisse müssen bar bezahlt werden, es dürfen dafür keine Empfangsbescheinigungen ausgestellt werden. Zur Ausstellung von Empfangsbescheinigungen sind nur militärische Dienststellen berechtigt.

7. Einzelnen Wehrmachtsangehörigen und Reichsangehörigen, die im Dienste der Wehrmacht stehen, sind *Hamsterkäufe* jeglicher Art *strengstens verboten.* Die Truppenkommandeure haben persönlich die Einhaltung dieses Verbots zu überwachen. Gestattet ist nur Ankauf für den *eigenen* täglich unumgänglich notwendigen unmittelbaren *Bedarf.* Die Versendung von Paketen in die Heimat ist verboten.

E) Sonstige Maßnahmen

1. Für die Behandlung der *Missionen der Feindstaaten,* zu denen diejenigen von Großbritannien und Nordirland sowie den Dominions Kanada, Australischer Bund, Neuseeland und Südafrikanische Union, Frankreich, Ägypten, Sudan und Irak gehören, gelten folgende Richtlinien:

a) Der Zugriff gegen die in Kopenhagen und Oslo liegenden *Gesandtschaften* der Feindstaaten, die völkerrechtlich exterritorial sind, sowie ihr Abschub ist Aufgabe der politischen Bevollmächtigten. Zur Durchführung der Nachrichtensperre und etwaiger Bewachungsaufgaben sind den Bevollmächtigten auf anfordern militärische Kräfte zur Verfügung zu stellen.
b) Den *Konsulaten* der Feindstaaten sind sofort die Fernsprechverbindungen durch Unterbrechen der Leitungen zu sperren. Vorhandene Funkeinrichtungen sind zu beschlagnahmen, hierzu wird ein Betreten der Gebäude erforderlich. Die Konsule und das Konsulatspersonal sind zu überwachen, zu Festnahmen ist nur bei feindseliger Handlung gegen die deutsche Besetzung zu schreiten. Eine Vernichtung oder Verschiebung von Kriegsgerät und sonstigen wertvollen Gütern (Finnlandgerät und -Akten) ist zu verhindern. Den Abschub des Personals und den Verbleib sichergestellter Gegenstände regeln die deutschen politischen Bevollmächtigten.
c) Die *Handelsvertretungen* und andere offizielle und offiziöse Vertretungen der Feindstaaten sind wie die Konsulate zu behandeln.
d) *Private feindliche Ausländer* sind – soweit ihre Anwesenheit durch die örtlichen Landesdienststellen zu erfahren ist – ebenfalls zu überwachen. Die Fernsprechverbindungen ihrer Wohnungen sind zu unterbrechen. Ihr Abschub bleibt den Anordnungen der politischen Bevollmächtigten vorbehalten.

   Alle *übrigen Missionen* bleiben unbehelligt. Ihr Nachrichtenverkehr wird über deutsche Verbindungen geleitet.

2. *Die Rundfunksender,* insbesondere Oslo, Stavanger und Bergen, sowie Kalundborg, Kopenhagen und Skamlebäg, sind durch Funkeinsatzgruppen sofort zu besetzen. Sie müssen dauernd für Verlautbarungen der Besatzungstruppe zur Verfügung stehen. Eine deutsche Zensur wird im weiteren Verlauf eingerichtet.

Die *Kabelverbindungen* von Egersund nach Peerhead (Schottland), von Grimstad nach New Biggen (England) sind sofort zu unterbrechen, die Kabel von Arendal nach Hirzhalz (Dänemark) und von Arendal nach Cuxhaven und Sylt, soweit unbeschädigt, sind unter Kontrolle zu nehmen (siehe auch Sonderbefehl für den Nachrichtendienst).

3. Die *Landespresse* ist am Erscheinen nicht zu hindern, solange sie sich loyal zu den Ereignissen stellt. Von den Zeitungen ist zu fordern, nur diejenigen militärischen Nachrichten zu bringen, die ihnen von deutschen Wehrmachtsdienststellen übermittelt werden.

Richtlinien über das Verhalten der Truppen gegenüber der dän. und norw. Bevölkerung siehe Anlage 4.

Flugblätter und Maueranschläge an die dän. bzw. norw. Bevölkerung siehe Anlage 6 und 7 (folgen).

4. Die Bevölkerung muß mit Beginn der Besetzung *propagandistisch* in weitestem Umfange bearbeitet werden. Es muß dabei der Eindruck erzielt werden, daß über die Entscheidungen der Regierungen zugunsten der deutschen Forderungen kein Zweifel bestehen kann und daß entsprechende Vereinbarungen bereits im Gange sind. Hierzu wird die Bevölkerung durch Teile der Prop. Komp., die ihre besonderen Anweisungen haben, bearbeitet.

5. *Von den Wehrmachtsgerichten* sind nur Handlungen abzuurteilen, die den Zweck der Besetzung vereiteln oder vereiteln sollen, oder die sich unmittelbar gegen die Wehrmacht, ihre Angehörigen oder ihr Gefolge richten. Die Wehrmachtgerichte wenden deutsches Strafrecht an. Die Bevölkerung ist darauf hinzuweisen.

Die *Gerichte der Länder* arbeiten nach *Landesrecht* weiter.

6. Im Verkehr der Besatzungstruppen mit den Behörden und der Bevölkerung sind die Bestimmungen der Haager Landkriegsordnung streng zu beachten. Kurze Zusammenfassung der wichtigsten Bestimmungen siehe Anlage 5.

Für die Richtigkeit:

Christian

Hauptmann d. G.

Verteiler:

I a	1. Ausfert.	III/108	21. Ausfert.	Gruppe 506	41. Ausfert.
I c	2. Ausfert.	Korpsmeteor.	22. Ausfert.	1/506	42. Ausfert.
Qu	3. Ausfert.	K.G. 26	23. Ausfert.	2/506	43. Ausfert.
IVa	4. Ausfert.	I/26	24. Ausfert.	1/106	44. Ausfert.
Höh.Nafü	5. Ausfert.	II/26	25. Ausfert.	I/Flak 32	45. Ausfert.
Tr.Chef Land	6. Ausfert.	III/26	26. Ausfert.	I/Flak 611	46. Ausfert.
z. b.V. 101	7. Ausfert.	K.G. 100	27. Ausfert.	II/Flak 33	47. Ausfert.
z. b.V. 102	8. Ausfert.	K.G. 4	28. Ausfert.	I/Fallschj.Rgt. 1	48. Ausfert.
z. b.V. 103	9. Ausfert.	I/4	29. Ausfert.	3./Fallschj.Rgt. 1	49. Ausfert.
z. b.V. 104	10. Ausfert.	II/4	30. Ausfert.	4./Fallschj.Rgt. 1	50. Ausfert.
z. b.V. 105	11. Ausfert.	III/4	31. Ausfert.	II/z. b.V. 1	51. Ausfert.
z. b.V. 106	12. Ausfert.	K.G. 30	32. Ausfert.	7./z. b.V. 1	52. Ausfert.
z. b.V. 107	13. Ausfert.	I/30	33. Ausfert.	8./z. b.V. 1	53. Ausfert.
K.G. z.b.V. 1	14. Ausfert.	II/30	34. Ausfert.	LG.St. z. b.V. 200	54. Ausfert.
I/K.G. z. b.V. 1	15. Ausfert.	III/30	35. Ausfert.	LG.St. z. b.V. 300	55. Ausfert.
III/K.G. z. b.V. 1	16. Ausfert.	I/Stuka 1	36. Ausfert.	XXXI. A.K.	56. Ausfert.
IV/K.G. z. b.V. 1	17. Ausfert.	I/Z.G.76	37. Ausfert.	Marinegruppe West	57. Ausfert.
Tr.Chef See	18. Ausfert.	II/J.G. 77	38. Ausfert.	Verbindungsoffz.	
I/108	19. Ausfert.	1/F 122	39. Ausfert.	Gr. XXI	58 u. 59. Ausfert.
II/108	20. Ausfert.	1/F 120	40. Ausfert.	Vorrat bei Ia	60.–65. Ausfert.

Luftwaffenverbände beim Unternehmen »Weserübung«

X. Fliegerkorps, Generalleutnant Geisler, Hamburg

	Einsatzhafen, 9. 4. 1940 morgens
BOMBER	
Kampfgeschwader 4	Faßberg, Lüneburg, Perleberg
Kampfgeschwader 26	Lübeck-Blankensee, Marx (Oldb)
Kampfgeschwader 30	Westerland (Sylt)
Kampfgruppe 100	Nordholz
STUKAS	
I. Gruppe/Stukageschwader 1	Kiel-Holtenau
JÄGER UND ZERSTÖRER	
I. Gruppe/Zerstörergeschwader 1	Barth
I. Gruppe/Zerstörergeschwader 76	Westerland (Sylt)
II. Gruppe/Jagdgeschwader 77	Westerland (Sylt)
AUFKLÄRER	
1. Staffel/Fernaufklärer 122	Hamburg-Fuhlsbüttel
1. Staffel/Fernaufklärer 120	Lübeck-Blankensee
SEEFLIEGER	
Küstenfliegergruppe 506	List (Sylt)
FALLSCHIRMJÄGER	
I. Bataillon/Fallschirmjägerregiment 1	
TRANSPORTVERBÄNDE	
I.–IV. Gruppe/Kampfgeschwader z. b.V. 1	Hagenow, Schleswig, Stade, Uetersen

Kampfgruppen z. b.V. 101 (Neumünster), 102 (Neumünster), 103 (Schleswig), 104 (Stade), 105 (Holtenau), 106 (Uetersen), 107 (Hamburg-Fuhlsbüttel).

I.–III. Gruppe/Kampfgeschwader z. b.V. 108 (Seeflugzeuge, Norderney).

Anlage 15

Weisung für die Kriegführung Nr. 16

Über die Vorbereitung einer Landungsoperation gegen England.

»Da England, trotz seiner militärisch aussichtslosen Lage noch keine Anzeichen einer Verständigungsbereitschaft zu erkenne gibt, habe ich mich entschlossen, eine Landungsoperation gegen England vorzubereiten und wenn nötig durchzuführen.

Zweck dieser Operation ist es, das englische Mutterland als Basis für die Fortführung des Krieges gegen Deutschland auszuschalten, und wenn es erforderlich werden sollte, im vollen Umfang zu besetzen.

Hierzu befehle ich folgendes:

1. Die Landung muß sich in Form eines überraschenden Überganges in breiter Front etwa von Ramsgate bis in die Gegend westlich der Insel Wight vollziehen, wobei Teilen der Luftwaffe die Rolle der Artillerie, Teilen der Kriegsmarine die Rolle der Pioniere zufallen wird. Ob es zweckmäßig ist, vor dem allgemeinen Übergang Teilaktionen, etwa zur Besetzung der Insel Wight oder der Grafschaft Cornwall zu unternehmen, ist vom Standpunkt jedes Wehrmachtsteiles aus zu prüfen, und das Ergebnis mir zu melden. Die Entscheidung behalte ich mir vor. Die Vorbereitungen für die Gesamtoperation müssen bis Mitte August abgeschlossen sein.

2. Zu diesen Vorbereitungen gehört auch, daß diejenigen Voraussetzungen geschaffen werden, die eine Landung in England möglich machen:
   a) Die englische Luftwaffe muß moralisch und tatsächlich soweit niedergekämpft sein, daß sie keine nennenswerte Angriffskraft dem deutschen Übergang gegenüber mehr zeigt.
   b) Es müssen minenfreie Wege geschaffen sein.
   c) Durch eine dichte Minensperre muß die Straße von Dover in beiden Flanken sowie der Westeingang des Kanals etwa in der Linie Alderney – Portland abgesperrt sein.
   d) Durch starke Küstenartillerie muß das Küstenvorfeld beherrscht und artilleristisch abgeschirmt sein.
   e) Die Fesselung der englischen Seestreitkräfte kurz vor dem Übergang sowohl in der Nordsee als auch im Mittelmeer (durch die Italiener) ist erwünscht, wobei schon jetzt versucht werden muß, den englischen Seestreitkräften, die sich im Mutterland befinden, durch Luft- und Torpedoangriffe nach Kräften Abbruch zu tun.

3. Organisation der Führung und der Vorbereitungen.
   Unter meinem Befehl und nach meinen allgemeinen Weisungen führen die Herren Oberbefehlshaber die von ihren Wehrmachtsteilen anzusetzenden Kräfte.
   Die Führungsstäbe des ObdH, ObdM und ObdL müssen sich vom 1. 8. an in einem Umkreis von höchstens 50 km von meinem Hauptquartier (Ziegenberg) befinden. Zweckmäßig erscheint mir die gemeinsame Unterbringung der engeren Führungsstäbe des ObdH und ObdM in Gießen.
   Der ObdH wird daher zur Führung der Landungsarmee eine Heeresgruppe einschalten müssen.
   Das Unternehmen führt den Decknamen ›Seelöwe‹.
   Bei der Vorbereitung und der Ausführung des Unternehmens fallen den Wehrmachtsteilen folgende Aufgaben zu:
   a) Heer: stellt den Operationsplan und den Übersetzplan zunächst für alle zu verschiffenden Verbände 1. Welle auf. Die mit der 1. Welle zu übersetzende Flak-

artillerie wird dabei solange dem Heer (den einzelnen Übersetzgruppen) unterstellt, bis sich eine Teilung der Aufgaben in Unterstützung und Schutz der Erdtruppe, Schutz der Ausschiffungshäfen und Schutz der zu besetzenden Luftstützpunkte durchführen läßt.
Das Heer verteilt ferner die Übersetzmittel auf die einzelnen Übersetzgruppen und legt die Einschiffungs- und Landungsstellen im Einvernehmen mit der Kriegsmarine fest.

b) Kriegsmarine: stellt die Übersetzmittel und führt sie entsprechend den Wünschen des Heeres nach den seemännischen Gesichtspunkten in die einzelnen Einschiffungsräume zu. Soweit als möglich ist auf Schiffe der niedergeworfenen feindlichen Staaten zurückzugreifen. Sie stellt für jede Übersetzstelle den zur seemännischen Beratung nötigen Marinestab mit Begleitschiffen und Sicherungsstreitkräften.
Sie schützt neben den zur Überwachung eingesetzten Luftstreitkräften, den gesamten Kanalübergang in den beiden Flanken. Über die Regelung der Befehlsverhältnisse während des Übersetzens erfolgt Befehl.
Es ist ferner Aufgabe der Kriegsmarine, den Aufbau der Küstenartillerie, d. h. aller für die Bekämpfung von Seezielen in Betracht kommenden Batterien sowohl des Heeres wie der Kriegsmarine einheitlich anzuordnen und die Feuerleitung im großen zu organisieren.
Eine möglichst große Zahl schwerster Artillerie ist zur Sicherung des Übergangs und der Abschirmung der Flanken gegen feindliche Einwirkung von See her so schnell als möglich einzusetzen. Hierzu ist auch die Eisenbahnartillerie (ergänzt durch die verfügbaren Beutegeschütze) ohne die nur zur Bekämpfung von Zielen auf dem englischen Festland vorgesehenen Batterien (K 5 und K 12) heranzuziehen und unter Benutzung von Eisenbahndrehscheiben einzubauen.
Unabhängig hiervon sind die verfügbaren schwersten Bettungsbatterien gegenüber der Straße von Dover so unter Beton einzubauen, daß sie auch schwersten Luftangriffen widerstehen können, und damit die Straße von Dover unter allen Umständen auf die Dauer, innerhalb ihrer Wirkungsmöglichkeit, beherrschen.
Die technischen Arbeiten obliegen der Organisation Todt.

c) Aufgabe der Luftwaffe ist es: das Eingreifen der feindlichen Luftwaffe zu verhindern, Küstenbefestigungen, die gegen die Landungsstellen wirken können niederzukämpfen, den ersten Widerstand feindlicher Erdtruppen zu brechen, und im Anmarsch befindliche Reserven zu zerschlagen. Für diese Aufgabe ist engste Zusammenarbeit einzelner Verbände der Luftwaffe mit den Übersetzgruppen des Heeres nötig. Ferner: Wichtige Transportstraßen zum Heranführen feindlicher Reserven zu zerstören und feindliche Seestreitkräfte, die sich im Anmarsch befinden, schon weit ab von den Übersetzstellen anzugreifen. Über die Verwendung der Fallschirm- und Luftlandetruppen ersuche ich mir Vorschläge zu machen. Dabei ist in Verbindung mit dem Heer zu prüfen, ob es hier zweckmäßig ist, Fallschirm- und Luftlandetruppen als eine im Notfall rasch einzusetzende Reserve vorerst zur Verfügung zu halten.

4. Die notwendigen Vorbereitungen für die Nachrichtenverbindungen von Frankreich nach dem englischen Festland trifft der Wehrmacht-Nachrichtenchef.
Der Einbau der restlichen 80 km Ostpreußen-Kabel ist in Verbindung mit der Kriegsmarine vorzusehen.

5. Die Herren Oberbefehlshaber ersuche ich, mir sobald als möglich vorzulegen:
a) die Absichten der Kriegsmarine und der Luftwaffe, um die Voraussetzungen für den Kanalübergang zu schaffen (siehe Ziffer 2);

b) den Aufbau der Küstenartillerie im einzelnen (Kriegsmarine);
c) einen Überblick über den einzusetzenden Schiffsraum und die Methode der Bereitstellung und Herrichtung; Beteiligung ziviler Stellen? (Kriegsmarine);
d) die Organisation des Luftschutzes in den Bereitstellungsräumen der Übersetztruppen und der Übersetzmittel (Luftwaffe);
e) den Übersetz- und Operationsplan des Heeres, Gliederung und Ausrüstung der 1. Übersetzwelle;
f) Organisation und Maßnahmen der Kriegsmarine und der Luftwaffe für die Durchführung des Überganges selbst, seine Sicherung und die Unterstützung der Landung;
g) Vorschläge für den Einsatz der Fallschirm- und Luftlandetruppen, sowie für die Unterstellung der Flakartillerie, nachdem ein ausreichender Raumgewinn auf englischem Boden erzielt ist (Luftwaffe);
h) Vorschläge für die Plätze der Führungsstäbe der ObdH und ObdM;
i) eine Stellungnahme von Heer, Kriegsmarine und Luftwaffe, ob und welche Teilaktionen vor der allgemeinen Landung für zweckmäßig gehalten werden;
k) Vorschlag von Heer und Kriegsmarine über die Befehlsführung während des Übersetzens.

gez. Hitler
Jodl
Keitel

Geleitzüge

Ein **Geleitzug** besteht aus mehreren Schiffen, die sich zum Schutze gegen feindliche Angriffe aus der See und der Luft zu einer »Marschformation« zusammengeschlossen haben.

Die Bezeichnung »Geleitzug« verwendet man, sofern es sich bei dem Zusammenschluß um Handelsschiffe handelt, die von Kriegsschiffen und/oder Luftstreitkräften beschützt werden. Besteht dagegen der Schiffsverband nur aus Kriegsschiffen, so spricht man von einem »Flottenverband« unter Verwendung der Gattungsbezeichnung dieser Schiffe, z. B. »Kreuzerverband, Schlachtschiffverband« oder auch von **»Kampfgruppen«,** die für einen bestimmten Einsatz mit verschiedenartigen Kriegsschiffstypen zusammengestellt werden.

Die Formation des Handelsschiffsverbandes wird stets so gewählt, daß sich die wertvollsten Schiffe (die wertvollste Fracht) in der Mitte des Verbandes befinden.

Um dieses Ziel herum ist stets ein Sicherungsring kleinerer, schnellfahrender und gut bewaffneter Boote wie Zerstörer, Torpedoboote, Korvetten aufgestellt.

Die Stärke des Sicherungsschutzes, Anzahl und Art der Sicherungsfahrzeuge richten sich nach dem »Sicherungsobjekt«, nach dem »Risikofaktor« und nach der operativen Lage (Entfernungen, Feindmöglichkeiten usw.).

Die nachstehende Betrachtung bezieht sich auf einen Geleitzug, der Kriegsmaterial an die gegnerische Front transportiert*.

Die Zusammenstellung der alliierten Geleitzüge erfolgte vielfach in einem dem Gefahrengebiet vorgelagerten Sammelhafen. Für die Eismeergeleitzüge z. B. waren das die Häfen von Island, für die Mittelmeergeleitzüge die Häfen von Gibraltar, Suez und Port Said. Der Anmarsch der Frachter zu diesen Sammelstellen erfolgte vielfach einzeln aus den englischen/schottischen Häfen oder auch bereits als »Kleingeleite« soweit eine vorherige Zusammenfassung möglich und eine »Begleitung« notwendig war. Kamen die Schiffe über den Atlantik zur Sammelstelle, so befanden sie sich auf diesen Schiffswegen bereits in einem **Groß-Geleitzug.** Im Sicherungsgebiet der englischen Häfen löste sich dieses Groß-Geleit auf und entließ die Schiffe in die jeweiligen Bestimmungshäfen. Den letzten Schutz bis zum Hafen übernahm dann meist die Luftwaffe. Waren die Frachten für andere Gebiete bestimmt, wurden die Dampfer nunmehr einzeln oder in Geleiten zu den hierfür festgelegten Sammelstellen beordert.

Das Kommando über einen Geleitzug wurde einem See-Offizier übertragen. Vielfach im Range eines Flaggoffiziers (Admiral). Er hatte die Befehlsgewalt über den **Gesamtgeleitzug**, einschließlich der Sicherungsstreitkräfte. Die Gefechtsstandeinrichtung, Funk- und Navigationsmittel und entsprechendes Führungspersonal ermöglichten ihm die Kontakthaltung mit der Leitstelle, den sichernden Flottenverbänden, der Luftwaffe und selbstverständlich auch mit den Frachter-Kapitänen. Die Frachter-Kapitäne erhielten von ihm anläßlich einer Einsatzbesprechung, kurz vor dem Auslaufen aus dem Sammelhafen, die Zielorder, die Position des Frachters im Geleitverband, die Marschgeschwindigkeit und die Anweisung für Verhalten in besonderen Fällen. Desgleichen auch alle notwendigen Funk- und Navigationsunterlagen.

Zum befohlenen Zeitpunkt lichteten die Frachter die Anker und machten sich auf den Weg, um außerhalb des Hafens oder der Bucht ihre Position im Geleitzug einzunehmen. Dieses Manöver erforderte Zeit, denn man hatte es hier nicht mit erfahrenen See-Offizieren zu tun, die Formationsfahren gelernt hatten, sondern mit Frachterkapitänen.

* S. hierzu Skizzen auf S. 333 und auf S. 334.

Die Kriegsschiffe des Sicherungsgürtels stießen meistens schon bei Beginn der Auslaufmanöver zu den Handelsschiffen.

Nachdem der Geleitzug gesammelt und jedes Schiff die vorgesehene Position eingenommen hatte, begann der Marsch in Richtung auf die Zielhäfen.

Die Geleitzug-Formation bestand nunmehr aus mehreren Schiffsreihen. Je vier bis fünf Dampfer hintereinander mit einem Abstand zum Vordermann von etwa 400 Metern und einem seitlichen Reihenabstand von 500 Metern. Die Marschgeschwindigkeit wurde durch das langsamste Schiff bestimmt. Im Mittel betrug sie etwa 8 sm/h, das sind etwa 15 km/h.

Die Sicherungskräfte der begleitenden Eskorte formierten sich zu einem Halbkreis um den Verband und übernahmen die Sicherungsaufgabe.

Die nachstehende Skizze zeigt in etwa die Aufstellung der Sicherungsstreitkräfte während einer normalen Marschfahrt.

Je nach Gefahrengrad erhielten die Geleitzüge den Schutz einer **»Nahsicherungsgruppe«**. Vielfach war das ein Verband, welcher aus mehreren Kreuzern und Zerstörern bestand. Diese »Nahsicherungsgruppe« bildete die Eingreif-Reserve gegen Angriffe feindlicher Überwasserstreitkräfte.

Darüber hinaus wurde für Groß-Geleitzüge eine **»Ferndeckungsgruppe«** in Bereitschaft gehalten.

Das war ein Teil der jeweiligen Hochsee-Flotte bestehend aus Schlachtschiffen, schweren und leichten Kreuzern, Zerstörern, wenigstens einem Flugzeugträger und U-Booten. Die Ferndeckungsgruppe befand sich stets einsatzbereit in See, in der Nähe des Geleitzuges und konnte im Bedarfsfalle innerhalb kurzer Zeit in ein Seegefecht eingreifen.

Der »Bedarfsfall« konnte eintreten: Im Nordmeer durch das Auftreten der Deutschen Schlachtschiffgruppe aus der Basis Norwegen; im Mittelmeer durch das Eingreifen der italienischen Flotte. Letzteres allerdings nur bis Mitte 1943, bis zur italienischen Kapitulation.

Hierdurch wird ein Überblick vermittelt, welche gigantischen Transportleistungen ein Groß-Geleitzug vollbrachte. Die Eismeer-Geleitzüge, welche Kriegsmaterial nach Rußland brachten, bestanden meistens aus mehr als 30 Frachtern. Der PQ 17, der am 27. Juni 1942 von Island nach Murmansk und Archangelsk unterwegs war und aus 35 Frachtern bestand, hatte nachstehendes Kriegsmaterial geladen:

297 Flugzeuge,
594 Panzer,
4246 Lastwagen,
156000 Tonnen Munition, Ausrüstungs- und Ersatzteile und sonstiges Material
im Werte von siebenhundert Millionen Dollar (Kurs 1942).

Der Geleitzug, einschließlich seiner Eskorte, verfügte über eine starke Bewaffnung.

Bereits seit der Zeit des Handelskrieges in der Nordsee, seit Herbst 1939, waren alle alliierten Handelsschiffe und alle Fischdampfer mit Flugabwehrgeschützen ausgerüstet.

Die Aufstellung zeigt die Bewaffnung deutscher Seestreitkräfte vergleichbarer Größenordnung, die hier als Nahsicherungsstreitkräfte genannt werden.

Die Bewaffnung bestand aus:

Zerstörer	3–4 Geschütze 12,7 cm
	bis zu 14 Flakgeschützen 3,7 cm
	bis zu 13 Flakgeschützen 2 cm
Flottentorpedoboote (vergleichbar den genannten Korvetten)	4 Seeziel/Flakgeschütze 10,5 cm
	4 Flakgeschütze 3,7 cm Doppellafetten
	1 Vierlingslafette 2 cm
	2 Flakgeschütze 2 cm

Formation eines Groß-Geleitzuges

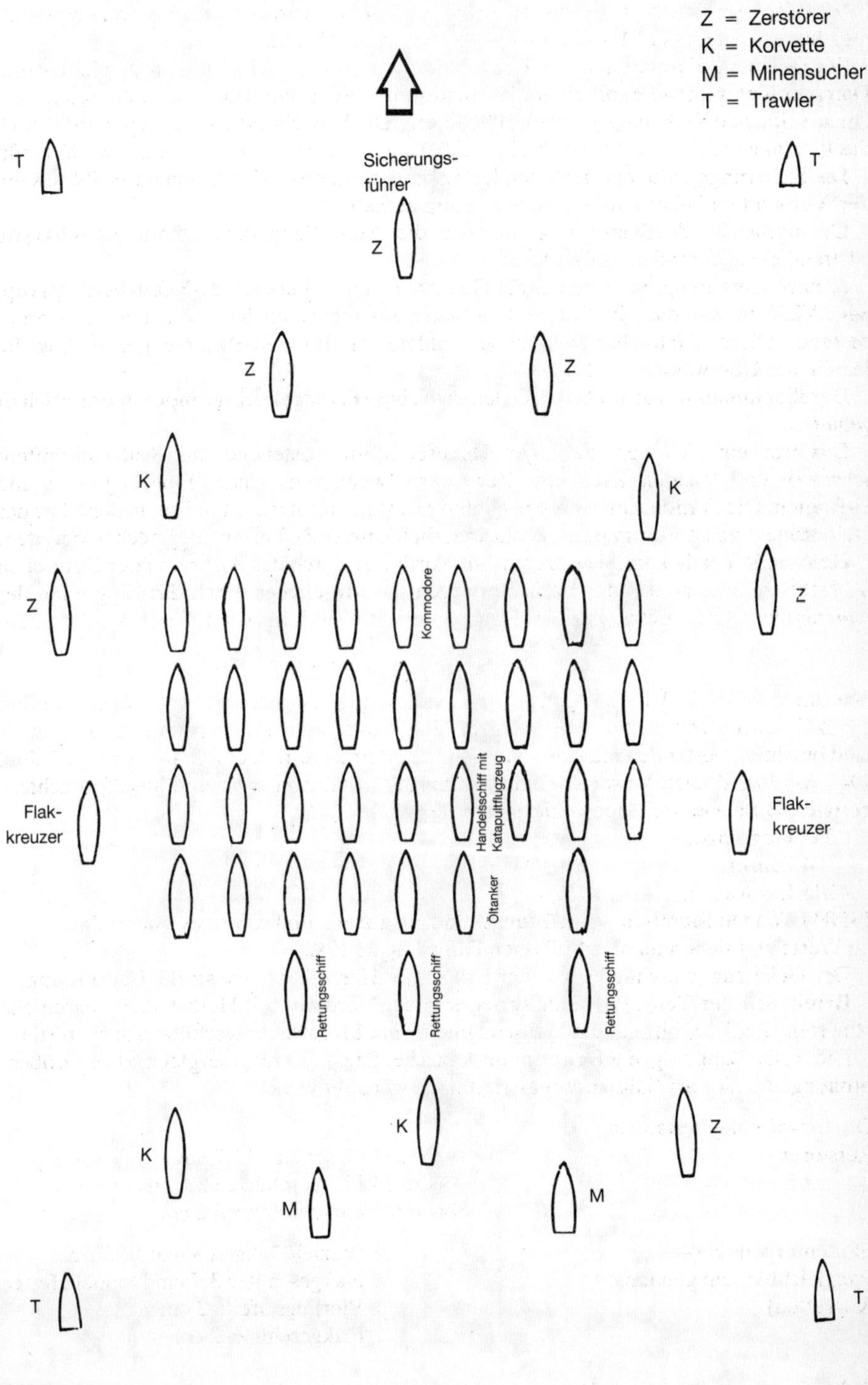

Das Bild vermittelt einen Eindruck von den Transportleistungen eines mittleren Frachtschiffes von etwa 6500 bis 7000 Tonnen.

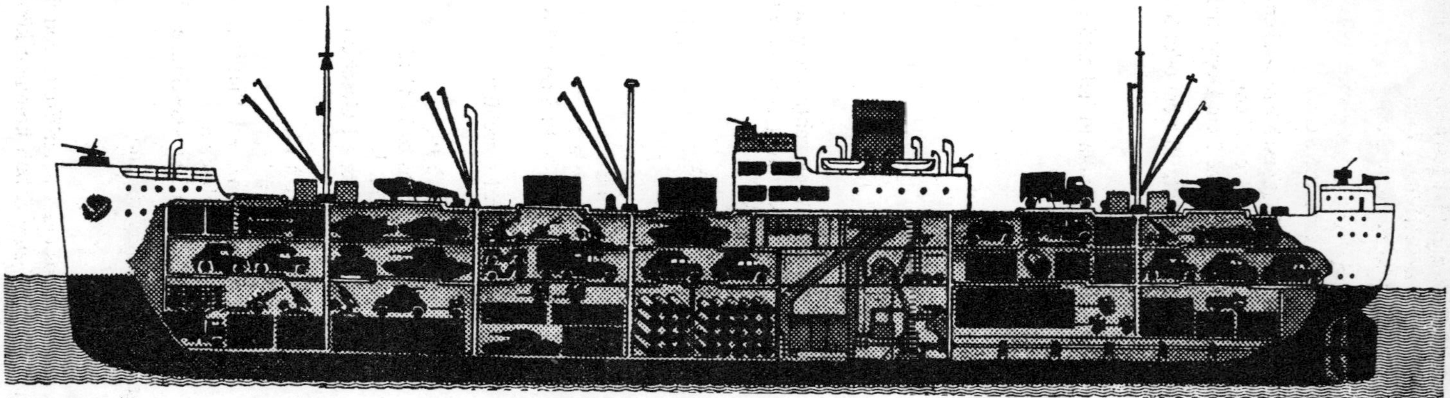

ÜBERDECK		2 Bomber	Flugzeuge (verpackt)	4 Spitfires	Aufbauten	4x3t LKW's	2 Panzer
OBERDECK	170t Flugzeug-Ersatzteile 11 Torpedos 40t Funkgeräte 130t Geschütz-Material	Munitions-Panzer	24 Flakgeschütze Drei 3,7-cm-Geschütze	14 Panzer	Kammern Vorräte	4 Panzerwagen 18x3t LKW 270t Leuchtmunition	2 Abwehrgeschütze 9 Anhänger 11 Spähwagen 40t 250er Bomben
MITTELDECK	15 Schleppwagen	16 Panzer	Sieben 3achs. LKW's 22 Jeeps	20 Schleppwagen	Maschinenraum Gebläse-maschine Dynamo	75t Eisenb.-Schienen 120t Bomben-Schwanzteile 200t Ersatzteile 270t Kerzen	22 Schleppwagen
UNTERDECK	200t Stahl-Pylone 12x25-cm-Geschütze 2x3,7-cm-Geschütze 1x3t LKW 200t 25-cm-Munition 220t Panzer-Ersatzteile	Vier 3,7-cm-Geschütze 9 Panzerwagen 9 Anhänger 600t gemischte Munition	6 Anhänger 6 Flugzeugflügel 300t Munition 20 Panzer 5 Spitfires (verp.)	Panzer-Treibstoffe	Turbine Kessel	510t gemischte Munition 15 Anhänger	6 Spähwagen 160t Geschütz-Ersatzteile 50t 25-cm-Granaten 50t Panzer-Ersatzteile

Das alles konnte ein einziges Handelsschiff transportieren!

Minensuchboote (M-Boot 35)	2 Seeziel/Flakgeschütze 10,5 cm 1 Flakgeschütz 3,7 cm 6 Flakgeschütze 2 cm
Trawler-Fischdampfer	1 Flakgeschütz 8,8 cm 2 Flakgeschütze 2 cm
Flakschiffe (leichte Kreuzer, Hilfskreuzer)	etwa 6 Seeziel/Flakgeschütze 10,5 cm 10 Flakgeschütze 3,7 cm 10 Flakgeschütze 2 cm Doppellafetten
Frachter	1 Flakgeschütz 10,5 cm oder 8,8 cm

Der Geleitzug PQ 17, der im Juli 1942 von England nach Rußland lief und u. a. von unseren Torpedofliegern angegriffen wurde, bestand aus:

35 Handelsschiffen.

Die Nahsicherung aus 6 Zerstörern,
4 Korvetten,
3 Minensuchern,
4 Trawlern,
2 Flakschiffen.

Unter Zugrundelegung der vorgenannten Bewaffnung und Außerachtlassung der unterschiedlichen Geschoßkaliber und auch unterschiedlicher Ausrüstung kann nachstehende Bewaffnung des vorgezeichneten Geleitzuges angenommen werden:

32 Geschütze im Kaliber um ca. 12,7 cm	2 Flakschiffe à 6, 6 Zerstörer à 3–4
57 Flakgeschütze um ca. 10,5 cm	4 Korvetten à 4, 3 Minensucher à 2, 35 Frachter à 1 × 10,5 oder 8,8
4 Flakgeschütze um 8,8 cm	4 Trawler à 1 Geschütz
110 Flakgeschütze um 3,7 cm	2 Flakschiffe à 10, 6 Zerstörer bis zu 14 Ø 12, 4 Korvetten à 4, 3 Minensucher à 1 Geschütz
185 Flakgeschütze um 2 cm	2 Flakschiffe à 10, 6 Zerstörer à 13, 4 Korv. 4 einz. + 1 Vierling, 3 Minensucher à 6, 4 Trawler à 2 Flakgeschütze

Das sind insgesamt: 32 See- und Luftzielgeschütze mit 12,7 cm und
356 Flakgeschütze.

Unterstellen wir, daß bei einem Lufttorpedoangriff aus einer Angriffslage von 60° oder 120° zum Gegnerkurs nur etwa 25 % der Geschütze zum Schuß kommen können, so konzentriert sich auf den angreifenden Fliegerverband ein Abwehrfeuer aus acht wassersäulenschießenden Schiffsgeschützen und etwa 90 Flakgeschützen.

Bei einem Breitseitenangriff zwischen 80° und 100° zum Gegnerkurs werden sicherlich weit mehr als 25 % der Abwehrwaffen zum Einsatz gebracht werden können.

Der Angriffszeitraum, von der Erfassung der Flugzeuge durch die Flakgeschütze der Sicherungsstreitkräfte bis zu dem Zeitpunkt, zu dem sich das Flugzeug wieder außerhalb der Reichweite der Flakgeschütze befindet, betrug zu der Zeit etwa fünf Minuten.

Bei einer Fluggeschwindigkeit von 300 km/h waren es wenigstens 25 km, eingerechnet der erforderlichen Abwehrmanöver, welche zu durchfliegen waren.

Bei den Tages- und Dämmerungsangriffen im Mittelmeer und bei allen Angriffen gegen Großgeleitzüge im Eismeer wurden seitens des Gegners Jagdflugzeuge von Flugzeugträgern der Fernsicherung zum Einsatz gebracht.

Dadurch erhöhte sich die gegnerische Abwehr nochmals ganz erheblich.

Um das Ganze abzuschließen, könnte noch die Feuergeschwindigkeit der Abwehrgeschütze genannt werden.

Weil das aber vom jeweiligen Modernisierungsstand der Waffen und auch von der Ausbildung der Bedienungsmannschaft abhängig ist, können hier keine vertretbaren Daten genannt werden.

Genannt sei nur die Feuergeschwindigkeit der 2-cm-Flakwaffen. Sie betrug zu der Zeit um die 200 Schuß pro Minute.

Diese Abhandlung »Geleitzüge« stützt sich auf das Buch von David Irving »Schlacht im Eismeer – Der Untergang des PQ 17« und Günter Karweina »Geleitzug PQ 17«. Die Bewaffnungsaufstellung und die Skizzen stammen vom Autor.

Kampfgeschwader 26
Dienststelle

Namentliche Verlustliste

Nr. .... *)

über

Offiziere, Wehrmachtbeamte, Unteroffiziere und Mannschaften

Berichtszeitraum Oktober 1939 bis Februar 1945
März 1945 bis Mai 1945 aus eigenen Ermittlungen

Verteiler:

Ob.d.L. Gen.Quartmstr. 6. Abt.

Wehrmachtauskunftstelle
R.L.M. L.Wehr 2 a.d.D.
Lfl. Kdo. Abt. IIa
Fliegerdivision Abt. IIa
K.G. 26 Abt. IIa
Entwurf.

Die nachstehenden Aufzeichnungen sind Auszüge aus den amtlichen Verlustlisten des Geschwaders.

*) Von absendender Dienststelle mit der lfd. Nr. auszufüllen.

Bedeutung der nachstehenden Abkürzungen

Land/Zielgebiet

B	= Belgien	PL	= Polen
D	= Deutschland	SF	= Finnland
DK	= Dänemark	SU	= Rußland
N	= Norwegen	YU	= Jugoslawien
F	= Frankreich		
GB	= Großbritannien	SZ-N	= Seezielgebiet Nordsee
GR	= Griechenland	SZ-Na	= Seezielgebiet Narvik
I	= Italien	SZ-E	= Seezielgebiet Eismeer
K	= Kreta	SZ-M	= Seezielgebiet Mittelmeer
M	= Malta	SZ-S	= Seezielgebiet Schwarzes Meer
NA	= Nordafrika	SZ-SU	= Seezielgebiet Sueskanal und Rotes Meer
NL	= Niederlande	SZ-Inv	= Seezielgebiet Invasionsfront Frankreich

Status

+	= gefallen/verstorben
v	= vermißt
a	= abgestürzt
vw	= verwundet
g	= Gefangenschaft

Doppelbezeichnungen zeigen den ersten und letzten Erkenntnisstand an.

Verluste des Kampfgeschwaders 26

Vermißt, gefallen und verstorben (v und +)	= 1842
in Gefangenschaft geraten (g)	= 314
verwundet (vw)	= 311

davon:

Geschwaderstab und Stabsstaffel	v und + =	52
	g =	12
	vw =	6
I./Kampfgeschwader 26	v und + =	504
	g =	118
	vw =	106
II./Kampfgeschwader 26	v und + =	511
	g =	95
	vw =	98
III./Kampfgeschwader 26	v und + =	605
	g =	89
	vw =	101
IV./Kampfgeschwader 26	v und + =	170

Stab/Kampfgeschwader 26

28. 10. 1939	Lt.	Adolf Niehoff	SZ-N	v g
	Uffz.	Kurt Lehmkuhl	SZ-N	v g
	Uffz.	Gottlieb Kowalke	SZ-N	v g
	Gefr.	Bruno Reimann	SZ-N	v g
20. 2. 1940	Uffz.	Karl Klein	D	a +
	Uffz.	Kurt Heine	D	a +
	Fw.	Alfred Füllgrabe	D	a vw
16. 4. 1940	Gefr.	Günther Kresse	N	+
17. 4. 1940	Gefr.	Rudolf Schlüter	N	vw
24. 5. 1940	Oblt.	Hartmut Paul	SZ-Na	v g
	Ofw.	Eduard Strüber	SZ-Na	v +
	Fw.	Alfred Stock	SZ-Na	v +
	Uffz.	Günther Eickmann	SZ-Na	v kam zurück
	Uffz.	Hans Blunk	SZ-Na	v kam zurück
19. 11. 1940	Oberstlt.	Karl Frhr. v. Wechmar	F	a +
	Oblt.	Karl-Georg Streng	F	a +
	Fw.	Gerhard Wünsche	F	a +
	Fw.	Erich Heinz	F	a +
	Uffz.	Horst Gerstenkorn	F	a +
15. 2. 1941	Fw.	Karl-Ernst Michelis	SZ-N	vw
	Ogefr.	Heinz Kettleck	SZ-N	vw
11. 3. 1941	Oblt.	Rolf Alander	SZ-N	v g
	Uffz.	Peter Wähner	SZ-N	v +
	Fw.	Werner Meyer	SZ-N	v g
	Fw.	August Dether	SZ-N	v g
9. 7. 1941	Uffz.	Hans Hilpert	SZ-N	vw
29. 7. 1941	Uffz.	Karl Weyrauch	SZ-N	vw
23. 8. 1941	Hptm.	Georg Wilhelm	SZ-N	v g
	Uffz.	Hans Hilpert	SZ-N	v g
	Uffz.	Otto Siedel	SZ-N	v g
	Ogefr.	Franz Schmid	SZ-N	v g
13. 9. 1941	Lt.	Rupprecht Machbert	GB	v
	Stfw.	Erich Bergemann	GB	v
	Gefr.	Hermann Ellebracht	GB	v
	Uffz.	Adolf Rudischer	GB	v
23. 11. 1941	Oblt.	Bruno Pape	GB	v
	Fw.	Edmund Rakowski	GB	v
	Uffz.	Heinz Engling	GB	v
11. 3. 1942	Uffz.	Kurt Rondtke	GB	v
	Lt.	Johann Greil	N	a +
	Fw.	Heinrich Oberüber	N	a +
	Ogefr.	Gustav Koppe	N	a +
2. 4. 1942	Ogefr.	Johann Steinwender	N	a +
	Lt.	Helmut Kaiser	SZ-N	v
	Ogefr.	Gottfried Strauch	SZ-N	v
	Uffz.	Fritz Sievering	SZ-N	v
20. 5. 1943	Ogefr.	Karl Krüger	SZ-N	v
18. 8. 1943	Ogefr.	Matthias Renkes	I	+
11. 8. 1944	Ogefr.	Karl Schönfelder	F	+
20. 8. 1944	Fw.	Ludwig Johann	F	+
14. 12. 1944	Ogefr.	Reinhold Wege	F	v
6. 2. 1944	Uffz.	Heinrich Nordalm	N	+
	Fw.	Georg Mahr	SZ-N	v
	Fw.	Rudolf Röhr	SZ-N	v
	Uffz.	Walter Riggers	SZ-N	v
	Fw.	Wilhelm Brandenburg	SZ-N	v
	Lt.	Hans Dennert	SZ-N	v
	Uffz.	Rudolf Stuck	SZ-N	v
	Uffz.	Waldemar Hess	SZ-N	v
	Uffz.	Johannes Müller	SZ-N	v
10. 2. 1945	Uffz.	Heinz Süss	N	v +
	Uffz.	Heinz Anschütz	N	v +
	Ogefr.	Alois Gottardi	N	v +
	Fw.	Kurt Müller	N	v +
	Oblt.	Johannes Kramprich	N	v +
	Lt.	Leopold Böckel	N	v +
	Uffz.	Erhard Schwemmle	N	v +
	Ofw.	Johann Fischer	N	v +
	Oblt.	Josef Bräuherr	N	a +
	Ogefr.	Helmut Tüngler	N	a +
	Uffz.	Hans Strauhal	N	a +
	Uffz.	Gerhard Ziesemann	N	a +

I./Kampfgeschwader 26

Datum	Dienstgrad	Name			Bemerkung
17. 10 1939	Uffz.	Friedrich Pott	D	a +	
	Uffz.	Ernst Karstens	D	a +	
	Fw.	Josef Ellmann	D	a +	
	Uffz.	Hermann Falkenstein	D	a +	
	Fw.	Heinz Lutter	D	a +	
7. 12. 1939	Uffz.	Heinz Zenger	SZ-N	v	
	Fw.	Alfred Fick	SZ-N	v	
	Uffz.	Helmut Kaminski	SZ-N	v	
	Uffz.	Franz Eggert	SZ-N	v	
	Lt.	Adalbert Lüneburg	SZ-N	v	
	Ofw.	Herbert Kolberg	SZ-N	v +	
	Fw.	Walter Stübke	SZ-N	v +	
	Uffz.	Heinz Käberich	SZ-N	v	
11. 1. 1940	Uffz.	Alfred Reimer	SZ-N	v	aus dän. Internierung zurück
	Uffz.	Richard Hilland	SZ-N	v	aus dän. Internierung zurück
	Fw.	Karl Wiedmayer	SZ-N	v	aus dän. Internierung zurück
	Ofw.	Walter Schmidt	SZ-N	v	aus dän. Internierung zurück
	Uffz.	Albert Goertz	SZ-N	v	
	Lt.	Horst Näther	SZ-N	v	
	Uffz.	Rudolf Schlegel	SZ-N	v	
	Uffz.	Walter Gerke	SZ-N	v	
3. 2. 1940	Ofw.	Fritz Wiemer	SZ-N	v g	
	Fw.	Franz Schnee	SZ-N	v g	
	Uffz.	Alfred Dittrich	SZ-N	v g	
	Uffz.	Willi Wolf	SZ-N	v +	
	Uffz.	Karl-Ernst Thiede	SZ-N	v	
	Uffz.	Walter Remischke	SZ-N	+	
	Lt.	Luther v. Brüning	SZ-N	+	
	Fw.	Herbert Panzlaff	SZ-N	+	
	Fw.	Herbert Petersen	SZ-N	+	
10. 2. 1940	Ofw.	Herbert Moldenhauer	SZ-N	vw	
20. 2. 1940	Fw.	Leo Klawunn	SZ-N	vw	
27. 2. 1940	Hptm.	Hans-Joachim Helm	SZ-N	v +	
	Uffz.	Heinrich Buckisch	SZ-N	v	
	Uffz.	Karl Laßnig	SZ-N	v +	
	Ofw.	Artur Thiele	SZ-N	v	
	Gefr.	Walter Rixen	SZ-N	v	
	Oblt.	Ernst Heinrich	SZ-N	v g	
27. 2. 1940	Uffz.	Hermann Jonas	SZ-N	v g	
	Fw.	Karl Henrici	SZ-N	v g	
	Uffz.	Kurt Weinert	SZ-N	v g	
1. 3. 1940	Gefr.	Günter Kleingartner	D	a +	
7. 3. 1940	Sonderfhr.	Erwin Bleck-Wagner	SZ-N	vw	
8. 3. 1940	Lt.	Artur Schroll	D	a +	
	Uffz.	Erich Münchow	D	a +	
20. 3. 1940	Gefr.	Hans Baehr	SZ-N	+	
9. 4. 1940	Major	Gerhard Schaeper	N	v	
	Oblt.	Eberhard v. Hippel	N	v	
	Gefr.	Robert Mollik	N	v	
	Uffz.	Willi Fey	N	v	
	Fw.	Hermann Moll	N	v	
10. 4. 1940	Obstltn.	Hans Ahlefeld	SZ-N	v	
	Fw.	Friedrich Busacker	SZ-N	v	
	Fw.	Werner Ehlen	SZ-N	v	
	Uffz.	Ewald Rohse	SZ-N	v	
	Fw.	Ferdinand Jürgens	SZ-N	v	
	Oblt.	Otto Housselle	SZ-N	+	
	Uffz.	Franz Gruber	SZ-N	+	
	Uffz.	Herbert Hoffmann	D	a vw	
	Oblt.	Heinz-Joachim Müller	SZ-N	+	
	Gefr.	Robert Mollik	SZ-N	vw	
	Gefr.	Karl-Heinz Faß	SZ-N	vw	
11. 4. 1940	Oblt.	Helmut Wolf	N	vw	
	Uffz.	Max Sülberg	N	vw	
	Uffz.	Erwin Bordne	N	vw	
	Uffz.	Helmut Winterstein	N	vw	
17. 4. 1940	Oblt.	Hunno Philipps	SZ-N	vw	
26. 4. 1940	Uffz.	Franz Schaper	N	+	
	Uffz.	Robert Oelfeld	SZ-Na	vw	
	Uffz.	Heinz Hagen	SZ-Na	vw	
17. 5. 1940	Uffz.	Ulrich Stiller	SZ-Na	vw	
26. 5. 1940	Ogefr.	Kurt Möller	N	vw	
28. 5. 1940	Oblt.	Egon Schmidt	SZ-Na	v	in Schweden interniert
	Fw.	Harald Lipp	SZ-Na	v	in Schweden interniert
	Uffz.	Walter Neusüss	SZ-Na	v	in Schweden interniert
	Uffz.	Herbert Ranscht	SZ-Na	+	

29. 5. 1940	Uffz.	Heinz Simaon	SZ-Na	+
	Oblt.	Hans Ludwig v. Platow	SZ-Na	+
	Fw.	Erich Füssel	SZ-Na	+
	Ogefr.	Ferdinand Stiller	SZ-Na	+
	Uffz.	Paul Richter	SZ-Na	v g
	Uffz.	Alfred Kull	SZ-Na	v g
	Ogefr.	Günther Steffen	SZ-Na	v g
	Uffz.	Josef Ratajczak	SZ-Na	v g
3. 6. 1940	Ofw.	Otto Poser	SZ-Na	v g
	Fw.	Hans-Heinrich Hatlapa	SZ-Na	v g
	Uffz.	Bernhard Schulte	SZ-Na	v g
	Fw.	Franz Henkel	SZ-Na	v g
16. 6. 1940	Uffz.	August Jakobs	D	+
17. 6. 1940	Uffz.	Karl Magerkurth	F	vw
25. 6. 1940	Hptm.	Horst Schwilden	GB	v
	Lt.	Harald Christoph	GB	v +
	Fw.	Friedrich Bichtemann	GB	v
	Uffz.	Alfons Mack	GB	v
26. 6. 1940	Uffz.	Hermann Wilm	GB	v g
	Gefr.	Ludwig Riede	GB	v g
	Gefr.	Rudolf Wähner	GB	v g
	Flg.	Josef Schwehr	GB	v g
15. 7. 1940	Oblt.	Ottmar Hollmann	GB	v g
	Uffz.	Erich Walz	GB	v g
	Ogefr.	Heinrich Probst	GB	v g
	Ogefr.	Walter Reinhardt	GB	v g +
	Gefr.	Josef Trefzger	GB	v g
19. 7. 1940	Gefr.	Robert Füger	N	vw
24. 7. 1940	Uffz.	Henry Westphalen	N	vw
	Uffz.	Werner Kunze	N	vw
11. 8. 1940	Ogefr.	Josef Dronia	N	+
15. 8. 1940	Uffz.	Willi Zimmermann	GB	v g
	Oblt.	Rudolf Roch	GB	v vw g
	Gefr.	Erwin Kilick	GB	v vw g
	Gefr.	Günther Machalett	GB	v g
	Flg.	Ernst Henrichsen	GB	v vw g
6. 9. 1940	Lt.	Gerhard Schachtebeck	GB	v +
	Uffz.	Karl-Heinz Fass	GB	v
	Uffz.	Otto Ihme	GB	v
	Fw.	Werner Jessen	GB	v
11. 9. 1940	Hptm.	Wolfgang Künstler	GB	v g
11. 9. 1940	Fw.	Erich Büttner	GB	v g
	Uffz.	Walter Schank	GB	v
	Fw.	Johannes Schäfer	GB	v
	Uffz.	Erich Schmidt	GB	v g
	Fw.	Heinz Friedrich	GB	v g
	Fw.	Heinz George	GB	v g
	Uffz.	Kurt Hoffmann	GB	v g
	Uffz.	August Dreyer	GB	v g
	Uffz.	Heinz Stirnemann	GB	v g
	Oblt.	Wolf Abenhausen	GB	v g
	Fw.	Henry Westfalen	GB	v
	Fw.	Heinz Hauswald	GB	v g
	Uffz.	Bruno Herms	GB	v +
	Gefr.	Fritz Zähle	GB	v +
	Oblt.	Johannes Lensch	GB	+
	Fw.	Walter Horn	GB	+
	Uffz.	Rudolf Blutarsch	GB	vw
	Fw.	Richard Hilland	GB	vw
	Fw.	Wilhelm Jabusch	GB	v vw g
	Sdfhr.	Wilhelm Trapp	GB	vw
	Gefr.	Johannes Fritsche	GB	vw
	Uffz.	Günter Wolf	GB	vw
15. 9. 1940	Lt.	Heinrich Streubel	GB	v g
	Fw.	Hans Schwarz	GB	v g
	Fw.	Wilhelm Marenbach	GB	v
	Fw.	Karl Potenberg	GB	v
	Gefr.	Erich Domes	GB	v g
	Gefr.	Helmut Hartenhausen	GB	vw
28. 9. 1940	Lt.	Werner Koß	GB	+
	Uffz.	Wilhelm Lieberknecht	GB	+
	Uffz.	Leonhard Zimmer	GB	+
	Ogefr.	Siegfried Roland	GB	+
4. 10. 1940	Uffz.	Fritz Winter	GB	+
	Lt.	Hans Zingel	GB	+
	Uffz.	Walter Reinelt	GB	+
	Uffz.	Kurt Blasius	GB	+
5. 10. 1940	Flg.	Otto Wendt	D	+
15. 10. 1940	Uffz.	Gerhard Schramm	GB	vw
	Uffz.	Otto Zuber	GB	vw
	Gefr.	Josef Hafner	GB	vw
26. 10. 1940	Oblt.	Georg Imholz	GB	+

26. 10. 1940	Fw.	Walter Bastian	GB	+
	Uffz.	Eberhard Radloff	GB	+
	Uffz.	Hermann Weniger	GB	+
4. 11. 1940	Uffz.	Josef Mendler	N	+
	Ofw.	Otto Stuckmann	N	+
	Uffz.	Erhard Reisch	N	+
	Uffz.	Wilhelm Zeckey	N	+
19. 11. 1940	Lt.	Albert v. Schwerin	GB	+
	Oblt.	Hunno Philipps	GB	+
	Ofw.	Heinz Göhler	GB	+
	Ofw.	Fritz Gundlack	GB	+
	Stabsarzt	Dr. Albert Leuchtenberg	GB	+
	Uffz.	Willi Burkamp	F	a +
	Lt.	Franz Zimmermann	F	a +
	Fw.	Gerhard Schilling	F	a +
	Ofw.	Wolfgang Hasebrink	F	a +
21. 11. 1940	Flg.	Karl-Heinz Behrendt	F	+
11. 12. 1940	Hptm.	Heinrich Richard	GB	v
	Gefr.	Karl-Heinz Kleinschmidt	GB	v
	Ogefr.	Gerhard Wolff	GB	v
	Uffz.	Heinz Thomè	GB	v
	Flg.	Günter Krause	GB	v
20. 2. 1941	Fw.	Josef Vogt	SZ-N	vw
	Uffz.	Ernst Nitzsche	SZ-N	vw
	Lt.	Erwin Hoffmann	SZ-N	v
	Fw.	Heinrich Schnidt	SZ-N	v
	Uffz.	Kurt Möller	SZ-N	v
	Uffz.	Fritz Große	SZ-N	v
21. 2. 1941	Fw.	Helmut Much	SZ-N	v g
	Oblt.	Heinz Rönnau	SZ-N	v g
	Fw.	Johann Thaler	SZ-N	v g
	Fw.	Konrad Roick	SZ-N	v g
1. 3. 1941	Oblt.	Hatto Kuhn	SZ-N	v g
	Uffz.	Friedrich Großhardt	SZ-N	v g
	Gefr.	Manfred Hänel	SZ-N	v g
	Uffz.	Ferdinand Mänling	SZ-N	v g
7. 3. 1941	Uffz.	Kurt Seeland	SZ-N	v
	Uffz.	Fritz Beckmann	SZ-N	v
	Gefr.	Walter Gabriel	SZ-N	v
	Uffz.	Helmut Rattstadt	SZ-N	v
29. 3. 1941	Oblt.	Eberhard v. Hippel	N	a +
29. 3. 1941	Ofw.	Ewald Einhellinger	N	a +
	Gefr.	Jürgen Kampff	N	a +
	Uffz.	Fritz Insel	N	a +
	Gefr.	Heinz Schumann	N	a +
8. 4. 1941	Lt.	Hubert Kral	SZ-N	v g
	Uffz.	Hans Braucks	SZ-N	v g
	Uffz.	Erich Weise	SZ-N	v g
	Gefr.	Walter Dirks	SZ-N	v g
19. 4. 1941	Ogefr.	Hans-Jakob Weimer	SZ-N	vw
28. 4. 1941	Ofw.	Erich Fenchel	SZ-N	v g
	Gefr.	Rudolf Klamand	SZ-N	v g
	Uffz.	Siegfried Warko	SZ-N	v g
	Gefr.	Johann Schügerl	SZ-N	+
30. 4. 1941	Lt.	Wolfgang Grunert	SZ-N	v
	Gefr.	Erich Böhme	SZ-N	v
	Ogefr.	Franz Werner	SZ-N	v
	Uffz.	Arnold Bovelett	SZ-N	v
1. 5. 1941	Uffz.	Erich Otto	SZ-N	v
	Gefr.	Rolf Brauch	SZ-N	v
	Uffz.	Heinz Glashoff	SZ-N	v
	Gefr.	Hermann Kuntz	SZ-N	v
1. 5. 1941	Fw.	Heinrich Püchling	SZ-N	vw
6. 6. 1941	Ofw.	Erwin Burghoff	SZ-N	vw
13. 6. 1941	Oblt.	Werner Rohländer	SZ-N	v
	Uffz.	Gerhard Weller	SZ-N	v
	Gefr.	Leopold Blaha	SZ-N	v
	Gefr.	Friedrich Jarks	SZ-N	v
25. 6. 1941	Uffz.	Willi Kerney	SZ-N	v g
	Gefr.	Helmut Ackermann	SZ-N	v g
	Gefr.	Herbert Wolf	SZ-N	v g
	Ogefr.	Rudolf Oed	SZ-N	v g
25. 6. 1941	Fw.	Fritz Lehmann	SZ-N	v g
	Uffz.	Herbert Müller	SZ-N	v g
	Gefr.	Bernhard Eilers	SZ-N	v g
	Uffz.	Wilhelm Kahlich	SZ-N	v g
	Oblt.	Heinrich Oßwald	SZ-N	v g
	Fw.	Herbert Dahncke	SZ-N	v g
	Uffz.	Otto Meyer	SZ-N	v g
	Gefr.	Werner Oelgarth	SZ-N	v g
19. 7. 1941	Ogefr.	Walter Melzer	SZ-N	v
	Fw.	Alfred Dörich	SZ-N	v

19. 7. 1941	Gefr.	Johann Sonntagbauer	SZ-N	v
	Ogefr.	Walter Herrendörfer	SZ-N	v
	Fw.	Waldemar Leitner	SZ-N	vw
25. 7. 1941	Gefr.	Herbert Rohde	SZ-N	vw
27. 7. 1941	Gefr.	Richard Eichner	SZ-N	vw
29. 7. 1941	Uffz.	Peter Clausen	SU	vw
13. 8. 1941	Lt.	Werner Stöhr	SU	a +
	Uffz.	Kurt Gersing	SU	a +
	Fw.	Siegfried Gosse	SU	a vw
14. 8. 1941	Fw.	Friedolin Bollinger	SZ-N	v
	Uffz.	Paul Gontrum	SZ-N	v
	Gefr.	Werner Hampel	SZ-N	v
	Gefr.	Erwin Biegler	SZ-N	v
15. 8. 1941	Uffz.	Alfred Weinrich	SU	vw
22. 8. 1941	Fw.	Willi König	SZ-N	+
5. 9. 1941	Fw.	Heinrich Geil	N	vw
13. 9. 1941	Fw.	Hugo Körper	SZ-N	v
	Uffz.	Georg Schulz	SZ-N	v
	Gefr.	Eberhard Willamowski	SZ-N	v
	Ofw.	Alfons Koberling	SZ-N	v
	Uffz.	Philipp Böcker	SZ-N	vw
	Fw.	Otto Moser	SZ-N	vw +
4. 10. 1941	Oblt.	Johannes Schon	SU	v
	Uffz.	Klaus Rohlffs	SU	+
	Fw.	Georg Gehring	SU	+
	Uffz.	Karl Oßwald	SU	+
	Lt.	Raimund Reismüller	SU	v
	Uffz.	Konrad Miottke	SU	v
	Fw.	Georg Krems	SU	v
	Gefr.	Rudolf Hülsenbeck	SU	v
15. 12. 1941	Fw.	Felix Ranharter	N	a +
	Gefr.	Kord Schröder	N	a +
	Gefr.	Ernst Kristen	N	a +
	Gefr.	Josef Hoffmann	N	a +
	Ogefr.	Anton Mittermeier	SZ-N	vw
27. 12. 1941	Uffz.	Hugo Schanke	SZ-N	vw
31. 12. 1941	Uffz.	Engelbert Roithmayr	SU	v
	Uffz.	Karl Berghoff	SU	v
	Uffz.	Siegfried Laugwitz	SU	v
	Uffz.	Hans-Jürgen Kansier	SU	v
11. 1. 1942	Uffz.	Anton Schlosser	SZ-N	v
11. 1. 1942	Gefr.	Walter Hofmann	SZ-N	v
	Gefr.	Erich Bergen	SZ-N	v
	Gefr.	Ernst Berger	SZ-N	v
21. 1. 1942	Uffz.	Gisbert Scheer	N	+
24. 1. 1942	Lt.	Heinrich Bolwin	SZ-E	v
	Uffz.	Emil Eberhard	SZ-E	v
	Uffz.	Michael Schäble	SZ-E	v
	Uffz.	Walter Richter	SZ-E	v
1. 2. 1942	Lt.	Josef Hintermeyer	SZ-E	v
	Uffz.	Ludwig Leinweber	SZ-E	v
	Gefr.	Hans Meyer	SZ-E	v
	Ogefr.	Willi Wachowitz	SZ-E	v
4. 3. 1942	Uffz.	Heinrich Schrader	SF	+
28. 3. 1942	Lt.	Erwin Burghoff	DK	vw
	Ofw.	Wilhelm Maibom	DK	vw
	Uffz.	Siegfried Zöls	DK	vw
2. 4. 1942	Lt.	Karl Postl	SZ-N	v
	Uffz.	Hans-Jakob Weimer	SZ-N	v
	Uffz.	Herbert Schliebe	SZ-N	v
	Uffz.	Jakob Kurth	SZ-N	v
	Ogefr.	Karl Rüger	SZ-N	vw
	Fw.	Lothar Bidinger	SZ-N	vw
3. 5. 1942	Uffz.	Paul Hofalski	SZ-N	v
	Oblt.	Kurt Jauer	SZ-N	v
	Uffz.	Karl Wagner	SZ-N	v
	Uffz.	Gustav Rambow	SZ-N	v
26. 5. 1942	Uffz.	Helmut Walter	N	a +
	Uffz.	Martin Barnutz	N	a +
	Uffz.	Wilhelm Baumann	N	a +
	Uffz.	Georg Hager	N	a +
29. 5. 1942	Ogefr.	Otto Herzhoff	N	+
4. 7. 1942	Lt.	Konrad Hennemann	SZ-E	v
	Uffz.	Herbert Gabriel	SZ-E	v
	Uffz.	Johann Zopes	SZ-E	v
	Ogefr.	Artur Scholz	SZ-E	v
	Lt.	Georg Kaumeyr	SZ-E	v g
	Fw.	Felix Schlenkermann	SZ-E	v g
	Uffz.	Helmut Clausnitzer	SZ-E	v g
	Gefr.	Theodor Mands	SZ-E	v g
	Fw.	Emil Klara	SZ-E	vw
	Oblt.	Joachim Müller	SZ-E	vw

4. 7. 1942	Uffz.	Erich Lendl	SZ-E	+
	Uffz.	Gerhard Arnold	SZ-E	+
13. 9. 1942	Oblt.	Alfred Thöm	SZ-E	v
	Uffz.	Hermann Hiller	SZ-E	v
	Uffz.	Willi Drescher	SZ-E	v
	Gefr.	Willi Haverts	SZ-E	v
14. 9. 1942	Uffz.	Heinz Horbel	SZ-E	v
	Fw.	Georg Haug	SZ-E	v
	Ogefr.	Heinrich Kampmann	SZ-E	v
	Uffz.	Martin Päuser	SZ-E	v
	Uffz.	Walter Meyer	SZ-E	v
	Ogefr.	Ludwig Ott	SZ-E	v
	Ogefr.	Heinz Meier	SZ-E	v
	Ogefr.	Alfons Müller	SZ-E	v
	Fw.	Horst v. Mauch	SZ-E	v
	Uffz.	Kurt Hacker	SZ-E	v
	Uffz.	Heinz Breitfeld	SZ-E	v
	Ogefr.	Karl Rüger	SZ-E	v
	Oblt.	Peter Klug	SZ-E	v
	Ogefr.	Heinz Bonza	SZ-E	v
	Uffz.	Franz Lamm	SZ-E	v
	Ogefr.	Gerd Vetter	SZ-E	v
	Uffz.	Joahnn Holitzky	SZ-E	vw
	Hptm.	Gerhard Fischbach	SZ-E	v
	Ofw.	Werner Zinn	SZ-E	v
	Uffz.	Alfred Weinrich	SZ-E	v
	Uffz.	Kurt Vorbach	SZ-E	v
	Uffz.	Günther Stiller	SZ-N	+
	Hptm.	Friedrich-Wilhelm Lüwer	SZ-E	v
	Uffz.	Paul Krappmann	SZ-E	v
	Uffz.	Willi Post	SZ-E	v
	Fw.	Josef Willems	SZ-E	v
	Ofw.	Siegfried Hase	SZ-E	v
	Fw.	Erwin Aldelt	SZ-E	v
	Fw.	Werner Höhne	SZ-E	v
	Fw.	Helmut Schumann	SZ-E	v
	Lt.	Hans Fehn	SZ-E	v
	Fw.	Karl Weger	SZ-E	v
	Uffz.	Helmut Gaertner	SZ-E	v
	Fw.	Josef Schmitt	SZ-E	v
	Lt.	Arnold Harnau	SZ-E	v

14. 9. 1942	Uffz.	Werner Telgenwerth	SZ-E	v
	Uffz.	Walter Kullick	SZ-E	v
	Uffz.	Friedrich Trunner	SZ-E	v
19. 10. 1942	Lt.	Otto Reich	N	a +
	Uffz.	Josef Decker	N	a +
	Fw.	Alois Schubert	N	a +
	Fw.	Josef Wigger	N	a +
5. 11. 1942	Lt.	Karl-Heinz Schmitt	SZ-E	v
	Ogefr.	Helmut Waldschmidt	SZ-E	v
	Ogefr.	Karl-Ulrich Thode	SZ-E	v
	Gefr.	Kurt Schwenke	SZ-E	v
9. 11. 1942	Lt.	Herbert Engelkemeier	N	a vw
	Ogefr.	Otto Arndt	N	a vw
	Ogefr.	Egon Zantow	N	a +
	Fw.	Anton Günther	N	a +
12. 11. 1942	Fw.	Otto Beau	SZ-M	v g
	Ofw.	Viktor Paulus	SZ-M	v g
	Ogefr.	Günther Doering	SZ-M	v +
	Ofw.	Paul Waterkamp	SZ-M	v g
	Hptm.	Walter Lühr	SZ-M	v g
	Uffz.	Alfred Unertl	SZ-M	v g
	Uffz.	Hans-Heinrich Boehlk	SZ-M	v g
	Uffz.	Rudolf Losch	SZ-M	v g
19. 11. 1942	Lt.	Günter Tümmler	SZ-M	v
	Ofw.	Gerhard Schroeder	SZ-M	v
	Uffz.	Alfred Milewski	SZ-M	v
	Fw.	Lothar Bidinger	SZ-M	v
	Ofw.	Arthur Ruess	SZ-M	+
	Fw.	Theo Kessler	SZ-M	v
	Uffz.	Bruno Schwarz	SZ-M	+
	Uffz.	Willi Siedentopp	SZ-M	v
23. 11. 1942	Ofw.	Wilhelm Schwarzenbeck	SZ-M	v
	Ogefr.	Helmut Schlecht	SZ-M	v
	Fw.	Rudolf Rainer	SZ-M	v
	Ogefr.	Hans Hartung	SZ-M	v
	Uffz.	Rudolf Genser	SZ-M	v
	Ogefr.	Dieter Albrecht	SZ-M	v
	Ogefr.	Anton Cavallo	SZ-M	v
	Ogefr.	Karl Kastner	SZ-M	v
24. 11. 1942	Stfw.	Gerhard Ziemann	SZ-M	v +
	Ogefr.	Adolf Klug	SZ-M	v +

24. 11. 1942	Uffz.	Gerhard Schwenk	SZ-M	v g
	Uffz.	Siegfried Leicht	SZ-M	v +
30. 11. 1942	Uffz.	Helmut Herdtle	SZ-M	+
	Uffz.	Alois Thesing	SZ-M	+
	Uffz.	Alfred Pfeifer	SZ-M	+
	Uffz.	Josef Pichler	SZ-M	+
	Lt.	Friedrich Müller	SZ-M	v
	Uffz.	Robert Pahr	SZ-M	v
	Fw.	Herbert Schmidt	SZ-M	v
	Uffz.	Günter Graf	SZ-M	v
8. 12. 1942	Fw.	Franz Schlemmer	SZ-M	vw
	Gefr.	Gerhard Klein	SZ-M	+
	Gefr.	Heinz Wiesner	SZ-M	vw
9. 12. 1942	Lt.	Johann Ruby	SZ-M	v
	Uffz.	Max Schlott	SZ-M	v
	Fw.	Albert Bee	SZ-M	v
	Gefr.	Johann Fritz	SZ-M	v
	Ogefr.	Willi Korn	SZ-M	v
17. 12. 1942	Uffz.	Ernst Druba	SZ-M	vw
	Ogefr.	Adolf Heilemann	SZ-M	vw
20. 12. 1942	Uffz.	Albrecht Pilger	NA	v
	Uffz.	Hans Strohhofer	NA	v
	Uffz.	Otto Stolz	NA	v
	Uffz.	Heinz Gülicher	NA	v
22. 12. 1942	Lt.	Sebastian Suchanek	SZ-M	v
	Ofw.	Georg Lachenbacher	SZ-M	v
	Fw.	Ewald Namyslo	SZ-M	v
	Uffz.	Georg Pikerek	SZ-M	v
	Uffz.	Hermann Meinel	SZ-M	v g
	Uffz.	Wolfgang Kurzer	SZ-M	v g
	Ogefr.	Heinz Leuner	SZ-M	v g
	Ogefr.	Josef Pietschmann	SZ-M	v g
7. 1. 1943	Ofw.	Josef Pesch	SZ-M	vw
	Uffz.	Georg Vieweg	SZ-M	vw
17. 1. 1943	Oblt.	Gerhard Schöne	SZ-M	v +
	Ofw.	Hans Schümann	SZ-M	v +
	Fw.	Hans-Joachim Müller	SZ-M	v g
	Uffz.	Herbert Beyer	SZ-M	v g
21. 1. 1943	Ofw.	Johann Betz	SZ-M	v
	Oblt.	Ernst Schemmann	SZ-M	v
	Fw.	Kurt Kroker	SZ-M	v
21. 1. 1943	Uffz.	Georg Stark	SZ-M	v
	Ofw.	Albert Duckstein	SZ-M	v g
	Fw.	Theodor Feigerl	SZ-M	v g
	Uffz.	Wilhelm Reimers	SZ-M	v g
	Fw.	Felix Kresmer	SZ-M	v g
	Uffz.	Paul Peer	SZ-M	vw
29. 1. 1943	Lt.	Dietrich Jentsch	SZ-M	v g
	Ofw.	Theodor Kock	SZ-M	v g
	Fw.	Horst Etzold	SZ-M	v g
	Uffz.	Hans Sachse	SZ-M	v g
6. 2. 1943	Uffz.	Anton Kirk	SZ-M	vw
7. 2. 1943	Fw.	Emil Wolf	I	vw
	Lt.	Werner Krauß	I	vw +
	Uffz.	Hermann Papst	I	vw
	Fw.	Viktor Sehn	I	vw
	Uffz.	Hans Spruta	I	vw
22. 2. 1943	Oblt.	Werner Franken	SZ-M	v
	Lt.	Harald Jessen	SZ-M	v
	Ofw.	Horst Pöhnack	SZ-M	v
	Ofw.	Erich Hasselberg	SZ-M	v
12. 3. 1943	Lt.	Erich John	SZ-M	v +
	Uffz.	Günter Brandenberg	SZ-M	v +
	Uffz.	Erich Nitsche	SZ-M	v +
	Ogefr.	Rudolf Kolmsee	SZ-M	v +
13. 3. 1943	Uffz.	Helmut Kramer	SZ-M	v
	Gefr.	Walter Rust	SZ-M	v
	Uffz.	Herbert Kalkowski	SZ-M	v
	Gefr.	Heinz Rieprich	SZ-M	v
14. 3. 1943	Uffz.	Gerhard Gartmann	SZ-M	v g
	Gefr.	Eduard Ranz	SZ-M	v g
	Ogefr.	Ernst Bauer	SZ-M	v g
	Fw.	Siegfried Schindler	SZ-M	v g
23. 3. 1943	Lt.	Herbert Engelkemeier	I	a +
29. 3. 1943	Uffz.	Robert Neuhold	SZ-M	v g
	Uffz.	Hermann Papst	SZ-M	v g
	Uffz.	Heinrich Hellmich	SZ-M	v
	Uffz.	Anton Jaritz	SZ-M	v
	Hptm.	Joachim Müller	SZ-M	vw
	Fw.	Emil Klara	SZ-M	vw
	Ogefr.	Helmut Hamm	I	v +
6. 6. 1943	Uffz.	Hans Sölder	SZ-M	v +

Datum	Dienstgrad	Name		
6. 6. 1943	Gefr.	Hans Schwetasch	SZ-M	vw
	Uffz.	Heinz Friedrich Reese	SZ-M	vw
11. 6. 1943	Flg.	Gerhard Horsch	SZ-M	v g
	Ofw.	Karl Dräger	SZ-M	v
	Uffz.	Eduard Henneberger	SZ-M	+
	Fw.	Karl Backes	SZ-M	v
19. 6. 1943	Ofw.	Max Rüdiger	F	a v
	Lt.	Heinz Hirschfeld	F	a v
	Uffz.	Richard Lautner	F	a v
	Uffz.	Heinz-Jürgen Kaufmann	F	a vw
4. 7. 1943	Ofw.	Wilhelm Pfeiffer	SZ-M	v
	Ogefr.	Friedrich Holzmann	SZ-M	v
	Uffz.	Helmuth Westphal	SZ-M	v
	Uffz.	Otto Riehl	SZ-M	v
13. 7. 1943	Uffz.	Helmut Gebhardt	SZ-M	v
	Uffz.	Franz Schür	SZ-M	v
	Ogefr.	Alfred Hänisch	SZ-M	v
	Ogefr.	Heinz Rieprich	SZ-M	v
14. 7. 1943	Lt.	Hans Ehmke	SZ-M	v g
	Uffz.	Max Bach	SZ-M	v g
	Uffz.	Karl Kaiser	SZ-M	v g
	Uffz.	Helmut Hübner	SZ-M	v g
	Uffz.	Erhard Gühne	SZ-M	v
	Uffz.	Lothar Boldt	SZ-M	v
	Ogefr.	Adalbert Kühnert	SZ-M	v
	Gefr.	Oskar Sindel	SZ-M	v
17. 7. 1943	Lt.	Lothar Jacob	I	vw
19. 7. 1943	Uffz.	Helmut Kuballa	SZ-M	v
	Fw.	Otto Wanitzek	SZ-M	v
	Ogefr.	Friedrich Bunnemann	SZ-M	v
	Uffz.	Josef Pomberger	SZ-M	v
19. 7. 1943	Oblt.	Heinz Bickel	SZ-M	v g
	Uffz.	Gerhard Urban	SZ-M	v g
	Uffz.	Josef Bulitta	SZ-M	v g
	Uffz.	Erich Wellenreuther	SZ-M	v g
	Uffz.	Hermann Rosenthal	SZ-M	v
13. 8. 1943	Gefr.	Karl-Heinz Schaumann	SZ-M	vw
	Oblt.	Alfons Bormann	SZ-M	v
	Fw.	Karl Rothe	SZ-M	v
	Fw.	Peter Geffert	SZ-M	v
	Uffz.	Hans Amberg	SZ-M	v
13. 8. 1943	Fw.	Siegfried Horn	SZ-M	+
	Uffz.	Alfred Kalla	SZ-M	+
	Uffz.	Herbert Nowack	SZ-M	v
	Fw.	Erwin Borowski	SZ-M	v
	Ogefr.	Willi Hunger	SZ-M	v
	Uffz.	Josef Winter	SZ-M	v
	Fw.	Friedrich Vogelsang	SZ-M	v
	Fw.	Georg Hengartner	SZ-M	v
	Ogefr.	Werner Mey	SZ-M	v
	Fw.	Hans Gossert	SZ-M	v
	Lt.	Karl Schade	SZ-M	v
	Ogefr.	Walter Domogalla	SZ-M	v
	Ogefr.	Werner Sattelberg	SZ-M	v
	Ogefr.	Arnold Quante	SZ-M	v
	Lt.	Siegbert Rappenecker	SZ-M	vw
	Uffz.	Ernst Schlüter	SZ-M	vw
	Ogefr.	Alois Zeißner	SZ-M	vw
	Fw.	Gerhard Kaufmann	SZ-M	vw
	Ofw.	Otto Schneider	SZ-M	vw
	Uffz.	Adolf Heilemann	SZ-M	vw
	Uffz.	Adolf Bock	SZ-M	vw
	Uffz.	Walter Darm	SZ-M	vw
	Ofw.	Richard Hilland	SZ-M	vw
	Ogefr.	Paul Büllesbach	SZ-M	vw
	Fw.	Herbert Marggraf	SZ-M	vw
16. 8. 1943	Fw.	Jakob Frank	SZ-M	v
	Lt.	Hans Koller	SZ-M	v
	Uffz.	Kurt Poley	SZ-M	v
	Uffz.	Hans Mehlig	SZ-M	v
2. 9. 1943	Uffz.	Ernst Audirsch	SZ-M	v
	Lt.	Karl Rath	SZ-M	v
	Uffz.	Gerhard Kochanski	SZ-M	v
	Ogefr.	Rudolf Fuchs	SZ-M	v
8. 9. 1943	Uffz.	Walter Heinz	SZ-M	v
	Ofw.	Heinrich Jochum	SZ-M	v
	Uffz.	Heinz Trotzkowski	SZ-M	v
	Uffz.	Josef Wilfingseder	SZ-M	v
	Uffz.	Gerhard Gersch	SZ-M	v
	Uffz.	Gerhard Müller	SZ-M	v
	Uffz.	Hans Dauch	SZ-M	v
	Uffz.	Walter Schmitz	SZ-M	v

8. 9. 1943	Uffz.	Hans Rabl	SZ-M	vw
	Uffz.	Fritz Ahrend	SZ-M	v
	Gefr.	Arno Bolduan	SZ-M	v
	Ogefr.	Paul Wohlrab	SZ-M	v
	Ogefr.	Josef Guggemos	SZ-M	v
	Oblt.	Hermann Meyer	SZ-M	+
	Uffz.	Hans Flocken	SZ-M	+
	Fw.	Johann Bluhm	SZ-M	+
	Uffz.	Herbert Rohde	SZ-M	+
	Uffz.	Herbert Pehlmann	SZ-M	v g
	Ogefr.	Walter Marquardt	SZ-M	v g
	Uffz.	Karl Ulrich	SZ-M	v g
	Ogefr.	Alfred Haut	SZ-M	v g
	Uffz.	Erich Barthel	SZ-M	v
	Ogefr.	Siegfried Ruttmann	SZ-M	v
	Uffz.	Adolf Bock	SZ-M	v
	Ogefr.	Karl Köhler	SZ-M	v
	Ogefr.	Willibald Förster	SZ-M	vw
	Ogefr.	Josef Summerer	SZ-M	vw
18. 9. 1943	Uffz.	Konrad Sowade	SZ-M	v
	Fw.	Gerhard Hofmann	SZ-M	v
	Ogefr.	Willibald Förster	SZ-M	v
	Ogefr.	Josef Summerer	SZ-M	v
4. 10. 1943	Oblt.	Fritz Lauteschläger	SZ-M	v g
	Flg.	Hans Hehner	SZ-M	v
	Ogefr.	Fritz Hilmer	SZ-M	v
	Uffz.	Friedrich Geisler	SZ-M	v
	Uffz.	Fritz David	SZ-M	v
	Uffz.	Fritz Sager	SZ-M	v
	Uffz.	Willi Langer	SZ-M	v
	Gefr.	Wilhelm Meyer	SZ-M	v
21. 10. 1943	Hptm.	Walter Hildebrand	SZ-M	v
	Lt.	Helmut Renz	SZ-M	v
	Fw.	Ernst Kittel	SZ-M	v
	Fw.	Theodor Bokert	SZ-M	v
	Uffz.	Werner Schulz	SZ-M	v
	Ogefr.	Erwin Meier	SZ-M	+
	Uffz.	Richard Wagner	SZ-M	+
	Uffz.	Willi Braun	SZ-M	+
	Fw.	Oskar Beyer	F	a vw
	Fw.	Erwin Oelke	F	a vw
21. 10. 1943	Fw.	Herbert Schirrmann	F	a +
	Ogefr.	Erhard Merschner	F	a vw
	Gefr.	Klaus Kannenberg	SZ-M	v
	Fw.	Ludwig Wiedemann	SZ-M	v
	Ogefr.	Willi Kluge	SZ-M	v
	Gefr.	Rolf Peper	SZ-M	v
4. 11. 1943	Fw.	Helmut Samoraki	F	a vw
	Lt.	Karl-Heinz Stephan	F	a vw
	Gefr.	Rudolf Mann	F	a vw
6. 11. 1943	Fw.	Herbert Wetzel	SZ-M	v
	Fw.	Heinz Kattlack	SZ-M	v
	Fw.	Helmut Völker	SZ-M	v
	Uffz.	Hans Meister	SZ-M	v
	Uffz.	Wilhelm Grüner	SZ-M	v
	Fw.	Heinrich Sachs	SZ-M	v
	Uffz.	Herbert Letsch	SZ-M	v
	Uffz.	Ernst Köchel	SZ-M	v
	Uffz.	Ernst Druba	SZ-M	v
	Ogefr.	Karl-Heinz Schellhardt	SZ-M	v
	Uffz.	Theodor Ratte	SZ-M	v
	Fw.	Johann Holitzky	SZ-M	v
11. 11. 1943	Lt.	Heinz Förder	SZ-M	v
	Uffz.	Erich Mombrei	SZ-M	v
	Uffz.	Herbert Keltsch	SZ-M	v
	Ogefr.	Willi Kleyböcker	SZ-M	v
	Uffz.	Anton Graf	SZ-M	vw
	Fw.	Georg Maier	SZ-M	vw
	Lt.	Wolfgang Zeth	SZ-M	v
	Uffz.	Willi Werner	SZ-M	v
	Uffz.	Siegfried Metz	SZ-M	v
	Fw.	Josef Simon	SZ-M	v
	Hptm.	Helmut v. Rabenau	SZ-M	v
	Fw.	Maximilian Frank	SZ-M	v
	Ofw.	Erich Häusler	SZ-M	v
	Uffz.	Helmut Bredenförder	SZ-M	v
	Lt.	Fritz Richter	SZ-M	vw
	Ogefr.	Otto Speicher	SZ-M	vw
	Uffz.	Paul Peer	SZ-M	vw
26. 11. 1943	Uffz.	Rudolf Corio	SZ-M	v
	Uffz.	Walter Huch	SZ-M	v
	Fw.	Fritz Vogel	SZ-M	v

26. 11. 1943	Uffz.	Kurt Deuter	SZ-M	v
	Uffz.	Rudolf Winter	SZ-M	v
	Uffz.	Georg Degenhardt	SZ-M	v
	Uffz.	Walter Wassermann	SZ-M	v
	Ogefr.	Hans Haase	SZ-M	v
10. 1. 1944	Fw.	Walter Rathert	SZ-M	v
	Uffz.	Gerhard Theurer	SZ-M	v
	Fw.	Herbert Kelkowski	SZ-M	v
	Uffz.	Richard Brucker	SZ-M	v
	Fw.	Gerhard Kaufmann	SZ-M	+
	Ogefr.	Walter Schuhmacher	SZ-M	+
23. 1. 1944	Ogefr.	Willi Schlütter	SZ-M	vw
	Uffz.	Willi Scholz	SZ-M	vw
	Fw.	Gerhard v. Laffert	SZ-M	+
	Fhj.Fw.	Walter Kühne	SZ-M	+
	Uffz.	Joachim Habrich	SZ-M	+
	Uffz.	Hans Fleischhauer	SZ-M	+
24. 1. 1944	Ofw.	Walter Tavernaro	SZ-M	v
	Hptm.	Walter Wellstein	SZ-M	v
	Ofw.	Paul Sieland	SZ-M	v
	Uffz.	Josef Steinberger	SZ-M	v
1. 2. 1944	Uffz.	Paul Möller	SZ-M	v
	Ogefr.	Hubert Schuhmacher	SZ-M	v
	Uffz.	Willi Böhm	SZ-M	v
	Ogefr.	Rudolf Holzinger	SZ-M	v
	Fw.	Julius Konrad	SZ-M	vw
	Uffz.	Heinz Rensonet	SZ-M	vw
	Uffz.	Hans Ludenbach	SZ-M	vw
	Uffz.	Georg Römer	SZ-M	vw
7. 2. 1944	Lt.	Fritz Richter	SZ-M	v
	Ogefr.	Hans Jäckel	SZ-M	v
	Uffz.	Albert Gehring	SZ-M	v
	Fw.	Günter Mielke	SZ-M	v
12. 2. 1944	Hptm.	August Leicht	SZ-M	v
	Ofw.	Bernhard Zimmermann	SZ-M	v
	Fw.	Alfred Behrend	SZ-M	v
	Ofw.	Karl Weyrauch	SZ-M	v
30. 3. 1944	Fw.	Walter Darm	SZ-M	v
	Ofw.	Richard Hilland	SZ-M	v
	Uffz.	Paul Büllesbach	SZ-M	+
	Fw.	Herbert Marggraf	SZ-M	v

9. 5. 1944	Ofw.	Josef Pawliczek	D	+
17. 5. 1944	Uffz.	Anton Kirk	DK	+
	Uffz.	Erich Schrammel	DK	+
18. 5. 1944	Fw.	Hubert Link	DK	a +
	Uffz.	Günther Busse	DK	a +
	Uffz.	Ewald Kampmeier	DK	a +
	Uffz.	Heinrich Vosskühler	DK	a +
17. 8. 1944	Uffz.	Walter Leucht	SZ-Inv	v
	Ogefr.	Alois Steiner	SZ-Inv	v
	Ogefr.	Walter Kaiser	SZ-Inv	v
	Uffz.	Rudi Schäfer	SZ-Inv	v
19. 8. 1944	Ogefr.	Hans Hinz	F	+
	Ogefr.	Gerhard Rohnstock	F	+
	Ogefr.	Alois Baumgartner	F	+
	Uffz.	Heinz Wagner	F	+
	Fw.	Heinz Muhlack	F	+
20. 8. 1944	Uffz.	Hans Henschel	F	v
	Fw.	Heinrich Münster	D	a +
	Fw.	Walter Munz	D	a +
	Uffz.	Kurt Köthers	D	a +
	Gefr.	Wilhelm Engel	D	a +
	Fw.	Heinz-Rudolf Maatz	D	a +
	Uffz.	Matthias Robert	F	vw
	Ogefr.	Alfred Wienhold	F	vw
	Uffz.	Willi Kahl	F	+
29. 8. 1944	Ogefr.	Klaus Schilling	F	v
14. 12. 1944	Ofähnr.	Rudolf Tauschek	SZ-E	v
	Uffz.	Otto Klaus	SZ-E	v
	Gefr.	Georg Liebel	SZ-E	v
	Fw.	Edwin Jahn	SZ-E	v
11. 2. 1945	Lt.	Georg Hübner	SZ-E	v
	Fw.	Wolfgang Zoozmann	SZ-E	v
	Uffz.	Herbert Dringenberg	SZ-E	v
	Uffz.	Gerhard Engelhardt	SZ-E	v
	Oblt.	Gunther Breu	SZ-E	v
	Fw.	Wenzel Habenicht	SZ-E	v
	Uffz.	Werner Wunderlich	SZ-E	v
	Uffz.	Siegfried Gutt	SZ-E	v
12. 2. 1945	Lt.	Ernst Wiskett	SZ-E	v
	Fw.	Harry Göbel	SZ-E	v
	Ogefr.	Hans-Friedrich Weidt	SZ-E	v
	Uffz.	Rudolf Mrosek	SZ-E	v

II./Kampfgeschwader 26

Datum	Dienstgrad	Name		
4. 9. 1939	Fw.	Heinz Meyer	P	v
	Uffz.	Alfred Hartmann	P	v
	Uffz.	Josef Hanranke	P	v
	Uffz.	Erwin Flensch	P	v
	Uffz.	Herbert Otto	P	v
	Uffz.	Fritz Liedke	P	v
	Ogefr.	Adolf Berghäuser	P	v
	Ogefr.	Fritz Heide	P	v
	Ofw.	Willy Hücke	P	v
	Ofw.	Oskar Lehnart	P	v
6. 9. 1939	Uffz.	Karl Detlefsen	P	v
	Uffz.	Josef Listl	P	v
	Uffz.	Heinrich Nicklaus	P	v
	Uffz.	Hermann Nolting	P	v
	Uffz.	Gerhard Fohllebe	P	v
	Gefr.	Ernst Ostendörfer	P	vw
	Ofw.	Erich Florian	P	vw
	Uffz.	Rudolf Seupadel	P	vw
12. 9. 1939	Uffz.	Horbert Haug	P	vw
27.11. 1939	Oblt.	Hans-Jürgen Speck	D	a +
	Uffz.	Johann Obele	D	a +
	Fw.	Horst-Wilhelm Schneider	D	a v
	Gefr.	Johannes Schmidt	D	a +
17.12. 1939	Lt.	Hans Hüsgens	SZ-N	v
	Fw.	Walter Stemmler	SZ-N	v
	Fw.	Erwin Hasse	SZ-N	v
	Uffz.	Erich Frank	SZ-N	v
16. 1. 1940	Uffz.	Wolfgang Dittrich	D	+
30. 1. 1940	Fw.	Helmut Höfer	SZ-N	v
	Uffz.	Richard Feist	SZ-N	v
	Ogefr.	Albert Hain	SZ-N	v
	Gefr.	Werner Korsinsky	SZ-N	v
3. 2. 1940	Fw.	Hermann Wilms	SZ-N	g
	Uffz.	Rudolf Leushacke	SZ-N	g
	Uffz.	Karl Missy	SZ-N	g
	Uffz.	Johann Meyer	SZ-N	g
9. 2. 1940	Uffz.	Helmut Meyer	SZ-N	g
	Uffz.	Franz Wieners	SZ-N	g
9. 2. 1940	Uffz.	Josef Sangl	SZ-N	g
	Ogefr.	Heinz Hegemann	SZ-N	g
20. 2. 1940	Uffz.	Werner Wamser	SZ-N	vw
	Ogefr.	Helmut Jantzen	SZ-N	vw
1. 3. 1940	Oblt.	Sighard Dommer	SZ-N	a v
	Ofw.	Johann Pietzarka	SZ-N	a v
	Ofw.	Lothar Großmann	SZ-N	a +
20. 3. 1940	Hptm.	Otto Andreas	SZ-N	v
	Ofw.	Wilhelm Wydrinski	SZ-N	v
	Fw.	Kurt Schreiber	SZ-N	v
	Uffz.	Karl Baumann	SZ-N	v
	Gefr.	Helmut Wilshusen	SZ-N	v
3. 4. 1940	Oberstlt.	Hans Hefele	SZ-N	g
	Lt.	Rudolf Behnisch	SZ-N	g
	Lt.	Georg Kempe	SZ-N	g
	Uffz.	Alfred Bächle	SZ-N	g
	Uffz.	Albert Weber	SZ-N	g
	Fw.	Hans Meier	SZ-N	g
9. 4. 1940	Uffz.	Willi Wolf	SZ-N	g
	Oblt.	Alfred Donike	SZ-N	g
	Uffz.	Leon Deeken	SZ-N	g
	Ogefr.	Kurt Koch	SZ-N	g
	Lt.	Kurt Weigel	SZ-N	g
	Ofw.	Bruno Rehbein	SZ-N	g
	Ofw.	Kurt Geerds	SZ-N	g
	Ofw.	Ernst Rost	SZ-N	g
	Uffz.	Mathäus Hofer	SZ-N	v
	Gefr.	Rudolf Stäcker	SZ-N	v
	Uffz.	Otto Hering	SZ-N	v
	Fw.	Alfred Schmidt	SZ-N	v
	Fw.	Erich Morann	D	a +
	Fw.	Erwin Thierhoff	D	a +
	Uffz.	Robert Greß	D	a vw
	Uffz.	Hermann Beckmann	D	a +
10. 4. 1940	Oblt.	Harald Vogel	SZ-N	g
	Uffz.	Johann Duden	SZ-N	g
	Gefr.	Günther Riech	SZ-N	g
	Gefr.	Paul Utecht	SZ-N	g
	Fw.	Reimer Wilde	SZ-N	g vw
15. 4. 1940	Gefr.	Otto Frank	N	+
28. 4. 1940	Fw.	Karl Pflüger	N	v

28. 4. 1990	Uffz.	Hans Träumner	N	v
	Uffz.	Gerold Simdorn	N	v
	Ofw.	Jakob Best	N	v
	Hptm.	Eberhard Schnorr v. Caroldsfeld	N	v g
	Fw.	Karl Babkuhl	N	v g
	Ofw.	Walter Cramer	N	v g
	Ofw.	Heinz Vogel	N	v g
14. 5. 1940	Uffz.	Siegfried Blume	N	v g
	Fw.	Karl Grube	N	v g
	Uffz.	Helmut Bennighoff	N	v g
	Uffz.	Werner Wamser	N	v g
22. 5. 1940	Uffz.	August Riehle	N	v g
	Fw.	Karl-H. Heß	N	v g
	Ogefr.	Josef Kopitz	N	v g
	Flg.	Rudolf Entrich	N	v g
7. 6. 1940	Oblt.	Harald Link	N	v g
	Fw.	Franz Mosehner	N	v g
	Uffz.	Fritz Bittner	N	v g
	Uffz.	Konrad Stachowski	N	v g
	Uffz.	Gerhard Markuse	N	vw
9. 6. 1940	Oblt.	Kurt Böcking	SZ-Nw	v
	Fw.	Wilhelm Nordhorn	SZ-Nw	v
	Fw.	Heinz Neidhardt	SZ-Nw	v
	Fw.	Erich Rau	SZ-Nw	v
24. 7. 1940	Uffz.	Leo Kasnitz	D-Osts	v
	Gefr.	Ferdinand Köhling	D-Osts	v
31. 8. 1940	Lt.	Heinz Kares	N	Unfall +
3. 9. 1940	Oblt.	Werner Wanderer	F	a +
	Ogefr.	Willi Herberger	F	a +
	Ogefr.	Walter Steitz	F	a +
	Lt.	Georg Zobernig	F	a +
	Gefr.	Helmut Bette	F	a +
	Gefr.	Werner Hermstadt	F	a +
4. 9. 1940	Fw.	Erwin Ewerts	GB	v
	Ofw.	Alfred Süßmann	GB	v
	Fw.	Rudolf Handwerker	GB	v
	Uffz.	Willi Mahlmann	GB	v
5. 9. 1940	Lt.	Siegfried Balthes	NL	a +
	Lt.	Gottfried Pottgüter	NL	a +
	Gefr.	Karl-H. Graunke	NL	a +
	Fw.	Erich Pfretzschmer	NL	a +
5. 9. 1940	Uffz.	Karl Stenzel	GB	v
	Ofw.	Waldemar Vetter	GB	v
	Ogefr.	Paul Warth	GB	v
	Fw.	Reimer Wilde	GB	v
	Uffz.	Wilhelm Henningsen	GB	+
	Fw.	Rudolf Höper	GB	+
	Uffz.	Franz Nowak	GB	v
6. 9. 1940	Uffz.	Ernst Studt	GB	v
	Oblt.	Werner Kuckelt	GB	v
	Ogefr.	Walter Hubrig	GB	v
	Gefr.	Theodor Schneider	GB	v
	Gefr.	Hans Kießling	GB	v
7. 9. 1940	Uffz.	Ludwig Kohlhepp	NL	a +
	Gefr.	Friedrich Gottschalk	NL	a +
	Uffz.	Hermann Kassel	D	a vw
	Uffz.	Karl Bay	D	a +
	Uffz.	Karl Bartels	D	a +
	Ofw.	Heinrich Staffeldt	D	a +
	Fw.	Gerhard Markuse	D	a +
	Gefr.	Josef Meier	D	a +
	Gefr.	Franz Schweitzer	D	a +
11. 9. 1940	Lt.	Ernst Wesemann	GB	v
	Fw.	Hermann Gutacker	GB	v
	Fw.	Heinz Gies	GB	v
	Uffz.	Erwin Meusel	GB	+
	Oblt.	Gustav-Otto Bertram	GB	g
	Lt.	Ferdinand Cramer	GB	+
	Gefr.	Gustav Schröter	GB	g
	Gefr.	Rudolf Endrich	GB	g
	Uffz.	Erich Scheinert	GB	vw
	Fw.	Richard Hermann	GB	vw
	Flg.	Walter Platzl	NL	+
24. 9. 1940	Uffz.	Karl Niemeyer	GB	g
	Gefr.	Heinrich Leipnitz	GB	g
	Gefr.	Stefan Weinlich	GB	g
	Gefr.	Werner Jendrek	GB	g
25. 9. 1940	Fw.	Kurt Petritsch	F	a vw
	Uffz.	Hans Kießler	F	a vw
	Ogefr.	Arno Gersten	F	a vw
	Uffz.	Rudolf Pless	F	a +
16. 10. 1940	Oblt.	Karl Sommer	GB	v

Datum	Dienstgrad	Name		
16. 10. 1940	Gefr.	Josef Fellegger	GB	v
	Uffz.	Willi Bräutigam	GB	v
	Uffz.	Willi Kablau	GB	v
13. 11. 1940	Lt.	Christian Tiedt	GB	v
	Uffz.	Alfred Klein	GB	v
	Ogefr.	Gerhard Haupt	GB	v
	Gefr.	Rudolf Bratenstein	GB	v
8. 1. 1941	Lt.	Fritz Bürger	I	a +
	Uffz.	Herbert Wahnschaffe	I	a +
	Fw.	Fritz Spiekermann	I	a +
	Uffz.	Fritz Amann	I	a +
	Fw.	Fritz Heide	I	a +
	Uffz.	Walter Fundheller	I	a +
17. 1. 1941	Fw.	Karl Wellenreuther	NA	v
	Fw.	Paul Pfennig	NA	v
	Uffz.	Kurt Bindig	NA	v
	Uffz.	Servatius Pfeiffer	NA	v
17. 1. 1941	Lt.	Hans Folter	NA	v g
	Major	Helmut Bertram	NA	v g
	Uffz.	Kurt v. Holst	NA	v g
	Uffz.	Werner Lißmann	NA	v g
18. 1. 1941	Oblt.	Helmut Kühne	NA	vw
	Fw.	Herbert Kionke	NA	vw
1. 2. 1941	Oblt.	Willi Raschdarf	NA	vw
2. 2. 1941	Lt.	Heinrich Menge	NA	vw
8. 2. 1941	Uffz.	Anton Heißler	M	a vw
15. 2. 1941	Uffz.	Willi Williger	I	a vw
15. 2. 1941	Uffz.	Hans Birkner	I	a +
	Ofw.	Helmut Engelke	I	a +
	Uffz.	Jobst Masurat	I	a +
	Uffz.	Heinz Walter	I	a +
19. 2. 1941	Ofw.	Joachim Conrad	NA	+
	Oblt.	Josef Saumweber	NA	v g
	Uffz.	Alfred Butzke	NA	vg ausget.
	Ofw.	Rudolf Kochan	NA	+
20. 2. 1941	Fw.	Ernst Wiete	NA	v
	Lt.	Heinz Schroer	NA	v
	Fw.	Heinrich Höfer	NA	v
	Uffz.	Rudolf Wegener	NA	v
21. 2. 1941	Ofw.	Josef Prötsch	SZ-M	v
	Oblt.	Ehrenfried Bischoff	SZ-M	v

Datum	Dienstgrad	Name		
21. 2. 1941	Uffz.	Kurt Noack	SZ-M	v
	Gefr.	Hermann Treder	SZ-M	v
	Uffz.	Josef Kain	SZ-M	+
9. 4. 1941	Fw.	Karl Thaler	I	a vw
	Ofw.	Friedrich Hohlen	I	a +
	Uffz.	Erich Tünnermann	I	a +
	Uffz.	Hugo Schneider	I	a +
	Uffz.	Josef Kram	I	a +
12. 4. 1941	Oblt.	Hans-Dietr. Mehrdich	I	a +
	Oblt.	Hermann Haase	I	a +
	Uffz.	Fritz Pfeifer	I	a vw
	Stfw.	Friedrich Koletzko	I	a vw
22. 4. 1941	Uffz.	Hans Perhson	M	v
30. 4. 1941	Uffz.	Günther Gläser	M	v
	Uffz.	Hans-Joach. Rößling	M	v
6. 5. 1941	Lt.	Eberhard Möller	M	+
	Fw.	Hans Peick	M	+
	Uffz.	Franz Zäch	M	+
	Uffz.	Herbert Hindenburg	M	+
	Gefr.	Johann Oles	M	+
7. 5. 1941	Ofw.	Jakob Briel	NA	+
	Fw.	Heinz Amhof	NA	+
8. 5. 1941	Ofw.	Willy Kleinknecht	NA	v
	Oblt.	Alois Sporkmann	NA	v
	Gefr.	Hugo Kappes	NA	v
	Uffz.	Rolf Wienecke	NA	v
	Oblt.	Hermann Pfeil	NA	v
	Ofw.	Conrad Meyer	NA	v
	Uffz.	Kurt Hünecke	NA	+
	Fw.	Erich Borgmann	NA	v
10. 5. 1941	Gefr.	Richard Dassberger	I	vw
20. 5. 1941	Ofw.	Wilhelm Tünnesmann	K	vw
	Oblt.	Günter Ingenohl	K	vw
	Fw.	Mathias Holler	K	vw
	Uffz.	Horst Funke	K	vw
	Gefr.	Heinz Winkler	K	vw
20. 5. 1941	Oblt.	Kurt Frhr. v. Stetten	K	+
	Oblt.	Werner Schmidt	K	+
	Uffz.	Heinz Kube	K	vw
	Uffz.	Johann Miedl	K	+
	Gefr.	Franz Hudelist	K	+

26. 5. 1941	Oblt.	Oskar Klapproth	K	v
	Gefr.	Karl Albrecht	K	v
	Gefr.	Günter Klaumünser	K	v
	Fw.	Werner Oertel	K	v
30. 5. 1941	Lt.	Walter Fischer	SZ-M	v g
	Uffz.	Robert Wiesner	SZ-M	+
	Ogefr.	Friedrich Birkner	SZ-M	v g
	Uffz.	Otto Behrens	SZ-M	v g
5. 6. 1941	Uffz.	Kurt Steins	NA	v
	Uffz.	Heinz Jürgens	NA	v
	Gefr.	Ernst Heimsch	NA	v
	Fw.	Otto Suckau	NA	v
21. 6. 1941	Stfw.	Emil Kramer	NA	v
	Fw.	Harry Witt	NA	v
	Gefr.	Gottfried Schwenderling	NA	v
	Ofw.	Bernhard Fuß	NA	v
20. 7. 1941	Fw.	Hans Gründges	GR	a +
	Ogefr.	Günter Karrass	GR	a +
	Ogefr.	Christian Staib	GR	a vw
	Ogefr.	Alfred Zander	GR	a vw
3. 8. 1941	Uffz.	Erich Meyer	NA	v
	Gefr.	Helmut Pache	NA	v
	Gefr.	Theodor Ruf	NA	v
	Ogefr.	Oskar Katschke	NA	v
1. 9. 1941	Oblt.	Eberhard Stüwe	R	vw
	Ofw.	Robert Kowalski	R	a +
	Fw.	Konrad Stachowski	R	a +
	Uffz.	Josef Kopietz	R	a +
	Gefr.	Walter Schon	R	a +
6. 10. 1941	Lt.	Heinrich Menge	SZ-Su	v
	Fw.	Aloys Jaster	SZ-Su	v
	Uffz.	Erwin Schmidt	SZ-Su	v
	Uffz.	Johannes Haubold	SZ-Su	v
	Ogefr.	Johann Späth	SZ-Su	v
8. 10. 1941	Fw.	Albert Schindler	SZ-Su	v g
	Oblt.	Werner Kaupisch	SZ-Su	v g
	Fw.	Willi Schulz	SZ-Su	v g
	Fw.	Friedrich Kracht	SZ-Su	v g
11. 11. 1941	Ofw.	Heinz Hoffmann	GR	a +
	Gefr.	Fritz Leidl	GR	a +
	Ogefr.	Heinz Deiterding	GR	a +
11. 11. 1941	Gefr.	Hermann Heinze	GR	a +
21. 12. 1941	Fw.	Erich Bartlau	GR	a +
	Fw.	Herbert Kohlschmidt	GR	a +
	Gefr.	Helmut Jürgens	GR	a +
	Ogefr.	Heinz Fenzl	GR	a +
22. 12. 1941	Ofw.	Heinrich Baudendistel	NA	v
	Fw.	Walter Frank	NA	v
	Uffz.	Franz Habbel	NA	v
	Uffz.	Karl Deininger	NA	v
	Ogefr.	Kurt Lehmann	NA	v
25. 12. 1941	Uffz.	Emil Kelm	GR	+
3. 1. 1942	Ogefr.	Werner Wendelmuth	GR	+
26. 1. 1942	Oblt.	Karl-Heinz Bock	K	a +
	Ofw.	Herbert Schütze	K	a +
	Uffz.	Horst Brückner	K	a +
	Fw.	Hans Katen	K	a +
	Gefr.	Willy Wittich	K	a +
	Lt.	Horst Simon	K	a +
	Ogefr.	Walter Herracha	K	a +
	Ogefr.	Willi Borrmann	K	a +
	Ogefr.	Johann Krause	K	a vw
9. 2. 1942	Uffz.	Willi Stender	NA	v
	Oblt.	Heinz Birschel	NA	+
	Uffz.	Günter Seidel	NA	v
	Ogefr.	Günther Neveling	NA	v
22. 2. 1942	Ogefr.	Heinz Lale	SU	vw
25. 2. 1942	Ogefr.	Rudolf Schedl	SU	v
	Ofähnr.	Gerhard Tiemann	SU	v
	Ogefr.	August Schäfer	SU	v
	Ogefr.	Rudolf Willmann	SU	v
	Flg.	Fritz Grünwald	SU	v
3. 3. 1942	Ogefr.	Werner Pieper	NA	v g
	Lt.	Edgar Lersch	NA	v g
	Ogefr.	Friedrich Jurgeleit	NA	v g
	Fw.	Walter Schädlich	NA	v g
	Fw.	Roman Liebsch	NA	+
	Lt.	Günther Deussen	NA	vw g
	Uffz.	Otto Noll	NA	+
	Ogefr.	Karl Abend	NA	+
9. 3. 1942	Ogefr.	Max Haase	GR	vw
11. 3. 1942	Fw.	Peter Merten	SZ-M	v

11. 3. 1942	Uffz.	Willi Johannisson	SZ-M	v
	Ogefr.	Gerhard Hänsel	SZ-M	v
	Gefr.	Rolf Edler	SZ-M	v
8. 4. 1942	Ofw.	Richard Hess	NA	v g
	Ofw.	Rudolf Henkel	NA	+
	Ogefr.	Roland Sinn	NA	v g
	Uffz.	Fritz Flemming	NA	+
	Ogefr.	Ernst Kichniawy	NA	v
	Uffz.	Gerhard Liebig	NA	v
	Ogefr.	Gerhard Floeter	NA	v
	Ogefr.	Herbert Hackner	NA	v
10. 5. 1942	Flg.	Oskar Croonen	SU	+
	Ogefr.	Heinz Meinke	SU	vw
	Ogefr.	Heinz Siegel	SU	vw
15. 5. 1942	Fw.	Wilhelm Gäbler	SZ-S	v
	Oblt.	Horst Krupka	SZ-S	v
	Ogefr.	Maximilian Kratzner	SZ-S	v
	Gefr.	Walter Nörbe	SZ-S	v
	Uffz.	Heinz Kube	SZ-S	v
30. 5. 1942	Fw.	Walter Barbrock	SZ-S	v
	Uffz.	Josef Gemünd	SZ-S	v
	Ogefr.	Friedrich Büschner	SZ-S	v
	Uffz.	Helmut Schneider	SZ-S	v
1. 6. 1942	Oblt.	Jakob Fringe	SZ-S	vw
	Ogefr.	Walter Mielke	SZ-S	vw
7. 6. 1942	Oblt.	Helmut Bähr	SU	v
	Ogefr.	Walter Heyne	SU	v
	Ogefr.	Walter Buxbaum	SU	v
	Fw.	Karl Staffel	SU	v
	Uffz.	Ernst Weber	SU	v
8. 6. 1942	Oblt.	Kurt Neumann	SU	v
	Ofw.	Johannes Sattler	SU	v
	Uffz.	Helmut Gauer	SU	v
	Fw.	Rudolf Schuster	SU	v
9. 6. 1942	Oblt.	Friedrich Koch	SU	a +
	Fw.	Karl Growe	SU	a +
	Uffz.	Albert Mathey	SU	a +
13. 6. 1942	Uffz.	Rudolf Dornheim	SZ-S	v
	Fw.	Hans Scholler	SZ-S	v
	Ogefr.	Heinrich Eicke	SZ-S	v
	Ofw.	Otto Kolbe	SZ-S	v
22. 6. 1942	Lt.	Leo Brandl	SU	a +
	Uffz.	Rudolf Pinkert	SU	a +
	Ogefr.	Franz Bauer	SU	a +
	Ogefr.	Karl Pütz	SU	a +
	Ogefr.	Rudolf Mika	SU	a +
19. 7. 1942	Uffz.	Herbert Schäfer	SU	+
3. 8. 1942	Lt.	Dr. Hansgeorg Bachem	SZ-S	v
	Uffz.	Walter Zumpe	SZ-S	v
	Uffz.	Hemr. Aschermann	SZ-S	v
	Uffz.	Karl-Bernd Vollern	SZ-S	v
17. 9. 1942	Oblt.	Werner Schmüdgen	SU	a +
	Uffz.	Oskar Köhler	SU	a vw
	Uffz.	Erwin Friz	SU	a vw
	Ogefr.	Heinz Winkler	SU	a vw
30. 9. 1942	Oblt.	Artur Horn	SZ-M	vw
	Gefr.	Gerhard Buss	SZ-M	vw
	Fw.	Johannes Mohr	SZ-M	vw
	Uffz.	Georg Chichetzki	SZ-M	vw
9. 11. 1942	Hptm.	Karl Barth	SZ-M	v
	Stfw.	Kurt Kauffmann	SZ-M	v
	Fw.	Hans Aßmann	SZ-M	v
	Uffz.	Heinr. Heerdegen	SZ-M	v
17. 11. 1942	Ogefr.	Franz Fritz	SZ-M	+
	Ofw.	Martin Graf	SZ-M	v
	Uffz.	Paul Gottschlich	SZ-M	v
	Uffz.	Wilhelm Baier	SZ-M	vw g
	Ogefr.	Georg Mack	SZ-M	v
22. 11. 1943	Lt.	Nikolaus Petzer	SZ-M	v
	Uffz.	Arno Bockmann	SZ-M	v
	Uffz.	Rudolf Engel	SZ-M	+
	Gefr.	Kurt Marcussen	SZ-M	v
3. 12. 1942	Lt.	Peter Alefeld	SZ-M	a vw
	Gefr.	Wilhelm Specks	SZ-M	a vw
	Gefr.	Jost Eberlein	SZ-M	a vw
	Gefr.	Friedrich Röder	SZ-M	a +
9. 12. 1942	Uffz.	Andre Zielke	SZ-M	v
	Ofw.	Gerhard Lange	SZ-M	v
	Ogefr.	Rolf Amberg	SZ-M	v
	Uffz.	Georg Krolitzek	SZ-M	v
11. 12. 1942	Uffz.	Eberhard Katsch	SZ-M	a +
	Uffz.	Karl Geiselmann	SZ-M	a +

Datum	Dienstgrad	Name	Einheit	
11. 12. 1942	Ogefr.	Paul Barabasch	SZ-M	a +
	Ogefr.	Albert Minne	SZ-M	a +
31. 12. 1942	Uffz.	Berhard Dähn	SZ-M	a +
	Ogefr.	Heinz Sorg	SZ-M	a +
	Ogefr.	Georg Weiss	SZ-M	a +
	Ogefr.	Alfred Fida	SZ-M	a +
7. 1. 1943	Uffz.	Hermann Stemmer	SZ-M	vw
17. 1. 1943	Fw.	Rupprecht Maletzki	SZ-M	v
	Ogefr.	Karl Wildt	SZ-M	v
	Uffz.	Herbert Wtschas	SZ-M	v
	Ogefr.	Walter Stadtfeld	SZ-M	v
18. 1. 1943	Uffz.	Heinz Langewost	SZ-M	vw
16. 2. 1943	Lt.	Heinz Kuhn	SZ-M	a +
	Ogefr.	Kurt Lötzbeyer	SZ-M	a +
	Uffz.	Hans Lukaschek	SZ-M	a +
	Uffz.	Otto Geisenhainer	SZ-M	a +
27. 2. 1943	Uffz.	Matthäus Kerschbaum	SZ-M	v
	Ogefr.	Paul Hirt	SZ-M	v
	Uffz.	Rudolf Wagner	SZ-M	v
	Uffz.	Karl Eberhardt	SZ-M	v
15. 3. 1943	Uffz.	Ernst Hofer	SZ-M	v
	Gefr.	Rudolf Hartwig	SZ-M	v
	Uffz.	Walter Schönheit	SZ-M	v
	Uffz.	Alexander Holldorf	SZ-M	v
16. 3. 1943	Lt.	Karl Tschiggerl	SZ-M	+
	Ogefr.	Herbert Bergner	SZ-M	v g
	Uffz.	Hermann Bieber	SZ-M	v g
	Uffz.	Richard Riedel	SZ-M	v g
16. 3. 1943	Fw.	Albin Bamberger	SZ-M	v
	Ogefr.	Georg Arnold	SZ-M	v
	Uffz.	Erich Podolski	SZ-M	v
	Uffz.	Eberhard Alsleben	SZ-M	v
22. 3. 1943	Oblt.	Hellmut Jantzen	SZ-M	v g
	Ogefr.	Elmar Hillemeier	SZ-M	v +
	Uffz.	Heinrich Wulf	SZ-M	v +
	Uffz.	Ernst Nienhoff	SZ-M	v g
27. 3. 1943	Lt.	Hubertus Kordgien	SZ-M	v
	Ogefr.	Karl Schiedt	SZ-M	v
	Uffz.	Alfred Siebner	SZ-M	v
	Ogefr.	Heinz Krüger	SZ-M	v
	Lt.	Gerhard Campe	SZ-M	v g
27. 3. 1943	Ofw.	Fridolin Döbele	SZ-M	v g
	Ofw.	Willi Wissner	SZ-M	v g
	Ogefr.	Heinz Schwenke	SZ-M	v g
	Fw.	Ernst Mende	SZ-M	a +
	Uffz.	Hans Christner	SZ-M	a +
	Fw.	Stefan Schikora	SZ-M	a +
	Uffz.	Waltemar Steenbock	SZ-M	a +
29. 3. 1943	Uffz.	Konrad Andree	SZ-M	a +
	Ogefr.	Rudi Schwamm	SZ-M	a +
	Ogefr.	Richard Dorn	SZ-M	a +
	Ogefr.	Werner Hußmann	SZ-M	a +
31. 3. 1943	Ogefr.	Ferdinand Drenkelfuß	I	+
17. 4. 1943	Uffz.	Werner Voigt	I	v
26. 4. 1943	Uffz.	Philipp Vogel	I	+
	Uffz.	Werner Bendrich	I	+
	Uffz.	Hermann Huth	I	+
	Uffz.	Kurt Füßer	I	+
	Ofw.	Erwin Maaske	I	+
	Uffz.	Reiner Koll	I	vw
	Ogefr.	Walter Eckardt	I	vw
	Ogefr.	Josef Pippel	I	vw
	Gefr.	Heinrich Sevcik	I	vw
	Gefr.	Otto Schmuck	I	vw
	Uffz.	Heinrich Krenz	I	vw
	Gefr.	Walter Schwender	I	vw
	Uffz.	Willi Müller	I	vw
	Uffz.	Kurt Reese	I	vw
1. 5. 1943	Uffz.	Karl Hackl	SZ-M	v
	Ogefr.	Alfred Magauer	SZ-M	v
	Uffz.	Eugen Finzgar	SZ-M	v
	Uffz.	Karl-Heinz Püstow	SZ-M	v
20. 5. 1943	Hptm.	Adolf Hansen	SZ-M	v
	Ofw.	Gerhard Vorbau	SZ-M	v
	Ofw.	Richard Döring	SZ-M	v
	Fw.	Siegfried Abraham	SZ-M	v g
	Ofw.	Willi Fey	SZ-M	v
	Uffz.	Heinz Langewost	SZ-M	v g
	Ogefr.	Willi Geiffes	SZ-M	v g
	Ogefr.	Kurt Müller	SZ-M	v g
	Ogefr.	Heinz Borgwardt	I	+
	Uffz.	Heinrich Köhler	I	+

20. 5. 1943	Ogefr.	Ludwig Hofmayer	I	+
	Ogefr.	Engelbert Endries	I	+
	Uffz.	Georg Lindlar	I	vw
	Uffz.	Felix Taube	I	vw
	Ogefr.	Heinrich Linke	I	vw
	Ogefr.	Rudolf Kowalski	I	vw
	Gefr.	Berhard Kalesse	I	vw
	Gefr.	Georg Wittmann	I	vw
	Ogefr.	Herbert Piske	I	vw
	Flg.	Rudolf Thier	I	vw
	Ogefr.	Christian Flohe	I	v
	Ogefr.	Johann Moschik	I	+
21. 6. 1943	Ofw.	Gerhard Mischke	D	a +
	Uffz.	Franz Macho	D	a +
19. 7. 1943	Uffz.	Fritz Lehmann	D	a +
	Ogefr.	Hermann Peters	D	a +
19. 9. 1943	Lt.	Erich Friedl	D	a +
	Uffz.	Alois Hindinger	D	a +
	Ogefr.	Anton Mörk	D	a +
	Ogefr.	Hermann Ulrich	D	a +
	Ogefr.	Heinz Leidecker	D	a +
	Gefr.	Oswald Schulz	D	a +
28. 9. 1943	Uffz.	Emil Wächter	D	a +
	Ogefr.	Hans Meißner	D	a +
	Gefr.	Anton Havenith	D	a +
	Gefr.	Leopold Ehn	D	a +
12. 11. 1943	Uffz.	Georg Breitschädel	D	a v
	Ogefr.	Helmut Meißner	D	a v
	Ogefr.	Alfred Deutschler	D	a v
17. 12. 1943	Fw.	Friedrich Preu	D	a v
	Fw.	Friedrich App	D	a v
	Ogefr.	Johann Quetsch	D	a v
	Gefr.	Hans Veegers	D	a v
31. 3. 1944	Uffz.	Paul Schwenderling	SU	+
28. 4. 1944	Uffz.	Karl Träger	SU	a +
30. 4. 1944	Gefr.	Paul Benzinger	D	a +
13. 6. 1944	Lt.	Werner Mörath	SZ-M	v g
	Uffz.	Walter Joswig	SZ-M	v
	Fw.	Willy Ronatschk	SZ-M	v
	Uffz.	Helmut Schanz	SZ-M	v
18. 6. 1944	Uffz.	Hans Naser	SZ-M	v
18. 6. 1944	Ogefr.	Gerhard Bleul	SZ-M	v
	Ogefr.	Willi Weber	SZ-M	v
	Uffz.	Urban Dieringer	SZ-M	v g
19. 6. 1944	Uffz.	Siegfried Büttner	SZ-Inv	vw
	Uffz.	Heinz Jansen	SZ-Inv	+
	Uffz.	Johann Stäudel	SZ-Inv	+
	Ogefr.	Karl Braukmann	SZ-Inv	vw
22. 6. 1944	Fw.	Karl Schmitt	SZ-Inv	v
	Fj. Fw.	Karl Peschke	SZ-Inv	v
	Ogefr.	Paskal Makarow	SZ-Inv	v
	Uffz.	Felix Hagelmüller	SZ-Inv	v
	Hptm.	Ernst Wulff	SZ-Inv	v +
	Fj. Uffz.	Günter Bleul	SZ-Inv	v +
	Uffz.	Erich Fritsche	SZ-Inv	v +
	Gefr.	Willi Rings	SZ-Inv	v +
29. 6. 1944	Uffz.	Edgar Schumacher	F	a +
	Uffz.	Georg Cichetzki	F	a +
6. 7. 1944	Lt.	Volkmar Wolf	SZ-Inv	v
	Fj. Fw.	Friedrich Krauß	SZ-Inv	v
	Uffz.	Adolf Beimfohr	SZ-Inv	v
	Ofw.	Reinhard Groß	SZ-Inv	v
	Oblt.	Waldemar Gebhardt	SZ-Inv	v
	Uffz.	Ernst Ruoff	SZ-Inv	v
	Ogefr.	Heinrich Wilkening	SZ-Inv	v
	Uffz.	Ewald Nolte	SZ-Inv	v
	Gefr.	Georg Lehmkuhl	SZ-Inv	v
	Fw.	Hubert Traub	SZ-Inv	v
	Uffz.	Karl Walldorf	SZ-Inv	v
	Ogefr.	Ewald Volkenhoff	SZ-Inv	v
	Uffz.	Günter Püschmann	SZ-Inv	v
24. 7. 1944	Ogefr.	Herbert Schmuck	F	+
	Ogefr.	Fritz Zessel	F	+
	Ogefr.	Wilhelm Winsemann	F	+
	Ofw.	Hermann Schäge	F	vw
	Uffz.	Franz Foltinek	F	vw
	Uffz.	Kurt Meinhardt	F	vw
	Uffz.	Walter Rother	F	vw
	Ogefr.	Alfred Watzka	F	vw
	Ogefr.	Ernst Handlanger	F	vw
	Uffz.	Günter Vahl	F	vw
	Ogefr.	Wilhelm Fritz	F	vw

24. 7. 1944	Ogefr.	Richard Schneider	F	vw
26. 7. 1944	Uffz.	Ernst Cullmann	SZ-Inv	v
	Uffz.	Franz Sinne	SZ-Inv	v
	Ogefr.	Wolfgang Poenisch	SZ-Inv	v
	Gefr.	Werner Seibel	SZ-Inv	v
	Uffz.	Anton Makowsky	SZ-Inv	v
	Oblt.	Rudolf Bott	SZ-Inv	v
	Ofw.	Heinrich Lehr	SZ-Inv	v
	Uffz.	Wilhelm Wirtz	SZ-Inv	v
	Uffz.	Horst Winkler	SZ-Inv	v g
	Ogefr.	Heinz Bennewitz	SZ-Inv	v
	Uffz.	Heinz Rattay	SZ-Inv	v g
31. 7. 1944	Uffz.	Wilhelm Otto	SZ-Inv	v g
	Ogefr.	Friedrich Maurer	SZ-Inv	v g
	Ogefr.	Eberhard Schmidt	SZ-Inv	v g
	Fw.	Helmut Budach	SZ-Inv	v
2. 8. 1944	Lt.	Fritz Richert	SZ-M	v
	Uffz.	Gerhard Kaschpar	SZ-M	v
	Uffz.	Werner Wolf	SZ-M	v
	Uffz.	Hermann Wieser	SZ-M	v
5. 8. 1944	Uffz.	Walter Papst	SZ-M	v
	Uffz.	Hermann Störzer	SZ-M	v g
	Lt.	Horst-Heinz v. Frank	SZ-M	v g
	Uffz.	Wilhelm Schulz	SZ-M	v g
12. 8. 1944	Lt.	Hans-Karl Krampf	SZ-M	v
	Uffz.	Manfred Bischoff	SZ-M	v
	Ofw.	Hans Joachim Seeger	SZ-M	v
	Uffz.	Karl Melbert	SZ-M	v
17. 8. 1944	Uffz.	Hubert Klein	F	+
9. 8. 1944	Uffz.	Erich Stabaginski	F	+
18. 8. 1944	Lt.	Hans-Joachim Weise	SZ-M	v
	Ogefr.	Kurt-Karl Jesko	SZ-M	v
	Ogefr.	Johannes Hils	SZ-M	v
	Ogefr.	Gotthard Schütt	SZ-M	v
19. 8. 1944	Uffz.	Werner Nau	F	+
	Fw.	Oskar Gesch	F	+
	Fw.	Walter Teifke	F	vw
	Ogefr.	Dietmar Möllering	F	vw
	Ogefr.	Friedrich Emde	F	+
	Uffz.	Gerhard Schrötter	F	vw g
	Ofw.	Alfred Urbanzyk	F	+
19. 8. 1944	Uffz.	Max Greiner	F	+
	Fw.	Bernhard Rössler	F	+
	Uffz.	Walter Brzoska	F	+
	Uffz.	Gerhard Gaitzsch	F	+
	Ogefr.	Theodor Kassel	F	+
22. 8. 1944	Ogefr.	August Steineke	F	vw
	Uffz.	Karl-Heinz Köhler	F	+
	Ogefr.	Waldemar Held	F	+
	Ogefr.	Friedrich Zerban	F	+
	Gefr.	Kurt Fröhlingshausen	F	vw
	Ogefr.	Franz Bachler	F	vw
	Hfw.	Erich Riemer	F	vw
	Ofw.	Georg Jaud	F	vw
	Uffz.	Gerhard Hoyer	F	vw
	Ogefr.	Hinrich Ehlers	F	vw
	Ogefr.	Gerhard Sachsenweger	F	vw
	Ogefr.	Heinrich Linke	F	vw
	Ogefr.	Rudolf Grüne	F	vw
	Ogefr.	Richard Heiter	F	vw
	Ogefr.	Edmund Wolf	F	vw
	Gefr.	Gerhard Schulz	F	vw
	Fw.	Hilmar Hanf	F	vw
	Uffz.	Peter Flock	F	vw
23. 8. 1944	Uffz.	Ewald Powering	F	v
	Uffz.	Kurt Stolberg	F	v
	Uffz.	Erwin Machek	F	v
	Ogefr.	Franz Glashauer	F	v
10. 12. 1944	Ogefr.	Günther Wunderlich	D	+
7. 2. 1945	Lt.	Harald Burgdorf	SZ-E	+
	Ogefr.	Herbert Wolff	SZ-E	+
	Uffz.	Kurt Erhardt	SZ-E	+
	Ogefr.	Johann Wolf	SZ-E	+
	Ofw.	Erich Bettin	SZ-E	v
	Uffz.	Bruno Brosch	SZ-E	v
	Fw.	Otto Krepesch	SZ-E	v
	Uffz.	Gerhard Rensch	SZ-E	v
	Ofw.	Helmut Goehring	SZ-E	v
	Uffz.	Klemenz Wenzig	SZ-E	v
	Fw.	Harald Engels	SZ-E	v
	Ogefr.	Franz Beckert	SZ-E	v
9. 2. 1945	Oblt.	Josef Bräuherr	N	a +

9. 2. 1945	Oblt.	Johannes Kramprich	N	a +
	Lt.	Jörgen Hartwig	N	a +
	Lt.	Leopold Böcken	N	a +
	Ofw.	Johann Fischer	N	a +
	Fw.	Kurt Müller	N	a +
	Uffz.	Heinz Anschütz	N	a +
	Uffz.	Fritz Krause	N	a +
	Uffz.	Heinrich Süß	N	a +
	Uffz.	Erhard Schwemmle	N	a +
	Ogefr.	Horst-G. Diesel	N	a +
	Ogefr.	Alois Gotthardi	N	a +
	Ogefr.	Walter Schäfer	N	a +
	Ogefr.	Josef Schmidt	N	a +
	Ogefr.	Helmut Tüngler	N	a +
10. 2. 1945	Oblt.	Rudolf Rögner	SZ-E	v
	Uffz.	Hans Schnapp	SZ-E	v
	Uffz.	Otto Heindl	SZ-E	v
	Uffz.	Reiner Schwarz	SZ-E	v
	Uffz.	Hermann Blum	SZ-E	v
	Uffz.	Hans-W. Ludwig	SZ-E	v
	Uffz.	Gerhard Rudolf	SZ-E	v
	Ogefr.	Günter Rubow	SZ-E	v
	Lt.	Manfred Schlögel	SZ-E	v
	Uffz.	Siegfried Wittek	SZ-E	v
	Ogefr.	Emmrich Aschbrenner	SZ-E	v
	Uffz.	Hans Ebel	SZ-E	v
20. 2. 1945	Uffz.	Otto Allhoff	SZ-E	v
	Uffz.	Werner Baurmann	SZ-E	v
	Ogefr.	Richard Hage	SZ-E	v
	Stgefr.	Horst Braun	SZ-E	v
	Uffz.	Hans Mörzel	SZ-E	v
	Fw.	Andreas Löckher	SZ-E	v
	Ogefr.	Egon Skudnigg	SZ-E	v
	Ogefr.	Franz Wilimoski	SZ-E	v
21. 4. 1945	Oblt.	Karl-Heinz Küchenmeister	SZ-N	v
	Uffz.	Siegfried Berndt	SZ-N	v
	Uffz.	Georg Bollwinkel	SZ-N	v
	Fw.	Heinz Schaller	SZ-N	v
	Lt.	Gerhard Schäfer	SZ-N	v
	Uffz.	Otto Bauer	SZ-N	v
	Fw.	Hubert Hoppe	SZ-N	v
21. 4. 1945	Ogefr.	Richard Gattner	SZ-N	v
	Uffz.	Kurt Langendorf	SZ-N	v
	Uffz.	Stephan Schmädicke	SZ-N	v
	Ogefr.	Hans Holländer	SZ-N	v
	Fw.	Werner Jorden	SZ-N	v
	Fw.	Hubert Traub	SZ-N	v
	Uffz.	Karl Walldorf	SZ-N	v
	Uffz.	Ewald Wolkenhoff	SZ-N	v
	Uffz.	Heinz Reale	SZ-N	v
	Oblt.	Fritz Dombrowski	SZ-N	v
	Fähnr.	Alfons Pallek	SZ-N	v
	Fw.	Johannes Stumpf	SZ-N	v
	Gefr.	Koglin	SZ-N	v
	Oblt.	Friedrich Ebert	SZ-N	v
	Ofw.	Helmut von der Höh	SZ-N	v
	Uffz.	Willi Flesch	SZ-N	v
	Ogefr.	Harald Reimer	SZ-N	v

III./Kampfgeschwader 26

18. 3. 1940	Lt.	Wolfgang Gressung	D	a +
	Fw.	Franz Peters	D	a +
	Fw.	Siegfried Rattay	D	a +
	Flg.	Gerhard Sokowicz	D	a +
	Prüfer	Gustav Boltz	D	a +
9. 4. 1940	Uffz.	Georg Ott	N	+
	Fw.	Heinz Thiemann	N	vw
	Uffz.	Heinrich Dietz	N	vw
10. 4. 1940	Ofhr.	H.-Joachim Hermes	DK	+
	Uffz.	Fritz Braun	DK	+
	Uffz.	Kurt Hensel	DK	+
	Ogefr.	Johann Schmitting	DK	+
	Uffz.	Willi Radeke	N	+
	Gefr.	Heinz Konrad	N	+
	Gefr.	Willi Haubrock	N	+
	Flg.	Georg Gerken	N	+
	Gefr.	Heinz Konrad	N	+
15. 4. 1940	Ogefr.	Paul Timm	N	+

27. 4. 1940	Oblt.	Hans-Ludwig Steinbach	N	v g
	Fw.	Hans Gießen	N	v g
	Gefr.	Kurt Sips	N	v g
	Uffz.	Willi Liermann	N	v g
	Lt.	Horst Schopis	N	v g
	Fw.	Karl-Heinz Strunk	N	+
	Uffz.	Hans Hauck	N	+
	Uffz.	Josef Auchtor	N	v g
28. 4. 1940	Uffz.	Hans Ließke	N	v g
	Uffz.	Hans Göhringer	N	v g
	Ogefr.	Friedrich Wilms	N	+
	Gefr.	Adolf Averkamp	N	+
15. 5. 1940	Lt.	Willi Meier	N	v
	Uffz.	Willi Teichert	N	v
	Gefr.	Heinz Kube	N	v
	Flg.	Hermann Knupper	N	v
12. 7. 1940	Lt.	Herbert Huck	GB	v
	Fw.	August Skokan	GB	v
	Gefr.	Georg Kerkhoff	GB	v
	Uffz.	Paul Plischke	GB	v
16. 7. 1940	Oblt.	Gerhard Lorenz	GB	g
	Uffz.	Heinz Beer	GB	g
	Uffz.	Karl Liedtke	GB	+
	Gefr.	Walter Heinbach	GB	+
30. 7. 1940	Uffz.	Hans Grieshaber	GB	v
	Fw.	Georg Hornung	GB	v
	Gefr.	Gerhard Wolf	GB	v
	Uffz.	Felix Büsing	GB	v
9. 8. 1940	Uffz.	Otto Denner	GB	v g
	Fw.	Willi Haertel	GB	v g
	Uffz.	Fritz Meinekat	GB	v g
	Uffz.	August Karkos	GB	v g
15. 8. 1940	Oblt.	Hans von Lüpke	GB	v +
	Ofw.	Karl Hennicke	GB	+
	Uffz.	Max Knauer	GB	v
	Uffz.	Karl Schlick	GB	v +
	Oblt.	Horst von Besser	GB	v
	Uffz.	Franz Brehm	GB	v
	Uffz.	Alfons Rehm	GB	v
	Uffz.	Eberhard Hofmann	GB	v
	Uffz.	Franz Reichelt	GB	v
15. 8. 1940	Fw.	Johann Gell	GB	+
	Uffz.	Peter Möltgen	GB	+
	Uffz.	Bernhard Fischer	GB	+
	Uffz.	Heinrich Dietz	GB	+
	Gefr.	Hermann Läufer	SZ-N	+
	Uffz.	Heinz Puschstein	GB	v
	Lt.	Wolfgang Burk	GB	v
	Uffz.	Hans-Karl Klug	GB	v
	Uffz.	Hans Hofmann	GB	v
	Uffz.	Karl Lotz	GB	v +
	Fw.	Fritz Baldauf	GB	v g
	Uffz.	Adolf Renner	GB	v g
	Ogefr.	Wilhelm Rößinger	GB	v g
	Gefr.	Walter Lorenz	GB	v g
	Uffz.	Christoph Schumann	GB	v g
6. 9. 1940	Ofw.	Hansjörg Buschmann	D	a +
	Uffz.	Ernst Hauck	D	a +
	Uffz.	Adolf Biemesmeier	D	a +
28. 9. 1940	Uffz.	Franz Meuthen	F	a +
	Gefr.	Herbert Nisch	F	a +
	Gefr.	Heinz Fielitz	F	a +
	Gefr.	Wilhelm Rinke	F	a +
	Uffz.	Heinz Weihe	F	a +
	Ofw.	Heinrich Kirchner	F	a +
	Uffz.	Werner Seemann	F	a +
	Gefr.	Siegfried Frießer	F	a +
12. 11. 1940	Gefr.	Joachim Tietze	GB	+
4. 12. 1940	Uffz.	Rupprecht Urschel	F	a +
	Uffz.	Walter Müller	F	a +
	Uffz.	Wilfried Frohme	F	a +
	Uffz.	Fritz Karwofsky	F	a +
11. 12. 1940	Hptm.	Hans-Joachim Dittler	GB	v
	Fw.	Richard Ruhland	GB	v
	Ofw.	Erich Eckwerth	GB	v
	Ofw.	Gerhard Urban	GB	v
14. 12. 1940	Funker	Otto Hennicke	F	+
20. 12. 1940	Oblt.	Ulrich Hensolt	F	vw
	Fw.	Erwin Berndt	F	+
	Uffz.	Wilhelm Oelker	F	vw
	Fw.	Richard Mainusch	F	vw
	Uffz.	Theodor Baumann	F	vw

19. 1. 1941	Uffz.	Karl Lindhorst	GB	+
	Fw.	Hermann Radke	GB	+
	Gefr.	Erwin Krause	GB	+
	Gefr.	Paul Karzel	GB	+
	Fw.	Werner Enslin	GB	+
24. 2. 1941	Ofw.	Walter Hasenbein	F	a vw
	Fw.	Albert Vogel	F	a vw
	Fw.	Ludwig Angler	F	a vw
	Ofw.	Anton Hermes	F	a vw
3. 3. 1941	Fw.	Wilhelm Rüdiger	GB	v
	Lt.	Otto Friton	GB	v
	Uffz.	Friedrich Jäger	GB	v
	Uffz.	Oskar Frühwald	GB	v
	Gefr.	Fritz Bürgel	GB	v
12. 3. 1941	Oblt.	Herbert Kaden	GB	v
	Fw.	Hermann Reber	GB	v
	Fw.	Wilhelm Bartsch	GB	v
	Fw.	Richard Wenzelmann	GB	v
	Uffz.	Josef Gratsky	F	vw
	Uffz.	Herbert Pose	F	vw
	Uffz.	Xaver Uhl	F	vw
13. 3. 1941	Uffz.	Erich Hermann	GB	+
	Uffz.	Franz Calioe	GB	+
	Gefr.	Leopold Schmid	GB	+
	Ogefr.	Walter Kallert	GB	+
20. 3. 1941	Uffz.	Kurt Werner	F	vw
2. 4. 1941	Gefr.	Friedrich Janko	F	+
4. 4. 1941	Ofw.	Herbert Rose	GB	v g
	Fw.	Georg Fietzek	GB	v g
	Ofw.	Erich Blüher	GB	+
	Uffz.	Ernst Gröschel	GB	v g
	Gefr.	Mathias van Kaldenkercken	GB	+
7. 4. 1941	Lt.	Erwin Hartmann	GB	+
	Uffz.	Walter Belser	GB	+
	Uffz.	Robert Lortz	GB	+
	Gefr.	Johannes Hackel	GB	+
	Uffz.	Franz Grochowski	GB	+
8. 4. 1941	Lt.	Julius Tengler	GB	v g
	Gefr.	Wolfgang Euerl	GB	+
	Uffz.	Hubert Faber	GB	v g
	Gefr.	Franz Reitmeyer	GB	v g
8. 4. 1941	Uffz.	Hans Zender	GB	v g
10. 4. 1941	Lt.	Claus Conrad	GB	v g
	Ofw.	Hermann Platt	GB	+
	Uffz.	Karl Schwarzer	GB	v g
	Gefr.	Walter Eckardt	GB	v g
	Sonderfhr.	Karl-August Richter	GB	v g
	Fw.	Alfons Schmidt	GB	v g
	Fw.	Siegfried Kiehl	GB	v +
	Uffz.	Herbert Puschmann	GB	v g
	Uffz.	Fritz Lösekann	GB	v +
11. 4. 1941	Ofw.	Heinz Thiemann	GB	vw
	Uffz.	Anton Ehm	GB	vw
	Fw.	Arthur Balke	GB	+
13. 4. 1941	Ogefr.	Josef Neunkirchen	F	vw
24. 4. 1941	Lt.	Hans Fischer	F	a +
	Uffz.	Fritz Bohle	F	a +
	Uffz.	Xaver Uhl	F	a +
	Uffz.	Albert Thauer	F	a vw
29. 4. 1941	Uffz.	Franz Behrens	F	a +
	Uffz.	Gerhard Dauwitz	F	a +
	Ogefr.	Rudolf Lehnig	F	a +
	Gefr.	Friedrich Koch	F	a vw
3. 5. 1941	Uffz.	Georg Macher	GB	v g
	Uffz.	Otto Kaminski	GB	v +
	Gefr.	Bernhard Möllers	GB	v +
	Gefr.	Bernhard Winterscheidt	GB	v g
	Ofw.	Richard Gemar	GB	+
	Fw.	Hans Kopp	GB	+
	Uffz.	Hubert Müller	GB	g
	Uffz.	Wilhelm Ditz	GB	+
	Lt.	Helmut Loos	GB	+
	Fw.	Rafael Lekscha	GB	+
	Uffz.	Ernst Gerlach	GB	g
	Ogefr.	Herbert Dieterle	GB	+
	Uffz.	Alfred Heublein	GB	g
6. 6. 1941	Gefr.	Horst Gläser	GB	vw
22. 6. 1941	Lt.	Franz Sabith	GB	v
	Fw.	Hermann Lange	GB	v +
	Uffz.	Gerhard Seumny	GB	v +
	Uffz.	Horst Reichmann	GB	v
	Oblt.	Richard Schmid	GB	v +

22. 6. 1941	Fw.	Rudolf Schick	F	a vw
	Gefr.	Emil Hirschmann	F	a vw
	Oblt.	Gustav Raasch	GB	+
	Fw.	Reinhard Becker	GB	vw
	Fw.	Paul Teister	GB	vw
24. 6. 1941	Uffz.	Georg Lohmann	GB	v +
	Gefr.	Friedrich Brunnecker	GB	v +
	Gefr.	Willi Hoffman	GB	v g
	Ogefr.	Leo Pfop	GB	v +
26. 6. 1941	Uffz.	Karl Methe	F	+
	Fw.	Albert Wilke	F	+
	Gefr.	Theo Bender	F	+
	Uffz.	Justus Textor	F	+
	Hptm.	Guido Dischel	GB	v
	Fw.	Micke Hauch	GB	v
	Uffz.	Hans Spörrer	GB	v
	Fw.	Herbert Pose	GB	v
5. 7. 1941	Lt.	Siegfried Baden	GB	v g
	Fw.	Ernst Witt	GB	v g
	Gefr.	Ludwig Kugel	GB	v g
	Ogefr.	Eduard Köppl	GB	+
8. 7. 1941	Lt.	Günter Adler	GB	+
	Ofw.	Werner Klotz	GB	g
	Fw.	Erich Ehrenstein	GB	+
	Fw.	Leopold Theinert	GB	+
	Uffz.	Gerhard Fingerhut	GB	v
	Gefr.	Viktor Guß	GB	v +
	Gefr.	Stefan Kruse	GB	v
	Gefr.	Karl Ruß	GB	v
	Lt.	Heinz Pahlitzsch	GB	v
	Fw.	Georg Schramm	GB	v
	Uffz.	Joachim Zscheile	GB	v
	Uffz.	Karl Maraun	GB	v
22. 7. 1941	Lt.	Horst Ludwigs	SU	+
	Fw.	Dietrich Zwicker	SU	+
	Gefr.	Adolf Bruckner	SU	+
	Gefr.	Georg Keil	SU	+
26. 7. 1941	Uffz.	Kurt Werner	SU	v
	Gefr.	Robert Schmid	SU	v
	Lt.	Hubert Eichner	SU	v
	Gefr.	Hans Gamper	SU	v
28. 7. 1941	Uffz.	Gustav Engler	SU	v +
	Gefr.	Herbert Franke	SU	v
	Gefr.	Alex Ullrich	SU	v
6. 8. 1941	Fw.	Rudolf Schick	SU	v
	Lt.	Josef Taschner	SU	v
	Lt.	Hans-Joachim Goetz	SU	v
	Uffz.	Hans Franke	SU	v
	Fw.	Gottfried Purschke	SU	v
15. 8. 1941	Hptm.	Otto Stiller	SU	v
	Oblt.	Fritz Ulrich	SU	v
	Fw.	Heinz Vorschulte	SU	v
	Fw.	Heinz Schmidt	SU	v
	Uffz.	Hans Balke	SU	v
	Ogefr.	Willi Moringl	SU	+
6. 9. 1941	Lt.	Rudolf Schuirer	SU	vw
	Gefr.	Rolf Czopp	SU	+
	Gefr.	Wolfgang Beigel	SU	+
	Gefr.	Hermann Wilmsen	SU	+
	Uffz.	Aloys Regulski	SU	+
9. 9. 1941	Hptm.	Erhard Pöhler	SU	+
	Ofw.	Werner Hartmann	SU	v
	Ofw.	Paul Teister	SU	vw
	Lt.	Georg Neukirch	SU	+
	Fw.	Theobald Auburger	SU	+
	Uffz.	Friedrich Pariasek	SU	vw
	Uffz.	Alfons Maegermanns	SU	vw
1. 10. 1941	Lt.	Kurt Schneider	SU	+
	Fw.	Karl Drees	SU	+
	Ogefr.	Erich Büchner	SU	+
	Ogefr.	Fritz Feichtner	SU	+
2. 10. 1941	Lt.	Hans Hammer	SU	v +
	Fw.	Erich Mendritzki	SU	v +
	Uffz.	Werner Authenrieth	SU	v
	Gefr.	Josef Staller	SU	v
	Fw.	Karl Sperl	SU	vw
5. 10. 1941	Uffz.	Helmut Loes	SU	+
	Uffz.	Alfred Heinl	SU	+
	Uffz.	Johannes Ender	SU	+
16. 10. 1941	Oblt.	Heinz Wrenger	D	a +
23. 10. 1941	Lt.	Hein Lohr	SU	v
	Gefr.	Johann Abbrecher	SU	v

Datum	Dienstgrad	Name	Gebiet	Verbleib
29. 10. 1941	Hptm.	Otto Stiller	SU	+
	Uffz.	Gottfried Neumann-Siegel	SU	+
	Uffz.	August Gumbert	SU	vw
	Fw.	Heinz Schmidt	SU	vw
11. 11. 1941	Lt.	Hans-Heinrich Weber	SU	+
	Gefr.	Hans-Hubert v. Trotha	SU	+
	Gefr.	Alfred Alt	SU	vw
	Gefr.	Helmut Jasper	SU	+
27. 11. 1941	Fw.	Erwin Fell	SU	v
	Uffz.	Karl Enderle	SU	v
	Uffz.	Günther Eisler	SU	v
	Uffz.	Helmut Richter	SU	v
28. 11. 1941	Uffz.	Helmut Bölk	SU	v
	Uffz.	Hans Häring	SU	v
	Uffz.	Bernhard Klar	SU	v
4. 12. 1941	Ogefr.	Richard Hädicke	SU	+
13. 12. 1941	Gefr.	Werner Neddermann	SU	+
	Gefr.	Walter Frenzel	SU	+
	Gefr.	Klaus Gebauer	SU	+
15. 12. 1941	Uffz.	Paul Weidling	SU	v
	Fw.	Rolf Reiter	SU	v
	Ogefr.	Willi Weidenburger	SU	v
	Uffz.	Johann Schwaimhofer	SU	v
18. 12. 1941	Fw.	Hans Schneider	SU	+
20. 12. 1941	Uffz.	Walter Beese	SU	vw
21. 12. 1941	Fw.	Günter Blattmann	SU	+
7. 1. 1942	Uffz.	Horst Boestfleisch	SU	vw
	Lt.	Alfred Speck	SU	vw
	Fw.	Alwin Matschinko	SU	vw
18. 1. 1942	Ogefr.	Willi Zander	SU	+
	Uffz.	Joachim Mülder	SU	+
	Gefr.	Willi Müller	SU	+
22. 1. 1942	Lt.	Heinrich Sauer	SU	v
	Ofw.	Heinz Schinze	SU	v
	Gefr.	Peter Floßdorf	SU	v
	Fw.	Karl Holtmann	SU	v

Die III./Kampfgeschwader 26 wird in das Kampfgeschwader 28 überführt.

Neue III./Kampfgeschwader 26 entsteht aus der Küstenfliegergruppe 506.

Datum	Dienstgrad	Name	Gebiet	Verbleib
12. 2. 1942	Uffz.	Adolf Bellinghausen	F	vw
16. 4. 1942	Uffz.	Hans Tiedgen	D	vw
	Gefr.	Ewald Schaffranke	D	vw
4. 6. 1942	Lt.	Hans Lux	NL	a +
	Ofw.	Alfred Wilberg	NL	a +
	Ogefr.	Herbert Kupferschmidt	NL	a +
	Gefr.	Oswald Gärtner	NL	a +
29. 6. 1942	Lt.	Werner Herz	I	a vw
	Ogefr.	Josef Haberl	I	a +
	Uffz.	Walter Böttger	I	a vw
	Ogefr.	Ernst Schmidt	I	a +
7. 7. 1942	Lt.	Ludwig Berndt	D	a +
	Ofw.	Hans Pagels	D	a +
	Ogefr.	Friedrich Weiß	D	a v
	Uffz.	Werner Stelzmann	D	a v
	Ogefr.	Anton Stocklasek	D	a +
21. 7. 1942	Hptm.	Ernst-Heinrich Thomsen	F	a vw
	Oblt.	Peter Bethge	F	a vw
	Uffz.	Werner Meyer	F	a vw
28. 7. 1942	Lt.	Kurt Desamari	GB	+
	Uffz.	Rudolf Spinnler	GB	+
	Uffz.	Ehrenfried Basel	GB	+
	Uffz.	Hans Vogt	GB	+
30. 7. 1942	Obfhr.	Günter Knobel	GB	v g
	Ogefr.	Erwin Schiborr	GB	v g
	Ogefr.	Ulrich Galaminus	GB	v g
	Ogefr.	Horst Gronau	GB	v g
	Ofw.	Valentin Bechthold	GB	v +
	Fw.	Ludwig Drees	GB	v +
	Ogefr.	Karl Heberling	GB	v +
	Gefr.	Heinrich Bredemeier	GB	v +
	Ofw.	Bruno Elsner	GB	vw
	Ogefr.	Horst Kasper	GB	vw
	Ogefr.	Alfons Mirek	GB	vw
	Uffz.	Georg Stauber	GB	vw
	Lt.	Wolfram Theile	B	a +
	Ofw.	Bernhard Hennings	B	a +
	Fw.	Alfred Gress	B	a +
	Fw.	Gustav Kuhlmann	B	a +
3. 8. 1942	Uffz.	Wilhelm Abeln	SZ-N	vw
8. 9. 1942	Oblt.	Heinz Möhlmann	SF	vw

Datum	Dienstgrad	Name		
8. 9. 1942	Oblt.	Wilhelm Michael	SF	vw
	Uffz.	Ludwig Johmann	SF	vw
	Uffz.	Werner Storm	SF	v
13. 9. 1942	Fw.	Rudolf Hager	SZ-E	v
	Uffz.	Robert Grandjean	SZ-E	v
	Uffz.	Martin Maaß	SZ-E	v
	Ogefr.	Werner Hornschuh	SZ-E	v
14. 9. 1942	Fw.	Max Rybaczyk	SZ-E	v
	Gefr.	Gebhard Lampert	SZ-E	v
	Ogefr.	Willi Knoop	SZ-E	v
	Ogefr.	Paul Kakuschke	SZ-E	vw
	Ogefr.	Max Makovco	SZ-E	vw
	Ogefr.	Herbert Krause	SZ-E	vw
	Ofw.	Günther Haase	SZ-E	+
	Uffz.	Heinz Reisbitzen	SZ-E	v
	Uffz.	Hans Gudzent	SZ-E	+
	Ofw.	Fritz Heinisch	SZ-E	v
	Lt.	Reinhold Harnack	SZ-E	v
	Ogefr.	Alfred Ullrich	SZ-E	v
	Gefr.	Hermann Keil	SZ-E	v
	Ogefr.	Karl Schmitt	SZ-E	v
	Lt.	Helmut Natalis	SZ-E	vw
	Fw.	Alfred Seidel	SZ-E	vw
	Ogefr.	Wilhelm Schuh	SZ-E	+
	Uffz.	Walter Zachowski	SZ-E	+
	Uffz.	Ewald Schaffranke	SZ-E	vw
18. 9. 1942	Oblt.	Günter Trost	SZ-E	vw
	Lt.	Josef Peters	SZ-E	vw
	Uffz.	Hans Puscher	SZ-E	vw
8. 11. 1942	Oblt.	Hans-Joachim Fried	SZ-M	v g
	Lt.	Horst Renk	SZ-M	v g
	Ogefr.	Heinrich Teckentrupp	SZ-M	v g
	Ogefr.	Willi Moll	SZ-M	v g
	Lt.	Friedrich Schneider	SZ-M	v
	Fw.	Kurt Markmann	SZ-M	v +
	Uffz.	Erwin Zimmermann	SZ-M	v
	Uffz.	Artur Hildebrand	SZ-M	v +
	Lt.	Hermann Zerna	SZ-M	v
	Ogefr.	Volker Peyn	SZ-M	v
	Ogefr.	Günther Hansel	SZ-M	v
	Ogefr.	Max Makovec	SZ-M	v
9. 11. 1942	Hptm.	Klaus-Wilhelm Nocken	SZ-M	vw
	Lt.	Ernst Georg Lampe	SZ-M	v
	Uffz.	Horst Müller	SZ-M	vw
	Uffz.	Johannes Rompel	SZ-M	v
	Oblt.	Ottfried v. Grone	SZ-M	v g
	Ogefr.	Josef Heidinger	SZ-M	v g
	Uffz.	Lukas Seifert	SZ-M	v g
	Ogefr.	Engelbert Hack	SZ-M	v g
10. 11. 1942	Uffz.	Günter Teufer	SZ-M	vw
	Fw.	Günter Klopsch	SZ-M	vw
	Fw.	Werner Klamann	SZ-M	vw
12. 11. 1942	Fw.	Gerhard Merz	SZ-M	+
	Fw.	August Fromm	SZ-M	+
	Fw.	Otto Weber	SZ-M	+
	Uffz.	Hans Garbrecht	SZ-M	+
15. 11. 1942	Fw.	Heinz Volkmar	SZ-M	v
	Fw.	Theodor Dobberstein	SZ-M	v
	Ogefr.	Alfons Mirek	SZ-M	v
	Ogefr.	Walter Silber	SZ-M	v
30. 11. 1942	Ogefr.	Siegbert Perschke	SZ-M	+
	Oblt.	Friedrich Michael	SZ-M	+
	Uffz.	Heinz Tegtmeier	SZ-M	+
	Ogefr.	Willi Dahl	SZ-M	+
1. 12. 1942	Fw.	Ralf Schuster	SZ-M	v
	Lt.	Siegfried Kampmann	SZ-M	v
	Uffz.	Richard Reinhold	SZ-M	v
	Uffz.	Hans Maier	SZ-M	v
7. 12. 1942	Lt.	Werner Herz	SZ-M	v
	Ogefr.	Horst Kasper	SZ-M	v
	Ogefr.	Erwin Hutta	SZ-M	v
	Ogefr.	Karl-Heinz Zettel	SZ-M	v
19. 12. 1942	Major	Horst Kayser	SZ-M	v
	Oblt.	Gerhard Höland	SZ-M	v
	Uffz.	Johann Wirring	SZ-M	v
	Ogefr.	Werner Schmuck	SZ-M	v
25. 12. 1942	Uffz.	Hans Moser	SZ-M	v
	Ogefr.	Hans Bull	SZ-M	v
	Uffz.	Willy Toups	SZ-M	v
	Ogefr.	Walter Bichler	SZ-M	v
29. 12. 1942	Ofw.	Heinz Schönfeld	I	a vw
	Uffz.	Werner Kunz	I	a vw

29. 12. 1942	Uffz.	Fritz Gross	I	a vw
	Ogefr.	Fritz Kalischewski	I	a vw
15. 1. 1943	Uffz.	Rudolf Hanauer	SZ-M	v
	Uffz.	Kurt Forche	SZ-M	v
	Ogefr.	Kurt Kaulbach	SZ-M	v
	Gefr.	Günter Ditthardt	SZ-M	v
21. 1. 1943	Uffz.	Hans Bullwinkel	SZ-M	+
3. 2. 1943	Fw.	Emil Schwarz	SZ-M	v
	Lt.	Wolfgang Kern	SZ-M	v
	Uffz.	Hans-Joachim Kusterko	SZ-M	v
	Uffz.	Hans Kremko	SZ-M	v
7. 2. 1943	Fw.	Johann Puscher	I	+
	Ogefr.	Rudolf Spuhn	I	+
	Ogefr.	Josef Oliva	I	vw
	Uffz.	Werner Bernhard	I	vw
	Uffz.	Wilhelm Wicher	I	vw
23. 2. 1943	Lt.	Wilhelm Jenne	I	+
	Fw.	Helmut Heuss	I	+
	Ogefr.	Horst Engel	I	+
	Ogefr.	Emil Deuter	I	+
16. 3. 1943	Lt.	Peter Bethge	SZ-M	+
	Ofw.	Johann Lacher	SZ-M	+
	Uffz.	Herbert Czernotzki	SZ-M	g
	Ogefr.	Heinz Behrens	SZ-M	g
31. 3. 1943	Prüfmstr.	Hans Ostwaldt	I	+
	Prüfmstr.	Rudolf Schuppert	I	+
	Uffz.	Günther Teufer	I	vw
	Uffz.	Herbert Lüthje	I	+
	Ogefr.	Ernst Kempfle	I	vw
	Gefr.	Fritz Goehde	I	+
	Uffz.	Gottfried Wiegand	I	vw
	Uffz.	Heinrich Spiesslehner	I	vw
	Gefr.	Willi Chinnow	I	vw
	Gefr.	Heinrich Krause	I	vw
	Uffz.	Adolf Helms	I	+
7. 4. 1943	Lt.	Rolf Hornack	SZ-M	v g
	Uffz.	Felix Müller	SZ-M	v +
	Ogefr.	Walter Möllerfriedrich	SZ-M	v g
	Gefr.	Siegfried Nachtnebel	SZ-M	v +
13. 4. 1943	Uffz.	Heinz Hausotte	SZ-M	v
	Uffz.	Wilhelm Abeln	SZ-M	v
13. 4. 1943	Uffz.	Walter Böttger	SZ-M	v
	Ogefr.	Fritz Müller	SZ-M	v
21. 4. 1943	Lt.	Hans Lehmann	SZ-M	v
	Ogefr.	Anton Rabenstein	SZ-M	v
	Gefr.	Otto Vieth	SZ-M	v
	Ogefr.	Walter Sorge	SZ-M	v
	Oblt.	Josef Helzel	SZ-M	v
	Uffz.	Heinz Laggies	SZ-M	v
	Uffz.	Heinz v. Borstel	SZ-M	v
	Uffz.	Heinz Schultz	SZ-M	v
22. 4. 1943	Fw.	Erich Richter	SZ-M	v
	Fw.	Rudi Asbeck	SZ-M	v
	Fw.	Fritz Haller	SZ-M	v
	Fw.	Karl Oswald	SZ-M	v
26. 4. 1943	Ogefr.	Wilhelm Sikierski	I	vw
27. 4. 1943	Ogefr.	Heinz Prodel	I	vw
29. 4. 1943	Uffz.	Heinz Lieberwirth	SZ-M	v
	Gefr.	Hermann Schinzel	SZ-M	v
	Uffz.	Rudolf Köhler	SZ-M	v
	Gefr.	Martin Theilmann	SZ-M	v
	Fw.	Emil Schweinshaut	I	vw
1. 5. 1943	Fw.	Bernhard Larosch	SZ-M	+
	Uffz.	Hugo Pape	SZ-M	v g
	Ogefr.	Walter Rohnstein	SZ-M	v g
	Gefr.	Eckart Strauss	SZ-M	v g
	Uffz.	Franz Leithner	SZ-M	v +
14. 5. 1943	Uffz.	Johannes Neumann	SZ-M	v
	Uffz.	Georg Seitz	SZ-M	v
	Uffz.	Friedrich Humbaur	SZ-M	v
	Uffz.	Wilhelm Diehl	SZ-M	v
20. 5. 1943	Fw.	August Weinand	I	+
	Ogefr.	Walter Bender	I	+
	Uffz.	Johannes Lasotta	I	v
	Ogefr.	Erich Goepel	I	+
	Ogefr.	Hermann Tietje	I	vw
	Fw.	Ludwig Ehmann	I	vw
	Uffz.	Adolf Müller	I	vw
	Fw.	Arthur Wallbaum	I	vw
	Ogefr.	Alfred Schyma	I	vw
24. 5. 1943	Ogefr.	Walter Springer	I	vw
22. 6. 1943	Uffz.	Johann Fischer	D	+

15. 7. 1943	Lt.	Hans Reuter	SZ-M	v
	Uffz.	Anton Schock	SZ-M	v
	Uffz.	Walter Schablonski	SZ-M	v
	Ogefr.	Ludwig Vichbacher	SZ-M	v g
27. 7. 1943	Hptm.	Detlef Spiering	SZ-M	v
	Uffz.	Josef Neuhaus	SZ-M	v
	Uffz.	Ernst Marten	SZ-M	v
	Ofw.	Heinz Scharnweber	SZ-M	v
13. 8. 1943	Fw.	Walter Kall	SZ-M	v unv. zurück
	Ogefr.	Otto Witte	SZ-M	v unv. zurück
	Uffz.	Hermann Meier	SZ-M	v unv. zurück
	Uffz.	Claus Olszewski	SZ-M	v unv. zurück
	Lt.	Helmut Frommhold	SZ-M	v g
	Uffz.	Walter Latterner	SZ-M	v
	Uffz.	Erhard Güstrau	SZ-M	v
	Uffz.	Gerhard Schreiner	SZ-M	v +
	Lt.	Werner Kasper	SZ-M	v
	Uffz.	Herbert Bauch	SZ-M	v
	Uffz.	Lothar Krawatzki	SZ-M	v
	Ogefr.	Kurt Gravenstein	SZ-M	v
	Ofw.	Heinz Jährling	SZ-M	v g
	Uffz.	Wilhelm Blanke	SZ-M	v
	Uffz.	Erwin Sellmer	SZ-M	v
	Gefr.	Friedrich Volz	SZ-M	v
	Uffz.	Karl Mader	SZ-M	v unv. zurück
	Uffz.	Hans Feilitz	SZ-M	v unv. zurück
	Ogefr.	Erich Hempel	SZ-M	v unv. zurück
	Ogefr.	Ernst Dietel	SZ-M	+
19. 8. 1943	Lt.	Felix Mach	SZ-M	+
	Ogefr.	Helmut Wöllmann	SZ-M	+
	Uffz.	Fritz Jasnikar	SZ-M	vw
	Uffz.	Heinrich Steinicke	SZ-M	vw
	Fw.	Martin Handler	SZ-M	v +
	Uffz.	Andreas Wurzer	SZ-M	v g
	Uffz.	Heinz Grumme	SZ-M	v g
	Gefr.	Günter Strauss	SZ-M	v g
	Ogefr.	Theodor Schleifer	SZ-M	v
9. 9. 1943	Hptm.	Hans Wilde	F	a +
	Ogefr.	Joachim Brauer	F	a +
	Fw.	Georg Stünke	F	a +
	Uffz.	Hans-Martin Wiech	F	a +
9. 9. 1943	Ofw.	Hans Beck	F	a +
	Uffz.	Alois Simack	F	a +
13. 9. 1943	Fw.	Hans Czesnick	SZ-M	v
	Uffz.	Clamor Gösling	SZ-M	v
	Uffz.	Herbert Lawrenz	SZ-M	v
	Ogefr.	Herbert Köster	SZ-M	v
	Lt.	Franz Müller	SZ-M	v
	Uffz.	Willi Lehmann	SZ-M	v
	Uffz.	Michael Hartl	SZ-M	v
	Uffz.	Günter Schmidt	SZ-M	v
	Uffz.	Leo Laschober	SZ-M	v
	Uffz.	Willi Thiele	SZ-M	v
	Uffz.	Otto Rhode	SZ-M	v
	Uffz.	Alfred Walter	SZ-M	v
	Lt.	Gerhard Büttner	SZ-M	v
	Uffz.	Josef Reisinger	SZ-M	v
	Uffz.	Siegfried Memhard	SZ-M	v
6. 11. 1943	Hptm.	Eberhardt Peukert	SZ-M	v
	Uffz.	Otto Preßmann	SZ-M	v
	Ofw.	Gerhard Opitz	SZ-M	v
	Fw.	Max Pomin	SZ-M	v
	Ofw.	Otto Riebe	SZ-M	v
	Gefr.	Rudolf Bloth	SZ-M	v
	Ogefr.	Heinz Gebauer	SZ-M	v
	Uffz.	Hans Heine	SZ-M	v
11. 11. 1943	Uffz.	Heinz Reichert	SZ-M	v g
	Fw.	Erich Brauer	SZ-M	v g
	Uffz.	Hans Priebe	SZ-M	v
	Ogefr.	Helmut Mayer	SZ-M	v g
	Uffz.	Ewald Krener	SZ-M	v
	Ogefr.	Werner Denisch	SZ-M	v
	Ogefr.	Werner Kruse	SZ-M	v
	Ogefr.	Helmut Zecher	SZ-M	v
26. 11. 1943	Ofw.	Kurt Laufs	SZ-M	v
	Uffz.	Walter Blümm	SZ-M	v
	Ogefr.	Harald Leischner	SZ-M	v
	Stfw.	Emil Mauderer	SZ-M	v
10. 1. 1944	Lt.	Max Schürmann	SZ-M	v g
	Uffz.	Ferdinand Wenner	SZ-M	v
	Ogefr.	Horst Hummelke	SZ-M	v
	Ogefr.	Karl Leber	SZ-M	v

10. 1. 1944	Uffz.	Georg Langfeld	SZ-M	v
	Fj.Fw.	Heinz Jank	SZ-M	v
	Ogefr.	Heinz Junker	SZ-M	v
	Ogefr.	Edwin Schadwill	SZ-M	v
23. 1. 1944	Hptm.	Josef Wißborn	SZ-M	v +
	Ofw.	Otto Waßmer	SZ-M	v +
	Ofw.	Lorenz Nork	SZ-M	v +
	Fw.	Friedrich Friedel	SZ-M	v +
	Lt.	Götz Juncker	SZ-M	+
	Ogefr.	Horst Lindner	SZ-M	+
	Ogefr.	Helmut Körner	SZ-M	+
	Ogefr.	Fritz Roschel	SZ-M	+
	Lt.	Hans-Gerhard Frech	SZ-M	v
	Fw.	Wilhelm Römer	SZ-M	v
	Uffz.	Willi Podhaisky	SZ-M	v
	Uffz.	Karl Schüler	SZ-M	v
	Hptm.	Heinrich Deubel	SZ-M	v
	Ofw.	Otto Hillgärtner	SZ-M	v
	Uffz.	Heinz Wolter	SZ-M	v
	Ogefr.	Ernst Horre	SZ-M	v
	Lt.	Günter Blohm	SZ-M	+
	Uffz.	Kurt Stein	SZ-M	vw
	Ogefr.	Philipp Sander	SZ-M	vw
	Ogefr.	Heinz Böhland	SZ-M	vw
	Oblt.	Siegfried Mager	SZ-M	+
	Fw.	Rudolf Klaer	SZ-M	vw
	Ofw.	Kurt Specka	SZ-M	vw
	Uffz.	Ernst Wunram	SZ-M	vw
24. 1. 1944	Lt.	Karl-Heinz Vogel	SZ-M	v
	Uffz.	Kurt Günther	SZ-M	v
	Uffz.	Theodor Bohinz	SZ-M	v
	Uffz.	Georg Kuckoreit	SZ-M	v
26. 1. 1944	Oblt.	Werner Konrad	SZ-M	v g
	Ogefr.	Wolfgang Hamacher	SZ-M	v g
	Ofw.	Helmut Fischer	SZ-M	v g
	Ogefr.	Walter Fritzel	SZ-M	v g
27. 1. 1944	Lt.	Robert Gelzenleuchter	SZ-M	v
	Uffz.	Friedrich Schmid	SZ-M	v
	Uffz.	Rudolf Zabusch	SZ-M	v
	Ogefr.	Helmut Kahl	SZ-M	v
1. 2. 1944	Lt.	Hans-Joachim Ettel	SZ-M	v g
1. 2. 1944	Uffz.	Harri Quilitzsch	SZ-M	v g
	Ofw.	Josef Schmitt	SZ-M	v g
	Uffz.	Alexander Planner	SZ-M	v g
	Ogefr.	Josef Luritzhofer	SZ-M	v g
	Ofw.	Walter Kell	SZ-M	v g
	Uffz.	Otto Witte	SZ-M	v g
	Fw.	Hermann Maier	SZ-M	v g
	Ofw.	Kurt Koch	SZ-M	+
	Oblt.	Ernst Szillat	SZ-M	+
	Fw.	Wilhelm Wischer	SZ-M	+
	Ofw.	Kurt Naacke	SZ-M	a vw
12. 2. 1944	Lt.	Helmut Frommhold	SZ-M	v
	Uffz.	Hubert Radda	SZ-M	v
	Uffz.	Gottfried Schreiter	SZ-M	v
	Fw.	Johannes Born	SZ-M	v
26. 2. 1944	Fw.	Wilhelm Weissbach	F	v
	Uffz.	Ernst Lieder	F	v
	Uffz.	Georg Kaminiarz	F	v
8. 3. 1944	Ofw.	Hermann Fink	SZ-M	v
	Ofw.	Herbert Hundt	SZ-M	v
	Fw.	Heinrich Wendler	SZ-M	v
	Uffz.	Willy Kuschmierz	SZ-M	v
19. 3. 1944	Uffz.	Kurt Glenzke	SZ-M	v
	Oblt.	Claus Hagenbring	SZ-M	v
	Uffz.	Alois Zepp	SZ-M	v
	Uffz.	Alfred Gapp	SZ-M	v
	Obfhr.	Hans Kurbjun	SZ-M	v
	Ogefr.	Otto Kittler	SZ-M	v
	Uffz.	Walter Rosin	SZ-M	v
	Uffz.	Otto Schübel	SZ-M	v
	Uffz.	Georg Lengfeld	SZ-M	v +
	Fj.Fw.	Heinz Jank	SZ-M	v
	Ogefr.	Heinz Junker	SZ-M	v
	Uffz.	Edwin Schadnill	SZ-M	v
29. 3. 1944	Uffz.	Hans Geis	SZ-M	v
	Uffz.	Wolfgang Krüger	SZ-M	v
	Uffz.	Bruno Walter	SZ-M	v
	Uffz.	Walter Vollmann	SZ-M	v
1. 4. 1944	Lt.	Rolf Sänger	SZ-M	v
	Ogefr.	Georg Furstmeier	SZ-M	v
	Ogefr.	Friedrich Baumann	SZ-M	v

Datum	Dienstgrad	Name		
1. 4. 1944	Ogefr.	Heinz Schleifer	SZ-M	v
	Lt.	Herbert Bieler	SZ-M	v
	Uffz.	Emil Altrock	SZ-M	+
	Uffz.	Helmut Sorge	SZ-M	+
	Ogefr.	Werner Blödner	SZ-M	v
	Lt.	Walter Hau	SZ-M	v
	Uffz.	Siegfried Saddei	SZ-M	v
	Uffz.	Gustav Ulbrich	SZ-M	v
	Uffz.	Georg Simon	SZ-M	v
20. 4. 1944	Lt.	Aribert Hug	SZ-M	v
	Uffz.	Johannes Warneck	SZ-M	v
	Uffz.	Robert Schneider	SZ-M	v
	Uffz.	Robert Wöhl	SZ-M	v
23. 4. 1944	Uffz.	Johannes Henke	F	+
11. 5. 1944	Lt.	Karl-Heinz Mohren	SZ-M	v
	Fw.	Helmut Becker	SZ-M	v
	Uffz.	Gustav Kehrer	SZ-M	v
	Ogefr.	Eugen Jungnikl	SZ-M	v
	Fw.	Leopold Reinegger	SZ-M	+
	Uffz.	Heinz Sowinski	SZ-M	+
	Ogefr.	Josef Zenk	SZ-M	+
	Uffz.	Karl-Heinz Eichner	SZ-M	v
	Ogefr.	Konrad Scheller	SZ-M	v
	Ogefr.	Herbert Saxl	SZ-M	v
	Gefr.	Franz Hobiger	SZ-M	v
	Uffz.	Albin Zimmermann	SZ-M	v
	Uffz.	Willy Bössow	SZ-M	v
	Uffz.	Walter König	SZ-M	v
	Gefr.	Franz Bäuml	SZ-M	v
	Lt.	Gerhard Haseney	SZ-M	v g
	Uffz.	Gerhard Tiegel	SZ-M	v
	Uffz.	Hans Eigner	SZ-M	v
	Uffz.	Gerhard Noack	SZ-M	v
	Ofw.	Anton Krug	SZ-M	v
	Gefr.	Heinz Hänsel	SZ-M	v
	Uffz.	Karl Müller	SZ-M	v
	Gefr.	Werner Henze	SZ-M	v
	Uffz.	Albert Schillig	SZ-M	+
	Uffz.	Wilhelm Treue	SZ-M	+
	Gefr.	Franz Mayrhuber	SZ-M	+
	Ogefr.	Karl Bauer	SZ-M	+
27. 5. 1944	Stgefr.	Josef Göddecke	F	+
	Stgefr.	Erwin Böckler	F	vw
	Ogefr.	Peter Johannsen	F	vw
6. 6. 1944	Fw.	Helmut Kramer	SZ-M	v
	Uffz.	Hermann Eisel	SZ-M	v
	Uffz.	Otmar Belz	SZ-M	v
	Gefr.	Willi Rasch	SZ-M	v
12. 6. 1944	Uffz.	Helmut Becker	SZ-Inv	v
	Ogefr.	Eduard Dober	SZ-Inv	v
	Ogefr.	Karl Zeuke	SZ-Inv	v
	Gefr.	Josef Blum	SZ-Inv	v
13. 6. 1944	Uffz.	Kurt Roth	SZ-Inv	v
	Uffz.	Kurt Kress	SZ-Inv	v
	Uffz.	Wilhelm Gutschera	SZ-Inv	v
	Ogefr.	Walter Kaatz	SZ-Inv	v
	Uffz.	Helmut Erk	SZ-Inv	v
	Uffz.	Arno Müller	SZ-Inv	v
	Gefr.	Georg Ramoser	SZ-Inv	v
14. 6. 1944	Ogefr.	Rudolf Baacke	F	a +
	Ogefr.	Horst Toepfer	F	a +
	Ogefr.	Willi Schlingensief	F	a +
	Ogefr.	Hans Nuck	F	a +
18. 6. 1944	Fw.	Heinz Böse	SZ-Inv	v
	Gefr.	Heribert Amtmann	SZ-Inv	v
	Ogefr.	Wilhelm Hörner	SZ-Inv	v
	Uffz.	Hubert Schlefers	SZ-Inv	v
	Lt.	Olaf Lübke	SZ-Inv	v g
	Uffz.	Alfred Woiwode	SZ-Inv	v g
	Ogefr.	Friedrich Hermesmann	SZ-Inv	v g
	Ogefr.	Edgar Mohr	SZ-Inv	v g
22. 6. 1944	Uffz.	Hans Schneider	SZ-Inv	+
	Oblt.	Franz Dülberg	SZ-Inv	v g
	Uffz.	Gustav Hink	SZ-Inv	v g
	Gefr.	Günther Lohrmann	SZ-Inv	v g
	Fw.	Martin Gillmann	SZ-Inv	v g
	Uffz.	Albert Strauß	SZ-Inv	v
	Ogefr.	Hasso Dietz	SZ-Inv	v
	Ogefr.	Hans Jahn	SZ-Inv	v
	Ogefr.	Werner Rickmann	SZ-Inv	v
4. 7. 1944	Uffz.	Hans-Joachim Nüsse	SZ-Inv	v +
	Uffz.	Franz Oberbacher	SZ-Inv	v +

4. 7. 1944	Uffz.	Arvid Steinke	SZ-Inv	v +
	Gefr.	Fritz Thalhammer	SZ-Inv	v +
11. 7. 1944	Uffz.	Werner Achilles	SZ-Inv	v
	Uffz.	Wilhelm Specks	SZ-Inv	v
	Fw.	Gerhard Scheer	SZ-Inv	v
	Uffz.	Willi Walter	SZ-Inv	v
17. 7. 1944	Uffz.	August Fetzer	SZ-Inv	v
	Uffz.	Rudolf Rink	SZ-Inv	v
	Uffz.	Josef Röthig	SZ-Inv	v
	Ogefr.	Hans-Heinrich Wetzstein	SZ-Inv	v
18. 7. 1944	Oblt.	Ernst Roll	SZ-Inv	v
	Uffz.	Werner Kunz	SZ-Inv	v
	Fw.	Karl Kreyer	SZ-Inv	v
	Uffz.	Herbert Tietjen	SZ-Inv	v
26. 7. 1944	Lt.	Heinz Gratzky	SZ-Inv	v
	Uffz.	Karl Krenz	SZ-Inv	v
	Ofw.	Karl-Heinz Bolle	SZ-Inv	v
	Fw.	Rolf Fink	SZ-Inv	v
27. 7. 1944	Fw.	Albert Dörrstein	SZ-Inv	v g
31. 7. 1944	Gefr.	Friedrich Koßlers	SZ-M	+
	Uffz.	Karl-Heinz Ugries	SZ-M	v
	Uffz.	Bernhard Oehl	SZ-M	v
	Ogefr.	Johannes Hohnke	SZ-M	v
	Gefr.	Manfred Erler	SZ-M	v
5. 8. 1944	Uffz.	Oskar Brückmann	F	a +
	Fw.	Friedrich Meiswinkel	F	a +
	Fw.	Friedrich Graf	F	a +
	Gefr.	Werner Schulze	F	a +
11. 8. 1944	Ogefr.	Heinz Jürges	F	+
15. 8. 1944	Uffz.	Alfred Graap	F	v
18. 9. 1944	Fhr.	Ernst-Günter Gerlach	D	+
	Uffz.	Gerhard Kiefer	D	vw
	Fw.	Kurt Tönsfeldt	D	+
	Uffz.	Heinrich Pribylski	D	+
2. 10. 1944	Uffz.	Horst Gemeinhardt	D	vw
	Uffz.	Franz Bachmeier	D	vw
	Stgefr.	Carl Bleicken	D	vw
23. 11. 1944	Ofw.	Bruno Geisler	D	+
25. 11. 1944	Fw.	Karl Mader	D	a +
	Fw.	Rudolf Weiss	D	a +
18. 12. 1944	Uffz.	Günther Loch	D	+
16. 2. 1945	Fw.	Julius Konrad	N	a +
	Uffz.	Heinz Reusonett	N	a +
	Uffz.	Hans Budenbach	N	a +
	Uffz.	Georg Römer	N	a +
	Uffz.	Wilhelm Utendörffer	N	a +
23. 2. 1945	Hptm.	Otto Fischer	SZ-E	v
	Uffz.	Hubert Griesbeck	SZ-E	v
	Uffz.	Otto Lorenz	SZ-E	v
	Uffz.	Willi Adamschak	SZ-E	v
	Uffz.	Günter Zierke	SZ-E	v
	Obfhr.	Albrecht Zießler	SZ-E	v
	Uffz.	Josef Macho	SZ-E	v
	Uffz.	Kurt Becker	SZ-E	v
21. 4. 1945	Ofw.	Zimmermann	SZ-N	v
	Ofw.	Herbert Kunze	SZ-N	v
	Fw.	Behrend	SZ-N	v
	Ofw.	Weyhrauch	SZ-N	v
8. 5. 1945	Hptm.	Gehring u. Besatzung	N	v

IV./Kampfgeschwader 26

23. 9. 1941	Fw.	Georg Scheel	D	a +
	Gefr.	Lorenz Dorscht	D	a +
5. 11. 1941	Gefr.	Hans Huiskens	D	a +
	Obfhr.	Hans-Dieter Fischer	D	a +
	Gefr.	Helmut Eims	D	a +
	Ogefr.	Robert Köster	D	a +
	Uffz.	Ulrich Bierkandt	D	a +
	Obfhr.	Karl-Heinz Schlüter	D	a +
	Ogefr.	Heinz Dinter	D	a +
	Ogefr.	Walter Diekmann	D	a +
16. 2. 1942	Gefr.	Hans-Werner Ahrensdorf	D	a +
	Gefr.	Johann Ebeling	D	a +
	Uffz.	Günther Klügel	D	a +
	Gefr.	Wilhelm Merchel	D	a +
28. 5. 1942	Uffz.	Walter Lieder	D	a +
9. 6. 1942	Hptm.	Günther Helm	D	a +
	Ofw.	Alexander Hoffmann	D	a +

9. 6. 1942	Uffz.	Alfred Matschke	D	a +
22. 8. 1942	Ofw.	Johann Stuppacher	I	a +
	Uffz.	Paul Fleischmann	I	a +
	Gefr.	Max Schlegel	I	a +
	Uffz.	Hans Puder	I	a +
28. 8. 1942	Ogefr.	Ernst Jurcsa	DK	a +
	Ogefr.	Walter Scheyrer	DK	a +
	Gefr.	Hans Joachim Linke	DK	a +
	Gefr.	Walter Bischof	DK	a +
29. 8. 1942	Ogefr.	Hermann Seidel	I	a +
	Ogefr.	Horst Meyer	I	a +
	Gefr.	Georg Vollmer	I	a +
	Gefr.	Karl Müller	I	a +
13. 10. 1942	Ogefr.	Herbert Anders	I	a +
	Ogefr.	Alfred Schmidt	I	a +
	Uffz.	Hans Lissner	I	a +
26. 10. 1942	Oblt.	Georg Linge	D	a +
	Oblt.	Gerhard Salecker	D	a +
	Ofw.	Herbert Hasselbacher	D	a +
	Uffz.	Helmut Frisch	D	a +
	Gefr.	Hans Greve	D	a +
	Uffz.	Adolf Hager	D	a +
27. 12. 1942	Uffz.	Heinrich Schulze	D	a +
11. 1. 1943	Lt.	Jürgen Pusch	D	a +
	Stfw.	Walter Manz	D	a +
	Fw.	Rudolf Kobisch	D	a +
	Uffz.	Otto Klotz	D	a +
	Uffz.	Albert Kopf	D	a +
	Uffz.	Siegfried Lehmann	D	a +
	Uffz.	Hans-Georg Pittig	D	a +
	Ogefr.	Erwin Karkoschka	D	a +
25. 1. 1943	Lt.	Hans-Georg Fiddikow	D	a +
	Fw.	Helmut Warg	D	a +
	Ogefr.	Aloys Ortwin	D	a +
23. 2. 1943	Ogefr.	Moritz Wagner	D	a +
	Ofw.	Christian Kurth	D	a +
	Uffz.	Wilhelm Riemann	D	a +
9. 3. 1943	Ogefr.	Heinz Bunge	D	a +
	Oblt.	Gottfried Ritter	D	a +
	Ogefr.	Alfons Kochholzer	D	a +
	Ogefr.	Ernst Glatzl	D	a +
21. 3. 1943	Fw.	Paul Gerhard	D	a +
	Fw.	Franz Vorstandlechner	D	a +
	Ogefr.	Anton Lief	D	a +
	Uffz.	Georg Schuster	D	a +
25. 3. 1943	Hptm.	Friedrich Gehring	I	a +
	Uffz.	Heinrich Schiecke	I	a +
26. 3. 1943	Gefr.	Egon Rhode	I	+
5. 5. 1943	Uffz.	Josef Rotkopf	D	a +
	Gefr.	Rudolf Vela	D	a +
	Ogefr.	Gerhard Michel	D	a +
20. 5. 1943	Lt.	Peter Alefeld	I	+
	Lt.	Josef Katzer	I	+
	Ofw.	Georg Wank	I	+
	Uffz.	Werner Roßberg	I	+
	Uffz.	Hans Briegel	I	+
	Gefr.	Heinrich Buck	I	+
	Gefr.	Friedrich Schippert	I	+
	Uffz.	Hermann Köhler	I	+
	Ogefr.	Kurt Bischoff	I	v
	Ogefr.	Harald Koch	I	v
27. 6. 1943	Fw.	Leopold Falmbigl	D	a +
	Gefr.	Hans Meier	D	a +
	Uffz.	Paul Kaiser	D	a +
	Gefr.	Hermann Wessel	D	a +
1. 7. 1943	Lt.	Karl-Heinz Schiebeler	D	a +
	Ogefr.	Huber Fiebig	D	a +
	Uffz.	Norbert Standop	D	a +
5. 7. 1943	Gefr.	Rudi Schönborn	D	a +
	Uffz.	Karl Schneider	D	a +
	Ogefr.	Josef Huber	D	a +
	Uffz.	Kurt Schmitt	D	a +
11. 7. 1943	Uffz.	Fritz Gundermann	D	a +
	Uffz.	Günter Klein	D	a +
	Ogefr.	Heinz Saßmannshausen	D	a +
	Uffz.	Ernst Bertram	D	a +
27. 7. 1943	Ogefr.	Hans Dehn	D	+
5. 9. 1943	Lt.	Hermann Stahl	D	a +
7. 9. 1943	Lt.	Hans-Theodor Itzenhäuser	D	a +
	Fw.	Florian Zeise	D	a +
	Uffz.	Hans-Wolfgang Ahlborn	D	a +
	Uffz.	Helmut Stücker	D	a +

14. 9. 1943	Uffz.	Erhardt Bädekerl	D	a +
	Gefr.	Klaus Rehdorff	D	a +
	Flg.	Rolf Schlott	D	a +
26. 9. 1943	Ofw.	Franz Ising	D	a +
	Uffz.	Günther Neuper	D	a +
	Uffz.	Friedrich Baarß	D	a +
15. 10. 1943	Lt.	Hermann Wiese	D	a v
	Uffz.	Günter Vogt	D	a v
	Ogefr.	Herbert Beck	D	a v
	Gefr.	Karl Heckel	D	a v
11. 12. 1943	Lt.	Helmut Kauczor	D	a +
	Uffz.	Gerhard Wischollek	D	a +
	Ogefr.	Werner Fründ	D	a verletzt
	Flg.	Ernst Aschebrock	D	a +
31. 12. 1943	Lt.	Otto Wöhrle	D	a +
	Fw.	Josef Aust	D	a +
	Ogefr.	Gerhard Haase	D	a +
	Flg.	Johann Hartwiger	D	a +
14. 1. 1944	Fj. Ofw.	Karl Pötsch	D	a +
	Uffz.	Walter Georgi	D	a +
	Uffz.	Herbert Qualmann	D	a +
21. 1. 1944	Lt.	Werner Bartling	D	a +
	Ofw.	Friedrich Brand	D	a +
	Uffz.	Franz Stübler	D	a +
	Uffz.	Gerhard Pintsch	D	a +
25. 2. 1944	Ogefr.	Werner Biere	D	a +
	Fw.	Hubert Wegener	D	a +
	Ogefr.	Heinz Then	D	a +
	Gefr.	Rudolf Rohe	D	a +
1. 3. 1944	Fw.	Paul Hauschild	D	a +
	Ogefr.	Erich Lorenz	D	a +
	Ogefr.	Heinz Faber	D	a +
	Uffz.	Josef Saken	D	a +
4. 3. 1944	Obfhr.	Gerd Wilrich	D	a +
	Fj.Fw.	Rolf Müller	D	a +
	Gefr.	Walter Windgasse	D	a +
	Uffz.	Erich Birkenbeul	D	a +
20. 3. 1944	Uffz.	Günther Meßner	D	a +
	Uffz.	Heinrich Praßuhn	D	a +
	Uffz.	Kurt Teichner	D	a +
	Ogefr.	Fritz Frenzel	D	a +
29. 3. 1944	Obfhr.	Erhard Bischoff	D	a +
	Ofw.	Günter Reif	D	a +
	Ogefr.	Paul Arendt	D	a +
	Gefr.	Josef Scherer	D	a +
30. 4. 1944	Uffz.	Heinz Schaumburg	D	a +
	Gefr.	Karl-Heinz Stach	D	a +
	Gefr.	Rolf Günther	D	a +
10. 5. 1944	Uffz.	Erwin Küpper	D	a +
	Gefr.	Paul Gödermann	D	a +
	Gefr.	Franz Schnieders	D	a +
20. 5. 1944	Gefr.	Kurt Doblreiter	D	a +
	Obfhr.	Heinz Müller	D	a +
	Uffz.	Karl Arnold	D	a +
	Gefr.	Eduard Neureuter	D	a +
13. 6. 1944	Uffz.	Hans Salomon	D	a v
	Uffz.	Eugen Niggemann	D	a v
	Uffz.	Kurt Heißler	D	a v
	Gefr.	Karl Seiter	D	a v
14. 6. 1944	Fw.	Heinrich Baumgartner	D	a v
	Gefr.	Hans Dehler	D	a +
	Gefr.	Alfred Janik	D	a v
	Ogefr.	Hansheinrich Gellert	D	a v
25. 7. 1944	Obfhr.	Herbert Mondor	D	+
21. 8. 1944	Uffz.	Bruno Tröndle	D	+
23. 8. 1944	Ogefr.	Helmut Freudenberger	D	a v
	Ogefr.	Franz Volpert	D	a v
	Ogefr.	Erwin Klein	D	a v
	Ogefr.	Hans Wittkowski	D	a v
6. 9. 1944	Ogefr.	Werner Seifert	D	a v
	Gefr.	Heinz Griese	D	a v

Weitere Verlustmeldungen liegen bei der WASt-Berlin nicht vor.

Angaben aus Kameradenkreisen:

April 1945	Major	Klaus Nocken	Prag	+

Das Geschwader im Wehrmachtsbericht

Kampfflieger im OKW-Bericht

Und wieder waren die Kampfflieger im Gespräch, als am 6. April 1940 Oberst Robert Fuchs, der Kommodore des bekannten Löwen-Geschwaders K.G. 26, als fünftem Angehörigen der Luftwaffe, als erstem Kampfflieger und nach der Generalität als erstem Truppenführer das Ritterkreuz verliehen wurde. Und zwar »in Anerkennung der Kampfleistungen seines Geschwaders, das durch seine kraftvollen Angriffe gegen die britische Seemacht sich besonders hervorgetan hat«. Das K.G. 26 hatte im Winter 1939/40 laufend die britische Flotte bekämpft.

19. März 1941: An dem Erfolg bei dem Angriff auf den Verband feindlicher Kriegsschiffe westlich Kreta waren beteiligt: Kampfgruppenkommandeur Hauptmann Kowalewski (II./K.G. 26) als Kommandant mit der Besatzung Oberleutnant Lorenz, Oberfeldwebel Henze, Feldwebel Lehmann und Leutnant Bock als Kommandant mit der Besatzung Oberfeldwebel Schmidt, Unteroffizier Brückner, Feldwebel Katen.

2. Juli 1941: Eine Kampffliegergruppe unter Führung von Major Busch versenkte im Einsatz gegen Großbritannien bis zum 15. Juni 1941 einen Kreuzer, 1 Zerstörer und 21 kleinere Kriegsfahrzeuge, sowie 436 186 BRT feindlichen Handelsschiffsraumes. Außerdem wurden zahlreiche Handelsschiffe durch Bombenvolltreffer schwer beschädigt.

14. April 1942: Die Besatzung eines deutschen Flugzeuges, bestehend aus Oberfeldwebel Nitsch, Feldwebel Schäfer, Feldwebel Richter und Obergefreiter Hartmann (vom K.G. 26), hat ungeachtet stärkster feindlicher Boden- und Jagdabwehr einen wichtigen Auftrag über dem Kanal von Suez mit großem Schneid durchgeführt.

9. Juli 1942: Bei den Operationen der Luftwaffe gegen anglo-amerikanischen Großgeleitzug im Nordmeer zeichneten sich Oberleutnant Behnke (* gemeint war wohl Oberleutnant Siegfried Bethke), Leutnant Hennemann und Unteroffizier Braun (von der 9./K.G. 26) durch tapfersten Einsatz aus. Leutnant Hennemann fand bei der Vernichtung des amerikanischen Schweren Kreuzers den Tod.

16. August 1943: Wie bereits durch Sondermeldung bekanntgegeben, griff in den Abendstunden des 13. August ein deutsches Torpedofliegergeschwader (K.G. 26) unter Führung des Majors Klümper ostwärts Gibraltar einen starken, in das Mittelmeer einlaufenden Geleitzug überraschend an. In schneidig durchgeführten Angriffen erzielten unsere Besatzungen Torpedotreffer auf 32 Schiffseinheiten. Zwei Zerstörer und vier vollbeladene große Handelsschiffe, darunter ein Tanker, sanken sofort. Acht weitere Schiffe blieben brennend mit starker Schlagseite liegen ... Die laufend durchgeführte Aufklärung bestätigte, daß mindestens 170 000 BRT aus dem Geleitzug versenkt und vernichtend getroffen wurden. Sieben eigene Flugzeuge kehrten nicht zurück.

15. Juni 1944: In der vergangenen Nacht wurden durch Angriffe starker Kampffliegerverbände 14 Transportschiffe mit 101 000 BRT und zwei Zerstörer durch Bomben- und Torpedotreffer entweder versenkt oder schwer beschädigt. Hierbei zeichnete sich eine Kampffliegergruppe unter Major Thomsen besonders aus.

* Der Autor

Das Goldene Buch der Flieger

Im April 1938 stiftete der Reichsminister der Luftfahrt und Oberbefehlshaber der Luftwaffe, Generalfeldmarschall Göring, das *»Goldene Buch der Flieger«*. Es sollte »fortan der Anerkennung und dem Gedenken jener Männer der Luftfahrt dienen, die sich in Ausübung des Flugdienstes durch kühne, unerschrockene Taten ausgezeichnet hatten«. Es kamen aber nur solche hervorragenden Taten in Frage, die seit Bestehen der neuen Luftwaffe vollbracht waren.

Im Luftwaffen-Verordnungsblatt vom 20. April 1938 – Teil C – Nummer 16 – S. 123 – wurden die ersten neun Eintragungen veröffentlicht. Es handelte sich um:

1. Bordwart Max Isert, Erprobungsstelle Rechlin,
2. Oberfeuerwerker Karl Hübler und die Bombenwarte Otto Göller, Hermann Bockholt, Alfred Pyritz der Erprobungsstelle der Luftwaffe Rechlin,
3. Flugzeugführer Hans Sander, Erprobungsstelle der Luftwaffe Rechlin,
4. Flugzeugführer Erich Bieneck, Erprobungsstelle der Luftwaffe Rechlin,
5. Major Kurt Kleinrath, Aufklärungslehrgruppe Jüterbog,
6. Luftschiffkapitän Dipl.-Ing. Ernst E. A. Lehmann, Geschäftsführer der Deutschen Zeppelin-Reederei G.m.b.H., Friedrichshafen,
7. Luftschiffkapitän Max Pruß, Kommandant des Luftschiffes HINDENBURG,
8. Leutnant Rudolf Kube, I. K.G. 257 Zerbst, später I. Gruppe K.G. 26
9. Flugkapitän Kurt Großschopff mit Flugzeugführer Karl Esau, Flugzeugfunker Karl Schmischke, Funkermaschinist Franz Preuschoff, der Deutschen Lufthansa Aktiengesellschaft Berlin.

Die Eintragungen in das »Goldene Buch der Flieger« wurden auch im Kriege fortgesetzt. So veröffentlichte das Luftwaffen-Verordnungsblatt vom 15. Mai 1944 weitere Eintragungen, wie z. B. »Fliegerstabsingenieur Walter Friebel, Stab Generalluftzeugmeister, Flugzeugführer einer Me 111, konnte am 20. 11. 1943 bei einem Fluge von Wien nach Berlin die in Berlin beabsichtigte Landung wegen aufliegenden Nebels nicht durchführen. Besonnen und kaltblütig befahl er in der Gegend Wittenberg den Absprung der Flugzeuginsassen und ermöglichte so die Rettung von sieben Menschenleben.

Ihm selbst gelang es nicht mehr, das Flugzeug rechtzeitig zu verlassen; er büßte durch Aufschlagbrand sein Leben ein. In Anerkennung dieser hervorragenden Tat habe ich seinen Eintrag in das ›Goldene Buch der Flieger‹ angeordnet.

Hauptquartier des Ob.d.L.,
den 19. 2. 1944.

Göring
Reichsmarschall«

Das »Goldene Buch der Flieger« verzeichnete am Schluß insgesamt 35 Namen und war in der Ehrenhalle des Reichs-Luftfahrt-Ministeriums in Berlin aufgestellt.

Die Ritterkreuzträger des Geschwaders

Barth, Karl
Oberleutnant
Staffelkapitän 6./K.G. 26
RK-Verl. 14. 12. 1940 bei der 5/306
† 9. 11. 1942 im Mittelmeer

Bethge, Siegfried
Oberleutnant
Staffelkapitän 9./K.G. 26
RK-Verl. 8. 8. 1944

Franken, Werner
Oberleutnant
Flugzeugführer I./K.G. 26
RK-Verl. 24. 3. 1943
† 24. 2. 1943 im Mittelmeer

Fuchs, Robert
Oberst
Kommodore K.G. 26
RK-Verl. 6. 4. 1940

Hennemann, Konrad
Leutnant
Flugzeugführer I./K.G. 26
RK-Verl. 3. 9. 1942
† 4. 7. 1942 im Eismeer

Hildebrand, Walter
Hauptmann
Staffelkapitän 3./K.G. 26
RK-Verl. 6. 4. 1944
† 21. 10. 1943 im Mittelmeer

Jente, Heinz
Oberleutnant
Staffelkapitän 2./K.G. 26
RK-Verl. 29. 10. 1943

Klümper, Werner
Major
Kommodore K.G. 26
RK-Verl. 29. 8. 1943

Kowalewski, Robert
Hauptmann
Gruppenkommandeur II./K.G. 26
RK-Verl. 24. 11. 1940 beim Stab X.Fl.K.

Kuntze, Albrecht
Oberleutnant
Flugzeugführer 6./K.G. 26
RK-Verl. 16. 5. 1940
† 5. 7. 1943 in Rußland

Kunze, Herbert
Oberfeldwebel
Beobachter 8./K.G. 26
RK-Verl. 9. 11. 1944
† 21. 4. 1945 LT-Einsatz gegen England

Loßberg, Viktor von
Major
Gruppenkommandeur III./K.G. 26
RK-Verl. 17. 10. 1941

Nocken, Klaus
Hauptmann
Gruppenkommandeur III./K.G. 26
RK-Verl. 29. 10. 1943
† Mai 1945 in Prag

Peters, Josef
Oberleutnant
Beobachter III./K.G. 26
RK-Verl. 6. 4. 1944

Renz, Gerhard
Oberfeldwebel
Beobachter I./K.G. 26
RK-Verl. 31. 7. 1940

Schmidt, Rudi
Hauptmann
Gruppenkommandeur II./K.G. 26
RK-Verl. 28. 3. 1945

Schwerin, Albert von
Leutnant
Flugzeugführer I./K.G. 26
RK-Verl. 31. 7. 1940
† 19. 11. 1940 England

Sölter, Willi
Major
Gruppenkommandeur I./K.G. 26
RK-Verl. 19. 8. 1944 als Kdr.I./K.G. 77

Stemmler, Wilhelm
Major
Kommodore K.G. 26
RK-Verl. 7. 7. 1944 als Kdore K.G. 77

Teske, Georg
Major
Kdr. II./K.G. 26 und Kommodore K.G. 26
RK-Verl. 31. 10. 1944

Trost, Günther
Hauptmann
Staffelkapitän 2./K.G. 26
RK-Verl. 12. 11. 1943

Vetter, Martin
Major
Gruppenkommandeur II./K.G. 26
RK-Verl. 16. 5. 1940

Voß, Reimer
Oberleutnant
Staffelkapitän 4./K.G. 26
RK-Verl. 12. 3. 1945

Traditionsgemeinschaft Löwengeschwader

Kampfgeschwader 26 (LT) und Fliegerhorsteinheiten

Lüneburg

Lübeck, Lüneburg und Schwerin waren die Friedensstandorte des Löwengeschwaders.

Hier wohnten viele Flieger der Gründungsjahre, jetzt nach dem Kriege, vielfach nur noch deren zurückgelassene Familien.

Als nach dem Kriege die Kriegsgefangenen zurückkehrten und die Suche nach den Vermißten einsetzte, begannen die Lüneburger Kameraden damit, einen Nothilfsdienst und einen Suchdienst zu schaffen.

Initiatoren hierzu waren unter vielen anderen die Kameraden Teske und Gisevius.

Beide Hilfsdienste konnten eine segensreiche Arbeit leisten.

Aus dieser Notgemeinschaft entstand 1951 die Traditionsgemeinschaft Löwengeschwader.

In mühsamer Kleinarbeit ermittelten sie Anschriften ehemaliger Geschwaderangehöriger und konnten im Jahre 1951 zu einem ersten Geschwadertreffen einladen.

Bei dem zwei Jahre später abgehaltenen Treffen in Lüneburg wurden die Grundzüge der Traditionsgemeinschaft beschlossen und erste Gedanken für ein Geschwaderehrenmal skizziert.

Oberst a. D. Gisevius übernahm die Führung des Traditionsverbandes. Nach seinem Tode stellte sich Hptm. a. D. Gerhard Kahlert hierfür zur Verfügung.

Das Ehrenmal des Kampfgeschwaders 26 in Lüneburg

Dort, wo im Mittelalter bis um die Zeit um 1900 die Reepschlägerbuden an der Lindenstraße / Auf den Reeperbahnen standen, hat nun ein stolzer Adler seine Schwingen auf einem Obelisk weit ausgebreitet und trägt in seinen Fängen das Löwenzeichen, wie es am Bardowicker Dom zu sehen ist.

»Vestigium Leonis«
Die Spur des Löwen

Das war der Sinn und das Zeichen der Flieger vom Löwengeschwader.

An der Stirnseite steht unter dem stilisierten Eisernen Kreuz

»Den Toten des Kampfgeschwaders 26«
1939 bis 1945

Die beiden Seiten geben Kunde von den Kriegsschauplätzen, auf denen das Geschwader eingesetzt war. Sie tragen die Namen:

Polen – Malta – Kreta – England – Rußland –
Atlantik – Frankreich – Nord Afrika – Krim –
Narvik – Nordsee – Eismeer – Suez Kanal –
Rotes Meer – Mittelmeer – Stalingrad – Schwarzes Meer.

Am 8. September 1956 wurde das Ehrenmal geweiht. Gestaltet hat es der Bildhauer Klaus Seelenmeyer. In freiwilliger Arbeit wurde es von Angehörigen des Geschwaders fundamentiert und von dem Steinmetzmeister Gustav Mencke aufgestellt.

Oberst a. D. Gisevius hielt die Weiherede, Superintendent Meyer den Feldgottesdienst und Oberbürgermeister Gravenhorst übernahm es in die Obhut der Stadt Lüneburg.

Ein großer Kreis ehemaliger 26er gaben der Feier einen würdigen Rahmen.

Der Löwe von Bardowick fliegt wieder

Die erste Staffel des Jagdbombergeschwaders 36 der Bundeswehr-Luftwaffe übernimmt das Geschwaderwappen und die Traditionspflege

Vom Kampfgeschwader 26 zum Jagdbombergeschwader 36 war ein sehr weiter Weg.

Der frühere Kommodore, General Siburg, richtete 1965 eine Anfrage bezüglich Übernahme der Traditionspflege des Kampfgeschwaders 26, durch einen Verband der Bundeswehr-Luftwaffe, an den Generalinspekteur der Luftwaffe.

Der gewählte Zeitpunkt war scheinbar zu früh. Zu dieser Zeit hatte die Bundeswehr ihren Standort in Sachen der Traditionsübernahme früherer Wehrmachtseinheiten noch nicht bestimmt.

Erst nach weiteren Besprechungen ehemaliger 26er mit Herren von der Hardthöhe in Bonn wurde ein Erfolg sichtbar.

Im Jahre 1972 wurden die ersten Kontakte zum JaboG 36 in Rheine geknüpft.

Oberstapotheker der Bundeswehr Reimer Voß, ehemals Staffelkapitän der 4. Staffel, besuchte den Kommodore des Geschwaders Oberst Wilhelm Merkl in Rheine. In dem Gespräch wurde eine grundsätzliche Übereinkunft wegen Übernahme der Traditionspflege erreicht.

Nach einer längeren Pause von fast drei Jahren nahm der Staffelkapitän der 1./JaboG 36, Oberstleutnant Heinz Escher, mit dem Kameradschaftsführer Gerhard Kahlert wieder Kontakt auf.

Oberstleutnant Escher schrieb ihm u. a.:

Das besondere Anliegen der Fliegenden Besatzungen der 1. Staffel ist es, den Bruch der Entwicklung und Tradition zwischen der »Alten« Luftwaffe und der Bundesluftwaffe zu überbrücken.

Unsere Vorstellungen, diesen Gedanken zu verwirklichen, gehen dahin, die Löwengeschwader-Tradition in der Weiterführung des Geschwaderwappens fortzuführen und den Kontakt mit den ehemaligen Angehörigen des Löwengeschwaders aufrecht zu erhalten.

Am 8. Oktober 1976 übernahm die 1. Staffel des Jagdbombergeschwaders 36 auf dem Flugplatz Rheine-Hopsten die Tradition des alten Löwengeschwaders K.G. 26 (LT) und damit auch dessen überliefertes Wappen, den sitzenden Löwen mit dem Leitspruch »vestigium leonis«.

Die Traditionsübergabe – die Begegnung der alten Flieger von der Kameradschaft des Löwengeschwaders mit den jungen Phantom-Besatzungen der 1./JaboG 36 – fand ihren Sinn in der feierlichen Übergabe des alten Geschwaderwappens und in einer geschichtlichen Aufzeichnung der Entwicklung und des Weges des alten Löwengeschwaders.

Im Gebäude der 1. Staffel erinnert eine Ausstellung an die Männer und deren Flugzeuge vom Löwengeschwader K.G. 26. Die Flieger der 1./JaboG 36 tragen den Löwen als Wappen an ihrer Fliegerbekleidung.

In jährlichen gemeinsamen Veranstaltungen in Rheine oder im alten Fliegerkasino in Lüneburg wird die Gemeinsamkeit der Flieger von gestern und heute gepflegt.

Die 1./JaboG 36 der Luftwaffe als Traditionsträger

Im März 1961 wurde aus dem Jagdbombergeschwader 31 »Boelke«, in Nörvenich, eine Staffel ausgegliedert und in 1. Staffel Jagdbombergeschwader 36 umbenannt. Gleichzeitig erfolgte die Aufstellung des Geschwaderstabes für das neue JaboG 36.

Erster Kommodore war der Major Wilhelm Meyn. Er führte das Geschwader fast zwei Jahre.

Im August 1961 landete die 1. Staffel des Geschwaders auf dem nunmehrigen Heimat-Fliegerhorst Rheine-Hopsten. Das Geschwader wurde zunächst mit dem Flugzeugtyp F-84-F und ab Februar 1965 mit der F-104-G, dem legendären »Starfighter«, ausgerüstet. Das Geschwader wurde der Luftwaffengruppe Nord unterstellt und als Einsatzverband der NATO »assigniert«.

Im Januar 1962 wurde die 2. Staffel aufgestellt.

Der Flugplatz Hopsten liegt etwa 15 km von Rheine entfernt. Bereits im Jahre 1940 wurde er als Fliegerhorst für Jagdverbände gebaut. Hier starteten die bekannten Me 109 und Focke-Wulf 190. Gegen Ende des Krieges kamen die ersten Strahlflugzeuge der Welt, die von hier starteten, hinzu. Es waren dies die zweistrahlige Me 262 und die vierstrahlige Arado 234. Sie wurden teils als Jagdflugzeuge, teils als Aufklärer eingesetzt.

Nach dem Kriege wurde der Flugplatz zerstört und als Ackerland genutzt.

Im Auftrage der NATO begannen 1960 die Bauarbeiten für den neuen Fliegerhorst Hopsten.

Gemäß NATO-Konzept befinden sich die Unterkünfte der Flieger nicht am Flugplatz. Sie wohnen in den Fliegerkasernen in der Stadt Rheine. Diese Kasernen erhielten den Namen »General-Wever-Kaserne«, nach dem ersten Generalstabschef der alten Luftwaffe. Die Namensverleihung vollzog der damalige Inspekteur der Luftwaffe, Generalleutnant Johannes Steinhoff, am 25. Oktober 1966.

Seit 1963 führt das Geschwader, als Zeichen der Verbundenheit mit dem Land Nordrhein-Westfalen, das springende Westfalenpferd als Geschwaderwappen. Die Traditionsübernahme des Löwengeschwaders mit dem Löwenwappen durch die 1. Staffel bleibt dadurch unberührt.

Inzwischen sind viele Jahre vergangen. Der Starfighter fliegt schon längst nicht mehr über Rheine. Seit Anfang 1975 fliegen die Flieger mit dem Löwenwappen die F-4-F Phantom und sind eine erfolgreiche Jagdbomberstaffel der Luftwaffe.

Quellen- und Bildnachweis

Kriegstagebücher, Operations-, Einsatz- und Angriffsbefehle:	Bundesarchiv/Militärarchiv Freiburg.
Verlustliste:	Deutsche Dienststelle/WASt Berlin.
Karten und Skizzen:	Irving, David: Schlacht im Eismeer. Hamburg 1982. Karweina, Günter: Geleitzug PQ 17. Hamburg 1964.
Bilder:	Bundesarchiv/Militärarchiv Koblenz, Friedrich Bächle, Werner Klümper, Josef Mang, Walter Thielbeer, Rolf Thomsen, Gerhard Kahlert, Reimer Voß, Kameradschaft Löwengeschwader, Archiv des Autors.

Literaturhinweise

Balke, Ulf: Der Luftkrieg in Europa. Der operative Einsatz des Kampfgeschwaders 2 im Zweiten Weltkrieg. Teil 1 und 2. Koblenz 1989 und 1990.

Bekker, Cajus: Angriffshöhe 4000. Oldenburg und Hamburg 1964.

Bennet, Geoffrey: Seeschlachten im 2. Weltkrieg. Koblenz/Bonn 1981.

Brütting, Georg: Das waren die deutschen Kampfflieger-Asse 1939 bis 1945. Stuttgart 1981.

Cescotti, Roderich: Kampfflugzeuge und Aufklärer von 1935 bis heute. Koblenz 1989.

Gellermann, Günther, W.: Moskau ruft Heeresgruppe Mitte ... Koblenz 1988.

Hentschel, Georg: Die geheimen Konferenzen des Generalluftzeugmeisters 1942–1944. Koblenz 1989.

Irving, David: Schlacht im Eismeer. Der Untergang des PQ 17. Hamburg 1982.

Karweina, Günter: Geleitzug PQ 17.

Kurowski, Franz: Seekrieg aus der Luft. Herford 1979.

Lange, Bruno: Typenhandbuch der deutschen Luftfahrttechnik. Koblenz 1986.

MacLean, Alistair: Die Männer der »Ulysses«. Berlin 1957.

Murawski, Erich: Schriften d. Bundesarchivs Nr. 9 »Der deutsche Wehrmachtbericht. 1939–1945. Ein Beitrag zur Untersuchung der geistigen Kriegführung. Mit einer Dokumentation der Wehrmachtberichte vom 1. 7. 1942 bis zum 9. 5. 1945«. 2. Auflage. Boppard am Rhein 1962. Seite 600f.

Nowarra, Heinz J.: Torpedoflugzeuge, Entwicklung und Einsatz. Stuttgart 1984.
Die deutsche Luftrüstung 1933–1945. Band 1–4. Koblenz 1985–1988.

Peltz, Dieter (Hrsg.): Kampfflieger. 1974.

Roeder, Jean: Bombenflugzeuge und Aufklärer. Von der Rumpler-Taube bis zur Dornier Do 23. Koblenz 1990.

Schramm, Percy (Hrsg.): Kriegstagebuch des Oberkommandos der Wehrmacht. Band I–IV. Frankfurt 1965.

Stahl, P. W.: Kampfflieger zwischen Eismeer und Sahara. Stuttgart 1982.

Personenregister

(Namen die im eigentlichen Textteil, in der Anlage 2 und im Abschnitt Traditionsgemeinschaft enthalten sind. Die römischen Zahlen beziehen sich auf den Bildteil.)

Altmann, Horst 224
Andreas, Otto 23, 28, 36
Arndt, Rudi 241

Bächle, Friedrich 21, 376
Bauer, Karl 74
Baum, Ludwig 21, 94f., 104f.
Berger, Fritz 46, 121
Bergholter, Rolf 32
Bertram, Gustav-Otto 96, 99
Beyling, Horst 115, 128, 132, 163, 172
Blödorn, Erich 156
Bock, Karl-Heinz 124
Bombo 95
Bongart, von der 23
Brauchitsch v. 19
Bräutigam 121
Brandl, Karl 151
Breithaupt, Johannes 167
Brückner, Heinz 49, 50, 75, 109, 112f., 124, 126
Burmester, Karl-Hermann 137
Busch, Hermann 93, 133, 214, V
Bushe v. 23, 28, 34, 36, 38, 39
Butzke, Friedrich 100

Carraway, Howard 140
Cescotti, Roderich 21, 120
Churchill, Winston 49
Clausnitzer, Helmut 138, 141
Coeler 47
Conrad 23
Cunningham 18

Dalstein, Werner 84, IV
Deutsch, E. 23, 28
Dietl, Eduard 55
Diller, Heinz 211
Dönitz, Karl 233
Döring 45
Dombrowki, Fritz 231
Dommer II
Dreikorn 23, 28

Engler, Otto 163
Eicke, Bernd 133ff., 140, 142
Erdmann 23, 28
Escher, Heinz 374

Franco 25
Fuchs, Robert 44
Funke VIII

Gabler, Toni 139
Gehring, Fritz 29, 32
Gehring, Otto 212, 232, 234
Geißler, Hermann 17, 40
Gisevius, Bernhard 373f.
Göhler, Heinz 172
Göring, Hermann 17ff., 64, 130
Grauert, Ulrich 35
Gravenhorst 374
Grothe, Heinz VIII
Großhard, Friedrich 91
Gustavus 29, 31, 44

Haller, Ernst 44f., 117
Haenel, Manfred 91
Hansen, Adolf 129, 163
Halifax 63
Harlinghausen, Martin 12, 15, 20, 40, 43, 46, 47, 53, 57, 87, 91, 95ff., 106, 110, 130, 160, 169f., 183, I
Harseim, Wolf 212, 235
Hartwig 226
Heine 19
Heinrich 241
Hemskerk v. 29
Hennemann, Konrad 137, 140, 142
Hesse, Walter 51f., 82
Heye, Helmut 47
Hildebrand, Walter 146, 180
Hirschberg, Rüdiger v. 214
Hitler, Adolf 18f., 23, 53, 62ff.
Holle, Alexander 85, 94, 120, 137
Hopp, Hannes 224
Hümmelchen, Dr. Gerhard 21

Jakob, Rüdiger 23
Jäger 45f.
Jansen, Dr. Harald 164
Jente, Heinz 141
Jeschonek 18f.
Jodel, Alfred 236

Kaden, Karl 49, 82, 124f.
Kahlert, Gerhard 21, 373f., 376
Kahler 28
Kaminski 12
Kanmayer, Georg 137f., 140, 142
Kaufmann, Henner 104f.
Kaupisch, Werner 34, 99, 105
Kayser 180, 182
Kern, Paul 29
Kesselring, Albert 19f., 35, 64, 161, 170, 183
Klümper, Werner 21, 130, 143ff., 167, 178, 213, 376, VI, VII, IX
Knollmann, Helmut 150
Koch, Walter (Robert) 210
Köhler 153
Kowalewski, Robert 43, 108, 112f.
Kowitz, Harald 236
Krakowski, Willy 172
Krauß, Dr. med. 104f.
Kühl, Dr. Ernst 214, 226, 227, 230f.
Kühn, Albert 66
Kuhn, Hatto 21, 91
Kuntze, Albrecht 61

Leicht, August 29, 180
Liebig 28
Linge, Georg 110, 150
Link, Harald 29, 32
Lobau, Walter 29
Löbel, Walter 47
Loerzer, Bruno 19f., 39, 161
Löhr, Alexander 39
Loßberg, Viktor v. 29, 31, 68
Lorenz, Helmut 110, 130
Ludescher, Erwin 167
Lüdtke, Joachim 29

Maesel, Knut 21
Mands, Theodor 138, 140f.
Mang, Josef 376
Mänling, Ferdinand 91
Medrow, Günther 201ff.
Mehnert, Karl 35ff.
Mencke, Gustav 373
Merkl, Wilhelm 374
Meissner 213
Meyer 241
Meyer, Suberint. 374
Meyn, Wilhelm 375
Mischke, Gerhard 171
Moeller 98
Mörath, Dr. Werner 21, 196
Müller, Friedrich 108, 110, 117, 130
Müller, Jochen 180
Müncheberg, Joachim 96, 114

Naumann, Horst 21, 235
Nocken, Klaus 145, 154f, 158f., 180, 202

Paustian, Gustav 29, 149
Peltz, Dieter 14
Pentzien, Hans 230
Peters, Josef 176
Pfeil, Andreas 97
Prien, Günther 43
Prinz, Walter 212, 230
Pusch, Johannes 128

Quinlan, L. A. 21

Raab, Alexander 214, 225
Reible 23, 28
Renz, Helmut 61, 139
Richthofen, Dr. Wolfgang v. 19, 28, 34, 149, II
Röger, Josef 208, 228
Roll, Ernst 107
Rommel, Erwin 107
Roth, Ernst-August 69, 94, 137, 214

Saumweber, Josef 100, 110
Seedorf, Karl 167, 176
Seelenmeyer, Klaus 373
Siburg, Hans 34f, 41, 374
Simon 28
Sölter, Willy 188, 217, 218, 224
Sommer, Rupprecht 21
Schäfer, Gert 44, 148
Schräpler 45f.
Schlenkermann, Felix 138
Schmidt, Rudi 110, 115, 123, 167, 184, 224, VIII, XI

Schneider 45
Schnorr, v. Carolsfeld 41f.
Schulze-Dornbusch 214
Schwerin, Albert v. 61
Stahl, P. W. 146f.
Stähle, Werner 163, 224f.
Stefanus 29, 31
Stein, Gerd 44, 148
Steinhoff, Johannes 375
Stemmler, Wilhelm 213f., 225
Stiller 29, 31
Stockmann, Karl 130, 161
Storp, Walter 214, 230f., 234, 235
Straube, Karl 163
Streng 28
Strotmann 241
Stützel 28
Stumpff, Hans-Jürgen 93
Stüwe, Norbert 163

Teske, Georg 21, 163, 196, 198f., 207, 225, 373, XIII
Thielbeer, Walter 21, 376
Thomsen, Dr. Ernst 21, 153, 182, 192, 195, 202, 206, 214, XII
Thomsen, Rolf 21, 130, 183f., 376, XI
Trost, Günther 119
Toball, Günther 130

Udet, Ernst 18, 19

Vater, Herbert 136, 167
Vetter, Martin 54f., 61
Voigt, Max 105
Voß, Reimer 21, 163, 172, 180, 185, 188f., 216, 224, 374, 376, XI

Walter, Josef 152
Wechmar, Karl Frhr. v. 62, 85
Welch, Brian 139
Werner, Otto 207, 224
Winkler, Max 26
Wolf 189
Wulf, Konrad 172, 207

Ziermann, Hubert 84, VIII

Der Autor

Schmidt, Rudi	Jahrgang 1914 Realschule, Industriekaufmann
1932	Eintritt in die Reichsmarine, Ausbildung, Bordkommandos, Marineschule Mürwik, Minensuchverband
1937	Fliegerschule (See), Küstenfliegergruppe, Legion Condor AS 88
1939–1945	Küstenfliegergruppe-Luftminenstaffel, Staffeloffizier, Staffelkapitän 4./K.G. 26, Gruppenkommandeur II./K.G. 26
nach dem Kriege:	Hafenarbeiter bei der amerik. Besatzungsmacht, Geschäftsführer einer Sortimentsgroßhandlung, Studium Betriebswirtschaft, Organisationsleiter in der Verbrauchsgüterindustrie, Geschäftsführer in der Süßwarenindustrie, 10 Jahre selbständiger Unternehmensberater in Management-, Organisations- und Personalberatung.
Veröffentlichungen:	Das Organisationshandbuch 1988, Suche und Auswahl von Führungskräften 1990, beide im Forkel-Verlag, Wiesbaden